Thukydides

Der Peloponnesische Krieg

Thukydides
Der Peloponnesische Krieg

Übersetzt und herausgegeben
von Helmuth Vretska
und Werner Rinner

Reclam

Das unvollendete Werk des Thukydides wird nach dem ersten Satz (I 1,1) genannt:
Πόλεμος τῶν Πελοποννησίων καὶ Ἀθηναίων
(»Der Krieg der Peloponnesier und Athener«)

RECLAMS UNIVERSAL-BIBLIOTHEK Nr. 1808
1966, 2000 Philipp Reclam jun. Verlag GmbH,
Siemensstraße 32, 71254 Ditzingen
info@reclam.de
Druck und Bindung: Elanders Waiblingen GmbH,
Anton-Schmidt-Straße 15, 71332 Waiblingen
Printed in Germany 2026
RECLAM, UNIVERSAL-BIBLIOTHEK und
RECLAMS UNIVERSAL-BIBLIOTHEK sind eingetragene Marken
der Philipp Reclam jun. GmbH & Co. KG, Stuttgart
ISBN 978-3-15-001808-8
reclam.de

Vorwort

Seit jeher ist mit dem Reclam-Verlag der Begriff Universal-Bibliothek verbunden, also der Blick auf das Ganze. Der Wunsch, auch den »ganzen Thukydides« in Übersetzung vorzulegen, sollte sich jedoch für Helmuth Vretska nicht mehr erfüllen – der allzu frühe und plötzliche Tod sprach sein unerbittliches Machtwort. In freundschaftlichem Gedankenaustausch waren zwar Pläne zur Komplettierung gewälzt worden, doch zur gemeinsamen Arbeit kam es nicht mehr.

So sah ich mich nun in meiner Übersetzung verpflichtet, den sperrigen Stil des Thukydides für unsere Zeit soweit wie möglich sichtbar werden zu lassen, aber ohne den heutigen Lesern die allzu großen Extreme in Satzbau und Gedankenführung zuzumuten. Ebenfalls wichtig war mir, dass die neu übersetzten Abschnitte mit den vorhandenen ein harmonisches Ganzes bilden sollten. Aus diesem Grund war es unvermeidlich, die bestehende Übersetzung von Begriffen zu befreien, die nach heutigem Sprachgebrauch befremdlich klingen. Sind doch inzwischen drei Jahrzehnte vergangen, in denen sich mit der deutschen Sprache auch die politisch-historische Diktion gewandelt hat. Nicht gewandelt hat sich die »menschliche Natur«, die Thukydides in ihrem Hang zu Macht, Aggression und Krieg analysiert. Stets gegenwärtig ist zudem der mögliche Verfall des politischen Ethos, wo auch die Demokratie nur schwer ein Gegenmittel findet.

Mögen die Regierungsverantwortlichen, die Politik-, Wirtschafts- und Sozialwissenschaften der Welt zu Beginn des 3. Jahrtausends noch so durchdachte Konzepte und Modelle entwerfen, die »menschliche Natur« in ihrer elementarsten Form sollte jeder interessierte Leser am besten im nun verfügbaren Gesamtwerk des Thukydides entdecken.

Graz, im Juli 2000 *Werner Rinner*

Der Peloponnesische Krieg

Erstes Buch

Die Bedeutung des Peloponnesischen Krieges

1 (1) Thukydides aus Athen hat den Krieg zwischen den Peloponnesiern und Athenern beschrieben, wie sie ihn gegeneinander geführt haben; er hat damit gleich bei seinem Ausbruch begonnen in der Erwartung, er werde bedeutend sein und denkwürdiger als alle vorangegangenen. Er schloss dies daraus, dass beide in jeder Hinsicht auf dem Höhepunkt ihrer Macht in den Krieg traten, und weil er sah, dass sich das übrige Hellas jeweils einem der beiden Gegner anschloss, teils sofort, teils nach einigem Überlegen. (2) Denn dies war die gewaltigste Erschütterung für die Hellenen und einen Teil der Barbaren, ja sozusagen für den größten Teil der Menschheit. (3) Was sich nämlich davor und noch früher ereignet hatte, war wegen der Länge der Zeit zwar unmöglich zu erforschen, aufgrund von Anzeichen aber, von deren Richtigkeit ich mich bei der Prüfung eines langen Zeitraumes überzeugen konnte, bin ich der Meinung, dass es nicht bedeutend war, weder in Kriegen noch sonst.

2 (1) Denn es ist klar ersichtlich, dass das jetzt Hellas genannte Gebiet nicht von alters her fest besiedelt war, sondern dass es häufig zu Ortsveränderungen kam und alle Stämme leicht ihre Wohnsitze verließen, wenn sie von den jeweils Mächtigeren bedrängt wurden. (2) Da es keinen Handel gab, sie auch nicht ohne Furcht miteinander verkehrten, weder auf dem Land- noch auf dem Seewege, da sie ihren Grund nur so weit bebauten, wie es zum Leben notwendig war, und sie Überfluss an Gütern nicht hatten, außerdem ihr Land nicht mit Bäumen bepflanzten – es war ja ungewiss, wann ein anderer sie überfallen und bei dem Mangel an festen Plätzen ihres Besitzes berauben werde – und sie die für den Tag nötige Nahrung überall zu gewinnen hofften, so konnten sie unbeschwert auswandern; und deshalb waren sie weder durch die Größe ihrer Städte mächtig noch durch ihre sonstige Kriegsrüstung. (3) Am häufigsten wechselten die fruchtbarsten Gebiete die Bewohner: das jetzt Thessalien genannte Gebiet, Boiotien, ein Großteil des Peloponnes mit Ausnahme Arkadiens und auch sonst die vorzüglichsten Gegenden. (4) Aus der Güte des Bodens erwuchs nämlich einigen größere Macht, und das führte zu innerem Hader, in dem sie sich aufrieben, und zugleich wurden sie dann von fremden Stämmen stärker bedroht. (5) Zumindest bewohnten Attika, das die längste Zeit wegen der Kargheit des Bodens von Streitigkeiten verschont geblieben war, immer die gleichen Menschen. (6) Und Folgendes ist nicht der schwächste Beweis für die Behauptung, dass wegen der Wanderungen die anderen Länder nicht in gleicher Weise an Macht zunahmen. Aus ganz Griechenland wandten sich alle, die infolge äußerer und innerer Wirren verbannt worden waren, zu den Athenern, vor allem die Mächtigsten, weil es dort sicher war; sie wurden sofort Bürger und machten so schon seit ältester Zeit durch ihre Zahl die Stadt noch größer, sodass (die Athener), da Attika nicht mehr Platz bot, auch nach Ionien Siedler entsandten.

3 (1) Es beweist mir aber auch nicht zuletzt Folgendes die geringe Bedeutung der Vorzeit: Vor dem Trojanischen Krieg nämlich hat Hellas offensichtlich nichts gemeinsam unternommen; (2) ich glaube sogar, nicht einmal den gleichen Namen führte das Land als Ganzes (nämlich Hellas), sondern in den Zeiten vor Hellen, dem Sohn des Deukalion, kannte man überhaupt noch nicht diese Bezeichnung, vielmehr verbreiteten sie stämmeweise – vor allem die Pelasger[1] – im weiten Umkreis ihren eigenen Namen; erst als Hellen und seine Söhne in der Phthiotis zu ansehnlicher Macht gekommen waren und man sie zur Unterstützung in die anderen Städte rief, da nannten sich die einzelnen Stämme bereits aufgrund der Berührung (mit Hellen) häufiger Hellenen, jedoch konnte sich der Name erst seit nicht allzu langer Zeit bei allen durchsetzen. (3) Am besten beweist das Homer; denn obwohl er lange Zeit nach dem Trojanischen Krieg lebte, nannte er nirgends die Gesamtheit so, sondern nur die Gefolgsleute Achills aus der Phthiotis, die ja als erste Hellenen waren; er bezeichnete sie in seinen Epen als Danaer, Argeier und Achaier. Ja nicht einmal von »Barbaren« spricht er, weil auch die Griechen nicht, wie mir scheint, im Gegensatz zu ihnen, unter einem Namen zusammengefasst waren. (4) Die Stämme also, die im Einzelnen Hellenen genannt wurden, und zwar wie sie eben einander von Stadt zu Stadt verstehen lernten, und später alle insgesamt, haben vor dem Trojanischen Krieg aus Schwäche und Mangel an gegenseitigem Verkehr nichts gemeinsam unternommen. (5) Aber auch zu diesem Kriegszug fanden sie sich erst zusammen, als sie schon erfahrener im Seewesen waren.

4 (1) Unter den Männern, von denen wir durch Überlieferung wissen, war nämlich Minos[2] der Erste, der sich eine Flotte schuf; dadurch gebot er über den Großteil des jetzt hellenischen Meeres, gewann die Herrschaft über die Kykladen und besiedelte als erster die meisten von ihnen, wobei er die Karer vertrieb und seine Söhne als Fürsten einsetzte. Auch das Seeräuberunwesen beseitigte er, wie leicht zu vermuten, nach Kräften in weiten Teilen des Meeres, um seine Einkünfte zu erhöhen.

5 (1) Denn die Hellenen der Frühzeit und von den Barbaren diejenigen, die auf dem Festland nahe dem Meer lebten, und die Inselbewohner verlegten sich, gleich nachdem sie begonnen hatten, häufiger mit den Schiffen zueinander überzufahren, auf die Seeräuberei; dabei führten gerade die mächtigsten Männer, um eigenen Gewinnes willen und um Nahrung für die Schwachen. Sie überfielen die unbefestigten und dorfartig angelegten Städte, plünderten sie und bestritten daraus den größten Teil ihres Lebensunterhaltes – ohne dass diese Tätigkeit irgendwie Schande brachte, sondern im Gegenteil, sie trug sogar Ruhm ein. (2) Das beweisen auch heute noch einige Festlandsstämme, bei denen es als Ehre gilt, sich darin hervorzutun, und die alten Dichter, die an die Landenden überall die gleiche Frage stellen lassen, ob sie Seeräuber[3] seien; denn die Befragten sahen ja in ihrem Tun nichts Schändliches, und die es wissen wollten, schmähten sie nicht (deshalb). (3) Man beraubte sich ja auch auf dem Festland gegenseitig, und bis auf den heutigen Tag lebt man in vielen Teilen von Hellas nach der alten Sitte, bei den ozolischen Lokrern, Aitolern, Akarnanen und in dem übrigen Gebiet dort. Das Tragen von Waffen war diesen Festlandsbewohnern von den alten Räuberzeiten her geblieben.

6 (1) Denn ganz Hellas trug einst Waffen, weil die Siedlungen nicht befestigt und die Straßen unsicher waren, und diese Lebensweise unter Waffen machten sie sich zur Gewohnheit – wie die Barbaren. (2) Dass man in diesen Gebieten von Hellas auch heute noch so lebt, ist Beweis für die einst allgemeinen Lebensgewohnheiten. (3) Von den (Hellenen) waren die Athener die Ersten, die die Waffen ablegten und, da sich die Lebensweise einmal gelockert hatte, üppigere und weichlichere Sitten annahmen. Und es ist noch nicht allzu lange her, dass die älteren Leute unter den Begüterten hier aufgehört haben, in ihrer Verweichlichung leinene Unterkleider zu tragen und durch Einstecken goldener Spangen das Haupthaar zu einem Schopf[4] aufzubinden. Daher war auch bei den älteren Leuten der Ionier wegen der Stammesverwandtschaft für lange Zeit diese Tracht vorherrschend. (4) Maßvolle und jetziger Art entsprechende Kleidung begannen zuerst die Lakedaimonier zu tragen, bei denen sich überhaupt die Reicheren mehr der Allgemeinheit gleichstellten. (5) Sie entkleideten sich als Erste bei den Leibesübungen, traten nackt auf und salbten ihre Körper beim Turnen mit Öl. In früheren Zeiten kämpften sogar bei den Olympischen Spielen die Wettkämpfer mit einem Schurz um die Scham, und es sind noch nicht viele Jahre vergangen, seit man davon abgekommen ist. Auch bei einigen Barbarenstämmen, vor allem in Asien, werden heute noch Faust- und Ringkämpfe veranstaltet, und sie tun dies gegürtet. (6) Man könnte noch viele andere Beweise anführen, dass die alten Hellenen in ihren Lebensgewohnheiten mit den heute lebenden Barbaren übereinstimmten.

7 (1) Die Städte,[5] die in jüngster Zeit gegründet wurden und die wegen der schon mehr entwickelten Seefahrt über größere Machtmittel verfügten, wurden unmittelbar an der Küste befestigt angelegt und sperrten die Landengen ab – um der Vorteile im Handel willen und wegen des Übergewichtes gegenüber den jeweiligen Nachbarn. Die alten Städte aber waren wegen der noch lange andauernden Seeräuberei in einiger Entfernung vom Meere gegründet, auf den Inseln genauso wie auf dem Festland – sie unternahmen nämlich Raubzüge gegeneinander und gegen diejenigen, die, ohne Seefahrer zu sein, an der Küste wohnten –, und bis heute liegen sie mehr im Landesinneren.

8 (1) In nicht geringerem Maße betrieben die Inselbewohner die Seeräuberei, die Karer und Phoiniker[6]; diese bewohnten nämlich den größten Teil der Inseln. Der Beweis dafür: Als die Athener Delos reinigten[7] und die Särge, die von den Toten auf der Insel waren, entfernten, fand man über die Hälfte Karer, zu erkennen an der Waffenrüstung, die mit ihnen begraben war, und an der Art, in der sie noch heute (die Toten) begraben. (2) Als aber die Flotte des Minos das Meer beherrschte, wurde der Seeverkehr reger – denn die Seeräuber wurden von ihren Inseln vertrieben, als Minos überall dort Siedlungen anlegte –, (3) und die Bewohner der Meeresküsten, die sich schon auf den Gelderwerb verlegten, errichteten dauerhaftere Wohnsitze, einige errichteten sogar Befestigungsanlagen, da sie ja immer reicher wurden. Um des Vorteils willen ertrugen die Schwächeren die politische Abhängigkeit von den Stärkeren, und die Mächtigeren, im Besitze großen Überflusses, machten sich die kleineren Städte unterwürfig. (4) Und als sie sich schon länger in diesem Zustand befanden, zogen sie einige Zeit später gegen Troja.

9 (1) Agamemnon konnte, glaube ich, ein solches Heer aufbieten, weil er an Macht seinen Zeitgenossen überlegen war, und nicht sosehr deshalb, weil er Helenas Freier, die durch den Eid des Tyndareos gebunden waren, zur Heeresfolge aufbot. (2) Es berichten auch manche Peloponnesier, die sicherste Nachrichten durch Überlieferung von den Vorfahren erhalten haben, Folgendes:[8] Pelops habe sich zuerst durch seinen großen Reichtum, mit dem er aus Asien zu mittellosen Menschen gekommen war, eine Machtstellung geschaffen und sogar, obwohl ein Fremdling, die Benennung des Landes nach seinem Namen erreicht; später sei es seinen Nachkommen noch besser ergangen. Da nämlich Eurystheus in Attika von den Herakliden getötet wurde, Atreus aber sein Mutterbruder war und Eurystheus, als er in den Krieg zog, ihm Mykenai und die Herrschaft anvertraute – Atreus musste nämlich seinen Vater wegen der Ermordung des Chrysippos meiden –, als also Eurystheus nicht mehr zurückkehrte, da habe Atreus mit Zustimmung der Mykener, weil sie in Furcht vor den Herakliden waren, er aber als mächtig galt und sich bei der Masse beliebt gemacht hatte, die Herrschaft über sie und das gesamte Reich des Eurystheus übernommen, und so seien die Nachkom-

men des Pelops mächtiger geworden als die des Perseus. (3) Da nun Agamemnon das alles übernommen und auch durch die Flotte größere Macht als die anderen gewonnen hatte, so hat er, glaube ich, die Teilnehmer an dem Kriegszug nicht sosehr durch Freundschaft, sondern durch Furcht aufgeboten. Denn er ist offensichtlich mit den meisten Schiffen (nach Troja) gekommen und hat auch noch welche an die Arkader entliehen, wie Homer berichtet, sofern man ihn für einen verlässlichen Zeugen hält.[9] (4) Bei der Übergabe des Zepters spricht er von ihm als »vieler Inseln und Argos' mächt'gem Beherrscher«. Er hätte nun nicht über Inseln, abgesehen von den nächstliegenden – diese aber waren nicht viele – als Festlandsbewohner herrschen können, hätte er nicht auch eine Flotte besessen. Erschließen aber kann man auch aus diesem Feldzug, wie die Verhältnisse vor ihm waren.

10 (1) Zwar, dass Mykenai klein war oder sonst eine der damaligen Städte jetzt unbedeutend erscheint, darf man nicht als sicheres Zeichen nehmen, um zu bezweifeln, dass der Kriegszug so bedeutend war, wie die Dichter es berichtet haben und die Sage davon geht. (2) Denn angenommen, die Stadt der Lakedaimonier verödete, übrig blieben aber die Heiligtümer und von den anderen Bauten die Grundmauern, so würde, glaube ich, nach Verlauf langer Zeit den späteren Menschen starker Zweifel an ihrer tatsächlichen Macht im Verhältnis zu ihrem Ruhm kommen; und doch haben sie zwei Fünftel des Peloponnes in Besitz, haben die Vorherrschaft über das ganze Land und viele auswärtige Bundesgenossen.[10] Gleichwohl könnte die Stadt, da sie nicht als zusammenhängendes Ganzes angelegt war und weder Heiligtümer noch prächtige Bauten hatte, sondern dorfweise nach altem griechischem Brauch besiedelt wurde, für ziemlich unbedeutend gehalten werden. Würde es aber den Athenern ebenso ergehen, könnte man aufgrund des

augenscheinlichen Eindruckes der Stadt sie doppelt so mächtig schätzen, als sie tatsächlich ist. (3) Man braucht also nicht zu zweifeln und soll das Aussehen der Städte nicht mehr in Betracht ziehen als ihre Macht, vielmehr ist die Annahme wahrscheinlich, dass jener Kriegszug der bedeutendste aller vorangegangenen war, aber doch hinter dem jetzigen zurückblieb. Wenn man der Dichtung Homers, der ihn als Dichter verständlicherweise in leuchtenderen Farben ausgeschmückt hat, auch hier vertrauen will, so erweist er sich dennoch auch so als unbedeutend. (4) Homer lässt nämlich von den 1200 Schiffen die der Boioter 120 Mann, die des Philoktet 50 Mann fassen, wobei er, glaube ich, die größten und die kleinsten anführt; zumindest erwähnt er von der Größe der übrigen in der Aufzählung der Schiffe nichts. Dass sie Ruderer und Kämpfer gleichzeitig waren, gibt er bei den Schiffen des Philoktet an; denn alle Ruderknechte lässt er auch Bogenschützen sein. Bloße Mitfahrende werden außer den Königen und anderen vornehmen Kriegern wahrscheinlich wenige auf den Schiffen gewesen sein, da sie ja mit Kriegsrüstung das Meer überqueren wollten, und zwar auf Schiffen, die keine Verdecke hatten, sondern nach alter Art mehr für Seeräuberzüge hergerichtet waren. (5) Wenn man also zwischen größten und kleinsten Schiffen einen Durchschnitt zieht, so waren es offensichtlich nicht viele, die nach Troja kamen, zumal sie von ganz Hellas gemeinsam entsandt wurden.[11]

11 (1) Die Ursache dafür war nicht sosehr ein Mangel an Menschen als an Geld. Denn wegen der Schwierigkeit der Ernährung entsandten sie ein kleineres Heer, nur so groß, dass sie erwarten konnten, es werde sich an Ort und Stelle während des Krieges selbst erhalten. Als sie nach ihrer Ankunft in einer Schlacht gesiegt hatten – der Beweis: andernfalls hätten sie die Befestigung um das Lager nicht errichten können –, haben sie, wie es scheint, auch dann nicht ihre ge-

samte Streitmacht eingesetzt, sondern sich auf den Ackerbau im Chersones und auf Raubzüge verlegt – wegen der Schwierigkeit der Ernährung. So konnten umso eher die Troer wegen der Zersplitterung der griechischen Macht zehn Jahre lang in offenem Kampfe Widerstand leisten, da sie den jeweils zurückbleibenden Truppen gewachsen waren. (2) Wären sie aber mit einem Überfluss an Verpflegung gekommen und hätten sie vereint, ohne Raubzüge und Landbau, den Krieg ohne Unterbrechung geführt, so hätten sie Troja leicht nach einem Sieg in offenem Felde eingenommen, sie, die doch, auch nicht vereinigt, sondern nur mit dem jeweils anwesenden Teil, den Kampf offen halten konnten; auch durch Belagerung hätten sie in kürzerer Zeit und mit weniger Mühe Troja erobert. (3) Aber wegen der Mittellosigkeit war alles Vorhergehende unbedeutend, und selbst dieses Unternehmen, das namhafteste der alten Zeit, war, wie aus den Tatsachen hervorgeht, viel geringer als sein Ruf und die Sage davon, die sich wegen der Dichter auch heute noch hält.

12 (1) Ja sogar nach dem Trojanischen Krieg gab es in Hellas Wanderungen und Neugründungen, sodass es nicht in Ruhe wachsen konnte. (2) Denn die späte Rückkehr der Hellenen von Ilion führte zu manchen Unruhen, es gab in den Städten meist Bürgerkrieg, und die Verbannten gründeten neue Städte. (3) Die heutigen Boioter wurden im sechzigsten Jahr nach der Zerstörung Ilions aus Arne von den Thessalern vertrieben und besiedelten das jetzt Boiotien, früher Kadmosland genannte Gebiet – eine Gruppe von ihnen siedelte allerdings schon früher in diesem Landstrich, sie hatte die Heeresabteilung vor Ilion gestellt. Die Dorer nahmen im achtzigsten Jahr gemeinsam mit den Herakliden den Peloponnes in Besitz.[12] (4) Als endlich nach langer Zeit Hellas zu dauerhaftem Frieden gelangte und nicht mehr durch Stammesaustreibungen erschüttert wurde, konnte es

Auswanderer entsenden; die Athener besiedelten Ionien und die meisten Inseln, die Peloponnesier und einige andere Hellenenstämme den Großteil Italiens und Siziliens. Alle diese Gebiete wurden aber erst nach dem Trojanischen Krieg besiedelt.

13 (1) Als Hellas aber mächtiger wurde und sich mehr als früher auf den Gelderwerb verlegte, warfen sich in fast allen Städten Tyrannen auf – eine Folge der höheren Einkünfte; vorher kannte man nur erbliche Königsherrschaft mit gesetzlich festgelegten Ehrenrechten; auch Kriegsflotten rüsteten die Hellenen nun aus und befassten sich mehr mit dem Seewesen. (2) Als Erste, so wird berichtet, haben die Korinther sehr ähnlich der heutigen Art die Schifffahrt betrieben, und griechische Trieren sollen zuerst in Korinth gebaut worden sein.[13] (3) Auch baute offensichtlich der korinthische Schiffsbaumeister Ameinokles den Samiern vier Schiffe; ungefähr dreihundert Jahre vergingen bis zum Ende dieses Krieges, seit Ameinokles nach Samos gekommen war. (4) Die älteste Seeschlacht, von der wir wissen, lieferten sich Korinther und Kerkyraier; auch hier vergingen ungefähr zweihundertsechzig Jahre bis zur angegebenen Zeit. (5) Denn die Korinther, die ja die Stadt an der Landenge bewohnten, verfügten seit jeher über einen Handelsplatz, weil in alter Zeit die Hellenen, und zwar die innerhalb ebenso wie die außerhalb des Peloponnes, häufiger zu Lande als zu Wasser und nur auf dem Weg über ihre Stadt miteinander verkehrten; und so wurden sie vermögend, wie auch aus den alten Dichtern hervorgeht –, »reich« benennen sie nämlich das Land mit Beinamen. Als aber Hellas dann mehr Schifffahrt betrieb, setzten sie sich in den Besitz einer Flotte und beseitigten das Seeräuberunwesen, und da sie einen Handelsplatz für beide Arten (des Handels) boten, wurde ihre Stadt durch den Zustrom von Geld mächtig. (6) Auch die Ionier hatten später eine große Flotte zur Zeit des Kyros, des ersten persischen Königs, und seines Sohnes Kambyses und beherrschten während des Krieges mit Kyros eine Zeitlang das Meer vor ihrer Küste. Auch Polykrates, Tyrann von Samos zur Zeit des Kambyses, unterwarf, gestützt auf seine Flotte, einige andere Inseln, eroberte auch Rheneia und weihte es dem Apollon von Delos. Die Phokaier, die Massalia gründeten, besiegten die Karthager in einer Seeschlacht.[14]

14 (1) Das waren die bedeutendsten Seemächte. Doch hatten auch sie, viele Menschenalter nach dem Trojanischen Krieg, noch wenige Trieren in Verwendung, aber waren mit Fünfzigruderern und sonstigen Langschiffen ausgerüstet wie früher. (2) Erst kurz vor den Perserkriegen und dem Tod des Dareios, der nach Kambyses König der Perser war, verfügten die Tyrannen von Sizilien und die Kerkyraier über eine große Zahl von Trieren. Das waren die letzten nennenswerten Seemächte, die vor dem Zug des Xerxes in Hellas entstanden. (3) Denn die Aigineten, Athener und einige andere Staaten besaßen nur eine unbedeutende Flotte, und davon waren die meisten Schiffe Fünfzigruderer. Erst ziemlich spät bewog also Themistokles die Athener während des Krieges gegen die Aigineten – angesichts des drohenden Persereinfalles –, die Schiffe zu bauen, mit denen sie dann die Seeschlachten lieferten. Aber selbst die waren noch nicht ganz mit Verdecken versehen.

15 (1) So stand es um die hellenischen Flotten in den ältesten und den darauf folgenden Zeiten. Aber dennoch errangen die Staaten, die sich mit dem Seewesen befassten, eine nicht geringe Machtstellung, und zwar durch den Zufluss von Geld und durch Herrschaft über andere; sie segelten nämlich gegen die Inseln aus und unterwarfen sie, so vor allem, wenn ihr eigenes Gebiet nicht sehr ertragreich war. (2) Landkrieg aber, der zu Machterweiterung geführt hätte, gab es nicht. Alle Kriege, wenn es doch zu welchen kam, waren Grenzhändel mit Nachbarn. Auswärtige Feldzüge, fern der eigenen Heimat zur Unterwerfung anderer, unternahmen die Hellenen nicht. Denn sie hatten sich noch nicht um die mächtigsten Staaten als Untertanen zusammengeschlossen, und auch selbständig und gleichberechtigt führten sie keine gemeinsamen Feldzüge durch, vielmehr bekämpften sich die Nachbarstädte gegenseitig. (3) Höchstens bei dem in grauer Vorzeit zwischen Chalkis und Eretria geführten Krieg schlossen sich die übrigen hellenischen Staaten einem der Gegner als Bundesgenossen an.

16 (1) Außerdem erwuchsen dem einen hier, dem andern dort Hemmnisse bei der Machterweiterung; zum Beispiel den Ioniern: Als sie zu Wohlstand und Ansehen kamen, zog Kyros mit der Macht des persischen Reiches gegen sie heran – er hatte schon Kroisos und das Land zwischen Halys und dem Meer niedergerungen – und unterjochte die Städte auf dem Festland, Dareios dann später, gestützt auf die phoinikische Flotte, auch die Inseln.

17 (1) Die Tyrannen aber, die es in den hellenischen Städten gab, lenkten, nur auf ihre eigenen Vorteile bedacht – Verbesserung ihrer persönlichen Lage und der ihres Hauses –, die Staaten, so gefahrlos sie nur konnten; daher wurde von ihnen keine nennenswerte Tat vollbracht, außer gegen ihre jeweiligen Nachbarn. So wurde Hellas in jeder Hinsicht lange Zeit niedergehalten, sodass es gemeinsam nichts Bemerkenswertes leistete und die einzelnen Städte wenig Selbstvertrauen hatten.[15]

18 (1) Als dann aber die Tyrannen von Athen und die des übrigen Hellas, das zum Großteil schon früher unter Tyrannenherrschaft stand, gestürzt worden waren – die meisten und letzten, ausgenommen die in Sizilien, von den Lakedaimoniern[16] (denn obwohl Sparta nach der Besiedlung durch die jetzt dort wohnenden Dorer von allen Städten, von denen wir wissen, am längsten von Bürgerkriegen erschüttert war, kam es doch schon sehr früh zu Gesetz und Ordnung und war nie von Tyrannen beherrscht; es sind nämlich etwas mehr als vierhundert Jahre bis zum Ende dieses Krieges vergangen, seit die Spartaner dieselbe Verfassung haben, und gerade deshalb waren sie mächtig und konnten auch in die inneren Verhältnisse der anderen Staaten eingreifen) –, wenige Jahre also nach der Vertreibung der Tyrannen aus Hellas fand bei Marathon die Schlacht zwischen Persern und Athenern statt. (2) Im zehnten Jahr darauf zog der Barbar in dem gewaltigen Heerzug wieder gegen Hellas heran, um es zu unterjochen. In der großen Gefahr, die drohte, übernahmen die Lakedaimonier die Führung der verbündeten Hellenen, da sie den anderen an Macht überlegen waren; und die Athener, die beim Heranrücken der Perser entschlossen waren, ihre Stadt zu verlassen, packten ihre Habe, gingen an Bord der Schiffe und wurden Seefahrer. Nachdem sie gemeinsam den Barbaren abgewehrt hatten, unterstellten sich nicht viel später die vom Großkönig abgefallenen Hellenen und die Bundesgenossen entweder den Athenern oder den Lakedaimoniern; diese Städte hatten sich nämlich als die mächtigsten erwiesen: die eine vorherrschend auf dem Lande, die andere zur See. (3) Kurze Zeit dauerte diese Waffenbrüderschaft, danach aber entzweiten sich die Lakedaimonier und Athener und begannen gemeinsam mit ihren Verbündeten gegeneinander Krieg, und wenn von den übrigen hellenischen Staaten einige in Streit gerieten, schlossen sie sich nunmehr diesen an. So kam es, dass sie von den Perserkriegen an bis zum jetzigen Krieg, sei es in Zeiten der Waffenruhe, sei es im Krieg gegeneinander oder gegen ihre etwa abgefallenen Bundesgenossen, ihr Kriegswesen ausgezeichnet instand setzten und in ihm erfahrener wurden, da sie unter Gefahren sich darin übten.

19 (1) Die Lakedaimonier hielten ihre Bundesgenossen nicht tributpflichtig, achteten nur darauf, dass man mit oligarchischer Verfassung den Staat in ihrem Interesse lenke, die Athener aber nahmen im Laufe der Zeit den Städten die Schiffe weg, ausgenommen Chios und Lesbos, und setzten für alle regelmäßige Abgaben fest. Und so nahm beider Kriegsrüstung für diesen Krieg größere Ausmaße an, als sie jemals zuvor, da ihr Bündnis noch nicht geschwächt war, als Gipfel der Machtfülle gemeinsam besessen hatten.

Art und Ziel der Darstellung

20 (1) So also fand ich die Ereignisse der Vorzeit, wobei es freilich schwer war, jedem Zeugnis unterschiedslos zu trauen; denn die Menschen nehmen alle Kunde von Früherem, auch wenn es im eigenen Land geschehen ist, gleich ungeprüft voneinander an. (2) So glauben zum Beispiel die meisten Athener, Hipparchos sei von Harmodios und Aristogeiton als Tyrann erschlagen worden, und wissen nicht, dass Hippias als der Älteste der Peisistratossöhne herrschte und Hipparchos und Thessalos seine Brüder waren und dass Harmodios und Aristogeiton in ihrem Argwohn, an jenem Tag könnte sie gerade im entscheidenden Augenblick einer ihrer Mitverschwörer dem Hippias angezeigt haben, sich von jenem fernhielten, da er vielleicht gewarnt war, aber in ihrem Verlangen, noch vor ihrer Verhaftung eine kühne Tat zu vollbringen, auf Hipparchos stießen, der eben beim so genannten Leokoreion den Panathenäenzug ordnete, und ihn töteten.[17] (3) So gibt es auch vieles andere, was heute noch besteht und nicht durch die Zeit in Vergessenheit geraten ist, von dem auch die anderen Hellenen eine unrichtige Vorstellung haben, wie etwa, dass die spartanischen Könige bei der Abstimmung jeder nicht einen Stein hinzulegten, sondern zwei, und dass es bei ihnen eine pitanatische Heeresabteilung gebe, die doch überhaupt nie

bestanden hat.[18] So sorglos sind die meisten in der Erforschung der Wahrheit und halten sich lieber an das erste Beste.

21 (1) Wer aber nach den angeführten Zeugnissen die Ereignisse sich doch etwa so vorstellt, wie ich sie berichtet habe, wird kaum fehlgehen. Er wird nicht blindlings den Dichtern glauben, die in ihren Hymnen alles mit höherem Glanze schmücken, noch den Geschichtenschreibern, die in ihren Berichten mehr auf die Befriedigung der Hörlust achten als auf die Wahrheit – es handelt sich ja um unbeweisbare Dinge, die zum Großteil durch die Zeit ins Unglaubwürdige und Sagenhafte entartet sind; vielmehr wird er meinen, sie seien nach ihren sichtbaren Merkmalen für ihr Alter hinreichend genau erforscht worden. (2) Und obwohl die Menschen den Krieg, den sie eben führen, jeweils für den schwersten halten, nach seinem Ende aber wieder die Vergangenheit mehr bewundern, wird doch dieser Krieg jedem, der nach den Tatsachen selbst urteilt, schwerer erscheinen als alle bisherigen.

22 (1) Was nun in Reden beide Gegner vorgebracht haben, teils während der Vorbereitungen zum Krieg, teils im Krieg selber, davon den genauen Wortlaut im Gedächtnis zu behalten war schwierig, sowohl für mich, was ich selber anhörte, als auch für meine Zeugen, die mir von anderswo solche berichteten. Wie aber meiner Meinung nach jeder Einzelne über den jeweils vorliegenden Fall am ehesten sprechen musste, so sind die Reden wiedergegeben unter möglichst engem Anschluss an den Gesamtsinn des wirklich Gesagten.[19] (2) Die Taten freilich, die in diesem Krieg vollbracht wurden, glaubte ich nicht nach dem Bericht des ersten Besten aufschreiben zu dürfen, auch nicht nach meinem Dafürhalten, sondern ich habe Selbsterlebtes und von anderer Seite Berichtetes mit größtmöglicher Genauigkeit in jedem einzelnen Falle erforscht. (3) Schwierig war die Auffindung der Wahrheit, weil die jeweiligen Augenzeugen nicht dasselbe über dasselbe berichteten, sondern je nach Gunst oder Gedächtnis. (4) Zum bloßen Anhören wird vielleicht durch das Fehlen des erzählerischen Elements meine Darstellung weniger erfreulich scheinen. Wer aber klare Erkenntnis des Vergangenen erstrebt und damit auch des Künftigen, das wieder einmal nach der menschlichen Natur so oder ähnlich eintreten wird,[20] der wird mein Werk für nützlich halten, und das soll mir genügen. Als ein Besitz für immer, nicht als Glanzstück für einmaliges Hören ist es aufgeschrieben.

23 (1) Von den vergangenen Taten war die größte der Perserkrieg, doch auch er fand in zwei Seeschlachten und zwei zu Lande eine rasche Entscheidung.[21] Dieser Krieg dagegen dauerte sehr lange, und Leiden brachen in ihm über Hellas herein wie kaum sonst in gleicher Zeit. (2) Nie wurden so viele Städte erobert und entvölkert, teils von Barbaren, teils von den kämpfenden Gegnern selbst – einige erhielten sogar nach der Eroberung eine völlig neue Bevölkerung –, nie gab es so viele Verbannungen, so viel Blutvergießen, sei es im Krieg selbst, sei es in den Parteikämpfen. (3) Was man früher nur vom Hörensagen kannte, in der Wirklichkeit aber nur selten bestätigt fand, das erschien jetzt nicht mehr unglaublich: Erdbeben, die weite Landstriche mit ungeahnter Stärke heimsuchten, Sonnenfinsternisse, die in dichterer Folge eintraten, als es von früher her berichtet wurde, außerdem an manchen Orten gewaltige Dürre und in der Folge dann Hungersnot und schließlich, der härteste Schlag, ja zum Teil auch die Vernichtung: die Pest – all das brach im Gefolge des Krieges herein.

(4) Es eröffneten ihn die Athener und Lakedaimonier durch den Bruch des dreißigjährigen Vertrages, den sie nach der Einnahme von Euboia geschlossen hatten.[22] (5) Weshalb sie ihn brachen, die Anschuldigungen und Streitpunkte

habe ich zuerst behandelt, damit nicht einmal jemand fragt, woher denn ein so gewaltiger Krieg unter den Hellenen ausbrach. (6) Den letzten und wahren Grund, von dem man freilich am wenigsten sprach, sehe ich im Machtzuwachs der Athener, der den Lakedaimoniern Furcht einflößte und sie zum Krieg zwang;[23] aber die öffentlich von beiden Seiten vorgebrachten Anschuldigungen, derentwegen sie den Vertrag lösten und den Krieg begannen, waren Folgende:

Besondere Anlässe zum Ausbruch des Krieges

24 (1) Epidamnos ist eine Stadt, die, wenn man in den Ionischen Meerbusen einfährt, zur Rechten liegt. In der Nähe wohnen die Taulantier, Barbaren illyrischer Abstammung. (2) Es ist eine Siedlung der Kerkyraier, der Gründer war Phalios, Sohn des Eratokleides, ein Korinther und Abkömmling des Herakles, der nach altem Brauch aus der Mutterstadt herbeigerufen worden war;[24] bei der Besiedlung wirkten aber auch einige Korinther und andere Dorer mit. (3) Im Laufe der Zeit wurde die Stadt der Epidamnier groß und volkreich. (4) Nach langjährigen inneren Wirren, so heißt es, wurden sie durch einen Krieg mit den benachbarten Barbaren eines Großteils ihrer Macht beraubt. (5) Schließlich verjagte kurz vor diesem Krieg das Volk die Adligen, diese aber rückten gemeinsam mit den Barbaren heran und bedrängten die in der Stadt Gebliebenen durch Raubzüge zu Lande und zu Wasser. (6) Die Epidamnier in der Stadt schickten in ihrer Not Gesandte nach Kerkyra als ihrer Mutterstadt und baten, sie mögen ihrem Untergang nicht tatenlos zusehen, sondern die Verbannten mit ihnen versöhnen und den Krieg mit den Barbaren beenden.

(7) Darum baten sie, als Schutzflehende im Heratempel sitzend. Die Kerkyraier aber nahmen das Hilfegesuch nicht an, sondern entließen sie unverrichteter Dinge.[25]

25 (1) Als nun die Epidamnier erkannten, dass sie von Kerkyra keine Hilfe zu erwarten hätten, waren sie ratlos, wie sie ihre Notlage meistern könnten. Sie schickten also nach Delphi und fragten den Gott, ob sie die Stadt den Korinthern, den Gründern, übergeben und versuchen sollten, von ihnen Hilfe zu erlangen. Er antwortete ihnen, sie sollten die Stadt übergeben und sich der Führung der Korinther unterstellen. (2) Die Epidamnier reisten also nach Korinth und übergaben gemäß der Weissagung ihre Stadt, wiesen darauf hin, dass ihr Stadtgründer aus Korinth stamme, teilten ihnen den Gottesspruch mit und baten, ihrem Untergang nicht tatenlos zuzusehen, sondern ihnen zu helfen. (3) Die Korinther übernahmen den Schutz einerseits gemäß der Rechtslage – in der Meinung, es handle sich ebenso um ihre Tochterstadt wie um die der Kerkyraier –, andererseits aber auch aus Hass gegen die Kerkyraier, weil sich diese nicht um sie kümmerten, obwohl sie doch ihr Pflanzvolk waren; (4) denn weder erwiesen sie ihnen bei den gemeinsamen Festen die üblichen Ehren, noch überließen sie einem Korinther den ersten Opferteil, sie behandelten sie vielmehr mit Geringschätzung, da sie dank ihrer Geldmacht den reichsten Griechenstädten ebenbürtig waren, in der Kriegsrüstung sie sogar übertrafen; im Seewesen vollends, rühmten sie sich bisweilen, allen weit überlegen zu sein, auch unter Hinweis auf die frühere Besiedlung der Insel durch die Phaiaken, die in hohem Ruf standen wegen ihrer Seetüchtigkeit. So kam es, dass sie noch mehr Wert auf die Ausrüstung von Flotten legten, und hierin verfügten sie über nicht geringe Macht: 120 Trieren besaßen sie bei Beginn des Krieges.

26 (1) Da also die Korinther so viele Beschwerden vorzubringen hatten, sandten sie gerne den Epidamniern Hilfe, entboten Freiwillige als Siedler und amprakiotische, leukadische und eigene Truppen als Besatzung. (2) Sie zogen auf dem Landweg bis nach Apollonia, einer Tochterstadt Korinths, aus Furcht, sie könnten von den Kerkyraiern zur See an der Überfahrt gehindert werden. (3) Als aber die Kerkyraier von der Ankunft der Siedler und der Besatzung in Epidamnos und der Übergabe ihrer Tochterstadt an die Korinther erfuhren, ergriff sie gewaltiger Zorn; sie stachen sofort mit 25 Schiffen in See, später auch mit einer weiteren Flotte, und befahlen ihnen in schroffer Weise, die Verbannten aufzunehmen – es waren nämlich die vertriebenen Epidamnier nach Kerkyra gekommen und hatten sie unter Hinweis auf die Gräber und die gemeinsame Abstammung gebeten, sie in ihre Heimat zurückzuführen –, außerdem sollten sie die von den Korinthern entsandte Besatzung und die Siedler ausweisen. (4) Die Epidamnier gehorchten aber nicht. So begannen die Kerkyraier den Krieg mit 40 Schiffen gemeinsam mit den Verbannten, um diese zurückzuführen; auch die Illyrer gewannen sie als Bundesgenossen. (5) Sie belagerten also die Stadt, ließen aber verkünden, jeder Epidamnier, der wolle, und alle Fremden könnten unter sicherem Geleit abziehen, widrigenfalls würden sie wie Feinde behandelt. Als sich niemand darum kümmerte, begannen die Kerkyraier die Stadt – der Ort liegt auf einer Landzunge – zu belagern.[26]

27 (1) Als die Korinther durch Boten aus Epidamnos von der Belagerung erfuhren, rüsteten sie zu einem Kriegszug; gleichzeitig ließen sie eine Neubesiedlung von Epidamnos verkünden: Jeder, der dazu Lust habe, sollte unter gleichen Bedingungen daran teilnehmen;[27] wer nicht gleich zu Beginn mitsegeln, aber doch an der Besiedlung teilnehmen wolle, möge 50 korinthische Drachmen hinterlegen und noch abwarten. Viele gab es, die gleich mitfuhren, viele auch, die Geld erlegten. (2) Sie baten die Megarer, mit Schif-

fen am Zuge teilzunehmen, falls sie von den Kerkyraiern an der Überfahrt gehindert werden sollten; und diese rüsteten sich mit 8 Schiffen zur Mitfahrt, Pale auf Kephallenia mit 4, auch die Epidaurier baten sie, und diese stellten 5, Hermione 1 und Troizen 2, Leukas 10 und Amprakia 8; von den Thebanern und Phleiasiern erbaten sie Geld, von den Eleiern leere Schiffe und Geld; von den Korinthern selbst wurden 30 Schiffe und 3000 Schwerbewaffnete ausgerüstet.

28 (1) Als die Kerkyraier von dieser Zurüstung erfuhren, kamen sie nach Korinth mit den Gesandten der Lakedaimonier und der Sikyonier, die sie mitgenommen hatten, und forderten die Korinther auf, die nach Epidamnos gelegte Besatzung und die Siedler abzuziehen, da sie kein Recht auf Epidamnos hätten. (2) Sollten sie aber doch Anspruch darauf erheben, so wollten sie sich der schiedsrichterlichen Entscheidung vor peloponnesischen Städten, auf die sie sich beide einigen könnten, unterwerfen; wem dann im Schiedsverfahren die Siedlung zugesprochen werde, der solle dann dort verfügen. Sie seien auch bereit, sich der Entscheidung des Delphischen Orakels zu unterwerfen. (3) Krieg aber sollten sie deshalb nicht führen; andernfalls sähen sie sich gezwungen, so erklärten sie, da jene sie ja dazu drängten, Freunde zu suchen, die sie nicht wünschten, andere als ihre jetzigen – ihres Vorteils wegen. (4) Die Korinther antworteten ihnen, wenn sie die Schiffe und die Barbaren von Epidamnos abzögen, würden sie darüber verhandeln. Vorher sei es nicht angebracht, dass sie, während jene belagert würden, hier die Rechtslage erörtern. (5) Die Kerkyraier entgegneten, wenn auch jene ihre in Epidamnos liegende Besatzung abzögen, wollten sie das tun, sie seien aber auch einverstanden, dass beide an Ort und Stelle blieben und Waffenruhe hielten, bis das Rechtsurteil gefällt sei.

29 (1) Die Korinther hörten aber nicht darauf, sondern als ihre Schiffe bemannt und die Verbündeten zur Stelle waren, schickten sie zunächst einen Herold voraus, der den Kerkyraiern den Krieg erklären sollte, stachen dann mit 75 Schiffen und 2000 Hopliten in Richtung Epidamnos in See, um mit den Kerkyraiern zu kämpfen. (2) Den Befehl über die Flotte führten Aristeus, Sohn des Pellichos, Kallikrates, Sohn des Kallias, und Timanor, Sohn des Timanthes, über die Fußtruppen Archetimos, Sohn des Eurytimos, und Isarchidas, Sohn des Isarchos. (3) Als sie auf der Höhe von Aktion in Anaktorien angelangt waren, wo der Apollontempel steht, an der Mündung des Amprakischen Golfes, schickten ihnen die Kerkyraier einen Herold entgegen mit der Warnung, sich ihnen nicht weiter zu nähern. Gleichzeitig bemannten sie ihre Schiffe, die alten machten sie durch Verstrebungen wieder seetüchtig, die anderen besserten sie aus. (4) Da ihr Herold kein Friedensangebot von den Korinthern brachte und ihre Schiffe bereits bemannt waren, 80 an der Zahl – 40 lagen nämlich vor Epidamnos –, fuhren sie den Korinthern entgegen und lieferten ihnen in entwickelter Schlachtordnung ein Seetreffen. Hier errangen die Kerkyraier einen eindeutigen Sieg, 15 Schiffe der Korinther versenkten sie. (5) Am selben Tag traf es sich auch, dass die Belagerer von Epidamnos die Stadt zur Übergabe zwangen unter der Bedingung, die Neuankömmlinge auszuliefern, die Korinther aber in sicherem Gewahrsam zu halten, bis sie weitere Beschlüsse gefasst hätten.

30 (1) Nach dem Seetreffen errichteten die Kerkyraier ein Siegeszeichen auf Leukimme, einem Vorgebirge Kerkyras, die Gefangenen, die sie gemacht hatten, töteten sie, nur die Korinther hielten sie in Haft. (2) In der Folgezeit, als die Korinther und ihre Verbündeten nach ihrer Seeniederlage heimgefahren waren, beherrschten die Kerkyraier das ganze Meer in jenen Gegenden; sie fuhren nach Leukas, der Tochterstadt Korinths, und verwüsteten das Land; Kyllene, die Schiffswerft der Eleier, steckten sie in Brand, weil sie Schiffe

und Geld den Korinthern hatten zukommen lassen. (3) Die längste Zeit nach der Seeschlacht beherrschten also die Kerkyraier das Meer, überfielen die Bundesgenossen der Korinther und fügten ihnen großen Schaden zu, bis schließlich die Korinther im nächsten Sommer wieder eine Flotte und ein Heer aussandten, da ihre Bundesgenossen in Bedrängnis waren, und bei Aktion und Cheimerion in Thesprotien lagerten, zum Schutz der Insel Leukas und der anderen mit ihnen befreundeten Städte. (4) (Ihnen) gegenüber auf Leukimme lagerten die Kerkyraier mit der Flotte und den Fußtruppen. Keiner aber griff den anderen an, sondern sie lagen diesen Sommer einander gegenüber und kehrten im Winter wieder nach Hause zurück.

31 (1) Das ganze Jahr nach der Seeschlacht und auch das darauf folgende bauten die Korinther in ihrer leidenschaftlichen Erregung über den Krieg mit den Kerkyraiern Schiffe und trafen gewaltige Zurüstungen für eine Flottenausfahrt; aus dem Peloponnes und dem übrigen Hellas warben sie Ruderknechte mit dem Versprechen hohen Soldes. (2) Die Nachricht von dieser Zurüstung versetzte die Kerkyraier in Furcht, und da sie mit keiner Hellenenstadt verbündet waren und sich auch nicht in den Bund der Athener oder der Lakedaimonier eingeschrieben hatten, beschlossen sie, sich an die Athener zu wenden mit dem Versuch, deren Bundesgenossen zu werden und Hilfe bei ihnen zu finden. (3) Die Korinther schickten auf diese Nachricht nun ihrerseits eine Gesandtschaft nach Athen, damit nicht die athenische Flotte, vereinigt mit der Kerkyras, sie daran hindere, den Krieg so zu beenden, wie sie es wünschten. (4) Vor der nun einberufenen Volksversammlung traten sie auf zu Rede und Gegenrede, und die Kerkyraier sprachen folgendermaßen:

32 (1) »Mit Recht, Athener, muss jeder, der sich so wie jetzt wir an andere um Hilfe wendet, ohne auf ein großes

Verdienst noch auf ein Bündnis hinweisen zu können, vorerst darlegen, dass sein Ersuchen Vorteil oder doch wenigstens keinen Schaden mit sich bringe, ferner aber, dass er unwandelbaren Dank abstatten werde; kann er das nicht als ganz sicher hinstellen, darf er über einen Misserfolg nicht zürnen. (2) Die Kerkyraier haben uns mit der Bitte um ein Bündnis hierher gesandt, und sie glauben, euch diese Sicherheit bieten zu können. (3) Freilich erweist sich unser bisheriges Verhalten euch gegenüber, was unsere Bitte betrifft, als wenig sinnvoll und für uns in unserer Lage als reichlich nutzlos. (4) Wir, die niemals vorher jemandem freiwillig Waffenhilfe geleistet haben, kommen nun, darum zu bitten, und zugleich stehen wir deshalb, in den gegenwärtigen Krieg mit den Korinthern geraten, allein da. Und so hat das, was uns vorher Besonnenheit schien – nicht in einem auswärtigen Bündnis nach dem Willen des anderen Gefahren zu teilen –, sich nun als Unbedachtsamkeit und Schwäche erwiesen. (5) In der vergangenen Seeschlacht haben wir zwar allein die Korinther zurückgeschlagen. Da sie jedoch mit größerer Zurüstung aus dem Peloponnes und dem übrigen Hellas gegen uns im Anmarsch sind, wir uns aber außerstande sehen, bloß mit unseren eigenen Machtmitteln den Sieg zu erringen, und zugleich die Gefahr groß ist, wenn wir in ihre Gewalt kommen, so müssen wir euch und jeden anderen um Hilfe bitten, und (wir werden) Verzeihung (für unser Verhalten finden), wenn wir nicht aus Schlechtigkeit, sondern wegen unserer irrigen Meinung nun den Mut haben, unsere frühere Zurückgezogenheit aufzugeben.

33 (1) Euch wird aber, wenn ihr zustimmt, der Zufall unseres Ansuchens in vielem von großem Vorteil sein: erstens, weil ihr Leuten, die Unrecht erleiden, aber nicht anderen Schaden zufügen, eure Hilfe gewährt; sodann werdet ihr euch, wenn ihr uns in der Zeit höchster Gefahr aufnehmt,

größtmöglichen, ewig bezeugten Dank erwerben; außerdem besitzen wir eine Flotte – nach der euren die größte. (2) Überlegt auch, welcher Glücksfall seltener ist oder welcher den Feinden unangenehmer: Wenn eine Macht, deren Beitritt zu eurem Bund ihr sicher mit viel Geld und Gefälligkeit erkauft hättet, nun von selbst kommt, ohne Gefahren und Kosten sich euch anvertraut und euch obendrein bei vielen den Ruf des Edelmutes bringt, euren Schützlingen die Verpflichtung zu Dank, euch selbst aber Stärke. Zu allen Zeiten ist das alles zusammen wahrlich nur wenigen zuteil geworden, und nur wenige gibt es, die mit ihrer Bitte um ein Waffenbündnis den Angerufenen Sicherheit und Ehre in nicht geringerem Maße anbieten, als sie selbst erhalten werden. (3) Der Krieg aber, in dem wir euch nützlich sein könnten, werde nicht ausbrechen – wenn das einer von euch glaubt, so irrt er sehr und merkt nicht, dass die Lakedaimonier aus Furcht vor euch sich mit Kriegsabsichten tragen und die Korinther, die großen Einfluss bei ihnen haben, eure Feinde sind und uns nur vor dem Angriff auf euch unterwerfen wollen, damit wir uns nicht in gemeinsamem Hass gegen sie miteinander verbünden und sie selbst nicht in beidem Misserfolg haben: entweder uns Schaden zuzufügen oder ihre eigene Stellung zu sichern.[28] (4) Unsere Aufgabe ist es also, ihnen zuvorzukommen, die einen durch das Angebot, ihr durch die Annahme des Bündnisses, und lieber vorher gegen sie Anschläge zu planen als ihre Anschläge abzuwehren.

34 (1) Sollten (die Korinther) aber entgegnen, es sei nicht recht, dass ihr Bürger ihrer Tochterstädte bei euch aufnehmt, so sollen sie zur Kenntnis nehmen: Jede Tochterstadt wird, gut behandelt, die Mutterstadt ehren, widerfährt ihr aber Unrecht, wird sie sich ihr entfremden; denn nicht als Sklaven, sondern gleichberechtigt mit den Zurückgebliebenen werden Siedler ausgesandt. (2) Dass sie uns Unrecht zugefügt haben, ist klar ersichtlich; denn aufgerufen zu einer schiedsrichterlichen Entscheidung über Epidamnos, wollten sie lieber durch Krieg als durch Verhandlungen zwischen Gleichberechtigten den Streitfall verfolgen. (3) Euch diene das zur Warnung, wie sie uns, ihre Blutsverwandten, behandeln. Lasst euch durch Trug nicht von ihnen verleiten, wenn sie aber geradewegs euch bitten, helft ihnen nicht! Denn wer am wenigsten Grund hat, Nachgiebigkeit gegenüber den Feinden zu bereuen, fährt am sichersten.

35 (1) Ihr werdet aber auch nicht den Vertrag mit den Lakedaimoniern brechen, wenn ihr uns aufnehmt, da wir ja keinem der beiden (Bünde) angehören. (2) Denn darin ist festgestellt: Jeder hellenischen Stadt, die mit niemandem verbündet ist, steht es frei, einem der beiden Bünde nach Belieben beizutreten. (3) Und es wäre wirklich eine starke Zumutung: Diesen da soll erlaubt sein, aus den Reihen ihrer Verbündeten ihre Schiffe zu bemannen und obendrein noch aus ganz Hellas, und zwar nicht zum geringsten Teil aus euren Untertanen, uns aber wollen sie aus dem uns freistehenden Bündnis ausschließen und von jeder sonstigen Unterstützung, dazu wollen sie es euch als Unrecht anrechnen, wenn ihr unsere Bitte gewährt. (4) Wir aber könnten euch viel schwerer beschuldigen, sollten wir unser Ziel nicht erreichen. Denn ihr würdet uns, die wir nicht eure Feinde sind, in einer Zeit der äußersten Gefährdung zurückweisen, diese aber, die eure Feinde sind und gegen euch vorgehen, würdet ihr nicht nur nicht hindern, sondern sogar zusehen, wie sie aus eurem Herrschaftsbereich Macht gewinnen. Das ist nicht gerecht, sondern gerecht wäre, entweder jene an der Werbung von Söldnern aus eurem Gebiet zu hindern oder auch uns in dem Maße Hilfe zu senden, wie ihr es für angebracht haltet, am besten aber, uns durch offene Aufnahme (in euren Bund) zu unterstützen. (5) Viele Vorteile, wie wir anfangs schon festgestellt haben, können wir euch aufzeigen, der größte, dass wir die gleichen Feinde haben – sicherste Gewähr (für gegenseitige Treue) –, und zwar keine schwachen, im Gegenteil, sie sind sehr wohl imstande, Abtrünnige zu schädigen. Und das Angebot eines Bündnisses mit einer See-, nicht Landmacht auszuschlagen kann euch nicht gleichgültig sein, vielmehr müsst ihr nach Kräften darauf sehen, dass niemand anderer eine Flotte besitzt, andernfalls aber den Mächtigsten und Verlässlichsten zum Freund haben.

36 (1) Sollte nun einer unsere Vorschläge zwar für nützlich halten, aber befürchten, er werde, wenn er sich davon bestimmen lasse, den Vertrag brechen, der soll nur wissen: Seine Furcht wird, weil mit Stärke verbunden, die Feinde mehr schrecken, dagegen wird sein Vertrauen (auf die eigene Kraft), wenn er uns nicht aufnimmt, da es Schwäche ist, den starken Feinden weniger Furcht einflößen; und ferner: nicht so sehr um Kerkyra als um Athen muss er Rat halten, und er wird nicht aufs Beste für seine Stadt vorsorgen, wenn er bei dem drohenden, nur gerade noch nicht ausgebrochenen Krieg den Blick bloß auf das Tagesgeschehen lenkt und dabei zögert, einen Ort zu gewinnen, den man mit den weitreichendsten Folgen entweder zum Freund oder Feind hat. (2) Denn er liegt sehr günstig an der Überfahrt nach Italien und Sizilien, um von dort keine Flotte zu den Peloponnesiern kommen zu lassen, wohl aber von hier eine hinüberzusenden, und auch sonst bietet er viele Vorteile. (3) Kurz zusammengefasst, an einem Hauptpunkt sollt ihr alle insgesamt und jeder Einzelne erkennen, dass ihr uns nicht abweisen dürft. Drei nennenswerte Flotten gibt es in Hellas: eure, unsere und die der Korinther. Wenn ihr es nun zulasst, dass sich zwei davon vereinigen, und die Korinther uns vorher unterwerfen, so werdet ihr zur See mit Kerkyraiern und Korinthern zugleich kämpfen müssen, nehmt ihr uns aber auf, so werdet ihr im Kampf gegen sie über eine um unsere Schiffe vermehrte Flotte verfügen.« (4) So sprachen also die Kerkyraier, die Korinther nach ihnen aber folgendermaßen:

37 (1) »Da die Kerkyraier nicht nur über ihre Aufnahme gesprochen haben, sondern auch (behaupten), dass wir ihnen Unrecht zufügten und ihnen so widerrechtlich Krieg ins Land getragen werde, müssen auch wir in gleicher Weise zuerst über diese beiden Punkte reden und dann erst das Übrige erörtern, damit ihr unseren Anspruch vorher besser kennen lernt und ihnen ihre Bitte nicht unbedacht abschlagt. (2) Sie behaupten, ein Bündnis hätten sie aus wohlbegründeter Überlegung mit niemandem geschlossen. Zum Bösen, nicht zum Guten ersannen sie diese Haltung; sie wollten nämlich bei ihren Untaten keinen Verbündeten, um nicht dabei einen Zeugen zu haben oder Scham zu empfinden, falls sie um Unterstützung bäten. (3) Und ihre Stadt dank ihrer unabhängigen Lage ermöglicht ihnen, selbst Richter zu sein über die Schädigungen, die sie anderen zufügen, statt an Verträge gebunden zu sein, weil sie fast gar nicht fremde Häfen anlaufen, sehr häufig aber andere, die notgedrungen anlegen, bei sich aufnehmen.[29] (4) Und daher nehmen sie die schönklingende Bündnislosigkeit als Vorwand, nicht um gemeinsam mit anderen kein Unrecht zu begehen, sondern um es alleine zu verüben, um, wo sie mächtig sind, Gewalt zu gebrauchen, um, sobald sie es unbemerkt tun können, andere zu übervorteilen und, wenn sie irgendeinen Gewinn errafft haben, darüber keine Scham zu empfinden. (5) Indessen, wären sie rechtschaffene Männer, wie sie behaupten, so könnten sie doch, je schwerer ihnen von außen beizukommen ist, umso klarer ihre edle Art durch Gewährung und Annahme eines gerechten Urteils beweisen.

38 (1) Aber weder anderen noch uns gegenüber verhalten sie sich so; obwohl ein Pflanzvolk von uns, sind sie seit jeher abtrünnig, und jetzt führen sie sogar Krieg gegen uns mit der Begründung, nicht um Unrecht zu leiden seien sie ausgesandt worden. (2) Aber auch wir sind der Meinung, sie nicht angesiedelt zu haben, um von ihnen verhöhnt zu werden, sondern um ihre Führer zu sein und die gebührende Achtung zu genießen. (3) Die anderen Pflanzstädte jedenfalls ehren uns, und wir sind bei ihnen sehr beliebt. (4) Und es ist klar, wenn alle mit uns zufrieden sind, so sind allein jene wohl nicht zu Recht mit uns unzufrieden; und wir führten nicht in so auffallender Weise mit ihnen Krieg, hätten wir nicht gewaltig Unrecht erlitten. (5) Der Anstand aber hätte es von ihnen erfordert, gesetzt, wir haben einen Fehler begangen, unserem Zorne nachzugeben, für uns aber wäre es schimpflich gewesen, Gewalt zu gebrauchen gegen ihr maßvolles Verhalten. (6) Aus Übermut und mit der Überheblichkeit des Reichen haben sie sich (schon früher) oft gegen uns vergangen, und um Epidamnos, das uns zugehört, haben sie sich in der Zeit seiner Not nicht gekümmert, aber als wir zu Hilfe eilten, eroberten sie es und halten es widerrechtlich in Besitz.

39 (1) Sie behaupten nun, sie seien zur Schlichtung durch ein Schiedsgericht bereit gewesen: Doch darf, so scheint es, nicht einer, der im Vorteil ist und von seiner sicheren Stellung dazu aufruft, etwas (von Gewicht) sagen, sondern nur der, der Gleichheit der Taten und Worte vor der Erörterung herstellt. (2) Nicht bevor sie den Platz belagerten, sondern erst als sie merkten, wir würden nicht tatenlos zusehen, kamen sie mit den schönklingenden Worten von einem Schiedsgericht. Und an euch wenden sie sich, nicht zufrieden, allein für sich dort drüben Fehler begangen zu haben, sondern mit dem Ansinnen, ihr sollt nicht etwa als Verbündete an ihrer Seite kämpfen, nein, mit ihnen freveln und sie dazu, da sie ja mit uns verfeindet sind, aufnehmen. (3) Sie hätten sich, als sie in Sicherheit waren, an euch anschließen sollen, nicht jetzt, da wir von ihnen Unrecht erlitten haben, sie aber bedroht sind, nicht jetzt, da ihr, an ihrer Macht damals zwar nicht beteiligt, ihnen aber doch Anteil an eurer Hilfe gewähren sollt und, obwohl schuldlos an ihren Verbrechen, vor uns gleich schuldig sein werdet; längst schon hätten sie ihre Macht mit der euren vereinen und vereint auch die Folgen tragen sollen.

40 (1) Dass wir selbst mit zutreffenden Beschwerden vor euch erscheinen, diese da aber gewalttätig und habgierig sind, haben wir nun dargelegt; dass es unrecht ist, wenn ihr sie aufnehmt, müsst ihr noch erfahren. (2) Wenn nämlich im Vertrag festgelegt ist, einer nicht eingeschriebenen Stadt stehe es frei, sich nach eigenem Wunsch einem der beiden Bündnisse anzuschließen, so gilt diese Bestimmung nicht für solche, die durch ihren Beitritt einem der Vertragspartner schaden, sondern nur, wenn eine Stadt, ohne einen anderen irgendwelcher Rechte über sich zu berauben, um einen Sicherheitsvertrag ersucht, dabei aber nicht ihren Beschützern, wenn diese es ruhig überlegen, Krieg anstatt Frieden verschafft. Und das würde jetzt euch widerfahren, wenn ihr nicht auf uns hört. (3) Denn ihr würdet zwar Verbündete dieser Leute da, zugleich aber für uns aus Vertragspartnern zu Feinden. Denn das ist eine notwendige Folge: Verbündet ihr euch mit ihnen, so werden wir uns gegen euch und sie gemeinsam zur Wehr setzen. (4) Wenn ihr also rechtmäßig handeln wollt, so haltet ihr euch am besten aus dem Streit zwischen uns beiden heraus, oder ihr geht gegen jene gemeinsam mit uns vor – an die Korinther seid ihr vertraglich gebunden, mit den Kerkyraiern habt ihr nie auch nur einen Waffenstillstand geschlossen; und lasst es nicht zur Gewohnheit werden, die Abtrünnigen der anderen Seite aufzunehmen. (5) Denn auch wir haben beim Abfall von Samos nicht gegen euch gestimmt, obwohl die anderen Peloponnesier über die Frage, ob man ihnen zu Hilfe eilen solle,

geteilter Meinung waren, sondern haben dagegen deutlich erklärt, jeder müsse bei der Bestrafung der eigenen Bundesgenossen freie Hand haben.[30] (6) Wenn ihr nämlich die Verbrecher aufnehmt und unterstützt, so wird es sich zeigen, dass nicht wenige eurer Verbündeten zu uns übertreten, und ihr werdet diese Gewohnheit mehr euch selbst als uns zum Schaden annehmen.

41 (1) Das sind die Rechtsansprüche, die wir gegen euch vorzubringen haben, stark genug nach den bei Hellenen geltenden Anschauungen. Folgendes aber ist Mahnung und Anspruch auf Dank, den ihr – zumal ihr nicht unsere Feinde, sodass ihr uns schaden müsstet, aber auch nicht unsere Freunde seid, sodass ihr euch unser bedienen könntet – in der gegenwärtigen Lage abstatten sollt: (2) Als es euch nämlich einmal an Kriegsschiffen fehlte, im Kampf gegen die Aigineten,[31] vor den Perserkriegen, da erhieltet ihr von den Korinthern 20 Schiffe; und dieser Freundesdienst und der bei Samos – dass nämlich dank unserer Haltung die Peloponnesier ihnen nicht zu Hilfe kamen – verhalf euch zur Überwältigung der Aigineten und zur Züchtigung der Samier; und das geschah unter solchen Verhältnissen, da meistens die Menschen im Kampf gegen die Feinde alles andere nicht kümmert – außer dem Sieg. (3) Für einen Freund halten sie, wer ihnen hilft, war er auch früher verhasst, für einen Feind, wer ihnen entgegentritt, war er auch gerade ihr Freund, da sie ja ihr eigenes Hab und Gut aufs Spiel setzen im Rausch augenblicklichen Gewinnens.

42 (1) Das bedenkt – die Jüngeren sollen es von den Älteren erfahren – und entschließt euch, uns Gleiches mit Gleichem zu vergelten; und niemand glaube, diese Worte seien zwar richtig, vorteilhaft aber sei für den Kriegsfall etwas anderes. (2) Denn Vorteil ergibt sich am ehesten dort, wo man am wenigsten Schuld auf sich lädt, und die drohende Gefahr des Krieges, mit der die Kerkyraier euch erschrecken und zum Unrecht verleiten wollen, liegt noch im Ungewissen, und es wäre nicht richtig, sich davon bestimmen zu lassen und sich die schon sichere, nicht erst drohende Feindschaft mit den Korinthern anzulasten, vielmehr vernünftig, das von früher bestehende Misstrauen wegen Megara zu verringern;[32] (3) denn die zuletzt erwiesene Freundestat, im rechten Augenblick, wenn auch nicht allzu bedeutend, kann selbst einen gewichtigeren Vorwurf tilgen. (4) Lasst euch nicht dadurch, dass sie das Bündnis mit einer gewaltigen Flotte anbieten, (auf ihre Seite) ziehen; kein Unrecht gegen Ebenbürtige zu begehen bedeutet zuverlässigere Macht, als, vom ersten Eindruck bestimmt, unter Gefahren ein Übergewicht (gegenüber anderen) zu haben.

43 (1) Wir selbst sind also in eine Lage gekommen, für die wir in Sparta den Grundsatz aufstellten, jeder müsse bei der Bestrafung der eigenen Bundesgenossen freie Hand haben; jetzt verlangen wir von euch die gleiche Haltung, und nicht, dass ihr zwar aus unserer Entscheidung Nutzen gezogen habt, uns aber durch eure schadet. (2) Vergeltet Gleiches mit Gleichem und bedenkt, das ist eben jetzt jener Augenblick, wo zum besten Freund wird, wer hilft, zum Gegner, wer einem entgegentritt. (3) Die Kerkyraier nehmt nicht als Bundesgenossen auf gegen unseren ausdrücklichen Willen, und unterstützt sie nicht in ihrem ungerechten Tun. (4) Mit einem solchen Verhalten werdet ihr handeln, wie es angemessen ist, und einen Entschluss fassen, der euch die größten Vorteile bietet.«

44 (1) So sprachen also die Korinther. Die Athener hörten beide Teile an, dann beriefen sie sogar zweimal eine Volksversammlung; in der ersten zeigten sie sich mit den Ausführungen der Korinther völlig einverstanden, in der folgenden änderten sie ihre Meinung und entschieden, mit den Kerkyraiern zwar kein Waffenbündnis mit gleichen Feinden und Freunden zu schließen – würden nämlich die Kerkyraier sie

zu gemeinsamem Angriff gegen Korinth auffordern, wäre ihr Vertrag mit den Peloponnesiern gebrochen –, sondern sie gingen einen Schutzvertrag ein mit der Bestimmung, einander zu Hilfe zu kommen, wenn jemand Kerkyra angreife oder Athen oder ihre Bundesgenossen. (2) Denn sie glaubten, der Krieg mit den Peloponnesiern werde auch so ausbrechen, und wollten Kerkyra nicht den Korinthern preisgeben, da es über eine so gewaltige Flotte verfügte; beide sollten nur möglichst hart aneinander geraten, damit Korinth und die übrigen Seemächte bereits geschwächt seien, wenn sie Krieg mit ihnen führen müssten. (3) Außerdem schien ihnen die Insel günstig an der Überfahrt nach Italien und Sizilien zu liegen.

45 (1) Aufgrund solcher Überlegung nahmen die Athener die Kerkyraier auf, und kurze Zeit nach der Abreise der Korinther schickten sie ihnen 10 Schiffe zu Hilfe;[33] (2) den Befehl führten Lakedaimonios, Sohn Kimons, Diotimos, Sohn des Strombichos, und Proteas, Sohn des Epikles. (3) Sie hatten den strengen Befehl, den Korinthern kein Seetreffen zu liefern, außer diese segelten gegen Kerkyra und wollten dort oder an einem anderen Ort der Kerkyraier an Land gehen; das sollten sie nach Kräften verhindern. Diesen Befehl hatten sie ihnen erteilt, um den Vertrag nicht zu brechen.

46 (1) Diese Schiffe kamen also in Kerkyra an; die Korinther segelten, als ihre Rüstungen beendet waren, in Richtung Kerkyra mit 150 Schiffen. Davon waren 10 aus Elis, 12 aus Megara, 10 aus Leukas, 27 aus Amprakia, 1 aus Anaktorion, aus Korinth selbst 90. (2) Die Befehlshaber stellten die einzelnen Städte über ihre Abteilungen, bei den Korinthern war es Xenokleides, Sohn des Euthykles, gemeinsam mit vier anderen. (3) Als sie, von Leukas kommend, sich dem Festland gegenüber Kerkyra näherten, gingen sie bei Cheimerion in Thesprotien vor Anker. (4) Es ist das ein Hafen, und eine Stadt liegt oberhalb, vom Meer entfernt, in der thesprotischen Elaiatis, namens Ephyre. In der Nähe dort ergießt sich der Acherusische See ins Meer; der Acheron, der die Thesprotis durchfließt, mündet nämlich in ihn, und davon hat er den Namen. Es fließt hier auch der Thyamis, der die Grenze zwischen der Thesprotis und Kestrine bildet. Zwischen diesen beiden erhebt sich das Vorgebirge Cheimerion. (5) Die Korinther gingen also an dieser Stelle des Festlandes vor Anker und schlugen ein Lager auf.

47 (1) Als die Kerkyraier von ihrem Herannahen erfuhren, bemannten sie 110 Schiffe, über die Mikiades, Aisimides und Eurybatos den Befehl hatten, und bezogen auf einer der so genannten Sybota-Inseln Lager; auch die 10 athenischen Schiffe waren mit dabei. (2) Ihr Fußvolk stand beim Vorgebirge Leukimme, ebenso 1000 Schwerbewaffnete aus Zakynthos als Verstärkung. (3) Auch zu den Korinthern auf dem Festland waren starke Abteilungen von Barbaren als Verstärkung gestoßen. Die Bewohner des Festlandes dort waren ihnen nämlich seit jeher freundschaftlich verbunden.

48 (1) Als die Korinther nun mit den Zurüstungen fertig waren, stießen sie, mit Verpflegung für drei Tage an Bord, von Cheimerion nachts in See, um ein Seetreffen zu liefern. (2) Am Morgen, in voller Fahrt, sahen sie die Schiffe der Kerkyraier auf hoher See gegen sich heransegeln. (3) Als sie einander erblickten, stellten sie sich gegenüber in Schlachtordnung auf. Auf dem rechten Flügel der Kerkyraier standen die athenischen Schiffe, das Übrige nahmen sie selbst ein: Sie teilten ihre Flotte in drei Geschwader, jedes befehligte einer der drei Feldherren. (4) So standen also die Kerkyraier; bei den Korinthern nahmen den rechten Flügel die Schiffe aus Megara und Amprakia ein, die Mitte die anderen Verbündeten der Reihe nach, den linken Flügel hielten die Korinther selbst mit ihren besten Schiffen, den Athenern und dem rechten Flügel der Kerkyraier gegenüber.

49 (1) Als auf beiden Seiten die Angriffszeichen gehisst waren, gerieten sie aneinander und kämpften, beide mit vielen Schwerbewaffneten auf den Verdecken, vielen Bogen- und Speerschützen, überhaupt nach alter, etwas unbeholfener Art. (2) Das Seegefecht war sehr hitzig, nicht so sehr durch die besondere Geschicklichkeit (der Kämpfenden), sondern eher einer Landschlacht ähnlich. (3) Wenn sie nämlich einmal aneinander geraten waren, konnten sie sich nur schwer lösen in der Menge und dem Gewirr von Schiffen, zumal sie auch mehr Siegeshoffnung auf die Schwerbewaffneten an Deck setzten, die dort in Reih und Glied auf den festliegenden Schiffen kämpften. Durchstoßen (der feindlichen Schiffsreihen) sah man nicht, sondern man kämpfte mehr mit Mut und Kraft als mit Geschicklichkeit. (4) Überall herrschte gewaltiger Lärm und wildes Kampfgetümmel, bei dem die athenischen Schiffe den Kerkyraiern zu Hilfe eilten, wenn diese irgendwo in Bedrängnis gerieten; sie jagten den Feinden zwar Schrecken ein, begannen aber selbst nicht mit dem Angriff, da die Feldherren ängstlich auf den Befehl der Athener bedacht waren. (5) Bei den Korinthern erging es dem rechten Flügel am schlechtesten. Die Kerkyraier jagten sie nämlich mit 20 Schiffen in die Flucht und folgten den Versprengten bis zum Festland, segelten zu ihrem Lager, gingen dort an Land, steckten die verlassenen Zelte in Brand und plünderten. (6) Hier also unterlagen die Korinther und ihre Bundesgenossen, und die Kerkyraier behielten die Oberhand. Wo aber die Korinther selbst standen, am linken Flügel, waren sie bedeutend im Vorteil, da bei den ohnehin schon zahlenmäßig unterlegenen Kerkyraiern die 20 Schiffe von der Verfolgung noch nicht zurück waren. (7) Als die Athener die Not der Kerkyraier sahen, kamen sie ihnen nun schon tatkräftiger zu Hilfe, vermieden es aber anfangs noch, mit jemandem ins Handgemenge zu kommen; als sich aber die Niederlage (der Kerkyraier) deutlich abzuzeichnen begann und die Korinther heftig nachdrängten, da legte jeder Hand an, und es gab keinen Unterschied mehr; in dieser äußersten Not kam es schließlich so weit, dass Korinther und Athener gegeneinander kämpften.

50 (1) Nach der Flucht (der Kerkyraier) nahmen die Korinther nicht die Rümpfe der Schiffe, die sie gerammt hatten, ins Schlepptau, sondern wandten sich gegen die Besatzung, indem sie zwischendurch fuhren, mehr darauf aus, sie zu töten, als gefangen zu nehmen, und da sie von ihrer Niederlage auf dem rechten Flügel nichts gemerkt hatten, töteten sie ahnungslos auch einige ihrer Verbündeten. (2) Denn da die Zahl der Schiffe sehr groß war und diese eine weite Meeresfläche bedeckten, konnte man nach dem Zusammentreffen der beiden Flotten nur schwer erkennen, wer zu den Siegern und wer zu den Besiegten gehörte; diese Seeschlacht von Hellenen gegen Hellenen war nach der Zahl der Schiffe die größte im Vergleich zu den früheren. (3) Als die Korinther die Kerkyraier bis zur Küste verfolgt hatten, wandten sie sich ihren Schiffstrümmern und Toten zu, die meisten konnten sie sicherstellen und nach Sybota bringen, wo das Landheer der Barbarenstämme zu ihrer Unterstützung stand. Sybota ist ein einsamer Hafenplatz in Thesprotien. (4) Danach sammelten sie sich wieder und ruderten erneut gegen die Kerkyraier heran. Diese fuhren auch ihrerseits mit ihren noch seetüchtigen und sonstigen Reserveschiffen gemeinsam mit den athenischen ihnen entgegen, aus Furcht vor einem Landungsversuch der Korinther. (5) Es war spät am Tag; schon hatten sie den Paian[34] vor dem Angriff gesungen, als die Korinther unvermutet rückwärts zu rudern begannen, da sie nämlich 20 athenische Schiffe heransegeln sahen. Diese hatten die Athener später zur Unterstützung ihrer 10 Schiffe nachgesandt, aus Sorge – wie es ja dann auch geschah –, die Kerkyraier könnten besiegt werden und ihre 10 Schiffe zu wenig sein für eine wirksame Hilfe.

51 (1) Da die Korinther also diese erblickten und vermuteten, sie wären aus Athen, und zwar nicht so viele, wie sie sähen, sondern mehr, wichen sie zurück. (2) Den Kerkyraiern näherten sie sich aber aus einem ungünstigen Blickwinkel und wurden daher von ihnen nicht gesehen; sie wunderten sich nur, warum die Korinther zurückruderten, bis schließlich einige die Schiffe heransegeln sahen und es weitermeldeten. Da zogen sie sich auch ihrerseits zurück – es dunkelte nämlich schon; die Korinther hatten auch kehrtgemacht und sich vom Gegner gelöst. (3) So trennten sie sich voneinander, und die Seeschlacht endete in der Nacht. (4) Während die Kerkyraier bei Leukimme Lager bezogen, näherten sich die 20 Schiffe aus Athen – Feldherren waren Glaukon, Sohn des Leagros, und Andokides, Sohn des Leogoros – mitten durch Leichen und Trümmer fahrend dem Lager, nicht viel später, als sie gesichtet worden waren. Die Kerkyraier befürchteten zuerst – es war ja Nacht –, feindliche Schiffe kämen heran, dann aber erkannten sie sie und ließen sie vor Anker gehen.

52 (1) Am folgenden Tag liefen die 30 athenischen und die seetüchtigen Schiffe der Kerkyraier aus und fuhren zum Hafen von Sybota, in dem die Korinther ankerten, da sie erfahren wollten, ob diese eine Seeschlacht liefern würden. (2) Die Korinther stießen zwar vom Land ab und lagen in einer Reihe auf hoher See, hatten aber nicht die Absicht, aus Eigenem ein Seetreffen zu eröffnen, weil sie bedachten, dass aus Athen neue, noch unversehrte Schiffe dazugekommen, ihnen selber aber große Schwierigkeiten erwachsen seien: Bewachung der Kriegsgefangenen, die sie in ihren Schiffen hatten, keine Möglichkeit, ihre Schiffe in der einsamen Gegend auszubessern. (3) Vielmehr überlegten sie, wie sie nach Hause gelangen könnten; sie fürchteten nämlich, die Athener würden den Vertrag wegen des Handgemenges für gebrochen halten und sie nicht absegeln lassen.

53 (1) Daher schien es ihnen am ratsamsten, einige Männer in ein Boot zu setzen und ohne Heroldstab[35] den Athenern entgegenzuschicken und so einen Versuch zu machen. Ihren Abgesandten trugen sie auf, Folgendes zu sagen: (2) »Ihr tut unrecht, Athener, da ihr Krieg beginnt und den Vertrag brecht; denn ihr hindert uns mit erhobenen Waffen an der Bestrafung unserer Feinde. Seid ihr also entschlossen, uns am Angriff auf Kerkyra, oder wo wir es sonst wünschen, zu hindern und den Vertrag zu brechen, dann nehmt uns hier gleich fest und behandelt uns als Feinde.« (3) So sprachen sie; die Flottenmannschaft der Kerkyraier, soweit sie die Worte verstanden hatte, rief sogleich, man solle sie ergreifen und töten, die Athener aber antworteten: (4) »Weder beginnen wir den Krieg, Peloponnesier, noch brechen wir den Vertrag, sondern wir sind den Kerkyraiern hier, unseren Bundesgenossen, zu Hilfe gekommen. Wenn ihr nun irgend anderswohin fahren wollt, werden wir euch nicht daran hindern; fahrt ihr aber gegen Kerkyra oder einen ihrer Plätze, so werden wir euch daran nach Kräften hindern.«

54 (1) Auf diese Antwort der Athener hin rüsteten sich die Korinther zur Heimfahrt und errichteten ein Siegeszeichen in Sybota auf dem Festland. Die Kerkyraier bargen ihre Schiffstrümmer und Toten, die ihnen zugetrieben wurden von Strömung und einem in der Nacht aufgekommenen Wind, der sie weithin verstreut hatte; sie errichteten ebenfalls ein Siegeszeichen in Sybota auf den Inseln, als hätten sie den Sieg davongetragen. (2) Mit folgender Überlegung schrieben sich beide Gegner den Sieg zu: Die Korinther waren in der Seeschlacht bis gegen die Nacht im Vorteil gewesen, sodass sie auch die meisten Schiffstrümmer und Toten mit sich fortschaffen konnten, hatten auch mindestens 1000 Gefangene gemacht und ungefähr 70 Schiffe versenkt; deshalb errichteten sie ein Siegeszeichen. Die Kerkyraier hatten ungefähr 30 Schiffe zerstört und konnten nach der Ankunft der Athener die Toten in ihrer Nähe bergen; außerdem waren am Vortag die Korinther vor ihnen zurückgerudert, als sie die athenischen Schiffe sichteten, und waren ihnen nach der Ankunft der Athener nicht mehr entgegengefahren: Aus diesem Grunde errichteten auch sie ein Siegeszeichen. So erhoben beide Teile Anspruch auf den Sieg.

55 (1) Die Korinther nahmen auf der Heimfahrt Anaktorion, an der Mündung des Amprakischen Golfes gelegen, durch eine List ein – der Ort war gemeinsamer Besitz von Kerkyraiern und ihnen –, siedelten dort Korinther an und kehrten nach Hause zurück. Von den Kerkyraiern verkauften sie 800, die Sklaven waren, 250 hielten sie in festem Gewahrsam, pflegten sie aber gut, damit sie ihnen nach ihrer Rückkehr Kerkyra in die Hände spielten; es gehörten nämlich zufällig die meisten zu den einflussreichsten Männern der Stadt. (2) Kerkyra behauptete sich also auf diese Weise im Krieg gegen die Korinther, die athenischen Schiffe kehrten wieder von dort nach Hause zurück. Das war der erste Kriegsgrund der Korinther, den sie gegen die Athener anführten, dass sie ihnen während der Vertragsdauer als Verbündete der Kerkyraier eine Seeschlacht geliefert hatten.

56 (1) Kurz darauf kam es zu folgendem Streitfall zwischen Athenern und Korinthern, ebenfalls Anlass zum Krieg. (2) Da sich die Korinther mit Rachegedanken trugen, befahlen die Athener aus Argwohn vor ihrer Feindschaft der Stadt Poteidaia auf der Landenge von Pallene[36], die zwar eine Siedlung der Korinther war, aber als Mitglied des Attischen Bundes ihnen Tribut zollte, die Mauern nach Pallene zu schleifen, Geiseln zu stellen und die Aufsichtsbeamten, die alljährlich die Korinther entsandten, auszuweisen und künftig nicht mehr aufzunehmen; sie fürchteten nämlich, sie könnten sich von Perdikkas und den Korinthern zum Abfall bestimmen lassen und damit auch bei den anderen Bundesgenossen in Thrakien eine Abfallbewegung auslösen.

57 (1) Solche Vorkehrungen trafen die Athener gegen die Poteidaier kurz nach der Seeschlacht bei Kerkyra; (2) denn die Korinther zeigten schon ganz offen eine feindliche Haltung, und Perdikkas, Sohn Alexanders, König der Makedonen, war zum Krieg entschlossen, obwohl er früher ihr Verbündeter und Freund gewesen. (3) Dazu war es gekommen, weil die Athener mit seinem Bruder Philippos und mit Derdas, die gemeinsam seine Gegner waren, ein Bündnis geschlossen hatten. (4) Voller Sorgen versuchte er, durch eine Gesandtschaft in Sparta zu erreichen, dass es zu einem Krieg zwischen Athenern und Peloponnesiern komme; die Korinther aber wollte er auf seine Seite ziehen wegen des (geplanten) Abfalls von Poteidaia. (5) Er redete auch den thrakischen Chalkidiern und den Bottiaiern zu, gemeinsam mit den anderen abzufallen, da er glaubte, im Bündnis mit diesen beiden benachbarten Gebieten leichter den Krieg mit den Athenern aufnehmen zu können. (6) Da die Athener solches ahnten und dem Abfall der Städte zuvorkommen wollten, eben auch 30 Schiffe und 1000 Schwerbewaffnete gegen sein Land aussandten unter dem Befehl des Archestratos, des Sohnes des Lykomedes, und vier anderer,[37] trugen sie den Anführern auf, von den Poteidaiern Geiseln zu nehmen und die Mauern schleifen zu lassen, die benachbarten Städte aber im Auge zu behalten, damit sie nicht abfielen.

58 (1) Die Poteidaier schickten Gesandte nach Athen, um vielleicht diese harten Maßnahmen gegen sich zu verhindern, wandten sich aber auch zusammen mit den Korinthern nach Sparta, um sich von dort Hilfe für den Notfall zu sichern, und als sie von Athen in langen Unterhandlungen nichts Vorteilhaftes erreichten, sondern die nach Makedonien bestimmten Schiffe nun auch gegen sie fuhren und

die obersten Behörden der Lakedaimonier ihnen versprochen hatten, falls die Athener gegen Poteidaia vorgingen, in Attika einzufallen, da also, unter diesen Umständen, fielen sie mit den Chalkidiern und Bottiaiern, ihren Mitverschworenen, ab. (2) Perdikkas bewog die Chalkidier, die am Meer gelegenen Städte zu verlassen, sie zu zerstören und sich weiter landein in Olynthos anzusiedeln und diese Stadt allein stark zu machen. Diesen Umsiedlern gab er von seinem eigenen Besitz in Mygdonien um den See Bolbe Land zur Benutzung, solange der Krieg mit den Athenern dauern würde. Sie zerstörten also ihre Städte, siedelten um und rüsteten für den Krieg.

59 (1) Die 30 Schiffe der Athener kamen dann in Thrakien an und fanden Poteidaia und die übrigen Plätze abgefallen vor. (2) Da die Feldherren es für unmöglich hielten, mit der vorhandenen Streitmacht gegen Perdikkas und die abtrünnigen Gebiete zu kämpfen, wandten sie sich gegen Makedonien, wohin sie ja ursprünglich ausgesandt waren, setzten sich dort fest und führten Krieg, vereint mit Philippos und den Brüdern des Derdas, die aus dem Landesinneren mit einem Heer eingefallen waren.

60 (1) Jetzt, als Poteidaia abgefallen war und die athenischen Schiffe vor Makedonien standen, fürchteten die Korinther für den Ort, und da sie sich von dieser Gefahr mit betroffen fühlten, sandten sie aus ihrer eigenen Mitte Freiwillige und von den übrigen Peloponnesiern Söldner, insgesamt 1600 Schwer- und 400 Leichtbewaffnete. (2) Feldherr war Aristeus, der Sohn des Adeimantos – ihm zuliebe vor allem machten die meisten Freiwilligen aus Korinth den Feldzug mit. Er war nämlich von jeher den Poteidaiern freundschaftlich verbunden. (3) Sie kamen nach Thrakien am vierzigsten Tag nach dem Abfall von Poteidaia.

61 (1) Auch nach Athen gelangte bald die Kunde vom Abfall der Städte, und als sie dann noch vom Anmarsch der

Truppen des Aristeus hörten, schickten sie 2000 eigene Hopliten und 40 Schiffe gegen die abtrünnigen Gebiete, Feldherren waren Kallias, Sohn des Kalliades, und vier andere. (2) Als sie in Makedonien ankamen, trafen sie zunächst die früher abgegangenen 1000 Mann kurz nach der Einnahme von Therme und während der Belagerung von Pydna. (3) Sie beteiligten sich ebenfalls an der Belagerung von Pydna, dann aber schlossen sie notgedrungen Vertrag und Bündnis mit Perdikkas, da Poteidaia und die Ankunft des Aristeus sie zur Eile drängten, und zogen sich aus Makedonien zurück. (4) Sie gelangten nach Beroia, von dort wandten sie sich gegen Strepsa und versuchten einen Handstreich gegen diesen Ort, konnten ihn aber nicht einnehmen und zogen auf dem Landweg weiter nach Poteidaia mit 3000 eigenen Schwerbewaffneten, außerdem aber noch vielen von den Bundesgenossen, 600 makedonischen Reitern unter Philippos und Pausanias; gleichzeitig fuhren die 70 Schiffe nebenher. (5) Sie rückten langsam vor und kamen am dritten Tag nach Gigonos, dort schlugen sie ein Lager auf.

62 (1) Die Poteidaier und die Peloponnesier unter Aristeus lagerten in Erwartung der Athener in Richtung Olynthos auf der Landenge und hatten sich einen Markt außerhalb der Stadt eingerichtet. (2) Zum Führer der gesamten Fußtruppen hatten die Verbündeten Aristeus gewählt, für die Reiterei Perdikkas – er war nämlich gleich wieder von den Athenern abgefallen und kämpfte auf der Seite der Poteidaier; zum Verweser an seiner Statt hatte er Iolaos ernannt. (3) Der Plan des Aristeus war nun, seine eigenen Truppen auf der Landenge zu halten und die Athener abzufangen, wenn sie angriffen; die Chalkidier, die Verbündeten von außerhalb der Landenge und die 200 Reiter des Perdikkas sollten in Olynthos bleiben und, sobald die Athener gegen sie vorgingen, ihnen in den Rücken fallen und so die Feinde in die Zange nehmen. (4) Kallias aber, der Feldherr der Athener, und seine Kollegen entsandten die makedonischen Reiter und eine kleine Abteilung Bundesgenossen gegen Olynthos, um die Feinde dort an einem Ausfall zu hindern; sie selbst setzten sich mit dem Heer in Bewegung und rückten gegen Poteidaia. (5) Als sie zur Landenge kamen und sahen, wie sich die Feinde zur Schlacht rüsteten, stellten auch sie sich in Reih und Glied, und nicht viel später stießen sie zusammen. (6) Der Flügel, auf dem Aristeus stand mit seinen Korinthern und auserlesenen Truppen der anderen, schlug seine Gegner und verfolgte sie über eine weite Strecke, der andere Heeresteil, Poteidaier und Peloponnesier, unterlag den Athenern und floh hinter die Stadtmauern.[38]

63 (1) Als Aristeus bei der Rückkehr von der Verfolgung das übrige Heer geschlagen sah, wusste er nicht, wohin er sich durchkämpfen solle, nach Olynthos oder Poteidaia; er entschloss sich dann, seine Leute auf engstem Raum zusammenzudrängen und im Laufschritt nach Poteidaia durchzustoßen. Und er kam auch wirklich dorthin, an der Mole vorbei durch das Meer, unter einem Geschosshagel und beschwerlich; nur wenige verlor er, die meisten brachte er heil in die Stadt. (2) Die aus Olynthos den Poteidaiern zugesandten Hilfstruppen – es war eine Entfernung von höchstens 60 Stadien und übersichtliches Gelände – rückten, als zu Beginn der Schlacht die Fahnen gehisst wurden, ein kurzes Stück vor zur Unterstützung (der Poteidaier), und die makedonischen Reiter stellten sich ihnen gegenüber auf, um sie daran zu hindern. Als aber in kurzer Zeit der Sieg der Athener feststand und die Fahnen wieder eingeholt wurden, zogen sie sich wieder zurück hinter die Mauern, ebenso die Makedonier zu den Athenern. Reiter hatten bei keinem der beiden Gegner am Kampf teilgenommen. (3) Nach der Schlacht errichteten die Athener ein Siegeszeichen und lieferten die Toten unter Zusicherung der Waffenruhe den

Poteidaiern aus; gefallen waren von den Poteidaiern und Verbündeten etwas weniger als 300, von den Athenern nur 150 und der Feldherr Kallias.

64 (1) Die Seite zur Landenge hin sperrten die Athener sogleich durch eine Mauer und bewachten sie. Gegen die Pallene wurde keine Sperrmauer errichtet; sie fühlten sich nämlich zahlenmäßig zu schwach, auf der Landenge Wache zu halten und zugleich drüben auf der Pallene eine Mauer zu errichten, denn sie befürchteten, die Poteidaier könnten ihre zwei getrennten Abteilungen angreifen. (2) Auf die Kunde, die Pallene sei nicht durch Mauern gesperrt, schickten die Athener daheim einige Zeit später 1600 eigene Hopliten unter dem Feldherrn Phormion, Sohn des Asopios. Angelangt in der Pallene, rückte er von Aphytis aus vor und führte das Heer an Poteidaia heran, in langsamem Vormarsch das Land verwüstend. (3) Als ihm aber niemand zur Schlacht entgegentrat, führte er die Sperrmauer gegen die Pallene auf; und so wurde denn nach Kräften Poteidaia von zwei Seiten belagert und zugleich von der See her durch dort ankernde Schiffe.[39]

65 (1) Als Aristeus nach der völligen Ummauerung der Stadt keine Hoffnung mehr auf Rettung sah, wenn nicht vom Peloponnes etwas unternommen würde oder sonst etwas Unerwartetes einträte, riet er dazu, alle außer 500 sollten bei günstigem Wind aussegeln, damit die Lebensmittel länger reichten; er selbst wollte bei den Zurückbleibenden sein. Da er sie hierzu nicht bewegen konnte, er aber doch das unter diesen Umständen Vorteilhafteste tun und den Nachschub von außen verbessern wollte, stach er in See, unbemerkt von den athenischen Wachen. (2) Er blieb bei den Chalkidiern; in gemeinsamen Kämpfen mit ihnen legte er bei der Stadt der Sermylier einen Hinterhalt und tötete viele von ihnen, außerdem schickte er Boten in den Peloponnes, um Hilfe zu erhalten. (3) Nach der Ummauerung von Potei-

daia verwüstete Phormion mit den 1600 Schwerbewaffneten die Chalkidike und Bottike und nahm auch einige kleine Orte ein.

66 (1) Diese Ergebnisse gaben Athenern und Peloponnesiern Anlass zu gegenseitigen Anschuldigungen, den Korinthern, weil jene ihre Tochterstadt Poteidaia und die dort anwesenden Korinther und Peloponnesier belagerten, den Athenern gegenüber den Peloponnesiern, dass sie eine ihnen verbündete und abgabenpflichtige Stadt abtrünnig gemacht hatten und ihnen in offenem Kampf gemeinsam mit den Poteidaiern entgegengetreten waren. Indessen, der Krieg war noch nicht ausgebrochen, sondern noch herrschte Waffenruhe; denn die Korinther hatten das alles nicht von Staats wegen unternommen.

Große Versammlung in Sparta

67 (1) Als nun aber Poteidaia belagert wurde, blieben die Korinther nicht untätig, da ihre eigenen Leute drinnen waren und sie sich um die Stadt sorgten. Sie beriefen sogleich die Bundesgenossen nach Sparta und beklagten sich heftig über die Athener, sie hätten den Vertrag gebrochen und fügten den Peloponnesiern Unrecht zu. (2) Außerdem schickten die Aigineten Gesandte, zwar nicht öffentlich, aus Furcht vor den Athenern, sondern insgeheim, drängten aber ganz entschieden gemeinsam mit ihnen zum Krieg; sie klagten, sie seien nicht selbständig, wie es im Vertrag festgelegt sei. (3) Die Lakedaimonier zogen also ihre Bundesgenossen bei und wer sonst noch vorgab, von den Athenern Unrecht erlitten zu haben, beriefen eine ordentliche Versammlung[40] und forderten sie auf zu sprechen. (4) Unter denen, die der Reihe nach auftraten und ihre Anschuldigungen vorbrachten, waren es vor allem die Megarer,[41] die neben anderen schwerwiegenden Vorwürfen darauf hinwiesen, dass sie von den Häfen im Attischen Reich und vom Handel in Attika ausgeschlossen würden wider die vertraglichen Bestimmungen. (5) Zuletzt traten die Korinther vor, sie hatten zuerst die Lakedaimonier von den anderen aufstacheln lassen, und sprachen Folgendes:

68 (1) »Eure vertrauensvolle Haltung in eurem öffentlichen wie privaten eigenen Leben macht euch gegen andere, wenn wir etwas vorzubringen haben, misstrauischer, und daher rührt eure biedere Rechtschaffenheit, aber auch ein ziemlicher Mangel an Einsicht in die auswärtige Lage.[42] (2) Denn obwohl wir oft vorausgesagt haben, welches Unrecht wir von den Athenern erfahren werden, habt ihr nicht über das, worauf wir hinwiesen, jedesmal Nachforschungen angestellt, sondern hattet vielmehr die Redner im Verdacht, sie sprächen nur zu ihrem eigenen Vorteil; und deshalb habt ihr auch nicht vor dem Unglück, sondern erst jetzt, da wir mittendrin stecken, diese Bundesgenossen hier einberufen, unter denen es uns vor allem zusteht zu reden, da wir auch den meisten Grund zu Klagen haben, von den Athenern verhöhnt, von euch vernachlässigt. (3) Würden sie etwa im Verborgenen sich an Hellas vergehen, so brauchte es, als wüsstet ihr es nicht, noch weiterer Belehrung. Aber wozu jetzt noch viele Worte? Ihr seht ja, die einen sind schon unterjocht, gegen die anderen spinnen sie Ränke, und hier vor allem gegen eure Verbündeten, und sie sind bestens gerüstet für den Fall, dass sie einmal angegriffen werden; (4) denn sonst hätten sie uns nicht Kerkyra entrissen und hielten es gewaltsam in Besitz und würden nicht Poteidaia belagern; dieser Ort ist von entscheidender Bedeutung für die Unternehmungen in Thrakien, und jene Insel hätte den Peloponnesiern die bedeutendste Flotte gestellt.

69 (1) Und daran seid ihr schuld, da ihr erst zugesehen habt, wie sie ihre Stadt nach den Perserkriegen befestigten, später dann die Langen Mauern aufführten, und weil ihr bis heute nicht nur den von ihnen Unterjochten die Freiheit vorenthaltet, sondern auch euren eigenen Verbündeten; denn nicht, wer unterjocht, sondern derjenige, der es verhindern könnte, aber untätig zusieht, ist in Wahrheit der Übeltäter, zumal wenn er Anerkennung seiner Leistung als Befreier von Hellas verlangt. (2) Mit Müh und Not sind wir jetzt endlich zusammengekommen, und nicht einmal jetzt mit einer klar ausgesprochenen Absicht. Denn es ist wohl nicht unsere Aufgabe, zu überlegen, ob uns Unrecht geschieht, sondern wie wir uns zur Wehr setzen können; unsere Feinde aber handeln, nach einem festen Plan gehen sie gegen uns Unentschlossene bereits ohne Zaudern vor. (3) Wir wissen ja, auf welchem Wege die Athener und dass sie in kleinen Schritten gegen ihre Nachbarn vorgehen. Und solange sie sich im Verborgenen glauben infolge eurer Ahnungslosigkeit, werden sie weniger kühn vorgehen, merken sie aber, dass ihr davon wisst und es geschehen lasst, so werden sie kräftig auf euch eindringen. (4) Denn ihr sitzt untätig da, und als Einzige von den Hellenen, Lakedaimonier, wehrt ihr euch nicht durch kraftvolles Handeln, sondern durch zauderndes Bedenken, und als Einzige zerstört ihr den Machtzuwachs der Feinde nicht am Anfang, sondern nach seiner Verdopplung. (5) Und doch hieß es, man könne fest auf euch bauen; indessen war aber hier euer Ruf besser als die Wirklichkeit. Der Perser, wir wissen das ja selbst, von den Grenzen der Welt heranrückend, war eher am Peloponnes angelangt, als ihr ihm wirksam entgegentratet; und nun lasst ihr den Athenern, die nicht fernab wie jener, sondern ganz nahebei wohnen, freie Hand, und anstatt selbst anzugreifen, wollt ihr lieber die Angreifer abwehren und euch im Kampf gegen einen viel mächtigeren Gegner auf das Spiel des Zufalls verlassen, obwohl ihr doch wisst, dass der Perser hauptsächlich durch seine eigenen Fehler gescheitert ist und wir gegen die Athener schon oft auch durch ihre eigenen Fehler, mehr als durch eure Hilfe, die Oberhand gewonnen haben; die Hoffnung auf euch hat nämlich schon manchen zugrunde gerichtet, weil er in seinem Vertrauen die Rüstung unterließ. (6) Niemand von euch glaube, dies sei mehr aus Feindschaft denn als Vorwurf gesagt: Vorwurf gilt Freunden, wenn sie Fehler begehen, Anklage Feinden, wenn sie Unrecht begangen haben.

70 (1) Zugleich, wenn irgendwer sonst, halten wir uns für berechtigt, unsere Nachbarn zu tadeln, zumal große Unterschiede (zwischen euch und den Athenern) bestehen, über die ihr euch anscheinend nicht im Klaren seid; auch habt ihr niemals überlegt, welche Gegner die Athener sind, mit denen ihr kämpfen werdet, wie sehr sie sich in allem und jedem von euch unterscheiden.[43] (2) Sie sind die ewigen Neuerer, rasch im Planen und in der Ausführung dessen, was sie erkannt haben; ihr aber (begnügt euch), das Bestehende zu wahren, keine neuen Pläne zu schmieden, und bei eurem Handeln nicht einmal das Notwendigste zu erreichen. (3) Ferner sind sie über ihre Macht hinaus wagemutig, wider alle Vernunft draufgängerisch, auch in Gefahren voller Zuversicht; eure Art dagegen ist es, weniger zu leisten, als in eurer Macht stünde, nicht einmal der sicheren Grundlage vernünftiger Überlegung zu trauen und in gefahrvoller Bedrängnis zu glauben, niemals daraus befreit zu werden. (4) Und weiter: sie sind tatkräftig, ihr seid Zauderer, sie schweifen in die Ferne, ihr hockt zu Hause. Sie glauben nämlich, in der Ferne etwas zu gewinnen, ihr, durch ein Unternehmen auch das Bestehende zu gefährden. (5) Siegen sie über ihre Feinde, drängen sie möglichst weit nach, werden sie besiegt, lassen sie sich nur ganz wenig zurückdrängen. (6) Ihr Leben setzen sie, als wäre es ihnen ganz fremd, für die Stadt ein, ihren Geist aber als eigensten Besitz, um etwas für sie zu leisten. (7) Haben sie etwas ins Auge gefasst, aber

nicht erreicht, glauben sie, ihres Eigentums beraubt zu sein, haben sie etwas im Sturm gewonnen, es sei ihnen nur wenig im Vergleich zu ihren künftigen Taten geglückt. Wenn ihnen aber ein Versuch fehlschlägt, setzen sie ihre Hoffnung auf etwas anderes und machen so den Mangel wett; für sie allein ist vollkommen gleichbedeutend Besitz und Hoffnung auf das, was sie ins Auge gefasst haben, weil sie sofort in die Tat umsetzen, was sie beschlossen haben. (8) Das alles betreiben sie unter Mühen und Gefahren ihr ganzes Leben lang, genießen kaum ihren Besitz, weil sie immer auf neuen Erwerb aus sind, kennen kein anderes Fest, als die Pflicht zu erfüllen, und halten tatenlose Muße für kein geringeres Unglück als mühselige Arbeit. (9) Wenn daher jemand zusammenfassend behauptete, sie seien dazu geschaffen, weder selbst Ruhe zu halten noch die anderen Menschen in Ruhe zu lassen, so hätte er vollkommen recht.

71 (1) Von solcher Art ist also die Stadt, die euch gegenübersteht, Lakedaimonier, und ihr zögert noch und glaubt nicht, dass nur *den* Menschen dauerhafter Frieden zuteil wird, die zwar bei ihrer Kriegsrüstung das Recht wahren, doch deutlich ihre Absicht zu verstehen geben, Unrecht nicht hinzunehmen; ihr aber übt dadurch Treue und Redlichkeit, dass ihr andere nicht verletzt und auch selbst bei eurer Verteidigung keinen Schaden erleidet. (2) Schwerlich würde euch das gelingen in der Nachbarschaft einer gleichgesinnten Stadt; nun aber ist, wie wir eben gezeigt haben, eure Lebensweise altmodisch im Vergleich zu ihnen. (3) Notwendigerweise aber, wie bei jeder Fertigkeit, behält immer das Neue die Oberhand. Für eine Stadt, die Frieden halten will, sind unveränderliche Gewohnheiten vortrefflich, wer aber gezwungen ist, sich in viele Unternehmungen einzulassen, braucht auch viel Neuerung. Deshalb ist ja die ganze Verfassung der Athener infolge ihrer reichen Erfahrung weit mehr erneuert worden als eure. (4) Hier nun muss eure Langsamkeit ein Ende finden! Jetzt kommt den anderen und den Poteidaiern, wir ihr versprochen habt, zu Hilfe durch einen raschen Einfall in Attika, damit ihr nicht eure Freunde und Blutsverwandten ihren ärgsten Feinden preisgebt und uns andere in unserer Verzweiflung in ein Bündnis mit einer anderen Macht treibt.[44] (5) Wir begingen dabei kein Unrecht, weder vor den Göttern des Eides noch vor den Menschen, die es bemerken; denn einen Vertrag bricht nicht, wer sich in seiner Verlassenheit an andere wendet, sondern wer seinen Eidgenossen nicht zu Hilfe kommt. (6) Seid ihr aber entschlossen, euch einzusetzen, werden wir bleiben. Andernfalls würden wir nicht gerecht handeln, noch würden wir je wieder vertrautere Freunde finden. (7) Im Hinblick darauf überlegt genau und seht zu, den Peloponnes so zu führen, dass er nicht weniger mächtig wird, als eure Väter ihn euch übergeben haben.«

72 (1) So sprachen die Korinther. Von den Athenern weilte nun schon vorher eine Gesandtschaft in Sparta wegen anderer Angelegenheiten. Als sie von den Reden erfahren hatten, hielten sie es für richtig, ebenfalls zu den Lakedaimoniern zu sprechen, nicht etwa, um sich gegen die Vorwürfe zu verteidigen, die die Städte vorgebracht hatten, sondern um ihnen überhaupt klarzumachen, sie sollten keinen übereilten Entschluss fassen, sondern reiflich überlegen. Zugleich wollten sie beweisen, wie groß die Macht ihrer Stadt sei, bei den Älteren Erinnerung auffrischen an Dinge, die sie wussten, und den Jüngeren darlegen, wo ihnen die Erfahrung fehlte; denn sie glaubten, jene würden aufgrund ihrer Rede eher geneigt sein, Frieden zu halten als Krieg zu führen. (2) Sie wandten sich also an die Lakedaimonier und erklärten, sie wollten auch für ihren Teil vor ihrer Volksversammlung sprechen, wenn nichts im Wege stünde. Diese forderten sie dazu auf, und die Athener traten vor und sprachen folgendermaßen:

73 (1) »Unsere Gesandtschaft erfolgte zwar nicht zum Zwecke eines Streitgespräches mit euren Bundesgenossen, sondern in den Angelegenheiten, derentwegen uns die Stadt hierherschickte. Da wir aber von der schwerwiegenden Anklage gegen uns vernommen haben, traten wir vor euch, nicht um den Beschwerden der Städte zu begegnen – ihr seid ja nicht Richter, die über unsere und ihre Reden zu entscheiden hätten –, sondern damit ihr nicht leichthin in schwerwiegenden Angelegenheiten unter dem Einfluss eurer Verbündeten einen zu wenig bedachten Entschluss fasst; zugleich wollen wir im Hinblick auf alles Gerede, das gegen uns im Umlauf ist, feststellen, dass wir nicht zu Unrecht haben, was wir besitzen, und dass unsere Stadt einige Beachtung verdient. (2) Die ganz alten Geschichten[45] freilich, wozu sollen wir die erzählen? Hier würde doch bloßes Hörensagen Beweis für die Erzählung sein, nicht tatsächlicher Augenschein der Zuhörer. Von den Perserkriegen aber und dem, was ihr selber aus eigener Erfahrung wisst, mag es auch, immer wieder vorgebracht, lästig werden, müssen wir reden. Als wir nämlich handelten, war der Zweck des Wagnisses der gemeinsame Nutzen, von dessen Auswirkung ihr euren Teil empfangen habt, dessen rühmende Erwähnung, wenn sie Nutzen bringt, wir uns aber nicht völlig nehmen lassen. (3) Wir werden aber nicht zu unserer Entschuldigung reden, vielmehr zu Zeugnis und Darlegung, gegen welch mächtige Stadt ihr, wenn ihr nicht wohl beraten seid, zu kämpfen haben werdet. (4) Wir behaupten also: Bei Marathon haben wir als Einzige vor allem anderen den Kampf mit dem Barbaren gewagt, und als er zum zweiten Male kam, wir aber für eine Verteidigung zu Lande nicht stark genug waren, bestiegen wir, alle Wehrfähigen, die Schiffe und kämpften in der Seeschlacht von Salamis mit; das hinderte ihn, Stadt für Stadt anzusegeln und so den Peloponnes zu verheeren – die Peloponnesier wären wohl nicht im-

stande gewesen, gegen seine gewaltige Flotte einander zu Hilfe zu kommen. (5) Den stärksten Beweis aber lieferte er selbst: Nach der Niederlage in der Seeschlacht, im Gefühl, uns nicht mehr gewachsen zu sein, zog er sich in Eile mit einem Großteil des Heeres zurück.

74 (1) Da sich dies also ereignete und ganz klar ist, dass das Wohl von Hellas auf der Flotte beruhte, so haben wir die drei nützlichsten Beiträge hierzu dargeboten, den Großteil der Schiffe, den verständigsten Feldherrn und die entschlossenste Bereitschaft: von den 400 Schiffen etwas weniger als zwei Drittel, Themistokles als Führer, der vor allem veranlasst hatte, in der Meerenge die Seeschlacht zu liefern – das brachte ja ohne Zweifel die Rettung, und deshalb habt ihr selbst ihn, den Fremden, am meisten geehrt von allen, die zu euch kamen. (2) Und kühn wagende Bereitschaft zeigten wir, als uns niemand auf dem Landwege zu Hilfe kam, die Übrigen bis an unsere Grenzen bereits Sklaven waren und wir in klarer Entscheidung die Stadt verließen, unseren Besitz aufgaben und, statt unter diesen Umständen die gemeinsame Sache der noch übrigen Verbündeten im Stich zu lassen und verstreut ihnen unnütz zu werden, die Schiffe bestiegen, um der Gefahr ins Auge zu schauen – ohne euch zu grollen, weil ihr uns nicht vorher unterstützt habt. (3) Daher behaupten wir, euch nicht weniger Hilfe gewährt als (von euch) empfangen zu haben. Von unzerstörten Städten aus und um sie auch weiterhin bewohnen zu können, nachdem ihr nämlich Angst bekommen hattet – um euch, nicht so sehr um uns –, seid ihr uns zu Hilfe gekommen; jedenfalls, als wir noch unversehrt waren, da wart ihr nicht zur Stelle. Wir aber konnten uns nur auf eine Stadt stützen, die es gar nicht mehr gab, und für sie, für die nur noch eine kleine Hoffnung bestand, nahmen wir Gefahren auf uns und retteten mit unserem Teil zugleich euch und uns selbst. (4) Hätten wir uns aber schon vorher dem Perser

angeschlossen wie andere, aus Furcht um unser Land, und hätten wir nicht dann mutig die Schiffe bestiegen (mit dem Wissen, ohnehin) verloren zu sein, dann hättet ihr, ohne Schiffe, gar nicht mehr zur See kämpfen müssen, sondern in aller Ruhe hätten sich (dem Perser) die Dinge entwickelt, ganz wie er wollte.

75 (1) Verdienen wir es da, Lakedaimonier, um unserer damaligen Entschlossenheit und richtigen Einsicht willen, wegen unserer Herrschaft bei den Hellenen so über die Maßen verhasst zu sein? (2) Wir haben sie doch nicht gewaltsam an uns gerissen, nein –, sondern (sie fiel uns zu) weil ihr nicht mehr ausharren wolltet gegen die Reste der Barbaren, die Verbündeten sich aber an uns wandten und selbst darum baten, wir mögen die Führung übernehmen. (3) Gerade deshalb sahen wir uns gezwungen, unsere Herrschaft auf ihren jetzigen Stand zu bringen, vor allem aus Furcht, dann auch wegen der Ehre und endlich wegen des Nutzens. (4) Es schien nämlich nicht mehr ratsam zu sein – waren wir doch schon den meisten verhasst, einige waren bereits nach einem Abfall wieder unterworfen worden und ihr wart uns nicht mehr gleich freundlich gesinnt –, uns durch Lockerung (der Herrschaft) in Gefahr zu begeben; denn die Abtrünnigen wären auf eure Seite getreten. (5) Niemandem aber ist ein Vorwurf zu machen, wenn er in höchsten Gefahren seine Vorteile wahrnimmt.

76 (1) Ihr wenigstens, Lakedaimonier, gebietet über die Städte des Peloponnes nach einer für euch vorteilhaften Ordnung; und wenn ihr damals die ganze Zeit hindurch euch unnachgiebig behauptet hättet und in eurer Führung verhasst geworden wäret wie wir, so wissen wir genau, ihr wäret euren Bundesgenossen nicht weniger drückend geworden und hättet euch ebenfalls gezwungen gesehen, entweder mit Härte zu herrschen oder selbst Gefahr zu laufen.[46] (2) So haben auch wir nichts Verwunderliches getan, nichts wider menschliche Natur, wenn wir eine uns angebotene Herrschaft annahmen und nicht aufgeben wollen, von den drei stärksten Beweggründen getrieben: Ehre, Furcht und Nutzen. Wir haben auch nicht als Erste damit angefangen, es gilt vielmehr seit jeher, dass der Schwächere vom Mächtigeren niedergehalten wird; und wir glaubten, der Herrschaft wert zu sein, auch in euren Augen – bis ihr jetzt, auf euren Vorteil bedacht, von Gerechtigkeit redet; die hat noch nie jemand, wenn sich Gelegenheit zu gewaltsamem Erwerb bot, höher gestellt und sich eines Vorteils begeben. (3) Lob verdient, wer entsprechend der menschlichen Natur zwar über andere herrscht, dabei aber gerechter vorgeht, als er aufgrund seiner Machtstellung müsste. (4) Andere jedenfalls, so glauben wir, an unserer Stelle würden deutlich zeigen, ob wir maßvoll handeln; uns aber erwuchs aus unserem rechtlichen Betragen ungerechterweise mehr Schande als Lob.

77 (1) Ob wir in den vertraglich festgelegten Prozessen gegen unsere Verbündeten verlieren oder bei uns selbst unter gleichen Gesetzen die Verhandlungen durchführen, wir gelten als streitsüchtig. (2) Und niemand überlegt da, warum anderen, die irgendwo eine Herrschaft ausüben und viel weniger maßvoll als wir gegen ihre Untertanen sind, das nicht zum Vorwurf gemacht wird; wer nämlich alles gewaltsam regeln kann, braucht sich nicht auf Rechtsstreitigkeiten einzulassen. (3) Aber sie haben sich daran gewöhnt, mit uns auf gleichem Fuß zu verkehren, und wenn sie dann wider ihre Meinung von dem, was sein sollte, durch eine Entscheidung (von uns) oder ein aus der Herrschaft erwachsendes Machtwort auch nur im Geringsten geschmälert werden, dann sind sie nicht dankbar dafür, dass sie des größeren Teils ja doch nicht beraubt wurden, sondern sind über die Beschränkung mehr empört, als wenn wir gleich von Anfang an jegliches Recht beiseite gesetzt und ganz offen unseren Vorteil gesucht hätten. Dann würden nicht einmal

sie selbst dem widersprechen, dass der Schwächere dem Mächtigeren zu weichen hat. (4) Über erlittenes Unrecht aber, so scheint es, empören sich die Menschen mehr als über Gewalttat; das eine erscheint ihnen nämlich als Übergriff eines Gleichgestellten, das andere aber als Zwang eines Mächtigeren. (5) Vom Perser jedenfalls haben sie Schlimmeres als dieses erduldet – und ertragen! Unsere Herrschaft aber kommt ihnen unerträglich vor. Ganz natürlich, die gegenwärtige Lage erscheint nämlich den Untertanen immer hart. (6) Solltet ihr uns aber niederringen und selbst die Herrschaft übernehmen, dann würdet ihr gar bald das Wohlwollen, das euch jetzt wegen der Furcht vor uns zuteil wird, ins Gegenteil verwandelt sehen, zumindest wenn ihr die gleiche Gesinnung, die ihr auch damals während der kurzen Zeit eures Oberbefehls im Perserkrieg gezeigt habt, ebenso auch jetzt noch hegt. Denn unvereinbar sind die Gebräuche bei euch mit denen der anderen, noch dazu hält sich niemand (von euch), wenn er ins Ausland geht, an diese Sitten noch an die des übrigen Hellas.[47]

78 (1) Fasst also wohl überlegt euren Entschluss in dieser schwerwiegenden Frage und halst euch nicht, verleitet von fremden Absichten und Beschwerden, eigene Mühsal auf. Wie folgenschwer die unberechenbaren Wechselfälle des Krieges sind, das bedenkt, bevor ihr drin seid. (2) Dauert er nämlich länger an, pflegt er meistens in eine Reihe von Zufällen umzuschlagen, von denen wir beide gleich nah und fern betroffen sind, und wie er ausgehen wird, das birgt sich gefahrvoll im Ungewissen. (3) Bei Kriegsbeginn suchen die Menschen sogleich zu handeln – was sie aber erst später tun sollten; erst wenn es ihnen schlecht ergangen ist, beginnen sie mit Überlegungen. (4) Wir aber, die wir noch nie einen solchen Fehler begangen haben und es auch bei euch nicht bemerkt haben, wir raten euch, solange noch beiden vernünftige Überlegung freisteht: Brecht nicht die Verträge und verletzt nicht die Eide, beseitigt die Streitpunkte nach einem Schiedsverfahren gemäß unserer Abmachung. Andernfalls werden wir die Eidesgötter anrufen und versuchen, uns gegen die Kriegsanstifter so zur Wehr zu setzen, wie ihr das Beispiel gebt.«

79 (1) So sprachen die Athener. Als die Lakedaimonier die Beschwerden der Bundesgenossen gegen die Athener und die Rede der Athener angehört hatten, ließen sie alle beiseite treten und berieten untereinander über die Lage. (2) Und die Meinung der meisten ging übereinstimmend dahin, die Athener hätten bereits das Recht verletzt und man müsse den Krieg sofort beginnen. Da trat ihr König Archidamos vor; er galt als verständiger und besonnener Mann, und sprach folgendermaßen:

80 (1) »Ich selbst habe schon Erfahrungen vieler Kriege gesammelt, und ich weiß, bei den Altersgenossen unter euch ist es genauso; daher braucht niemand aus Unerfahrenheit nach Krieg zu trachten, wie es wohl der breiten Masse gehen mag, noch weil er ihn für etwas Vorteilbringendes und Sicheres hält. (2) Und ihr würdet finden, dass der Krieg, über den ihr jetzt beratet, nicht der unbedeutendste sein wird, wenn ihr ihn besonnen durchdenkt. (3) Denn gegen die Peloponnesier und die Nachbarstädte ist unsere Kampfkraft ähnlich, und rasch konnten wir gegen jeden Einzelnen zu Felde ziehen. Gegen Männer aber, die ein fernes Land bewohnen, noch dazu zur See größte Erfahrung haben und auch in allem anderen bestens gerüstet sind: Reichtum des Einzelnen wie des Staates, Schiffe, Pferde, Waffen und eine Menschenmenge, wie es sie in keiner anderen hellenischen Stadt gibt; außerdem verfügen sie über viele tributpflichtige Bundesgenossen. Wie sollten wir gegen diese Männer leichthin einen Krieg aufnehmen und im Vertrauen worauf ungerüstet losschlagen? (4) Etwa auf die Schiffe? Hier sind wir unterlegen; wenn wir uns aber darin üben wollen und

Gegenrüstungen anstellen, vergeht Zeit. Oder auf unser Geld? Noch viel mehr bleiben wir da hinter ihnen zurück, wir haben keines in der Staatskasse, und auch aus dem eigenen Besitz können wir keines so ohne weiteres auftreiben.

81 (1) Vielleicht vertraut einer darauf, dass wir ihnen an Waffen und Kopfzahl überlegen sind, sodass wir in ihr Land eindringen und es verwüsten könnten. (2) Sie besitzen aber noch viel anderes Land, über das sie herrschen, und zur See werden sie alles, was sie brauchen, heranschaffen. (3) Versuchen wir schließlich, ihnen die Bundesgenossen abtrünnig zu machen, so müssen wir auch diesen mit Schiffen zu Hilfe kommen, da sie zum Großteil Inselbewohner sind. (4) Was wird das also für ein Krieg sein? Wenn wir nämlich nicht zur See siegen und ihnen die Einkünfte sperren, aus denen sie ihre Flotte unterhalten, werden wir ziemlichen Schaden erleiden. (5) Und dann ist es nicht einmal mehr ehrenhaft, einen Vergleich zu schließen, zumal wenn wir dem Anschein nach mit dem Streit begonnen haben werden. (6) Lassen wir uns doch nicht von *der* Hoffnung hinreißen, der Krieg werde rasch beendet sein, wenn wir ihr Land verwüstet haben. Ich fürchte vielmehr, wir werden ihn noch unseren Kindern übergeben; so unwahrscheinlich ist es, dass die Athener bei ihrer Selbstsicherheit Sklaven ihres Bodens werden oder sich wie Unerfahrene vom Krieg schrecken lassen.

82 (1) Indes rate ich nicht dazu, es geschehen zu lassen, wie sie unseren Verbündeten Schaden zufügen, und sie nicht bei ihren Anschlägen zu ertappen. Aber zu den Waffen wollen wir noch nicht greifen, sondern eine Gesandtschaft abschicken und bei ihnen Klage erheben, nicht allzu deutlich Kriegsabsichten zeigen, aber doch, dass wir nichts ungestraft hinnehmen werden, in der Zwischenzeit unsere eigenen Rüstungen vorwärtstreiben durch Gewinnung von Bundesgenossen, Hellenen und Barbaren, wenn wir von irgendwoher eine See- oder Geldmacht uns verpflichten können – denn es verdient keinen Tadel, wenn Leute, die wie wir von den Athenern mit Anschlägen verfolgt werden, nicht nur Hellenen, sondern auch Barbaren heranziehen, um sich zu retten –, und auch unsere eigenen Rüstungen wollen wir verstärken. (2) Und wenn sie unserer Gesandtschaft Gehör schenken, so ist es das Beste. Wenn aber nicht, dann werden wir nach Verlauf von zwei oder drei Jahren bereits besser gerüstet, wenn wir wollen, gegen sie vorgehen. (3) Aber wenn sie dann unsere Rüstungen bemerken und sehen, wie unsere Worte damit übereinstimmen, werden sie vielleicht eher nachgeben, da dann ihr Land noch unverwüstet ist und sie über bestehenden und noch nicht zerstörten Besitz ihren Entschluss fassen. (4) Glaubt nicht, ihr hättet in ihrem Land etwas anderes als ein Pfand, umso größer, je besser es bebaut ist. Das müssen wir schonen, so weit es nur geht, und sie nicht zu einer Verzweiflungstat treiben, die sie dann noch schwerer fassbar macht. (5) Wenn wir aber ungerüstet, von den Beschwerden unserer Verbündeten gedrängt, ihr Land verheeren, dann seht zu, dass wir da nicht ziemlich schimpflich und unbesonnen zum Schaden des Peloponnes handeln. (6) Beschwerden von Städten wie von Einzelnen lassen sich schlichten, einen Krieg aber, den wir alle insgesamt um Einzelinteressen willen beginnen, von dem man nicht wissen kann, wie er ausgeht, den ehrenvoll beizulegen wird nicht leicht sein.

83 (1) Als Feigheit aber soll es niemand ansehen, wenn wir vielen gegen die eine Stadt nicht rasch vorgehen. (2) Denn auch sie verfügen über nicht weniger Bundesgenossen, die Geld beisteuern, und es ist doch der Krieg nicht so sehr eine Sache der Waffen wie der Geldmittel, durch die allein die Waffen Nutzen bringen, zumal für Festlandsbewohner (im Kampf) gegen eine Seemacht. (3) Diese Mittel wollen wir uns also zuerst verschaffen und uns nicht durch die Worte der Verbündeten vorher zum Übermut bestimmen lassen; und da wir es sind, die für den Ausgang, sei er so oder so, die größere Verantwortung tragen werden, so wollen wir in Ruhe das vorausbedenken.

84 (1) Der Langsamkeit und des Zauderns, was man uns ja am meisten zum Vorwurf macht, schämt euch nicht: Handelt ihr jetzt überstürzt, werdet ihr später zur Ruhe kommen, weil ihr ungerüstet ans Werk gegangen seid; und (dank unseres Verhaltens) bewohnen wir die ganze Zeit hindurch eine freie und hochberühmte Stadt. (2) Und hierin liegt eben vor allem der Wert wohl überlegter Besonnenheit. Als einzige lassen wir uns deshalb im Glück nicht zum Frevelmut hinreißen und geben auch im Unglück weniger nach; wollen uns einige durch Lobsprüche wider unsere eigene Meinung in Gefahren treiben, so lassen wir uns nicht durch Wohlgefallen daran verführen, ebenso wenig durch Ärger bestimmen, wenn uns jemand mit Vorwürfen reizt. (3) Kriegerisch und wohl beraten zugleich sind wir durch unsere wohl gefügte Ordnung, das eine, weil Ehrgefühl aufs Engste mit der Besonnenheit verbunden ist, mit Ehrgefühl aber der echte Mut; wohl beraten aber sind wir, weil wir nicht so klug erzogen wurden, uns über die Gesetze hinwegzusetzen, vielmehr in strenger Zucht zu besonnen, als dass wir ihnen nicht gehorchten; ferner: in nutzlosen Künsten nicht allzu sehr ausgebildet (sind wir nicht dazu erzogen), die Rüstungen der Feinde in wohlgesetzter Rede zu bekritteln, ohne dann Ebenbürtiges zu leisten, sondern zu glauben, die geistigen Kräfte der anderen seien unseren gewachsen und die Schicksalsfügungen nicht durch Reden aus der Welt zu schaffen. (4) Immer rüsten wir uns gegen die Gegner so, als gingen diese nach einem gut durchdachten Plan vor; keineswegs darf man seine Hoffnung darauf setzen, jene würden Fehler begehen, sondern auf unsere eigene sichere Voraussicht. Einen großen Unterschied zwischen Mensch und

Mensch braucht man nicht anzunehmen, wohl aber, dass der der Stärkste ist, der unter strengsten Forderungen erzogen ist.

85 (1) Dieses Verhalten, das die Väter uns überliefert und wir selbst seit jeher zu unserem Nutzen beibehalten haben, wollen wir jetzt nicht aufgeben und nicht übereilt in kurzer Tagesfrist über so vieler Gut und Leben, Städte und Ruhm eine Entscheidung treffen, sondern in Ruhe. Wir können das eher als andere aufgrund unserer Stärke. (2) Schickt zu den Athenern eine Gesandtschaft wegen Poteidaia, schickt auch wegen der Klagen, die die Bundesgenossen vorbringen, zumal jene bereit sind, vor einem Schiedsgericht Rechenschaft zu geben. Denjenigen aber, der sie gibt, vorher anzugreifen als einen, der Unrecht begeht, ist nicht recht. Rüstet aber gleichzeitig zum Krieg. Dieser Entschluss wird für euch der beste, für die Feinde der am meisten zu fürchtende sein.« Archidamos sprach so. (3) Zuletzt trat aber Sthenelaidas auf, einer der damaligen Ephoren,[48] und sprach folgendermaßen:

86 (1) »Das endlos lange Gerede der Athener verstehe ich nicht; sie haben sich selbst zwar gewaltig mit Lobsprüchen bedacht, aber nirgends dem widersprochen, dass sie Unrecht begehen an unseren Bundesgenossen und dem Peloponnes. Nun aber – waren sie gegen die Perser damals tüchtig, gegen uns aber jetzt schlecht, dann verdienen sie die doppelte Strafe, weil sie aus tüchtigen Männern schlechte geworden sind. (2) Wir aber sind dieselben, damals und jetzt, und werden nicht zusehen, sofern wir richtig überlegen, wie unseren Bundesgenossen Unrecht geschieht, und nicht mit unserer Hilfe warten; denn auch jene brauchen auf ihr Unheil nicht mehr zu warten. (3) Andere haben große Reichtümer, Schiffe und Rosse, wir aber haben tüchtige Bundesgenossen, die wir nicht den Athenern preisgeben dürfen, auch müssen wir nicht durch Schiedsverfahren und

Worte eine Entscheidung suchen, da auch uns nicht mit Worten geschadet wird, sondern helfen – schnell und mit aller Kraft. (4) Und dass wir, denen Unrecht geschehen ist, gründlich beratschlagen sollen, das lehre uns niemand, sondern wer Unrecht zufügen will, der soll viel eher lange beratschlagen. (5) Beschließt also, Lakedaimonier, wie es der Würde Spartas entspricht, den Krieg, und lasst die Athener nicht noch mächtiger werden; unsere Bundesgenossen wollen wir nicht preisgeben, sondern mit den Göttern gegen die Rechtsbrecher vorgehen!«

87 (1) So sprach er und ließ selbst, da er Ephoros war, die Versammlung der Lakedaimonier abstimmen. (2) Er behauptete nun – sie entscheiden nämlich durch Zuruf, nicht mit Stimmsteinen –, er könne nicht ausmachen, welcher Zuruf stärker sei, und da er sie durch deutliche Stimmabgabe mehr zum Krieg reizen wollte, sagte er: »Wer von euch, Lakedaimonier, der Meinung ist, der Vertrag sei gebrochen und Athen im Unrecht, der trete an jene Stelle« – und er zeigte ihnen eine Stelle –, »wer aber nicht, der soll auf die andere Seite treten.« (3) Da erhoben sie sich und traten auseinander, und es waren bedeutend mehr, die den Vertrag für gebrochen erachteten. (4) Dann riefen sie die Bundesgenossen herbei und sagten ihnen, sie seien der Meinung, die Athener täten Unrecht, sie wollten aber auch die Gesamtheit der Bundesgenossen beiziehen und abstimmen lassen, damit sie nach gemeinsamer Beratung Krieg führten, wenn es ihnen so gut schiene. (5) Die Bundesgenossen kehrten nach Hause zurück, nachdem sie das erreicht hatten, ebenso etwas später die Gesandten der Athener nach Erledigung der Geschäfte, derentwegen sie gekommen waren. (6) Die Entscheidung der Versammlung,[49] dass nämlich der Vertrag gebrochen sei, fiel im vierzehnten Jahr der Laufzeit des dreißigjährigen Vertrages, der nach dem Euboiischen Krieg geschlossen worden war.

Der wahre Grund; Pentekontaëtie
Geschichte der letzten fünfzig Jahre

88 (1) Die Lakedaimonier erklärten, der Vertrag sei gebrochen und ein Krieg notwendig, wobei sie nicht so sehr von den Reden der Bundesgenossen überzeugt als von Furcht bewogen wurden, die Athener könnten allzu mächtig werden; sahen sie doch den Großteil von Hellas bereits in ihrer Gewalt.

89 (1) Die Athener waren nämlich auf folgende Weise zu der Stellung gelangt, in der sie mächtig geworden waren. (2) Als die Perser aus Europa abgezogen waren, zur See und zu Lande von den Hellenen besiegt, und diejenigen von ihnen, die zu Schiff nach Mykale entkommen waren, den Tod gefunden hatten, segelte der Lakedaimonierkönig Leotychides, der Führer der Hellenen vor Mykale, mit den Bundesgenossen des Peloponnes nach Hause. Die Athener aber und die Bundesgenossen aus Ionien und dem Hellespont, die nun vom Großkönig abgefallen waren, blieben zurück, belagerten Sestos, das die Perser besetzt hielten, überwinterten dort und nahmen es nach dem Rückzug der Barbaren auch ein; danach segelten sie vom Hellespont ab, jede Abteilung für sich, nach Städten geordnet.[50] (3) Die Athener holten sofort, nachdem die Barbaren aus dem Land abgezogen waren, Kinder, Frauen und die ihnen noch verbliebene Habe von den Orten zurück, wohin sie sie in Sicherheit gebracht hatten, und gingen daran, die Stadt und die Mauern wieder aufzubauen. Denn von der Ringmauer waren nur kleine Stücke stehen geblieben, und von den Häusern waren die meisten eingestürzt, nur wenige waren unversehrt, in denen die Vornehmsten der Perser gewohnt hatten.

90 (1) Als die Lakedaimonier die Absicht merkten, schickten sie eine Gesandtschaft, einerseits weil sie es auch selber lieber gesehen hätten, dass weder jene noch irgendeine andere Stadt ummauert wäre, hauptsächlich aber auf Betreiben der Verbündeten, die in Furcht waren vor der früher nicht vorhandenen Größe ihrer Flotte und dem im Perserkrieg erwiesenen Wagemut. (2) Sie ersuchten sie also, die Mauern nicht zu bauen, sondern vielmehr gemeinsam mit ihnen die Mauern der Städte außerhalb des Peloponnes, soweit sie welche hätten, niederzureißen. Ihre eigentliche Absicht und ihre argwöhnischen Gedanken gaben sie dabei aber nicht den Athenern zu erkennen, sondern (erklärten), falls der Barbar noch einmal angreife, sollte er nicht von einem befestigten Platz aus – wie jetzt von Theben – operieren können, und der Peloponnes, sagten sie, sei für alle ein ausreichender Zufluchtsort und Stützpunkt. (3) Die Athener verabschiedeten auf den Rat des Themistokles eilig die Lakedaimonier, die das vorgeschlagen hatten, mit dem Bemerken, sie würden in dieser Angelegenheit Gesandte zu ihnen schicken. Ihn selbst aber, verlangte Themistokles, sollten sie möglichst schnell nach Sparta entsenden, andere ihm hinzugewählte Gesandte aber nicht gleich abgehen lassen, sondern so lange zurückhalten, bis sie die Mauer ausreichend aufgebaut hätten, um von der (zur Verteidigung) unbedingt nötigen Höhe aus kämpfen zu können; am Mauerbau sollten alle in der Stadt befindlichen Männer mitarbeiten, sie selbst, die Frauen und die Kinder, dabei kein privates und kein öffentliches Gebäude schonen, wenn man daraus einen Nutzen für das Werk ziehen könne, sondern alles einreißen. (4) Er gab ihnen diesen Rat, fügte noch hinzu, er werde die Angelegenheit dort (in Sparta) selbst regeln, und reiste sodann ab. (5) Nach seiner Ankunft in Sparta wandte er sich nicht gleich an die Regierung, sondern gebrauchte Verzögerungen und Ausflüchte; und jedesmal, wenn ihn einer von den obersten Beamten fragte, warum er nicht vor den Staatsbehörden erscheine, antwortete er, er erwarte seine Mitgesandten, wegen irgendeiner Verhinderung seien diese aber zurückgeblieben, er vermute aber, sie würden in Kürze kommen, und er wundere sich selbst, dass sie noch nicht da seien.

91 (1) Sie glaubten dem Themistokles das aufgrund der freundschaftlichen Beziehungen zu ihm. Als aber andere ankamen und ganz bestimmt aussagten, an der Stadtmauer werde gebaut und sie erreiche schon eine beachtliche Höhe, konnten (die Spartaner) nicht umhin, ihnen zu glauben. (2) Als jener das merkte, riet er ihnen, sich nicht so sehr durch Gerüchte verleiten zu lassen, sondern aus ihrer eigenen Mitte Männer zu schicken, die verlässlich seien und getreu berichten würden, was sie gesehen hätten. (3) So taten sie, und Themistokles übermittelte den Athenern heimlich den Auftrag, diese Gesandten möglichst unauffällig zurückzuhalten und nicht eher abreisen zu lassen, bevor sie selbst zurückgekommen wären (denn es waren bereits seine Mitgesandten gekommen, Habronichos, Sohn des Lysikles, und Aristeides, Sohn des Lysimachos, mit der Nachricht, der Mauerbau sei genügend weit gediehen). Er fürchtete nämlich, die Lakedaimonier würden sie, sobald sie sichere Kunde erhalten hätten, nicht mehr abreisen lassen. (4) Die Athener hielten also die Gesandten auftragsgemäß zurück. Themistokles aber wandte sich an die Lakedaimonier und erklärte nun endlich offen, die Stadt sei bereits befestigt, sodass sie ihre Einwohner beschützen könne; wenn aber die Lakedaimonier oder ihre Bundesgenossen zu ihnen Gesandtschaften schicken wollten, so sollten sie künftig wie zu Leuten kommen, die genau wüssten, was ihnen und der Allgemeinheit diene. (5) Als es ihnen vorteilhafter erschienen sei, die Stadt zu verlassen und auf die Schiffe zu gehen, hätten sie das ohne jene, aus eigenem Entschluss, gewagt, und auch in den Beratungen mit ihnen hätten sie sich jedermann an Klugheit ebenbürtig erwiesen. (6) So erscheine es ihnen auch jetzt vorteilhafter, dass ihre Stadt eine Mauer

habe; das werde im Besonderen für die Bürger wie auch für alle Bundesgenossen nützlicher sein; (7) denn nur aufgrund einer ebenbürtigen Macht könne man im gleichen Sinn und mit gleichem Gewicht für die gemeinsame Sache im Rat sprechen. Entweder müssten also, sagte er, alle Bundesmitglieder in unbefestigten Städten wohnen, oder man müsste auch den vorliegenden Fall für richtig halten.

92 (1) Die Lakedaimonier zeigten auf diese Nachricht hin zwar nicht offenen Zorn gegen die Athener – denn nicht zur Verhinderung (des Mauerbaues), sondern um einen Vorschlag zum gemeinsamen Besten vorzubringen, hatten sie die Gesandtschaft abgeschickt; zugleich waren sie ihnen damals wegen des in den Perserkriegen gezeigten Einsatzes auch überaus wohlgesinnt –, doch im Geheimen grollten sie wegen des Scheiterns ihrer Absicht. Und so kehrten die Gesandten beider Staaten ohne gegenseitige Vorwürfe nach Hause zurück.

93 (1) Auf diese Weise befestigten die Athener die Stadt in kurzer Zeit, (2) und deutlich zeigt das Bauwerk auch heute noch, dass es in Eile errichtet wurde. Denn die Grundmauern bestehen aus verschiedenartigen Steinen, sogar an manchen Stellen nicht einmal aneinandergefügten, sondern so, wie sie jeden gerade herbeischafften, und viele Grabsteine und (zu anderen Zwecken) behauene Steine wurden eingefügt.[51] Denn die Umfassungsmauer der Stadt wurde überall weiter hinausgerückt, und deswegen schafften sie eilig alles ohne Unterschied herbei. (3) Themistokles bewog sie, auch die noch fehlenden Bollwerke des Piräus auszubauen; begonnen hatte man dort schon früher in seinem Archontat[52], welches er Jahr für Jahr in Athen ausübte; denn er war der Meinung, dieser Platz sei vortrefflich, da er drei natürliche Häfen hatte, und werde ihnen, da sie Seefahrer geworden seien, bei der Machtgewinnung sehr zustatten kommen – (4) dass man sich der See bemächtigen müsse, wagte er nämlich als Erster zu behaupten –, und so schuf er geradezu die Grundlage für das Reich. (5) Sie legten auf seinen Rat die Breite der Mauer so an, wie sie auch heute noch beim Piräus zu sehen ist; denn zwei Wagen, in entgegengesetzter Richtung fahrend, brachten die Steinblöcke herbei. Das Innere der Mauer bestand weder aus Gesteinschutt noch aus Lehm, sondern aus zusammengefügten, rechtwinkelig, behauenen riesigen Quadern, die mit Eisen und Blei von außen[53] aneinander geklammert wurden. An Höhe aber wurde nur etwa zur Hälfte erreicht, was er geplant hatte. (6) Er wollte nämlich durch die Größe und Breite die Angriffe der Feinde fern halten, außerdem glaubte er, die Besatzung nur weniger Männer, und zwar der untauglichsten, reiche (zum Schutz der Mauer) völlig aus, die anderen aber könnte man zum Seedienst verwenden. (7) Denn auf die Flotte legte er den größten Wert, weil er, meiner Meinung nach, sah, wie das Heer des Großkönigs leichter auf dem See- als auf dem Landweg herangebracht worden war. So hielt er auch den Piräus für nützlicher als die Oberstadt, und oft riet er den Athenern, sie sollten, wenn sie einmal zu Lande in Bedrängnis gerieten, sich dorthin zurückziehen und mit der Flotte jedermann Widerstand leisten. (8) So kamen also die Athener zu einer Stadtmauer und arbeiteten auch an den übrigen Verteidigungswerken gleich nach dem Abzug der Perser.

94 (1) Pausanias aber, Sohn des Kleombrotos, wurde von Sparta aus als Feldherr der Griechen ausgesandt mit 20 Schiffen aus dem Peloponnes. Es fuhren auch die Athener mit 30 Schiffen mit und eine große Zahl von den übrigen Bundesgenossen. (2) Sie segelten gegen Zypern und unterwarfen einen Großteil der Insel, hierauf gegen Byzanz, das die Perser besetzt hielten, und eroberten es unter seiner Führung.

95 (1) Schon waren die übrigen Griechen über sein herrisches Auftreten unwillig, vor allem die Ionier und diejenigen, die erst jüngst von der Herrschaft des Großkönigs befreit worden waren. Sie wandten sich an die Athener und forderten sie auf, ihre Führer zu werden aufgrund ihrer Stammesverwandtschaft und es dem Pausanias nicht hingehen zu lassen, wenn er gewalttätig auftrete. (2) Die Athener nahmen diese Vorschläge an und richteten ihre Aufmerksamkeit darauf, ihm nichts durchgehen zu lassen und alles andere so einzurichten, wie es ihnen am vorteilhaftesten schien. (3) Inzwischen beriefen die Lakedaimonier Pausanias heim zur Untersuchung der Vorwürfe, die ihnen zu Ohren gekommen waren. Denn gewaltiges Unrecht wurde ihm von den (nach Sparta) kommenden Griechen vorgeworfen, außerdem bot sein Auftreten mehr das Bild einer Tyrannis als eines Feldherrenamtes. (4) Es traf sich nun, dass er zur gleichen Zeit abberufen wurde, wie die Bundesgenossen aus Hass gegen ihn zu den Athenern übertraten, außer den Soldaten vom Peloponnes. (5) Nach seiner Ankunft in Sparta wurde er wegen einiger Privatvergehen gegen diesen oder jenen verurteilt, in den wesentlichen Punkten wurde er aber von jedem Unrecht freigesprochen. Man warf ihm nämlich vor allem Zusammenarbeit mit den Persern vor, und man hielt das für eindeutig erwiesen. (6) Doch sie entsandten ihn nicht mehr als Feldherrn, sondern Dorkis und einige andere mit einem nicht sehr starken Heer. Diesen übergaben die Bundesgenossen nicht mehr den Oberbefehl. (7) Als sie das merkten, segelten sie ab, und andere entsandten die Lakedaimonier später nicht mehr, weil sie fürchteten, ihre Leute würden ihnen im Ausland verdorben, was sie ja auch an Pausanias gesehen hatten, und weil sie sich von der Last des Perserkrieges befreit wünschten und Athen für den Oberbefehl geeignet hielten, zumal es damals mit ihnen befreundet war.

96 (1) Die Athener übernahmen auf diese Weise den Oberbefehl, dem sich die Bundesgenossen aufgrund ihres

Hasses gegen Pausanias gerne fügten; sie bestimmten die Städte, welche Geld gegen den Barbaren hergeben sollten und welche Schiffe. Offiziell hieß es nämlich: Rache für erlittenes Unrecht durch Verwüstung des königlichen Landes. (2) Damals wurden zum ersten Male Hellenotamiai[54] von den Athenern als Behörde eingesetzt, welche den Phoros eintrieben – so nannte man den Geldbeitrag. Die erste Phorosumlage betrug 460 Talente, zur Schatzkammer bestimmten sie Delos, und ihre Versammlungen fanden ebenfalls dort im Heiligtum statt.

97 (1) In der Zeit der Vorherrschaft über die zunächst noch selbständigen Bundesgenossen, die in gemeinsamen Versammlungen berieten, machten sie sich zwischen diesem und dem Persischen Krieg, sei es kriegführend, sei es andere Mittel anwendend, an folgende Unternehmungen, teils gegen den Barbaren, teils gegen unruhige Verbündete, teils gegen diejenigen der Peloponnesier, die ihnen jeweils bei den einzelnen Vorfällen in die Quere kamen. (2) Ich zeichnete das auch auf und machte diese Abschweifung von der Erzählung deswegen, weil alle vor mir diesen Gegenstand ausgelassen und entweder die hellenische Geschichte vor den Perserkriegen oder die Perserkriege selbst beschrieben haben; und Hellanikos, der diesen Abschnitt wenigstens berührt hat, erwähnte ihn nur kurz und ungenau in der zeitlichen Abfolge. Zugleich bietet (der Exkurs) einen Bericht über Art und Weise der Entstehung des athenischen Reiches.

98 (1) Zuerst eroberten sie das von den Persern besetzt gehaltene Eion am Strymon durch Belagerung und machten die Einwohner zu Sklaven; Führer des Unternehmens war Kimon, Sohn des Miltiades. (2) Hierauf verfuhren sie mit Skyros, der Insel im Ägäischen Meer, welche Doloper bewohnten, ebenso und besiedelten sie selbst. (3) Dann gerieten sie mit Karystos allein, ohne die übrigen euboiischen

Städte, in eine kriegerische Auseinandersetzung, und nach einiger Zeit schlossen sie einen Friedensvertrag. (4) Danach kämpften sie gegen die Naxier, die von ihnen abgefallen waren, und unterwarfen sie nach einer Belagerung. Diese verbündete Stadt war die erste, die gegen die Satzung des Bundes unterjocht wurde, hierauf auch von den Übrigen diese oder jene, wie es sich gerade traf.

99 (1) Es gab verschiedene Gründe zum Abfall, vor allem aber Rückstände bei der Entrichtung von Abgaben und Schiffen und Verweigerung des Kriegsdienstes, falls sich jemand dessen schuldig machte. Denn die Athener führten ein sehr strenges Regiment, und da sie gegen die Verbündeten, die Mühen zu ertragen weder gewohnt noch gewillt waren, Gewalt anwendeten, machten sie sich unbeliebt. (2) Auch sonst war man mit den Athenern, sobald sie als Herrscher auftraten, nicht mehr so zufrieden; sie zogen nicht mehr als Gleiche unter Gleichen in den Krieg und hatten es leicht, die Abtrünnigen wieder in die Gewalt zu bekommen. (3) Daran waren aber die Bundesgenossen selbst schuld; denn in ihrer Abneigung gegen den Kriegsdienst verpflichteten sich die meisten von ihnen, um nicht von zu Hause wegzumüssen, eine gewisse Geldsumme statt des ihnen zukommenden Anteiles an Schiffen zu stellen. Dadurch vergrößerten sie den Athenern die Flotte mit dem Geld, das sie beisteuerten, sie selbst aber gingen, sooft sie abfielen, ungerüstet und unerfahren in den Krieg.

100 (1) Danach kam es zur Land- und Seeschlacht am Eurymedon in Pamphylien zwischen den Athenern samt Bundesgenossen und den Persern, und am selben Tag blieben die Athener unter ihrem Feldherrn Kimon, dem Sohne des Miltiades, beide Male siegreich und eroberten und zerstörten im Ganzen ungefähr 200 phoinikische Trieren. (2) Etwas später erfolgte der Abfall der Thasier, die sich mit ihnen wegen der Handelsplätze im gegenüberliegenden

Thrakien und wegen des Goldbergwerkes entzweit hatten – all das hatten sie bisher selbst ausgebeutet. Die Athener segelten mit einer Flotte gegen Thasos, siegten in einer Seeschlacht und gingen an Land. (3) An den Strymon sandten sie um die gleiche Zeit 10 000 Siedler, eigene und Bundesgenossen, welche die damals Enneahodoi,[55] jetzt Amphipolis genannte Stadt bewohnen sollten; Enneahodoi, das im Besitz der Edoner war, eroberten sie zwar, wurden aber beim Vormarsch ins Landesinnere Thrakiens in der Nähe des edonischen Drabeskos von den vereinigten Thrakern, die die Neugründung als Bedrohung ansahen, besiegt.

101 (1) Die Thasier, in den Gefechten besiegt und dann auch belagert, baten die Lakedaimonier um Hilfe und forderten sie auf, ihnen durch einen Einfall nach Attika beizustehen. (2) Diese versprachen es zwar, ohne dass es die Athener erfuhren, und hatten auch die Absicht, wurden aber durch ein Erdbeben gehindert; zur gleichen Zeit fielen außerdem die Heloten und von den Periöken die Thuriaten und die Aithaier ab und besetzten (den Berg) Ithome. Die meisten der Heloten waren Abkömmlinge der einst unterworfenen Messenier; daher wurden sie auch alle Messenier genannt. (3) Gegen die Aufständischen vom Ithome erwuchs den Lakedaimoniern nun ein Krieg. Die Thasier aber schlossen im dritten Jahr der Belagerung einen Waffenstillstand. Sie rissen die Mauern nieder, übergaben die Schiffe, erklärten sich einverstanden, Geld, soviel notwendig sei, sofort zu zahlen, künftig Tribut abzuliefern und das Festland und das Bergwerk aufzugeben.

102 (1) Als sich der Krieg gegen die am Berg Ithome Verschanzten in die Länge zog, riefen die Lakedaimonier neben anderen Verbündeten auch die Athener zu Hilfe. Diese kamen unter dem Feldherrn Kimon mit ansehnlicher Truppenmacht. (2) Die Lakedaimonier hatten sie vor allem deshalb herbeigerufen, weil sie im Ruf standen, sehr tüchtig im

Mauerkampf zu sein. Als sich nämlich die Belagerung in die Länge zog, erkannten sie, wie sehr ihnen diese Fähigkeit abging; denn sonst hätten sie den Platz mit Gewalt eingenommen. (3) Die beiderseitige Entzweiung wurde an diesem Feldzug erstmals Lakedaimoniern und Athenern deutlich. Denn da der Platz mit Gewalt nicht genommen werden konnte, ergriff die Lakedaimonier Argwohn gegen den Wagemut und die unberechenbare Wendigkeit der Athener, und da sie die Stammesverschiedenheit überdachten, fürchteten sie, jene könnten, falls sie blieben, von den auf dem Ithome (verschanzten Aufständischen) auf ihre Seite gezogen werden und einen Umsturz planen. Daher schickten sie sie als Einzige von den Verbündeten wieder zurück, ohne ihren Verdacht klar auszusprechen, sondern nur mit dem Hinweis, sie brauchten sie nicht länger. (4) Die Athener erkannten, dass man sie nicht aus diesem (an sich) besseren Grund heimgeschickt habe, sondern weil irgendein Verdacht vorliege. Da sie darüber empört waren und es für unwürdig hielten, Derartiges von den Lakedaimoniern zu erfahren, hoben sie gleich nach ihrer Rückkehr das mit ihnen gegen Persien geschlossene Bündnis auf und verbündeten sich mit den Argeiern, Spartas Feinden, und beide gingen unter den gleichen Eiden ein Bündnis mit den Thessalern ein.[56]

103 (1) Die am Ithome Belagerten schlossen im zehnten Jahr[57], als sie keinen Widerstand mehr leisten konnten, einen Waffenstillstand mit den Lakedaimoniern unter der Bedingung, dass sie unverletzt aus dem Peloponnes abziehen dürften und nie mehr dorthin zurückkehren. Würde einer gefangen werden, so solle er Sklave dessen sein, der ihn festgenommen habe. (2) Die Lakedaimonier aber hatten schon von früher her eine pythische Weissagung, den Schutzflehenden des Zeus vom Ithome freizulassen. (3) Sie zogen also mit Weib und Kindern aus, die Athener aber

nahmen sie aus jetzt schon (offenem) Hass gegen die Lakedaimonier auf und siedelten sie in Naupaktos an, das sie kurz vorher den ozolischen Lokrern weggenommen hatten. (4) Die Megarer fielen von Sparta ab und schlossen sich ebenfalls den Athenern als Bundesgenossen an, weil die Korinther sie wegen der Landesgrenzen mit Krieg überzogen. Die Athener nahmen Megara und Pegai in Besitz und führten den Megarern die langen Mauern von der Stadt bis Nisaia auf und besetzten sie mit eigenen Truppen. Die Korinther aber begannen nicht zum Geringsten von da an, gewaltigen Zorn gegen Athen zu hegen.

104 (1) Der Libyer Inaros, Psammetichs Sohn, König der in der Nähe Ägyptens siedelnden Libyer, hatte von Mareia aus, der Stadt oberhalb von Pharos, den Großteil Ägyptens zum Abfall vom Großkönig Artaxerxes gebracht, machte sich selbst zum Herrscher und rief die Athener herbei. (2) Diese waren gerade auf einem Kriegszug vor Zypern mit 200 eigenen und verbündeten Schiffen; sie verließen Zypern und kamen. Sie segelten vom Meer kommend den Nil hinauf, bemächtigten sich des Stromes und zweier Drittel von Memphis und kämpften um das letzte Drittel, das man Weiße Mauer nennt. Dort hatten sich die geflüchteten Perser und Meder festgesetzt und von den Ägyptern diejenigen, die nicht abgefallen waren.[58]

105 (1) Die Athener, die mit einer Flotte bei Halieis einen Landungsversuch machten, gerieten dabei mit Korinthern und Epidauriern in eine Schlacht, und es siegten die Korinther. Später lieferten die Athener peloponnesischen Schiffen bei Kekryphaleia ein Seetreffen, und es siegten die Athener. (2) Als danach ein Krieg zwischen Aigina und Athen ausbrach, kam es zu einer gewaltigen Seeschlacht bei Aigina zwischen Athenern und Aigineten – auch die beiderseitigen Bundesgenossen waren dabei; es siegten die Athener, sie eroberten 70 Schiffe, gingen an Land und belagerten die Stadt;

Feldherr des Unternehmens war Leokrates, Sohn des Stroibos. (3) Danach wollten die Peloponnesier den Aigineten zu Hilfe kommen und setzten 300 Schwerbewaffnete, die früher der Unterstützung der Korinther und Epidaurier gedient hatten, auf die Insel über. Die Höhen der Geraneia aber besetzten die Korinther und ihre Bundesgenossen und fielen von dort in die Megaris ein, in der Meinung, es werde für die Athener unmöglich sein, den Megarern zu Hilfe zu kommen, da sie in Aigina und in Ägypten je ein gewaltiges Heer fern (vom Mutterland stehen) hatten; würden sie aber zu Hilfe eilen, müssten sie sich von Aigina zurückziehen. (4) Die Athener zogen aber das in Aigina stehende Heer nicht ab, sondern es rückten von den in der Stadt Verbliebenen die Ältesten und die Jüngsten von dort nach Megara, ihr Führer war Myronides. (5) Nach einer unentschiedenen Schlacht mit den Korinthern ließen sie voneinander ab, und beide Teile waren der Meinung, nicht schlechter (als der andere) im Kampf abgeschnitten zu haben. (6) Die Athener – sie waren doch die Stärkeren gewesen – errichteten nach dem Abzug der Korinther ein Siegeszeichen. Die Korinther wurden von den in der Stadt verbliebenen Älteren gescholten; wieder ausgerüstet kehrten sie nach ungefähr zwölf Tagen zurück und errichteten ebenfalls ein Siegeszeichen, als hätten sie den Sieg davongetragen. Doch die Athener eilten aus Megara herbei, erschlugen diejenigen, die das Siegeszeichen aufstellten, und blieben auch im Handgemenge mit den Übrigen siegreich.

106 (1) Geschlagen zogen die Korinther ab, und eine ziemlich bedeutende Abteilung von ihnen, die in der Bedrängnis den Weg verfehlte, geriet in das Grundstück eines Privatmannes, das von einem tiefen Graben umgeben war; einen Ausgang gab es nicht. (2) Sowie die Athener das merkten, sperrten sie ihnen von vorn mit den Schwerbewaffneten den Rückzug, stellten ringsum die Leichtbewaffneten auf und steinigten alle, die hineingeraten waren: ein Unglück, das die Korinther schwer traf. Das Gros ihres Heeres aber zog heimwärts.

107 (1) Um diese Zeit begannen die Athener auch die Langen Mauern (von der Stadt) zum Meer zu bauen, die zum Phaleron und die zum Piräus.

(2) Als die Phoker einen Feldzug gegen das Land der Dorer, die Urheimat der Lakedaimonier, unternahmen, gegen Boios, Kytinios und Erineos, und eins dieser Städtchen schon eingenommen hatten, da eilten die Lakedaimonier unter Nikomedes, Sohn des Kleombrotos, der anstelle des noch zu jungen Pleistoanax, des Pausanias Sohn, König war, den Dorern zu Hilfe mit 1500 eigenen Schwerbewaffneten und 10 000 von den Verbündeten. Sie zwangen die Phoker durch Vertrag, die Stadt wieder herauszugeben, und traten den Rückmarsch an. (3) Aber zur See, falls sie im Golf von Krisa übersetzen wollten, würden ihnen – das stand zu erwarten – die Athener entgegentreten, die schon mit einer Flotte (um den Peloponnes) herumgesegelt waren. Über die Höhen der Geraneia (zu ziehen) schien ihnen aber auch nicht sicher, da die Athener Megara und Pegai besetzt hielten. Denn die Geraneia war ziemlich unwegsam und wurde dauernd von athenischen Wachposten begangen; und dann erfuhren die Lakedaimonier, dass sie ihnen auch hier den Weg sperren würden. (4) So beschlossen sie, in Boiotien haltzumachen und zu überlegen, wie sie am sichersten durchkämen. Andererseits aber versuchten auch Männer aus Athen heimlich, sie auf ihre Seite zu ziehen, in der Hoffnung, der Herrschaft des Volkes und dem Mauerbau ein Ende zu setzen.[59] (5) Gegen sie zogen die Athener mit der gesamten Streitmacht, 1000 Argeiern und einer gewissen Anzahl von Verbündeten; zusammen waren es 14 000. (6) In der Meinung, die Lakedaimonier wüssten nicht, wo sie durchkommen sollten, rückten sie gegen sie ins Feld, zu-

gleich aber auch aus Argwohn wegen des geplanten Sturzes der Volksherrschaft. (7) Es kamen auch thessalische Reiter den Athenern zu Hilfe gemäß dem Bündnisvertrag, die aber während des Kampfes zu den Lakedaimoniern überliefen.

108 (1) In der Schlacht bei Tanagra in Boiotien siegten die Lakedaimonier und ihre Bundesgenossen, auf beiden Seiten gab es viele Verluste. (2) Die Lakedaimonier rückten nun in der Megaris ein, verwüsteten die Baumbestände und zogen durch die Geraneia und den Isthmos wieder nach Hause zurück. Die Athener unternahmen am zweiundsechzigsten Tag nach der Schlacht einen Feldzug gegen die Boioter unter der Führung des Myronides, (3) besiegten in einer Schlacht bei Oinophyta die Boioter, besetzten Boiotien und Phokis, ließen die Mauern von Tanagra schleifen, nahmen von den opuntischen Lokrern die 100 Reichsten als Geiseln mit sich und vollendeten ihre Langen Mauern. (4) Auch die Aigineten ergaben sich darauf den Athenern und erklärten sich bereit, die Mauern zu schleifen, die Schiffe auszuliefern und künftig Tribut zu zahlen. (5) Den Peloponnes umsegelten die Athener unter Tolmides, einem Sohn des Tolmaios, setzten die Schiffswerft der Peloponnesier in Brand, eroberten Chalkis, eine Stadt der Korinther, und besiegten bei einer Landung die Sikyonier.

109 (1) Die Athener in Ägypten und ihre Verbündeten blieben weiterhin dort und erlebten den Krieg in seinen verschiedensten Formen. (2) Zunächst also waren die Athener die Herren Ägyptens, und so schickte der Großkönig Megabazos, einen Perser, nach Sparta, mit Geld, um (die Lakedaimonier) zu einem Einfall in Attika zu bewegen und dadurch die Athener aus Ägypten zu verdrängen. (3) Als ihm das keinen Erfolg brachte und das Geld umsonst aufgewendet wurde, reiste Megabazos samt dem noch übrigen Geld wieder nach Asien ab; einen anderen Perser, Megabyzos, den Sohn des Zopyros, entsandte (der Großkönig) hierauf

mit einem gewaltigen Heer. (4) Der besiegte nach seiner Ankunft in einer Landschlacht die Ägypter und ihre Verbündeten, vertrieb die Griechen aus Memphis und schloss sie schließlich auf der Insel Prosopitis ein. Dort belagerte er sie ein Jahr und sechs Monate, bis er durch die Entwässerung des Kanals und die Umleitung des Wassers die Schiffe aufs Trockene setzte und den größten Teil der Insel zum Festland machte; dann marschierte er hinüber und nahm die Insel mit seinen Fußtruppen.

110 (1) So scheiterte nach sechsjährigem Krieg das Unternehmen der Griechen; nur wenige von den vielen schlugen sich über Libyen nach Kyrene durch und konnten sich so retten, die meisten gingen zugrunde. (2) Ägypten kam wieder unter die Herrschaft des Großkönigs, nicht aber Amyrtaios, der König des Sumpflandes. Diesen konnten sie wegen der Größe des Sumpfes nicht fassen, und zudem sind die Sumpfbewohner die Tapfersten unter den Ägyptern. (3) Inaros aber, der Libyerkönig, der all diese Ereignisse in Ägypten angestiftet hatte, wurde durch Verrat gefangen und ans Kreuz geschlagen. (4) Von Athen und dem übrigen Bundesgebiet fuhren 50 Dreiruderer zur Ablösung nach Ägypten und landeten in der Nilmündung von Mendes ohne die geringste Ahnung von dem Vorgefallenen. Da kamen vom Lande her die Fußtruppen über sie, vom Meer aus die Flotte der Phoiniker und vernichtete den Großteil der Schiffe, nur der geringere Teil entkam. (5) Der große Feldzug der Athener und ihrer Verbündeten gegen Ägypten endete auf diese Weise.

111 (1) Orestes, ein Sohn des Thessalerkönigs Echekratides, der aus Thessalien verbannt war, überredete die Athener, ihn zurückzuführen. Die Athener beriefen die Boioter und Phoker, ihre Bundesgenossen, und rückten gegen das thessalische Pharsalos. Das flache Land beherrschten sie, soweit dies möglich war, ohne sich allzuweit vom Lager zu

entfernen; denn die thessalische Reiterei bedrängte sie heftig. Die Stadt aber konnten sie nicht einnehmen, und auch sonst gelang ihnen nichts von dem, weswegen sie den Zug unternommen hatten, sondern sie zogen mit Orestes wieder unverrichteter Dinge ab. (2) Hierauf, nicht viel später, gingen 1000 Athener an Bord der in Pegai ankernden Schiffe – sie hielten ja Pegai besetzt – und segelten (die Küste) entlang nach Sikyon; Anführer war Perikles,[60] der Sohn des Xanthippos. Sie gingen an Land und schlugen die Sikyonier, die sich mit ihnen in einen Kampf eingelassen hatten. (3) Sofort zogen sie Achaier als Verstärkung an sich, segelten zur (anderen Küste) hinüber, zogen vor Oiniadai in Akarnanien und belagerten die Stadt; sie konnten sie aber nicht einnehmen, sondern segelten heimwärts.

112 (1) Nach drei Jahren kam es zwischen Peloponnesiern und Athenern zu einem fünfjährigen Vertrag. (2) Daher enthielten sich die Athener des Krieges gegen Griechen, segelten aber gegen Kypros mit 200 Schiffen, eigenen und solchen der Bundesgenossen; Führer war Kimon. (3) 60 Schiffe von diesen fuhren nach Ägypten, da Amyrtaios, der König des Sumpflandes, um Hilfe gebeten hatte, die anderen belagerten Kition. (4) Als aber Kimon starb und eine Hungersnot ausbrach, zogen sie von Kition ab. Bei der Rückfahrt gerieten sie auf der Höhe von Salamis in Zypern mit den Phoinikern, Kypriern und Kilikern gleichzeitig in eine See- und Landschlacht, siegten beide Male und segelten wieder nach Hause und die aus Ägypten zurückgekehrten Schiffe mit ihnen.[61] (5) Die Lakedaimonier unternahmen hierauf den so genannten Heiligen Krieg, setzten sich in den Besitz des Heiligtums von Delphi und übergaben es den Delphern; und später wiederum, nach ihrem Abzug, rückten die Athener an, siegten und übergaben es den Phokern.

113 (1) Nach einiger Zeit zogen die Athener, da die Verbannten der Boioter Orchomenos, Chaironeia und andere

Orte Boiotiens besetzt hielten, mit 1000 eigenen Schwerbewaffneten und einer gewissen Anzahl von den Verbündeten gegen diese feindlichen Orte; Führer war Tolmides, der Sohn des Tolmaios. Sie eroberten Chaironeia, machten die Einwohner zu Sklaven, legten eine Besatzung dorthin und zogen wieder ab. (2) Auf dem Rückmarsch fielen bei Koroneia die Verbannten aus Orchomenos über sie her, ferner die Lokrer, die Verbannten der Euboier und weitere Gesinnungsgenossen, blieben in der Schlacht siegreich und töteten viele der Athener, viele nahmen sie lebend gefangen. (3) Da räumten die Athener Boiotien zur Gänze und schlossen einen Waffenstillstand, demzufolge sie ihre Leute heimbringen durften. (4) Die Verbannten der Boioter kehrten heim, und auch alle anderen wurden wieder frei.

114 (1) Nicht lange danach fiel Euboia von Athen ab. Als Perikles schon mit einem athenischen Heer übergesetzt war, wurde ihm gemeldet, Megara sei abgefallen, die Peloponnesier planten einen Einfall in Attika und die Besatzung der Athener sei von den Megarern aufgerieben worden, außer denjenigen, die nach Nisaia entkommen konnten. Die Megarer hatten die Korinther und Sikyonier zu Hilfe gerufen und waren dann (von Athen) abgefallen. Perikles führte eiligst das Heer aus Euboia zurück. (2) Hierauf fielen die Peloponnesier unter König Pleistoanax, dem Sohn des Pausanias, in die attischen Landstriche Eleusis und Thrias ein und verwüsteten das Gebiet, rückten aber nicht mehr weiter vor und kehrten wieder nach Hause zurück. (3) Da setzten die Athener unter der Führung des Perikles ein zweites Mal nach Euboia über, unterwarfen das ganze Land und schlossen mit allen Städten Verträge ab, nur die Bewohner von Hestiaia vertrieben sie und nahmen das Land selbst in Besitz.

115 (1) Nicht lange nach dem Abzug von Euboia schlossen sie mit den Lakedaimoniern und ihren Bundesgenossen einen dreißigjährigen Frieden,[62] demzufolge sie Nisaia, Pegai, Troizen und Achaia herausgaben; diese Städte der Peloponnesier hatten sie nämlich in Besitz. (2) Fünf Jahre danach kam es zum Krieg zwischen Samos und Milet wegen Priene. Da die Milesier im Krieg unterlagen, kamen sie zu den Athenern und beklagten sich über die Samier; mit ihnen machten auch einige Privatleute aus Samos selbst gemeinsame Sache, da sie die Verfassung stürzen wollten. (3) Die Athener segelten also mit 40 Schiffen nach Samos, richteten eine demokratische Verfassung ein und nahmen als Geiseln von den Samiern 50 Kinder und ebenso viele Männer; sie brachten sie nach Lemnos in Verwahrung, ließen eine Besatzung zurück und segelten wieder ab. (4) Unter den Samiern gab es aber einige, die nicht in der Stadt verblieben waren, sondern sich auf das Festland zurückgezogen hatten; diese verständigten sich mit den mächtigsten Bürgern in der Stadt und mit Pissuthnes, dem Sohn des Hystaspes, der damals Statthalter in Sardeis war, warben ungefähr 700 Söldner an und setzten in der Nacht nach Samos über. (5) Zuerst gingen sie gegen das Volk vor und bemächtigten sich der meisten Gegner, hierauf entführten sie heimlich ihre Geiseln aus Lemnos und fielen von Athen ab; die athenischen Wachen und die Beamten, die bei ihnen waren, übergaben sie dem Pissuthnes und rüsteten sogleich zu einem Feldzug gegen Milet. Gleichzeitig mit ihnen waren auch die Byzantier abgefallen.

116 (1) Als die Athener das erfuhren, segelten sie mit 60 Schiffen gegen Samos, konnten aber 16 davon nicht einsetzen – ein Teil von diesen war nämlich nach Karien auf Kundschaft wegen der phoinikischen Flotte gesegelt, ein Teil nach Chios und Lesbos, um Hilfstruppen aufzubieten. Mit 44 Schiffen aber unter dem Kommando des Perikles und der neun anderen Feldherren[63] gerieten sie bei der Insel Tragia in eine Seeschlacht mit 70 Schiffen der Samier, von denen 20 Lastschiffe waren – alle segelten gerade von Milet zurück –, und die Athener blieben siegreich. (2) Später kamen aus Athen 40 Schiffe zu ihrer Unterstützung und 25 aus Chios und Lesbos; sie gingen an Land, und da sie zu Felde überlegen waren, umschlossen sie die Stadt mit drei Mauern und auch vom Meer her. (3) Perikles nahm 60 von den vor Anker liegenden Schiffen und segelte eiligst gegen Kaunos und Karien, da ihm gemeldet worden war, phoinikische Schiffe segelten dorthin. Es fuhr auch aus Samos Stesagoras mit 5 Schiffen gegen die Phoiniker aus.

117 (1) Zu dieser Zeit machten die Samier plötzlich einen Ausfall gegen das ungeschützte Schiffslager, versenkten die Wachschiffe und besiegten die ihnen entgegenfahrenden Schiffe; sie machten sich für ungefähr vierzehn Tage zu Herren ihres Meeres und führten ein und aus, was sie wollten. (2) Nach der Rückkehr des Perikles wurden sie wieder von den (athenischen) Schiffen eingeschlossen. Aus Athen kamen später zu ihrer Unterstützung noch 40 Schiffe unter Thukydides[64], Hagnon und Phormion und 20 unter Tlepolemos und Antikles, aus Chios und Lesbos 30. (3) Die Samier lieferten eine kurze Seeschlacht, aber da sie zur Gegenwehr zu schwach waren, mussten sie die Stadt übergeben und einwilligen, die Mauer zu schleifen, Geiseln zu stellen, die Schiffe abzuliefern und die aufgelaufenen Kriegskosten gemäß der Schatzung innerhalb einer Frist abzuzahlen. Es fügten sich auch die Byzantier darein, wie früher untertänig zu sein.

118 (1) Hierauf, nur wenige Jahre später, kam es zu den bereits berichteten Ereignissen um Poteidaia und Kerkyra und was sich sonst noch als Grund für diesen Krieg ergab. (2) Das alles, was die Griechen gegeneinander und gegen den Barbaren unternahmen, geschah in ungefähr fünfzig Jahren zwischen dem Rückzug des Xerxes und dem Beginn dieses Krieges. In dieser Zeit ordneten die Athener ihre

Herrschaft straffer und brachten auch das eigene Staatswesen zu ansehnlicher Macht. Obwohl die Lakedaimonier das bemerkten, verhinderten sie es nicht, außer in schwachen Versuchen, und verhielten sich die meiste Zeit ruhig – waren sie doch auch vorher nicht sehr rasch zum Krieg entschlossen, außer sie wurden gezwungen, außerdem wurden sie damals durch innere Kriege behindert –, bis schließlich die Macht der Athener ganz offensichtlich emporwuchs und sie sich auch an ihrem Bund zu vergreifen begannen. Da aber hielten sie nicht mehr an sich, sondern beschlossen, den Krieg zu erklären, mit allem Mut anzugreifen und die Macht (Athens), falls sie dazu imstande wären, zu vernichten.

Kriegsbeschluss des Peloponnesischen Bundes

(3) Die Lakedaimonier hatten also entschieden, dass der Vertrag gebrochen und die Athener im Unrecht seien; sie schickten aber Leute nach Delphi und fragten den Gott, ob sie im Kriegsfall gut abschneiden werden. Der Gott antwortete ihnen, wie man berichtet, wenn sie nach Kräften kämpften, werde der Sieg bei ihnen sein, und er selbst werde mit eingreifen, gerufen oder ungerufen.

119 (1) Sie beriefen wieder die Bundesgenossen und wollten sie abstimmen lassen, ob man kämpfen solle. Als deren Gesandte gekommen waren und die Versammlung eröffnet worden war, sagte ein jeder, was er sagen wollte. Dabei klagten die meisten die Athener an und forderten die Kriegserklärung; und die Korinther, die schon vorher die einzelnen Städte jede für sich gebeten hatten, für den Krieg zu stimmen – sie fürchteten nämlich, Poteidaia könnte ihnen vorher verloren gehen –, waren auch damals anwesend, traten als letzte vor und sprachen folgendermaßen:

120 (1) »Die Lakedaimonier, ihr Bundesgenossen, dürfen wir wohl nicht mehr beschuldigen, als hätten sie nicht selbst den Krieg beschlossen und uns deshalb jetzt zusammengerufen; die Führer müssen nämlich die eigenen Interessen aller Verbündeten für gleichberechtigt achten, dabei aber auch für den gemeinsamen Vorteil sorgen, wie sie ja auch sonst vor allen anderen geehrt werden. (2) Alle von uns, die bereits mit den Athenern in Berührung gekommen sind, brauchen keine Belehrung mehr, um sich vor ihnen zu hüten. Diejenigen aber, die mehr im Landesinneren und nicht an den Durchgangsstraßen wohnen, müssen wissen, dass es ihnen, wenn sie nicht den Küstenländern beistehen, sehr schwer fallen wird, ihre Erzeugnisse auszuführen und die Güter, die das Meer bietet, einzuführen. Außerdem dürfen sie über die jetzigen Verhandlungen nicht abfällig urteilen, als ginge es sie nichts an, sondern müssen gewärtig sein, dass die Gefahr, wenn sie die Küstengebiete im Stich ließen, einmal auch bis zu ihnen dringen werde; und so müssen sie jetzt ebenso um ihres eigenen Wohles willen beratschlagen. (3) Daher dürfen sie nicht ungehalten sein, Krieg für Frieden einzutauschen. Besonnene Männer lieben es, wenn sie nicht belästigt werden, sich ruhig zu verhalten, tapfere, wenn sie belästigt werden, anstelle des Friedens Krieg zu führen, bei günstiger Gelegenheit aber aus dem Kriegszustand wieder durch einen Vertrag herauszukommen und sich weder durch das Kriegsglück verleiten noch wegen der Annehmlichkeit des Friedens beleidigen zu lassen. (4) Denn wenn jemand dieser Annehmlichkeit zuliebe zögert, könnte er schnell seines behaglichen, angenehmen Lebens verlustig gehen, dem zuliebe er ja zögert; und wer im Krieg sich seines Glückes überhebt, bedenkt nicht, dass er sich durch ein trügerisches Selbstvertrauen fortreißen lässt. (5) Vieles nämlich, was schlecht geplant war, konnte, weil die Gegner noch unbesonnener waren, zu einem guten Ende geführt werden,

und noch öfter schlug das, was anscheinend genau überlegt war, schimpflich ins Gegenteil um; denn niemand fasst einen Plan und führt ihn dann mit dem gleichen Vertrauen tatsächlich aus; denn in der Sicherheit mutmaßen wir (viel), in Furcht versagen wir bei der Ausführung.

121 (1) Wir aber, die wir Unrecht erdulden und Gründe genug zur Klage haben, beginnen nun den Krieg; und wenn wir die Athener abgewehrt haben, werden wir ihn zur rechten Zeit beilegen. (2) Aus vielen Gründen ist es wahrscheinlich, dass wir den Sieg erringen: Erstens sind wir an Zahl und Kriegserfahrung überlegen, dann pflegen wir alle in gleicher Weise Befehlen nachzukommen, (3) drittens werden wir eine Flotte, auf der ja ihre Macht beruht, aus den jedem (Bundesgenossen) verfügbaren Mitteln ausrüsten und aus den Tempelschätzen von Delphi und Olympia; denn wir werden sie als Darlehen aufnehmen und dann imstande sein, durch höheren Sold ihnen ihr angeworbenes Schiffsvolk abtrünnig zu machen – die Macht der Athener ist ja mehr erkauft als ursprünglich ihr Eigen; der Unsrigen dürfte dies weniger widerfahren, da sie sich mehr auf Menschen als auf Geld gründet. (4) Durch einen einzigen Seesieg (unserer Flotte) werden sie wahrscheinlich überwältigt werden. Sollten sie aber widerstehen, werden auch wir uns in diesem längeren Zeitraum im Seekrieg üben, und wenn wir die gleiche Geschicklichkeit wie sie erworben haben, werden wir ihnen sicherlich an tapferer Gesinnung überlegen sein. Denn dieses Gut, das wir von Natur aus besitzen, können jene nicht durch Lernen erwerben; die Geschicklichkeit aber, in der sie uns voraus sind, können wir durch Übung gewinnen. (5) Das Geld, das wir dafür brauchen, werden wir aufbringen. Es wäre doch wirklich schändlich, wenn ihre Bundesgenossen nicht müde werden, für ihre eigene Versklavung zu zahlen, wir aber weder für die Rache an den Feinden und die eigene Rettung Geld aufwenden wollen noch um zu hindern, von jenen unserer Mittel beraubt und gerade damit geschädigt zu werden.

122 (1) Es bieten sich uns aber noch andere Arten der Kriegführung: Aufwiegelung ihrer Bundesgenossen – das bedeutet vor allem Entzug der Einkünfte, durch die sie mächtig sind –, Errichtung von Befestigungen in ihrem Lande und anderes noch, was man jetzt nicht voraussehen kann; denn ganz und gar nicht entwickelt sich der Krieg nach vereinbarten Regeln, er selbst erfindet aus sich heraus meistens Mittel und Wege für die jeweilige Gegebenheit. Dabei steht derjenige, der ihn ruhig und überlegt führt, sicherer, wer sich aber in ihm von Leidenschaft bestimmen lässt, wird umso eher zu Fall kommen. (2) Bedenken wir auch Folgendes: Wenn Einzelne von uns gegen gleich starke Gegner wegen der Landesgrenzen Streit hätten, so wäre das erträglich. Nun sind gegen uns alle zusammen die Athener stark genug, einer einzelnen Stadt aber bei weitem überlegen. Wenn wir ihnen daher nicht gemeinsam, jeder Stamm und jede Stadt, einmütig entgegentreten, werden sie uns einzeln mühelos überwinden; und die Niederlage, mag das auch manchem schrecklich zu hören sein, er soll es wissen, wird nichts anderes bringen als völlige Sklaverei. (3) Das selbst nur in Worten zu erwägen, ist schimpflich für den Peloponnes, und dass so viele Städte von einer einzigen Unrecht erleiden. Hierbei könnte man nun meinen, wir litten zu Recht oder wir ertrügen es aus Feigheit und wären offensichtlich schlechter als unsere Väter, die Griechenland befreiten; wir aber können nicht einmal für uns selbst diese Freiheit erhalten, sondern lassen eine Stadt sich als Herrscherin aufwerfen, halten es aber für notwendig, die Alleinherrscher in den einzelnen Städten zu vertreiben. (4) Und wir wissen nicht, wie dieses Verhalten von den drei größten Fehlern freizusprechen ist: der Unwissenheit, Schlaffheit oder Sorglosigkeit. Denn gewiss nicht habt ihr diese Fehler vermieden und seid in den des Größenwahns verfallen, der schon vielen geschadet hat und der deshalb, weil er schon so viele zum Sturz gebracht hat, in den entgegengesetzten Namen Wahnsinn umbenannt worden ist.

123 (1) Aber wozu sollen wir das Vergangene ausführlicher tadeln, als es der gegenwärtigen Lage nützt? Was die Zukunft anlangt, so müsst ihr zum Schutz des Bestehenden auch künftig Mühen ertragen – denn von Vätern ererbt ist es euch, durch Mühen zu euren Vorzügen zu gelangen – und dürft nicht eure Wesensart ändern, wenn ihr etwa auch jetzt an Reichtum und Macht etwas voraus seid. Denn es wäre nicht recht, was in Armut erworben wurde, im Überfluss zu verlieren; im Gegenteil, ihr müsst aus vielen Gründen vertrauensvoll in den Krieg ziehen, da der Gott selbst es befohlen und versprochen hat, mit einzugreifen, und da das ganze übrigen Griechenland mit uns kämpfen wird, teils aus Furcht, teils aus Berechnung. (2) Auch den Vertrag werdet ihr nicht als erste brechen, den doch sogar der Gott für übertreten erachtet, wenn er zum Krieg rät, vielmehr werdet ihr seine Verletzung rächen. Den Vertrag bricht nämlich nicht, wer sich verteidigt, sondern wer zuerst angreift.

124 (1) Da also, von allen Seiten her betrachtet, euch unter günstigen Bedingungen zu kämpfen vergönnt ist und wir selbst das zum gemeinsamen Besten raten, wenn (nämlich) wirklich erwiesen ist, dass es für die Städte wie für den einzelnen nützlich ist, dann zögert nicht, den Poteidaiern beizustehen, Dorern, von Ioniern belagert – früher pflegte das Gegenteil zu geschehen –, und die Freiheit der anderen zu erringen. Es geht nicht mehr an zuzusehen, dass die einen bereits Schaden erleiden, die anderen aber, wenn man erfährt, wir seien zwar zusammengekommen, hätten aber nicht den Mut zur Gegenwehr gehabt, kurz darauf dasselbe Leid erfahren werden. (2) Bedenkt, dass wir in eine Zwangslage gekommen sind, Bundesgenossen, und dass unser Vorschlag der beste ist. Beschließt den Krieg, ohne Furcht vor der augenblicklichen Gefahr, sondern aus dem Verlangen nach einem durch ihn gewonnenen dauerhafteren Frieden. Denn aus dem Krieg erwächst der Friede gefestigter, dagegen in tatenloser Ruhe nicht den Krieg zu erklären ist nicht ebenso gefahrlos. (3) Überzeugt, dass diese Stadt, die sich in Griechenland als Zwingherrin aufgeworfen hat, als solche allen in gleicher Weise droht – denn die einen beherrscht sie schon, bei den anderen sinnt sie danach –, wollen wir sie angreifen und unterwerfen; wir selbst werden dann in Zukunft gefahrlos leben und die jetzt unterjochten Griechen befreien.«

125 (1) So sprachen die Korinther. Als die Lakedaimonier die Meinung aller gehört hatten, ließen sie alle Bundesgenossen, die anwesend waren, der Reihe nach abstimmen, jede größere und jede kleinere Stadt; und die Mehrheit stimmte für den Krieg. (2) Nach diesem Beschluss war es ihnen aber nicht möglich, sofort loszuschlagen, da sie nicht gerüstet waren; jedoch beschloss man, jeder solle den notwendigen Kriegsbeitrag aufbringen, Verzögerung dürfe keine eintreten. Dennoch verging über ihren notwendigen Vorbereitungen zwar nicht ein ganzes Jahr, aber nicht viel weniger, bevor sie in Attika einfielen und den Krieg eröffneten.

Gegenseitige Forderungen und Proteste

126 (1) In dieser Zeit schickten sie eine Gesandtschaft nach Athen und ließen ihre Beschwerden vorbringen, um einen möglichst triftigen Grund zum Krieg zu haben, wenn sie kein Gehör fänden. (2) Zunächst schickten die Lakedaimonier Gesandte und befahlen den Athenern, den Frevel gegen die Göttin zu tilgen. Mit dem Frevel hatte es folgende Bewandtnis:[65] (3) Kylon war Sieger in den Olympischen Spielen, ein Athener aus längst vergangener Zeit, adelig und mächtig. Er hatte eine Tochter des Theagenes aus Megara geheiratet, der zu jener Zeit Tyrann von Megara war. (4) Als Kylon das Orakel in Delphi befragte, antwortete ihm der Gott, er solle am höchsten Fest des Zeus die athenische Burg besetzen. (5) Er bekam von Theagenes Verstärkung, überredete auch seine Freunde, und nachdem die Olympischen Spiele des Peloponnes gekommen waren, besetzte er die Burg, um die Herrschaft an sich zu reißen; denn er meinte, dies sei das höchste Fest des Zeus und habe auch gewisse Beziehung zu ihm selber, da er ja bei den Olympischen Spielen gesiegt habe. (6) Ob aber in Attika oder anderswo das größte Fest gemeint war, hatte weder er selber bedacht, noch hatte es das Orakel deutlich erklärt; es haben nämlich auch die Athener Diasien, die als das höchste Fest des Zeus Meilichios bekannt sind, außerhalb der Stadt, an denen das ganze Volk opfert, nicht Schlachtopfer, sondern viele landesübliche Rauchopfer. Er aber glaubte, richtig zu verstehen, und machte sich ans Werk. (7) Als die Athener das merkten, rückten sie alle insgesamt vom Land her gegen sie los, setzten sich fest und belagerten sie. (8) Im Lauf der Zeit wurden aber die meisten Athener der Belagerung überdrüssig und zogen ab; den neun Archonten trugen sie auf, die Bewachung und alles Übrige aus eigener Machtvollkommenheit zu regeln, wie sie es für das Beste erachteten; damals erledigten nämlich die meisten politischen Angelegenheiten die neun Archonten. (9) Die Männer um Kylon litten bei der Belagerung sehr unter Nahrungs- und Wassermangel. (10) Kylon aber und sein Bruder konnten entfliehen. Als die anderen in arge Bedrängnis gerieten – einige starben sogar vor Hunger –, da setzten sie sich als Schutzflehende an den Altar der Burg. (11) Als die zum Wachdienst befohlenen Athener merkten, sie würden im Heiligtum sterben, befahlen sie ihnen aufzustehen, und zwar mit dem Versprechen, ihnen kein Leid zuzufügen; dann aber führten sie sie ab und töteten sie. Einige, die sich sogar an die Altäre der hehren Göttinnen[66] beim Vorbeigehen gesetzt hatten, machten sie nieder. Verfluchte und Frevler gegen die Göttin wurden daher jene und ihre Nachkommen genannt. (12) Es hatten nun die Athener diese Verfluchten vertrieben, vertrieben hatte sie später auch der Lakedaimonier Kleomenes gemeinsam mit der Adelspartei, und sie verjagten die Lebenden und gruben die Gebeine der Toten aus und schafften sie außer Landes. Die Verbannten kehrten jedoch später wieder zurück, und ihr Geschlecht lebt heute noch in der Stadt.[67]

127 (1) Diesen Frevel also befahlen die Lakedaimonier zu tilgen, angeblich vor allem deshalb, um den Göttern Genugtuung zu verschaffen, aber auch weil sie genau wussten, dass Perikles, der Sohn des Xanthippos, durch mütterliche Verwandtschaft damit behaftet war, und weil sie glaubten, nach einer Verbannung leichter bei den Athenern zum Ziel zu kommen. (2) Sie hofften freilich nicht, ihm werde das widerfahren, glaubten aber, ihn in der Stadt in Verruf zu bringen, da es zum Teil durch seine Befleckung zum Krieg kommen werde. (3) Er war nämlich der mächtigste Mann seiner Zeit, und in seiner Politik arbeitete er überall den Spartanern entgegen, gestattete keine Nachgiebigkeit und trieb die Athener in den Krieg.

128 (1) Ihrerseits befahlen nun auch die Athener, die Lakedaimonier sollten den Frevel vom Tainaron tilgen. Die Lakedaimonier hatten nämlich einmal schutzflehende Heloten aus dem Tempel des Poseidon vom Tainaron vertrieben, sie abgeführt und getötet, ein Verbrechen, dem sie selbst das starke Erdbeben in Sparta zuschrieben. (2) Sie befahlen ihnen auch, den Frevel an der (Athene) Chalkioikos zu tilgen. Zu dem war es auf folgende Weise gekommen: (3) Als der

Lakedaimonier Pausanias das erste Mal durch die Spartiaten vom Oberbefehl im Hellespont abberufen und im Gerichtsverfahren von jedem Unrecht freigesprochen worden war, entsandte man ihn nicht mehr im Staatsauftrag; aber aus eigenem Ermessen nahm er eine Triere aus Hermione, ohne Auftrag der Spartaner, und gelangte an den Hellespont, dem Vorgeben nach zum Hellenischen Krieg, tatsächlich aber, um mit dem Großkönig im Geheimen zu verhandeln, wie er es schon beim ersten Male betrieben hatte – aus Verlangen nach der Herrschaft über Griechenland.[68] (4) Eine Wohltat hatte er aus folgendem Anlasse zuerst dem Großkönig erwiesen und dadurch den ganzen Handel begonnen: (5) Als er Byzanz genommen hatte, bei seinem ersten Aufenthalt, und zwar nach der Abfahrt von Kypros – die Perser waren damals im Besitz der Stadt, darunter einige Freunde und Verwandte des Großkönigs, die darin mit gefangen genommen wurden –, da schickte er diese Gefangenen ohne Wissen der anderen Verbündeten dem Großkönig; er selbst sagte, sie seien entlaufen. (6) Das tat er mit Hilfe des Eretriers Gongylos, dem er Byzanz und die Gefangenen übergeben hatte. Er schickte den Gongylos auch mit einem Brief zum Großkönig; geschrieben war Folgendes darin, wie sich nachher herausstellte: (7) Pausanias, der Führer Spartas, will dir einen Gefallen erweisen und schickt dir diese Kriegsgefangenen; und ich mache dir den Vorschlag, wenn auch du einverstanden bist, deine Tochter zu heiraten und dir Sparta und das übrige Hellas untertänig zu machen. Ich glaube, das erreichen zu können, wenn ich mich mit dir verständige. Wenn dir etwas daran gefällt, so schicke einen verlässlichen Mann über das Meer, durch den wir künftig verhandeln können.

129 (1) Das war der Inhalt des Schreibens. Xerxes freute sich über den Brief und entsandte Artabazos, den Sohn des Pharnakes, über das Meer. Er befahl ihm, die Satrapie Daskylien zu übernehmen und dort den Megabates abzulösen, der vor ihm Satrap war, und gab ihm einen Antwortbrief mit dem Auftrag, ihn möglichst schnell unter Vorweisung des Siegels zu übersenden; wenn ihm Pausanias Aufträge gäbe, die Angelegenheiten des Großkönigs betreffend, so solle er sie bestens und äußerst gewissenhaft ausführen. (2) Nach seinem Eintreffen erledigte er alles, wie ihm aufgetragen war, und übersandte den Brief. Dieses Antwortschreiben lautete: (3) So spricht der Großkönig Xerxes zu Pausanias: Was jene Männer anlangt, die du mir über das Meer aus Byzanz gerettet hast, dieses Verdienst ist dir in unserem Haus für ewig hoch angeschrieben. An deinen Worten finde ich Gefallen. Weder Nacht noch Tag soll dich hindern, dass du etwa nachlässt zu erreichen, was du mir versprichst; du magst Gold und Silber verlangen, was du willst, ein Riesenaufgebot an Soldaten, wenn du sie irgendwo brauchst – durch nichts soll (dein Plan) beeinträchtigt werden, sondern mit Artabazos, einem tüchtigen Manne, den ich zu dir sandte, führe unbesorgt meine und deine Pläne durch, wie es für uns beide am schönsten und besten sein wird.

130 (1) Als Pausanias diesen Brief erhalten hatte, wurde er, der schon vorher in hohem Ansehen bei den Griechen stand wegen seines Oberbefehls bei Plataia, noch viel hochmütiger und konnte nicht mehr nach der hergebrachten Weise leben. In ein persisches Gewand gekleidet verließ er Byzanz, auf seiner Reise durch Thrakien umgab ihn eine Leibwache aus Persern und Ägyptern, er ließ sich persische Gerichte vorsetzen und konnte seine wahre Gesinnung nicht verbergen; er ließ bereits im Kleinen erkennen, wie er es in größerem Maße später zu treiben gedachte. (2) Er verhielt sich unzugänglich und legte ein so herrisches Wesen an den Tag gegen alle gleichermaßen, dass niemand sich ihm nähern konnte. Deswegen auch wandten sich nicht zum wenigsten die Bundesgenossen an die Athener.

131 (1) Als die Lakedaimonier das zum ersten Mal gewahr wurden, hatten sie ihn eben deswegen zurückberufen. Als er nun mit dem Schiff aus Hermione zum zweiten Mal ausgefahren war, ohne ihren Befehl, und sich ganz offenkundig in solcher Weise aufführte, außerdem, aus Byzanz gewaltsam von den Athenern vertrieben, nicht nach Sparta zurückkehrte, sondern sich in Kolonai in der Troas festsetzte, dort, wie ihnen berichtet wurde, mit den Barbaren verhandelte und den Aufenthalt nicht zum Guten verwendete, da zögerten sie nun nicht länger. Die Ephoren[69] entsandten einen Herold mit einem Staatsbrief: Er habe dem Herold unmittelbar zu folgen, widrigenfalls erklärten ihm die Spartiaten den Krieg. (2) Da Pausanias möglichst wenig Verdacht erregen wollte und auch hoffte, er könne durch Bestechung die Anklage niederschlagen, kehrte er ein zweites Mal nach Sparta zurück. Zunächst wurde er von den Ephoren in das Gefängnis geworfen – den Ephoren steht es nämlich zu, mit dem König so zu verfahren –, dann erreichte er aber seine Freilassung und stellte sich allen, die ihn vernehmen wollten, zum Verhör.

132 (1) Einen klaren Beweis aber hatten die Spartiaten nicht, weder seine Feinde noch die ganze Stadt, auf den sie sicher hätten bauen können, um einen Mann zu verurteilen aus königlichem Geschlecht, der überdies zu dieser Zeit das Herrscheramt bekleidete – denn für den noch zu jungen König Pleistarchos, den Sohn des Leonidas, führte er als Vetter die Vormundschaft –, (2) aber viel Grund zu Misstrauen bot er durch seine Hoffart und Nachahmung der Barbaren, als wolle er sich nicht den bestehenden Verhältnissen fügen. Auch sein sonstiges Verhalten überprüften sie, ob er etwa von den geltenden Bräuchen abgewichen sei, und vor allem (erinnerten sie sich), dass er einst auf den Dreifuß in Delphi, den die Griechen als Ehrengabe aus der Perserbeute aufgestellt hatten, selbst aus eigenem Ermessen folgende Inschrift hatte anbringen lassen:

Herr der Hellenen im Feld, Vernichter des persischen Heeres,
stellt Pausanias hier, Phoibos, das Mahnmal dir auf.

(3) Diese Inschrift hatten die Spartaner sofort damals vom Dreifuß[70] getilgt und ließen die Städte mit Namen einmeißeln, die gemeinsam den Barbaren besiegt und das Weihegeschenk aufgestellt hatten. Für ein Unrecht des Pausanias hielt man das allerdings auch (schon) damals, und da es nun so mit ihm gekommen war, schien seine Tat noch viel mehr seiner gegenwärtigen Gesinnung zu entsprechen. (4) Sie erfuhren, dass er auch mit den Heloten verhandelte; und es verhielt sich in der Tat so: Freiheit versprach er ihnen und Bürgerrecht, wenn sie beim Umsturz und in allem gemeinsame Sache mit ihm machten. (5) Aber selbst jetzt nicht, gestützt auf Aussagen einiger Heloten, entschlossen sie sich, ihm gegenüber von der gewohnten Ordnung abzugehen, die sie gegen sich selbst beobachten: nicht voreilig über einen Spartiaten ohne unumstößliche Beweise einen unwiderruflichen Beschluss zu fassen. Endlich, wie man erzählt, bekamen sie in dem Mann einen Zeugen, der den letzten Brief an den Großkönig dem Artabazos überbringen sollte, einem Argilier, der einst sein Lieblingsknabe und ihm treu ergeben war. Den hatte nämlich Furcht ergriffen bei dem Gedanken, dass keiner der vor ihm abgesandten Boten je zurückgekehrt sei; daher bildete er das Siegel nach, damit er, wenn er sich in seiner Vermutung täusche, (den Brief wieder schließen könne,) oder jener, wenn er noch etwas ändern wolle, nichts bemerke; dann öffnete er den Brief, in dem er einen derartigen Sonderauftrag vermutete; und tatsächlich fand er darin geschrieben, man solle ihn töten.

133 (1) Dann also, als er ihnen das Schreiben zeigte, glaubten es die Ephoren schon eher, wollten aber doch selber noch Ohrenzeugen sein, wenn Pausanias persönlich spreche. Nach gemeinsamer Verabredung wandte sich der Mann als Schutzsuchender in den Tainaron und bezog eine durch eine Zwischenwand geteilte Hütte, in welcher er einige der Ephoren im hinteren Raum verbarg; und als Pausanias zu ihm kam und ihn nach dem Grund seines Hilfeflehens fragte, vernahmen sie alles ganz deutlich: wie der Mann ihm vorhielt, was über ihn im Briefe gestanden habe, und alles andere der Reihe nach aufzeigte, dass er ihn niemals bei seinen Aufträgen an den Großkönig hintergangen habe und doch der gleichen »Ehre« würdig sei wie die meisten seiner Diener – des Todes, und wie jener gerade das eingestand und ihn bat, wegen dieses Vorfalles nicht zu zürnen, ihm auch persönliche Sicherheit versprach, wenn er das Heiligtum verlasse, und ihn bat, möglichst schnell abzureisen und die Verhandlungen nicht zu stören.

134 (1) Als die Ephoren alles genau gehört hatten, gingen sie damals weg; da sie aber endlich fest überzeugt waren, trafen sie Vorkehrungen, ihn in der Stadt zu verhaften. Man berichtet nun, er sollte auf der Straße verhaftet werden, habe aber, als er das Gesicht eines auf ihn zukommenden Ephoren sah, erkannt, weshalb er käme, und da ihm auch ein anderer, der ihm wohlgesinnt war, durch ein leichtes Nicken einen Hinweis gab, sei er zum Tempel der (Athene) Chalkioikos gelaufen und habe entkommen können; der Tempelbezirk war nämlich in der Nähe. Er betrat dort ein nicht sehr großes Gebäude, das zum Heiligtum gehörte, damit er nicht allzusehr der Witterung ausgesetzt sei, und verhielt sich ruhig. (2) Sie konnten ihn also fürs Erste nicht erreichen, danach aber trugen sie das Dach des Gebäudes ab und mauerten die Türen zu, sodass sie ihn drinnen beobachten und einschließen konnten, belagerten ihn und hungerten ihn aus. (3) Als sie merkten, er werde bald, so wie er in dem Gebäude eingeschlossen war, hinscheiden, da trugen sie ihn noch lebend hinaus, und draußen starb er unmittelbar darauf. (4) Sie wollten ihn erst, wie sie es mit den Verbrechern tun, in die Kaiada werfen; dann aber beschlossen sie, ihn irgendwo in der Nähe zu verscharren. Der Gott in Delphi befahl aber später den Spartanern durch ein Orakel, das Grab dorthin zu verlegen, wo er gestorben war – auch jetzt liegt er noch in dem Tempelvorhof, wie es Inschriftsäulen beweisen –, außerdem müssten sie, da als ein Frevel die Tat auf ihnen laste, zwei Menschen für den einen der (Athene) Chalkioikos weihen. Sie machten zwei erzene Standbilder und weihten sie für Pausanias.

135 (1) Die Athener trugen also den Lakedaimoniern ihrerseits auf, den Frevel, den ja der Gott selbst für einen solchen erklärt hatte, zu tilgen. (2) Der Mitschuld an der perserfreundlichen Gesinnung des Pausanias bezichtigten die Lakedaimonier durch Gesandte nach Athen auch den Themistokles, da sie es aus der Untersuchung gegen Pausanias erfahren hatten, und verlangten, ihn auf dieselbe Weise zu bestrafen. (3) Die Athener erklärten sich bereit – er war nämlich gerade durch Scherbengericht verbannt und hielt sich in Argos auf, bereiste aber auch den übrigen Peloponnes – und sandten zusammen mit den Spartanern, die bereitwillig an der Verfolgung teilnahmen, Leute aus, denen aufgetragen war, ihn herbeizuschaffen, wo immer sie ihn anträfen.

136 (1) Themistokles aber, der davon vorher erfahren hatte, floh vom Peloponnes nach Kerkyra, dessen Bewohnern er einst einen Dienst erwiesen hatte. Da ihm jedoch die Kerkyraier erklärten, sie trügen Bedenken, ihn bei sich zu behalten, weil sie sich dann den Spartanern und den Athenern verhasst machten, ließ er sich von ihnen hinüberbringen auf das Festland gegenüber. (2) Als er von den Beauftragten verfolgt wurde, die sich nach seinem jeweiligen Fluchtweg erkundigten, sah er sich durch irgendeine Notlage gezwungen, bei dem König der Molosser Admetos, der ihm durchaus nicht freundlich gesinnt war, einzukehren. (3) Der war gerade nicht daheim, er wandte sich also an dessen Frau als Schutzflehender und erhielt von ihr den Rat, ihrer beider Kind zu nehmen und sich an den Herd zu setzen. (4) Als nicht viel später Admetos kam, sagte er, wer er sei, und bat ihn, auch wenn er wirklich seinem Ersuchen an die Athener widersprochen habe, sich nicht an einem Flüchtling zu rächen; er würde dann, da er (gegenwärtig) viel schwächer sei (als Admetos), durch ihn zu Schaden kommen. Edel aber sei es, sich an gleich Starken und unter gleichen Bedingungen zu rächen; außerdem sei er sein Gegner gewesen bei einem Wunsche und nicht bei der Rettung des Lebens, jener aber würde ihn, wenn er ihn auslieferte – er erklärte ihm, von wem und weswegen er verfolgt würde –, der Möglichkeit berauben, sein Leben zu retten.[71]

137 (1) Auf diese Bitten hin hieß ihn Admetos aufstehen samt seinem Sohne – wie er eben, jenen im Arm, gesessen hatte, das ist die wirksamste Art des Schutzflehens –, und den Lakedaimoniern und Athenern, die nicht viel später kamen und viel auf ihn einredeten, lieferte er ihn nicht aus, sondern brachte ihn, da er zum Großkönig gelangen wollte, auf dem Landweg an das andere Meer nach Pydna, der Stadt Alexanders. (2) Dort traf er ein Frachtschiff, das nach Ionien auslief, und bestieg es, wurde aber von einem Sturm gegen das athenische Heer verschlagen, das Naxos belagerte. In seiner Angst sagte er dem Schiffsherrn, wer er sei – er war nämlich der Schiffsbesatzung unbekannt – und weswegen er fliehe, und wenn er ihn nicht rette, drohte er, werde er aussagen, er habe sich (von ihm) bestechen lassen, ihn mitzunehmen. Ihre Sicherheit bestünde darin, dass niemand das Schiff verlasse, bis die Fahrt wieder möglich sei. Er werde ihm, wenn er sich füge, den würdigen Dank abzustatten wissen. Der Schiffsherr handelte danach, lag einen Tag und eine Nacht auf der Höhe des Heerlagers vor Anker und gelangte später nach Ephesos. (3) Themistokles ehrte ihn durch ein Geldgeschenk: Er bekam nämlich später aus Athen von seinen Freunden und aus Argos Geld, das in Sicherheit gebracht worden war. Er brach mit einem Perser der Küstengebiete ins Landesinnere auf und schickte einen Brief an den Großkönig Artaxerxes, den Sohn des Xerxes, der seit kurzem den Thron bestiegen hatte.[72] (4) Folgenden Inhalt hatte das Schreiben: Ich, Themistokles, komme zu dir, der ich von den Hellenen das größte Unheil eurem Hause zugefügt habe so lange, wie ich mich notgedrungen gegen deinen Vater, der mich angriff, zur Wehr setzte, aber viel mehr Gutes (habe ich erwiesen) während seines für mich sicheren, für ihn aber gefahrvollen Rückzuges. Und ihr schuldet mir Dank für diese Wohltat – er erwähnte die Aufforderung zum Rückzug von Salamis und die durch sein Eingreifen, wie er es sich fälschlich anrechnete, nicht erfolgte Zerstörung der Brücke –;[73] imstande, dir auch jetzt viele Vorteile zu verschaffen, bin ich hier, verfolgt von den Griechen wegen meiner freundlichen Gesinnung dir gegenüber. Ich will ein Jahr warten und dir dann selbst erklären, weswegen ich gekommen bin.

138 (1) Der Großkönig, so heißt es, bewunderte seinen Geist und forderte ihn auf, so zu handeln. In der Zeit, die er zuwartete, machte sich Themistokles, so weit er konnte, mit der persischen Sprache und den Gebräuchen des Landes vertraut. (2) Als er nach dem Jahr zum Großkönig kam, wurde er bei ihm groß und mächtig, wie nie ein Grieche vorher, wegen seines Ansehens von früher, wegen der Hoffnung, die er ihm auf die Unterwerfung von Hellas machte, vor allem aber durch die Proben, die er von seiner Einsicht ablegte. (3) In der Tat war nämlich Themistokles ein Mann, der ganz deutlich die Macht der Natur bewies und in dieser Hinsicht bedeutend mehr als ein anderer der Bewunderung würdig war. Aus eigener Einsicht, ohne vorher etwas dazugelernt zu haben noch nachher, war er, was die augenblickliche Lage betraf, nach ganz kurzer Überlegung ein vortrefflicher Beurteiler, was die Zukunft betraf, für die meisten Fälle des künftigen Geschehens ein ausgezeichneter Erahner; was er begriffen hatte, konnte er auch darlegen, worin er keine Erfahrung hatte, darüber konnte er doch hinlänglich urteilen, das Vorteilhaftere und das Nachteiligere konnte er auch im Ungewissen am besten voraussehen, und um es zusammenfassend zu sagen, dank der Leistungskraft seiner Natur und trotz der mangelhaften Ausbildung war dieser Mann am vortrefflichsten befähigt, für den Augenblick das Richtige zu treffen. (4) Durch Krankheit endete sein Leben; einige behaupten, er habe freiwillig den Tod durch Gift gewählt, da er nicht imstande zu sein glaubte, dem König sein Versprechen einzulösen. (5) Sein Denkmal steht im asiatischen Magnesia auf dem Marktplatz; über dieses Land hatte er nämlich geherrscht, da ihm der Großkönig Magnesia als Brot gegeben hatte – es warf 50 Talente im Jahr ab –, Lampsakos als Wein – es galt als die weinreichste Gegend damals – und Myus als Zuspeise. (6) Seine Gebeine, so sagen die Verwandten, wurden auf seinen Wunsch in die Heimat überführt und unbemerkt von den Athenern in attischer Erde beigesetzt; denn ihn zu begraben, war ja nicht gestattet, da er ein Verbannter war. – Die Geschichte des Lakedaimoniers Pausanias und des Atheners Themistokles, der beiden berühmtesten Griechen ihrer Zeit, endete so.

Kriegsbeschluss der Athener

139 (1) Die Lakedaimonier stellten und empfingen bei der ersten Gesandtschaft derartige Forderungen wegen der Austreibung der Verfluchten. Später aber kamen sie wieder zu den Athenern und verlangten, sie sollten von Poteidaia ablassen und Aigina die Selbständigkeit gewähren; vor allem aber und ganz entschieden erklärten sie, es würde nicht zum Krieg kommen, wenn die Athener den Beschluss die Megarer betreffend aufhöben, in dem es hieß, sie hätten sich von den Häfen des Attischen Reiches fern zu halten und vom Handel mit Attika. (2) Die Athener gaben ihnen weder in den übrigen Punkten nach, noch hoben sie den Beschluss auf, warfen vielmehr den Megarern Bearbeitung des heiligen Landes und noch strittiger Grenzgebiete vor und Aufnahme der entwichenen Sklaven. (3) Als schließlich die letzten Gesandten aus Sparta kamen, Rhamphios, Melesippos und Agesandros, und nicht mehr die früher üblichen Beschwerden vorbrachten, sondern nur sagten, die Lakedaimonier wünschen den Frieden, er könnte andauern, wenn ihr den Hellenen die Selbständigkeit gewährt, da beriefen die Athener eine Volksversammlung und eröffneten die Beratung; sie wollten ein für allemal über alle Fragen beraten und dann ihre Antwort geben. (4) Viele traten auf, um zu reden, und zwar für beide Ansichten: der Krieg sei notwendig oder der Beschluss (wegen Megara) sei kein Hindernis für den Frieden, man solle ihn aufheben. Dann erhob sich Perikles, der Sohn des Xanthippos, der erste Mann in Athen zur damaligen Zeit, gleich mächtig in Wort und Tat, und redete ihnen so zu:

140 (1) »An meiner Überzeugung, ihr Athener, halte ich noch immer unverändert fest: nicht nachzugeben den Peloponnesiern, obwohl ich weiß, dass die Menschen nicht mit dem gleichen Eifer, mit dem sie sich zum Krieg bestimmen lassen, auch in Wirklichkeit handeln, sondern nach den Wechselfällen auch ihre Meinungen ändern. Ich sehe also, ich muss auch jetzt Gleiches oder Ähnliches (wie früher) raten, und wer von euch mir zustimmt, von dem erwarte ich, dass er zu den gemeinsamen Beschlüssen steht, wenn uns auch irgendein Missgeschick widerfährt, andernfalls aber soll er, wenn wir Erfolg haben, sich auch keinen Anteil an unserer richtigen Erkenntnis beimessen. Denn es ist möglich, dass die Wechselfälle der Ereignisse sich nicht weniger unberechenbar entwickeln als die Pläne der Menschen; deshalb pflegen wir auch bei allem, was wider unsere Berechnung ausgeht, dem Zufall die Schuld zu geben.

(2) Die Lakedaimonier waren uns schon früher ganz offensichtlich feindlich gesinnt, und jetzt sind sie es erst recht. Denn obwohl vereinbart war, ein Schiedsverfahren über die zwischen uns bestehenden Streitigkeiten zu gewähren und anzuerkennen, behalten aber sollte jeder seinen Besitz, forderten sie selbst nie ein Schiedsverfahren, noch erkannten sie es an, wenn wir eines anboten; sie wollen eher durch Krieg als durch Verhandlungen die Streitpunkte erledigen, und bereits mit Befehlen, nicht mehr mit Beschwerden sind sie jetzt hier. (3) Denn von Poteidaia abzulassen, befehlen sie uns, und Aigina die Selbständigkeit zu gewähren und den Beschluss betreffend die Megarer aufzuheben. Die letzten Gesandten da aber kommen und tragen uns in aller Öffentlichkeit auf, auch den Hellenen die Selbständigkeit zu gewähren. (4) Niemand von euch möge glauben, es komme wegen einer Kleinigkeit zum Krieg, wenn wir den Beschluss betreffend die Megarer nicht aufheben – das vor allem nehmen sie zum Vorwand –, wenn er aufgehoben würde, käme es nicht zum Krieg; lasst ja nicht in euren Gedanken den Vorwurf haften, dass ihr für eine Kleinigkeit den Krieg begonnen habt. (5) Denn gerade diese Kleinigkeit hat die ganze Bestätigung und Bewährung eures Entschlus-

ses in sich. Gebt ihr ihnen hier nach, so wird man euch sofort etwas Schwereres auferlegen, in der Meinung, ihr habt auch hier aus Furcht gehorcht; lehnt ihr aber entschieden ab, so werdet ihr ihnen deutlich zu verstehen geben, dass sie mit euch eher von Gleich zu Gleich zu verkehren haben.

141 (1) Auf der Stelle also entscheidet euch, entweder zu gehorchen, bevor ihr Schaden erleidet, oder ob wir Krieg führen sollen – wie es mir richtiger erscheint –, um künftig bei einem großen ebenso wie bei einem kleinen Anlass unnachgiebig zu sein und um ohne Furcht zu besitzen, was wir erworben haben. Denn die gleiche Unterjochung bedeutet jeder Anspruch, der größte und der kleinste, wenn er von Gleichgestellten statt eines Schiedsspruches gegen Nachbarn erhoben wird. (2) Was nun den Krieg und die beiden Mächten zur Verfügung stehenden Mittel betrifft, dass wir hierin nicht schwächer sein werden, das sollt ihr erkennen, wenn ihr Punkt für Punkt meiner Rede folgt. (3) Von ihrer eigenen Hände Arbeit leben die Peloponnesier, weder persönlich noch im Staat verfügen sie über Geldmittel, sodann sind sie in länger andauernden und überseeischen Kriegen unerfahren, weil sie wegen ihrer Armut nur kurze Zeit gegeneinander Krieg führen können.[74] (4) Solche Leute können weder Schiffe bemannen noch Landheere häufig aussenden, da sie von ihren Gütern dann entfernt sind und sich doch gleichzeitig aus dem eigenen Besitz verpflegen müssen, wobei sie noch dazu vom Meer abgesperrt sind. (5) Vorhandene Überschüsse lassen Kriege eher ertragen als erzwungene Beiträge. Mit ihren Leibern kämpfen Leute, die von ihrer eigenen Hände Arbeit leben, bereitwilliger als mit Geld, denn bei jenen sind sie zuversichtlich, sie aus den Gefahren retten zu können, bei diesem sind sie nicht sicher, ob sie es nicht vorher aufbrauchen, zumal wenn wider Erwarten, was doch wahrscheinlich ist, sich ihnen der Krieg in die Länge zieht. (6) Denn in einer einzigen Schlacht allen Grie-

chen die Stirn zu bieten, dazu sind die Peloponnesier und ihre Bundesgenossen imstande, zu kämpfen aber gegen eine Macht von ganz anderer Art, sind sie außerstande, solange sie nicht auf Befehl einer einzigen Macht augenblicklich etwas entschlossen unternehmen und jeder Einzelne, da sie zwar gleiches Stimmrecht haben, aber nicht gleichen Stammes sind, seine eigenen Ziele verfolgt; dabei aber pflegt nichts Rechtes herauszukommen. (7) Denn die einen wollen um alles in der Welt sich an einem Gegner rächen, die anderen um nichts in der Welt ihr Eigentum zugrunde richten. Spät kommen sie zusammen, nur kurze Zeit erwägen sie etwas von den gemeinsamen Angelegenheiten, hauptsächlich aber beschäftigen sie sich mit ihren persönlichen Dingen, und jeder glaubt, nicht gerade durch seine Sorglosigkeit werde er Schaden anrichten, es werde schon jemand anderer sich angelegen sein lassen, für ihn vorzusorgen; sodass durch diese Wahnvorstellung, von der sie alle, jeder für sich, befallen sind, unvermerkt die gemeinsame Sache aller Schaden nimmt.

142 (1) Was aber das Wichtigste ist: Durch den Mangel an Geld werden sie behindert sein, solange sie Zeit verschwenden, es zu beschaffen; aber die entscheidenden Augenblicke im Krieg lassen nicht warten. (2) Auch der Bau von Befestigungsanlagen und ihre Flotte sind nicht wert, gefürchtet zu werden. (3) Was das Erste betrifft, so ist es auch im Frieden schwierig, eine uns ebenbürtige Stadt anzulegen, geschweige denn im Feindesland und noch dazu, wo wir (in Athen) eine Gegenbefestigung gegen sie haben. (4) Errichten sie aber ein Kastell, so können sie wohl einem Teil des Landes Schaden zufügen durch Streifzüge und Überlaufen (von Sklaven); das wird aber nicht genügen, uns zu hindern, gegen ihr Land zu segeln und Gegenbefestigungen zu errichten und uns, worin ja unsere Stärke liegt, mit unseren Schiffen zu verteidigen. (5) Denn wir haben im Landkrieg dank unserer Seetüchtigkeit mehr Erfahrung als jene infolge ihrer Beschränkung auf das Binnenland im Seekrieg. (6) Erfahrung im Seewesen aber zu erlangen wird ihnen nicht leicht gelingen. (7) Sogar ihr, die ihr euch darin übt seit der Zeit unmittelbar nach den Perserkriegen, seid noch nicht am Ziel. Wie sollen denn da Bauern – keine Seeleute! –, die überdies nicht Gelegenheit haben werden, sich zu üben, weil sie von uns durch viele Schiffe bedrängt werden, etwas Rechtes zustande bringen? (8) Sollten sie aber mit wenigen unserer Sperrschiffe den Kampf wagen, wenn sie im Vertrauen auf ihre Überzahl die Unerfahrenheit zur Tollkühnheit steigern: Von vielen Schiffen eingeschlossen, werden sie sich gleich ruhig verhalten; und durch den Mangel an Übung werden sie ungeschickter sein und ebendeswegen auch zaghafter. (9) Seefahrt aber ist eine Kunst wie nur etwas, und es ist nicht möglich, sie, wenn es sich gerade trifft, als Nebensache zu betreiben, sondern vielmehr darf nichts anderes, nicht einmal eine Nebensache, neben ihr Platz haben.

143 (1) Sollten sie sich aber an den Tempelschätzen von Olympia und Delphi vergreifen und versuchen, durch höhere Bezahlung uns die Söldner unter den Seeleuten abzuwerben, so wäre das gefährlich, wenn wir selbst und unsere Metöken als unsere eigene Schiffsbesatzung ihnen nicht gewachsen wären. Nun ist dies aber der Fall, und das Wichtigste, als Steuermänner haben wir eigene Bürger und für die übrige Besatzung mehr und bessere Leute als das ganze übrige Griechenland. (2) Außerdem wird angesichts der Gefahr keiner der Söldner sich entscheiden, sein Vaterland als Verbannter zu verlassen und, zugleich mit weniger Hoffnung auf Erfolg, für das wenige Tage währende Geschenk eines höheren Soldes auf der Seite der Feinde mitzukämpfen. (3) Die Lage der Peloponnesier scheint mir so oder so ähnlich zu sein, die unsere aber von jenen Nachteilen, die ich an jenen auszusetzen hatte, frei zu sein, aber andere, unvergleichlich große Vorteile zu bieten. (4) Wenn sie mit einem Fußheer gegen unser Land rücken, so werden wir gegen das ihre segeln, und es wird dann nicht mehr gleichbedeutend sein, ob ein Teil des Peloponnes verwüstet wird oder ganz Attika; denn sie werden sich kein anderes Land als Ersatz nehmen können ohne Kampf, wir besitzen aber viel Land, auf den Inseln und auf dem Festland. Es ist etwas Großes um die Beherrschung des Meeres; bedenkt denn: (5) Wären wir Inselbewohner, wer wäre wohl unangreifbarer? Und nun müsst ihr euch so entschließen, dass es dem möglichst nahe kommt: das offene Land und die Häuser (darauf) preisgeben, das Meer aber und die Stadt bewachen und mit den Peloponnesiern aus Zorn über eure Verluste ja nicht eine Feldschlacht schlagen – denn siegen wir, werden wir wiederum mit nicht viel weniger Feinden kämpfen müssen, unterliegen wir, so geht die Herrschaft über die Bundesgenossen, woraus unsere Macht erwächst, obendrein noch verloren; denn sie werden sich nicht ruhig verhalten, wenn wir nicht imstande sind, gegen sie vorzugehen. Klage erheben dürft ihr nicht um eure Häuser und das Land, sondern um die Gefallenen. Denn diese Dinge erwerben nicht die Menschen, sondern die Menschen diese Dinge. Und wenn ich der Meinung wäre, euch überzeugen zu können, würde ich euch befehlen, aus eigenem Antrieb euren Besitz zu verlassen und zu verbrennen und so den Peloponnesiern zu zeigen, dass ihr euch nicht deswegen ihnen unterwerfen werdet.

144 (1) Noch viele andere Gründe bestärken mich in der Hoffnung, dass wir siegen werden, wenn ihr nur entschlossen seid, eure Herrschaft während des Krieges nicht auszubreiten und keine selbstgewählten Gefahren auf euch zu nehmen. Denn ich bin mehr in Furcht vor unseren eigenen Fehlern als vor den Anschlägen unserer Feinde. (2) Aber jene Gründe sollen in einer anderen Rede dargestellt werden im Zusammenhang mit dem Kriegsgeschehen. Nun aber wollen wir diese (Gesandten) mit folgender Antwort entlassen: Wir werden die Megarer zu unserem Markt und unseren Häfen zulassen, wenn auch die Lakedaimonier keine Fremdenaustreibungen[75] mehr durchführen, weder von unseren Leuten noch von unseren Bundesgenossen – denn im Vertrag wird weder das eine verwehrt noch das andere –, den Städten werden wir die Selbständigkeit zurückgeben, wenn wir sie schon als selbständig übernommen haben zur Zeit des Vertragsabschlusses und sobald auch jene ihren Städten gewähren, sich nicht nach Gutdünken der Spartaner selbständig zu verwalten, sondern jede nach eigenem Willen. Ein Schiedsverfahren wollen wir gemäß den Verträgen gewähren, mit dem Krieg werden wir nicht beginnen, gegen die Kriegserklärer uns aber zur Wehr setzen. Diese Antwort ist gerecht und zugleich dieser Stadt geziemend. (3) Indessen müsst ihr wissen, dass der Krieg notwendig ist; wenn wir ihn aber bereitwilliger auf uns nehmen, so werden uns die Feinde weniger heftig bedrängen. Bedenkt auch, aus den größten Gefahren erwachsen der Stadt und dem Einzelnen die größten Ehren. (4) Unsere Väter jedenfalls, die den Persern Widerstand leisteten und sich nicht auf solche Machtmittel stützen konnten (wie wir), sondern auch noch ihre Habe im Stich ließen, haben mit mehr tatentschlossener Einsicht als Glück und mit größerer Kühnheit als Macht den Barbaren zurückgeschlagen und ihre Macht zu solcher Größe gesteigert. Hinter ihnen dürfen wir nicht zurückbleiben, sondern müssen die Feinde auf jede Weise abwehren und versuchen, den Nachkommen die Macht ungeschmälert zu übergeben.«

145 (1) So sprach Perikles. Die Athener waren der Meinung, er rate ihnen zum Besten, beschlossen, was er gefordert hatte, und antworteten den Lakedaimoniern in seinem

Sinne im Einzelnen und im Ganzen, wie er vorgeschlagen hatte: Sie würden nichts tun, was ihnen befohlen werde, seien aber bereit, sich durch ein Schiedsverfahren gemäß den Verträgen über die Anklagepunkte zu verständigen unter völliger Rechtsgleichheit. Die Gesandten kehrten nach Hause zurück, danach wurden keine Gesandtschaften mehr geschickt.

146 (1) Das waren die Beschwerden und Zwistigkeiten zwischen beiden Staaten vor Ausbruch des Krieges, die ihren Anfang nahmen unmittelbar nach den Ereignissen von Epidamnos und Kerkyra. In dieser Zeit kamen sie (noch) zusammen und verkehrten miteinander, zwar ohne Herolde, aber nicht ohne Misstrauen; denn die (berichteten) Ereignisse bedeuteten Bruch des Vertrages und waren der Grund für den Krieg.

Zweites Buch

Erstes Kriegsjahr

Sommer 431

1 (1) Hier beginnt nun der Krieg zwischen Athenern und Peloponnesiern und ihren beiderseitigen Bundesgenossen, in dem sie nicht mehr ohne Herold miteinander verkehrten und im Kriegszustand ununterbrochen kämpften. Beschrieben ist er in der Reihenfolge der einzelnen Ereignisse, geordnet nach Sommer und Winter.

2 (1) Der dreißigjährige Frieden hatte vierzehn Jahre gedauert, der nach der Eroberung von Euboia geschlossen worden war, im fünfzehnten Jahr – Chrysis war damals in Argos achtundvierzig Jahre Priesterin, Ainesias Ephor in Sparta und Pythodoros noch vier Monate Archon in Athen –, zehn Monate nach der Schlacht bei Poteidaia begab sich Folgendes: Etwas über 300 Thebaner, ihre Führer waren die Boiotarchen[1] Pythangelos, Sohn des Phyleides, und Diemporos, Sohn des Onetorides, drangen zur Zeit des tiefsten Schlafes bewaffnet in das boiotische Plataia ein, eine Stadt mit Athen im Bunde. (2) Herbeigerufen hatten sie und ihnen die Tore geöffnet Männer aus Plataia, Naukleides und sein Anhang, in der Absicht, ihre Gegner unter den Bürgern zu vernichten und die Stadt den Thebanern in die Hände zu spielen. (3) Die Verhandlungen darüber hatten sie betrieben durch Eurymachos, Sohn des Leontiades, einen sehr einflussreichen Mann Thebens. Da nämlich die Thebaner voraussahen, dass es zum Krieg kommen werde, wollten sie das ihnen seit jeher feindlich gesinnte Plataia noch im Frieden und vor dem offenen Ausbruch des Krieges vorweg besetzen; daher kamen sie auch

so unbemerkt in die Stadt, weil keine Wache aufgestellt worden war. (4) Auf dem Marktplatz machten sie Halt, willfahrten aber nicht dem Wunsch derer, die sie herbeigerufen, sich gleich ans Werk zu machen und in die Häuser der Feinde einzudringen, sondern beschlossen, durch angemessene Botschaft die Stadt zu friedlicher Vereinbarung und Freundschaft zu bewegen. So verkündete der Herold, wer nach den althergebrachten Satzungen aller Boioter einem Bündnis zustimme, solle in Waffen zu ihnen kommen; auf diese Weise, meinten sie, würde die Stadt leicht zu ihnen übertreten.

3 (1) Als die Plataier die Thebaner in der Stadt und sie besetzt sahen, waren sie im ersten Schrecken und in der Annahme, es seien viel mehr eingedrungen – in der Nacht sahen sie ja nichts –, zu einem Vertrag bereit; sie nahmen die Vorschläge an und verhielten sich ruhig, zumal man gegen niemanden feindlich vorging. (2) Während dieser Unterhandlungen merkten sie erst, wie wenige die Thebaner waren, bei einem Angriff würden sie sie leicht überwältigen; denn das Volk von Plataia war nicht geneigt, von Athen abzufallen. (3) Sie waren also zum Wagnis entschlossen. Um sich versammeln zu können, durchstießen sie die gemeinsamen Hauswände,[2] damit sie nicht vor aller Augen auf den Straßen hin und her gehen müssten; dann stellten sie die unbespannten Wagen auf die Straßen als Ersatz für eine Mauer und setzten überhaupt alles so instand, wie es für den Augenblick dienlich schien. (4) Als nach Maßgabe des Möglichen alles bereitstand, warteten sie noch die Nacht ab, gerade die erste Dämmerung, und stürmten dann aus den Häusern auf die Feinde los, damit sie nicht bei Tageslicht mit größerem Mut ihrem Angriff begegneten und ihnen gewachsen wären, sondern durch die Finsternis erschreckt im Nachteil wären gegenüber ihrer eigenen Ortskenntnis. Sie griffen sofort an und gingen gleich zum Nahkampf über.

4 (1) Da sich die Thebaner getäuscht sahen, schlossen sie sich dicht zusammen und schlugen die Angreifer überall, wo sie andrangen, zurück. (2) Zwei oder drei Mal warfen sie sie zurück, als dann aber die Plataier unter lautem Geschrei heranstürmten, ihre Frauen und Sklaven gleichzeitig mit Geheul und Gekreische von den Hausdächern Steine und Ziegel herabwarfen – in der Nacht war noch dazu starker Regen gefallen –, da erfasste sie doch Schrecken; sie wandten sich und flohen durch die Stadt. Die meisten fanden aber in der Dunkelheit und dem Schmutz nicht die Ausgänge, durch die sie sich retten könnten – all das ereignete sich zum Monatsende –, die Verfolger wussten aber sehr wohl, wie die Fluchtwege zu sperren seien; so fanden die meisten den Tod. (3) Ein Plataier hatte das Tor, durch das sie hereingekommen waren und das als Einziges offen stand, mit einem Lanzenschaft anstelle des Pflockes verriegelt, sodass man auch hier nicht hinauskommen konnte. (4) Gejagt durch die Straßen der Stadt hatten einige die Mauer erstiegen und sich nach außen gestürzt und kamen so größtenteils um, andere hatten an einem abseits gelegenen Tor von einer Frau eine Axt bekommen, hieben unbemerkt den Riegel durch und entkamen, nicht viele, denn es wurde bald entdeckt, andere fanden hier und dort verstreut in der Stadt den Tod. (5) Der Haupttrupp aber, der sich auch am dichtesten zusammengeschlossen hatte, warf sich in ein großes Gebäude, das zur Mauer gehörte und dessen nächstgelegene Tür zufällig offen stand; sie meinten, die Haustür sei ein Stadttor und führe geradewegs nach außen. (6) Wie die Plataier sie in der Falle sahen, berieten sie, ob sie sie ohne viel Umstände verbrennen sollten, indem sie Feuer an das Haus legten, oder wie sie sonst mit ihnen verfahren wollten. (7) Schließlich kamen diese und die anderen überlebenden Thebaner, die noch in der Stadt umherirrten, mit den Plataiern überein, sie wür-

den sich ihnen mit den Waffen auf Gedeih und Verderb ergeben. (8) So war es diesen also in Plataia ergangen.

5 (1) Die übrigen Thebaner – sie sollten noch in der Nacht eintreffen, falls die Eindringlinge nicht recht vorwärtskämen – erhielten noch auf dem Marsch die Nachricht von den Ereignissen und eilten zu Hilfe. (2) Plataia ist von Theben 70 Stadien[3] entfernt, außerdem ließ sie der in der Nacht gefallene Regen langsamer vorwärtskommen; denn der Asopos war stark angeschwollen und nicht leicht zu durchqueren. (3) Wegen des Marsches im Regen und des mühsamen Flussüberganges kamen sie zu spät, als ihre Kameraden teils schon umgekommen, teils lebend gefangen waren. (4) Wie die Thebaner merkten, was vorgefallen war, stellten sie den außerhalb der Stadt weilenden Plataiern nach; es waren Menschen und Gerät auf den Äckern, weil ja unerwartet die Gefahr im Frieden über sie gekommen war. Falls sie jemand ergreifen könnten, so sollte er ihnen als Unterpfand für ihre Leute drinnen dienen, wenn etwa welche lebend gefangen waren. Das war ihr Plan. (5) Die Plataier, die schon während ihrer Beratungen etwas Derartiges vermuteten und für ihre Leute draußen fürchteten, schickten einen Herold zu den Thebanern mit folgender Botschaft. Schon was bisher geschehen, sei ruchlos von ihnen gehandelt: der Versuch, mitten im Frieden ihre Stadt zu besetzen; an dem, was draußen sei, sollten sie sich aber nicht vergreifen. Andernfalls würden auch sie ihre Landsleute töten, die sie lebend in Gewahrsam hätten; verließen sie aber das Land, so würden sie ihnen die Leute herausgeben. (6) So sagen es die Thebaner und behaupten, die Plataier hätten es auch beschworen; die Plataier aber bestreiten, dass sie die Rückgabe der Männer für sofort versprochen hätten, sondern erst nach Unterhandlungen über einen möglichen Vergleich, auch leugnen sie, geschworen zu haben. (7) Jedenfalls zogen die Thebaner ab ohne irgendwelche Übergriffe.

Sowie aber die Plataier ihre Habe vom Land in aller Eile in die Stadt geschafft hatten, töteten sie die Männer; es waren 180 Gefangene. Eurymachos war einer von ihnen, mit dem die Verräter verhandelt hatten.

6 (1) Danach schickten sie einen Boten nach Athen und gaben den Thebanern die Toten unter freiem Geleit heraus; alles in der Stadt ordneten sie so, wie es ihnen für den Augenblick dienlich schien.

(2) Sobald die Athener Kunde von den Vorgängen in Plataia erhalten hatten, nahmen sie alle Boioter fest, die in Attika waren, und schickten einen Herold nach Plataia: Sie sollten nichts gegen die gefangenen Thebaner unternehmen, bevor sie selbst darüber beraten hätten. (3) Sie hatten nämlich vom Tod der Gefangenen keine Nachricht; gleich beim Eindringen der Thebaner war der erste Bote abgegangen, der zweite gleich nach ihrer Niederlage und Gefangennahme, und von den späteren Ereignissen wussten sie nichts. In solcher Unkenntnis sandten sie den Herold ab. Als er ankam, fand er die Männer bereits tot vor. (4) Hierauf schickten die Athener ein Heer nach Plataia, schafften Getreide hinein und ließen eine Besatzung zurück; die Kampfuntauglichsten der Männer, Frauen und Kinder brachten sie aus der Stadt fort.

7 (1) Nach diesem Kampf in Plataia, einem offensichtlichen Friedensbruch, rüsteten die Athener zum Krieg, es rüsteten aber auch die Lakedaimonier und ihre Verbündeten. Sie hatten vor, Gesandtschaften zum Großkönig und anderswohin zu den Barbaren zu schicken, beide in der Hoffnung, von irgendwo Hilfe zu erhalten, und schlossen Bündnisverträge mit Städten, die außerhalb ihres Machtbereiches lagen. (2) Die Lakedaimonier gaben ihren Anhängern in Italien und Sizilien den Auftrag, zu den Schiffen, über die sie an Ort und Stelle verfügten, weitere 200 zu bauen, je nach der Größe der Stadt, sodass insgesamt eine Zahl von 500 erreicht würde, außerdem sollten sie eine festgesetzte Geldsumme aufbringen, sich aber im Übrigen ruhig verhalten und die Athener sogar, wenn sie mit nur einem Schiff kämen, landen lassen, bis die Rüstungen abgeschlossen seien. (3) Die Athener überprüften ihren Bund und schickten Gesandte vor allem an die um den Peloponnes gelegenen Orte, Kerkyra, Kephallenia, Akarnanien und Zakynthos, ob sie verlässlich zu ihnen stünden; sie wollten nämlich ringsum von allen Seiten den Peloponnes bekämpfen.

8 (1) Auf Geringes hatten beide ihre Gedanken nicht gerichtet, sondern alle waren mutig und entschlossen zum Krieg – sehr begreiflich; am Anfang fasst jeder schärfer an, damals war auch viel Jugend im Peloponnes und viel in Athen, die in ihrer Unerfahrenheit freudig den Krieg aufgriff. Das ganze übrige Hellas war in Spannung bei diesem Zusammenstoß der beiden ersten Städte. (2) Viele Weissagungen waren in aller Munde, viele sangen die Orakeldeuter bei denen, die sich zum Krieg rüsteten, und in den anderen Städten. (3) In Delos gab es noch kurz zuvor ein Erdbeben, was früher nie geschehen ist, seit Hellenen sich erinnern. Man erklärte und hielt das auch für ein Vorzeichen der kommenden Ereignisse. Wenn sonst noch etwas Derartiges sich ereignete, alles wurde hervorgesucht. (4) Die Stimmung der meisten Menschen neigte sich weit mehr den Lakedaimoniern zu, zumal sie die Befreiung von Hellas verkündet hatten. Jeder Einzelne, jede Stadt war mit Feuereifer darauf aus, ob sie mit Rat und Tat irgendwie mithelfen könnten; jeder dachte, der Lauf der Dinge sei dort ins Stocken geraten, wo er nicht selbst dabei gewesen wäre. (5) So hasserfüllt waren die meisten gegen die Athener – die einen mit dem Wunsch, die Herrschaft abzuschütteln, die anderen aus Furcht vor der Herrschaft.

9 (1) In einer solchen Vorbereitungsstimmung trafen sie ihre Kriegsvorkehrungen. Als Verbündete für den Krieg konnten beide Gegner mit folgenden Städten rechnen: (2) Die Lakedaimonier hatten also alle Peloponnesier innerhalb des Isthmos zu Verbündeten, ausgenommen Argos und Achaia – diese waren mit beiden Städten befreundet; nur Pellene als Teil Achaias kämpfte an der Seite Spartas von Anfang an, später dann auch alle Übrigen –; außerhalb des Peloponnes waren es Megara, Boiotien, Lokris, Phokis, Amprakia, Leukas und Anaktorion. (3) Von diesen stellten eine Flotteneinheit Korinth, Megara, Sikyon, Pellene, Elis, Amprakia und Leukas; Reiter zur Verfügung stellten Boiotien, Phokis und Lokris; die anderen Städte setzten Fußtruppen ein; so weit also das Militärbündnis der Lakedaimonier. (4) Mit den Athenern im Bündnis waren Chios, Lesbos, Plataia, die Messenier in Naupaktos, der Großteil der Arkananen, Kerkyra, Zakynthos und weitere Städte, die tributpflichtig waren, in folgenden Stammesgebieten: von Karien das Küstengebiet, die Dorer als Kariens Nachbarn, Ionien, der Hellespont, die Landschaften in Thrakien, die Inseln zwischen Peloponnes und Kreta in östlicher Richtung alle (Kykladen), außer Melos und Thera. (5) Von diesen stellten Chios, Lesbos und Kerkyra eine Flotte bereit, die anderen Fußtruppen und Geldmittel. (6) So weit also war das jeweilige Bündnis und die Kriegsrüstung gediehen.

10 (1) Nach den Vorkommnissen in Plataia ließen die Lakedaimonier rundum auf dem Peloponnes und bei der verbündeten Heeresmacht außerhalb verkünden, dass die Städte alle notwendigen Ausstattungen, wie sie für einen Feldzug außer Landes denkbar sind, haben sollten, weil sie in Attika einzudringen beabsichtigten. (2) Als bei allen die Vorkehrungen abgeschlossen waren, sammelten sie sich zu einer festgesetzten Zeit auf dem Isthmos, und zwar zwei Drittel der Streitmacht einer jeden Stadt. (3) Nachdem nun das gesamte Heer versammelt war, berief der Spartanerkönig Archidamos, der diesen Feldzug befehligte, die Feld-

herren aller Städte sowie die einflussreichsten und angesehensten Männer zu sich und hielt zu ihrer Ermutigung folgende Ansprache:

11 (1) »Peloponnesier und Bundesgenossen! Auch unsere Väter haben viele Feldzüge innerhalb und außerhalb des Peloponnes unternommen, und die Älteren von uns verfügen über nicht geringe Kriegserfahrung. Dennoch sind wir noch nie mit mächtigerem Aufgebot ausgerückt als diesem hier, wir ziehen jetzt aber auch mit einem gewaltigen und tapferen Heer gegen die mächtigste Stadt. (2) Es ist nun unsere Pflicht, nicht geringer zu erscheinen als unsere Väter und nicht hinter unserem eigenen Ruhm zurückzustehen. Ganz Hellas blickt in gespannter Erregung auf unseren Zug, uns wohlgeneigt aus Hass gegen Athen erwartet es Erfolg unseres Planes. (3) Keinesfalls also, mag auch einer meinen, wir griffen mit großer Überzahl an und es sei völlig sicher, dass der Feind uns nicht die Schlacht anbiete, keinesfalls dürfen wir auf dem Marsch selbst die geringste Vorkehrung außer Acht lassen, nein, jeder Führer einer Stadt, jeder Soldat muss zu seinem Teil immer auf eine Gefahr gefasst sein. (4) Ungewiss ist doch alles im Krieg, meistens erfolgen Angriffe aus einer plötzlichen Zorneswallung, und schon oft hat eine kleine Schar, dank ihrer Vorsicht glücklicher, eine Übermacht zurückgeschlagen, die geringschätzig die Kampfbereitschaft vernachlässigte. (5) Gebot ist es darum immer im Feindesland: mit tapferem Herzen marschieren, in tatkräftiger Vorsicht kampfbereit sein. Denn so hat man doch bei einem Angriff auf den Feind das größte Selbstvertrauen, bei einem Überfall die größte Sicherheit. (6) Wir ziehen jetzt gegen eine Stadt, die durchaus imstande ist, sich zu wehren, ja sogar in allem bestens gerüstet ist; es ist daher ganz sicher zu erwarten, dass sie uns eine Schlacht anbieten werden, wenn sie auch nicht jetzt ausrücken, da wir noch nicht in ihrer Nähe sind, sondern erst dann, wenn sie uns in ihrem Land sengen und Hab und Gut verwüsten sehen. (7) Denn jeden, der mit eigenen Augen plötzlich sehen muss, wie ihm ungewohntes Leid widerfährt, überfällt Zorn, und je weniger sie an vernünftige Überlegung gewöhnt sind, umso eher reißt sie ihre Wut zur Tat. (8) Eher als bei anderen ist Derartiges von den Athenern zu erwarten, die es zwar für richtig halten, selbst andere zu beherrschen und bei Überfällen Nachbarland zu verheeren, nicht aber solches im eigenen zu sehen. (9) Weil ihr also gegen eine so mächtige Stadt zieht und dadurch euren Vorfahren und euch selbst je nach Ausgang größten Ruhm oder größte Schande bringen werdet, folgt, wohin man euch führt, setzt Zucht und Wachsamkeit über alles und befolgt scharf alle Befehle; denn es ist am schönsten und sichersten, wenn sich viele einer einzigen Ordnung verpflichtet zeigen.«

12 (1) Nach dieser Rede entließ Archidamos die Versammlung; dann sandte er zuerst den Melesippos, Sohn des Diakritos, einen Spartiaten, nach Athen, ob etwa die Athener angesichts ihres Vormarsches eher nachgäben. (2) Sie ließen ihn aber gar nicht in die Stadt, geschweige denn vor die Versammlung. Es war nämlich schon vorher ein Antrag des Perikles angenommen worden, man solle keinen Herold und keine Botschaft empfangen von Lakedaimoniern im Kriegszustand. Sie entließen ihn also ungehört und befahlen ihm, noch am selben Tag außerhalb der Grenzen zu sein; in Zukunft sollten sie sich erst in ihr eigenes Land zurückziehen und dann, wenn sie etwas wollten, Gesandtschaften schicken. Überdies gaben sie dem Melesippos Begleiter mit, damit er mit niemandem zusammenkomme. (3) Als er an der Grenze stand, kurz vor dem Abschied, sagte er, bevor er ging: »Mit dem heutigen Tag bricht großes Unheil über die Hellenen herein.« (4) Als er in das Lager kam und Archidamos merkte, dass die Athener nie auch nur im Geringsten nachgeben werden, setzte er sein Heer in Marsch und rückte in ihr Land ein. (5) Die Boioter hatten ihren Teil an Truppen und die Reiterei dem Peloponnesischen Bund für den gemeinsamen Feldzug gestellt, mit den restlichen zogen sie nach Plataia und verwüsteten das Land.

13 (1) Noch während sich die Peloponnesier auf dem Isthmos sammelten und auf dem Weg waren, vor ihrem Einfall in Attika, hatte Perikles, Sohn des Xanthippos, einer der zehn athenischen Feldherren, in der Voraussicht des Einmarsches befürchtet, Archidamos, sein Gastfreund, würde etwa von sich aus ihm zuliebe seine Äcker verschonen und nicht verheeren, oder das könnte auf Befehl der Lakedaimonier zu seiner Verdächtigung geschehen, wie sie ja auch seinetwegen die Vertreibung der Frevler verlangt hatten.[4] Deshalb erklärte Perikles den Athenern in einer Volksversammlung, Archidamos sei zwar sein persönlicher Gastfreund, freilich sei er es nicht zum Nachteil des Staates geworden, sollten aber doch die Feinde seine Äcker und Häuser nicht ebenso verwüsten wie die der anderen, so übereigne er sie dem Volke; denn deshalb dürfe man nicht den geringsten Verdacht gegen ihn hegen. (2) Er riet ihnen angesichts der Lage das Gleiche wie schon früher: Sie sollten sich für den Krieg rüsten, ihren Besitz vom Land hereinbringen, nicht zu einer Schlacht ausrücken, vielmehr die Stadt von innen her beschützen, die Flotte, auf der ihre Macht beruhe, instand setzen, ihre Verbündeten fest in der Hand halten; denn, so sagte er, ihre Stärke liege im Einlaufen der Bündnistribute, überhaupt würden im Krieg die meisten Siege durch Einsicht und Überfluss an Geld errungen. (3) Sie sollten nur guten Mutes sein, riet er, weil doch jährlich meistens 600 Talente an Beiträgen von den Verbündeten hereinkämen – andere Einkünfte gar nicht mitgerechnet. Damals hatte es auf der Akropolis auch noch 6000 Talente an gemünztem Silber gegeben – falls dieser Schatz seinen Höchststand erreichte, fehlten nur 300 auf 10 000;

davon waren die Aufwendungen für die Propyläen der Akropolis, die anderen Bauten und für Poteidaia bestritten worden. (4) Ferner gäbe es ungemünztes Gold und Silber an den Weihegeschenken der Privatleute und des Staates, an allen heiligen Geräten für die Festzüge und Wettkämpfe und den Beutestücken von den Persern und was eben sonst noch Derartiges da sei, nicht weniger als 500 Talente. (5) Auch noch von den übrigen Heiligtümern rechnete er die Schätze dazu, nicht geringe Mittel, die sie einsetzen könnten, ja in äußerster Bedrängnis auch noch den Goldschmuck der Göttin (Athena) selbst. Er wies darauf hin, dass die Statue 40 Talente pures Gold an sich habe und alles sei rundum abnehmbar; wenn sie das zu ihrer Rettung einsetzten, sagte er, dürften sie später keinen geringeren Ersatz leisten und müssten alles von Neuem anbringen. (6) Im Hinblick auf die Finanzen machte er ihnen also auf diese Weise Mut, aber auch 13000 Hopliten stünden zur Verfügung ohne die Truppen in den Festungen und die 16000 Mann an den Mauerbrüstungen. (7) So viele hielten am Anfang nämlich Wache, jedes Mal wenn die Feinde eindrangen, bestehend aus den Ältesten und den Jüngsten und den Metöken, soweit diese mit schweren Rüstungen ausgestattet (Hopliten) waren. Die Mauer von Phaleron bis zur Ringmauer der eigentlichen Stadt war 35 Stadien, und der Teil der Ringmauer, welcher unter Bewachung stand, 43 Stadien lang. – Denn ein Abschnitt blieb ohne Bewachung, nämlich zwischen der Langen und der Phaleron-Mauer. – Die Langen Mauern zum Piräus erstreckten sich über 40 Stadien, der äußere Abschnitt davon wurde gesichert, die gesamte Ringmauer um den Piräus einschließlich Munichia war 60 Stadien lang, wobei die Hälfte davon unter Bewachung lag. (8) Er machte deutlich, dass sie 1200 Reiter einschließlich berittener Bogenschützen hätten, ebenso 1600 Bogenschützen und die 300 einsatzbereiten Trieren. (9) Denn diese

Macht stand den Athenern zu Gebote – im Einzelfall sogar noch mehr –, als der Angriff der Peloponnesier zum ersten Mal stattfinden sollte und sie in den Krieg eintraten. Und von manch anderem sprach Perikles noch, wie er es gewöhnlich tat zum Nachweis der Überlegenheit im Krieg.

14 (1) Die Athener befolgten seinen Rat und schafften vom Land Kinder, Frauen und allen Hausrat in die Stadt, ja sogar das Holzwerk, das sie von den Häusern herunterrissen; Kleintier und Zugvieh brachten sie nach Euboia und den umliegenden Inseln. (2) Da aber die meisten seit je gewohnt waren, auf dem Land zu leben, fiel ihnen diese Umsiedlung sehr schwer.

15 (1) So hatten es die Athener schon seit uralter Zeit mehr als andere Völker gehalten,[5] denn unter Kekrops und den ersten Königen bis auf Theseus wohnte man in Attika in Einzelstädten, jede mit eigenem Rathaus und eigenen Amtsträgern, und wenn sie nichts zu befürchten hatten, kamen sie auch nicht zu Beratungen beim König zusammen; jede Gemeinde verwaltete und beriet sich selbst, einige von ihnen führten sogar gegeneinander Kriege, wie etwa die Eleusinier unter Eumolpos gegen Erechtheus. (2) Dann aber wurde Theseus König, ein nicht nur verständiger, sondern auch mächtiger Mann; er gab dem Land überhaupt erst eine feste Ordnung, löste Ratsversammlungen und Amtsgewalt in den einzelnen Städten auf und vereinigte alle in der jetzigen Stadt, die er ihnen als einzige Rats- und Amtsstätte anwies. Jeder bewirtschaftete wie früher seinen Besitz, er zwang sie nur, einzig und allein diese Stadt anzuerkennen, die, weil alle nunmehr die Steuern an sie entrichteten, sich machtvoll entwickelte und als solche von Theseus den Nachfolgenden übergeben wurde. Seither feiern die Athener bis auf den heutigen Tag die Synoikien[6] zu Ehren der Göttin (Athene) als Staatsfest. (3) In früherer Zeit bildeten die jetzige Akropolis und das unterhalb nach Süden gelegene Gebiet die Stadt. (4) Der Beweis hierfür: die Heiligtümer stehen dort, auch die der anderen Götter, und die Tempel außerhalb sind zum Großteil im Umkreis dieses Stadtteils errichtet, der des Olympischen Zeus, des Pythischen Apollon, der Ge und des Dionysos an den Teichen, dem das älteste Dionysosfest am Zwölften im Monat Anthesterion gefeiert wird, wie es bei den von den Athenern abstammenden Ionern noch heute Brauch ist. Auch andere alte Heiligtümer sind dort errichtet. (5) Den Brunnen, der jetzt nach dem Umbau durch die Tyrannen Enneakrunos heißt, früher aber, als die Quellen noch offen lagen, Kallirrhoe genannt war, verwendeten sie, weil er so nahe lag, für viele wichtige Zwecke, und noch heute gebraucht man nach altem Herkommen für Hochzeiten und andere heilige Handlungen dieses Wasser. (6) Es heißt ja auch wegen der alten Besiedlung an diesem Ort die Akropolis bis auf den heutigen Tag bei den Athenern »die Stadt«.

16 (1) Weil die Athener also lange nach ihren eigenen Gesetzen auf dem Land gelebt haben und selbst nach der Einigung aus Gewohnheit dennoch die meisten sowohl in älterer als auch jüngerer Zeit noch bis zu diesem Krieg auf dem Land aufwuchsen und dort wohnten, deshalb kam ihnen die Übersiedlung mit dem ganzen Hausrat sehr schwer an, zumal sie eben erst all ihre Einrichtung nach den Perserkriegen wiederhergestellt hatten. (2) Leid und Unwillen schuf es ihnen, dass sie ihre Häuser und Tempel verlassen mussten, die sie ununterbrochen seit ihrer alten staatlichen Freiheit von den Vätern ererbt hatten, dass sie ihre ganze Lebensart ändern sollten, ja, es war nicht anders, als müsste jeder seine Heimatstadt verlassen.

17 (1) Als sie dann in die Stadt kamen, besaßen nur einige wenige dort Wohnungen oder fanden Zuflucht bei Freunden und Verwandten. Die meisten siedelten sich auf unverbauten Plätzen der Stadt an, in allen Tempeln und allen

Kultstätten der Heroen außer der Akropolis, dem Eleusinion und was sonst fest verschlossen war; ja, das so genannte Pelargikon am Abhang der Akropolis, dessen Besiedlung durch Fluch verboten war und durch einen Versschluss eines pythischen Orakels, der lautete: »das Pelargikon, brach ist es besser«, wurde dennoch unter dem Zwang des Augenblicks als Wohnstätte freigegeben. (2) Ich freilich glaube, der Spruch ging umgekehrt in Erfüllung, als man glaubte. Nicht wegen der widerrechtlichen Besiedlung kam alles Unglück über die Stadt, sondern wegen des Krieges der Zwang des Siedelns; das Orakel erwähnte ihn zwar nicht namentlich, verkündete aber, es werde dort einmal nicht zum Heile gewohnt werden. (3) Viele richteten sich auch in den Türmen der Mauer ein, überhaupt, wie jeder konnte; denn die Stadt fasste die zusammenströmende Masse nicht, ja später teilten sie sogar die Langen Mauern für Wohnzwecke auf und große Teile des Piräus. (4) Gleichzeitig betrieben sie aber eifrig die Kriegsvorbereitungen; sie zogen die Verbündeten zusammen und rüsteten zu einer Landung auf dem Peloponnes mit einer Flotte von 100 Schiffen.

18 (1) So weit waren sie in ihrer Vorbereitung gekommen; da rückte das Heer der Peloponnesier vor und kam zum ersten Ort in Attika, nach Oinoe, wo sie einmarschieren wollten. Nachdem sie Halt gemacht hatten, bereiteten sie sich vor, ihren Sturmangriff auf die Mauer mit Belagerungsmaschinen und auf andere Weise zu bewerkstelligen. (2) Denn Oinoe befand sich im Grenzgebiet von Attika und Boiotien und war mit Mauern gesichert; die Athener bedienten sich seiner als Festung, so oft ein Krieg ausbrach. Die Peloponnesier rüsteten sich sorgfältig für ihren Angriff und verweilten überhaupt eine gewisse Zeit um Oinoe herum. (3) Keinen geringen Vorwurf zog sich Archidamos hierdurch zu, erweckte er doch schon bei der Herbeiführung des Krieges den Eindruck, nicht energisch genug und ein Athenerfreund zu sein, weil er nicht begeistert dafür eingetreten war, Krieg zu führen. Schon als sich das Heer sammelte, machten ihn der entstandene Aufenthalt auf dem Isthmos und während des Weitermarsches seine Gemächlichkeit verdächtig, besonders aber seine Passivität vor Oinoe. (4) Denn die Athener brachten in dieser Zeit ihr Hab und Gut in Sicherheit, und die Peloponnesier bekamen den Eindruck, sie hätten bei einem raschen Angriff noch alles von außerhalb bekommen, wenn sie seine Tatenlosigkeit nicht gehindert hätte. (5) So zornerfüllt war das Heer gegen Archidamos während dieser Belagerung. Er aber erwartete, wie man sagt, dass die Athener doch ein wenig nachgeben und zurückschrecken würden, ihr Land in völliger Verwüstung zu sehen, so lange es noch unzerstört sei; daher hielt er sich immer wieder noch zurück.

19 (1) Als sie nun den Sturm auf Oinoe eingeleitet hatten und es trotz Versuche jeglicher Art nicht einnehmen konnten, die Athener aber sich keineswegs bereit fanden, Verhandlungen anzubahnen, da brachen sie von dort auf, nach den Vorgängen in Plataia etwa am achtzigsten Tag. Es war bereits Sommer und das Getreide reif, da marschierten sie in Attika ein. Das Kommando führte der König der Lakedaimonier Archidamos, Sohn des Zeuxidamos. (2) Sie errichteten ihr Lager und verwüsteten zuerst die Gegend von Eleusis und die thriasische Ebene, schlugen wohl auch die Reiterei der Athener an den so genannten Rheitoi (Salzquellen) in die Flucht. Dann zogen sie weiter, den Aigaleosberg zur Rechten, durch Kropia, bis sie in Acharnai eintrafen, dem größten Ort von Attika unter den so genannten Demoi[7]. Dort machten sie Halt, legten ein Lager an, verblieben lange Zeit und richteten die üblichen Verwüstungen an.

20 (1) Aus folgender Überlegung blieb Archidamos – so sagt man – bei Acharnai stehen und marschierte bei jenem

Einfall nicht gleichsam in Schlachtordnung in die Ebene hinab. (2) Er hoffte nämlich, dass die Athener, auf dem Höhepunkt ihrer Macht sowohl reich an junger Kriegsmannschaft als auch zum Krieg gerüstet wie niemals zuvor, vielleicht doch zu einer Schlacht antreten könnten und die Verwüstung ihres Landes nicht mit ansehen würden. (3) Nachdem sie ihm also Richtung Eleusis und zur thriasischen Ebene nicht entgegengetreten waren, setzte er sich um Acharnai fest. (4) Einerseits nämlich schien ihm der Platz geeignet, um dort ein Heerlager zu errichten, andererseits, so meinte er, würden die Acharner als großer Teil der Polis – sie brachten es auf 3000 Hopliten – nicht zusehen, wie ihr Hab und Gut der Vernichtung preisgegeben wird, sondern sie würden eher die Gesamtheit zur offenen Schlacht anspornen. Auch wenn die Athener bei jenem Einfall nicht angreifen sollten, so könnte er künftig furchtloser die Ebene verwüsten und unmittelbar an die Stadt heranrücken, denn die Acharner, ihres Besitzes beraubt, würden sich nicht gleichermaßen entschlossen für die Güter anderer in Gefahr begeben, sondern es würde sich ein Zwiespalt in ihrem Kriegswillen einstellen. (5) Mit solcher Absicht hielt sich Archidamos bei Acharnai auf.

21 (1) Solange das Heer nur um Eleusis und in der thriasischen Ebene stand, hatten die Athener noch einige Hoffnung, der Feind würde nicht weiter vorrücken; sie erinnerten sich auch an den Spartanerkönig Pleistoanax, den Sohn des Pausanias, als er mit einem Heer von Peloponnesiern bei einem Angriff auf das attische Land, auf Eleusis und Thria 14 Jahre vor diesem Krieg wieder den Rückzug antrat, ohne noch weiter vorgedrungen zu sein. – Das hat ihm auch die Verbannung aus Sparta eingetragen, da er im Verdacht stand, durch Geldmittel zum Rückzug bewogen worden zu sein. – (2) Als sie aber bei Acharnai das Heer sahen in einer Entfernung von nur 60 Stadien vor der Stadt, hielten sie es nicht mehr erträglich, sondern, wie zu erwarten angesichts ihres verwüsteten Umlandes, was die Jüngeren noch nie und die Älteren auch nur zur Zeit der Perserkriege gesehen hatten, war das für sie unerhört, und sowohl die Allgemeinheit als auch ganz besonders die jungen Leute meinten, man müsse ausrücken und dürfe nicht länger zusehen. (3) Sie rotteten sich zusammen und gerieten in heftigen Streit, die einen forderten den Aufmarsch, andere wandten sich dagegen, Wahrsager trugen allerlei Orakelsprüche vor, die jeder eifrig geneigt war anzuhören. Und die Acharner waren der Auffassung, sie trügen einen entscheidenden Teil des athenischen Schicksals, weil ja ihr Land verwüstet wurde, und drängten am meisten auf den Ausmarsch. In jeder Hinsicht war die Stadt in zorniger Aufregung, und man richtete seinen Unmut auf Perikles; auch erinnerten sie sich ganz und gar nicht mehr an seine früheren Ratschläge, sondern schimpften, dass er als ihr Feldherr sie nicht ausrücken lasse, und überhaupt machten sie ihn verantwortlich für all das, was sie zu leiden hatten.

22 (1) Perikles sah, dass sie in ihrer Erbitterung über die augenblickliche Lage nicht das Beste im Sinne hatten, aber er war von seiner richtigen Einschätzung, nicht auszurücken, überzeugt; er berief weder eine Volksversammlung ein noch sonst eine Zusammenkunft, dass die Leute ja nicht eher im Zorn als mit klarem Verstand zusammenkämen und schwere Fehler begingen; er behielt also die Stadt im Auge und bewahrte Ruhe, so gut er konnte. (2) Allerdings schickte er regelmäßig Reiter aus, damit keine Stoßtrupps vom Heer in das Ackerland nahe der Stadt einbrechen und Schaden anrichten könnten. Und da fand auch bei Phrygiai ein kurzes Reitergefecht statt zwischen einer attischen Reiterabteilung, verstärkt durch Thessaler und Reiter der Boioter, in welchem sich die Athener und Thessaler nicht schlechter hielten, bis Hopliten den Boiotern zu Hilfe ka-

men und ihre Flucht einsetzte; dabei fielen auch von den Thessalern und Athenern einige, diese bargen sie noch am selben Tag, ohne einen Waffenstillstand zu vereinbaren; und die Peloponnesier stellten am folgenden Tag ein Siegeszeichen auf. (3) Diese Hilfestellung der Thessaler ergab sich für die Athener infolge eines alten Bündnisvertrages, es waren bei ihnen Soldaten aus Larisa, Pharsalos, Peirasos, Krannon, Gyrton und Pherai eingetroffen. Das Kommando über sie hatten aus Larisa Polymedes und Aristonus, jeder von seiner Partei, sowie Menon aus Pharsalos, und so hatten auch die anderen nach Städten geordnet ihre Anführer.

23 (1) Die Peloponnesier zogen nun aus Acharnai ab, als ihnen die Athener nicht zur Schlacht entgegentraten, und verwüsteten noch einige andere Demoi zwischen den Bergen Parnes und Brilessos. (2) Während sie noch im Lande waren, entsandten die Athener um den Peloponnes herum die 100 Schiffe, die sie bisher ausgerüstet hatten, mit 1000 Hopliten und 400 Bogenschützen an Bord; die Führung hatten Karkinos, Sohn des Xenotimos, Proteas, Sohn des Epikles, und Sokrates, Sohn des Antigenes. (3) Mit dieser Truppenstärke fuhren sie aus und begaben sich auf die Fahrt um den Peloponnes, die Peloponnesier hingegen verblieben in Attika, solange sie noch Vorräte hatten, und zogen schließlich durch Boiotien ab, aber nicht dort, wo sie eingefallen waren. Als sie bei Oropos vorbeikamen, verwüsteten sie das so genannte Graische Land, welches die Oropier, die den Athenern tributpflichtig waren, bewohnen. Nach dem Eintreffen auf dem Peloponnes trennten sich die einzelnen Truppen, geordnet nach ihren Städten.

Aktionen der Athener

24 (1) Nach dem Abzug der Peloponnesier richteten die Athener zu Lande und zur See Wachposten ein, wie sie überhaupt den ganzen Krieg Wachdienst versehen sollten; und 1000 Talente von den Geldmitteln auf der Akropolis beschlossen sie zurückzulegen und sie nicht zu verbrauchen, sondern den Krieg mit den sonstigen Mitteln zu führen. Für den Fall, dass jemand beantragt oder als Amtsträger darüber abstimmen lässt, man solle die Geldmittel für andere Zwecke verwenden – ohne dass eine feindliche Flotte auf Athen zufahre und man sich wehren müsse –, setzten sie die Todesstrafe fest. (2) Im Zusammenhang damit wählten sie 100 Trieren aus, jedes Jahr die besten, auch die Trierarchen für sie, von denen man keine zu etwas anderem verwenden durfte als zusammen mit den Geldmitteln für dieselbe Gefahr, wenn die Not dazu zwänge.

25 (1) Die Athener in ihren 100 Schiffen an den Küsten des Peloponnes, dazu die Kerkyraier, die ihnen mit 50 Schiffen zu Hilfe gekommen waren, und noch einige andere Verbündete vor Ort richteten schon bei ihrer Umsegelung allerlei Schaden an, vor allem bei Methone in Lakonien[8] landeten sie und stürmten auf die Befestigungsmauer los, die schwach war und ohne viel Besatzung. (2) Zufällig leitete in diesen Gegenden der Spartiate Brasidas, Sohn des Tellis, einen Sicherungstrupp; er bekam davon Kenntnis und brachte den Leuten im Ort Hilfe mit 100 Hopliten. Er rannte mitten durch das Heer der Athener, das in der Gegend zerstreut war und sich in seiner Aufmerksamkeit ganz auf die Mauer vor ihm konzentrierte, und stürmte bis nach Methone vor – wobei er einige seiner Männer beim Entsatzangriff einbüßte – und rettete so die Stadt; und für diesen kühnen Handstreich wurde er als Erster während des Krieges in Sparta öffentlich belobigt. (3) Da machten sich die Athener davon, fuhren weiter und hielten Kurs auf Pheia in Elis; sie verheerten dort das Land zwei Tage lang, und gegen 300 Mann, einen ausgewählten Trupp aus dem Kernland von Elis und aus dem Umland von Elis, der zu Hilfe geeilt war, siegten sie in einem Gefecht. (4) Als dann ein schwerer Sturm herabfuhr, hatten sie an der hafenlosen Küste unter dem Unwetter zu leiden; die meisten gingen an Bord ihrer Schiffe und umfuhren das Vorgebirge, den so genannten Fisch, bis zum Hafen von Pheia. Die Messenier unterdessen und einige andere, die nicht die Schiffe besteigen konnten, zogen auf dem Landweg nach Pheia und nahmen die Stadt ein. (5) Danach nahmen die Schiffe, die herumgefahren waren, sie wieder auf, ließen Pheia hinter sich und fuhren aufs Meer hinaus; die Hauptmacht des Heeres aus Elis war nämlich schon zum Hilfseinsatz herbeigeeilt. Die Athener fuhren nun weiter in andere Gegenden und richteten dort ihre Verwüstungen an.

26 (1) Um dieselbe Zeit schickten die Athener 30 Schiffe in die Küstengegend von Lokris und zugleich zum Schutz Euboias; er befehligte sie Kleopompos, Sohn des Kleinias. (2) Er führte auch Landungen durch, verwüstete so manches Küstengebiet und eroberte auch Thronion, von dort nahm er Geiseln und bei Alope besiegte er die Lokrer, die zur Abwehr eingetroffen waren, in einer Schlacht.

27 (1) Die Athener vertrieben im selben Sommer die Aigineten aus Aigina, – alle – Männer, Kinder und Frauen; zum Vorwurf machten sie ihnen, dass hauptsächlich sie am Krieg schuld seien, man glaubte, dass man Aigina, so nahe am Peloponnes liegend, als sicheren Besitz habe, wenn man eigene Bevölkerung dorthin entsende, und tatsächlich schickten sie nicht viel später die Siedler dorthin. (2) Den verjagten Aigineten gaben die Lakedaimonier Thyrea zum Wohnsitz und das umliegende Land zur Bewirtschaftung, einmal schon wegen ihrer Feindschaft mit Athen und auch, weil sie zur Zeit des Erdbebens und des Helotenaufstandes tatkräftige Helfer waren. Die Thyreatis (Land um Thyrea) ist das Grenzland zwischen Argos und Lakonien und reicht bis ans Meer. Ein Teil von ihnen wohnte also dort, die anderen wurden über ganz Griechenland zerstreut.

28 (1) Im selben Sommer, an einem Neumondtag, wo es auch nur möglich zu sein scheint, verfinsterte sich die Sonne am Nachmittag und nahm dann wieder ihre volle Gestalt an, nachdem sie vorher wie eine Mondsichel geworden war und auch einige Sterne sichtbar gewesen waren.

29 (1) Im selben Sommer machten die Athener den Nymphodoros, Sohn des Pythes, einen Mann aus Abdera zu ihrem Proxenos.[9] Sitalkes hatte dessen Schwester zur Frau, und so hatte Nymphodoros großen Einfluss bei ihm bekommen. Obwohl die Athener ihn früher für einen Feind gehalten hatten, ließen sie ihn jetzt nach Athen kommen mit dem Wunsch, dass der Thrakerkönig Sitalkes, Sohn des Teres, ihr Verbündeter werde. (2) Dieser Teres, eben der Vater des Sitalkes, hatte als Erster für die Odrysen ein großes Königreich geschaffen und über einen größeren Abschnitt Thrakiens ausgedehnt; denn ein großer Teil Thrakiens ist auch autonom. (3) Mit Tereus übrigens, der Prokne, die Tochter Pandions aus Athen zur Frau hatte, steht dieser Teres in keinerlei Zusammenhang, sie stammten nicht einmal aus demselben Thrakien, sondern Tereus wohnte in Daulien, einem Land, das nun Phokis heißt, damals aber von Thrakern bewohnt wurde; und die Tat an Itys verübten die Frauen in diesem Land; so ist bei vielen Dichtern, wenn sie von einer Nachtigall sprechen, dieser Vogel als Daulias – die Daulierin – bezeichnet.[10] Es ist auch einleuchtend, dass Pandion die Eheverbindung seiner Tochter eher in so geringer Entfernung zum Zwecke gegenseitiger Unterstützung hergestellt hat, als eine solche über viele Tagesreisen zu den Odrysen. Teres jedenfalls, der auch nicht denselben Namen hatte, wurde der erste mächtige König der Odrysen. (4) Dessen Sohn Sitalkes also versuchten die Athener als Verbündeten zu gewinnen mit der Absicht, dass er mit ihnen vereint die thrakischen Küstenabschnitte niederwerfe und Perdikkas unschädlich mache. (5) Tatsächlich kam nun Nymphodoros nach Athen und brachte das Bündnis mit Sitalkes und für seinen Sohn Sadokos das athenische Bürgerrecht zustande; er übernahm es auch, dem Krieg in Thrakien ein Ende zu machen; denn er werde Sitalkes dazu bringen, den Athenern ein thrakisches Heer aus Reitern und Peltasten zu schicken. (6) Eine Aussöhnung zwischen Perdikkas und den Athenern leitete er ebenfalls ein und erreichte bei ihnen, dass sie ihm Therme zurückgaben; und sogleich marschierte Perdikkas an der Seite der Athener und Phormions gegen die Chalkidier. (7) So wurden der Thrakerkönig Sitalkes, Sohn des Teres, ein Verbündeter Athens und ebenso der Makedonenkönig Perdikkas, Sohn des Alexander.

30 (1) Die Athener in ihren 100 Schiffen waren immer noch um den Peloponnes unterwegs, nahmen das Korintherstädtchen Sollion ein und übergaben von den Arkananen nur den Einwohnern von Palairos das Land und die Stadt zur wirtschaftlichen Nutzung. Auch Astakos, wo Enarchos als Tyrann herrschte, nahmen sie im Sturmangriff, vertrieben den Herrscher und machten den Ort zum Mitglied ihres Bündnisses. (2) Auch zur Insel Kephallenia segelten sie und okkupierten sie kampflos. Kephallenia liegt gegenüber den Arkananen und Leukas und besteht aus vier Städten: Pale, Krane, Same und Pronnos. Nicht viel später kehrten die Schiffe nach Athen zurück.

31 (1) Im Spätherbst dieses Kriegsjahres drangen die Athener mit der ganzen Heeresmacht (Bürger und Metöken) in der Megaris ein unter der Führung des Perikles, Sohn des Xanthippos. Auch die Athener vom Peloponnes

in ihren 100 Schiffen befanden sich auf ihrer Heimfahrt zufällig vor Aigina; als sie bemerkten, wie die ganze Streitmacht aus der Stadt in Megara stand, segelten sie hin und vereinigten sich mit ihr. (2) So wurde dieses Heer zum größten, das von den Athenern je aufgeboten wurde; denn damals stand die Stadt auf ihrem Höhepunkt und hatte noch nicht unter der Seuche zu leiden. Nicht weniger als 10 000 Hopliten betrug die Zahl der Athener selbst – außer diesen hatten sie noch 3000 in Poteidaia stehen; die Metöken nahmen an diesem Einfall teil mit nicht weniger als 3000 Hopliten, darüber hinaus noch die restliche Schar von Leichtbewaffneten, die nicht gering war. Nachdem sie also den größten Teil des Landes verwüstet hatten, kehrten sie zurück. (3) Es erfolgten später in diesem Krieg in jedem Jahr noch weitere Einfälle der Athener in der Megaris sowohl mit der Reiterei als auch mit ganzer Heeresmacht, bis Nisaia von den Athenern eingenommen wurde.

32 (1) Am Ende dieses Kriegsjahres wurde auch Atalante von den Athenern zu einer Festung ausgestaltet, eine Insel bisher unbewohnt, den opuntischen Lokrern gegenüber gelegen, damit nicht Seeräuber aus Opus oder dem übrigen Lokris herbeikämen und Euboia Schaden zufügten. Das also geschah in diesem Kriegssommer nach dem Abzug der Peloponnesier aus Attika.

33 (1) Im folgenden Winter wollte der Akarnane Euarchos nach Astakos an die Macht zurückkehren; er bewog die Korinther zu einer Ausfahrt mit 40 Schiffen und 1500 Hopliten, um ihn wieder an die Herrschaft zu bringen, und auch er selbst hatte Söldner zu seiner Unterstützung angeworben. Anführer des Heeres waren Euphamidas, Sohn des Aristonymos, Timoxenos, Sohn des Timokrates, und Eumachos, Sohn des Chrysis. (2) Sie fuhren tatsächlich hin und setzten ihn wieder in seine Stellung ein. Auch so manch anderen Ort an der Küste Akarnaniens wollten sie für sich ge-

winnen, aber da sie trotz ihrer Versuche nichts erreichten, fuhren sie wieder nach Hause. (3) Im Vorbeifahren hielten sie auf Kephallenia zu, machten eine Landung im Gebiet von Krane, wurden aber mit einer nur scheinbar verlässlichen Vereinbarung getäuscht und büßten mehrere Mann ein, weil die Kranier sie unerwartet angriffen; so traten sie denn bei der Abfahrt hart bedrängt die Reise nach Hause an.

Winter 431/430

34 (1) Im selben Winter begingen die Athener nach Brauch der Vorfahren die öffentliche Leichenfeier für die ersten Gefallenen dieses Krieges auf folgende Weise:[11] (2) Die Gebeine der Verstorbenen stellen sie drei Tage vorher in einem Holzbau aus, und jeder bringt seinem Angehörigen Ehrengaben nach eigenem Ermessen. (3) Dann beim Leichenbegängnis führen sie auf Wagen Zypressenholzsärge hinaus, für jeden Stamm einen; darin liegen die Gebeine der einzelnen Stammesangehörigen. Eine Bahre wird leer mitgetragen, ausgestattet für die Vermissten, die man bei der Bergung der Toten nicht gefunden hatte. (4) Am Zug nimmt jeder, der will, teil, Bürger und Fremde, auch die angehörigen Frauen sind am Grabe anwesend und wehklagen. (5) Dann setzen sie die Toten im öffentlichen Grabmal bei, das in der schönsten Vorstadt liegt – immer begraben sie die Kriegsgefallenen dort, außer denen von Marathon; ihre Tapferkeit zeichneten sie besonders aus und gaben ihnen an Ort und Stelle ein Grab. (6) Wenn sie (das Grab) mit Erde bedeckt haben, hält ein von der Stadt gewählter, als klug bekannter und hoch angesehener Mann die ihnen gebührende Lobrede. Dann gehen sie weg. (7) So begraben sie also ihre Toten; und während des ganzen Krieges, sooft es vorkam, hielten sie sich an diesen Brauch. (8) Bei dieser ersten Feier wurde nun Perikles, Sohn des Xanthippos, gewählt zu reden. Zur gegebenen Zeit trat er vom Grab weg auf eine hohe Rednerbühne, errichtet, damit er möglichst weithin von der Menge gehört werden könne, und sprach so:

35 (1) »Die meisten, die vor mir von hier aus gesprochen haben, preisen den, der dem Bestattungsbrauch diese Art der Rede hinzufügte, weil es rühmlich sei, beim Begräbnis der Gefallenen sie zu halten. Mir freilich würde es ausreichend erscheinen, Männern, die durch die Tat ihren Ruhm begründet haben, auch durch die Tat ihre Ehre zu bezeugen, wie ihr es jetzt bei der öffentlichen Totenfeier geschehen seht, und nicht durch eines Mannes gute oder schlechte Rede den Glauben an die Tapferkeit so vieler zu gefährden. (2) Denn schwer ist es, den rechten Ton der Rede zu treffen, wo man kaum für die (vom Redner erkannte) Wahrheit (beim Hörer) festen Glauben erwecken kann. Der wohlwollende Hörer, der die Zusammenhänge kennt, wird sicher die Darstellung als mangelhaft empfinden im Vergleich zu dem, was er will und weiß; und der unkundige (wird meinen), es sei manches übertrieben – aus Neid, wenn er hört, was über sein Leistungsvermögen geht. Denn nur so weit erträgt man Lob, das anderen zuteil wird, wie jeder Einzelne sich fähig hält, selbst zu tun, was er gehört hat; was darüber hinausgeht, glaubt man aus Neid schon nicht mehr. (3) Da es aber von den Alten so als richtig gebilligt wurde, muss auch ich dem Brauche folgen und versuchen, euer aller Wunsch und Ansicht zu treffen, soweit ich kann.

36 (1) Ich will zunächst mit den Vorfahren beginnen.[12] Recht und geziemend ist es, ihnen bei solchem Anlass diese Ehre des Gedenkens zu erweisen. Denn unser Land haben sie, immer die gleichen Bewohner in der Aufeinanderfolge der Geschlechter, durch ihre Tüchtigkeit bis auf den heutigen Tag in Freiheit vererbt. (2) So sind sie des Ruhmes wert, noch mehr aber unsere Väter. Sie erwarben zu dem Ererbten unser jetziges Reich – nicht ohne Mühe! – und haben es uns Heutigen hinterlassen. (3) Am meisten jedoch haben es wir hier, die jetzt Lebenden, in unserem reifen Mannesalter gemehrt und die Stadt in allem so gerüstet, dass sie im Krieg und im Frieden völlig auf sich selbst stehen kann. (4) Über die Kriegstaten, durch die unser Besitz Stück um Stück wuchs, wenn etwa wir selbst oder unsere Väter einen Angriff von Barbaren oder Hellenen entschlossen abwehrten, darüber will ich keine großen Worte machen – ihr kennt sie, und ich lasse das beiseite.[13] Von welcher Grundhaltung aus wir dazu kamen, dank welcher Verfassung und durch welche Sinnesart unsere Macht erstand, das will ich zunächst klar legen, ehe ich zum Preis dieser Toten komme; denn in der gegenwärtigen Stunde, glaube ich, ist es doch sicher nicht unpassend, darüber zu sprechen, und für die ganze Versammlung, Bürger und Fremde, nützlich, davon zu hören.

37 (1) Die Staatsverfassung, die wir haben, richtet sich nicht nach den Gesetzen anderer, viel eher sind wir selbst für manchen ein Vorbild, als dass wir andere nachahmten.[14] Mit Namen heißt sie, weil die Staatsverwaltung nicht auf wenige, sondern auf die Mehrheit ausgerichtet ist, Demokratie. Es haben aber nach den Gesetzen in den persönlichen Angelegenheiten alle das gleiche Recht, nach der Würdigkeit aber genießt jeder – wie er eben auf irgendeinem Gebiet in Ansehen steht – in den Angelegenheiten des Staates weniger aufgrund eines regelmäßigen Wechsels (in der Bekleidung der Ämter), sondern aufgrund seiner Tüchtigkeit den Vorzug. Ebenso wenig wird jemand aus Armut, wenn er trotzdem für die Stadt etwas leisten könnte, durch seine unscheinbare Stellung daran gehindert. (2) Frei leben wir als Bürger im Staat und frei vom gegenseitigen Misstrauen des Alltags, ohne gleich dem Nachbarn zu zürnen, wenn er sich einmal ein Vergnügen macht, und ohne unseren Unmut zu zeigen, der zwar keine Strafe ist, aber doch durch die Miene kränkt.[15] (3) Wie ungezwungen wir aber auch unsere persönlichen Dinge regeln, so hüten wir uns doch im öffentlichen Leben, allein aus Furcht, vor Rechtsbruch – in Gehorsam gegen Amtsträger und Gesetze, hier vor allem gegen solche, die zum Nutzen der Unterdrückten erlassen sind, und die ungeschriebenen, deren Übertretung nach allgemeinem Urteil Schande bringt.[16]

38 (1) Außerdem haben wir reichlich für geistige Entspannung nach der Last der Arbeit gesorgt, durch Wettkämpfe und feierliche Opfer, die wir jährlich feiern, durch eine geschmackvolle Ausstattung unserer Häuser, die uns Tag für Tag erfreut und die Sorgen verscheucht.[17] (2) Dank der Größe unserer Stadt strömen aus aller Welt alle Güter bei uns ein – und so haben wir das Glück, ebenso bequem die Erzeugnisse des eigenen Landes zu genießen wie die fremder Völker.

39 (1) Wir unterscheiden uns auch in der Sorge um das Kriegswesen von unseren Feinden. Wir gewähren jedem Zutritt zu unserer Stadt, und niemals verwehren wir durch Fremdenaustreibungen jemandem etwas Wissens- oder Sehenswertes, dessen unverhüllte Schau etwa dem Feinde nützen könnte; denn wir bauen weniger auf Rüstung und Überraschung als auf unseren eigenen zur Tat entschlossenen Mut. In der Erziehung streben jene in rastlosem Mühen schon von klein auf nach Mannesmut, wir aber leben gelöst, doch gehen wir nicht minder entschlossen an die gleichen Gefahren heran. (2) Der Beweis: die Lakedaimonier ziehen nicht allein, sondern mit all ihren Verbündeten gegen unser Land, wenn wir aber im Nachbarland einfallen, so erringen wir ohne Mühe in der Fremde, kämpfend gegen die Verteidiger ihrer Heimat, meist den Sieg. (3) Mit unserer Gesamtmacht ist noch nie ein Feind zusammengestoßen, weil wir gleichzeitig die Flotte versorgen und unsere Leute bei vielen Unternehmungen zu Lande aussenden. Treffen unsere Feinde dann irgendwo auf einen Trupp und besiegen einige wenige von uns, so brüsten sie sich, sie hätten uns alle zurückgeworfen, unterliegen sie, sie seien von unserer Gesamtmacht geschlagen worden. (4) Alles in allem: wenn wir eher mit unbeschwertem Sinn als sorgenvoller Mühe und nicht so sehr in gesetzgebotener als wesensentsprungener Tapferkeit bereit zum Wagnis sind, so haben wir davon nur Vorteil: Künftige Not macht uns nicht vorher schon Sorge, und ist sie da, zeigen wir uns nicht weniger wagemutig als solche, die sich immer abmühen.[18] Hierin verdient unsere Stadt Bewunderung und noch in anderem.

40 (1) Wir lieben die Kunst mit maßvoller Zurückhaltung, wir lieben den Geist ohne schlaffe Trägheit; Reichtum dient uns der rechten Tat, nicht dem prunkenden Wort, und seine Armut einzugestehen ist für niemanden schmählich, ihr nicht zu entrinnen durch eigene Arbeit (gilt als) schmählicher. (2) Mit derselben Sorgfalt widmen wir uns dem Haus- wie dem Staatswesen, und ist auch jeder von uns seinen eigenen Arbeiten zugewandt, so zeigt er doch im staatlichen Leben ein gesundes Urteil. Einzig und allein bei uns heißt doch jemand, der nicht daran teilnimmt, nicht untätig, sondern unnütz; und nur wir entscheiden in Staatsgeschäften selber oder denken sie doch richtig durch, denn nicht schaden nach unserer Meinung Worte den Taten, sondern vielmehr, sich nicht durch das Wort vorher belehren zu lassen, ehe man an die nötige Tat herangeht. (3) Aber auch dadurch zeichnen wir uns aus, dass wir kühnen Mut und kluge Überlegung bei allem, was wir anfassen, in uns vereinen, während die anderen Unkenntnis verwegen, Überlegung bedenklich macht. Die größte Seelenstärke sprechen wir mit Recht denen zu, die das Furchtbare und das Angenehme am klarsten erkennen und gerade deshalb keiner

Gefahr ausweichen. (4) Auch in den Fragen des edlen Betragens unterscheiden wir uns von den meisten: Nicht indem wir Wohltaten empfangen, sondern leisten, gewinnen wir Freunde; zuverlässiger ist ja der Wohltäter, da er sich den schuldigen Dank des Beschenkten durch Freundschaft erhält, der Schuldner aber ist gleichgültiger, da er weiß, dass er seine Leistung nicht als Dank, sondern als Schuld abstattet. Wir allein sind gewohnt, nicht aus Berechnung des Vorteils, sondern im sicheren Vertrauen auf unsere Freiheit jemandem zu helfen.

41 (1) Zusammenfassend sage ich, dass unsere Stadt im Ganzen die Schule von Hellas sei und dass jeder einzelne Bürger, wie ich glaube, bei uns in vielseitigster Weise und in spielerischer Anmut seine ihm eigene Art entfalte. (2) Dass dies nicht Prunk mit Worten für den Augenblick ist, sondern Wahrheit der Tatsachen, beweist die Macht der Stadt, die wir dank unserer Eigenschaften errungen haben. (3) Unsere Stadt ist die einzige, die stärker als ihr Ruf in den Entscheidungskampf eintritt, die einzige, die im Feind nicht Unwillen erregt, welche Art von Leuten ihm Leid zufüge, und im Untertan nicht Ärger, er werde von Unwürdigen beherrscht. (4) Mit sichtbaren Zeichen, wahrlich nicht ohne Zeugen, entfalten wir unsere Macht, in Gegenwart und Zukunft uns zum Ruhme: Wir brauchen keinen Homer als Künder unserer Taten noch sonst jemanden, der mit schönen Worten für den Augenblick ergötzt – die Wirklichkeit wird ja doch seiner dichterischen Gestaltung den Glanz nehmen –; nein, zu jedem Meer und Land haben wir uns durch unseren Wagemut Zutritt verschafft, überall haben wir mit unseren Siedlungen unvergängliche Denkmäler unseres Glückes oder Unglückes hinterlassen. (5) Für eine solche Stadt, die sie nicht verlieren wollten, sind diese hier in edlem Kampf gefallen, und von den Überlebenden ist wohl keiner, der nicht für sie Mühen ertragen will.

42 (1) Deshalb habe ich so lange über die Stadt gesprochen, um zu beweisen, dass für uns der Kampf etwas ganz Anderem gilt als für die, die nichts Ähnliches besitzen, und um zugleich den Ruhm der Männer, denen zu Ehren ich jetzt spreche, durch Beweise deutlich darzustellen. (2) Das Wichtigste davon ist schon gesprochen; denn was ich an der Stadt pries, damit haben diese und solche Helden sie durch ihre hervorragenden Taten geschmückt, und nicht bei vielen Hellenen wird man so wie bei ihnen Wort und Tat im Einklang finden. Ich glaube, den Wert eines Mannes offenbart als erster Hinweis oder letzte Bestätigung ein Ende wie ihres. (3) Denn auch bei denen, die sonst weniger tüchtig waren, muss gerechterweise ihr im Krieg dem Vaterland erwiesener Heldenmut höher gewertet werden; durch Gutes tilgten sie Böses und nützten so dem Gemeinwesen mehr, als sie im Privatleben geschadet haben. (4) Von ihnen hat keiner den weiteren Genuss seines Reichtums vor alles andere gestellt und sich etwa feige benommen, keiner hat in der Hoffnung der Armut, er könnte ihr vielleicht doch einmal entrinnen und zu Reichtum kommen, Aufschub des Furchtbaren gesucht. Die Rache an den Feinden war ihnen begehrenswerter als all dies, und weil sie von allen Gefahren diese als die Schönste erachteten, waren sie entschlossen, unter Gefahr sich an ihnen zu rächen, das andere aufzugeben. Der Hoffnung stellten sie das Ungewisse des Erfolges anheim, für die Tat, bei dem, was bereits klar vor ihnen lag, wollten sie auf sich selbst bauen. Da sie in Kampf und Tod ein rühmlicheres Los sahen als in der Rettung durch Flucht, entflohen sie dem schimpflichen Gerede, standen aber mit ihrem Leibe den Kampf durch und fielen in einem kurzen Augenblick auf dem Höhepunkt mehr des schicksalbestimmten Ruhmes als der Furcht.

43 (1) So wurden sie, wie es sich für diese Stadt gebührt, zu Helden. Die Überlebenden mögen zwar um ein gefahrloseres Geschick beten, müssen aber bereit sein, nicht minder kühnen Sinn gegenüber den Feinden zu beweisen, und dabei nicht nur in Gedanken den Nutzen betrachten – darüber könnte euch, die ihr es ebenso gut wisst, jemand eine wortreiche Rede halten, wie viel Gutes in der Abwehr des Feindes liegt; nein, sie müssen die Macht der Stadt Tag für Tag in der Wirklichkeit betrachten und sie mit heißer Liebe umfassen und, wenn sie euch groß dünkt, daran denken, dass kühne Männer mit Einsicht in das Nötige und voll Ehrgefühl in ihrem Tun das alles errungen haben, Männer, die, sooft sie auch bei einem Unternehmen einen Fehlschlag erlitten, es doch für unwürdig hielten, die Stadt ihres Heldenmutes zu berauben, und das schönste Opfer darbrachten. (2) Für das Gemeinwesen gaben sie ihr Leben hin – jeder für sich gewann unsterbliches Lob und ein weithin berühmtes Grab, nicht das, in dem sie ruhen, sondern dass ihr Ruhm für jede Gelegenheit zu Wort und Tat ewig gewahrt bleibt. (3) Hervorragenden Männern ist die ganze Erde Grab; und nicht nur eine Inschrift auf dem Ehrenmal in der Heimat kündet von ihnen, sondern auch in der Fremde wohnt in jedermann ungeschriebenes Gedenken – mehr ihres Wesens als ihrer Taten. (4) Ihnen eifert jetzt nach, erkennt das wahre Glück in der Freiheit, die Freiheit aber in kühnem Mut und schaut nicht ängstlich auf die Gefahren des Krieges. (5) Nicht wer im Elend lebt und keinen Wandel zum Guten erwarten darf, hat rechten Grund, sein Leben einzusetzen, wohl aber, wem der gegenteilige Umschwung im Leben noch droht und für wen der Unterschied gewaltig ist, falls er einmal stürzt. (6) Denn schmerzlicher ist für einen Mann von Ehrgefühl die Schmach der Feigheit als der im Bewusstsein der Kraft und der gemeinsamen Hoffnung eintretende empfindungslose Tod.

44 (1) Deshalb will ich auch ihre Eltern, so viele von ihnen anwesend sind, nicht beklagen, sondern trösten.

In wechselvollen Zeitläuften aufgewachsen, wissen sie, dass Glück nur bedeutet, des ruhmvollsten Todes, wie diese jetzt, oder Leides, wie ihr, teilhaft zu werden, oder dass des Lebens Dauer so zugemessen wurde, darinnen glücklich zu sein und zu sterben. (2) Schwer ist es, ich weiß, euch davon zu überzeugen; noch oft werdet ihr euch an sie erinnern müssen bei anderer Leute Glück, in dem ihr einst selbst erstrahltet; schmerzlich ist es ja nicht, eines Gutes beraubt zu werden, das man nie gekannt hat, wohl aber, eines zu verlieren, woran man gewöhnt war. (3) Standhaft im Leid muss also sein, in der Hoffnung auf neue Kinder, wer noch jung genug ist, Kinder zu zeugen. In manchen Häusern werden die nachwachsenden die nicht mehr lebenden in Vergessenheit sinken lassen, und der Stadt bringt es zweifachen Vorteil, sie wird nicht entvölkert und bleibt gesichert. Es kann nämlich niemand mit gleichem und gerechtem Sinn im Rat sprechen, wer nicht unter Einsatz seiner Kinder wie alle anderen an der Gefahr mitträgt. (4) Und ihr, die ihr über das Mannesalter hinaus seid, haltet für (umso) größeren Gewinn das Leben, das ihr im Glück verbrachtet, im Bewusstsein, dass der Rest kurz sein wird, und richtet euch auf am Ruhm eurer Kinder. Denn das Ehrgefühl allein altert nicht, und im nutzlosen Greisenalter erfreut nicht so sehr der Gewinn, wie manche sagen, sondern die Ehre.

45 (1) Euch Söhnen, die ihr anwesend seid, und Brüdern sehe ich einen harten Wettkampf voraus – denn die Toten pflegt jedermann zu loben –, und nur schwer bei übermäßiger Leistung, werdet ihr ihnen nicht etwa gleich, aber doch nur wenig geringer geachtet werden. Neid erwächst den Lebenden im gegenseitigen Wetteifer, nur was uns nicht mehr im Wege steht, wird mit unumstrittener Gunst verehrt.

(2) Wenn ich noch der weiblichen Tugenden all derer, die jetzt als Witwen leben werden, gedenken soll, so will ich mit einem kurzen Zuspruch alles aufzeigen: Hinter der euch

angeborenen Natur nicht zurückzubleiben wird euer großer Ruhm sein, und wenn von einer im Guten wie im Schlechten am wenigsten unter Männern geredet wird.

46 (1) So habe auch ich in einer Rede nach dem Brauche gesagt, was ich für angemessen hielt. Durch die Tat wurden die Bestatteten schon jetzt geehrt, andererseits wird die Stadt ihre Söhne auf öffentliche Kosten bis zum Mannesalter aufziehen und so den Toten und den Hinterbliebenen einen wertvollen Kranz für solche Kämpfe aussetzen; denn wo die edelsten Preise den mannhaften Sinn lohnen, in der Stadt leben auch die besten Bürger. (2) Nun beklagt eure Angehörigen und dann geht.«

47 (1) So verlief die Leichenfeier in diesem Winter, und mit seinem Ablauf endete das erste Jahr des Krieges.

Zweites Kriegsjahr

Sommer 430

(2) Gleich zu Sommerbeginn fielen die Peloponnesier und ihre Verbündeten mit zwei Dritteln ihres Aufgebotes wie das erste Mal in Attika ein; den Befehl führte Archidamos, Sohn des Zeuxidamos, König von Sparta. Sie bezogen ein Lager und verwüsteten das Land. (3) Als sie erst wenige Tage in Attika standen, brach zum ersten Mal in Athen die Seuche aus; sie soll früher schon an vielen Orten, bei Lemnos und in anderen Gegenden, aufgetreten sein, aber nie wurde eine solche Pest, ein solches Massensterben berichtet. (4) Denn auch die Ärzte konnten zunächst nicht helfen, da sie in Unkenntnis (der Krankheitsursachen) behandeln mussten, ja sie selbst starben am meisten, da sie am meisten mit ihr in Berührung kamen; und jede andere menschliche Kunst versagte. Wie viel sie auch in den Tempeln beteten, Orakelsprüche und dergleichen mehr anwendeten – alles

war nutzlos; schließlich gaben sie es auf und fügten sich in ihr Unglück.

48 (1) Sie soll ihren Ausgang in Äthiopien oberhalb Ägyptens genommen haben, dann stieg sie nach Ägypten und Libyen hinab und in weite Gebiete des Großkönigs. (2) In Athen fiel sie plötzlich ein, zuerst ergriff sie die Menschen im Piräus, weshalb es auch hieß, die Peloponnesier hätten Gift in die Brunnen geworfen – Quellwasser gab es nämlich dort noch nicht. Später kam sie dann in die obere Stadt, und nun starben noch viel mehr Menschen dahin. (3) Es möge nun jeder, Arzt oder Laie, über sie seine Meinung sagen, woher sie wahrscheinlich ihren Ursprung genommen hat und welche Krankheitskeime die Kraft zu so tief greifenden Veränderungen bergen; ich will nur beschreiben, wie sie verlief; die Merkmale, bei deren Beachtung man die Krankheit bei einem neuerlichen Auftreten sicher erkennen könnte, wenn man schon etwas von ihr weiß, die will ich darstellen, der ich selbst krank war und selbst andere leiden sah.[19]

49 (1) Dieses Jahr war, wie allgemein festgestellt wurde, von anderen Krankheiten ganz besonders verschont. Hatte aber jemand schon vorher eine Krankheit, so ging sie in dieses Leiden über. (2) Die anderen aber befiel ohne irgendeinen Grund, ganz plötzlich bei voller Gesundheit, zuerst starke Hitze im Kopf, Röte und Entzündung der Augen; und innen, Schlund und Zunge, war alles gleich blutigrot, der ausströmende Atem war sonderbar und übel riechend. (3) Dann entwickelte sich daraus Niesen und Heiserkeit, und in kurzer Zeit stieg das Leiden unter starkem Husten in die Brust nieder. Wenn es sich auf den Magen warf, drehte es ihn um, und es kam zu allen möglichen Gallenentleerungen, für die die Ärzte Namen haben, und all das unter großen Schmerzen. (4) Die meisten befiel leeres Würgen, das wiederum einen heftigen Krampf bewirkte, bei den einen nach dem Aufhören dieser Symptome, bei andern auch noch viel später. (5) Wenn man von außen anfasste, war die Haut gar nicht besonders heiß, auch nicht bleich, sondern etwas gerötet, blutunterlaufen, mit kleinen Pusteln und Geschwüren übersät. Innen aber war die Fieberhitze so stark, dass man nicht einmal die Berührung ganz zarter Gewebe oder des feinsten Musselins ertrug und es überhaupt nur nackt aushielt; am liebsten hätte man sich in kaltes Wasser gestürzt – und viele Kranke, die unbeaufsichtigt waren, taten dies auch und stürzten sich in die Brunnen –, von unaufhörlichem Durst gepeinigt. Es war völlig gleichgültig, ob man viel oder wenig trank. (6) Man quälte sich in beständiger Unruhe und Schlaflosigkeit. Der Körper erschlaffte nicht, wie lange auch die Krankheit auf ihrem Höhepunkt stand, sondern widersetzte sich über Erwarten dem Verfall, sodass die meisten am siebenten oder neunten Tag, noch etwas bei Kräften, an der inneren Hitze starben; kamen sie aber davon, dann stieg das Leiden tiefer hinab in den Unterleib, starke Geschwüre traten dort auf, dazu kam noch heftiger Durchfall – und dann starben die meisten daran wegen Entkräftung. (7) Denn das Übel durchlief den ganzen Körper, beginnend vom Kopf, wo es sich zuerst festsetzte, und hatte einer das Ärgste überstanden, so ließ doch der Anfall der Krankheit an den Gliedmaßen dauernde Spuren zurück. (8) Sie warf sich nämlich auch auf die Schamteile, Finger und Zehen; viele kamen mit deren Verlust davon, manche mit dem der Augen. Andere konnten sich gleich beim ersten Aufstehen an nichts mehr erinnern und kannten sich und ihre Verwandten nicht mehr.

50 (1) Diese Krankheitsart war furchtbarer, als Worte es beschreiben können; sie befiel jeden mit einer Gewalt, die über Menschennatur ging. Auch in Folgendem zeigte es sich deutlich, dass sie etwas anderes als die herkömmlichen Krankheiten war: Die Vögel und Tiere, die sonst von Lei-

chen fressen, gingen entweder an die vielen Unbeerdigten überhaupt nicht heran oder verendeten, wenn sie davon fraßen. (2) Der Beweis: ein deutliches Verschwinden solcher Vögel, das nun eintrat – man sah sie überhaupt nicht mehr, auch nicht in der Nähe einer Leiche; die Hunde zeigten (noch) deutlicher diese Wirkung, weil sie mit dem Menschen zusammenlebten.

51 (1) So verlief die Krankheit in ihrer Gesamtform, wenn man von den vielen Sonderfällen absieht, wie sie der eine vielleicht im Unterschied zum andern im Einzelnen erlitt. Andere Krankheiten gab es daneben in jener Zeit nicht, und wenn, gingen sie schließlich in jene über. (2) Die einen starben infolge mangelnder Pflege, andere trotz aufopfernder Fürsorge. Man fand auch erwiesenermaßen kein einziges Heilmittel, dessen Anwendung sichere Hilfe versprochen hätte; was dem einen genützt hatte, schadete dem anderen. (3) Was die körperliche Beschaffenheit an sich betrifft, der Starke unterschied sich bei dieser Krankheit in nichts vom Schwachen, alle raffte sie hinweg, auch die sich mit aller Sorgfalt pflegen ließen. (4) Das Furchtbarste an dem ganzen Übel aber war die Mutlosigkeit, sobald sich einer krank fühlte – denn sie überließen sich gleich der Verzweiflung, gaben sich vollends auf und leisteten keinen Widerstand –, und dass sich einer bei der Pflege des anderen ansteckte und alle wie das Vieh dahinstarben; und gerade das führte zu dem Massensterben. (5) Denn entweder vermied man aus Angst, einander zu besuchen – dann kamen sie verlassen um, und viele Häuser starben ganz aus, weil kein Pfleger da war –, besuchten sie aber einander, holten sie sich den Tod, besonders die, die noch etwas auf Hilfsbereitschaft hielten. Aus Schamgefühl schonten sie sich nicht und kamen zu ihren Freunden, stumpften ja selbst die Verwandten gegen das Gewinsel der Sterbenden ab, überwältigt von der Größe des Leides. (6) Mehr Mitleid hatten doch noch die Geretteten mit den Sterbenden und Leidenden, weil sie alles bereits kannten und selbst nun in Sicherheit waren; denn zweimal befiel sie denselben nicht, zumindest nicht mit tödlichem Ausgang. Sie wurden glücklich gepriesen von den anderen und hegten auch selbst in der übergroßen Freude des Augenblicks für alle Zukunft die unbeschwerte Hoffnung, es könnte ihnen nie mehr eine andere Krankheit den Tod bringen.

52 (1) Zu all ihrer Not brachte sie das Zusammenströmen der Leute vom Land in die Stadt in noch größere Bedrängnis, vor allem die Neuankömmlinge. (2) Denn da nicht genug Häuser vorhanden waren und sie den Sommer in stickig-heißen Hütten zubringen mussten, starben sie in wüstem Durcheinander dahin: Tote und Sterbende lagen übereinander, halbtot wälzten sie sich auf den Straßen und bei allen Brunnen, in wildem Verlangen nach Wasser. (3) Die Tempel, in denen sie hausten, lagen voller Leichen der dort Verstorbenen. Völlig überwältigt vom Leid und ratlos, was aus ihnen werden solle, kehrten sie sich nicht mehr an göttliches und menschliches Gebot. (4) Alle Bräuche, an die sie sich früher bei Begräbnissen gehalten hatten, wurden in der allgemeinen Verwirrung erschüttert; jeder begrub, wie er konnte. Viele kamen auf eine ganz schamlose Art der Bestattung aus Mangel an dem Nötigsten, da ihnen schon so viele vorher gestorben waren: Auf einen fremden Scheiterhaufen legten sie ihren Toten, bevor noch die, die ihn aufgeschichtet, dazukamen, und zündeten ihn an; andere warfen die Leiche, die sie trugen, auf eine schon brennende obendrauf und gingen fort.

53 (1) Auch sonst war die Pest für Athen der Anfang der Sittenlosigkeit. Leichter erfrechte sich jetzt mancher zu Taten, an die er vorher nur im Geheimen gedacht hatte, da man den raschen Wandel sah zwischen den Reichen, die plötzlich starben, und den früher Besitzlosen, die nun mit einem Mal deren Hab und Gut besaßen. (2) So hielten sie es für recht, das Angenehme möglichst rasch und lustvoll zu genießen, da ihnen ja Leben und Geld gleicherweise nur für den einen Tag gegeben seien. (3) Sich im Voraus um ein edles Ziel abzumühen, war niemand bereit, erschien es ihm doch unsicher, ob er nicht, ehe er es erreicht, schon ums Leben gekommen sei. Genuss für den Augenblick und alles, was dem diente, das galt als schön und nützlich. (4) Weder Götterfurcht noch Menschensatzung hielt sie in Schranken; denn einerseits hielt man es für gleichgültig, ob man fromm sei oder nicht, da man alle ohne Unterschied dahinsterben sah, und andererseits glaubte niemand für seine Vergehen noch Gerichtsverhandlung und Strafe zu erleben, viel drohender schwebe das schon verhängte Schicksal über ihren Häuptern, und bevor es ganz über sie hereinbreche, sei es doch billig, sein Leben noch ein wenig zu genießen.

54 (1) So litten die Athener ringsum bittere Not: Drinnen starben ihnen die Menschen, und draußen wurde ihr Land verwüstet. (2) In dieser Bedrängnis erinnerten sie sich naturgemäß auch jenes Verses, der, wie die Älteren sagten, schon immer so gesungen wurde: Kommen wird einst der dorische Krieg und mit ihm die Seuche. (3) Die Menschen waren zwar geteilter Meinung; nicht »Seuche« sei in dem Vers von den Alten gesagt worden, sondern »Hunger«[20]. Es siegte aber unter diesen Umständen, wie nicht anders zu erwarten, die Ansicht, es habe »Seuche« geheißen, denn die Menschen lenken ihre Erinnerung immer nach dem Erlebten. Ich glaube jedoch, falls ein anderer dorischer Krieg nach diesem ausbricht und dann etwa eine Hungersnot eintritt, so wird man es wahrscheinlich so singen. (4) Auch an das Orakel der Lakedaimonier erinnerten sich die, die es kannten, als auf ihre Frage, ob sie Krieg führen sollten, der Gott verkündete, den machtvoll Kämpfenden falle der Sieg anheim, er selbst werde mit eingreifen.[21] (5) Verglichen sie es, so entsprachen die Ereignisse ziemlich genau dem Orakel: Gleich nach dem Einfall der Peloponnesier brach die Seuche aus, drang aber nicht in den Peloponnes ein – ein bemerkenswerter Umstand –, sondern verheerte vor allem Athen, dann auch von anderen Gegenden die volkreichsten. Das also war der Verlauf der Krankheit.

55 (1) Die Peloponnesier aber hatten eben die Ebene verwüstet und rückten vor in die so genannte Paralos, das Land bis Laurion, wo die Athener ihre Silberbergwerke haben. Zuerst plünderten sie den Abschnitt in Richtung zum Peloponnes, hierauf den, der sich nach Euboia und Andros hin erstreckt. (2) Perikles, auch diesmal Feldherr, vertrat weiterhin dieselbe Ansicht, wie beim ersten Angriff, dass die Athener nicht ausrücken sollten.

56 (1) Während die Peloponnesier noch in der Ebene standen, also bevor sie den Küstenabschnitt erreicht hatten, ließ er 100 Schiffe zur Ausfahrt gegen den Peloponnes rüsten und, als alles bereit war, in See stechen. (2) An Bord der Schiffe hatte er 4000 Hopliten der Athener und 300 Reiter in Pferdetransportschiffen, die damals zum ersten Mal aus den alten Schiffen hergestellt worden waren – angeschlossen hatten sich auch Chios und Lesbos mit 50 Schiffen. (3) Als nun diese Kriegsflotte der Athener auslief, ließen sie die Peloponnesier am Küstenabschnitt Attikas einfach hinter sich. (4) Sie trafen vielmehr im peloponnesischen Epidauros ein, verwüsteten den Großteil des Landes und als sie zur Stadt vordrangen, schöpften sie bereits Hoffnung, sie zu nehmen, aber es glückte ihnen einfach nicht. (5) Sie fuhren wieder ab aus Epidauros und verwüsteten das Land von Troizen, Halieis und Hermione, alles Ansiedlungen, die im Küstenbereich des Peloponnes liegen. (6) Sie wandten sich wieder von ihnen ab und gelangten nach Prasiai, einem Küstenstädtchen Lakoniens; auch dort verheerten sie teilweise das Land; die Ansiedlung selbst nahmen sie ein und zerstörten sie. Nach diesen Unternehmungen zogen sie wieder nach Hause ab, trafen die Peloponnesier aber nicht mehr in Attika an – sie waren eben abgezogen.

57 (1) Während der Zeit, in der die Peloponnesier im Land der Athener standen und die Athener auf ihren Schiffen in den Krieg zogen, raffte die Pest die Athener dahin, sowohl im Heer als auch in der Stadt; daher sagte man sogar, die Peloponnesier hätten aus Angst vor der Krankheit das Land rascher verlassen; denn dass sie in der Stadt grassierte, hörten sie von den Überläufern und merkten es zugleich an den Bestattungen.[22] (2) Bei diesem Einfall aber waren sie die (bisher) längste Zeit verblieben und hatten das Land zur Gänze verwüstet. Gut vierzig Tage waren sie auf attischem Boden gewesen.

58 (1) Im selben Sommer übernahmen Hagnon, Sohn des Nikias, und Kleopompos, Sohn des Kleinias – beide gemeinsam mit Perikles Feldherren –, das Heer, das Perikles befehligt hatte; sie zogen gleich gegen die Chalkidier in Thrakien und gegen Poteidaia, das noch immer belagert wurde. Nach ihrer Ankunft setzten sie Belagerungsmaschinen vor Poteidaia ein und versuchten, die Stadt mit jedem Mittel zu Fall zu bringen. (2) Es gelang ihnen aber weder die Eroberung der Stadt noch sonst etwas, das in angemessenem Verhältnis zum Aufwand gestanden wäre. Hinzugekommen war nämlich auch dort die Pest, und sie setzte den Athenern schwer zu, weil sie das Heer hinwegraffte. Es konnten folglich auch die Soldaten von dort, die vorher noch gesund gewesen waren, erkranken (durch Ansteckung) aus Hagnons Heer. Phormion jedoch und seine 1600 Leute befanden sich nicht mehr in der Gegend von Chalkis. (3) Hagnon trat also mit seinen Schiffen den Rückzug nach Athen an, nachdem er von 4000 Hopliten 1500 durch die Krankheit verloren hatte – und das in gut vierzig Tagen! Die früheren Soldaten blieben im Land und belagerten weiterhin Poteidaia.

Perikles

59 (1) Nach dem zweiten Einfall der Peloponnesier, als ihr Land zum zweiten Mal verwüstet darniederlag, Krankheit und gleichzeitig Krieg auf ihnen lastete, wurden die Athener anderen Sinnes; (2) sie beschuldigten Perikles, nur er habe sie zum Krieg überredet und seinetwegen seien sie in all das Unglück gestürzt, und sie waren sogar entschlossen, sich mit den Lakedaimoniern zu einigen. Aber Gesandte, die sie zu ihnen schickten, kehrten unverrichteter Dinge zurück. Da sie nun überhaupt keinen Ausweg wussten, griffen sie Perikles an. (3) Als der nun sah, dass sie unter ihrer Lage litten und sich ganz so verhielten, wie er es erwartet hatte, berief er eine Volksversammlung – er war nämlich noch Feldherr –, um sie zu ermutigen, ihren Zorn abzulenken und sie ruhiger und furchtloser zu stimmen. Er trat vor sie und sprach:

60 (1) »Nicht unerwartet droht mir jetzt euer Zorn – ich kenne nämlich die Gründe –, und deshalb habe ich die Versammlung einberufen, um euch zu ermahnen und zu tadeln, falls ihr doch nicht zu Recht mir zürnt oder euch den Schicksalsschlägen beugt. (2) Ich glaube nämlich, eine Stadt, die als Ganze aufrecht steht, nützt ihren Bürgern mehr als eine, deren Wohlergehen nur auf dem jedes Einzelnen beruht, die in ihrer Gesamtheit aber scheitert. (3) Hat ein Mann Glück in seinem eigenen Bereich, so geht er doch im Sturz des Vaterlandes auch selber mit zugrunde, hat er Misserfolge in einer erfolgreichen Stadt, so schlägt er sich viel leichter durch. (4) Wenn also eine Stadt die Schicksalsschläge ihrer Bürger ertragen kann, jeder Einzelne aber auf sich allein gestellt für ihre zu schwach ist, wie sollten da nicht alle für sie einstehen – und nicht so handeln, wie ihr jetzt: Über euer häusliches Elend erschüttert, schert ihr euch nicht um die Rettung des Gemeinwesens; und mir, der zum

Krieg riet, und euch selbst, die ihr ihn mit mir beschlossen habt, macht ihr Vorwürfe. (5) Und doch: mir grollt ihr, einem Mann, der wie kein anderer, glaube ich, das Richtige zu erkennen und auch darzulegen weiß, die Stadt liebt und über Geld erhaben ist. (6) Hat jemand Einsicht, kann aber nicht klärend darstellen, so ist es ebenso viel wert, als hätte er gar nicht nachgedacht. Wer beides besitzt, aber der Stadt übelgesinnt ist, wird kaum zum Wohle des Gemeinwesens raten. Besitzt er aber auch das, ist jedoch das Geld stärker, so wird er alles um dieses einen willen feilbieten. (7) Wenn ihr also geglaubt habt, ich besäße all dies auch nur einigermaßen mehr als andere, und euch deshalb zum Krieg überreden ließet, so verdiene ich auch jetzt nicht den Vorwurf ungerechten Handelns.

61 (1) Freilich, wer die Wahl hat und wem es sonst gut geht, für den wäre es eine große Torheit, Krieg anzufangen. Wenn es aber unausweichlich feststand, man könne sich nur durch ein Nachgeben sogleich anderen unterwerfen oder müsse sich unter Gefahren behaupten, so verdient, wer vor der Gefahr flieht, mehr Tadel, als wer standhält. (2) Ich für meine Person bin noch immer derselbe und weiche von meinen Grundsätzen nicht ab. Ihr ändert euren Sinn, denn so steht es jetzt: Im Vollbesitz eurer Macht gefiel euch mein Rat, unter dem Eindruck der Verluste werdet ihr anderen Sinnes, und mein Plan erscheint euch in eurem Kleinmut falsch, weil jeder das Schmerzende sogleich verspürt, den Nutzen aber jetzt noch niemand klar erkennt; und bei diesem gewaltigen Umschwung, der noch dazu so plötzlich hereinbrach, ist eure Gesinnung zu niedrig, um an dem einmal Beschlossenen festzuhalten. (3) Denn was plötzlich, unerwartet und gegen alle Berechnung eintritt, knechtet das Denken – und so ist es euch neben anderen Vorfällen vor allem mit der Krankheit ergangen. (4) Dennoch, als Bürger einer mächtigen Stadt und aufgezogen in einer Haltung, die ihrer würdig ist, müsst ihr auch den schwersten Schicksalsschlägen entschlossen standhalten und dürft eure Ehre nicht beschmutzen; denn in gleicher Weise fühlen sich die Menschen berechtigt, den zu verwerfen, der ererbtes Ansehen aus Feigheit preisgibt, wie den zu hassen, der frech nach Ungebührlichem langt. Verschmerzt euer häusliches Leid, und steht ein für die Rettung des Staates.

62 (1) Nun zu eurer Besorgnis über die Kriegsnot, sie könnte allzu drückend werden und wir trotz allem nicht siegen. Es sollten euch doch meine Reden genügen, in denen ich schon so oft aufwies, wie falsch solche Bedenken sind. Einen Punkt nur will ich herausgreifen, den ihr, glaube ich, noch nie in seiner grundlegenden Bedeutung für unser Reich und seine Größe überdacht habt und den auch ich in meinen früheren Reden nicht erwähnt habe; selbst jetzt würde ich nicht darauf zu sprechen kommen, weil es etwas prahlerisch klingt, sähe ich euch nicht über Gebühr niedergeschlagen. (2) *Ihr* glaubt, nur über eure Bundesgenossen zu herrschen, *ich* behaupte: Von den zwei Bereichen, die dem Menschen zur Nutzung offen stehen, dem Land und dem Meer, seid ihr alleiniger Herr des einen, so weit ihr jetzt darüber verfügt, und sogar noch weiter, wenn ihr wollt; und weit und breit ist niemand, der euch, wenn ihr mit gesamter Seemacht die Meere befahrt, zur Zeit entgegentreten könnte, weder Großkönig noch irgendein anderes Volk. (3) Zum Nutzwert der Häuser und des Landes, deren Verlust ihr so hoch veranschlagt, steht also diese Macht offensichtlich in gar keinem Verhältnis; es ist nicht recht, sich mit jenen Dingen zu belasten, statt sie als Ziergärtlein oder Schmuckstück reicher Leute anzusehen und gering zu achten. Begreift doch: Freiheit, wenn wir für sie eintreten und heil davonkommen, wird uns all dies leicht wiederbringen, fremder Herrschaft Hörigen aber pflegt auch der frühere Besitz zu schwinden. Erweist euch nicht schlechter als eure

Väter in ihrer zweifachen Bewährung, die einmal unter Mühen, nicht als Geschenk von anderen, dieses Reich errungen, überdies aber es durch alle Zeitläufte hindurch bewahrt und euch weitergegeben haben – schimpflicher ist es ja, eines Besitzes beraubt zu werden als beim Erwerb zu scheitern. Tretet den Feinden geschlossen entgegen, nicht nur mutigen, sondern auch hochgemuten Sinns. (4) Denn leere Prahlerei gibt es auch bei Unbesonnenheit, gepaart mit Glück, ja selbst bei einem Feigling – hoher Sinn steht nur dem zu, der sich auch geistig seinem Gegner überlegen fühlt, und das trifft bei uns zu. (5) Klare Einsicht, bei gleichem Glück erwachsen aus dem Gefühl der Überlegenheit, stärkt auch den Wagemut und baut nicht auf Hoffnung, die ihre Stärke bewährt, wenn man nicht weiter weiß, sondern auf wirklichkeitsnahes, tatbereites Wissen, dessen Voraussicht verlässlicher ist.

63 (1) Für die Ehre der Stadt, eine Folge der Herrschaft, und ihr alle seid stolz darauf, müsst ihr jetzt eintreten, ohne Mühen zu scheuen – oder ihr dürft überhaupt nicht nach Ehre streben. Glaubt ja nicht, der Kampf gelte nur der einen Entscheidung: Knechtschaft oder Freiheit; nein, es droht euch der Verlust des Reiches, und Gefahr bedeutet der Hass, den ihr euch durch eure Herrschaft zugezogen habt. (2) Von ihr zurückzutreten steht euch nicht mehr frei, falls etwa jemand voll Angst über die Lage mit einem solchen Vorschlag den friedliebenden, biederen Bürger spielen will. Denn eine Art Tyrannis ist ja bereits die Herrschaft, die ihr ausübt; sie zu ergreifen mag ungerecht scheinen, sie loszulassen (ist) aber lebensgefährlich. (3) In kürzester Zeit würden solche Menschen, wenn sie noch andere beredeten, eine Stadt zugrunde richten, ja auch wenn sie irgendwo allein auf sich gestellt unabhängig siedelten; Friedfertigkeit allein kann nicht bestehen, es sei denn, Tatkraft tritt hinzu, und nicht einer herrschenden Stadt, sondern einer untertänigen ziemt gefahrlose Knechtschaft.

64 (1) Lasst euch nicht von solchen Bürgern verführen, und zürnt mir nicht, dessen Kriegsentschluss ihr doch selbst gebilligt habt; mögen auch die Feinde eingedrungen sein und getan haben, was zu erwarten stand, da wir zur Hörigkeit nicht bereit waren, mag auch wider alle Voraussicht noch dazu die Krankheit über uns gekommen sein, das einzige Ereignis, das wirklich unsere Erwartung überstieg. Und ihretwegen, das weiß ich genau, bin ich euch noch einen guten Teil mehr verhasst – zu Unrecht, es sei denn, ihr wolltet mir auch Erfolge, die euch unerwartet zufallen, zugute halten. (2) Götterfügung muss man mit Gelassenheit tragen, Feindesschläge mit Manneskraft. Solche Gesinnung war in dieser Stadt schon früher Sitte und darf in euch jetzt nicht erlöschen. (3) Erkennt, dass unsere Stadt bei allen Menschen in hohem Rufe steht, weil sie sich den Schicksalsschlägen nicht beugte, die schwersten Opfer an Blut und Mühen im Krieg erbrachte und dadurch eine bisher unerreichte Höhe der Macht errungen hat, die im Gedächtnis der Nachwelt für immer fortleben wird, auch wenn wir einmal etwas absinken sollten; alles Gewordene trägt doch den Keim des Vergehens in sich. Denn als Hellenen herrschen wir über die meisten Hellenen, bestanden die schwersten Kriege gegen alle zusammen oder gegen einzelne und schufen eine Stadt, die in allem größten Überfluss und größte Macht besitzt. (4) Das mag freilich der Tatenlose benörgeln, der Tatentschlossene wird uns nacheifern, wer nichts besitzt, uns beneiden. (5) Hass und Anfeindung pflegen zunächst allen zu widerfahren, die den Anspruch erheben, über andere zu herrschen. Wer sich um höchster Ziele willen Neid zuzieht, ist wohlberaten; denn Hass hält nicht lange an, der Glanz des Augenblicks und der künftige Ruhm bleiben ewig erhalten. (6) Ihr aber! Bedenkt die ruhmvolle Zukunft und die schmachlose Gegenwart, und erwerbt euch jetzt beides mit all eurer Entschlossenheit!

Sendet keine Herolde zu den Lakedaimoniern, und lasst euch nicht merken, wie schwer die gegenwärtige Not auf euch lastet! Denn wer mit Rückschlägen am wenigsten seinen Sinn belastet, sondern entschlossen seine Taten entgegensetzt, der ist, sei es Staat oder Bürger, der Stärkste.«

65 (1) Mit solchen Worten versuchte Perikles den Zorn der Athener gegen ihn zu beschwichtigen und ihre Gedanken von den Nöten des Augenblicks abzulenken. (2) In den Staatsbeschlüssen fügten sie sich seinen Gründen, schickten keine Gesandten mehr zu den Lakedaimoniern und zeigten größeren Eifer für den Krieg, aber im eigenen Haus bejammerte jeder sein Missgeschick, das Volk, dass es seiner ärmlichen Habe, die es von Anfang an besessen, nun völlig beraubt sei, die Mächtigen wegen des Verlustes ihrer schönen Besitzungen auf dem Land, der Gebäude und kostbaren Einrichtungen, aber vor allem ⟨beklagte jeder⟩, dass sie Krieg hatten statt Frieden. (3) Und wirklich beruhigten sich alle zusammen in ihrem Zorn gegen ihn nicht eher, als sie ihn zu einer Geldbuße verurteilt hatten. (4) Nicht viel später freilich – wie es schon Art der Menge ist – wählten sie ihn wieder zum Feldherrn und übertrugen ihm alle Verantwortung, weil jeder gegen sein eigenes Elend schon eher abgestumpft war und sie ihn für den Würdigsten hielten, den Forderungen des Gesamtstaates zu genügen. (5) Denn solange er die Stadt in Friedenszeiten leitete, führte er sie mit Besonnenheit und lenkte sie sicher durch alle Fährnisse, und unter ihm wurde sie mächtig. Als dann der Krieg ausbrach, zeigte es sich, wie richtig er auch hierin die Machtmittel ⟨des Staates⟩ im Voraus eingeschätzt hatte. (6) Er lebte dann noch zwei Jahre und sechs Monate; nach seinem Tod erkannte man noch deutlicher seine klare Voraussicht für den Krieg. (7) Wenn sie Ruhe bewahrten, die Flotte instand hielten, ihre Herrschaft während des Krieges nicht erweiterten und die Stadt nicht aufs Spiel setzten, dann, so sagte er, würden sie siegen. Sie verkehrten all das ins Gegenteil. Sie betrieben von Staats wegen alles Mögliche, was mit dem Krieg augenscheinlich nichts zu tun hatte, aus persönlichem Ehrgeiz und persönlicher Gewinnsucht, doch zum Nachteil Athens und der Verbündeten; solche Unternehmen brachten bei Erfolg dem Einzelnen Ehre und Vorteil, schadeten beim Scheitern aber der Stadt im Krieg. (8) Der Grund hierfür war, dass jener, mächtig durch sein Ansehen und seine Einsicht, in Geldangelegenheiten rein und unbestechlich, die Masse in Freiheit niederhalten konnte und sich nicht von ihr führen ließ, sondern selber führte, weil er nicht, um die Macht mit unlauteren Mitteln zu erlangen, ihr zu Gefallen redete, vielmehr gestützt auf sein Ansehen ihr auch im Zorn widersprach. (9) Sooft er jedenfalls merkte, dass sie sich in frecher Überheblichkeit erkühnte, jagte er ihnen mit seinen Worten Angst und Schrecken ein, aus grundloser Furcht aber richtete er sie auf und flößte ihnen wieder Mut ein. So war es dem Namen nach Demokratie, in Wirklichkeit aber Herrschaft des ersten Mannes. (10) Die Späteren, einer ziemlich wie der andere und jeder nur bemüht, der Erste zu werden, sanken so tief, den Launen des Volkes sogar in der Staatsführung nachzugeben. (11) Daher wurden wegen der Größe der Stadt und ihrer Herrschaft immer wieder Fehler begangen, so vor allem die Fahrt nach Sizilien, wo der Fehler nicht so sehr in der Beurteilung der Angegriffenen lag, sondern darin, dass die treibenden Kräfte daheim nicht die für das ausgesandte Heer zweckdienlichen Beschlüsse fassten, sondern über ihren Zänkereien um die Führerrolle im Volk die Wirkung des Unternehmens abstumpfen ließen; und zum ersten Mal litt (damals) das Staatsinteresse unter den inneren Wirren. (12) Aber selbst als sie in Sizilien mit ihrer gesamten Kriegsmacht und einem Großteil der Flotte gescheitert waren und in der Stadt schon Bürgerkrieg herrschte, behaupteten sie sich trotzdem noch zehn[23] Jahre gegen ihre alten Feinde, gegen die neuen aus Sizilien und die meisten Verbündeten, die von ihnen abgefallen waren, und zuletzt noch gegen Kyros, den Sohn des Großkönigs, der den Peloponnesiern Geld gab für den Flottenbau; und nicht eher ergaben sie sich, als bis sie in ihren persönlichen Zänkereien aneinander geraten und zugrunde gegangen waren. (13) Ein so gewaltiger Überschuss an Mitteln stand Perikles damals zur Verfügung, aufgrund deren er als sicher voraussah: Athen werde ganz leicht gegen die Peloponnesier allein den Krieg gewinnen.

66 (1) Die Lakedaimonier und ihre Verbündeten fuhren noch im selben Sommer mit 100 Kriegsschiffen gegen die Insel Zakynthos, die gegenüber von Elis liegt. Die Bewohner stammen von den Achaiern aus dem Peloponnes und kämpften an der Seite der Athener. (2) Mit an Bord fuhren 1000 Hopliten der Lakedaimonier sowie der Befehlshaber der Flotte, der Spartiate Knemos. Nach ihrer Landung verwüsteten sie gründlich den Großteil des Gebietes; als man in Zakynthos aber keine Nachgiebigkeit zeigte, fuhren sie wieder nach Hause.

67 (1) Gegen Ende desselben Sommers befanden sich Aristeus aus Korinth, sowie Aneristos, Nikolaos und Stratodemos als Gesandte der Lakedaimonier, Timagoras aus Tegea und Pollis aus Argos – dieser als Privatmann[24] – auf dem Weg nach Asien zum Perserkönig mit dem Auftrag, ob sie ihn irgendwie dazu bringen könnten, Geldmittel zur Verfügung zu stellen und als Verbündeter mitzukämpfen. Sie trafen zuerst bei Sitalkes, dem Sohn des Teres, in Thrakien ein mit dem Wunsch, ihn, wenn irgend möglich, zum Austritt aus dem Bündnis mit Athen und zum Aufmarsch gegen Poteidaia, wo ein Belagerungsheer der Athener stand, zu bewegen und mit seiner Hilfe den Hellespont zu überqueren, wie sie vorhatten, und zwar zu Pharnakes, dem Sohn des Pharnabazos, der sie dann zum Perserkönig geleiten sollte.

(2) Zufällig waren auch von den Athenern Gesandte zugegen bei Sitalkes: Learchos, Sohn des Kallimachos, und Ameiniades, Sohn des Philemon. Sie überredeten des Sitalkes Sohn Sadokos, der Athener[25] geworden war, ihnen die Männer in die Hände zu spielen, damit sie nicht ihren Teil beitragen könnten, seiner Heimatstadt zu schaden, wenn sie zum Perserkönig durchkämen. (3) Er ließ sich überreden und als sie sich durch Thrakien auf den Weg machen wollten zu einem Schiff, mit dem sie den Hellespont überqueren wollten, ließ er sie noch vor dem Einsteigen festnehmen. Er hatte mit Learchos und Ameiniades Leute mitgeschickt mit dem Befehl, die Gefangenen den athenischen Gesandten auszuliefern. Diese nahmen sie mit und brachten sie nach Athen. (4) Als sie in Athen angekommen waren, fürchteten die Athener, dass Aristeus im Falle seiner Flucht erneut für sie noch größeres Unheil anrichte, war es doch offenkundig, dass zuvor schon die Vorkommnisse um Poteidaia und in Thrakien sein Werk gewesen waren. Ohne Urteil und trotz ihres Wunsches, einiges (zu ihrer Verteidigung) zu sagen, töteten sie alle noch am selben Tag und warfen sie (wie Verbrecher) in einen Abgrund[26], wobei sie sich damit rechtfertigten, mit denselben Mitteln vorzugehen, die die Lakedaimonier angewendet hatten, als sie Kaufleute der Athener und ihrer Verbündeten, die mit Handelsschiffen um den Peloponnes fuhren, aufgriffen, töteten und in Schluchten warfen. Denn am Anfang des Krieges vernichteten die Lakedaimonier tatsächlich oft alle, die sie auf dem Meer erwischten, wie Feinde, sowohl die Verbündeten der Athener, als auch die Neutralen.

68 (1) Um dieselbe Zeit, während der Sommer zu Ende ging, marschierten die Amprakioten auch mit einem großen Aufgebot an Barbaren in den Krieg gegen das amphilochische Argos und das übrige Amphilochien. (2) Das feindselige Verhalten gegen die Leute aus Argos hatte sich erstmals aus Folgendem ergeben: (3) Das amphilochische Argos und das übrige Amphilochien hatte nach dem trojanischen Krieg der Heimkehrer Amphilochos, Sohn des Amphiaros, gegründet. Er hatte keinen Gefallen finden können an den Zuständen in Argos und benannte im Amprakischen Golf eine Siedlung mit dem gleichen Namen seiner Heimatstadt Argos; (4) diese Stadt war auch die größte Amphilochiens und hatte die vermögendsten Bewohner. (5) Unter dem Druck widriger Umstände – viele Generationen später – nahmen sie die an Amphilochien angrenzenden Amprakioten als Mitbewohner in ihre Stadt auf und wurden damals erstmalig von ihren amprakiotischen Mitbürgern hellenisiert, was ihre jetzige Sprache betrifft; (6) die übrigen Amphilochier sind aber Barbaren. Mit der Zeit drängten nun diese Amprakioten die Argeier hinaus und verfügten allein über die Stadt. (7) Die Amphilochier aber ordneten sich, als dies geschehen war, den Akarnanen unter und beide riefen die Athener zu Hilfe, die ihnen auch den Feldherrn Phormion schickten und 30 Schiffe. (8) Nach Phormions Ankunft eroberten sie Argos im Sturmangriff, verkauften die Amprakioten in die Sklaverei und gemeinsam bewohnten sie nun Argos: die Amphilochier und die Akarnanen. (9) Die Amprakioten aber waren sich seit ihrer Versklavung in Hass gegen die Argeier ergangen und unternahmen in der Folge im Krieg (der hier dargestellt wird) diesen Feldzug, der aus eigenen Truppen, aus Chaonern und einigen Barbaren aus der Umgebung bestand. Als sie vor Argos aufmarschiert waren, bezwangen sie zwar das Land, aber als sie die Stadt trotz ihrer Angriffe nicht nehmen konnten, zogen sie sich nach Hause zurück und lösten sich wieder nach einzelnen Stämmen auf. Das alles geschah in diesem Sommer.

Winter 430/429

69 (1) Im darauf folgenden Winter schickten die Athener 20 Schiffe um den Peloponnes herum und als Kommandanten Phormion; er übte von Naupaktos als Basis die Kontrolle aus, sodass niemand von Korinth oder dem Golf von Krisa ausfahren noch herfahren konnte. Weitere sechs Schiffe entsandten sie nach Karien und Lykien, um dort gewaltsam Gelder einzutreiben[27] und nicht zuzulassen, dass die Seeräuberei der Peloponnesier, die dort ihre Stützpunkte hat, der Handelsschifffahrt von Phaselis, Phoinikien und dem dortigen Festland weiter schade. (2) Mit einer Truppe aus Athenern, die an Bord war, und aus Verbündeten marschierte Melesandros ins Landesinnere Lykiens, kam aber ums Leben und büßte auch noch einen Teil des Heeres ein, nachdem er in einem Gefecht unterlegen war.

70 (1) Im selben Winter konnten sich die belagerten Menschen in Poteidaia nicht mehr halten. Die Einfälle der Peloponnesier in Attika hatten die Athener trotzdem nicht zum Abzug gezwungen, die Lebensmittel waren ausgegangen und gar vielerlei war bereits dort vorgefallen in ihrem Verpflegungsnotstand – einige hatten sich auch gegenseitig verzehrt! So traten sie denn mit Kapitulationsverhandlungen an die Heerführer der Athener heran, die vor ihrer Stadt in ihren Stellungen lagen, an Xenophon, den Sohn des Euripides, an Hestiodoros, den Sohn des Aristokleides, und an Phanomachos, den Sohn des Kallimachos. (2) Diese gingen darauf ein angesichts der bedrängten Lage des eigenen Heeres an einem winterlich-rauen Standort einerseits, andererseits weil die Stadt Athen bereits 2000 Talente für die Belagerung ausgegeben hatte. (3) Unter folgenden Bedingungen einigten sie sich: Es sollten freien Abzug haben die Männer, die Kinder, die Frauen und die Hilfstruppen, jeder mit einem Kleid, die Frauen mit zwei, und mit einer verabredeten

Summe als Reisegeld. (4) Unter dem Schutz dieses Vertrages zogen sie also aus zur Chalkidike oder wohin sonst jeder die Möglichkeit hatte. Die Athener aber machten den Feldherren Vorwürfe, dass sie ohne Rücksprache diese Vereinbarung getroffen hätten – denn sie glaubten, sie hätten bei einem Sieg über die Stadt mit ihr nach Wunsch verfahren können –, schickten später eigene Siedler nach Poteidaia und ließen sich dort häuslich nieder.[28] Das waren die Ereignisse in diesem Winter und so endete das zweite Jahr im Krieg, den Thukydides beschrieb.

Drittes Kriegsjahr

Sommer 429

71 (1) Im folgenden Jahr fielen die Peloponnesier nicht in Attika ein, sondern rückten gegen Plataia; sie führte Archidamos, Sohn des Zeuxidamos, König von Sparta. Er bezog ein Lager und ging daran, das Land zu verwüsten; die Plataier schickten sofort Gesandte zu ihm und ließen Folgendes sagen:

(2) »Archidamos und ihr, Lakedaimonier! Ihr handelt ungerecht und euer und eurer Väter unwürdig, wenn ihr Krieg ins Land der Plataier bringt. Denn als der Lakedaimonier Pausanias, der Sohn des Kleombrotos, Hellas von den Persern befreit hatte gemeinsam mit allen Hellenen, die freiwillig die Gefahr der Schlacht, die in unserem Land geschlagen wurde, auf sich genommen hatten, und als er auf dem Markt von Plataia Zeus, dem Befreier, geopfert hatte, damals also erklärte er feierlich vor allen versammelten Bundesgenossen den Plataiern, sie sollten ihr Land und ihre Stadt frei und unabhängig bewohnen, nie sollte jemand widerrechtlich gegen sie zu Felde ziehen noch sie unterwerfen; andernfalls sollten die anwesenden Bundesgenossen ihnen helfen nach

Kräften. (3) Das haben uns eure Väter gewährt zum Dank für unseren Mut und den in diesen Gefahren bewiesenen Eifer, ihr aber macht gerade das Gegenteil; im Bunde mit den Thebanern, unseren erbittertsten Feinden, kommt ihr, uns zu unterwerfen. (4) Zu Zeugen rufen wir die damals zu Eidschützern erkorenen Götter, die Götter eurer Väter und die unseres Landes: Lasst plataisches Land unangetastet, brecht nicht die Eide, lasst uns unabhängig leben, gemäß dem Rechtsspruch des Pausanias.«

72 (1) Auf diese Rede der Plataier antwortete Archidamos:

»Recht habt ihr, Plataier, wenn ihr auch handelt gemäß euren Worten. Wie Pausanias es euch gewährt hat, so lebt auch weiterhin selbständig, befreit aber mit uns die anderen, die ebenfalls ihren Teil an den Gefahren damals trugen und nun unter der Herrschaft Athens stehen; unsere gewaltige Rüstung und der ganze Krieg gelten nur ihrer und der anderen Befreiung. Daran beteiligt euch und bleibt euren Eiden treu; wollt ihr aber nicht, so befolgt unseren früheren Vorschlag: Haltet euch ruhig, verbleibt innerhalb eurer Grenzen, und verbündet euch mit keiner der beiden Seiten; nehmt beide als Freunde auf, nur zu kriegerischen Zwecken keinen. Das soll uns genügen.«

(2) Das sagte Archidamos. Die plataiischen Gesandten kehrten mit dieser Botschaft in die Stadt zurück und trugen sie der Menge zur Beratung vor; dann antworteten sie ihm, es sei ihnen unmöglich, seine Forderungen zu erfüllen, ohne die Athener (zu befragen), ihre Kinder und Frauen seien nämlich bei ihnen. Außerdem seien sie in Sorge um das Wohl ihrer ganzen Stadt. Nach ihrem Abzug könnten die Athener kommen und ihnen (diesen Vertragsschluss) nicht gestatten, oder, da sie eidlich gebunden seien, beide aufzunehmen, könnten die Thebaner neuerlich versuchen, die Stadt in ihre Gewalt zu bekommen. (3) Darüber beruhigte

sie Archidamos: »Übergebt uns Lakedaimoniern eure Stadt und eure Häuser, bezeichnet die Grenzen eures Landes, eure Bäume der Zahl nach und was sich sonst noch zählen lässt; ihr selbst zieht ab für die Dauer des Krieges, wohin ihr wollt. Wenn er vorüber ist, werden wir euch alles übergeben, was wir übernommen haben; bis dahin verwalten und bearbeiten wir es als anvertrautes Gut und liefern euch so viel vom Ertrag ab, dass ihr genug haben sollt.«

73 (1) Mit dieser Antwort kehrten sie wieder in die Stadt zurück; nach der Beratung mit dem Volk erklärten sie, sie wollten erst seine Forderungen mit den Athenern besprechen, und wenn jene zustimmten, würden sie so handeln. Bis dahin erbaten sie sich Waffenruhe und Schonung des Landes. Er gewährte ihnen Waffenstillstand für so viele Tage, wie sie für die Reise benötigen dürften, und verheerte das Land nicht. (2) Nun gingen die Gesandten der Plataier zu den Athenern und berieten mit ihnen; dann kehrten sie zurück und überbrachten ihren Landsleuten folgende Antwort: (3) »Weder in früherer Zeit, Plataier, seit Bestand unseres Bundes, haben euch die Athener, so sagen sie, jemals im Stich gelassen, wenn euch Unrecht widerfahren ist, und auch jetzt werden sie nicht müßig zusehen, sondern nach Kräften helfen. Sie beschwören euch bei den Eiden, die unsere Väter geleistet haben, an dem Bündnis nicht zu rütteln.«

74 (1) Auf diesen Bescheid der Gesandten hin beschlossen die Plataier, die Athener nicht zu verraten, sondern notfalls auch der Verwüstung des Landes und anderen Widerwärtigkeiten, die sie treffen möchten, mit Gelassenheit zuzusehen; es sollte aber niemand mehr die Stadt verlassen, sondern von der Mauer herab wollten sie antworten, es sei ihnen unmöglich, die Vorschläge der Lakedaimonier anzunehmen. (2) Nach ihrer Antwort rief König Archidamos zunächst die Götter und Heroen des Landes zu Zeugen:

»Ihr Götter«, sagte er, »die ihr das plataiische Land beschützt, und ihr Heroen, ihr seid Zeugen, dass wir von Anfang an nicht widerrechtlich, sondern weil jene zuerst den beschworenen Eid gebrochen haben, in dieses Land gekommen sind, in dem unsere Väter zu euch flehten und so die Perser besiegten, und ihr habt es den Hellenen als glücklichen Kampfplatz verliehen. Und wenn wir jetzt eingreifen, begehen wir kein Unrecht; denn wir haben viele billige Vorschläge gemacht – ohne Erfolg; so gewährt denn, dass die zuerst Schuldbeladenen ihr Unrecht büßen, die Rächer die gerechte Genugtuung finden.«

75 (1) Nach diesem Götteranruf eröffnete er mit seinem Heer den Krieg. Zuerst umgaben sie die Stadt mit Palisaden aus Bäumen, die sie gefällt hatten, damit niemand mehr passieren könne, hierauf schütteten sie einen Wall nach der Stadt zu auf in der Hoffnung, es werde ihre rascheste Eroberung sein, wenn ein so großes Heer zu Werk gehe.[29] (2) Sie schnitten auch Gehölz aus dem Kithairon, zogen es flechtwerkartig anstelle von Wänden zu beiden Seiten der Erdschüttung hoch, damit diese Schüttung nicht in die Breite zerfließe. Sie trugen auch Reisig herbei und Steine und Erde und was sich sonst noch als Füllmaterial eignen mochte. (3) So arbeiteten sie siebzig Tage und Nächte[30] ununterbrochen, eingeteilt in Schichten, sodass die einen (Baumaterial) schleppten und die anderen zum Schlafen und Essen kommen konnten. Die lakedaimonischen Offiziere, die die Kontingente aus den einzelnen Städten mitbefehligten, zwangen sie zur Leistung. (4) Die Leute aus Plataia sahen, wie der Damm höher wurde, da zimmerten auch sie eine Holzriegelwand[31] und stellten sie auf ihre eigene Mauer gegenüber, wo der Damm aufgeschüttet wurde; in diese Wand bauten sie Ziegel ein, die sie aus den Häusern der Nachbarschaft herausgebrochen hatten. (5) Als Verbindung dienten ihnen die Hölzer, damit der Bau, wenn er in die Höhe

wüchse, nicht seine Stabilität verliere, und als Verkleidung hatte die Wand Felle und Häute, sodass die Arbeitenden und die Hölzer nicht von Brandpfeilen getroffen werden und somit in Sicherheit sein konnten. (6) So wuchs die Höhe der Mauer gewaltig und der Wall ihr gegenüber stand ihr um nichts nach. Und noch etwas dachten sich die Plataier aus; sie durchbrachen ihre Mauer dort, wo der Damm gegen sie in ihre Nähe kam und holten sich die Erde (des Dammes).

76 (1) Als die Peloponnesier das merkten, pressten sie Lehm in Körbe aus Rohrgeflecht und füllten so die entstandene Lücke, damit dieses Füllmaterial nicht wie die Erde zerfallen und fortgeschafft werden könne. (2) Die Plataier wurden also auf diese Weise gestoppt und gaben es dort auf, gruben aber einen unterirdischen Gang aus der Stadt mit genauer Berechnung bis direkt unter den Damm und schleppten wieder das Schüttmaterial von unten weg zu sich herein; und das entging denen draußen sehr lange, sodass sie trotz ihrer Aufschüttungen geringeren Erfolg hatten, weil der Damm ihnen von unten heimlich abgegraben wurde und sich daher immer in die Hohlräume absenkte. (3) Aus Angst, sich mit so wenigen gegen eine Übermacht trotzdem nicht halten zu können, kamen die Belagerten zusätzlich auf folgenden Einfall: Mit der Arbeit an ihrem großen Holzriegelbau dem Damm gegenüber hörten sie auf, vielmehr begannen sie rechts und links von der niederen Mauer aus nach innen, also in Richtung Stadt: Sie fertigten einen weiteren Anbau in Form eines Halbmondes, damit dieser standhalte, wenn etwa die Hauptmauer eingenommen würde, und damit die Feinde erneut dagegen einen Wall aufschütten müssten und so beim Eindringen die doppelte Mühe hätten und (wegen der halbkreisförmigen Anlage) von zwei Seiten eher ins Schussfeld gerieten. (4) Zugleich mit dem Weiterbau am Damm schafften die Peloponnesier Rammböcke an die Stadt heran. Einer wurde vom Damm aus gegen den großen Holzriegelbau in Stellung gebracht, beschädigte diesen schwer und jagte den Plataiern großen Schrecken ein, andere an anderer Stelle der Mauer, die die Plataier in die Höhe ablenkten, weil sie Schlingen herumlegten; oder sie hängten große Balken mit langen Eisenketten an beiden Schnittenden an zwei Kräne, die an der Mauer montiert in Form von Auslegern hervorragten; daran hievten sie die Balken querliegend hoch und jedes Mal, wenn der Rammbock zustoßen sollte, lockerten sie die Ketten und, ohne sie von Hand zu führen, ließen sie den Balken fallen: Die Wucht des Aufpralls riss das vordere Ende des Sturmbocks ab.

77 (1) Daraufhin hielten es die Peloponnesier, als ihre Belagerungsmaschinen nichts nützten und ihrem Wall eine Verteidigungsanlage gegenüberstand, für aussichtslos, mit den bisher vorhandenen Gewaltmitteln die Stadt zu nehmen, und sie bereiteten sich auf eine völlige Einschließung durch eine Mauer vor. (2) Vorher aber beschlossen sie noch, mit einem Lauffeuer zu versuchen, ob es ihnen gelänge bei passendem Wind die Stadt, die gar nicht groß war, in Brand zu setzen. Sie dachten an jede mögliche Kriegsform, wenn nur irgendwie ohne aufwändige Belagerung die Stadt in ihre Gewalt gebracht werde. (3) Sie trugen Reisigbündel herbei und warfen sie von ihrem Wall aus in den Zwischenraum zwischen Mauer und Aufschüttung; rasch war dieser voll durch die Vielzahl fleißiger Hände; da häuften sie dazu noch neben der Stadt (Reisig) auf, so weit das in ihrer Reichweite von oben her möglich war, warfen Brandfackeln mit Schwefel und Pech hinein und ließen alles Holz zünden. (4) Es entstand ein Flammenmeer so groß, wie es niemand bis zu dieser Zeit von Menschenhand gelegt gesehen hatte; denn in Bergen hat der Wald auch schon von selbst Feuer und Flamme emporlodern lassen, wenn Bäume von

den Winden aneinander gerieben wurden. (5) So groß war also der Brand und um Haaresbreite hätte er die Plataier vernichtet, nachdem sie den anderen Bedrängnissen entkommen waren. Denn innerhalb eines großen Bereiches der Stadt war es unmöglich in die Nähe zu kommen, und wenn ein Luftzug das Feuer in Stadtrichtung angefacht hätte, was sich die Feinde erhofften, wären sie nicht davongekommen. (6) Nun aber, so sagt man, sei Folgendes eingetreten: Viel Wasser vom Himmel herab und starke Gewitter hätten die Flammenhölle gelöscht, und so sei die Gefahr gebannt worden.

78 (1) Weil die Peloponnesier ihr Ziel verfehlten, ließen sie nur einen Teil ihres Heeres vor Ort, den größeren zogen sie ab. Sie arbeiteten nun daran, die Stadt mit einer Ringmauer einzuschließen, und teilten dabei die Bauabschnitte nach den Truppenkontingenten der einzelnen Städte ein. Ein Graben lief innen und außen, aus dem sie ihre Lehmziegel entnommen und hergestellt hatten. (2) Als das gesamte Werk vollendet war, etwa um den Frühaufgang des Arkturos[32], ließen sie Wachposten für eine Hälfte der Mauer zurück – die andere bewachten die Boioter –, zogen mit dem Heer ab und die Verbände wurden in ihre verschiedenen Heimatstädte entlassen. (3) Die Plataier hatten die Kinder, die Frauen, ferner die alten Leute, also den Großteil der Kampfunfähigen bereits nach Athen in Sicherheit gebracht, und nur sie selbst ließen sich im Innern eingeschlossen belagern – 400 an der Zahl, ferner 80 Athener und 110 Frauen zur Bereitstellung der Speisen.[33] (4) So groß war also ihre Gesamtzahl, als sie ihren Belagerungszustand auf sich nahmen, und niemand sonst befand sich innerhalb der Mauer, weder ein Sklave noch ein freier Bürger. Unter solchen Umständen wurde nun die Belagerung der Plataier eingeleitet.

79 (1) Im selben Sommer zur gleichen Zeit mit dem Angriff auf Plataia begannen die Athener mit 2000 eigenen

Hopliten und 200 Reitern einen Feldzug gegen die Chalkidier in Thrakien und gegen die Bottier, als das Korn gerade heranreifte.[34] Die militärische Führung hatte drei Feldherren, darunter Xenophon, den Sohn des Euripides. (2) Sie trafen im Gebiet der bottischen Stadt Spartolos[35] ein und vernichteten das Getreide. Man glaubte auch, dass die Stadt kampflos übergeben werde von gewissen Kreisen, die im Innern darauf hinarbeiteten; jedoch waren Gruppen, die diese Übergabe nicht wünschten, bereits an die Stadt Olynth herangetreten, und von dort waren Hopliten samt Heer zum Schutz herangerückt. Nachdem dieses Heer nun den Ausfall aus Spartolos gemacht hatte, traten die Athener direkt vor der Stadt zur Schlacht an. (3) Zwar wurden die Hopliten der Chalkidier zusammen mit einigen ihrer Hilfstruppen von den Athenern geschlagen und wichen nach Spartolos zurück, aber die Reiter der Chalkidier und Leichtbewaffnete besiegten die Reiter und Leichtbewaffneten der Athener; (4) denn diese hatten einige wenige Peltasten[36] aus dem so genannten Krusierland; kaum war die Schlacht geschlagen, da kamen weitere Peltasten aus Olynth zu Hilfe. (5) Als die Leichtbewaffneten aus Spartolos dies sahen, fassten sie neuen Mut aufgrund dieser Verstärkung und auch weil sie früher nicht unterlegen waren; sie griffen erneut mit den Reitern der Chalkidier und den eingetroffenen Helfern die Athener an; und nun wichen diese zurück bis auf zwei Abteilungen, die sie beim Gepäck zurückgelassen hatten. (6) Jedes Mal aber, wenn die Athener vorwärts drangen, begannen jene nachzugeben, wichen die Athener zurück, drängten jene heran und warfen ihre Geschosse. Auch die Reiter der Chalkidier galoppierten zum Angriff heran, wo es günstig schien, und hauptsächlich sie versetzten die Athener in Schrecken, schlugen sie in die Flucht und verfolgten sie noch weit. (7) Die Athener flüchteten nach Poteidaia und bargen später unter dem Schutz von Verträgen ihre Toten, danach kehrten sie mit dem Überrest des Heeres nach Athen zurück. Gefallen waren von ihnen 430 Soldaten und alle Feldherren. Die Chalkidier und Bottier stellten ein Siegesdenkmal auf, und als auch sie ihre Toten aufgesammelt hatten, gingen sie wieder getrennt in ihre Städte zurück.

80 (1) Noch im selben Sommer, nicht viel später als die eben geschilderten Ereignisse wollten die Amprakioten und Chaonier Akarnanien zur Gänze unterwerfen und dem Einfluss der Athener entziehen; sie überredeten die Lakedaimonier, eine Flotte aus dem Bestand der Verbündeten auszurüsten und 1000 Hopliten nach Akarnanien zu schicken; sie sagten, wenn sie mit Schiffen und einem Landheer zugleich mit ihnen kämen, so gewännen sie leicht Akarnanien, dazu noch besiegten sie Zakynthos und Kephallenia, weil die Akarnanen nicht in der Lage seien, vom Meer aus gemeinsam zu Hilfe zu kommen; dann werde es für die Athener kein Umfahren des Peloponnes geben wie bisher.[37] Ja, es bestehe die Aussicht, auch Naupaktos zu erobern. (2) Die Lakedaimonier ließen sich überzeugen und schickten Knemos, immer noch Flottenkommandant,[38] und die Hopliten auf wenigen Schiffen sogleich aus; die Flotte forderten sie auf, sich möglichst rasch zu rüsten und nach Leukas-Stadt zu fahren. (3) Die Korinther bemühten sich am eifrigsten, für die Amprakioten teilzunehmen, waren sie doch ihre Auswanderer. Allerdings war die Flotte aus Korinth, aus Sikyon und den dortigen Orten erst in Vorbereitung, die Flotte aus Leukas, Anaktorion und Amprakia traf früher ein, und man wartete in Leukas-Stadt. (4) Nachdem auch Knemos und seine 1000 Hopliten übergesetzt hatten – unbemerkt an Phormion vorbei, der 20 attische Schiffe kommandierte, die bei Neupaktos Wache hielten –, bereiteten sie sich sogleich auf ihren Feldzug zu Lande vor. (5) Zur Verfügung hatte er von den Griechen Männer aus Ampra-

kia, Leukas, Anaktorion und die 1000, mit denen er gekommen war, als Barbaren 1000 königslose Chaoner; Photios und Nikanor aus dem herrschenden Geschlecht führten sie aufgrund ihrer alljährlich verliehenen Amtsgewalt. An diesem Feldzug nahmen zusammen mit den Chaonern noch die Thesproten teil, ebenfalls ohne König. (6) Die Molosser und Atintanen führte Sabylinthos in seiner Eigenschaft als Vormund des Königs Tharyps, der noch ein Knabe war, die Parauaier (führte) Oroidos als ihr König. Die Oresten, 1000 an der Zahl, über die König Antiochos herrschte, marschierten im Bunde mit den Parauaiern, nachdem Antiochos die Führung an Oroidos abgetreten hatte. (7) Auch Perdikkas sandte ohne Wissen der Athener 1000 Makedonen, die später ankamen. (8) Mit diesem Heer machte sich Knemos auf den Weg, ohne aus Korinth die Flotte abzuwarten. Sie zogen durch Argos und zerstörten das unbefestigte Dorf Limnaia; sie gelangten bis Stratos, zur größten Stadt Akarnaniens, und meinten, wenn sie diese Stadt erobert hätten, werde ihnen das Übrige leicht in die Hände fallen.

81 (1) Die Akarnanen merkten aber, dass zu Lande ein zahlreiches Heer eingefallen war und zugleich auch von der See her die Feinde herandrängten. Da versuchten sie gar nicht, sich zur gemeinsamen Abwehr zu sammeln, sondern jeder Einzelne schützte seinen eigenen Gebietsabschnitt; auch an Phormion traten sie heran mit einem dringenden Hilferuf. Er aber erklärte, er sei außerstande, zu einer Zeit, wo die Ausfahrt einer Flotte aus Korinth unmittelbar bevorstehe, Naupaktos ohne Schutz zurückzulassen. (2) Die Peloponnesier und ihre Verbündeten bildeten drei parallele Heeresgruppen und rückten zur Stadt Stratos heran, um in der Nähe das Heerlager zu errichten und, wenn sie mit Worten nichts erreichen sollten, dann durch einen tatsächlichen Angriff die Befestigung (der Stadt) auf die Probe zu stellen. (3) Die Mitte nahmen die Chaoner und die anderen

Barbaren ein, rechts von ihnen marschierten die Leukadier, Anaktorier und ihre Leute, auf der Linken Knemos, seine Peloponnesier und die Amprakioten. Sie hatten aber einen großen Abstand voneinander und zwischendurch sahen sie einander nicht einmal. (4) Die Hellenen gingen vor in geordneter Aufstellung, legten Wert auf Deckung, bis sie an geeigneter Stelle ihr Lager aufschlugen. Die Chaoner aber hatten großes Selbstvertrauen und wurden auch von den dortigen Festlandsbewohnern als die Kriegstüchtigsten anerkannt; sie hielten sich nicht damit auf, ein Lager zu beziehen, sondern zogen in ihrem Ungestüm mitten unter den anderen Barbaren dahin und meinten, mit dem ersten Schlachtruf würden sie schon die Stadt erobern, und dies wäre dann ihr alleiniger Erfolg. (5) Von ihnen erfuhren aber die Stratier, dass diese noch näher herangerückt waren (als die anderen), und dachten, im Falle eines Sieges über diese isolierten Truppen, würden ihnen auch die Griechen nicht mehr entgegentreten. Sie belegten also das Gebiet vor der Stadt durch ihre Mannschaften mit einem Hinterhalt, und als die Chaoner nahe waren, marschierten sie sowohl aus der Stadt heraus, und sie fielen auch aus dem Hinterhalt über sie her. (6) Da überließen sich viele der Chaoner dem Schrecken und kamen um, auch die anderen Barbaren hielten nicht mehr stand, als sie diese zurückweichen sahen, und traten die Flucht an. (7) Keines der beiden hellenischen Heerlager hatte etwas von der Schlacht gemerkt, weil sie sehr weit vorausmarschiert waren und man glaubte, sie beeilten sich so, um einen Lagerplatz zu erreichen. (8) Als aber die Barbaren fluchtartig auf sie zustürmten, nahmen sie sie auf, vereinigten die beiden Heeresgruppen und verhielten sich dort den ganzen Tag ruhig, zumal sich die Stratier nicht auf einen Nahkampf einließen, weil die übrigen Akarnanen noch nicht zur gemeinsamen Verstärkung herbeigeeilt waren; von ferne allerdings setzten sie ihre Schleudern ein und bereiteten (ihren Feinden) Schwierigkeiten, weil man sich nicht mehr ohne Panzer bewegen konnte. Denn die Akarnanen stehen im Ruf, die treffsichersten Schleuderer zu sein.

82 (1) Als es Nacht geworden war, zog sich Knemos mit dem Heer eilig zum Fluss Anopos zurück, der 80 Stadien[39] von Stratos entfernt ist. Am folgenden Tag ließ er unter dem Schutz von Verträgen die Toten bergen, und da sich auch Bewohner aus Oiniadai in Freundschaft bei ihm eingefunden hatten, zog er sich zu ihnen zurück, bevor die gemeinsame Verstärkung (der Akarnanen) eingetroffen war. Von dort gingen die einzelnen Kontingente nach Hause. Die Stratier errichteten ein Siegesdenkmal anlässlich der Schlacht gegen die Barbaren.

83 (1) Die Flotte aus Korinth und die der anderen Verbündeten aus dem Golf von Krisa, die Knemos hätte unterstützen sollen, damit nicht die Akarnanen von der Küste ins Land zur gemeinsamen Verstärkung eilten, war nicht eingetroffen, sondern sie sahen sich gezwungen, etwa an denselben Tagen, an denen die Schlacht in Stratos stattfand, eine Seeschlacht zu schlagen gegen Phormion und seine 20 Schiffe aus Athen, die in Naupaktos Wache hielten. (2) Phormion lag nämlich auf der Lauer und wollte sie auf offenem Meer angreifen, wenn sie außerhalb des Golfes an ihm vorbeiführen. (3) Die Korinther und ihre Verbündeten beabsichtigten auf ihrer Fahrt keine Seeschlacht, sondern waren eher für einen Küstenfeldzug nach Akarnanien ausgerüstet. Sie hätten wohl auch nicht geglaubt, dass gegen ihre 47 Schiffe die Athener mit ihren 20 den Mut hätten, sich auf eine Seeschlacht einzulassen. Hierauf aber beobachteten sie während ihrer Fahrt die Küste entlang, wie gegenüber an der Küste die Athener entlangsegelten, und sobald sie sich zur Überfahrt zum jenseitigen Ufer nach Akarnanien wandten, erblickten sie die Athener wieder, die von Chalkis und vom Fluss Euenos her auf sie zusteuerten; es war den Athenern nicht verborgen geblieben, dass sie des Nachts keine Landung durchführten.[40] So wurden sie also gezwungen, mitten auf dem Sund eine Seeschlacht zu liefern. (4) Es gab zwar Feldherren von jeder der einzelnen Städte, die an den Vorbereitungen teilgenommen hatten, aber von den Korinthern waren es namentlich Machaon, Isokrates und Agatharchidas. (5) Die Peloponnesier stellten ihre Schiffe in einem größtmöglichen Kreis auf, ohne einen feindlichen Durchbruch zu ermöglichen, die Schiffsschnäbel nach außen, nach innen das Heck; die kleinen Boote, die mitgefahren waren, nahmen sie in die Mitte, ebenso 5 Schiffe mit der besten Beschleunigung, damit diese losstarten und in Kürze zur Stelle sein könnten, wenn die Feinde irgendwo angreifen sollten.

84 (1) Die Athener ordneten sich zu einer einzigen Kiellinie, fuhren um die Peloponnesier im Kreis herum und drängten immer enger zusammen, indem sie gleichsam hautnah immer vorbeisteuerten und den Eindruck erweckten, jeden Augenblick zum Rammstoß anzusetzen. Vorgeschrieben war ihnen aber von Phormion, dies nicht eher zu versuchen, als bis er das Signal dazu setze. (2) Er erwartete nämlich, ihre Schlachtordnung werde sich nicht wie eine Fußtruppe am Land in einer Ordnung halten, sondern die Schiffe würden aneinander stoßen und die Boote Verwirrung auslösen; wenn erst einmal der Wind aus dem Golf heraus zu wehen beginne, was gewöhnlich am Morgen geschieht und worauf Phormion während seiner Kreisfahrt wartete, dann würden sie nicht mehr länger Ruhe halten können. Der Zeitpunkt des Angriffs, so meinte er, liege bei ihm, weil seine Schiffe manövrierfähiger führen, und in diesem Augenblick sei er seiner Meinung nach am günstigsten. (3) Als nun der Wind aufkam und die Schiffe – ohnehin schon auf engem Raum – zugleich in Folge der Abdrift als auch wegen der Boote, die viel zu nahe gekommen waren, in Unordnung gerieten, und somit Schiff an Schiff prallte und man mit Ruderstangen einander wegstieß, als man wegen des Gebrülls und der gegenseitigen Warnrufe und der Schimpfworte weder die Befehle der Kommandanten noch die Taktgeber der Ruderer hörte, als diese unerfahrenen Leute beim Wellenschlag die Ruder nicht hochziehen konnten und so die Schiffe für die Steuermänner unlenkbar machten, da, in diesem Moment, gab Phormion das Zeichen und die Athener schlugen zu, versenkten gleich einmal eines von den Feldherrnschiffen, vernichteten ferner die Übrigen, wo immer sie hinkamen, und bewirkten eine solche Panik, dass niemand sich zur Wehr setzte, sondern die Peloponnesier nach Patrai und Dyme in Achaia flüchteten. (4) Die Athener nahmen noch die Verfolgung auf und erbeuteten 12 Schiffe, nahmen deren Besatzung größtenteils an Bord ihrer Schiffe, hielten Kurs nach Molykreion, errichteten auf Rhion ein Siegesdenkmal, stellten ein Schiff als Weihegabe für Poseidon auf und kehrten zurück nach Naupaktos. (5) Der Küste entlang fuhren auch sogleich die Peloponnesier mit dem Rest ihrer Schiffe weg von Dyme und Patrai nach Kyllene, zur Schiffswerft der Eleier; und von Leukas kam Knemos nach der Schlacht von Spartos mit den dortigen Schiffen, die sich mit diesen hätten vereinigen sollen, ebenfalls nach Kyllene.

85 (1) Nun stellten die Lakedaimonier Knemos drei »Berater«[41] für das Flottenwesen zur Seite: Timokrates, Brasidas und Lykophron; sie forderten, eine weitere Seeschlacht besser vorzubereiten und sich nicht von wenigen Schiffen das Meer versperren zu lassen. (2) Die Niederlage schien ihnen merkwürdig und bei ihrer ersten Erfahrung[42] im Seekrieg eine große Enttäuschung zu sein; sie glaubten auch nicht, dass ihre Flotte um so viel minderwertiger (sei), wohl aber dass eine gewisse Führungsschwäche aufgetreten sei, wobei sie die langjährige Erfahrung der Athener im Vergleich zu ihren kurzzeitigen Bemühungen nicht berücksichtigen wollten. Im Zorn setzten sie also die Berater ein. (3) Nach ihrer Ankunft bei Knemos beorderten sie von den Städten weitere Schiffe heran und ließen die vorhandenen für eine neuerliche Seeschlacht wieder instand setzen. (4) Auch Phormion schickte nach Athen Boten, die die Aufrüstung der Peloponnesier melden und seinen Seesieg mitteilen sollten; und er verlangte auch, ihm in aller Eile möglichst viele Schiffe zu senden, da an jedem Tag eine weitere Seeschlacht zu erwarten sei. (5) Die Athener ließen ihm 20 Schiffe zukommen, dem Kommandanten dieser Überstellung trugen sie aber auf, zuerst noch Kreta anzulaufen. Denn ihr Proxenos (»Staatsgastfreund«) Nikias aus Gortyn, hatte sie veranlasst, gegen Kydonia zu fahren, weil er behauptet hatte, diese feindliche Stadt unter ihre Macht bringen zu können; tatsächlich aber hatte er sie anrücken lassen, weil er den Bewohnern von Polichne, den Nachbarn Kydonias, einen Gefallen erweisen wollte. (6) Nach Übernahme der Schiffe fuhr er nach Kreta und mit den Polichniten verwüstete er das Land von Kydonia; infolge der Winde und der Unmöglichkeit abzufahren hatte er aber einen beachtlichen Zeitverlust.

86 (1) Die Peloponnesier in Kyllene waren inzwischen, während sich die Athener bei Kreta aufhielten, zu einer Seeschlacht gerüstet und fuhren nach Panormos in Achaia, wo das Landheer der Peloponnesier zu ihrer Unterstützung bereits versammelt war. (2) Auch Phormion fuhr nach dem molykrischen Rhion und ging auf offenem Meer vor Anker mit den 20 Schiffen, mit denen er bereits die (erste) Seeschlacht geschlagen hatte. (3) Dieses Rhion war den Athenern freundlich gesinnt, das andere Rhion liegt gegenüber, eben das peloponnesische. Die beiden Orte sind übers Meer 7 Stadien[43] voneinander entfernt, das ist auch die Öffnung des Golfs von Krisa. (4) Bei Rhion in Achaia also, nicht weit von Panormos entfernt, wo ihr Landheer stand, ankerten nun ihrerseits auch die Peloponnesier mit 77 Schiffen, weil sie die Athener (gegenüber) sahen. (5) Sechs oder sieben Tage lagen sie so einander gegenüber, machten ihre Übungen und rüsteten zur Seeschlacht; die Peloponnesier dachten gar nicht daran, außerhalb der beiden Rhion ins offene Meer zu fahren, weil sie einen Fehlschlag wie beim ersten Mal fürchteten, die Athener beabsichtigten nicht in die Meerenge einzufahren in der Meinung, die Seeschlacht auf kleinem Raum bringe den Peloponnesiern Vorteile. (6) Da wollten nun Knemos, Brasidas und die übrigen Feldherren der Peloponnesier in aller Eile die Schlacht herbeiführen, bevor noch Verstärkung von Athen käme; sie riefen zuerst ihre Soldaten zusammen, und weil sie die meisten von ihnen wegen der früheren Niederlage eingeschüchtert und ohne Begeisterung sahen, ermutigten sie sie mit folgender Ansprache:

87 (1) »Männer, Peloponnesier! Wenn einer von euch wegen der vergangenen Schlacht die bevorstehende fürchtet, dann bietet diese keinen berechtigten Grund, um in Furcht zu geraten. (2) In ihrer Vorbereitung nämlich war sie mangelhaft, wie ihr wisst, und wir waren gar nicht zu einer Seeschlacht unterwegs, sondern eher zu einem Landfeldzug. Darüber hinaus setzte uns noch ziemlich viel Unberechenbares zu, und irgendwie hat uns wohl auch die Unerfahrenheit bei unserer ersten Seeschlacht geschadet. (3) Folglich traf uns die Niederlage nicht wegen unserer Feigheit; es wäre nicht recht, dass der Teil unseres Kampfgeistes, der nicht kraftvoll besiegt wurde, sondern eine gewisse Widerstandskraft hat, durch den Fehlschlag, der sich ereignet hat, niedergedrückt wird. Es gilt anzuerkennen, dass es dem Zufall zwar möglich ist, die Menschen niederzuwerfen, dass aber dieselben aufgrund ihres Charakters immer ihren Mut aufrechterhalten müssen, dass sie – vorausgesetzt Tapferkeit

ist vorhanden – Unerfahrenheit nicht vorschützen dürfen, um irgendwann feige zu werden. (4) Bei euch steht aber die Unerfahrenheit nicht so weit zurück, wie ihr an Kühnheit überlegen seid. Das Können der Feinde jedoch, das ihr am meisten fürchtet, wird nur, wenn es mit Tapferkeit verbunden ist, auch die Besonnenheit behalten, in drohender Gefahr das auszuführen, was man gelernt hat; ohne Entschlossenheit aber taugt erlernte Geschicklichkeit nichts angesichts der Gefahren einer Schlacht. Denn die Angst raubt die Besinnung, Geschicklichkeit ohne Kampfkraft nützt gar nichts. (5) Setzt also ihrem Übermaß an Erfahrung euer Übermaß an Kühnheit entgegen, überwindet eure Angst wegen der früheren Niederlage mit dem Wissen, damals unvorbereitet auf die Feinde gestoßen zu sein. (6) Jetzt kommt euch die Übermacht an Schiffen zugute, ferner eine Seeschlacht vor einer vertrauten Küste[44] mit Unterstützung unserer Hopliten. In den meisten Fällen gehört der Sieg denen, die zahlreicher und besser gerüstet sind. (7) Folglich finden wir keinen einzigen Punkt, der eine Niederlage wahrscheinlich machen würde; und was unsere früheren Fehler betrifft, so werden uns gerade diese Vorkommnisse eine Lehre sein. (8) Fasst also Mut, und jeder, ob Steuermann oder einfacher Seemann, komme seinem Auftrag nach, verlasst nicht den Platz, wo auch immer jemand eingeteilt wird. (9) Nicht schlechter als die früheren Anführer werden wir unser Vorhaben in Angriff nehmen, und wir werden keinem einen Vorwand liefern, ein Feigling zu werden. Wenn jemand dies doch will, wird er mit gebührender Strafe gezüchtigt, die Tapferen werden mit den verdienten Preisen für ihre Leistung ausgezeichnet werden.«

88 (1) Solches legten die Vorgesetzten den Peloponnesiern ans Herz. Aber auch Phormion war seinerseits in Sorge wegen der Verzagtheit seiner Soldaten, und als er merkte, wie sie sich in Gruppen trafen und sich vor der Überzahl der (feindlichen) Schiffe ängstigten, wollte er sie versammeln, ermutigen und ihnen einen Zuspruch in der gegebenen Situation zuteil werden lassen. (2) Früher schon sprach er immer wieder zu ihnen und richtete ihr Denken dahingehend aus, dass keine noch so große Übermacht an Schiffen sie angreifen könne, mit der sie es nicht aufnehmen könnten, und die Soldaten hatten seit langer Zeit ein solches Selbstwertgefühl in sich entwickelt, dass sie – wo sie doch Athener sind – keiner bloß zahlenmäßigen Übermacht an peloponnesischen Schiffen weichen würden. (3) Jetzt aber, mit Blick auf die Tatsachen, sah Phormion, wie sie den Mut verloren, da wollte er sie an ihr zuversichtliches Denken erinnern, berief die Athener zu einer Versammlung ein und sprach Folgendes:

89 (1) »Männer, Soldaten! Ich sehe euch von Furcht erfasst vor der Überzahl der Gegner, daher habe ich euch zusammengerufen, weil ich es für unwürdig halte, dass einem etwas Bange macht, was gar nicht furchtbar ist. (2) Diese Peloponnesier nämlich haben in erster Linie aufgrund der Tatsache, dass sie schon einmal verloren haben und selbst nicht glauben, uns gewachsen zu sein, diese Übermacht an Schiffen – so ganz ungleich – bereitgestellt, folglich vertrauen sie darauf jetzt am meisten und greifen an; aus ihrer Sicht ist es selbstverständlich, tapfer zu sein, aber diese Zuversicht schöpfen sie aus nichts anderem, als aus ihrer Erfahrung im Landkrieg, und in der Mehrzahl haben sie da auch Erfolge; jetzt also glauben sie, im Seekrieg werde ihre Erfahrung für sie dieselbe Wirkung haben. (3) Doch ganz zu Recht wird sich dies jetzt für uns eher als Vorteil zeigen, mögen sie auch beim Landkrieg einen Vorteil haben. An Entschlossenheit sind sie uns nicht überlegen, aber weil jeder von uns mehr Einzelerfahrung hat, sind wir erfahrene Draufgänger. (4) Ferner zwingen die Lakedaimonier in ihrer Führungsfunktion um ihres Ruhmes willen die meisten Verbündeten nur widerwillig zur Schlacht, weil sie sonst niemals nach ihrer so schweren Niederlage eine neuerliche Seeschlacht versucht hätten. (5) Habt demnach keine Angst vor ihrem Kampfgeist. *Ihr* hingegen jagt ihnen viel größeren Schrecken ein, noch dazu mit triftigeren Gründen! Denn ihr seid schon einmal Sieger gewesen, und sie können sich wohl gar nicht vorstellen, dass ihr jetzt bei eurem Widerstand nicht vorhabt, etwas Spektakuläres zu leisten. (6) Eine gleich starke oder an Zahl überlegene Truppe, wie diese, vertraut mehr auf ihre Macht, als dass sie mit Kampfmoral angreift. Wer weit schwächer ist und gleichzeitig unter keinem Zwang steht, bringt Widerstandsgeist auf, weil er irgendwie eine feste Grundlage seiner Entschlusskraft hat. Das bedenken auch diese, und sie sind mehr in Furcht vor uns durch unser unerwartetes Verhalten, als wenn wir nach dem üblichen Verhältnis gerüstet wären. (7) Schon viele Heere sind einer zahlenmäßig kleineren Truppe unterlegen, aus Unerfahrenheit, mag sein auch aus Mutlosigkeit. Mit keiner der beiden Schwächen haben wir jetzt etwas zu schaffen. (8) Das Gefecht werde ich, soweit es an mir liegt, nicht innerhalb des Golfes liefern, werde auch nicht hineinfahren. Ich sehe nämlich, dass gegen viele ungeschickte Schiffe der enge Raum für wenige erfahrene und besser manövrierfähige Schiffe keinen Vorteil bringt. Denn man könnte weder gehörig zum Rammstoß anfahren, wenn man nicht schon von ferne die Feinde zu Gesicht bekommt, noch zur rechten Zeit zurückweichen, wenn man unter Druck gerät. Es gibt auch keine Durchbruchs- und Wendemanöver, worin die Leistungen der besser steuernden Schiffe bestehen, sondern der Schiffskampf müsste notgedrungen zum Kampf der Fußtruppe werden, und dabei kommt die überlegene Zahl der Schiffe wirkungsvoller zur Geltung. (9) Dafür also werde ich Sorge tragen, soweit es möglich ist. Ihr aber wartet in richtiger Aufstellung bei den Schiffen und nehmt prompt die Befehle entgegen, da die Feinde uns in großer Nähe gegenüberliegen. Beim eigentlichen Gefecht legt größten Wert auf Ordnung und Schweigen, denn das bringt bei den meisten Kriegshandlungen Nutzen und ganz besonders bei einer Seeschlacht! Wehrt euch gegen diese in einer Weise, die eurer früherer Taten würdig ist. (10) Für euch geht es um *die* große Entscheidung: entweder die Hoffnung der Peloponnesier auf Seemacht vernichten oder die Athener mit der Angst um ihr Meer vertraut machen! (11) Und noch einmal erinnere ich euch: Ihr habt die meisten der Gegner schon besiegt. Die Kampfmoral geschlagener Männer will sich gewöhnlich bei neuerlichen Schlachten nicht wiederholen.«

90 (1) Solche Aufmunterungen hatte Phormion gesprochen. Die Peloponnesier wollten nun die Athener gegen ihre Absicht in den Golf hineinzwingen, weil sie einfach nicht in die Enge des Golfes einfuhren. Sie liefen also bei Tagesanbruch aus und fuhren – die Küste im Rücken – mit einer Aufstellung ihrer Schiffe in vier Gliedern, wie sie auch vor Anker gelegen waren, in den Golf ein mit dem rechten Flügel an der Spitze. (2) Eben hier hatten sie ihre 20 wendigsten Schiffe eingeteilt mit folgender Absicht: Wenn Phormion auf den Gedanken käme, sie würden auf Naupaktos zufahren, und er zur Abwehr ebenfalls dorthin führe, dann sollten die Athener nicht ihrer heranfahrenden Flotte, während sie auf der Fahrt wäre, außerhalb ihres rechten Flügels entkommen, sondern diese 20 Schiffe sollten ihnen den Weg versperren. (3) Wie sie erwartet hatten, geriet beim Anblick ihrer Ausfahrt Phormion tatsächlich in Furcht um jene Stadt, die ohne ausreichende Besatzung war; gegen seine Absicht und unter Zeitdruck ließ er seine Krieger an Bord gehen und fuhr die Küste entlang; auch die Fußtruppe der Messenier begleitete ihn zur Unterstützung. (4) Da sahen nun die Peloponnesier, wie die Athener in ei-

ner Linie hintereinander fuhren – noch dazu schon innerhalb des Golfes und nahe der Küste, also genau das, was sie wollten. Auf *ein* Zeichen hin, ganz plötzlich, machten da die Peloponnesier mit ihren Schiffen eine Wendung (nach links), ruderten so schnell jeder konnte los zum Frontalangriff gegen die Athener und hofften schon, alle Schiffe einzuschließen. (5) Doch elf von ihnen an der Spitze retteten sich aus der Umzingelung durch den (rechten) Flügel der Peloponnesier ins offene Meer hinaus. Die Übrigen aber fingen sie ab, drängten sie an die Küste heran, als diese flüchten wollten, beschädigten sie schwer und töteten die Mannschaften der Athener, soweit sie nicht durch Schwimmen entkamen. (6) Einige der Schiffe nahmen sie ins Schlepptau und zogen sie leer mit sich, eines allerdings hatten sie samt Mannschaft erobert; wieder andere hatten die Messenier, die zur Unterstützung am Land mitmarschiert und mit ihrer Waffenrüstung ins Meer vorgedrungen waren, bestiegen. Sie kämpften von den Verdecken herab und eroberten sie zurück, obwohl sie bereits abgeschleppt werden sollten.

91 (1) Auf diesem Abschnitt also siegten die Peloponnesier und zerstörten die attischen Schiffe. Auch ihre 20 Schiffe vom rechten Flügel hatten (inzwischen) die 11 Schiffe der Athener verfolgt, die vor der Wendung (der Peloponnesier) ins offene Meer entkommen waren. Und mit Ausnahme eines Schiffes waren die Athener schneller, sie entkamen nach Naupaktos. Hier beim Apollontempel hielten sie an und machten Anstalten zur Gegenwehr mit dem Bug gegen die Feinde gerichtet, falls sie wirklich in Richtung Küste gegen sie losfahren. (2) Die Feinde kamen erst später und sangen bereits während der Fahrt den Paian, als ob sie schon die Sieger wären; ein Schiff aus Leukas, weit vor den anderen, verfolgte das *eine* Schiff der Athener, das zurückgeblieben war. (3) Zufällig aber ankerte da ein

Frachtschiff auf offener See; dieses erreichte das attische Schiff schneller, fuhr überraschend herum, rammte das Verfolgerschiff aus Leukas in der Mitte und versenkte es. (4) Die Peloponnesier überfiel der Schrecken, als dieses unerwartete, ja unerhörte Ereignis eingetreten war. Da sie zugleich im Bewusstsein des Sieges ohne Ordnung die Verfolgung aufgenommen hatten, ließen einige der Schiffe die Ruder sinken und verzögerten ihre Fahrt, weil sie auf die Hauptflotte warten wollten, ein großer Nachteil für einen Gegenstoß aus geringer Entfernung! Andere stießen aus Unkenntnis der Gegend auf Sandbänke.

92 (1) Als die Athener diese Ereignisse mit angesehen hatten, nahm ihr Selbstvertrauen wieder den alten Platz ein, und auf *einen* Befehl stürmten sie unter lautem Kriegsgeschrei gegen die Feinde. Diese hielten wegen der begangenen Fehler und ihrer gegenwärtig nicht vorhandenen Schlachtordnung nur kurze Zeit stand, wandten sich dann aber zur Flucht nach Panormos, von wo sie ausgefahren waren. (2) Bei der Verfolgung erbeuteten die Athener 6 Schiffe, die ihnen am nächsten waren, und eroberten ihre eigenen wieder zurück, die die Peloponnesier zuerst an der Küste seeuntauglich gemacht und abgeschleppt hatten. Die Mannschaften töteten sie, einige allerdings nahmen sie gefangen. (3) Auf dem Schiff aus Leukas, das neben dem Frachtschiff gesunken war, war auch der Lakedaimonier Timokrates gefahren; als das Schiff dem Untergang entgegenging, stieß er sich das Schwert in den Leib und seine Leiche trieb herein in den Hafen von Naupaktos. (4) Nunmehr kehrten die Athener dahin zurück, von wo sie zu diesem siegreichen Gefecht ausgefahren waren, und errichteten dort ein Siegesdenkmal; ihre Toten und Schiffstrümmer auf ihrer Seite sammelten sie auf, den Gegnern gaben sie die ihrigen unter Einhaltung einer Waffenruhe zurück. (5) Ein Siegesdenkmal stellten aber auch die Peloponnesier auf und fühlten sich als

Sieger wegen der Flucht der Schiffe, die sie an der Küste kampfunfähig gemacht hatten. Das Schiff, das sie erbeutet hatten, stellten sie beim achaiischen Rhion als Weihegeschenk neben dem Siegesdenkmal auf. (6) Sie fürchteten aber die Verstärkungsflotte aus Athen und fuhren danach während der Nacht in den Golf von Krisa ein und nach Korinth, alle mit Ausnahme der Leukadier. (7) Die Athener aus Kreta und ihre 20 Schiffe, mit denen sie sich vor der Seeschlacht bei Phormion hätten einfinden sollen, trafen bald nach dem Abzug der (peloponnesischen) Schiffe in Naupaktos ein; und so ging der Sommer zu Ende.

Winter 429/428

93 (1) Bevor sich der nach Korinth und in den Golf von Krisa zurückweichende Flottenverband auflöste, wollten mit Beginn des Winters Knemos, Brasidas und die übrigen Befehlshaber der Peloponnesier auf Betreiben von Megara einen Überall auf den Piräus, den Hafen der Athener, versuchen; er war unbewacht und nicht gesperrt, was begreiflich ist bei der großen Überlegenheit (der Athener) als Seemacht. (2) Man kam überein, jeder der Schiffsleute solle sein Ruder, sein Sitzpolster und seinen Ruderriemen[45] mitnehmen und zu Fuß von Korinth zum Meer vor Athen gehen; nach einer raschen Ankunft in Megara sollten sie aus der dortigen Schiffswerft Nisaia 40 Schiffe, die zufällig da waren, ins Meer ziehen und direkt auf den Piräus zusteuern. (3) Denn dort war weder irgendeine Flotte zur Sicherung, noch gab es die geringste Erwartung, dass die Feinde jemals so plötzlich eindringen könnten: Ganz unverhohlen würde das niemand in aller Ruhe wagen, und wenn (die Feinde) etwas langfristig planten, würde man es vorher erfahren. (4) Sowie sie also zum Entschluss gekommen waren, machten sie sich sogleich auf den Weg. Sie trafen ein bei Nacht, zogen aus der Werft von Nisaia die Schiffe ins Wasser und liefen aus, aber nicht mehr zum Piräus, wie sie bisher immer geplant hatten, weil sie Angst vor der Gefahr bekommen hatten – angeblich soll sie auch irgendein Wind gehindert haben –, sondern in Richtung der Landspitze von Salamis, die Megara gegenüberliegt. Dort war ein Kastell und eine Wache bestehend aus drei Schiffen, um für die Bewohner Megaras sowohl die Zufahrt als auch die Ausfahrt zu sperren. Das Kastell stürmten sie, die Trieren schleppten sie ab, sie waren ohne Besatzung; über das übrige Salamis, wo man den Angriff nicht geahnt hatte, fielen sie her und verwüsteten es.

94 (1) Nach Athen wurden Feuersignale wegen des feindlichen Überfalls gesendet, und es entstand eine Panikstimmung, so groß wie sie im Krieg nur sein kann; denn die Bewohner der Stadt meinten, die Feinde seien bereits im Piräus gelandet, die Leute im Piräus (meinten), Salamis sei schon erobert und die Feinde würden jeden Moment bei ihnen im Hafen eintreffen. Das wäre auch leicht der Fall gewesen; wenn die Peloponnesier wirklich den festen Willen gehabt hätten, entschlossen zu handeln, hätte sie auch der Wind nicht abgehalten. (2) So aber boten mit Tagesanbruch die Athener ihre ganze Heeresmacht im Piräus zur Abwehr auf, sie ließen die Schiffe zu Wasser, gingen in Eile und unter großer Aufregung an Bord, fuhren mit den Schiffen nach Salamis, mit ihrem Landheer richteten sie Sicherungsposten für den Piräus ein. (3) Als die Peloponnesier den Entsatz bemerkten, zogen sie geschwind nach Nisaia ab, nachdem sie bei ihrem Überfall auf einen Großteil von Salamis Menschen, Beute und die drei Schiffe vom Kastell Budoron mitgenommen hatten. Mag sein, dass sie auch besorgt waren wegen ihrer eigenen Schiffe, die nicht dicht hielten, weil sie nach langer Unterbrechung zu Wasser gelassen wurden. Nach ihrer Ankunft in Megara zogen sie wieder zu Fuß nach Korinth ab. (4) Auch die Athener fuhren ihrerseits wieder weg, als sie auf Salamis keine Feinde mehr vorgefunden hatten, und legten in Zukunft größeren Wert auf die Sicherung des Piräus, sowohl durch eine Hafensperre als auch durch andere Vorsichtsmaßnahmen.

95 (1) Um dieselbe Zeit, also zu Beginn dieses Winters, unternahm der Thrakerkönig, der Odryse Sitalkes, Sohn des Teres, einen Kriegszug gegen den Makedonenkönig Perdikkas, Sohn des Alexander, und gegen die Chalkidier[46] in Thrakien. Zwei Versprechen waren der Grund, das eine wollte er sich erfüllen lassen, das andere selbst einlösen. (2) Perdikkas hatte ihm gewisse Versprechungen gemacht, wenn er ihn mit den Athenern versöhne, als er am Anfang des (peloponnesischen) Krieges in Bedrängnis geraten war, und wenn er seinem verfeindeten Bruder Philippos nicht zur Königsherrschaft verhelfe. Doch was er angekündigt hatte, hielt er immer noch nicht ein. Sitalkes seinerseits hatte den Athenern zugesagt, als er das Bündnis einging, dass er dem chalkidischen Krieg in Thrakien ein Ende setzen werde. (3) Aufgrund dieser beiden Ziele unternahm er den Marsch; in seiner Begleitung hatte er Philippos,[47] Sohn des Amyntas, um ihm die Königsherrschaft über Makedonien zu verschaffen, ferner Gesandte der Athener, die deswegen gerade zugegen waren, und als militärischen Anführer Hagnon. Denn auch die Athener sollten mit Schiffen und einem möglichst zahlreichen Heer gegen die Chalkidier aufmarschieren.

96 (1) Er machte also mobil vom Gebiet der Odrysen ausgehend: die Thraker innerhalb des Haimosberges und des Rhodopegebirges, über die er herrschte, bis zum Meer, ferner, wenn man den Haimos überquert, die Geten und die übrigen Stämme, die diesseits des Istros (der Donau) und mehr nach dem Pontos Euxeinos zu wohnhaft waren. Die

Geten und die übrigen dortigen Stämme grenzen zunächst an die Skythen und sind auch sonst gleich gerüstet; sie sind insgesamt Bogenschützen zu Pferd. (2) Er holte auch noch viele von den Bergthrakern herbei, die selbständig und mit Kurzsäbeln[48] bewaffnet sind. Sie heißen Dier und die meisten bewohnen das Rhodopegebirge; teils gewann er sie für Sold, andere gingen auch als Freiwillige mit. (3) Er bot auch Agrianen auf und Laiaier und sämtliche anderen paionischen Stämme,[49] über die er herrschte; und diese siedelten an der äußersten Grenze seines Reiches. Bis zu den paionischen Laiaiern und zum Strymon, der vom Berg Skombron kommend durch das Gebiet der Agrianen und Laiaier fließt, dehnte sich das Reich aus, von da an kamen die unabhängigen Paionen. (4) Gegen die Triballer, ebenfalls unabhängig, bildeten die Treren und Tilataier die Grenze. Diese Stämme siedeln nördlich des Skombron und breiten sich aus in Richtung Sonnenuntergang bis an den Oskiosfluss. Dieser entspringt im gleichen Gebirge wie der Nestos und der Hebros. Es ist ein unbewohntes Bergland und ein großes, das sich an das Rhodopegebirge anschließt.

97 (1) Das Reich der Odrysen erstreckt sich in seiner Größe an der Seeseite von der Stadt Abdera am Pontos Euxeinos hinauf bis zum Fluss Istros (Donau). Diese Küste kann man, wenn man auf kürzestem Weg beständig guten Wind hat, mit einem Handelsschiff in vier Tagen und ebenso vielen Nächten entlangfahren. Auf dem kürzesten Landweg erreicht von Abdera aus ein Mann ohne schwere Rüstung[50] die Donau in elf Tagen. (2) So groß war das Reich an der Seeseite; im Landesinneren dagegen, von Byzanz zu den Laiaiern und an den Strymon (denn dort ist die Entfernung vom Meer landeinwärts am größten) benötigt ein Mann ohne schwere Rüstung dreizehn Tage. (3) Die Abgaben aus dem ganzen Barbarenland und den hellenischen Städten, soweit sie dazugehörten, beliefen sich unter Seu-

thes, der als Nachfolger des Sitalkes König wurde und am meisten einnahm, auf den Gegenwert von 400 Silbertalenten, was an Gold und Silber einging. Geschenke aus Gold und Silber von nicht geringerem Wert kamen noch dazu, nicht mitgerechnet die gewebten Stoffe, bunt gewirkte und einfache, sowie anderer Hausrat nicht nur für den (König) selbst, sondern auch für seine Mitregenten und andere Adelige der Odrysen. (4) Sie hatten nämlich umgekehrt als im Perserreich die Regel aufgestellt, die auch bei den übrigen Thrakern gilt, mehr zu nehmen als zu geben. – Und es war eine größere Schande, auf eine Bitte hin nichts zu geben, als trotz einer Bitte nichts zu bekommen. – Aber im Verhältnis zu ihrer Machtstellung zogen sie aus dieser Regel umso mehr Nutzen: Wenn man keine Geschenke gab, war es völlig ausgeschlossen, etwas zu erreichen. Folglich gelangte das Königreich zu einer gewaltigen Machtfülle. (5) Von den Reichen in Europa zwischen dem Ionischen Golf und dem Pontos Euxeinos wurde es das bedeutendste durch seine Finanzkraft und den übrigen Lebensstandard, an Kampfkraft und Heeresstärke aber lag es weit nach dem Skythenreich an zweiter Stelle. (6) Mit diesem kann sich unmöglich etwas in Europa vergleichen; aber auch in Asien gibt es keinen Volksstamm, der – einer gegen einen – den Skythen, wären sie alle einig, widerstehen könnte. Aber auch sonst, wenn es auf Klugheit und Verständnis in den Dingen des Lebens ankommt, stehen sie mit anderen keineswegs auf gleicher Stufe.

98 (1) Sitalkes als König eines so mächtigen Landes rüstete also sein Heer; und als aus seiner Sicht alles bereit war, brach er auf und marschierte gegen Makedonien, vorerst durch sein eigenes Reich, dann durch das unbewohnte Kerkinegebirge, das die Grenze bildet zwischen den Sinten und Paionen. Durch dieses (Bergland) war er marschiert auf dem Weg, den er sich selbst früher durch Fällen des Baumbestandes hatte anlegen lassen, als er gegen die Paionen zog. (2) Solange sie vom Odrysenland aus das Bergland durchquerten, hatten sie zur Rechten die Paionen, zur Linken die Sintier und Maider. Als sie es durchschritten hatten, trafen sie im paionischen Doberos ein. (3) Auf diesem Marsch ging ihm von seinem Heer, außer durch Krankheit, nichts verloren, vielmehr bekam er noch Verstärkung. Denn viele der unabhängigen Thraker folgten unaufgefordert, um Beute zu machen, sodass der ganze Haufen angeblich aus nicht weniger als 150 000 Mann bestand. (4) Davon der größte Teil war Fußtruppe, etwa ein Drittel Reiterei. Von der Reitertruppe stellten die Odrysen selbst das größte Kontingent und nach ihnen die Geten. Von der Fußtruppe hatten die Kurzsäbelkämpfer, die aus dem Rhodopegebirge als unabhängige Thraker gekommen waren, die größte Kampfstärke, der übrige zusammengewürfelte Haufen zog auch mit und war besonders durch die große Menge Furcht erregend.

99 (1) Sie sammelten sich also in Doberos und bereiteten sich vor, um von der Anhöhe herab das untere Makedonien anzugreifen, wo Perdikkas herrschte. (2) Zu den Makedonen gehören eigentlich auch die Lynkesten, Elimioten und andere Stämme weiter im Hochland, die mit den anderen verbündet oder ihnen untertan sind, die aber jeder für sich ihr eigenes Königreich haben. (3) Das am Meer gelegene, heutige Makedonien hatten Alexander, Perdikkas Vater, und seine Vorfahren, die ursprünglich aus Argos kommenden Temeniden, zuerst an sich gebracht und ihr Königreich begründet, indem sie aus Pierien durch eine Schlacht die Pieren vertrieben. Diese also besiedelten später unterhalb des Pangaiongebirges jenseits des Strymon Phagres und andere Plätze – darum heißt auch jetzt noch der Landstrich am Fuß des Pangaion Richtung Meer der Pierische Golf. Außerdem hatten sie noch aus Bottia, wie es heißt, die Bottier verdrängt, die nun als Grenznachbarn der Chalkidier wohnen. (4) Von Paionien eigneten sie sich ein schmales Stück an längs des Axios vom Meer bis hinauf nach Pella und besitzen jenseits des Axios bis zum Strymon das so genannte Mygdonien, nachdem sie die Edoner vertrieben haben. (5) Sie drängten auch aus dem Land, das jetzt Eordien heißt, die Eorder hinaus, von denen die meisten vernichtet wurden – ein kleiner Rest von ihnen hat sich um Physka angesiedelt – und aus Almopien die Almopen. (6) Auch noch andere Stämme überwältigten diese Makedonier und herrschen noch heute über sie: Anthemus, Grestonia, Bisaltia und ein Großteil des Landes der eigentlichen makedonischen Stämme. Das Ganze aber führt die Bezeichnung Makedonien, und Perdikkas, Sohn Alexanders, war dort König, als Sitalkes anmarschierte.

100 (1) Weil nun die beschriebenen Makedonier nicht imstande waren, sich zu wehren, als dieses starke Heer anmarschierte, zogen sie sich auf befestigte Plätze und hinter Mauern zurück, soweit es sie im Land gab. (2) Das waren nicht gerade viele, sondern erst später baute Archelaos, der als Sohn des Perdikkas König geworden war, die jetzt im Land bestehenden Anlagen. Er ließ auch die Straßen gerade durchbrechen und traf verschiedene gute Maßnahmen für das Kriegswesen mit Pferden, Waffen und sonst besserer Rüstung als alle acht anderen, die vor ihm Könige gewesen waren. (3) Das Heer der Thraker griff von Doberos aus zuerst das frühere Reich des Philippos an, eroberte Eidomene im Sturmangriff, aber Gortynia, Atalante und einige andere Orte durch eine Einigung aufgrund der Freundschaft zu Philipps Sohn Amyntas, der dabei war. Europos belagerten sie zwar, erobern aber konnten sie es nicht. (4) Darauf marschierte das Heer ins übrige Makedonien ein zur Linken (östlich) von Pella und Kyrros. Tiefer bis Bottiaia und Pierien drangen sie nicht ein, sondern verwüsteten nur Mygdonia, Grestonia und Anthemus. (5) Die Makedonen dach-

ten gar nicht daran, sich mit ihrer Fußtruppe zu wehren, ihre Reitertruppe hatten sie aus Verbündeten im Landesinneren verstärkt und griffen mit wenigen gegen viele das Heer der Thraker an, wo immer es günstig schien. Dort wo sie einfielen, hielt niemand gegen diese tüchtigen, gepanzerten Reiter stand. Aber weil sie von der großen Überzahl eingeschlossen wurden, brachten sie sich im vielfältigen Schlachtgewühl selbst in Gefahr, sodass sie schließlich still hielten und nicht mehr meinten, gegen eine Übermacht in einer Schlacht erfolgreich zu sein.

101 (1) Sitalkes aber verhandelte bereits mit Perdikkas über die Punkte, derentwegen er diesen Kriegszug begonnen hatte. Weil die Athener mit ihren Schiffen nicht zur Stelle waren – sie hatten nicht an sein Kommen geglaubt,[51] ihm aber Geschenke und Gesandte geschickt –, ließ er einen Teil seines Heeres gegen die Chalkidier und Bottier ziehen, drängte sie hinter ihre Mauern zurück und verwüstete das Land. (2) Als er sich in diesen Gegenden festgesetzt hatte, lebten die Völker südlich davon, die Thessaler, die Magneten und andere von den Thessalern abhängige Völker, ja selbst die Hellenen bis zu den Thermopylen, in der Angst, das Heer könne bis zu ihnen vordringen, und hielten sich in Bereitschaft. (3) Es fürchteten sich aber auch die Thraker jenseits des Strymon im Norden, die die Ebenen bewohnten, also die Panaier, Odomanten, Droer und Dersaier, die alle unabhängig sind. (4) Sitalkes ließ auch die Griechen, die mit den Athenern verfeindet waren, angstvoll daran denken, dass die Thraker unter Athens Führung im Sinne des Bündnisvertrages gegen sie ziehen könnten. (5) Er aber hielt gleichzeitig das Gebiet der Chalkidier, der Bottier und Makedonien besetzt; dabei richtete er immer wieder Verwüstungen an. Als ihm aber nichts von dem gelang, weswegen er eingefallen war, sein Heer keine Verpflegung mehr hatte und unter dem Winter stark in Mitleidenschaft

gezogen wurde, ließ er sich von seinem Neffen Seuthes, dem Sohn des Sparadokos, der nach ihm den größten Einfluss hatte, dazu überreden, schleunigst abzuziehen. Diesen Seuthes aber hatte heimlich Perdikkas auf seine Seite gebracht, weil er versprochen hatte, ihm seine Schwester und dazu eine Mitgift zu geben. (6) Sitalkes folgte also seinem Rat, und nach einem Aufenthalt von insgesamt 30 Tagen, davon acht bei den Chalkidiern, begann er mit seinem Heer den raschen Rückzug nach Hause. Perdikkas aber gab später seine Schwester Stratonike dem Seuthes, wie er es versprochen hatte. So war also der Kriegszug des Sitalkes verlaufen.

Phormion gegen Akarnanien

Digression über die echinadischen Inseln

102 (1) Die Athener in Naupaktos machten im selben Winter unter Phormions Führung noch einen Kriegszug, nachdem sich der Flottenverband der Peloponnesier aufgelöst hatte. Sie fuhren die Küste entlang nach Astakos, landeten und rückten mit 400 athenischen Hopliten von den Schiffen und 400 aus Messenien in das Binnenland Akarnaniens vor. Aus Stratos, Koronta und anderen Orten vertrieben sie die Leute, die nicht als zuverlässig galten, setzten Kynes, den Sohn des Theolytos (nach seiner Vertreibung), an seine frühere Stelle und zogen sich wieder auf ihre Schiffe zurück. (2) Denn ein Kriegszug gegen die Oiniaden, die einzigen Akarnanen, die von je her ihre Feinde gewesen waren, schien ihnen wegen des Winters nicht möglich. Der Acheloos nämlich fließt vom Pindosgebirge herab durch das Land der Doloper, Agraier, Amphilocher und die akarnanische Ebene oberhalb an Stratos vorbei. Bei seiner Einmün-

dung ins Meer überschwemmt er das Umland der Stadt Oiniadai und macht durch seine Wassermenge im Winter das Kriegführen unmöglich. (3) Es liegen auch von den Echinadeninseln die meisten Oiniadai gegenüber in sehr geringer Entfernung von der Mündung des Acheloos; demnach bewirkt der mächtige Strom immer Anschwemmungen und es gibt bereits Inseln, die verlandet sind; es ist zu erwarten, dass es allen in nicht ferner Zeit ebenso ergehen dürfte. (4) Denn die Strömung ist stark, wasserreich auch Schlamm führend, und die Inseln liegen dicht beieinander. Da sie überdies schräg gegeneinander und nicht in gerader Linie liegen, also das Wasser nicht auf geradem Weg ins offene Meer fließen lassen, wirken sie gemeinsam als Absperrung für die Anschwemmungen (dass sie sich nicht verteilen können). (5) Sie sind unbewohnt und auch nicht groß. Man erzählt auch, dass Apollon dem Alkmeon, dem Sohn des Amphiaros, dieses Land als Wohnsitz zugewiesen hat, als er nach dem Mord an seiner Mutter ziellos umherirrte. Apollon habe erklärt, es gebe keine Erlösung von seinen Schreckensvisionen, als bis er ein Land finde und sich auf diesem niederlasse, das zum Zeitpunkt des Muttermordes noch nicht von der Sonne beschienen worden und gar kein Land gewesen sei, denn das restliche sei durch ihn entweiht. (6) In großer Verlegenheit, wie man erzählt, habe er doch endlich an dieses Schwemmland des Acheloos gedacht; er meinte, während der langen Irrfahrt, seit er seine Mutter umgebracht, sei wohl genügend Land als Lebensgrundlage für seine leiblichen Bedürfnisse angeschwemmt worden. Er ließ sich also nieder in der Gegend von Oiniadai und begründete seine Herrschaft. Nach seinem Sohn Akarnan hinterließ er dem Land den Namen. Solcherart sind die Erzählungen über Alkmeon, die uns zu Ohren kamen.

103 (1) Aber die Athener und Phormion brachen wieder aus Akarnanien auf und kamen in Naupaktos an; mit Frühlingsbeginn fuhren sie nach Athen und nahmen neben den erbeuteten Schiffen die Gefangenen aus den Seeschlachten, so weit sie frei geboren waren, mit sich, die Mann gegen Mann im Austausch freigelassen wurden. (2) Damit endete dieser Winter und auch das dritte Jahr des Krieges, den Thukydides beschrieben hat.

Drittes Buch

Viertes Kriegsjahr

Sommer 428

1 (1) Im folgenden Sommer marschierten die Peloponnesier und ihre Verbündeten zur Zeit der Kornreife gegen Attika. Ihr Anführer war Archidamos, Sohn des Zeuxidamos und König der Lakedaimonier; sie errichteten ein Lager und verwüsteten das Land. (2) Es gab Angriffe – wie üblich – von den athenischen Reitern, wo immer sich Gelegenheit bot; so hinderten sie den größten Teil der Leichtbewaffneten, sich vom Standlager zu entfernen und die nähere Umgebung der Stadt zu plündern. (3) Sie blieben also, solange sie Verpflegung hatten, traten dann den Rückzug an und verteilten sich wieder in ihre Heimatstädte.

2 (1) Sogleich nach dem Einmarsch der Peloponnesier fiel ganz Lesbos außer Methymna von Athen ab; die Absicht dazu hatten sie schon vor dem Krieg, aber die Lakedaimonier hatten sie nicht aufgenommen, und auch jetzt sahen sie sich gezwungen, eher als beabsichtigt abzufallen. (2) Sie hatten warten wollen bis zur Vollendung der Hafenbefestigungen, der Mauern und der Schiffe, und bis all das aus dem Schwarzen Meer eingetroffen sei, worum sie gebeten hatten, Bogenschützen und Getreide. (3) Aber ihre Gegner in Tenedos und Methymna, dazu noch aus Mytilene selbst aus eigenem Antrieb Anhänger der Gegenpartei – die Gastfreunde der Athener – erstatteten Anzeige in Athen: Man zwinge ganz Lesbos, sich in Mytilene anzusiedeln, und betreibe die ganze Rüstung gemeinsam mit den Lakedaimoniern und den blutsverwandten Boiotern zum Zwecke des Abfalls, und wenn ihnen niemand rechtzeitig entgegentrete, würde Lesbos für sie verloren gehen.

3 (1) Die Athener aber, erschöpft von der Seuche und dem Krieg, der eben erst zu Ausbruch und voller Entfaltung gekommen war, hielten es für äußerst gefährlich, auch noch Lesbos zum Feind zu haben, da es über eine Flotte und unverbrauchte Kräfte verfügte; so glaubten sie anfangs die Klagen nicht und ließen sich mehr vom Wunsch leiten, es sei nicht wahr. Als sie dann aber nicht einmal durch eine Gesandtschaft die Mytilener bewegen konnten, die Bevölkerung nicht mehr zusammenzuziehen und die Rüstungen abzubrechen, gerieten sie in Furcht und wollten ihnen zuvorkommen. (2) Sie schickten sofort 40 Schiffe aus, die segelbereit lagen zur Fahrt um den Peloponnes; den Befehl hatte Kleïppides mit noch zwei anderen. (3) Sie hatten nämlich Nachricht, dass ein Fest des Apollon Maloeis außerhalb der Stadt gefeiert werde, an dem das ganze Volk von Mytilene teilnehme; es bestehe die Hoffnung, wenn man sich beeile, sie unvermutet zu überfallen, gelinge der Anschlag (so sei alles in Ordnung), wenn nicht, sollten sie den Mytilenern befehlen, die Schiffe auszuliefern und die Mauern zu schleifen, im Falle einer Weigerung sollten sie den Krieg eröffnen. (4) Die Schiffe liefen also aus; die 10 mytilenischen Trieren, die gemäß Bündnisvertrag zu ihrer Unterstützung bereitlagen, hielten die Athener zurück, die Besatzung nahmen sie in Gewahrsam. (5) Einer aber entkam aus Athen nach Euboia, eilte zu Fuß nach Geraistos, traf dort auf einen eben auslaufenden Lastkahn und gelangte nach guter Seefahrt am dritten Tag von Athen nach Mytilene; dort angekommen meldete er den Mytilenern das Herannahen der Flotte. (6) Da gingen sie nicht zum Maloeis hinaus, im Übrigen versperrten sie durch Palisaden die halbfertigen Teile der Mauern und Hafenwerke und hielten Wache.

4 (1) Als wenig später die Athener eintrafen und das sahen, übermittelten die Feldherren, was ihnen aufgetragen war; da die Mytilener nicht darauf hörten, eröffneten sie

den Krieg. (2) Die Mytilener, ungerüstet und nun plötzlich zum Krieg gezwungen, fuhren mit ihrer Flotte eine kurze Strecke vor den Hafen zur Seeschlacht; dann aber, von den Athenern in die Enge getrieben, verhandelten sie doch mit den Feldherren, um fürs Erste die Schiffe womöglich unter annehmbaren Bedingungen loszuwerden. (3) Und die athenischen Feldherren gingen darauf ein, weil sie nun selbst befürchteten, für einen Krieg gegen ganz Lesbos nicht stark genug zu sein. (4) Nach Abschluss eines Waffenstillstandes schickten die Mytilener Gesandte nach Athen – darunter auch einen der Verräter, der sich bereits eines anderen besonnen hatte –, um den Abzug der Flotte zu erreichen; sie selbst würden sich ruhig verhalten. (5) Gleichzeitig schickten sie aber auch auf einer Triere Gesandte nach Sparta, unbemerkt von der athenischen Flotte, die bei Malea im Norden der Stadt vor Anker lag, denn sie glaubten nicht an einen günstigen Bescheid von athenischer Seite. (6) Diese kamen nach beschwerlicher Seefahrt nach Sparta und verhandelten dort wegen einer Verstärkung.

5 (1) Als dann die Gesandten aus Athen unverrichteter Dinge heimkehrten, begannen die Mytilener und das übrige Lesbos außer Methymna den Krieg. Dieses war auf die Seite der Athener getreten, ebenso wie Imbros und Lemnos und noch einige wenige Verbündete. (2) Nun zogen die Mytilener mit ihrer gesamten Macht gegen das athenische Lager; es kam zu einer Schlacht, in der die Mytilener nicht unterlagen; sie behaupteten aber nicht das Feld, da sie nicht genug Vertrauen zu sich hatten, sondern zogen sich in die Stadt zurück. (3) Von da an verhielten sie sich ruhig, um mit Verstärkung aus dem Peloponnes und anderweitiger Hilfe, falls sie welche erhielten, wieder den Kampf zu wagen. (4) Es waren nämlich der Spartaner Meleas und der Thebaner Hermaiondas bei ihnen angekommen, die noch vor dem Aufstand abgegangen, aber nicht vor dem Angriff der Athener eingetroffen waren; nach der Schlacht liefen sie heimlich auf einer Triere ein und rieten, eine weitere Triere abzuschicken und Gesandte mit ihnen zusammen, und sie taten so.

6 (1) Die Athener aber gewannen neuen Mut durch die Untätigkeit der Mytilener; sie riefen ihre Verbündeten herbei, die viel schneller zur Stelle waren, da sie kein Zeichen der Stärke bei den Lesbiern sahen; sie gingen im Süden der Stadt vor Anker, errichteten beiderseits zwei befestigte Lager und blockierten die zwei Häfen. (2) Das Befahren des Meeres verwehrten sie den Mytilenern, diese und die anderen Lesbier, die auf ihre Seite getreten waren, beherrschten aber das Land, während die Athener nur einen schmalen Landstrich im Umkreis der Lager behaupteten; als Stützpunkt für die Schiffe und als Handelsplatz diente ihnen Malea. So stand der Krieg um Mytilene.

7 (1) Um dieselbe Zeit in diesem Sommer schickten die Athener 30 Schiffe um den Peloponnes herum und als Feldherrn Asopios, Phormions Sohn. Die Akarnanen hatten nämlich verlangt, ihnen einen Sohn oder Verwandten Phormions als Anführer zu senden. (2) Im Vorbeifahren zerstörten die Schiffsbesatzungen die Küstenorte Lakoniens. (3) Hierauf schickte Asopios die Mehrzahl der Schiffe wieder nach Hause und traf selbst mit 12 Schiffen in Naupaktos ein. Danach ließ er alle Akarnanen mobil machen und marschierte gegen Oiniadai; mit den Schiffen ruderte er den Acheloos hinauf, und die Fußtruppe verwüstete das Land. (4) Als jene sich nicht ergeben wollten, ließ er die Fußtruppen abziehen, er selbst fuhr nach Leukas, machte eine Landung bei Nerikos; beim Rückzug wurde er und ein Teil seines Heeres von den Bewohnern, die zur gemeinsamen Verstärkung herbeigeeilt waren, und einer kleinen Besatzungsmannschaft vernichtet. (5) Nachdem sich die Athener wieder eingeschifft hatten, bekamen sie unter vertraglichem Schutz von den Leukadiern ihre Gefallenen.

8 (1) Die auf dem ersten Schiff ausgesandten mytilenischen Boten kamen nach Olympia; so hatten es ihnen die Lakedaimonier geraten, damit auch die anderen Bundesgenossen sie anhören und danach beschließen könnten. Es war die Olympiade, in der der Rhodier Dorieus zum zweiten Male siegte. (2) Als sie dann nach dem Fest die Beratungen begannen, sprachen sie:

9 (1) »Der unter Hellenen feststehende Brauch, Lakedaimonier und Bundesgenossen, ist uns bekannt: Abtrünnige, die im Krieg ihr früheres Bündnis verlassen, nimmt man, sofern sie nützen, gerne auf, betrachtet sie aber doch als Verräter ihrer bisherigen Freunde und verachtet sie deshalb. (2) Und dieses Urteil ist nicht ungerecht, wenn die Abtrünnigen und die Verlassenen gegeneinander die gleichen Gedanken und gleiche Gesinnung hegten, ebenbürtig an Heeresstärke und Macht waren und kein rechtlicher Grund zum Abfall vorlag. (3) Aber das alles gab es nicht zwischen uns und Athen, und niemand soll uns verachten, wenn wir, im Frieden von ihnen geehrt, in der Gefahr nun abfallen.

10 (1) Von Recht und Ehre wollen wir zuerst reden, zumal wir ja um ein Bündnis ersuchen. Denn wir wissen, dass weder Freundschaft unter Einzelnen noch Gemeinschaft zwischen Staaten auf Dauer bestehen kann, wenn sie nicht in offenkundiger Ehrenhaftigkeit zueinander finden und auch sonst gleich geartet sind; im Unterschied der Gesinnung wurzeln ja die tatsächlichen Zerwürfnisse. (2) Wir und Athen schlossen das Bündnis, als ihr euch aus dem Perserkrieg zurückzogt, jene aber ausharrten, um das, was noch übrig war, zu tun. (3) Jedoch wurden wir nicht Bundesgenossen zur Unterwerfung der Hellenen zu Nutzen Athens, sondern zur Befreiung von den Persern zu Nutzen von Hellas.[1] (4) Solange sie unsere gleichberechtigten Führer waren, folgten wir mit aller Entschlossenheit; als wir aber sahen, wie sie in ihrem Hass gegen die Perser erlahmten,

dagegen die Unterjochung der Bundesgenossen eifrigst betrieben, da erfasste uns große Furcht. (5) Machtlos in ihrer Zersplitterung, jeder stand nur für sich, wurden alle Bundesgenossen unterjocht außer uns und Chios. Wir allein beteiligten uns an den Kriegszügen selbständig und frei – dem Namen nach. (6) Vertrauen aber hatten wir nicht mehr zur Führung Athens, da wir uns die Beispiele der Vergangenheit vor Augen hielten. Es war ja nicht anzunehmen, dass sie nur die anderen, die sie mit uns gemeinsam vertraglich gebunden hatten, unterwerfen, die restlichen aber, hätten sie nur die Macht, verschonen würden.

11 (1) Wären wir freilich alle noch selbständig, so hätten wir größere Gewissheit, dass sie nichts Gewaltsames gegen uns unternehmen;[2] da sie aber die meisten bereits in ihrer Gewalt hatten, wir allein auf der Grundlage gleichen Rechtes mit ihnen verkehrten, mussten sie es verständlicherweise nur schwer verwinden, überhaupt im Vergleich zu der bereits hörigen Mehrheit, wenn wir allein noch auf der Forderung der Gleichheit bestünden, noch dazu, wo sie immer stärker, wir aber einsamer wurden. (2) In gegenseitiger Furcht liegt aber die einzige Sicherheit eines Waffenbündnisses: Wer einen Übergriff plant, lässt doch davon ab, wenn er ohne Übergewicht angreifen müsste. (3) Unsere Selbständigkeit bewahrten wir nur dadurch, dass jene bei der Erweiterung ihrer Herrschaft ihr Ziel durch den schönen Klang eines Wortes und durch den Einsatz mehr der Vernunft als der Gewalt zu erreichen glaubten. (4) Denn sie wiesen erstens darauf hin, dass die Gleichberechtigten nur ungern mitkämpfen würden, wenn die Angegriffenen kein Unrecht begangen hätten. So konnten sie zunächst immer die mächtigsten Bundesgenossen gegen die kleineren führen und hoben jene für den Schluss auf, um sie, da alles ringsum schon in ihrer Gewalt sei, bereits geschwächt zu Gegnern zu haben. (5) Hätten sie aber bei uns begonnen, wo alle noch im Besitz ihrer Stärke waren und ihren Rückhalt hatten, so hätten sie bestimmt nicht ebenso leicht alles bezwungen. (6) Außerdem machte ihnen unsere Flotte etwas Angst, sie könnte in ihrer Vereinzelung sich euch oder sonst jemandem anschließen und ihnen so gefährlich werden. (7) Im Übrigen haben wir uns gehalten durch Liebedienerei gegenüber ihrem Volk und ihren jeweiligen Führern. (8) Allerdings glaubten wir nicht, dies noch lange zu können, wenn nicht dieser Krieg ausgebrochen wäre; wir hatten ja die Beispiele der anderen vor Augen.

12 (1) Welches Vertrauen auf Freundschaft und Freiheit kann denn dabei gedeihen? Wenn wir gegen unsere wahre Meinung einander gastlich aufnehmen und sie uns im Krieg aus Furcht freundlich entgegenkamen und wir ihnen im Frieden ebenso. Während andere an ehrlicher Gesinnung sicheren Halt finden, bietet uns das nur die Furcht; unter dem Druck der Angst, nicht aus Freundschaft, haben wir das Bündnis geschlossen, und welcher der beiden Seiten früher (ausreichende) Sicherheit Mut gemacht hätte, die hätte auch als erste den Bund gebrochen. (2) Glaubt also jemand, wir begingen ein Unrecht, wenn wir vorher abfielen, da doch auch jene noch zögern, gegen uns Gewalt anzuwenden, während wir nicht einmal genaue Kunde abwarten, ob überhaupt Derartiges eintreten werde, so betrachtet er die Dinge nicht richtig. (3) Wären wir imstande, unter gleichen Bedingungen ihren Anschlägen entgegenzutreten, so müssten wir ebenso wie sie zögern, gegen sie vorzugehen; da es ihnen aber freisteht, zu jedem Zeitpunkt anzugreifen, muss es auch uns freistehen, uns rechtzeitig dagegen zu verwahren.

13 (1) Das sind die Gründe und Beschwerden, Lakedaimonier und Verbündete, warum wir abtrünnig wurden, klar erkennbar für den Hörer, dass wir recht gehandelt haben, ausreichend für uns, um uns zu ängstigen und uns sicherem Schutz zuzuwenden; beabsichtigt hatten wir es schon lange, als wir noch in Friedenszeit zu euch sandten wegen eines Austritts aus dem Bündnis, und nur weil ihr uns abgewiesen habt, sahen wir uns darin gehindert. Da uns aber jetzt die Boioter einluden, folgten wir sofort und glaubten, uns mit einem Bündnisaustritt in zweifacher Weise zu distanzieren: von den Hellenen, um ihnen nicht Leid zuzufügen im Bunde mit den Athenern, sondern sie gemeinsam zu befreien, von den Athenern, um nicht selbst später von ihnen vernichtet zu werden, sondern vorher zu handeln. (2) Freilich sind wir etwas rasch und unvorbereitet abtrünnig geworden. Umso eher müsst ihr uns als Verbündete aufnehmen und in aller Eile Unterstützung absenden, um zu zeigen, dass ihr denen helft, die es nötig haben, und dabei auch euren Feinden schadet. (3) Der Augenblick ist jetzt günstig wie nie zuvor: Von der Seuche sind die Athener mitgenommen und von den hohen Geldausgaben, ihre Flotte ankert teils vor euren Küsten, teils ist sie gegen uns ausgeschickt, (4) sodass sie kaum Schiffe zur Hand hätten, wenn ihr in diesem Sommer mit Flotte und Landheer gleichzeitig ein zweites Mal sie überfallen würdet. Sie werden entweder eure Anfahrt nicht behindern oder sich von beiden Orten zurückziehen. (5) Niemand aber soll glauben, er werde für fremdes Land eigene Gefahr auf sich nehmen. Wer glaubt, Lesbos sei weit, dem wird es den Nutzen aus der Nähe beweisen. Denn nicht in Attika wird der Krieg entschieden, wie mancher vielleicht meint, sondern dort, wo Attikas Machtquellen liegen. (6) Und das sind die Einkünfte an Geld von den Bundesgenossen, und diese werden noch viel größer sein, wenn sie uns erst unterworfen haben; kein anderer wird mehr abfallen, und unser Besitz wird ihnen zukommen, und wir werden Ärgeres erleiden als die schon länger Fronenden. (7) Wenn ihr uns aber entschlossen zu Hilfe kommt, so gewinnt ihr eine Stadt mit einer mächtigen

Flotte – und die braucht ihr ganz besonders – und werdet die Athener leichter niederzwingen, wenn ihr ihnen ihre Bundesgenossen abspenstig macht; denn jeder wird vertrauensvoller zu euch übertreten, und ihr werdet dem Vorwurf entgehen, der auf euch lastet: Abtrünnigen nicht zu helfen. Zeigt ihr euch jedoch als Befreier, so ist euch der Sieg in diesem Krieg nur noch sicherer.

14 (1) Enttäuscht also nicht die Hoffnungen, die die Hellenen auf euch setzen, und den Olympischen Zeus, in dessen Heiligtum wir wie Schutzflehende stehen: Kommt den Mytilenern als Verbündete zu Hilfe, und lasst uns nicht im Stich. Die eigene Lebensgefahr setzen wir als Pfand, den gemeinsamen Nutzen eines Erfolges aber gewähren wir allen, noch allgemeiner jedoch wird der Schaden, wenn ihr nicht auf unsere Bitten hört und wir zugrunde gehen. (2) Erweist euch als Männer, wie es die Hellenen von euch erwarten und unsere Furcht es verlangt.«

15 (1) So sprachen die Mytilener. Nachdem die Lakedaimonier und ihre Verbündeten sie angehört hatten, gingen sie auf ihre Anträge ein und nahmen Lesbos in ihren Bund auf. Im Hinblick auf den Einfall in Attika teilten sie den (anwesenden) Verbündeten mit, sich in aller Eile zum Isthmos zu begeben, um mit zwei Abteilungen den Einfall durchzuführen, wobei sie selbst als Erste eintrafen. Auch Walzenbahnen[3] für die Schiffe legten sie auf dem Isthmos an, um sie aus Korinth zum Meer vor Athen hinüberzuschleppen und so gleichzeitig mit Flotte und Fußtruppe anzugreifen. (2) Und mit Eifer arbeiteten sie daran, die übrigen Verbündeten aber sammelten sich nur langsam, sie waren beim Einbringen der Ernte und zeigten keine Neigung, in den Krieg zu ziehen.

16 (1) Als nun die Athener merkten, dass (ihre Gegner) aus Geringschätzung ihrer Schwäche solche Rüstungen betrieben, wollten sie ihnen zeigen, dass man sie schlecht kenne, und dass sie sehr wohl imstande seien, sich leicht gegen eine Flotte vom Peloponnes zu wehren, ohne ihre eigene vor Lesbos abzuziehen. Sie setzten 100 Schiffe ein, sowohl mit Leuten aus ihrer Mitte – ausgenommen Ritter und Fünfhundertscheffler (Pentakosiomedimnen)[4] – als auch mit Metöken, gingen damit in See, ließen sich am Isthmos entlang mit ihrer Flotte sehen und führten auch Landungen am Peloponnes durch, wo es ihnen gut vorkam. (2) Die Lakedaimonier, die diese große Überraschung erlebten, hielten nun die Ausführungen der Lesbier[5] für unwahr. Sie wussten einfach keinen Ausweg, weil auch ihre Verbündeten ausgeblieben waren; als dann noch gemeldet wurde, dass die (30?) Schiffe der Athener die Siedlungen um ihre Stadt zerstörten,[6] zogen sie ab nach Hause. (3) Später waren sie mit der Ausrüstung einer Flotte beschäftigt, um sie nach Lesbos zu schicken. Sie ließen zu diesem Zweck bei den verschiedenen Städten 40 Schiffe aufbieten und bestellten Alkidas zum Kommandanten, der mit an Bord gehen sollte. (4) Auch die Athener zogen sich mit ihren 100 Schiffen zurück, als sie sahen, wie auch jene abgezogen waren.

17[7] (1) Um diese Zeit, da die Schiffe in See stachen, wurden jedenfalls die meisten Schiffe ordnungsgemäß in Dienst gestellt, der Zahl nach etwa vergleichbar, ja noch mehr als zu Beginn des Krieges. (2) Denn Attika, Euboia und Salamis bewachten 100 und um den Peloponnes waren weitere 100 unterwegs. Andererseits gab es noch welche um Poteidaia und an sonstigen Orten, sodass ihre Gesamtzahl in einem einzigen Sommer 250 betrug.

(3) Dieser Umstand in Verbindung mit der Belagerung von Poteidaia verbrauchte die meisten Budgetmittel. (4) Denn Hopliten belagerten Poteidaia und kosteten 2 Drachmen täglich – eine erhielt er für sich, eine für seinen Diener – und anfangs waren es 3000; in nicht geringerer Zahl führten sie auch die Belagerung durch; 1600 kamen

mit Phormion, die vor den anderen wieder abzogen. Die Schiffsbesatzungen bekamen zur Gänze denselben Sold. So also wurden die Gelder gleich am Anfang aufgebraucht, und es gab die größte Anzahl von Schiffen, die jemals mit Mannschaften besetzt wurden.

18 (1) Ungefähr um die Zeit, da die Lakedaimonier auf dem Isthmos standen, zogen die Mytilener auf dem Landwege nach Methymna, sie selbst und ihre Hilfstruppen, wo sie auf Verrat rechneten. Da sie aber mit ihrem ersten Ansturm nicht den erwarteten Erfolg erzielten, wandten sie sich von dort nach Antissa, Pyrrha und Eresos, festigten ihren Anhang in diesen Städten, verstärkten die Mauern und kehrten dann eilig nach Hause zurück. (2) Auch die Methymner rückten nach ihrem Abzug gegen Antissa, wurden aber bei einem Ausfall der Antisser und ihrer Hilfstruppen geschlagen; viele fanden dabei den Tod, die Restlichen zogen in aller Eile ab. (3) Als die Athener erfuhren, dass die Mytilener das Land beherrschten, ihre eigenen Truppen aber nicht stark genug seien, sie daran zu hindern, schickten sie bereits zu Beginn des Herbstes den Feldherrn Paches, den Sohn des Epikuros, mit 1000 ihrer Schwerbewaffneten dorthin. (4) Diese übernahmen an Bord der Schiffe selbst das Rudern. Angelangt umschlossen sie Mytilene mit einer einfachen Ringmauer; hier und dort wurden an festen Punkten Bollwerke angelegt. (5) Mytilene war nun von beiden Seiten, vom Land und vom Meer her, nach besten Kräften eingeschlossen, und es begann, Winter zu werden.

Winter 428/427

19 (1) Da die Athener Geld für die Belagerung benötigten, legten sie sich damals zum ersten Mal selbst eine Steuer auf in der Höhe von 200 Talenten, auch entsandten sie zwecks Eintreibung von Geld zu den Verbündeten 12 Schiffe; den Befehl führte mit vier anderen Lysikles. (2) Auf seiner Rundfahrt trieb er an verschiedenen Orten Geld ein, in Karien zog er von Myus aus durch die Maiandrosebene bis zum Sandioshügel hinauf, fiel aber dort mit einem Großteil seines Heeres bei einem Überfall der Karer und Anaiiten.

20 (1) Im selben Winter – die Plataier wurden noch immer von den Peloponnesiern und Boiotern belagert, die Lebensmittel gingen ihnen aus, von Athen war keine Hilfe zu erwarten und auch sonst zeigte sich keine Rettung – in dieser Not planten sie und die mit ihnen eingeschlossenen Athener, zunächst alle zusammen die Stadt zu verlassen und die feindliche Mauer zu übersteigen, falls sie es erzwingen könnten; den Rat zu diesem Versuch gaben ihnen der Seher Theainetos, Sohn des Tolmides, und Eupompidas, Sohn des Daimachos, der auch ihr Feldherr war. (2) Später aber schreckte die Hälfte davor zurück, weil ihnen vielleicht doch die Gefahr zu groß schien; nur etwa 220 Freiwillige beharrten auf dem Plan, auszubrechen, und zwar auf folgende Weise: (3) Sie bauten Leitern, die gleich hoch waren wie die feindliche Mauer. Das Maß nahmen sie an den Ziegelschichten der Mauer, wo sie auf der ihnen zugekehrten Seite nicht beworfen war. Es zählten viele gleichzeitig die Schichten – mochten sich auch einige irren, die meisten würden doch das Richtige treffen, zumal sie öfters zählten, die Mauer auch nicht weit entfernt war und daher leicht an jeder gewünschten Stelle eingesehen werden konnte. (4) Das Maß für die Leitern gewannen sie also auf solche Weise, indem sie aus der Ziegeldicke die Höhe erschlossen.

21 (1) Die Mauer der Peloponnesier aber war von folgender Bauart: Sie bestand aus zwei Ringen, dem einen gegen Plataia und dem anderen für den Fall eines Angriffs aus Richtung Athen; der Abstand der Ringe betrug ungefähr

sechzehn Fuß. (2) Der Zwischenraum war der Besatzung als Wohnraum zugewiesen und verbaut, und zwar so dicht, dass sich der Anblick einer einzigen breiten Mauer bot mit Brustwehren auf beiden Seiten. (3) Nach jeder zehnten Brustwehr stand ein mächtiger Turm, gleich breit wie die Mauer, von der inneren bis zur äußeren Stirnseite reichend, sodass es keinen Durchgang neben dem Turm gab, sondern man mitten hindurch gehen musste. (4) Während der Nächte, bei Sturm und Regen, verließen sie die Brustwehren und hielten Wache in den Türmen, die nahe beieinander standen und oben gedeckt waren. So sah also die Mauer aus, durch die Plataia umschlossen war.

22 (1) Als sie mit ihren Vorbereitungen fertig waren, warteten sie eine stürmische, regnerische und mondlose Nacht ab und verließen die Stadt, geführt von den Urhebern des Planes. Erst setzten sie über den Graben, der sie umschloss, dann kamen sie zur feindlichen Mauer unbemerkt von den Wächtern, die in der Dunkelheit nicht weit sehen und das Geräusch der Herankommenden wegen des Sturmgetöses nicht hören konnten. (2) Außerdem gingen sie in weitem Abstand, damit das Aneinanderschlagen der Waffen sie nicht verrate; auch hatten sie nur leichte Rüstung angelegt und Sandalen nur am linken Fuß, um im Morast besser Halt zu finden. (3) So kamen sie denn zwischen zwei Mauertürmen zu den Zinnen, die sie unbewacht wussten, zuerst die Träger der Leitern. Die legten sie an; dann stiegen 12 Leichtbewaffnete hinauf mit Dolch und Brustharnisch, angeführt von Ammeas, dem Sohn des Koroibos, der auch als Erster oben war. Ihm folgten die anderen, von denen sich je sechs gegen die beiden Türme wandten. Dann stiegen nach ihnen weitere Leichtbewaffnete mit Speeren hinauf, denen andere die Schilde nachbrachten, damit sie leichter vorwärts kämen; sie sollten sie übergeben, wenn sie am Feinde wären. (4) Als schon ziemlich viele oben waren, wurden die Wachen auf den Türmen sie gewahr; es hatte nämlich einer der Plataier beim Hinaufgreifen einen Ziegel von der Brustwehr hinuntergeworfen, der mit lautem Schall unten auffiel – und sofort erhob sich Geschrei, (5) und das ganze Lager stürmte auf die Mauer, ohne wegen der nächtlichen Dunkelheit und des Sturmes zu wissen, was nun eigentlich Schreckliches vorgefallen sei. Gleichzeitig machten die in der Stadt zurückgebliebenen Plataier einen Ausfall gegen die Mauer der Peloponnesier gegenüber der Stelle, wo ihre Männer gerade überstiegen, damit man auf sie nicht aufmerksam würde. (6) In ihrer Verwirrung bleiben sie daher an Ort und Stelle stehen, und niemand wagte von seinem Posten zur Gegenwehr wegzueilen. Sie waren völlig ratlos, was das Geschehen bedeuten solle. (7) Nur die 300 Mann von ihnen, die Auftrag hatten, im Notfall einzugreifen, liefen außerhalb der Mauer dem Geschrei entgegen. (8) Alarmfeuer in Richtung nach Theben wurden angezündet, aber auch die Plataier in der Stadt hielten von der Mauer viele Fackeln empor, die sie vorher schon zu diesem Zwecke bereitgelegt hatten, damit die Feinde das Feuersignal nicht deutlich erkennen und nicht zu Hilfe eilen könnten, sondern in Unkenntnis der wahren Lage blieben; inzwischen würden die Ihrigen, die ausgebrochen waren, entflohen sein und sich in Sicherheit gebracht haben.

23 (1) Unterdessen hatten beim Übersteigen der Mauer die ersten oben angelangten Plataier die Wächter niedergemacht und sich in den Besitz der beiden Türme gesetzt; nun standen sie selbst in den Durchgängen der Türme und achteten darauf, dass niemand dort zur Verteidigung der Mauer durchkomme, lehnten auch von der Mauer aus Leitern an die Türme und schickten einige ihrer Leute hinauf. Die auf den Türmen beschossen nun die Heranrückenden von oben und unten und hielten sie in Schach, der größere Teil legte inzwischen viele Leitern an – die Brustwehr hatten sie bereits niedergerissen – und stieg an dem Zwischenstück über die Mauer. (2) Jeder, der drüben ankam, stellte sich am Grabenrand auf, und von dort schossen sie mit Pfeilen und Speeren auf jeden, der entlang der Mauer ihnen entgegentreten und sie am Überqueren hindern wollte. (3) Als schließlich alle drüben waren, kamen auch die Leute von den Türmen nach mühsamem Abstieg an den Graben, und in diesem Augenblick stießen dann die 300 mit Fackeln in den Händen auf sie. (4) Die Plataier, die im Dunkel am Rand des Grabens standen, konnten jene daher viel besser sehen und schossen mit Pfeilen und Speeren auf ihre ungedeckte Flanke, sie selbst, im Lichtschatten, konnten wegen der Fackeln weniger leicht beobachtet werden, sodass auch die letzten Plataier rechtzeitig über den Graben kamen, mühsam zwar und hart bedrängt; (5) denn Eis bedeckte den Graben, aber nicht so fest, dass man darauf treten konnte, sondern mehr wässrig, wie es bei Ostwind entsteht; und da es in dieser Nacht bei solchem Wind ziemlich stark geschneit hatte, war das Wasser im Graben gestiegen, sodass sie beim Überqueren kaum herausragten. Doch gelang die Flucht nur umso besser wegen der Stärke des Schneesturmes.

24 (1) Vom Graben weg eilten die Plataier in geschlossener Abteilung auf der Straße in Richtung Theben, das Heiligtum des Androkrates ließen sie rechts hinter sich, überzeugt, man würde alles eher vermuten, als dass sie sich gegen Feindesland gewandt hätten; und wirklich sahen sie auch, wie die Peloponnesier ihnen mit Fackeln in Richtung Kithairon und Dryoskephalai nachsetzten. (2) Ungefähr 6 oder 7 Stadien blieben die Plataier auf der Straße nach Theben, dann bogen sie ab zum Weg ins Gebirge nach Erythrai und Hysiai, erreichten die Berge und entkamen nach Athen, 212 Mann; anfänglich waren es mehr, einige aber waren noch vor dem Übersteigen der Mauer in die Stadt zurückge-

kehrt, und ein Bogenschütze war am äußeren Graben in Gefangenschaft geraten. (3) Die Peloponnesier ließen nun von der Verfolgung ab und kehrten an ihren Standort zurück. Die Plataier in der Stadt, die vom Ausgang nichts wussten, denen aber die Rückkehrer erzählt hatten, es sei niemand mit dem Leben davongekommen, schickten bei Tagesanbruch einen Herold und verhandelten wegen eines Waffenstillstandes zur Bergung der Toten; als sie dann aber die Wahrheit erfuhren, blieben sie ruhig. So also entkamen die Plataier über die Mauer.

25 (1) Aus Sparta wurde gegen Ende desselben Winters der Lakedaimonier Salaithos auf einer Triere ausgesandt. Zu Schiff fuhr er bis Pyrrha, von dort kam er zu Fuß, entlang eines Wildbachbettes, wo die Umwallung leicht zu übersteigen war, unbemerkt nach Mytilene hinein und meldete den Behörden, ein Einfall in Attika stehe bevor, gleichzeitig würden auch die 40 Schiffe, die zu ihrem Entsatz bestimmt seien, eintreffen; er sei deshalb vorausgesandt worden, aber auch, um sich um alles Weitere zu kümmern. (2) Nun fassten die Mytilener neuen Mut und zeigten sich weniger geneigt zu Verhandlungen mit den Athenern. So endete dieser Winter und mit ihm das vierte Jahr des Krieges, den Thukydides beschrieben hat.

Fünftes Kriegsjahr

Sommer 427

26 (1) Im folgenden Sommer hatten die Peloponnesier nach Mytilene zunächst 42 Schiffe geschickt und ihren Nauarchen (»Seeobersten«) Alkidas mit der Leitung beauftragt. Sie selbst und ihre Verbündeten fielen daraufhin in Attika ein, damit die Athener an beiden Seiten Probleme bekämen und so weniger leicht den Schiffen auf ihrer Fahrt nach Mytilene zusetzen könnten. (2) Diesen Angriff leitete Kleomenes anstelle des noch zu jungen Königs Pausanias, Sohn des Pleistoanax; er war sein Onkel. (3) Sie verwüsteten in Attika, wenn etwas nachgewachsen war, die Gebiete, die schon früher heimgesucht worden waren, und die Abschnitte, die bei früheren Einfällen ausgelassen worden waren. So brachte dieser Einfall für die Athener die größten Schäden nach dem zweiten. (4) Denn die Peloponnesier blieben im Land in der Erwartung, von Lesbos irgendeine Wirkung ihrer Schiffe zu erfahren, die dort schon eingetroffen sein müssten; so waren sie überall aus- und vorgerückt und verheerten das meiste gründlich. Als ihnen aber nichts von dem gelang, was sie erwarteten, und die Verpflegung zur Neige gegangen war, zogen sie ab und verteilten sich in ihre Städte.

27 (1) In der Zwischenzeit aber, als die Schiffe aus dem Peloponnes nicht eintrafen, sondern noch auf sich warten ließen, die Vorräte außerdem zur Neige gingen, sahen sich die Mytilener aus folgendem Grund zu einem Übereinkommen mit den Athenern gezwungen: (2) Salaithos, der selbst nicht mehr mit den Schiffen rechnete, verteilte an das vorher nur leicht bewaffnete Volk nun schwere Rüstung für einen Ausfall gegen die Athener. (3) Kaum aber hatten die Leute die Waffen in Händen, da gehorchten sie schon nicht mehr ihren Führern, rotteten sich zusammen und forderten, die Mächtigen sollten ihr Getreide herausgeben und an alle verteilen; andernfalls würden sie sich mit den Athenern verständigen und die Stadt an sie ausliefern.

28 (1) Da die Verantwortlichen einsahen, sie würden das Volk nicht hindern können, wohl aber in Gefahr schweben, falls sie vom Vertrag ausgeschlossen blieben, verständigten sie sich mit Paches und seinem Heer. Die Athener sollten nach freiem Ermessen über Mytilene entscheiden, ihr Heer würde in die Stadt aufgenommen werden, die Mytilener aber sollten eine Gesandtschaft nach Athen entsenden, um über ihre Sache zu verhandeln; in der Zwischenzeit, bis zu ihrer Rückkunft, möge Paches keinen Mytilener fesseln, als Sklaven verkaufen oder töten. (2) Unter diesen Bedingungen kam das Abkommen zustande. Diejenigen unter den Mytilenern, die besonders nachdrücklich mit den Lakedaimoniern verhandelt hatten, waren beim Einmarsch des Heeres völlig kopflos vor Furcht und flüchteten an die Altäre. Paches hieß sie unter Zusicherung freien Geleites aufstehen und brachte sie nach Tenedos, bis die Athener einen Beschluss gefasst hätten. (3) Dann schickte er nach Antissa Trieren und eroberte es; auch ordnete er alles, was sein Lager betraf, wie es ihn gut dünkte.

29 (1) Die Peloponnesier in den 40 Schiffen, die in aller Eile hätten herbeikommen sollen, verweilten auf ihrer Fahrt noch einige Zeit im Umkreis des Peloponnes und betrieben auch die Weiterfahrt ziemlich schleppend, wurden aber nicht bemerkt von den Athenern in der Stadt, bis sie bereits vor Delos ankerten; danach landeten sie in Ikaros und Mykonos und hörten hier erstmals vom Fall Mytilenes. (2) Um aber Genaueres darüber zu erfahren, fuhren sie nach Embaton bei Erythraia. Ungefähr sieben Tage nach dem Fall von Mytilene landeten sie in Embaton. Als sie nun genaue Kunde hatten, berieten sie über die Lage; und es sprach zu ihnen ein Eleer namens Teutiaplos:

30 (1) »Alkidas und ihr Peloponnesier, die ihr mit mir den Befehl über das Heer führt, ich glaube, wir sollten unverzüglich nach Mytilene fahren, ehe unsere Anwesenheit dort bekannt wird. (2) Denn wahrscheinlich werden wir die Stadt, die erst jüngst von den Feinden erobert worden ist, weitgehend unbewacht vorfinden, erst recht gegen die Seeseite zu, wo jene am wenigsten einen feindlichen Angriff erwarten werden, aber wo jetzt gerade unsere Stärke liegt; und wahrscheinlich lagert auch ihr Fußvolk im Gefühl des

Sieges ziemlich sorglos verstreut in den Häusern. (3) Wenn wir sie also plötzlich und bei Nacht überfallen, wird alles, so hoffe ich, im Bunde mit denen drinnen – falls noch jemand von unseren Anhängern am Leben ist – zu unserem Vorteil ausschlagen. (4) Scheuen wir also nicht die Gefahr, wissend: gerade dies sind die Leerläufe im Krieg. Sie muss ein Feldherr bei sich verhüten, beim Feind aber entdecken und sofort losschlagen, um alles zu erringen.«

31 (1) So sprach er, konnte aber den Alkidas nicht überzeugen. Andere von den ionischen Verbannten und die Lesbier, die mitfuhren, rieten ihm, wenn er diese Gefahr scheue, solle er eine der ionischen Städte erobern oder das aiolische Kyme: Von dieser Stadt aus würden sie Ionien abtrünnig machen – die Hoffnung bestehe, denn niemandem kämen sie ungelegen –, außerdem würden sie damit den Athenern ihre ergiebigste Einnahmequelle entziehen, und falls sie ihre Flotte aussenden wollten, würden ihnen noch dazu Kosten erwachsen; sie glaubten ferner, Pissuthnes zu einem Bündnis bewegen zu können. (2) Aber Alkidas stimmte auch diesem Vorschlag nicht zu, sondern richtete sein ganzes Augenmerk nur darauf, da er nun einmal zu spät nach Mytilene gekommen sei, möglichst rasch wieder die peloponnesische Küste zu erreichen.

32 (1) Von Embaton aus fuhr er die Küste entlang; bei einer Landung auf Myonnesos ließ er die Kriegsgefangenen, die er auf der Fahrt gemacht hatte, zum Großteil hinrichten. (2) Als er vor Ephesos ankerte, kamen Gesandte der Samier aus Anaia zu ihm und erklärten, es sei nicht die rechte Art, Hellas zu befreien, wenn er Männer töte, die sich weder gegen ihn erhoben hätten noch seine Feinde seien, sondern nur unter Zwang Bundesgenossen der Athener. Wenn er damit nicht aufhöre, werde er nur wenige Feinde zu Freunden gewinnen, aber mehr Freunde zu Feinden machen. (3) Er ließ sich von ihnen umstimmen und gab alle Chier, die er

noch bei sich hatte, frei und auch einige andere. Die Menschen waren nämlich beim Anblick der Schiffe nicht geflohen, sondern sogar herangekommen in der Meinung, es seien attische; denn niemand erwartete, dass zu einer Zeit, da Athen das Meer beherrschte, peloponnesische Schiffe bis nach Ionien vordringen könnten.

33 (1) Von Ephesos aber setzte sich Alkidas in aller Eile ab und suchte fluchtartig das Weite. Denn er war von der »Salaminia« und der »Paralos« entdeckt worden, als er noch bei Klaros ankerte. Die (beiden Staatstrieren[8]) waren gerade aus Athen herübergefahren. Da fürchtete Alkidas die Verfolgung und fuhr über das offene Meer mit der Absicht, ohne Notwendigkeit nirgendwo an Land zu gehen, außer am Peloponnes. (2) Paches und die Athener hatte schon eine Nachricht aus Erythrai erreicht, (Nachrichten) war(en) aber auch sonst von allen Seiten eingetroffen. Denn Ionien war ohne Festungen, und so herrschte große Angst, die Peloponnesier könnten im Vorüberfahren durch Überfälle die Städte gleichzeitig zerstören, selbst wenn sie nicht an einen Verbleib dächten. Die »Paralos« und die »Salaminia« konnten nun authentisch berichten, weil sie (die Gegner) selbst in Klaros gesehen hatten. (3) Paches machte sich also mit Eifer an die Verfolgung und setzte ihnen bis zur Insel Patmos nach. Weil sie sich aber bereits außer Reichweite zeigten, kehrte er um. Nachdem er sie auf offenem Meer schon nicht erwischt hatte, sah er sogar noch einen Vorteil darin, dass sie überhaupt nicht eingeholt und (Alkidas sowie Paches selbst) somit nicht gezwungen wurden, sich ein festes Lager zu errichten und damit Bewachung und Blockaden (für sie) aufzubauen.

34 (1) Auf der Rückfahrt legte (Paches) in Notion bei Kolophon an, wo die Kolophonier wohnten, seit die von ihrer einen Partei herbeigerufenen Barbaren unter Itamanes die obere Stadt eingenommen hatten; dies war ungefähr zur

Zeit des zweiten Einfalls der Peloponnesier in Attika. (2) In Notion hatten sich die Flüchtlinge, die sich dort angesiedelt, neuerlich entzweit; die einen hatten von Pissuthnes als Verstärkung Arkader und Barbaren beigezogen und in eine Festungsanlage verlegt, und die perserfreundliche Partei der oberen Stadt war mit eingezogen und genoss Bürgerrecht; die anderen waren vor ihnen entwichen und riefen als Flüchtlinge den Paches zu Hilfe. (3) Der lud Hippias, den Anführer der Arkader in der Befestigungsanlage, zu Verhandlungen ein; wenn er seine Vorschläge nicht billige, würde er ihn wieder unversehrt und heil in die Festung zurückbringen lassen. Hippias kam nun zu ihm heraus, er aber nahm ihn ungefesselt in Gewahrsam, griff plötzlich die Mauer an und nahm sie, da man das nicht erwartet hatte; die Arkader und alle Barbaren, die drinnen waren, machte er nieder. Den Hippias führte er später hinein, wie er gelobt hatte, drinnen aber ließ er ihn ergreifen und mit Pfeilen niederschießen. (4) Den Kolophoniern, mit Ausnahme der perserfreundlichen Partei, übergab er Notion. Später entsandten die Athener Siedler und besiedelten Notion nach ihren eigenen Gesetzen; dazu zogen sie aus den Städten alle Kolophonier zusammen, wo immer welche waren.

35 (1) Nach Mytilene zurückgekehrt, gewann Paches Pyrrha und Eresos; den Lakedaimonier Salaithos, der sich verborgen hatte, nahm er in der Stadt gefangen und schickte ihn nach Athen samt den Mytilenern, die er auf Tenedos festgehalten hatte, und allen anderen, die er für schuldig an dem Abfall hielt. (2) Er entließ auch den größeren Teil des Heeres in die Heimat, mit dem Rest blieb er im Land und ordnete die Verhältnisse in Mytilene und dem übrigen Lesbos nach seinem Ermessen.

36 (1) Nach der Ankunft der Männer und des Salaithos ließen die Athener den Salaithos sofort hinrichten, obwohl er ihnen verschiedene Angebote machte, so etwa den Abzug der Peloponnesier von dem immer noch belagerten Plataia. (2) Über die anderen berieten sie und beschlossen im Zorn, nicht nur die Anwesenden hinzurichten, sondern überhaupt alle erwachsenen Mytilener, Frauen und Kinder aber in die Sklaverei zu verkaufen – unter der Anklage des Abfalls überhaupt und besonders, weil sie sich dazu verstanden hätten, ohne auf gleiche Art beherrscht zu werden wie die anderen. Nicht zum wenigsten entfachte ihren leidenschaftlichen Zorn der Gedanke an die peloponnesischen Schiffe, die sich zu ihrer Unterstützung bis nach Ionien gewagt hatten; es schien also der Abfall nicht aus einem plötzlichen Entschluss erwachsen zu sein. (3) So entsandten sie eine Triere zu Paches mit der Nachricht über ihre Beschlüsse und dem Befehl, die Mytilener eiligst umzubringen. (4) Am folgenden Tag überkam sie dann plötzlich Reue und der Gedanke, es sei doch ein sehr roher und schwerwiegender Entschluss, eine ganze Stadt auszurotten, statt nur die Schuldigen. (5) Als das die anwesenden Gesandten der Mytilener und die ihnen freundlich gesinnten Athener erfuhren, bestürmten sie die Verantwortlichen, eine neuerliche Abstimmung anzusetzen; sie bewogen sie umso leichter, als auch jenen klar war, dass die Mehrheit der Bürger nur auf jemanden warte, der ihnen Gelegenheit zu nochmaliger Beratung gebe. (6) In der nun einberufenen Volksversammlung wurden von beiden Seiten verschiedene Meinungen vorgebracht, auch Kleon, Sohn des Kleainetos, der schon am Vortag die Hinrichtung durchgesetzt hatte – war er doch der gewalttätigste aller Bürger und damals beim Volk hochangesehen –, auch er trat noch einmal vor sie und sprach Folgendes:

37 (1) »Schon oft und bei anderen Gelegenheiten habe ich erkannt, dass die Demokratie unfähig ist, über andere zu herrschen, vor allem aber jetzt bei eurer Reue wegen Mytilene. (2) Denn da ihr ohne Furcht und Tücke im täglichen

Leben miteinander verkehrt, betragt ihr euch ebenso gegenüber euren Verbündeten; und wann immer ihr, verleitet von ihren Worten, Fehler begeht oder aus Mitleid nachgebt, da erkennt ihr nicht, dass diese Schwäche euch nur Gefahr, aber nicht den Dank der Verbündeten bringt, und seht nicht ein, dass ihr eure Herrschaft als Tyrannis ausübt, und zwar über lauernde und widerwillige Untertanen, die euch nicht wegen eurer Wohltaten, die ihr ihnen zu eurem eigenen Nachteil erweist, gehorchen, sondern nur insoweit ihr durch eure Macht, nicht dank ihres guten Willens, die Herrschaft errungen habt.[9] (3) Aber das Allergefährlichste ist doch, wenn bei uns kein Beschluss unumstößlich feststehen soll und wenn wir nicht einsehen, dass eine Stadt mit schlechteren, aber unveränderlichen Gesetzen mächtiger ist als mit guten, an die man sich nicht hält, dass Einfalt gepaart mit Besonnenheit mehr nützt als Gewandtheit gepaart mit Zügellosigkeit und dass schließlich einfachere Menschen im Vergleich mit den gebildeteren den Staat besser verwalten.[10] (4) Denn die wollen immer weiser scheinen als die Gesetze und bei gemeinsamen Beratungen den Ton angeben – gibt es doch keine bessere Gelegenheit, seinen Geist leuchten zu lassen! –, und damit richten sie oft den Staat zugrunde. Die anderen aber, die ihrem eigenen Verstand misstrauen und sich für weniger klug als die Gesetze halten und für weniger berechtigt, an den Worten eines tüchtigen Redners etwas auszusetzen – eher unparteiische Schiedsrichter denn Wettkämpfer –, die also stehen meistens sicherer. (5) So müssen auch wir es machen, dürfen uns nicht von unserer Redegewalt und im Wetteifer des Scharfsinns fortreißen lassen und der Menge wider unsere eigene Meinung Ratschläge erteilen.

38 (1) Ich bin noch immer derselben Meinung und frage mich verwundert, wer eine neuerliche Beratung über Mytilene ansetzt und dadurch Zeit verstreichen lässt – was doch nur den Verbrechern Vorteile bringt; denn der Angegriffene verfolgt dann den Täter mit schon abgestumpftem Zorn, Gegenwehr jedoch, die dem Angriff unmittelbar folgt, bietet am ehesten ebenbürtige Rache. Ich wundere mich aber auch, wer dagegen sprechen und beweisen will, das Unrecht der Mytilener sei für uns ein Vorteil und unser Unglück der Schaden der Verbündeten.[11] (2) Ohne Zweifel wird er im Vertrauen auf seine Redegewalt allen Eifer daransetzen, was alle gebilligt, als gar nicht beschlossen zu erweisen, oder vom Gewinn betört versuchen, euch durch eine schon vorher ausgearbeitete, treffliche Rede zu verführen. (3) Die Stadt aber verteilt die Preise für solche Wettkämpfe an andere, die Gefahren jedoch muss sie selbst tragen. (4) Und schuld daran seid ihr, schlechte Kampfrichter, die ihr gewohnt seid, Zuschauer der Reden und Hörer der Taten zu sein; was zu tun noch aussteht, beurteilt ihr nach einer guten Rede als möglich, was bereits vollbracht ist – bei einem Tatbestand verlasst ihr euch weniger auf eure Augen als auf eure Ohren – nach schön klingenden Scheltreden. (5) Euch durch den neuartigen Glanz einer Rede täuschen zu lassen, das versteht ihr vortrefflich, ebenso wie bewährtem Rat nicht folgen zu wollen, (ihr) Sklaven des jeweils Außerordentlichen, Verächter des Gewöhnlichen, (6) jeder nur darauf versessen, selber reden zu können, wenn aber nicht, doch wenigstens im Wettstreit mit den Rednern den Eindruck zu erwecken, er hinke mit seiner Einsicht nicht hinten nach, stets bereit, einem schlagfertigen Wort schon im Voraus zuzustimmen, ebenso voreilig, bereits vorweg zu erraten, was die Rede bringen wird, wie saumselig, vorweg zu bedenken, was sich daraus ergibt. (7) So jagt ihr gleichsam einer andern Welt nach, als in der wir leben, versteht euch aber nicht einmal hinreichend auf die Gegenwart; kurz und gut, der Hörlust erlegen, gleicht ihr mehr herumlungernden Bewunderern von Wanderrednern als Männern, die für eine Stadt zu sorgen haben.[12]

39 (1) Davon also versuche ich euch abzubringen und behaupte, dass gerade Mytilene sich an euch vergangen hat wie keine einzige andere Stadt. (2) Denn für alle, die sich deshalb lossagen, weil sie eure Herrschaft nicht ertragen können oder von den Feinden gezwungen werden, abzufallen, habe ich Verständnis. Inselbewohner aber, geschützt durch Mauern und nur von der Seeseite her durch unsere Feinde gefährdet, gegen die sie aber durch ihre einsatzfähige Flotte von Trieren auch nicht wehrlos waren, nach eigenen Gesetzen lebend und von uns aufs höchste geehrt, wenn diese also so etwas machten, was ist das anderes als Arglist und schon mehr Aufruhr als Abtrünnigkeit – zum Bündnisaustritt kommt es doch nur nach erlittener Gewalt – und der Versuch, Seite an Seite mit unseren ärgsten Feinden uns zu vernichten? Und das ist ja noch ärger, als wenn sie aus eigenem ihre Macht gesteigert und gegen uns Krieg begonnen hätten. (3) Kein warnendes Beispiel war ihnen das Geschick der anderen, die schon früher abfielen und unterworfen wurden, und in all ihrem Glück trugen sie keine Bedenken, in ihr eigenes Unheil zu rennen. Voll kühnem Vertrauen auf die Zukunft und voll Hoffnung, die weit über ihre Kräfte ging, aber noch immer hinter ihren Wünschen zurückblieb, begannen sie Krieg, da sie einmal entschlossen waren, Gewalt vor Recht zu setzen; in dem Augenblick, da sie sich überlegen dünkten, griffen sie uns an, ohne Unrecht erlitten zu haben. (4) Aber so pflegt es zu gehen: Städte, die in kurzer Zeit und unvermutet zu Wohlstand kommen, verfallen in Unmaß; allgemein haben errechnete Glücksfälle im menschlichen Leben sichereren Bestand als zufällige, und – so kann man sagen – einem Missgeschick zu entgehen ist leichter, als Glück zu bewahren. (5) Die Mytilener hätten schon längst nicht mehr in höherem Maße als die anderen von uns geehrt werden dürfen, dann hätten sie sich auch nicht zu solchem Übermut verstiegen. Der Mensch ist nun einmal dazu geboren, was ihm schmeichelt, zu verachten, was nicht vor ihm zurückweicht, zu bewundern. (6) So sollen sie auch jetzt die Strafe erhalten, die ihrem Vergehen gebührt, und ladet nicht den wenigen[13] die Schuld auf, während ihr das Volk freisprecht! Denn alle haben sich gemeinsam gegen uns erhoben, hätten sie sich aber an uns gewandt, könnten sie jetzt wieder friedlich in ihrer Stadt leben; nein, die Gefahr mit den wenigen zu teilen, hielten sie für ein verlässlicheres Pfand und fielen ab. (7) Überlegt doch, wenn ihr von euren Bundesgenossen die unter feindlichem Druck und die aus freien Stücken Abgefallenen in gleicher Weise bestraft, wer, glaubt ihr, wird nicht unter dem nichtigsten Vorwand abfallen, wenn auf Erfolg Freiheit steht, auf Misserfolg aber keine unheilbare Strafe? (8) Wir müssen dann gegen jede einzelne Stadt Macht und Leben aufs Spiel setzen; im günstigsten Falle bekommt ihr eine erschöpfte Stadt in eure Gewalt und geht der zu erwartenden Abgaben – des Grundsteins unserer Macht – für die Zukunft verlustig, scheitern wir aber, so erwachsen uns neue Feinde zu den schon vorhandenen, und die ganze Zeit, in der wir unsere bisherigen Gegner bekämpfen sollten, werden wir mit den eigenen Bundesgenossen Krieg führen müssen.

40 (1) Wir dürfen also in ihnen keine Hoffnung wecken, weder eine, die auf Überredungskraft vertraut, noch eine, die für Geld käuflich ist, sie könnten für ein menschliches Verschulden Gnade erhalten. Denn ohne Absicht haben sie uns keineswegs geschadet, sondern wissentlich überfallen; Gnade aber verdient nur, was ohne Absicht geschah. (2) Ich vertrete daher wie gleich beim ersten Mal so auch jetzt die Meinung, dass ihr euren früheren Beschluss nicht umstoßen dürft und nicht in die drei Fehler verfallt, die einer herrschenden Macht den größten Schaden zufügen: Mitleid, Freude an schönen Reden und Großzügigkeit. (3) Denn Mitgefühl zu erweisen ist recht unter Gleichgestellten, nicht

aber gegen solche, die selbst kein Mitleid kennen und notwendig immer unsere Feinde bleiben; und die Redner, die euch mit ihrer Kunst erfreuen, werden anderswo, bei weniger bedeutenden Dingen, Gelegenheit zum Wettkampf finden, nicht hier, wo die Stadt kurzen Genuss mit großem Schaden bezahlen muss, sie selbst aber für ihre schönen Worte ein schönes Leben eintauschen; und Großzügigkeit ist nur gegenüber solchen angebracht, die auch in Zukunft treue Freundschaft zu halten gedenken, nicht aber bei denen, die unverändert unsere erbitterten Feinde bleiben. (4) Zusammenfassend behaupte ich: Wenn ihr mir folgt, so handelt ihr gerecht gegenüber Mytilene und zugleich vorteilhaft für euch, ändert ihr aber euren Beschluss, so verpflichtet ihr euch jene nicht zu Dank, euch selbst aber sprecht ihr das Urteil. Denn wenn jene mit gutem Recht abgefallen sind, so herrschtet ihr ja wider Gebühr. Gedenkt ihr aber zu herrschen, auch ohne dazu ein Recht zu haben, dann müsst ihr, sei es auch gegen den Schein des Rechts, jene zu eurem eigenen Vorteil züchtigen, oder ihr müsst von eurer Herrschaft abtreten und von sicherer Warte aus den biederen Bürger spielen. (5) Entschließt euch, Gleiches mit Gleichem zu vergelten, und zeigt euch, die ihr gerade noch davongekommen seid, nicht weniger empfindlich als jene, die euch angegriffen haben! Bedenkt, wie sie als Sieger wahrscheinlich mit euch verfahren wären, zumal sie mit dem Unrecht anfingen. (6) Gerade wer einen andern ohne rechten Grund angreift, verfolgt ihn bis zum Untergang, weil er die Gefahr sieht, die vom überlebenden Feind droht. Ein ohne Not Angegriffener ist, gerettet, mitleidloser als ein Feind, der gleiche Schuld trägt. (7) Werdet also nicht Verräter an euch selbst! Macht euch möglichst eng vertraut mit dem Gedanken an die Leiden (die euch bei anderem Ausgang getroffen hätten) und wie sehr ihr dann wohl gewünscht hättet, sie niedergeworfen zu haben! Nun übt Vergeltung ohne weichliches Mitleid für den gegenwärtigen Fall, und ohne die Gefahr, die noch eben über euch hing, zu vergessen. So züchtigt sie, wie sie es verdient haben, und gebt den anderen Verbündeten eine deutliche Warnung, dass jeder, der abtrünnig wird, mit dem Tod bestraft wird. Wenn sie das einmal erkannt haben, dann braucht ihr eure Feinde nicht mehr so oft außer Acht zu lassen, nur um euch mit euren Verbündeten herumzuschlagen.«

41 (1) So sprach Kleon. Nach ihm trat Diodotos[14], Sohn des Eukrates, auf, der schon in der ersten Versammlung besonders scharf gegen die Hinrichtung der Mytilener gesprochen hatte; diesmal sprach er so:

42 (1) »Weder kann ich die Verantwortlichen, die eine neuerliche Erörterung über Mytilene ansetzten, schelten noch die Tadler einer oftmaligen Beratung wichtiger Fragen loben; zwei Dinge, glaube ich, sind gerade das Gegenteil guten Rates: Übereile und Zorn, von denen das eine mit Unverstand gepaart zu sein pflegt, das andere mit Unbildung und Gedankenarmut. (2) Wer so hitzig behauptet, Worte seien keine Lehrmeister der Taten, ist entweder unverständig, oder er verfolgt damit persönliche Vorteile: unverständig, wenn er meint, man könne auf andere Weise über Künftiges und noch nicht klar Ersichtliches seine Gedanken äußern, und er verfolgt persönliche Vorteile, wenn er etwas Schändliches durchsetzen will und glaubt, über das Unschöne nicht tüchtig reden zu können, wohl aber durch tüchtige Verleumdungen Gegenredner und Hörer einzuschüchtern. (3) Am gefährlichsten aber sind die, die schon vorher den Vorwurf erheben, eine Rede sei um Geld erkauft, um damit zu prunken. Würden sie nur die Dummheit (der Redner) anklagen, so mag, wer erfolglos abtritt, in den Ruf kommen, zwar nicht gerade klug, aber doch nicht ungerecht zu sein: tritt aber der Vorwurf der Ungerechtigkeit hinzu, so wird, wer Erfolg hat, verdächtigt, wer scheitert, erscheint als unklug und obendrein noch ungerecht. (4) Und die Stadt zieht daraus keinen Vorteil; denn Furcht beraubt sie aller Ratgeber. Am besten wäre es wohl um sie bestellt, wenn diese (verleumdenden) Bürger gänzlich ungeübt im Reden wären – sie würde dann nicht zu Fehlern beredet werden. (5) Der gute Bürger aber soll die Gegenredner nicht einschüchtern, sondern von gleich zu gleich seine Vorschläge als die besseren erweisen, und eine vernünftige Stadt wird ihrem besten Ratgeber zwar nicht besondere Ehren erweisen, aber auch nicht die vorhandenen schmälern; schon gar nicht darf sie denjenigen, der mit seinem Plan nicht durchdrang, bestrafen, aber auch nicht des Ansehens berauben. (6) So wird der Erfolgreiche sicher nicht wegen des Anspruchs auf noch größere Ehren wider seine eigene Meinung jemandem zu Gefallen reden, der Überstimmte nicht eben deshalb trachten, durch Gefälligkeiten das Volk für sich zu gewinnen.

43 (1) Wir aber verfahren gerade umgekehrt, und außerdem, wenn einer im Verdacht steht, aus Gewinnsucht zu raten, und sei es auch das Beste, so neiden wir ihm den nur vermuteten, gar nicht sicheren Gewinn und rauben der Stadt ihren klaren Vorteil. (2) Es ist schließlich so weit gekommen, dass rechtschaffene, gerade herausgesprochene Worte ebenso verdächtig sind wie arglistige; ebenso wie der Verfechter des gefährlichsten Antrages die Menge durch Betrug gewinnen muss, muss also auch der Anwalt der besseren Sache sich durch Lügen Vertrauen gewinnen. (3) Und so ist denn unsere Stadt wegen ihrer Überschlauheit die einzige, der man offen und ohne Trug unmöglich nützen kann; denn wer ihr offen einen Dienst erweist, gerät in Verdacht, insgeheim irgendwie seinen Vorteil dabei zu haben. (4) Aber wir dürfen wohl behaupten, in den wichtigsten Fragen auch unter solchen Umständen mit größerer Voraussicht zu sprechen als ihr in eurer Beschränktheit, zumal wir für unseren

Rat zur Rechenschaft gezogen werden, ihr für euer Zuhören nicht. (5) Hätten Antragsteller und Gefolgsmann die gleichen Gefahren zu tragen, würdet ihr wohl mit mehr Besonnenheit entscheiden; nun aber straft ihr im Zorn über irgendein Missgeschick die eine Erkenntnis des Antragstellers und nicht eure eigene, obwohl doch so viele (von euch) an dem Fehlschlag mitschuldig waren.

44 (1) Ich bin vor euch getreten, weder um jemandem wegen der Mytilener zu widersprechen noch sie anzuklagen. Für uns geht es nämlich nicht darum, wenn wir es richtig bedenken, ob jene unrecht gehandelt haben, sondern wie wir am besten für unseren Vorteil sorgen. (2) Denn wenn ich auch bewiese, wie sehr sie sich an uns vergangen hätten, so würde ich deshalb doch nicht ihren Tod beantragen, außer er nützte uns; und verdienten sie auch Gnade, so würde ich mich nicht dafür einsetzen, wenn es für die Stadt nachteilig wäre. (3) Ich glaube aber, wir müssen bei unseren Beratungen mehr an die Zukunft denken als an die Gegenwart – und das behauptet ja Kleon ganz entschieden, es werde uns künftig nützen, dass (die Verbündeten) weniger abtrünnig werden, wenn wir jetzt die Todesstrafe festsetzen; ich aber muss ebenso im Hinblick auf unseren künftigen Nutzen gleich entschieden die gegenteilige Behauptung vertreten. (4) Ich meine freilich, ihr solltet um des schönen Scheins seiner Rede den wahren Nutzen der meinigen nicht verwerfen. Denn da seine Rede mehr der Rechtslage entspricht, könnte sie euch bei eurem Zorn gegen die Mytilener vielleicht eher ansprechen. Aber wir haben keinen Rechtsstreit gegen sie zu führen, dass wir nach dem Recht fragen müssten, sondern wir beraten über sie so, wie es uns den größten Nutzen bringen wird.

45 (1) In den Städten steht die Todesstrafe auf viele Vergehen, die nicht gleich schwer sind wie dieses, sondern geringer: und dennoch setzen sie sich, angetrieben von der

Hoffnung, der Gefahr aus, und noch nie hat jemand einen gefährlichen Anschlag unternommen, obwohl er sicher wusste, er werde mit seinem Plan kein Glück haben. (2) Und welche Stadt, die abtrünnig zu werden dachte, hätte wohl ihre Kriegsmacht, die eigene und die durch Verbündete verstärkte, für zu gering erachtet und trotzdem Derartiges gewagt? (3) In der Natur, sei es von Einzelnen oder von Staaten, liegt nun einmal der Hang zum Verbrechen, und es gibt kein Gesetz, das sie davon abhält; denn die Menschen haben es doch schon mit allen Strafen versucht, sie immer mehr verschärfend, um so vielleicht weniger unter den Verbrechen leiden zu müssen. Es ist daher wahrscheinlich, dass in ältesten Zeiten auch auf die schwersten Verbrechen mildere Strafen standen, durch die Übertretungen sind aber mit der Zeit die meisten in Todesstrafen umgewandelt worden; und dennoch übertritt man weiter. (4) Es ist daher notwendig, entweder noch gewaltigeren Schrecken zu erfinden – oder es gibt überhaupt kein Hindernis mehr, sondern Armut, die durch Not Verwegenheit, Macht, die durch Frevelmut und Hochmut Habgier erzeugt, und alle anderen Lebensfälle, wie sie eben die Menschen beherrschen, sie alle treiben in wilder Leidenschaft, gleichsam mit übermächtiger Gewalt, zum Wagnis. (5) Immer wieder aber stiften Hoffnung und Begierde den größten Schaden, diese führend, jene folgend; diese klügelt den Anschlag aus, jene stellt das Wunschbild glücklichen Gelingens bei – und obwohl unsichtbar, sind sie doch stärker als alle augenfälligen Gefahren. (6) Auch der Zufall trägt ebenso das Seine bei, die Herzen zu betören; denn unvermutet gewährt er bisweilen manchem seine Hilfe und treibt ihn trotz Unterlegenheit in Gefahren, vor allem aber ganze Städte, da es ja hier um das Höchste geht, Freiheit und Herrschaft über andere, und wo im Verein mit allen jeder Einzelne widersinnig seine Kraft weitaus überschätzt. (7) Überhaupt ist es unmöglich und ein Zeichen großer Einfalt, wenn jemand glaubt, man könne dem wilden Tatendrang der menschlichen Natur Einhalt gebieten durch die Kraft der Gesetze oder sonst etwas, das Furcht erregt.

46 (1) Wir dürfen also nicht allzu viel Vertrauen in die Wirksamkeit der Todesstrafe setzen und einen nachteiligen Beschluss fassen, auch nicht den Abtrünnigen alle Hoffnung nehmen, als ob es unmöglich sei, zu bereuen und eiligst den Fehler wiedergutzumachen. (2) Denn überlegt, jetzt würde eine abtrünnige Stadt, wenn sie die Ausweglosigkeit ihrer Lage erkennt, sich zu einem Vergleich entschließen und wäre dabei noch immer imstande, die Kriegskosten zu zahlen und auch in Zukunft Steuern zu entrichten; im andern Fall aber – welche Stadt, meint ihr, wird sich nicht noch besser rüsten als jetzt und sich durch eine Belagerung bis aufs äußerste foltern lassen, wenn späte oder rasche Übergabe zum gleichen Ende führen? (3) Und wie sollte das für uns kein Schaden sein, große Kosten für die Belagerungen aufzuwenden, da ja die Möglichkeit einer Übergabe nicht gegeben ist? Wenn wir sie dann erobern, dann nehmen wir eine zerstörte Stadt in Besitz und gehen der künftigen Steuererträge aus ihr verlustig; darin aber liegt doch unsere Stärke gegenüber den Feinden. (4) Daher dürfen wir nicht als Richter über Vergehen buchstabengetreu entscheiden – zu unserem eigenen Schaden! Sehen wir vielmehr darauf, wie wir die Städte durch maßvolle Strafen bei Kräften halten, um Geld von ihnen eintreiben zu können, und entschließen wir uns, für unsere Sicherheit nicht durch die Strenge der Gesetze zu sorgen, sondern durch die Sorgfalt der Behandlung. (5) Wir aber verfahren gerade umgekehrt: Wenn irgendeine freie Stadt, die wir gewaltsam beherrschen, aus verständlichen Gründen abfällt, um die Freiheit zu erringen, und wir sie wieder unterwerfen, dann glauben wir, sie streng bestrafen zu müssen. (6) Nein, wir dürfen eine freie Stadt, wenn sie abtrünnig wird, nicht scharf züchtigen, sondern müssen, bevor sie sich lossagt, scharf beobachten und rechtzeitig zupacken, damit sie gar nicht auf solche Gedanken kommt, nach dem Sieg ihr aber möglichst wenig Schuld anlasten.

47 (1) Ihr aber überlegt, welch schwerer Fehler es wäre, dem Kleon zu folgen! (2) Jetzt ist das Volk in allen Städten euch freundlich gesinnt und hat sich entweder nicht wie die wenigen (des Adels) losgesagt oder bleibt, dazu gezwungen, den Abtrünnigen von Anfang an Feind; leistet euch die Stadt dann Widerstand, so habt ihr die breite Masse in dem Krieg, den ihr führen werdet, immer zum Verbündeten. (3) Vernichtet ihr aber das Volk von Mytilene, das an der Abtrünnigkeit gar nicht beteiligt war und, sobald es Waffen in die Hand bekam, freiwillig die Stadt übergab, so beginget ihr erstens mit diesem Mord an euren Wohltätern ein großes Unrecht, zum andern würdet ihr gerade damit den wenigen helfen, ihr Ziel zu erreichen; denn immer, wenn sie uns eine Stadt abtrünnig machen, werden sie sofort das Volk als Bundesgenossen finden, da ihr ja schon im Voraus gezeigt habt, dass bei euch Verbrecher und Unschuldige mit der gleichen Strafe belegt werden. (4) Es wäre vielmehr richtig, selbst wenn sie sich vergangen hätten, ohne viel Aufhebens darüber hinwegzugehen, damit nicht das Einzige, was noch auf unserer Seite kämpft, zu den Feinden übertritt. (5) Das trägt meiner Meinung nach viel größeren Nutzen für die Behauptung unserer Herrschaft, freiwillig auch Unrecht zu ertragen, statt im Gefühl des Rechtes die Leute zu vernichten, die wir uns erhalten sollten; und Kleons Gleichsetzung von Recht und Nutzen der Strafe kann, das zeigt sich, hier nicht bestehen.

48 (1) Erkennt also das als das Bessere, und ohne euch viel durch Mitleid und Nachgiebigkeit bestimmen zu lassen – wozu selbst ich euch nicht zureden will –, folgt mir bloß wegen meiner (besseren) Ratschläge. Von den Mytilenern, die Paches schickte, wollen wir die Schuldigen in aller Ruhe aburteilen, die andern aber in ihrer Stadt wohnen lassen. (2) Das ist für die Zukunft das Beste, und unter den Feinden wird es schon jetzt Schrecken verbreiten; denn wer alles richtig bedenkt, erhält größere Macht über seine Gegner, als wer in wildem Tatendrang blindlings drauflosstürmt.«

49 (1) So sprach Diodotos. Nach dem Vortrag dieser beiden Vorschläge, die beide gleich viel für sich hatten, kam es in der athenischen Volksversammlung zu einer Kampfabstimmung; beide Seiten verzeichneten fast gleich viel Stimmen, aber der Antrag des Diodotos drang doch durch. (2) Sofort sandten sie eine zweite Triere aus in aller Eile, damit nicht die vorher abgesandte früher ankäme und sie die Stadt bereits vernichtet anträfen; die andere hatte nämlich schon einen Vorsprung von einem Tag und einer Nacht. (3) Da die mytilenischen Gesandten der Schiffsbesatzung Wein und Gerstenmehl brachten und ihnen reiche Belohnung versprachen, falls sie den anderen zuvorkämen, entfalteten sie einen solchen Eifer auf der Fahrt, dass sie während des Ruderns das mit Wein und Öl angerührte Brot aßen und wechselweise die einen schliefen, die anderen aber ruderten. (4) Zufällig hinderte sie kein Gegenwind, und das früher abgesandte Schiff fuhr langsam wegen seines widerwärtigen Auftrages, das zweite aber drängte aus solchem Grund rasch vorwärts; so kam jenes nur um so viel früher an, dass Paches eben den Volksentscheid gelesen hatte und den Auftrag ausführen wollte, da lief auch schon das zweite ein und verhinderte die Hinrichtung. So knapp an den Rand des Unterganges war Mytilene gekommen.

50 (1) Die andern Männer, die Paches als die Hauptschuldigen an der Abtrünnigkeit übersandt hatte, ließen die Athener dem Antrag Kleons gemäß hinrichten – es waren dies etwas über tausend. Die Mauern Mytilenes schleiften

sie, die Schiffe nahmen sie ihnen weg. (2) Später verlangten sie von den Lesbiern zwar keine direkten Abgaben, aber sie bildeten aus ihrem Land – ausgenommen Methymna – 3000 Grundstücke mit Erbpacht; 300 allerdings sonderten sie aus als geheiligt für die Götter. Auf die Übrigen entsandten sie Kleruchen[15], (Besitzer), die sie aus ihrer Mitte durch das Los bestimmten. Die Lesbier gingen die Verpflichtung ein, diesen jährlich einen Zins von 2 Minen für jedes Grundstück zu bezahlen, und bebauten weiterhin ihr Land selbst.[16] (3) Die Athener übernahmen auch die Städte auf dem Festland, soweit die Bürger Mytilenes über sie geherrscht hatten; von dieser Zeit an waren sie von Athen abhängig. So waren die Dinge um Lesbos verlaufen.

51 (1) Noch im selben Sommer nach der Einnahme von Lesbos zogen die Athener unter Nikias, dem Sohn des Nikeratos, als Strategen gegen die Insel Minoa, die vor Megara liegt. Die Megarer benützten sie als Wachposten[17] und hatten einen Turm darauf errichtet. (2) Nikias wollte nun, dass dort für die Athener ein Beobachtungspunkt in geringerer Entfernung (zum Feind) vorhanden sei, und nicht mehr nur von Budoros und Salamis aus. Die Peloponnesier sollten nicht von dort, wie es schon einmal[18] geschehen war, unbemerkt mit Kriegs- und Raubschiffen auslaufen können, und zugleich sollte den Megarern alles blockiert werden. (3) Er eroberte also auf der von Nisaia abliegenden Seite zuerst zwei vorspringende Türme unter Einsatz von Sturmleitern vom Meer aus und schuf eine freie Zufahrt in das Gewässer zwischen Insel (und Festland); er baute auch eine Absperrung zum Festland hin, wo dann auf einer Brücke über das seichte Gewässer[19] ein Hilfseinsatz für die Insel möglich gewesen wäre, die so nahe am Festland lag. (4) Nachdem sie das in wenigen Tagen geleistet hatten, ließ er auf der Insel eine Befestigung zurück und segelte mit dem Heer wieder ab.

52 (1) Ungefähr zur selben Zeit in diesem Sommer hatten sich die Plataier, bereits ohne Lebensmittel und nicht mehr imstande, die Belagerung durchzuhalten, den Lakedaimoniern auf folgende Weise ergeben: (2) Einen feindlichen Sturmangriff auf die Mauer konnten die Plataier nicht abwehren; der lakedaimonische Befehlshaber erkannte daran ihre Schwäche, wollte aber die Stadt nicht gewaltsam nehmen – diesen Befehl hatte er aus Sparta erhalten, damit, wenn einmal Friede würde mit Athen und sie übereinkämen, alle im Krieg eroberten Plätze zurückzugeben, sie Plataia als freiwillig übergetreten nicht herausgeben müssten. Er schickte also einen Herold zu ihnen: Wenn sie die Stadt freiwillig den Spartanern ausliefern und sie als Richter annehmen wollten, so würden sie die Schuldigen bestrafen, widerrechtlich aber niemanden. (3) Diese Vorschläge überbrachte der Herold; die Plataier – sie waren schon völlig erschöpft – übergaben darauf die Stadt. Die Peloponnesier verpflegten sie einige Tage, bis aus Sparta die Richter eintrafen, fünf an der Zahl. (4) Nach deren Ankunft wurde gar keine Anklage erhoben, sondern sie riefen sie nur vor und fragten, ob sie den Lakedaimoniern und ihren Bundesgenossen im gegenwärtigen Krieg irgendeinen Dienst erwiesen hätten. (5) Die Plataier baten um die Erlaubnis zu einer längeren Rede und bestimmten hierfür aus ihrer Mitte Astymachos, Sohn des Asopolaos, und Lakon, Sohn des Aieimnestos, den Proxenos Spartas; diese traten vor und sprachen folgendermaßen:

53 (1) »Zur Übergabe unserer Stadt, Lakedaimonier, haben wir uns im guten Glauben bereit gefunden, da wir nicht ein derartiges Gerichtsverfahren erwarteten, sondern ein rechtmäßigeres, und es überhaupt vor anderen Richtern, als vor denen wir jetzt stehen, nicht auf uns genommen hätten – meinten wir doch, nur hier Gerechtigkeit zu finden. (2) Nun aber fürchten wir, uns in beidem getäuscht zu haben. Mit gutem Grund vermuten wir, dass es in diesem Rechtsstreit um das Äußerste geht und ihr euch nicht als unparteiisch erweisen werdet; wir schließen das, weil keine Voranklage erhoben wurde, auf die wir hätten erwidern müssen – hingegen haben wir selbst uns Redefreiheit erbeten –, und die an uns gestellte Frage ist kurz, auf die mit der Wahrheit zu antworten nachteilig, mit Lügen jedoch leicht widerlegbar wäre. (3) Unsere ringsum ausweglose Lage zwingt uns aber, und es scheint auch mehr Sicherheit zu bieten, die Gefahr einer Rede zu wagen; denn das nicht gesprochene Wort kann einem in solcher Lage den Vorwurf eintragen, es hätte, ausgesprochen, Rettung gebracht. (4) Zu allen anderen Schwierigkeiten kommt für uns nun noch die, euch zu überzeugen. Würden wir einander nicht kennen, so könnten wir euch unbekannte Beweise vorbringen und daraus Nutzen ziehen. Nun aber wisst ihr ja schon alles, was vorgebracht werden kann, und wir fürchten nicht, ihr könntet unsere Verdienste den euren nachsetzen und uns dies zum Vorwurf machen, sondern vielmehr, wir könnten anderen zuliebe vor eine bereits gefällte Entscheidung gestellt werden.

54 (1) Dennoch werden wir unsere gerechten Gründe für die Feindschaft mit Theben euch und den anderen Hellenen gegenüber auseinandersetzen, werden unsere Verdienste in Erinnerung rufen und versuchen, euch zu überzeugen. (2) So antworten wir auf eure kurze Frage, ob wir den Lakedaimoniern und ihren Bundesgenossen in diesem Krieg einen Dienst erwiesen haben: Wenn ihr uns als eure Feinde fragt, so ist euch ja kein Unrecht widerfahren durch schlechte Behandlung, betrachtet ihr uns aber als Freunde, so haben sich alle die in höherem Maße vergangen, die gegen uns ins Feld zogen. (3) Im Frieden und gegen den Perser haben wir uns als aufrechte Männer erwiesen, jenen haben wir jetzt nicht zuerst gebrochen, diesen zur Befreiung von ganz Hellas mit angegriffen als Einzige unter allen Boiotern. (4) Und, obwohl Binnenlandbewohner, haben wir doch in der Seeschlacht von Artemision mitgekämpft, und in der Schlacht, die in unserem eigenen Land geschlagen wurde, haben wir euch und Pausanias helfend beigestanden, und auch sonst haben wir alle Gefahren, die damals den Hellenen drohten, selbst über unsere Kräfte mit ertragen.[20] (5) Und euch, Lakedaimonier, im Besonderen, schickten wir, als gewaltige Furcht in Sparta herrschte nach dem Erdbeben, als sich die Heloten auf dem Ithome verschanzt hatten, den dritten Teil unserer Truppen zu Hilfe. Es wäre nicht recht, das zu vergessen.

55 (1) So glaubten wir uns damals bei den großen Entscheidungen verhalten zu müssen, eure Feinde wurden wir später, und schuld daran seid ihr; denn als wir eure Hilfe gegen das gewaltsame Vorgehen Thebens erbaten, stießet ihr uns zurück und verwieset uns an die Athener, die siedelten in der Nähe, eure Wohnsitze aber seien weit entfernt.[21] (2) In diesem Krieg indessen ist euch von unserer Seite nichts Außergewöhnliches widerfahren, und ihr hattet auch nichts Derartiges zu erwarten. (3) Wenn wir aber trotz eures Befehles nicht von den Athenern abfallen wollten, so begingen wir doch damit kein Unrecht. Denn jene halfen uns gegen die Thebaner, als ihr euch fernhieltet, und sie zu verraten wäre nicht mehr edel gewesen, zumal wir sie zu unserem eigenen Vorteil und auf eigene Bitten zu Bundesgenossen gewannen und ihr Bürgerrecht[22] erhielten; das verpflichtete uns, ihren Weisungen entschlossen nachzukommen. (4) Wozu ihr beiden (Großmächte) aber eure Verbündeten angehalten habt, da sind nicht die Gefolgsleute verantwortlich, wenn etwas Ungebührliches vorfiel, sondern die Führer, die zum Unrecht zwangen.

56 (1) Die Thebaner haben schon viele Verbrechen an uns begangen, das letzte kennt ihr ja aus eigener Erfahrung, wodurch wir in diese Bedrängnis geraten sind. (2) Da sie unsere Stadt besetzen wollten mitten im Frieden und noch dazu während eines Festes, haben wir sie zu Recht bestraft nach dem allgemein gültigen Gesetz, das die Abwehr eines Angreifers rechtfertigt; es wäre nicht einzusehen, wenn uns jetzt deswegen Schaden widerführe. (3) Wenn ihr, bestimmt durch euren augenblicklichen Nutzen und ihren Hass, die Rechtsfrage entscheiden wollt, werdet ihr euch nicht als wahrhafte Hüter der Rechtsordnung erweisen, sondern als Diener des eigenen Vorteils. (4) Mögen sie euch auch jetzt nützlich scheinen, wir und die anderen Hellenen waren es viel eher damals, als ihr in größerer Gefahr schwebtet. Denn nun greift ihr andere an als gefährliche Gegner, zu jener Zeit aber, als der Barbar heranrückte, um alle zu knechten, waren diese auf seiner Seite. (5) Daher wäre es nur gerecht, unser jetziges Vergehen, wenn wir uns überhaupt vergangen haben, mit unserer damaligen Entschlossenheit zu vergleichen; dann werdet ihr das Bedeutende gegenüber dem Kraftlosen schätzen lernen, und das zu Zeiten, als man nur selten kraftvolle Entschlossenheit der Hellenen der Übermacht des Xerxes entgegensetzen konnte und den höchsten Ruhm die errangen, die nicht in Sicherheit bei seinem Anmarsch den eigenen Vorteil zu wahren suchten, sondern freiwillig unter Gefahren das Höchste wagten. (6) Darunter waren auch wir, geehrt vor allen anderen – und nun müssen wir aus demselben Grund rettungslosen Untergang befürchten, da wir uns für die Athener entschieden haben nach gutem Recht, und nicht aus Gewinnsucht für euch. (7) Indessen sollte man doch über Gleiches immer dieselbe Meinung vertreten und den eigenen Vorteil nur darin finden, den rechtschaffenen Verbündeten den Dank, den sie sich durch edles Verhalten verdient haben, zu bewahren und dadurch auch den Nutzen für den Augenblick zu sichern.

57 (1) Bedenkt, dass ihr bei den meisten Hellenen als Muster der Rechtschaffenheit geltet. Wenn ihr also über uns nicht nach Recht und Billigkeit urteilt – und es wird nicht geheim bleiben, was ihr allseits Berühmten über uns durchaus nicht Verachtete in diesem Gerichtsverfahren beschließt –, seht zu, dass man euch nicht tadelt, wenn ihr, selbst noch tüchtiger, über tüchtige Männer einen unverantwortlichen Entscheid fällt und wenn in den gemeinsamen Heiligtümern Beutestücke – uns, den Wohltätern von Hellas, geraubt – aufgestellt werden. (2) Für etwas Furchtbares wird man es halten, dass die Lakedaimonier Plataia zerstören, eine Stadt, die eure Väter wegen ihrer Tapferkeit in den Dreifuß von Delphi eingemeißelt haben, die ihr aber aus Gesamthellas bis aufs letzte Haus um der Thebaner willen tilgen wollt. (3) Denn so schwer ist das Verhängnis, in das wir geraten sind – wir, die nach dem Sieg der Perser dem Untergang nahe waren und jetzt bei euch, früher unseren besten Freunden, hinter den Thebanern zurückstehen müssen. Zwei Kämpfe, die schwersten, durchzustehen ist uns auferlegt worden: damals Hungers zu sterben, wenn wir die Stadt nicht übergeben hätten, und jetzt unter Todesgefahr vor Gericht gestellt zu werden. (4) Wir Plataier sind von allen ausgestoßen, die wir doch über unsere tatsächliche Macht hinaus entschlossen für Hellas eingetreten sind, einsam und ohne Hilfe; von den damaligen Verbündeten steht uns keiner bei, und ihr, Lakedaimonier, unsere einzige Hoffnung, wir fürchten, auch ihr seid kein sicherer Schutz.

58 (1) Und doch bitten wir um der Götter willen, die einst unseren Bund schützten, und wegen unserer Verdienste um Hellas: Lasst euch umstimmen, besinnt euch eines Besseren, wenn ihr den Thebanern schon etwas zugesagt habt; fordert dieses Geschenk von ihnen zurück, damit ihr nicht die tötet, die zu töten euch nicht ansteht, sichert euch edlen, nicht schimpflichen Dank und gewährt nicht anderen

Freude, die euch selbst Schande bringt. (2) Denn es ist leicht, unser Leben zu vernichten, schwierig aber, die daraus erwachsende Schande zu tilgen. Ihr werdet in uns ja nicht Feinde mit gutem Recht strafen, sondern Freunde, die nur gezwungen zu den Waffen gegriffen haben. (3) Nur wenn ihr unser Leben schont, werdet ihr also ein gerechtes Urteil fällen, und wenn ihr bedenkt, dass wir uns freiwillig und mit vorgestreckten Händen euch ergeben haben – es ist Gesetz bei den Hellenen, solche nicht zu töten –, und auch, dass wir immer zu euren Diensten standen. (4) Seht doch nur hin auf die Gräber eurer Väter: Den im Kampf mit den Persern Gefallenen und in unserem Land Begrabenen haben wir jedes Jahr von Staats wegen die Ehre erwiesen; Gewänder und was sonst noch Brauch ist, und von allem, was uns das Land im Wechsel der Jahreszeiten spendete, brachten wir die Erstlingsopfer dar, mit reinem Sinn aus befreundeter Erde, als Verbündete den einstigen Waffenbrüdern. Dem allem würdet ihr durch einen ungerechten Spruch zuwiderhandeln. (5) Bedenkt: Pausanias begrub sie in Freundesland, wie er glaubte, und bei ebensolchen Männern. Wenn ihr uns jetzt tötet und plataiisches Land den Thebanern unterwerft, so bedeutet das doch nichts anderes, als in Feindesland und bei ihren Mördern eure Väter und Verwandten zurückzulassen, der Ehren beraubt, die sie jetzt genießen, dazu noch das Land, in dem die Hellenen frei wurden, zu unterjochen, die Tempel der Götter, zu denen sie beteten, ehe sie die Perser besiegten, veröden zu lassen und die von den Vätern ererbten Kultopfer ihren Gründern und Stiftern zu entreißen.

59 (1) Es entspräche nicht eurem Ruhm, Lakedaimonier, an den allen Griechen gemeinsamen Gesetzen und an euren Vorfahren so zu freveln und uns, eure Helfer, fremdem Hass zuliebe, ohne selbst Unrecht erlitten zu haben, zu vernichten. Nein, schont uns, lasst euch durch überlegtes Mitleid umstimmen, indem ihr bedenkt, wie furchtbar das Los ist, dem wir bestimmt sind, und welche Leute es sind, die solches erdulden müssten, und schließlich, wie unberechenbar das Schicksal ist, das auch einmal einen Unschuldigen treffen könnte. (2) So bitten wir euch, wie es sich für uns ziemt und wie uns die Not zwingt, und rufen zu den Göttern, die an gemeinsamen Altären alle Hellenen verehren: Hört auf unsere Bitte! Wir halten euch die Eide vor, die eure Väter geschworen haben, auf dass ihr sie nicht vergessen möget; schutzflehend stehen wir an den Gräbern eurer Ahnen und rufen die Toten zu Hilfe: Lasst uns nicht den Thebanern unterliegen, liefert nicht eure besten Freunde ihren ärgsten Feinden aus! Wir erinnern euch an jenen Tag, an dem wir mit ihnen die herrlichste Tat vollbrachten, wofür uns jetzt das härteste Los droht. (3) Was aber nun notwendig ist, und doch am schwersten fällt in solcher Lage, die Rede zu beenden, da ja damit auch die Entscheidung über unser Leben nahe rückt, zum Abschluss wollen wir doch noch darauf hinweisen, dass wir nicht den Thebanern die Stadt übergeben haben – da hätten wir eher das schimpflichste Ende gewählt, Hungers zu sterben –, sondern im Vertrauen auf euch zu den Verhandlungen gekommen sind; es wäre also gerecht, wenn wir euch nicht umstimmen können, uns in die frühere Lage zu versetzen und es uns zu überlassen, jeder Gefahr nach eigenem Ermessen zu begegnen. (4) Wir beschwören euch noch einmal, uns Plataier, die wir uns so entschlossen für die Sache der Hellenen eingesetzt haben, nicht den Thebanern, unseren ärgsten Feinden, auszuliefern – aus eurer Hand und als Schutzflehende, die wir uns euch, Lakedaimonier, in gutem Glauben ergeben haben. Seid unsere Retter, befreit nicht alle anderen Hellenen, während ihr uns allein vernichtet.«

60 (1) So sprachen die Plataier. Die Thebaner, die bei ihrer Rede fürchteten, dass die Lakedaimonier etwa nachgeben könnten, traten vor und erklärten, nun ebenfalls sprechen

zu wollen, da ja auch jenen wider Erwarten eine längere Rededauer zugebilligt worden war, als zur Beantwortung der Frage notwendig schien. Man forderte sie dazu auf, und sie sprachen:

61 (1) »Wir hätten nicht um Redeerlaubnis gebeten, hätten auch jene kurz auf alle Fragen geantwortet und nicht gegen uns Beschuldigungen vorgebracht und sich selbst außerhalb des vorliegenden Gegenstandes weitläufig verteidigt, noch dazu gegen gar nicht erhobene Klage, und sich selbst gelobt, wofür sie niemand getadelt hat. Nun aber müssen wir das eine widerlegen, das andere prüfen, damit ihnen weder unsere eigene Schlechtigkeit zunutze kommt noch ihr Ruhm; ihr aber hört die Wahrheit über beide und könnt danach richten. (2) Wir entzweiten uns damals, als wir Plataia besiedelten, später als das übrige Boiotien zusammen mit anderen Plätzen, aus denen wir, um sie in Besitz zu nehmen, eine vermischte Bevölkerung vertrieben hatten. Sie waren nicht gewillt, wie ursprünglich festgelegt, sich unserer Führung unterzuordnen, sondern, abweichend von den anderen Boiotern, brachen sie mit althergebrachter Sitte: Als sie in den Bund gezwungen werden sollten, schlossen sie sich den Athenern an und fügten uns mit ihnen viel Schaden zu und mussten auch selbst dafür bezahlen.

62 (1) Als dann der Barbar gegen Hellas zog, da, so behaupten sie, waren sie die einzigen Boioter, die nicht zum Perser übertraten, und deswegen vor allem brüsten sie sich und schmähen uns. (2) Wir aber behaupten, sie sind deshalb nicht zu den Persern übergetreten, weil es auch die Athener nicht getan haben; sie sind ja auch nach dem gleichen Grundsatz später, da die Athener die Hellenen angriffen, wiederum als einzige Boioter auf die Seite der Athener getreten. (3) Nun bedenkt aber, unter welchen Bedingungen unsere beiden Städte damals so handelten. Unsere Stadt hatte damals weder eine gesetzmäßige Adelsherrschaft noch eine des Volkes, sondern etwas, das Gesetzen und besonnener Verwaltung am wenigsten entspricht: Eine kleine Zahl mächtiger Männer übte alle Gewalt im Staate aus. (4) Und diese erhofften für sich noch größere Macht, wenn der Perser siege; daher unterdrückten sie gewaltsam die Menge und riefen ihn ins Land. Wohl hat die ganze Stadt dies getan, aber ohne Herr ihrer selbst zu sein, und es wäre nicht recht, ihr vorzuhalten, was sie unter der Willkürherrschaft verbrach. (5) Als dann aber der Perser abgezogen war und die Gesetze wieder galten, als dann später die Athener ganz Hellas angriffen und auch unser Land zu überwältigen suchten und durch Aufruhr schon große Teile davon besaßen, überlegt nun doch, ob wir nicht durch unseren Kampf und Sieg bei Koroneia Boiotien befreiten und jetzt entschlossen an der Befreiung der anderen mithelfen. Wir stellen Reiterei und sonstige Kriegsrüstung wie keiner der anderen Verbündeten. Das zur Verteidigung gegen den Vorwurf der perserfreundlichen Gesinnung.

63 (1) Dass ihr euch ärger vergangen habt an den Hellenen und eher jede Strafe verdient, das werden wir jetzt darzulegen versuchen. (2) Um uns abzuwehren, behauptet ihr, wurdet ihr Bundesgenossen und Verbündete der Athener. Hätte es da nicht genügt, sie nur gegen uns zu Hilfe zu rufen, ohne mit ihnen gemeinsam andere zu überfallen? Das hätte euch ja freigestanden, wenn auch die Athener euch gegen euren Willen aufgeboten hätten, da ihr ja schon mit den Lakedaimoniern hier ein Bündnis gegen den Perser geschlossen hattet, auf das ihr euch ja jetzt so sehr beruft. Ihr hättet euch damit zufrieden geben können, uns fern zu halten und, das Wichtigste, die Möglichkeit eines ruhigen Überlegens zu gewinnen. Aber nein, freiwillig, nicht gezwungen, habt ihr euch auf die Seite der Athener geschlagen. (3) Ihr sagt, es wäre schändlich gewesen, die Wohltäter zu verraten; viel schändlicher aber und ungerechter ist es, alle Hellenen, mit denen ihr geschworen hattet, zu verraten, statt nur die Athener – die einen (sind) die Unterjocher von Hellas, die anderen die Befreier. (4) Der Dank, den ihr ihnen leistetet, entsprach nicht ihren Diensten und war auch nicht frei von Schande; ihr nämlich rieft sie, wie ihr sagt, gegen erlittenes Unrecht zu Hilfe, nun aber wurdet ihr Helfer derer, die anderen Unrecht zufügen. Und doch: Schande ist es, nicht mit gleichen Freundesdiensten zu vergelten – es sei denn; sie werden zwar zu Recht geschuldet, verführen aber, einmal erwiesen, zu Unrecht.

64 (1) Ihr habt ganz klar gezeigt, dass ihr damals nicht um der Hellenen willen die Einzigen wart, die nicht auf die Seite der Perser traten, sondern weil es auch die Athener taten und ihr immer das gleiche Ziel verfolgtet wie sie und das Gegenteil von uns. (2) Und nun verlangt ihr, daraus, dass ihr dank anderer zu Ruhm gekommen seid, Nutzen zu ziehen. Aber das wäre nicht recht. Wie ihr damals die Partei der Athener gewählt habt, so besteht nun den Kampf an ihrer Seite, und führt nicht den damaligen Bündnisschwur an, als ob ihr davon Rettung erwarten wolltet. (3) Ihr selbst habt euch abgekehrt und ihn gebrochen. Wart ihr doch bei der Unterwerfung von Aigina und anderer, mit denen ihr durch Eid verbunden wart, eher behilflich, als dass ihr sie gehindert habt – und zwar freiwillig, unter den gleichen Gesetzen wie auch jetzt noch, und niemand zwang euch so wie uns. Die letzte Aufforderung, die vor der Ummauerung an euch erging, ihr solltet euch ruhig verhalten und keiner der beiden Parteien beistehen, habt ihr nicht beachtet. (4) Wen sollte also gerechterer Hass der Hellenen treffen als euch, die ihr zu ihrem Verderben euren Edelmut hervorkehrtet? Eure Tapferkeit, die ihr euren Worten zufolge bewiesen habt, entspringt gar nicht eurem Wesen, das habt ihr jetzt gezeigt, und wohin euch eure Natur schon immer trieb, das trat nun als Wahrheit zutage: Ihr folgtet den Athenern, als

sie den Weg des Unrechts einschlugen. (5) Das war es, was wir zu sagen hatten über unsere unfreiwillige perserfreundliche und eure freiwillige athenerfreundliche Gesinnung.

65 (1) Nun zu dem letzten Verbrechen, das wir euch zugefügt haben sollen, widerrechtlich seien wir im Frieden und während des Mondfestes gegen eure Stadt zu Felde gezogen, so glauben wir, auch hierin nicht mehr Unrecht auf uns geladen zu haben als ihr. (2) Hätten wir freilich aus eigenem Antrieb eure Stadt mit Krieg überzogen und euer Land verwüstet wie Feinde, wären wir schuldig. Wenn aber Männer aus eurer Mitte, die Ersten an Reichtum und Geburt, um euch aus fremdem Bündnis zu befreien und in den altehrwürdigen Bund aller Boioter zurückzuführen, uns herbeiriefen, wie könnten wir da schuldig sein? Sie, die uns herbeiholten, brechen doch eher das Recht als wir, die wir folgten. (3) Bürger wie ihr, öffneten sie unter größerer Gefahr für sich selbst die Tore und ließen uns als Freunde, nicht als Feinde, in die Stadt. Sie wollten, dass die Niedrigen unter euch nicht noch niedriger hinabsinken, die Besseren aber die ihnen gebührende Stellung erhalten; sie, die Zuchtmeister eurer Gesinnung, die die Stadt nicht ihrer Bürger berauben, sondern sie in die Verwandtschaft heimführen wollten, ohne euch neue Feindschaft zu schaffen, nur vertragstreuen Frieden mit allen.

66 (1) Der Beweis, dass wir nicht als Feinde handelten: Wir haben niemandem etwas zuleide getan, sondern ausrufen lassen, wer nach Vätersitte aller Boioter in der Stadt leben wolle, möge zu uns übertreten.[23] (2) Ihr kamt gern und verhieltet euch die erste Zeit nach dem Vertrag ruhig; als ihr aber später unsere geringe Zahl bemerktet – mag euch unser Vorgehen auch nicht gerade freundlich erschienen sein, gegen den Willen des Volkes in die Stadt einzudringen –, habt ihr nicht Gleiches mit Gleichem vergolten; ohne sofort zu gewaltsamen Mitteln zu greifen, hättet ihr uns durch Verhandlungen zum Abzug bewegen sollen. Aber nein, ihr überfielt uns wider die Übereinkunft; dabei betrauern wir unsere Leute, die ihr im Handgemenge erschlugt, nicht so sehr – erlitten sie doch den Tod nach einer Art Gesetz –, die anderen aber, die sich mit vorgestreckten Händen in die Gefangenschaft ergaben, die ihr, wie ihr später verspracht, nicht töten wolltet und dann doch widerrechtlich umgebracht habt – war das nicht ein scheußliches Verbrechen? (3) So habt ihr dreifaches Unrecht in kurzer Zeit auf euch geladen: den Vertragsbruch, die spätere Ermordung unserer Leute und das lügnerische Versprechen, sie nicht zu töten, falls wir auf euren Äckern keinen Schaden anrichteten; und dennoch behauptet ihr, wir hätten das Recht gebrochen, und glaubt, selbst keine Strafe erleiden zu dürfen. Nein, wenn diese Männer hier richtig urteilen, werdet ihr für all das bestraft werden.

67 (1) Das alles, Lakedaimonier, haben wir zu eurem und unserem Nutzen aufgezählt, damit ihr wisst, wie gerecht ihre Verurteilung ist, wir aber, wie gottgewollt unsere Rache. (2) Lasst euch nicht umstimmen durch ihre Berichte von uralten Heldentaten, falls überhaupt solche vorhanden sind;[24] die sollen nur all denen, die Unrecht leiden, Hilfe bringen, den Verbrechern aber doppelte Strafe, weil ihr Vergehen ihrem Wesen widerspricht. Sie sollen aus ihrem Wehklagen und eurem Mitleid keinen Gewinn ziehen, wenn sie euch bei den Gräbern eurer Väter und ihrer Verödung anrufen. (3) Denn auch wir können als Gegenbeweis das viel härtere Los unserer Jugend anführen, die sie gemordet haben; deren Väter fielen teils bei Koroneia, als sie Boiotien euch zuführten, teils stehen sie nun als Greise verlassen da, und sie und ihre verödeten Häuser flehen euch mit viel stärkerem Recht um Rache an. (4) Mehr Mitleid verdient, wer unverdient leidet; wer es aber verdient, wie diese, über (dessen Los) darf man sich ganz im Gegenteil noch freuen. (5) An

ihrer Verlassenheit jetzt sind sie selber schuld, haben sie doch die besseren Bundesgenossen von sich aus zurückgestoßen; sie haben das Recht gebrochen, ohne vorher von uns Böses erfahren zu haben, weil sie in ihren Entscheidungen mehr dem Hass als dem Recht folgten, und nicht einmal jetzt werden sie büßen, wie es ihnen zusteht. Denn die Strafe, die ihnen droht, ist rechtmäßig; sie sind ja nicht, wie sie behaupten, Kriegsgefangene, die sich mit erhobenen Händen ergaben, sondern Männer, die sich selbst vertraglich dem Gerichtsverfahren auslieferten. (6) Rächt also, Lakedaimonier, an ihnen die Übertretung des hellenischen Gesetzes und stattet uns nach so viel erlittenem Unrecht den gebührenden Dank ab für unseren bewiesenen Opfermut und lasst uns nicht vor euch zum Spielball ihrer Rede werden; gebt den Hellenen ein Beispiel, dass ihr entscheidendes Gewicht nicht den Worten, sondern den Taten beimesst, für die, wenn sie gut sind, ein kurzer Bericht genügt, sind sie aber verfehlt, schön verbrämte Worte ein Deckmantel sein sollen. (7) Wenn die Führer, so wie jetzt ihr, nur das Wesentliche betrachten und so zum Nutzen für alle ihre Entscheidungen treffen, dann wird wohl keiner mehr für unrechte Tat nach schönen Worten suchen.«

68 (1) So sprachen die Thebaner. Die spartanischen Richter aber hielten ihre Frage für berechtigt, ob sie ihnen in dem Krieg schon einen Dienst erwiesen hätten; denn weil sie doch schon früher von ihnen gefordert hatten, sie sollten sich gemäß dem von Pausanias nach dem Perserkrieg geschlossenen Vertrag ruhig verhalten, und weil dann später, vor der Ummauerung, die Plataier ihre Forderung, sie sollten sich dementsprechend parteilos verhalten, abgelehnt hatten, hielten sie sich nach ihrem gerechten Verlangen der Eidschwüre ledig und von den Plataiern feindlich behandelt. Daher führen sie jeden einzeln vor und fragten ihn wiederum, ob sie den Lakedaimoniern und ihren Verbündeten in dem Krieg einen Dienst erwiesen hätten; sooft einer mit Nein antwortete, ließen sie ihn abführen und hinrichten, und niemanden verschonten sie. (2) Von den Plataiern selbst töteten sie nicht weniger als 200, von Athenern 25, die mit eingeschlossen waren; die Frauen verkauften sie in die Sklaverei. (3) Die Stadt gaben sie auf ein Jahr Megarern, die bei einem Aufstand vertrieben worden waren, zum Wohnsitz und den überlebenden Plataiern, die ihnen freundlich gesinnt waren. Später rissen sie sie vollständig bis auf den Erdboden nieder und bauten an den Heratempel ein Rasthaus an von 200 Fuß im Geviert, das überall, oben und unten, Zimmer enthielt; hierfür verwendeten sie Dachstühle und Türen der Plataier. Aus dem übrigen Hausrat an Erz und Eisen, der sich in der Stadt fand, stellten sie Betten her und weihten alles der Hera, außerdem bauten sie ihr einen Steintempel von hundert Fuß Länge. Das Land erklärten sie zum Gemeingut und verpachteten es auf zehn Jahre; während dieser Zeit bebauten es die Thebaner. (4) Letzten Endes hatten sich wohl die Lakedaimonier den Plataiern gegenüber so hart gezeigt wegen der Thebaner, von denen sie sich großen Nutzen in dem eben voll entfalteten Krieg versprachen. (5) Ein solches Ende fand Plataia, dreiundneunzig Jahre nach dem Bündnisvertrag mit Athen.

69 (1) Jene 40 Schiffe der Peloponnesier, die zum Hilfseinsatz nach Lesbos gekommen waren, dann aber auf der Flucht[25] über das Meer von den Athenern (bis Patmos) verfolgt worden waren, wurden bei Kreta von einem Sturm überrascht; von dort wurden sie ganz zerstreut an den Peloponnes angetrieben und trafen in Kyllene auf 13 Trieren aus Leukas und Amprakia und auf Brasidas, den Sohn des Tellis, der als Berater für Alkidas erschienen war. (2) Denn die Lakedaimonier wollten eine größere Flotte bilden, nachdem sie vor Lesbos gescheitert waren, und nach Kerkyra segeln, das von Unruhen im Inneren geschüttelt wurde. Die Athener standen mit nur 12 Schiffen bei Naupaktos; bevor noch eine größere Flotte zur Verstärkung aus Athen kommen sollte, wollten sie dem zuvorkommen und mit diesen Vorbereitungen waren Brasidas und Alkidas beschäftigt.

70 (1) Denn auf Kerkyra war man in Aufruhr, seit seine Kriegsgefangenen heimgekehrt waren, die von den Korinthern in den Seeschlachten um Epidamnos gemacht und freigelassen worden waren,[26] angeblich aufgrund einer Bürgschaft von 800 Talenten, die ihre Proxenoi (Vertreter) leisteten, tatsächlich aber weil sie sich dazu hatten überreden lassen, Kerkyra unter den Einfluss der Korinther zu bringen. Sie waren in diesem Sinn tätig und wandten sich an jeden einzelnen Bürger, um die Stadt aus dem Bündnis mit den Athenern herauszulösen. (2) Da kamen ein attisches und ein korinthisches Schiff mit Gesandten, die dazu ihre Standpunkte vorbrachten. Die Kerkyraier beschlossen, weiterhin nach den Abmachungen Verbündete der Athener zu sein, aber auch Freunde der Peloponnesier wie früher. (3) Es gab nun einen gewissen Peithias, einen selbst ernannten Vertreter[27] der Athener, der auch an der Spitze der Volkspartei stand. Diese Männer (die Heimkehrer) verwickelten ihn in einen Prozess und behaupteten, er bringe Kerkyra unter das Joch der Athener. (4) Nach seinem Freispruch reichte er eine Gegenklage ein gegen die fünf reichsten Männer unter ihnen und gab an, sie hätten immer ihre Pfähle zum Weinbau aus dem heiligen Bezirk des Zeus und des Alkinoos[28] geschnitten. Das Strafgeld für jeden Pfahl betrug einen Statér.[29] (5) Als sie nun verurteilt wurden und sich als Schutzflehende wegen der Höhe der Strafe an die Altäre setzten, um in Fristen ihre Schuld begleichen zu können, da erreichte Peithias – denn er war gerade Mitglied des Rates –, dass man das Gesetz anwende. (6) Da sahen sie sich durch das Gesetz (von der Hoffnung auf eine Ratenzahlung) ausgeschlossen; gleichzeitig erfuhren sie noch, dass

Peithias die Absicht habe, solange er noch im Rat sitze, die Volksmenge dafür zu gewinnen, dieselben als Freunde und Feinde einzustufen wie die Athener.[30] Aus diesem Grund rotteten sie sich zusammen, griffen zu den Dolchen, drangen unvermutet in den Rat ein und töteten Peithias, ebenso noch etwa 60 andere Mitglieder des Rates und einfache Bürger. Einige wenige von der Fraktion des Peithias entkamen auf die attische Triere, die noch im Hafen lag.

71 (1) Nach dieser Tat beriefen sie die Kerkyraier zur Versammlung und erklärten, das sei am besten gewesen, und so würden sie am wenigsten von den Athenern unterjocht. Künftig würden sie keinen der beiden Kriegsgegner (bei sich) einlassen, außer sie kämen mit einem einzigen Schiff und in friedlicher Absicht, jede größere Zahl würden sie als feindseligen Akt betrachten. Und sowie sie gesprochen hatten, setzten sie die Leute unter Druck, diesen Antrag zu bestätigen. (2) Sie schickten sogleich Gesandte nach Athen, die über das Geschehen so berichten sollten, wie es in ihrem Interesse lag; sie sollten auch die (nach Athen) geflohenen Kerkyraier veranlassen, nichts Unangebrachtes zu unternehmen, damit sie keine Strafverfolgung treffe.

72 (1) Nach Ankunft (aller Kerkyraier) verhafteten die Athener die Gesandten und jene, die sie für sich gewonnen hatten, als ob sie Aufrührer wären, und setzten sie auf Aigina gefangen. (2) In der Zwischenzeit hatte sich (in Kerkyra) eine korinthische Triere mit Gesandten der Lakedaimonier eingefunden, da fielen die Machthaber auf Kerkyra über das Volk her und blieben im Kampf siegreich. (3) Mit Einbruch der Nacht flüchtete sich das Volk auf die Akropolis und die höher gelegenen Stadtviertel, sammelte sich dort erneut und setzte sich fest; auch den hylläischen Hafen[31] hatten sie unter Kontrolle. Die Adelspartei besetzte die Agora, in deren Umgebung die meisten von ihnen auch

wohnten, und den Hafen, der sich an die Agora anschloss und dem Festland zu lag.

73 (1) Am folgenden Tag kam es in wenigen Fällen zu Scharmützeln und beide Streitparteien schickten ihre Leute aufs Land hinaus, riefen die Sklaven zu Hilfe und versprachen ihnen die Freiheit. An die Seite des Volkes stellte sich die Mehrzahl der Dienerschaft als Mitstreiter, den anderen standen vom Festland 800 Mann Hilfstruppen zu Gebote.

74 (1) Nach Verlauf eines Tages kam es erneut zur Schlacht und das Volk siegte, weil es durch seine festen Stellungen und zahlenmäßig überlegen war. Auch ihre Frauen wirkten in mutiger Weise mit, indem sie von den Häusern mit Dachziegeln warfen und entgegen ihrem natürlichen Wesen dem Kampfgetümmel standhielten. (2) Als es am späten Nachmittag zur entscheidenden Wende kam, fürchteten die Adeligen, das Volk könnte sich gleich beim ersten Angriff der Schiffswerft bemächtigen und, falls es so weit komme, ihnen den völligen Untergang bereiten. Da setzten sie die Häuser rund um die Agora in Brand, ja auch die Mietwohnungen, damit es keinen Zugang gebe. Dabei verschonten sie weder die eigenen noch die fremden, sodass viele Waren von Händlern verbrannten und die ganze Stadt Gefahr lief, in den Flammen vernichtet zu werden, wenn sich ein Wind erhoben und den Brand dorthin getragen hätte. (3) So also unterbrachen beide Seiten den Kampf und begaben sich während der Nacht zur Ruhe, waren aber auf der Hut. Auch das korinthische Schiff fuhr nach dem Sieg des Volkes heimlich davon, und von den Hilfstruppen wurden die meisten zum Festland übergesetzt, ohne dass jemand es merkte.

75 (1) Am folgenden Tag traf der athenische Feldherr Nikostratos, Sohn des Dieitrephes, ein; er kam aus Naupaktos mit 12 Schiffen und 500 Hopliten der Messenier zu Hilfe. Auf eine Einigung wirkte er hin und erreichte, dass die

Streitparteien einander die zehn Hauptschuldigen zur Verurteilung überließen – allerdings blieben diese nicht länger (in der Stadt). Die anderen sollten weiterhin wohnen bleiben und miteinander gut auskommen, besonders mit den Athenern Verträge schließen, dieselben für Feinde und für Freunde zu halten. (2) Als er dies durchgesetzt hatte, wollte er absegeln; aber die Anführer der Volkspartei überzeugten ihn davon, ihnen fünf seiner Schiffe zurückzulassen, damit die Gegner weniger zu neuen Schritten geneigt seien; sie würden aus ihren Beständen gleich viele Schiffe ausrüsten und mit ihm losschicken. (3) Und da er zugestimmt hatte, rekrutierten sie ihre Gegner für die Schiffe. Diese fürchteten nun, dass sie nach Athen geschickt werden sollten, und setzten sich (als Schutzflehende) in das Dioskurenheiligtum. (4) Nikostratos forderte sie auf, herauszukommen, und redete mit ihnen, um sie zu beruhigen. Als er aber nichts erreichte, griff das Volk zu den Waffen mit der Begründung, dass jene wegen ihrer Weigerung mitzusegeln nichts Gutes im Sinn haben könnten. Man holte auch Waffen aus ihren Häusern und sie hätten einige von ihnen, auf die sie zufällig stießen, getötet, wäre nicht Nikostratos dem entgegengetreten. (5) Die anderen (Oligarchen) sahen diese Vorgänge, setzten sich als Schutzflehende zum Heraheiligtum und ihre Zahl wuchs auf nicht weniger als 400 an. Das Volk aber fürchtete, dass sie eine gewisse Unruhe hervorriefen, und brachte sie mit Überredungskunst so weit, dass sie wieder aufstanden. Man schaffte sie auf die Insel vor dem Heraheiligtum und versorgte sie dort mit allen Bedarfsgütern.

76 (1) So weit hatte sich also der Bürgerzwist entwickelt und die Leute waren etwa vier oder fünf Tage auf der Insel gewesen, da kamen die Schiffe der Peloponnesier von Kyllene, die seit ihrer Fahrt von Ionien dort vor Anker gelegen waren – es waren 53. Das Kommando über sie führte Alkidas wie bisher und Brasidas fuhr als Ratgeber mit an Bord.

Sie ankerten vor dem Hafen Sybota auf dem Festland und mit Tagesanbruch fuhren sie aus gegen Kerkyra.

77 (1) Die (Machthaber der Volkspartei) in Kerkyra waren voller Aufregung und Angst vor den Zuständen in der Stadt und der Anfahrt (der Peloponnesier). Dabei machten sie 60 Schiffe startklar und ließen nur nach und nach die jeweils vollständig bemannten gegen die Feinde auslaufen, obwohl die Athener immer darauf gedrängt hatten, sie selbst zuerst ausfahren zu lassen, die Kerkyraier sollten erst später mit allen Schiffen zugleich aufschließen. (2) Als nun die Schiffe vereinzelt den Feinden wirklich gegenüber standen, liefen zwei sofort zu ihnen über. In den anderen kämpften die Marinesoldaten miteinander, doch es gab keine Ordnung bei allem, was man tat. (3) Diese Unordnung sahen aber die Peloponnesier und stellten den Kerkyraiern 20 Schiffe entgegen, die übrigen den 12 der Athener, von denen zwei die »Salaminia« und die »Paralos« waren.

78 (1) Die Kerkyraier – schlecht in ihrer Taktik – hatten sich in kleinen Verbänden vorgewagt und waren in großer Bedrängnis, soweit es ihren Abschnitt betraf; die Athener aber fürchteten die Überzahl und die Umzingelung, sie griffen die Gegner, die ihnen gegenüber standen, nicht in großer Dichte und nicht im Zentrum an, sondern warfen sich auf einen Flügel und versenkten auch ein Schiff. Daraufhin schlossen sich die Feinde zu einem Kreis zusammen, doch die Athener umfuhren sie und versuchten es mit Störaktionen. (2) Das merkten nun die, die es mit den Kerkyraiern zu tun hatten, und bekamen Angst, dass es ihnen wie bei Naupaktos[32] ergehe. Sie kamen zu Hilfe und vereinigt ruderten sie nun zugleich den Angriff auf die Athener. (3) Diese wichen zurück, indem sie (ohne Kehrtwendung) rückwärts ruderten; zugleich waren sie bestrebt, dass möglichst viele Schiffe der Kerkyraier entkommen konnten, während sie selbst nur langsam nachgaben und die Feinde vor ihnen aufgestellt blieben. (4) So war also die Seeschlacht verlaufen und zu Ende ging sie bei Sonnenuntergang.

79 (1) Die Kerkyraier befürchteten nun, die Feinde könnten als Sieger Kurs gegen ihre Stadt nehmen, die Inselbewohner wegholen oder sonst etwas Feindseliges unternehmen. Die Leute von der Insel schafften sie wieder in das Heraheiligtum und bewachten die Stadt. (2) Die Peloponnesier andererseits wagten es trotz ihrer Überlegenheit in der Seeschlacht nicht, die Stadt anzugreifen. Sie verfügten allerdings über 13 Schiffe der Kerkyraier und fuhren damit zum Festland, woher sie gekommen waren. (3) Auch am folgenden Tag griffen sie nicht etwa die Stadt an, obwohl die Leute dort in großer Panikstimmung waren und Brasidas dazu geraten hatte, wie man sagt; aber er hatte eben nicht so viel zu bestimmen wie Alkidas. Am Vorgebirge Leukimme landeten sie und zerstörten die Äcker.

80 (1) Das Volk auf Kerkyra hatte immer noch Angst vor einem Angriff der Schiffe und knüpfte Gespräche an mit den Schutzflehenden und überhaupt mit der anderen Partei, um die Stadt zu retten; und tatsächlich brachten sie einige von diesen dazu, die Schiffe zu besteigen. Denn trotz allem machten sie 30 Schiffe startklar, weil sie den Angriff erwarteten. (2) Die Peloponnesier hingegen verheerten noch bis Mittag das Land und segelten dann ab. Während der Nacht wurde ihnen durch Feuersignale die Anfahrt von 60 Schiffen der Athener gemeldet, die von Leukas herannahten. Als die Athener vom Bürgerzwist und der Anfahrt einer Flotte nach Kerkyra, die unter Alkidas bevorstand, erfahren hatten, schickten sie ihre Schiffe unter der Führung Eurymedons, Sohn des Theokles.

81 (1) Die Peloponnesier machten sich gleich in der Nacht in Eile auf den Heimweg der Küste entlang; sie transportierten sogar über die Landenge[33] von Leukas ihre Schiffe, um nicht bei der Umfahrung entdeckt zu werden, und

konnten entkommen. (2) Die Kerkyraier hatten kaum wahrgenommen, wie attische Schiffe sich näherten und die der Feinde abzogen, da führten sie die Messenier in die Stadt, die bisher draußen geblieben waren. Die Schiffe, die sie mit Mannschaften besetzt hatten, ließen sie zum hylläischen Hafen herumfahren. Während diese unterwegs waren, beschäftigten sie sich mit der Ermordung ihrer Gegner, wenn sie einen zu fassen bekamen. Diejenigen, die sie zum Einsteigen in die Schiffe verlockt hatten, holten sie heraus und brachten sie um. Sie gingen auch zum Heraheiligtum, überredeten etwa 50 Männer unter den Schutzflehenden, sich einem Prozess zu stellen, und verurteilten alle zum Tode. (3) Die meisten Schutzflehenden, soweit sie sich nicht dazu hatten überreden lassen, töteten einander noch im Heiligtum, als sie mitansehen mussten, was geschah. Einige erhängten sich an Bäumen, manch andere schieden aus dem Leben, wie jeder eben konnte. (4) Sieben Tage lang, die Eurymedon nach seiner Ankunft mit 60 Schiffen dort blieb, mordeten die Kerkyraier ihre angeblichen Feinde. Als Anschuldigungen brachten sie vor, diese wollten die Demokratie zerstören, einige aber fanden den Tod einer persönlichen Feindschaft wegen, andere, denen man Geld schuldig war, starben unter den Händen ihrer Schuldner. (5) Jede Todesart wurde üblich und, wie es gern unter solchen Bedingungen vorkommt, es gab nichts, was es nicht gab, ja noch Extremeres! Denn auch der Vater mordete den Sohn, von den Heiligtümern wurden sie weggezerrt, sogar an diesen getötet. Einige wurden auch eingemauert im Heiligtum des Dionysos und gingen so zugrunde.

Die Pathologie des Krieges

82 (1) Zu so wilder Grausamkeit trieb der Bürgerkrieg; man empfand das noch deutlicher, weil er der erste Krieg dieser Art war. Später geriet sozusagen ganz Hellas in Bewegung. Überall entstand Zwiespalt, wobei die Führer des Volkes die Athener zu gewinnen suchten, die Adligen die Lakedaimonier. Im Frieden hatten sie freilich keine Gelegenheit, auch nicht den Willen, sie zu rufen; während aber Krieg herrschte, war es für beide Parteien leicht, zum Schaden des Gegners und zum eigenen Nutzen für einen geplanten Umsturz fremde Hilfe heranzuziehen. (2) Und bei solcher Zwietracht brach viel Schweres über die Städte herein, wie es nun einmal ist und immer sein wird, solange das Wesen der Menschen gleich bleibt, manchmal heftiger, manchmal ruhiger (erschien es) und immer verschieden in den Erscheinungsformen, wie es eben die Wechselfälle der Ereignisse mit sich bringen;[34] denn in Frieden und Wohlstand leben Städte und Menschen nach besseren Grundsätzen, weil sie nicht in ausweglose Not geraten. Der Krieg aber, der die Annehmlichkeit des täglichen Lebens raubt, ist ein harter Lehrmeister und gleicht die Leidenschaften der Menge den Gegebenheiten des Augenblicks an.

(3) So wütete also Zwietracht in allen Städten, und die, die vielleicht erst später davon ergriffen wurden, überboten jene auf die Kunde von dem bereits Geschehenen noch bei weitem durch ihren bisher ungeahnten Scharfsinn im Ausklügeln von Anschlägen und maßloser Rache. (4) Auch änderten sie die gewohnten Bezeichnungen für die Dinge nach ihrem Belieben. Unüberlegte Tollkühnheit galt als aufopfernde Tapferkeit, vorausdenkendes Zaudern als aufgeputzte Feigheit, Besonnenheit als Deckmantel der Ängstlichkeit, alles bedenkende Klugheit als alles lähmende Trägheit; wildes Draufgängertum hielt man für Mannesart,

vorsichtig wägendes Weiterberaten wurde als schönklingender Vorwand der Ablehnung angesehen. (5) Wer schalt und zürnte, war immer zuverlässig, wer widersprach, eben dadurch verdächtig. Gelang jemandem ein Anschlag, so galt er als verständig, durchschaute er einen rechtzeitig, als noch tüchtiger; wer aber seine Maßnahmen schon im Voraus so bedachte, dass er weder das eine noch das andere brauchte, von dem hieß es, er zersetze den Bund und zittere vor den Feinden. Kurzum, wer mit bösem Tun einem andern, der erst plante, zuvorkam, erntete Lob, und erst recht, wer einen andern, der gar nicht daran dachte, dazu anhielt. (6) Ja sogar Blutsverwandtschaft galt weniger als die Bündnisse, die viel rascher und bedingungslos zu verwegener Tat bereit waren; denn derartige Vereine traten nicht unter den gültigen Gesetzen zu allgemeinem Nutzen zusammen, sondern gegen die bestehenden aus persönlicher Gewinnsucht, und gegenseitiges Vertrauen beruhte bei ihnen weniger auf dem göttlichen Recht als auf gemeinsam verübtem Unrecht. (7) Einen edlen Vorschlag vonseiten der Gegner nahmen sie, wenn diese im Vorteil waren, an unter Berücksichtigung ihrer Lage, aber nicht aus aufrechter Gesinnung. An jemandem Vergeltung zu üben galt mehr, als selber kein Unrecht zu erfahren. Eide, falls sie überhaupt noch bei Verträgen geleistet wurden, galten für beide Seiten nur für den Augenblick der Not, solange sie nicht anderswo Hilfe fanden. Sogleich aber, wenn nur einer wieder Mut gefasst hatte und den Gegner ungedeckt sah, rächte er sich lieber durch Missbrauch des Vertrauens als in offenem Kampf; denn er dachte dabei an seine Sicherheit und auch, dass der durch Betrug gewonnene Vorteil ihm den Siegespreis der Schlauheit eintrage. Denn lieber lassen sich die meisten Menschen gewitzte Bösewichter nennen als einfältige Ehrenmänner; des einen schämen sie sich, mit dem andern brüsten sie sich. (8) An all dem ist die Herrschsucht schuld, die sich in Habgier und Ehrgeiz äußert, und daraus erwächst dann, wenn erst der Hader hinzutritt, wilde Leidenschaft. Denn die Führer in den Städten – bei beiden Parteien mit schönklingenden Worten: sie vertreten die Gleichberechtigung des Volkes oder die gemäßigte Herrschaft der Besten – machten das Staatsgut, dem sie ihren Worten nach dienten, zu ihrem persönlichen Kampfpreis; in ihrem Ringen, auf jede Art den anderen zu überbieten, erkühnten sie sich zu den verwegensten Taten und übersteigerten dann noch ihre Rache. Dabei aber hielten sie sich nicht im Rahmen des Rechtes und des Staatswohls, nein, jede Partei fand jeweils ihre Richtschnur nur in ihrer Leidenschaft; und ob sie durch betrügerische Abstimmung oder mit Gewalt zur Herrschaft gelangt sind, sie waren entschlossen, die Kampfwut des Augenblicks zu sättigen. Hier und dort galt Frömmigkeit nichts; wem es glückte, mit schönklingenden Worten ein Werk des Hasses zu vollbringen, der stand in besserem Ruf. Die parteilosen Bürger wurden von beiden Gegnern umgebracht, entweder weil sie nicht mitkämpften oder aus Neid, dass sie etwa mit dem Leben davonkämen.

83 (1) So kam durch die Bürgerkriege im Hellenenvolk jede Art von Sittenlosigkeit auf, und die Einfalt, der edle Gesinnung so nahe verwandt ist, wurde verhöhnt und verschwand; einander gegenüber zu stehen mit Misstrauen im Herzen war weithin die Regel. (2) Denn zu schlichten hatte weder das Wort die Kraft noch der Eid bannende Macht; nein, wenn sich einer stärker (als sein Gegner) fühlte, achtete er aufgrund der Überlegung, dass Sicherheit nicht zu erhoffen sei, mehr darauf, keinen Schaden zu nehmen, als dass er irgendjemandem vertraute. (3) Auch Leute mit weniger Verstand konnten sich meist behaupten. Da sie voll Furcht waren wegen ihres eigenen Mangels und des Scharfsinns der Gegner, sie könnten im Wortgeplänkel den Kürzeren ziehen und unvermutet ein Opfer ihrer vielfältigen

Arglist werden, schritten sie wagemutig zur Tat. (4) Jene aber, die diese Haltung verachteten und glaubten, sie würden schon vorher alles merken und hätten nicht nötig, mit Gewalt an sich zu reißen, was auch mit Verstand möglich sei, waren viel wehrloser und kamen dadurch um.

84[35] (1) In Kerkyra also verstieg man sich erstmals zu den meisten dieser Taten; zu all dem waren die Menschen in ihrer Gegenwehr fähig, weil sie eher mit Arroganz als mit Besonnenheit von Leuten beherrscht wurden, die zur Rache Anlass boten. Einige setzten sich über das Recht hinweg, um sich der gewohnten Armut zu entziehen, in den meisten Fällen aber wohl wegen einer krankhaften Gier, weil sie den Besitz der Mitbürger begehrten; wieder andere ließen sich nicht sosehr von Habsucht hinreißen – sie lebten sehr oft unter gleichen Vermögensverhältnissen –, wohl aber von der Maßlosigkeit ihrer Wut und gingen dann grausam und erbarmungslos vor. (2) Weil das Leben in der Stadt bis zu diesem Grad in Verwirrung geriet, ließ die menschliche Natur erkennen, dass sie stärker geworden war als die Gesetze und dass sie – ohnehin gewohnt, gegen die Gesetze Unrecht zu tun – sich daran noch freute: unfähig, den Zorn zu beherrschen, machtvoller als das Rechtmäßige, feindselig gegenüber dem Hervorragenden. Sie hätten sonst nicht den Rechtspflichten die Rachsucht vorgezogen und der Vermeidung des Unrechts nicht die Selbstbereicherung, wodurch das Neidgefühl nicht seine verderbliche Wirkung gehabt hätte. (3) Die Menschen ziehen es eben vor, die auch bei solchen Zuständen allgemein anerkannten Normen (nämlich Mitleid und Schonung), auf die sich für alle die Hoffnung gründet, im Falle der Niederlage auch selbst zu überleben, aufzuheben, um nur an anderen die Rachegelüste zu befriedigen und sie nicht bestehen zu lassen, auch für den Fall, dass man selbst in Gefahr geraten und auf eine solcher Normen angewiesen sein könnte.

85 (1) Die Kerkyraier (in ihrer Stadt) ließen es also zuerst zu solchen hasserfüllten Ausschreitungen gegeneinander kommen, und Eurymedon fuhr samt seinen Athenern mit der Flotte ab. (2) Später aber nahmen die Flüchtlinge aus Kerkyra – es hatten sich nämlich etwa 500 retten können – einige befestigte Punkte, die es auf dem Festland gab, in Besitz. Sie beherrschten das (der Insel) gegenüber liegende und zugehörige Festland, starteten von hier aus Raubzüge gegen die Inselbewohner und richteten großen Schaden an. Eine drückende Hungersnot in der Stadt war die Folge. (3) Sie schickten Gesandte nach Sparta und Korinth im Hinblick auf ihre Heimkehr. Da sie aber nichts erreichten, verschafften sie sich nach einiger Zeit Boote samt Hilfstruppen und setzten zur Insel über – im Ganzen etwa 600 Mann; ihre Boote verbrannten sie, um sich die Hoffnung zu nehmen, etwas anderes als das Land zu erobern. Sie bestiegen den Istoneberg, errichteten sich einen festen Stützpunkt, setzten fortwährend[36] den Leuten in der Stadt zu und brachten auf dem Land ihre Macht zur Geltung.

86 (1) Gegen Ende desselben Sommers entsandten die Athener 20 Schiffe nach Sizilien und als ihre Kommandanten Laches, den Sohn des Melanopos, und Charoiades, den Sohn des Euphiletos. (2) Denn Syrakus und Leontinoi waren gegenseitig zum Krieg angetreten. Im Bündnis mit den Syrakusanern standen – mit Ausnahme von Kamarina – alle dorischen Städte, die schon von vornherein zu Beginn des Krieges dem Spartanischen Bund beigetreten waren, sich allerdings nicht am Kampf beteiligt hatten. Den Leontinern halfen die chalkidischen Städte und Kamarina. Von Italien waren Lokroi auf der Seite von Syrakus, Rhegion aber wegen der Abstammung[37] bei Leontinoi.

(3) An die Athener also wandten sich Leontinoi und seine Verbündeten mit Berufung auf einen alten Bündnisvertrag und weil sie auch Ionier wären; sie überredeten die Athener,

ihnen eine Flotte zu senden. Von den Syrakusanern waren sie nämlich zu Lande und zur See abgeschnitten worden. (4) Und tatsächlich entsandten die Athener (ihre Schiffe), wobei sie die Stammesverwandtschaft zum Vorwand nahmen; tatsächlich aber wollten sie den Getreidetransport von Sizilien zum Peloponnes verhindern und einen ersten Versuch zur Probe machen, ob es ihnen möglich wäre, die Vorgänge in Sizilien unter ihre Kontrolle zu bringen. (5) Sie setzten sich also fest in Rhegion auf italischem Festland und führten Krieg in Gemeinschaft mit ihren Verbündeten. Damit ging der Sommer zu Ende.

Winter 427/426

87 (1) Im folgenden Winter überfiel die Pest zum zweiten Mal die Athener. Ganz aufgehört hatte sie zwar zu keiner Zeit, jedoch war eine Art Stillstand eingetreten. (2) Sie dauerte das zweite Mal nicht weniger als ein Jahr – das erste Mal sogar zwei Jahre! Folglich konnte nichts anderes die Athener mehr unter Druck setzen und ihre Macht schwächen. (3) Denn aus ihren waffendienstfähigen Reihen starben nicht weniger als 4 400 Hopliten und 300 Ritter, vom restlichen Volk eine nicht feststellbare Zahl. (4) Es traten damals auch die vielen Erdbeben auf, in Athen, auf Euboia und in Boiotien, besonders aber im boiotischen Orchomenos.

88 (1) Die Athener in Sizilien und die Rheginer unternahmen im selben Winter mit 30 Schiffen einen Feldzug gegen die so genannten Aiolosinseln. Im Sommer war es nämlich wegen des niedrigen Wasserstandes unmöglich, sie anzugreifen. (2) Bewohner von Lipara bebauen diese als Auswanderer aus Knidos. Sie wohnen nur auf einer der Inseln, die nicht groß ist und Lipara heißt. Die Bewirtschaftung der anderen: Didyme, Strongyle und Hiera, betreiben sie von Lipara aus. (3) Die Leute dort glauben, dass auf Hiera Hephaistos seine Schmiede habe, weil man während der Nacht viel Feuer aufsteigen sieht und tagsüber Rauch (Stromboli). Diese Inseln liegen dem Land der Sizilier und Messenier gegenüber – sie waren Verbündete der Syrakusaner. (4) Die Athener verwüsteten das Land, doch als sich Lipara nicht ergab, fuhren sie nach Rhegion zurück. So ging der Winter zu Ende und damit endete auch das fünfte Jahr in diesem Krieg, den Thukydides beschrieb.

Sechstes Kriegsjahr

Sommer 426

89 (1) Im folgenden Sommer kamen die Peloponnesier und ihre Verbündeten bis zum Isthmos mit der Absicht in Attika einzufallen. Ihr Anführer war der Spartanerkönig Agis, Sohn des Archidamos. Unter dem Eindruck vieler Erdstöße kehrten sie wieder um und der Einfall fand nicht statt. (2) Zur selben Zeit, da die Erdbeben fortdauerten, wich in Euboia bei Orobiai das Meer von der damaligen Küstenlinie zurück, schwoll erneut an und überflutete einen Teil der Stadt. Teilweise überschwemmte es das Land für immer, andererseits zog es sich wieder zurück, und auch heute noch ist dort Meer, wo früher Land war. Auch Menschen verschlang es, soweit sie nicht schnell genug auf höher gelegenes Gelände davonlaufen konnten. (3) Auch bei der Insel Atalante in der Gegend des opuntischen Lokroi ereignete sich eine ähnliche Überschwemmung und riss etwas von der athenischen Verschanzung weg, auch von zwei an Land gezogenen Schiffen zertrümmerte sie eines. (4) Es zeigte sich auch bei Peparethos ein gewisses Zurücktreten des Meeres, freilich ohne dass eine Überflutung folgte; und ein Erdstoß brachte ein Stück der Mauer zum Einsturz wie auch das Prytaneion (Rathaus) und etliche andere Häuser. (5) Die Ursache (dieser Überschwemmungen) – so meine ich – besteht darin, dass das Erdbeben dort, wo es am stärksten war, das Meer zuerst zurückstauen ließ und dann umso gewaltiger die Überschwemmung hervorrief, wenn es plötzlich wieder heranflutete. Ohne Erdbeben glaube ich nicht, dass so etwas vorkommen könnte.

90 (1) Im selben Sommer führte man allerorten Kriege, wie sie sich für alle Beteiligten gerade ergaben: Auf Sizilien zogen sowohl die Sizilier selbst gegeneinander ins Feld, als auch die Athener samt ihren Verbündeten. Die Taten, die der Rede wert sind, entweder seitens der Athener mit ihren Verbündeten oder seitens ihrer Kriegsgegner, nur diese werde ich in Erinnerung rufen. (2) Charoiades, der Feldherr der Athener, war nämlich im Kampf gegen die Syrakusaner gefallen, daher zog Laches, der nun den Oberbefehl über die Schiffe hatte, mit den Verbündeten gegen Mylai, eine Stadt der Messenier (heute Milazzo). Es hatte sich so ergeben, dass zwei Stammesabteilungen[38] als Schutzbesatzungen im messenischen Mylai fungierten, die auch den Angreifern von den Schiffen einen Hinterhalt gelegt hatten. (3) Die Athener jedoch und ihre Verbündeten schlugen die Leute aus ihrem Hinterhalt in die Flucht und töteten viele. Auch gegen ihre Befestigung stürmten sie und zwangen sie, durch Kapitulation die Akropolis zu übergeben und gegen Messene mit in den Krieg zu ziehen. (4) Als danach die Athener und ihre Verbündeten weiter vorrückten, ergaben sich auch die Messenier selbst, stellten Geiseln und trafen die übrigen zuverlässigen Maßnahmen.

91 (1) Im selben Sommer schickten die Athener 30 Schiffe um den Peloponnes – auf ihnen führten Demosthenes[39], der Sohn des Alkisthenos, und Prokles, der Sohn des Theodoros, das Kommando – ferner 60 Schiffe nach Melos[40] und

2000 Hopliten; diese führte Nikias, der Sohn des Nikeratos. (2) Sie hatten nämlich den Wunsch, die Melier, die Inselbewohner waren und ihnen weder gehorchen noch ihrem Militärbündnis beitreten wollten, zur Kapitulation zu veranlassen. (3) Da sich die Melier trotz Verwüstung ihres Landes nicht fügten, lichteten die Athener wieder ihre Anker und fuhren von Melos nach Oropos im graischen Land.[41] Bei Nacht landeten sie dort und die Hopliten machten sich sogleich zu Fuß auf den Weg nach Tanagra in Boiotien. (4) Die Athener kamen aus der Stadt auf dem Landweg mit ihrer gesamten Heeresmacht auf ein verabredetes Zeichen an dieselbe Stelle, und Hipponikos, der Sohn des Kallias, sowie Eurymedon, der Sohn des Thukles, hatten die Führung. (5) Sie schlugen für diesen Tag ihr Lager vor Tanagra auf, verheerten (das Land) und übernachteten dort. Am folgenden Tag schlugen sie in einer Schlacht die Tanagraier, die gegen sie ausrückten, und einige Thebaner, die zu Hilfe gekommen waren. Nachdem sie Waffen erbeutet und ein Siegeszeichen aufgestellt hatten, zogen sie wieder ab, die einen in die Stadt zurück, die anderen auf die Schiffe. (6) Nikias fuhr mit seinen 60 Schiffen an Lokris vorbei, plünderte die Küstengebiete und zog dann nach Hause ab.

92 (1) Um diese Zeit gründeten die Lakedaimonier Herakleia als Tochterstadt im trachinischen Land mit folgendem gedanklichen Hintergrund: (2) Die Melier[42] insgesamt bestehen aus drei Stämmen: Paralier, Irier und Trachinier. Von diesen wurden die Trachinier in Kriegen von den angrenzenden Oitaiern fast vernichtet und wollten sich nun zuerst unter den Schutz der Athener stellen. Dann aber fürchteten sie, diese seien für sie doch nicht zuverlässig, und wandten sich darum nach Sparta; zum Gesandten wählten sie Teisamenos. (3) Auch Gesandte der Dorer beteiligten sich aus der Mutterstadt[43] der Lakedaimonier mit demselben Anliegen, denn auch ihnen wurde von den Oitaiern hart zugesetzt.

(4) Die Lakedaimonier hörten sie an und waren fest entschlossen, eine Tochterstadt zu gründen, weil sie den Trachiniern und Dorern einerseits Sicherheit verschaffen wollten, zugleich aber passte ihnen die Anlage einer Stadt vorzüglich angesichts des Krieges mit Athen. Denn man könne dort eine Flotte gegen Euboia ausrüsten, sodass die Überfahrt auf kurzem Wege vonstatten gehen und man auch den Anmarsch nach Thrakien zum eigenen Vorteil kontrollieren könne. Kurz, sie setzten alles in Bewegung, um die Siedlung anzulegen. (5) Zuerst befragten sie den Gott in Delphi; und als dieser sie dazu ermunterte, schickten sie sowohl Siedler aus ihren Reihen als auch Periöken (»Umwohner«); auch von den anderen Hellenen forderten sie jeden, der wollte, dazu auf – ausgenommen die Ionier, Achaier und einige andere Volksstämme. Als Gründer standen drei Lakedaimonier an der Spitze: Leon, Alkidas und Damagon. (6) Nachdem sie sich niedergelassen hatten, begannen sie von neuem die Stadt mit einer Mauer zu sichern, die jetzt Herakleia heißt. Sie liegt von den Thermopylen gut 40 Stadien entfernt und 20 vom Meer. Auch Schiffswerften bauten sie und errichteten eine Sperre gegen die Thermopylen gerade am Engpass, damit die Lage für sie gut gesichert sei.

93 (1) Die Athener gerieten zuerst in Furcht wegen der Stadt, die verschiedene Siedler an sich zog, und glaubten, sie werde hauptsächlich wegen Euboia angelegt, weil die Überfahrt zum (Vorgebirge) Kenaion auf Euboia kurz ist. Allerdings entwickelte sich alles in der Folge gegen ihre Erwartung, denn von dieser Stadt ging keinerlei Gefahr aus. (2) Ein Grund dafür lag bei den Thessalern, die in der dortigen Gegend die Übermacht hatten und auf deren Land Herakleia aufgebaut wurde. Sie fürchteten, ihre neuen Nachbarn könnten große Macht entfalten, und deshalb versuchten sie auf jede Art, die neuen Ansiedler kriegerisch zu vernichten, bis sie sie ganz aufgerieben hatten, obwohl sie anfangs überaus zahlreich[44] gewesen waren: Denn jeder kam zuversichtlich dorthin, wo doch die Lakedaimonier als die Gründer auftraten, und meinte, die Stadt habe eine sichere Grundlage. Freilich nicht wenig schädigte gerade die Führungsschicht, die von den Lakedaimoniern kam, die Lebensbedingungen und verursachte auch einen Bevölkerungsschwund, weil sie die breite Masse einschüchterte und hart, vielleicht auch unpassend ihre Macht ausübte, sodass die Nachbarn noch leichter ihre Übermacht gegen sie einsetzen konnten.

94 (1) Im selben Sommer und zur selben Zeit, da die Athener auf Melos zu tun hatten, stellten die Athener auf den 30 Schiffen rund um den Peloponnes zuerst bei Ellomenon auf Leukas einigen Wachsoldaten eine Falle und erschlugen sie. Später rückten sie gegen die Stadt Leukas mit verstärkter Truppe vor, und zwar mit allen Akarnanen, die sich mit Ausnahme der Oiniaden mit ihrer gesamten Heeresstärke angeschlossen hatten, mit den Zakynthiern, den Kephalleniern und 15 Schiffen aus Kerkyra. (2) Die Leukadier nun verhielten sich durch die Übermacht genötigt ruhig, obwohl ihr Land außerhalb und innerhalb der Landenge, wo auch die Stadt Leukas selbst und der Apollontempel liegen, verwüstet wurde. Die Akarnanen aber baten Demosthenes, den Feldherrn der Athener, er solle (die Leukadier) durch eine Mauer einschließen; sie waren der Ansicht, die Eroberung sei leicht und sie könnten sich von einer Stadt befreien, die ihnen immer feindlich gewesen sei. (3) Demosthenes stand zu dieser Zeit unter dem Einfluss der Messenier: Es sei für ihn rühmlich, wenn sich schon ein so großes Heer versammelt habe, die Aitoler anzugreifen, die Feinde von Naupaktos; und wenn er sie besiegt habe, werde er leicht das restliche dortige Festland für die Athener gewinnen. (4) Denn groß sei zwar das Volk der Aitoler und streitbar, aber es wohne in unbefestigten Dörfern –

noch dazu in weiter Entfernung voneinander. Da es nur leichte Bewaffnung trage, so konnten sie aufzeigen, sei es nicht schwer, es zu unterwerfen, bevor es sich zur Abwehr vereinigt habe. (5) Sie schlugen vor, zuerst die Apodoten anzugreifen, dann die Ophionen und nach diesen die Eurytanen, die den stärksten Anteil an den Aitolern ausmachen. Sie sind ganz unverständlich in ihrer Sprache und Rohfleischesser, wie man sagt. Seien die erst einmal überwältigt, so würden die anderen leicht nachgeben.

95 (1) Demosthenes ließ sich also den Messeniern zuliebe darauf ein, besonders auch, weil er meinte, er könne ohne die Streitmacht der Athener nur mit den Verbündeten auf dem Festland und den (dazu gewonnenen) Aitolern zu Lande gegen die Boioter ziehen; (er plante) nämlich, durch das Gebiet der ozolischen Lokrer nach dem dorischen Kytinion zu marschieren – den Parnassos zu Rechten – bis er ins Land der Phoker hinabkomme; diese würden sich im Sinne der alten Freundschaft mit den Athenern, so war sein Eindruck, wohl eifrig dem Zug anschließen oder auch dazu gezwungen werden können; dicht an das Phokergebiet stößt bereits Boiotien. So brach er also mit dem gesamten Heer von Leukas auf – gegen den Willen der Akarnanen – und segelte weiter nach Sollion. (2) Er teilte seine Absicht den Akarnanen mit, sie stimmten aber nicht zu, weil die Einschließung von Leukas-Stadt unterblieben war. Da zog er mit dem übrigen Heer, den Kephalleniern, Messeniern, Zakynthiern und 300 athenischen Schiffssoldaten von den eigenen Schiffen – denn die 15 Schiffe aus Kerkyra hatten sich von ihm getrennt – in den Krieg gegen die Aitoler. (3) Sein Aufmarschgebiet war Oineon in Lokris. Diese ozolischen Lokrer waren nämlich Verbündete und sie sollten im Landesinneren mit ihrer ganzen Heeresmacht zu den Athenern stoßen. Denn da sie Grenznachbarn der Aitoler und gleich wie sie ausgerüstet waren, konnte man sich von ihrer

Kriegsteilnahme großen Nutzen erwarten, weil sie die Kampfesweise der Aitoler und die örtlichen Gegebenheiten gut kannten.

96 (1) Er übernachtete mit dem Heer beim Heiligtum des nemeischen Zeus, wo der Überlieferung nach der Dichter Hesiodos von den dortigen Einwohnern getötet wurde, nachdem ihm ein Orakel dieses Schicksal geweissagt hatte, brach gleich mit der Morgenröte auf und marschierte in Aitolien ein. (2) Und er eroberte am ersten Tag Potidania, am zweiten Krokyleion und am dritten Teichion; dort blieb er und sandte die Beute nach Eupalion in Lokris. Seine Überlegung bestand darin, sich nach Naupaktos zurückzuziehen, wenn er diese Teile unterworfen habe, und dann erst später gegen die Ophionen vorzugehen, wenn sie nicht nachgeben wollten. (3) Den Aitolern war dieses Unternehmen nicht verborgen geblieben, schon von vornherein nicht, als der Plan gefasst wurde! Als aber nun das Heer eingefallen war, rückten sie alle mit großer Mannschaft zur Gegenwehr heran, sodass selbst die hintersten von den Ophionen, die gegen den malischen Golf hin ansässigen Bomier und Kallier, zu Hilfe eilten.

97 (1) Dem Demosthenes aber gaben die Messenier immer wieder die gleichen Ratschläge: Wie schon bisher zeigten sie ihm, wie leicht eine Unterwerfung der Aitoler sei; sie drängten ihn, möglichst rasch die einzelnen Dörfer anzugreifen und nicht abzuwarten, bis alle mit vereinten Kräften ihm entgegentreten, sondern immer das nächste Dorf auf seinem Weg einzunehmen. (2) Da gab er ihnen nach und fasste wegen seines Kriegsglückes Hoffnung, weil nichts sich ihm widersetzte. Er wartete die Lokrer nicht ab, deren Hilfe er gebraucht hätte, denn leichte Speerschützen benötigte er am meisten. Er marschierte also gegen Aigition, griff an und eroberte es im Sturm. Denn die Bewohner waren geflohen und hatten sich auf den Anhöhen oberhalb der Stadt

niedergelassen. Sie lag nämlich in der Nähe einer Berggegend, ungefähr 80 Stadien vom Meer entfernt. (3) Die Aitoler waren aber bereits Aigition zu Hilfe gekommen; sie fielen über die Athener und ihre Verbündeten her, wobei sie – jeder aus einer anderen Richtung – von den Höhen herabstürmten und ihre Speere schossen. Jedesmal, wenn das Heer der Athener vorrückte, wichen sie aus, wenn es sich zurückzog, drangen sie vor. Auf solche Art wogte die meiste Zeit der Kampf, immer wieder Vormarsch und Rückzug, und in beidem zogen die Athener den Kürzeren.

98 (1) Solange also die Bogenschützen aufseiten der Athener noch Pfeile hatten und sie auch verschießen konnten, hielten sie stand; denn unter Pfeilbeschuss wurden die Aitoler als Leichtbewaffnete zurückgedrängt. Als aber der Anführer der Bogenschützen gefallen war, woraufhin diese versprengt wurden, die Athener – lange Zeit von immer gleicher Anstrengung gebeutelt – erschöpft waren, die Aitoler dann ihrerseits herandrängten und ihre Speere schossen, da erst wandten sie sich zur Flucht. Weil sie aber in unwegsame Schluchten gerieten und in ein Gelände, das sie nicht kannten, hatten sie große Verluste; denn auch ihr Wegführer, der Messenier Chromon war eben erst ums Leben gekommen. (2) Die Aitoler hefteten sich als schnellfüßige und leicht bewaffnete Männer an ihre Fersen, holten viele auf der Flucht ein und machten sie nieder, indem sie sie mit ihren Speeren erstachen. Die Mehrzahl aber, die die Wege verfehlt hatte und in einen Wald geraten war, woraus es kein Entkommen gab, ließen sie in einem Ring von Feuer umkommen, das sie entfacht hatten. (3) Da bekam das Heer der Athener jegliche Art von Flucht und Untergang vor Augen geführt; nur mit Mühe entkamen die Überlebenden ans Meer und nach Oineon in Lokris, von wo sie ausgezogen waren. (4) Viele der Verbündeten fielen und von den Athenern selbst etwa 120 Hopliten. So groß war ihre Zahl, alle im besten Alter, die tapfersten Männer aus Athen, in diesem Krieg[45] gingen sie zugrunde. Gefallen war auch der zweite Feldherr Prokles. (5) Nachdem sie ihre Toten unter dem Schutz von Verträgen von den Aitolern geborgen und sich nach Naupaktos abgesetzt hatten, wurden sie anschließend auf den Schiffen nach Athen gebracht. Demosthenes aber blieb in Naupaktos und seiner Umgebung, nach diesem Geschehen fürchtete er die Athener.

99 (1) Um dieselbe Zeit segelten auch die Athener von Sizilien[46] gegen Lokris, besiegten bei einer Landung die Lokrer, die zur Abwehr herangerückt waren, und eroberten auch ein Kastell, das am Fluss Halex lag.

100 (1) Im selben Sommer noch hatten die Aitoler schon früher nach Korinth und Sparta Gesandte geschickt: den Ophionen Tolophos, den Eurytanen Boriades und den Apodoten Teisandros. Sie hatten erreicht, dass man[47] ihnen ein Heer gegen Naupaktos schickte, weil diese Stadt den Angriff der Athener heraufbeschworen habe. (2) Auch die Lakedaimonier schickten im Spätherbst 3 000 Hopliten ihrer Verbündeten. Von diesen waren 500 aus Herakleia, der damals neu gegründeten Stadt in Trachis. Der Spartiate Eurylochos führte das Heer und zur Seite standen ihm Makarios und Menedaios, beide ebenfalls aus Sparta.

101 (1) Das Heer hatte sich bei Delphi gesammelt, darauf sandte Eurylochos Herolde zu den ozolischen Lokrern. Der Weg führte nämlich durch deren Gebiet nach Naupaktos und zugleich wollte er sie aus dem Bündnis mit den Athenern herauslösen. (2) Dabei arbeiteten von den Lokrern besonders die Amphisseer mit ihm zusammen aus Furcht wegen der Feindschaft der Phoker.[48] Sie selbst stellten zuerst Geiseln und überredeten dazu auch die anderen, die vor dem heranrückenden Heer Furcht hatten: zuerst ihre Grenznachbarn, die Leute aus Myonia – dort ist es nämlich am schwersten, in Lokris einzudringen – ferner die

Ipneer, die Messapier, die Tritaier, Chalaier, Tolophonier, Hessier und Oiantheer.[49] Diese alle schlossen sich auch dem Kriegszug an. Die Olpaier stellten zwar Geiseln, mitmarschieren aber wollten sie nicht; und die Hyaier stellten keine Geiseln, bevor man ihr Dorf, das Polis heißt, nicht erobert hatte.

102 (1) Als Eurylochos all seine Vorbereitungen abgeschlossen und die Geiseln im dorischen Kytinion untergebracht hatte, marschierte er mit dem Heer durch das Gebiet der Lokrer gegen Naupaktos und nahm auf dem Marsch noch ihre Städte Oineon und Eupalion ein, denn diese hatten sich nicht ergeben. (2) Bei ihrem Eintreffen auf naupaktischem Gebiet waren zugleich auch die Aitoler herbeigeeilt; sie verwüsteten das Land und eroberten auch die Vorstadt, die keine Mauern hatte. Auch nach Molykreion kamen sie, das zwar eine Tochterstadt der Korinther aber nun den Athenern untertan war, und nahmen es ein. (3) Der Athener Demosthenes – er befand sich seit dem Rückzug aus Aitolien immer noch im Raum Naupaktos – hatte rechtzeitig vom Heereszug erfahren und fürchtete um die Stadt. Er war zu den Akarnanen gegangen und konnte sie zu einem Hilfseinsatz für Naupaktos gewinnen; dies fiel ihm schwer wegen seines (damaligen) Abzuges von Leukas. (4) Sie stellten ihm auf Schiffen 1000 Hopliten zur Verfügung, die einzogen und den Ort schützten. Denn es bestand die Gefahr, dass die wenigen Verteidiger wegen des Umfanges der Stadtmauer keinen Widerstand leisten konnten. (5) Eurylochos und seine Leute hatten bemerkt, dass die Truppe in die Stadt eingerückt und es unmöglich war, die Stadt gewaltsam zu erstürmen; daher zogen sie ab, aber nicht nach dem Peloponnes, sondern in die Aiolis, wie sie heute heißt, also nach Kalydon, nach Pleuron und die dortige Gegend und nach dem aitolischen Proschion. (6) Die Amprakioten waren nämlich zu ihnen gekommen und hatten ihnen zugeredet,

mit ihnen gegen das amphilochische Argos und das übrige Amphilochia und gleich auch gegen Akarnanien einen Angriffsversuch zu machen. Sie sagten, im Falle eines Sieges über diese werde alles auf dem Festland verbündet auf Spartas Seite stehen. (7) Und Eurylochos wurde tatsächlich dazu gewonnen, er entließ die Aitoler und lagerte in Ruhe mit seinem Heer in dieser Gegend, bis er den Amprakioten bei ihrem Aufmarsch um Argos zu Hilfe kommen sollte. Damit ging der Sommer zu Ende.

Winter 426/425

103 (1) Die Athener auf Sizilien marschierten im folgenden Winter los mit ihren hellenischen Verbündeten und den Siziliern, so weit diese mitkämpften, nachdem sie ursprünglich von Syrakus machtvoll beherrscht dessen Verbündete waren, sich dann aber losgesagt hatten. Sie griffen das sizilische Städtchen Inessa[50] an, dessen Akropolis die Syrakusaner hielten, und als sie es nicht erobern konnten, zogen sie ab. (2) Bei diesem Abzug fielen die Syrakusaner aus der Befestigungsanlage der zurückweichenden Nachhut der athenischen Verbündeten in den Rücken. Sie stürzten sich auf sie, schlugen einen Teil des Heeres in die Flucht und töteten nicht wenige. (3) Danach machten Laches und die Athener mit der Flotte einige Landungen an Lokris' Küste. Beim Fluss Kaikinos besiegten sie in einer Schlacht etwa 300 Leute, die mit Proxenos, dem Sohn des Kapaton, zur Abwehr herbeigeeilt waren; sie erbeuteten Waffen und zogen wieder ab.

104 (1) Im selben Winter vollzogen die Athener eine Reinigung auf Delos, wohl nach Weisung irgendeines Orakelspruches.[51] Auch Peisistratos, der Tyrann, hatte schon früher die Insel gereinigt, aber nicht die ganze, sondern nur so

weit man sie vom Tempel aus überblicken konnte. Damals aber wurde sie zur Gänze gereinigt: (2) Was von Gräbern der Toten auf Delos vorhanden war, alle exhumierten sie, und für die Zukunft schrieben sie vor, dass man auf der Insel weder sterben noch dort gebären dürfe, sondern nach Rheneia gebracht werden müsse. Die Entfernung zwischen Rheneia und Delos ist so gering, dass Polykrates, der Tyrann von Samos, der mit seiner Flotte eine gewisse Zeit die anderen Inseln beherrschte und auch Rheneia erobert hatte, diese Insel als Weihegeschenk für den delischen Apollon stiftete, indem er sie mit einer Kette festband an Delos. Auch das (periodische) Vierjahresfest, die Delien, feierten die Athener damals zum ersten Mal nach der Reinigung. (3) Es gab auch schon einst in alter Zeit ein großes Treffen auf Delos sowohl der Ionier als auch der ringsum wohnenden Inselbevölkerung. Mit ihren Frauen und Kindern besuchten sie das Fest, sowie jetzt die Ionier die Ephesien.[52] Dabei wurden jedes Mal sportliche und musische Wettkämpfe veranstaltet, und die Städte führten Chortänze auf. (4) Dass dergleichen stattfand, beweist am besten Homeros in folgenden Versen, die aus dem Apollonhymnos[53] stammen:

Doch wenn auf Delos, o Phoibos, Du Dich im Herzen erfreutest,
Ionier dann fürwahr in wallenden Kleidern sich sammeln
samt ihren Kindern und Frauen an Deiner heiligen Straße.
Freude bereiten sie Dir mit Faustkampf, Tanzen und Singen
Deiner gedenkend, sooft sie sich stellen geordnetem Wettkampf.

(5) Dass aber auch musischer Wettkampf stattfand und sie sich einfanden, um einen Preis zu erringen, beweist er eben-

falls an folgender Stelle in demselben Hymnos. Nachdem er nämlich den delischen Chor der Frauen gepriesen hat, schließt er sein Loblied mit folgenden Worten, in denen er auch sich selbst erwähnt:

Auf denn, gewogen sei uns Apollon und Artemis mit ihm!
Seid mir, ihr Frauen, noch alle gegrüßt! Doch meiner gedenket,
später einmal, wenn einer der erdbewohnenden Menschen
hieher käme als Fremder, in Leiden erfahren, und fragte:
»Mädchen, welcher der Männer ist euch der liebste der Sänger,
die hier verkehren und wer entzückt euch im Innern am meisten?«
Dann erwidert alle zusammen in freudigem Wohlklang[54]:
»ER, der erblindete Mann, der wohnt auf felsigem Chios.«

(6) So bezeugt uns Homeros, dass es schon in alter Zeit große Festversammlungen gab auf Delos. Später sandten die Inselbewohner und die Athener Chorreigen und Weiheopfer dorthin. Die Wettkämpfe aber hatten aufgehört, wie überhaupt das meiste, wahrscheinlich wegen der schlechten Zeiten, bis endlich die Athener den Wettkampf wieder einführten und dazu noch Pferderennen, was früher nicht vorgekommen war.

105 (1) Im selben Winter behielten die Amprakioten das Heer des Eurylochos und marschierten, wie sie es ihm versprochen hatten, gegen das amphilochische Argos mit 3000 Hopliten. Sie fielen ins argeiische Land ein und eroberten Olpai, eine starke Festung auf einem Hügel an der Meer-

seite, die die Akarnanen einst angelegt und als gemeinsamen Gerichtsort verwendet hatten. Die Entfernung von der Küstenstadt Argos beträgt etwa 25 Stadien. (2) Die Akarnanen eilten zum Teil nach Argos zu seinem Schutz, zum Teil bezogen sie Lager bei einem Ort Amphilochiens, der Krenai heißt; sie beobachteten die Peloponnesier unter Eurylochos, damit sich diese nicht unbemerkt mit den Amprakioten vereinigten. (3) Sie nahmen Verbindung zu Demosthenes auf, der das Heer der Athener gegen Aitolien befehligt hatte, (mit der Bitte) dass er als ihr Anführer auftrete; ebenfalls auch zu den 20 Schiffen der Athener, die sich gerade auf der Fahrt um den Peloponnes befanden. Auf ihnen hatten das Kommando Aristoteles, der Sohn des Timokrates, und Hierophon, der Sohn des Antimnestos. (4) Einen Boten schickten auch die Amprakioten um Olpai in ihre Stadt und verlangten, dass man ihnen mit ganzem Aufgebot zu Hilfe komme; sie befürchteten, die Truppen des Eurylochos könnten nicht an den Akarnanen vorbeikommen, und sie müssten entweder allein die Schlacht liefern, oder, wenn sie sich zurückziehen wollten, wäre auch das nicht sicher.

106 (1) Als nun die Peloponnesier unter Eurylochos erfuhren, dass die Amprakioten in Olpai eingetroffen waren, brachen sie von Proschion auf und kamen in aller Eile zu Hilfe. Sie setzten über den Acheloos und marschierten durch Akarnanien, das wegen des Entsatzes für Argos (von Verteidigern) entblößt war. Zur Rechten hatten sie die Stadt Stratos und ihre Besatzung, zur Linken das übrige Akarnanien. (2) Als sie das Gebiet der Stratier durchquert hatten, zogen sie durch Phytion und dann an der Grenze von Medeon entlang weiter durch Limnaia. Da betraten sie nun das Gebiet der Agraier, das nicht mehr Akarnanien war, sondern für sie bereits Freundesland. (3) Sie erreichten das agraische Thyamosgebirge, überschritten es und stiegen hinab ins Gebiet von Argos, als es bereits Nacht war. Hier

kamen sie zwischen der Stadt Argos und dem Wachposten der Akarnanen bei Krenai unbemerkt durch und vereinigten sich mit den Amprakioten bei Olpai.

107 (1) Peloponnesier und Amprakioten bildeten also eine gemeinsame Truppe und gingen gleich bei Tagesanbruch in Stellung; sie schlugen bei der so genannten Metropolis auch ihr Lager auf. Die Athener mit ihren 20 Schiffen liefen nicht viel später in den Golf von Amprakia ein und verstärkten die Argeier. Auch Demosthenes führte von den Messeniern 200 Hopliten und 60 Bogenschützen von den Athenern mit sich. (2) Die Schiffe ankerten und beobachteten von der See her den Hügel von Olpai. Die Akarnanen und wenige Amphilochier – denn die Mehrheit wurde von den Amprakioten mit Gewalt zurückgehalten – waren bereits vor Argos versammelt und bereiteten sich vor zur Schlacht mit ihren Feinden. Zum Anführer des gesamten Heeresverbandes wählten sie Demosthenes in Verbindung mit ihren eigenen Feldherren. (3) Dieser rückte nahe an Olpai heran und ließ ein Lager beziehen; eine große Schlucht trennte beide Heere. Und fünf Tage verhielten sich beide ruhig, am sechsten stellten sie sich zur Schlacht auf. Nun war aber das Heer der Peloponnesier größer und dehnte sich weiter aus, Demosthenes fürchtete also eine Umzingelung. Daher legte er in einem Hohlweg, der durch Buschwerk versteckt war, einen Hinterhalt, bestehend aus Hopliten und Leichtbewaffneten, zusammen etwa 400 Mann, damit diese erst beim Zusammenstoß hervorbrechen und dem zu weit ausladenden Flügel der Feinde in den Rücken fallen sollten. (4) Als für beide die Vorbereitung abgeschlossen war, gingen sie zum Nahkampf über. Demosthenes stand mit den Messeniern und wenigen Athenern auf dem rechten Flügel, den anderen bildeten die Akarnanen, nach einzelnen Stämmen aufgestellt, und die vorhandenen amphilochischen Speerschützen. Die Peloponnesier aber und die

Amprakioten standen in vermischter Aufstellung mit Ausnahme der Mantineer; sie befanden sich alle beieinander eher auf dem linken Flügel, nahmen aber nicht den äußersten Rand ein, sondern Eurylochos und seine Leute bildeten den äußersten linken Flügel gegenüber den Messeniern und Demosthenes.

108 (1) So waren sie also zum Nahkampf angetreten und die Peloponnesier versuchten gerade mit ihrem überragenden Flügel den rechten ihrer Feinde zu umzingeln, da stürmten die Akarnanen aus ihrem Hinterhalt hervor, fielen ihnen in den Rücken und schlugen sie in die Flucht; folglich konnten sie nicht standhalten, sondern suchten in ihrem Schrecken das Weite und rissen den Großteil des Heeres noch mit sich fort. Als sie nämlich sahen, wie die Truppe des Eurylochos, die noch dazu die stärkste war, geschlagen wurde, fürchteten sie sich noch mehr.

Die Messenier, die dort bei Demosthenes standen, erledigten die Hauptsache. (2) Die Amprakioten und die anderen am rechten Flügel waren auf ihrer Seite siegreich und nahmen noch bis Argos die Verfolgung auf, sind sie doch auch die größten Kämpfer von allen in dieser Gegend. (3) Als sie aber beim Rückmarsch die Hauptmacht des Heeres besiegt sahen und die anderen Akarnanen ihnen zusetzten, retteten sie sich mit knapper Not nach Olpai und viele von ihnen waren gefallen, da sie aufgelöst und ohne Ordnung daherstürzten, mit Ausnahme der Mantineer. Diese schafften ihren Rückzug mit der besten Ordnung des ganzen Heeres. So endete die Schlacht erst spät.

109 (1) Menedaios hatte am folgenden Tag nach dem Tod des Eurylochos und des Makarios den Oberbefehl übernommen. Nach dieser schweren Niederlage war er nun in der Verlegenheit, wie er im Fall seines Verbleibens eine Belagerung aushalten sollte, wo er doch von der Landseite und von der Seeseite durch die attischen Schiffe abgeschnitten sei, oder wie er im Falle eines Rückmarsches davonkommen sollte. Er nahm Verhandlungen auf mit Demosthenes und den Feldherren der Akarnanen über Waffenstillstand und Rückzug, zugleich auch über die Bergung der Toten. (2) Die Toten gaben sie zwar heraus, stellten selbst ein Siegeszeichen auf und bargen auch ihre eigenen ungefähr 300 Gefallenen, doch den Rückzug für alle sicherten sie öffentlich nicht zu, heimlich aber gestattete Demosthenes mit seinen Mitfeldherren von den Akarnanen den Mantineern, Menedaios, den übrigen Anführern der Peloponnesier und soweit es noch besonders angesehene Leute unter ihnen gab, in aller Eile abzuziehen. Er wollte damit die Amprakioten und die Masse der Söldnertruppe isolieren, vor allem aber die Lakedaimonier und Peloponnesier bei den dortigen Hellenen in Verruf zu bringen war seine Absicht, als ob sie Verräter wären und ihren eigenen Vorteil mehr im Auge gehabt hätten. (3) Diese holten also ihre Toten und in Eile begruben sie sie, wie es eben ging; und ihren Abzug bereiteten heimlich die vor, denen er gestattet war.

110 (1) Da wurde Demosthenes und den Akarnanen gemeldet, dass die Amprakioten aus ihrer Stadt mit ganzem Aufgebot auf die erste Meldung von Olpai durch amphilochisches Gebiet zur Verstärkung heranrückten und sich mit denen in Olpai vereinigen wollten, weil sie vom bisherigen Geschehen nichts wussten. (2) Und sogleich schickte er einen Teil seiner Soldaten aus, die auf den Straßen im Voraus Hinterhalte legen und die festen Plätze vorweg besetzen sollten; zugleich rüstete er sich auch, mit dem übrigen Heer gegen sie auszurücken.

111 (1) In der Zwischenzeit waren die Mantineer und die, mit denen das Abkommen geschlossen war, fortgegangen, angeblich um Früchte zu suchen und Holz zu sammeln; in Kleingruppen entfernten sie sich allmählich und sammelten zugleich das, wonach sie vorgeblich ausgegangen waren. Als

sie schon weit außerhalb von Olpai unterwegs waren, beschleunigten sie ihren Abgang. (2) Die Amprakioten und die anderen, die sich auf diese Weise allein gelassen[55] fanden, traten geschlossen zusammen, und als sie durchschaut hatten, dass sich jene davonmachten, stürmten sie selbst im Laufschritt voran und wollten sie einholen. (3) Die Akarnanen[56] meinten zuerst, dass auch alle anderen insgesamt vertragswidrig fortgingen, und verfolgten gleichermaßen die Peloponnesier; und es kam vor, dass so mancher einen Speer nach den eigenen Feldherren schoss – man verdächtigte sie des Verrates –, als diese einschritten und sagten, es sei vertraglich mit ihnen vereinbart. Da ließen sie dann doch die Mantineer und Peloponnesier abziehen, die Amprakioten aber wollten sie töten. (4) Dabei gab es viel Streit und Ungewissheit, ob einer Amprakiote oder Peloponnesier war. Etwa 200 von ihnen töteten sie, die Übrigen entkamen auf das angrenzende Land der Agraier; Salynthios, der König der Agraier, war ihr Freund und nahm sie auf.

112 (1) Die Amprakioten aus der Stadt erreichten (inzwischen) Idomene. Dieses Idomene besteht aus zwei hohen Hügeln; den größeren hatten die Leute, die von Demosthenes bei Einbruch der Dunkelheit – ohne dass man es merkte – dem Heer vorausgeschickt worden waren, vorweg besetzt und ein Lager eingerichtet, den kleineren hatten zufällig die Amprakioten früher erstiegen. (2) Demosthenes und das restliche Heer marschierten nach dem Essen am frühen Abend sogleich los, er selbst mit einer Hälfte auf den Pass zu, die andere Hälfte über die amphilochischen Berge. (3) Im Morgengrauen fiel er über die Amprakioten her, die noch auf ihrem Lager schliefen und nichts gemerkt hatten von allem, was vor sich gegangen war, sondern jene viel eher für eigene Leute hielten. (4) Denn die Messenier hatte Demosthenes absichtlich als Erste voran aufgestellt und ihnen befohlen, ihre dorische Sprache hören zu lassen und so die Vorposten in Sicherheit zu wiegen, zumal sie aufgrund ihres Aussehens nicht entdeckt werden konnten, da es noch Nacht war. (5) Sowie also Demosthenes mit dem Überfall auf ihr Heer begonnen hatte, schlugen sie sie auch schon in die Flucht und machten die meisten noch an Ort und Stelle nieder; die Übrigen stürmten auf ihrer Flucht über die Berge davon. (6) Weil aber die Wege im Vorhinein besetzt waren und gleichzeitig die Amphilochier ihr eigenes Land gut kannten, dazu noch leichte Ausrüstung hatten im Vergleich zu den Hopliten, gingen die Amprakioten ortsunkundig und ohne Ahnung, wohin sie sich wenden sollten, zugrunde, nachdem sie in Schluchten und vorher gelegte Hinterhalte geraten waren. (7) Sie gestalteten ihren Fluchtweg auf jede Art, einige wandten sich auch zum Meer, das nicht weit entfernt lag. Als sie die attischen Schiffe erblickten, die durch Zufall gleichzeitig mit dem Kampf die Küste entlangfuhren, schwammen sie hin. In ihrer augenblicklichen Panik waren sie der Auffassung, es sei für sie besser, von den Männern auf den Schiffen umgebracht zu werden, wenn es schon sein müsse, als von den Barbaren, diesen verhassten Amphilochiern … (8) Die Amprakioten waren also auf solche Art geschlagen worden, und nur wenige von vielen retteten sich in die Stadt. Die Akarnanen nahmen den Toten die Rüstungen ab, stellten Siegeszeichen auf und zogen ab nach Argos.

113 (1) Dorthin kam tags darauf ein Herold der Amprakioten, die von Olpai zu den Agraiern entkommen waren. Er sollte um die Bergung der Leichen derer bitten, die sie noch in der ersten Schlacht niedergehauen hatten, als sie mit den Mantineern und den im Vertrag Genannten zu entkommen versuchten, ohne dass das Abkommen für sie gegolten hätte. (2) Da sah der Herold die Waffenausrüstung der Krieger aus der Stadt der Amprakioten und wunderte sich über ihre große Zahl. Denn er wusste nichts von der Unglücksschlacht (bei Idomene), sondern glaubte, sie seien von ihrer Truppe. (3) Und jemand fragte ihn, worüber er sich so wundere, und wie viele denn gefallen seien, wobei der Frager wiederum meinte, der Herold sei von der Truppe bei Idomene. Dieser sagte: »Ungefähr 200.« Darauf erwiderte der Frager und sagte: (4) »Nach den Rüstungen hier ist das aber augenscheinlich nicht so, sondern es sind mehr als 1000.« Daraufhin entgegnete der andere: »Dann gehören sie nicht unseren Leuten, die gekämpft haben?« »Aber sicher doch«, antwortete jener, »wenn ihr bei Idomene gestern gekämpft habt.« »Aber wir haben gestern mit gar niemanden gekämpft, sondern vorgestern beim Rückzug.« »Und mit denen da haben wir wirklich gestern erst gekämpft, als sie aus der Hauptstadt der Amprakioten herbeigeeilt waren.« (5) Als der Herold dies gehört hatte und ihm klar geworden war, dass auch das Entsatzheer aufgerieben war, ließ er seiner Wehklage freien Lauf, und entsetzt über das Ausmaß des hereingebrochenen Unglücks ging er sogleich fort, ohne seinem Auftrag nachzukommen: Er verlangte gar nicht mehr nach den Toten. (6) Denn dieser Schicksalsschlag war für eine einzige Hellenenstadt in so wenigen Tagen wirklich der schwerste von allen im Verlauf dieses Krieges. Die Zahl der Gefallenen wollte ich nicht niederschreiben, denn es wird eine unglaubwürdige Menge von Umgekommenen angegeben, jedenfalls im Verhältnis zur Größe der Stadt. Amprakia hätten – so viel allerdings weiß ich – die Akarnanen und Amphilochier beim ersten Kriegsgeschrei schon erobert, wenn sie es den Athenern und Demosthenes folgend hätten erobern wollen. Nun aber fürchteten sie, dass die Athener im Besitz der Stadt für sie noch lästigere Nachbarn sind.

114 (1) Danach überließen sie (die Akarnanen) ein Drittel der Beutewaffen den Athenern und verteilten die restlichen unter ihre Städte. Die Beute der Athener wurde ihnen während der Seefahrt weggenommen.[57] Die jetzt noch als Weihegeschenke in attischen Heiligtümern ausgestellten 300 Hopliten-Vollrüstungen waren für Demosthenes persönlich ausgewählt worden, und er führte sie auch bei seiner Rückfahrt mit sich. Denn für ihn gestaltete sich nach dem Unglück in Aitolien die Rückkehr aufgrund dieses Erfolges weniger bedenklich. (2) Die Athener in den 20 Schiffen fuhren ab nach Naupaktos. Die Akarnanen und Amphilochier gewährten nach dem Abmarsch der Athener und des Demosthenes den zu Salynthios und den Agraiern entkommenen Amprakioten und Peloponnesiern freien Abzug aus Oiniadai, wohin sie sich nach dem Aufbruch von Salynthios begeben hatten. (3) Und für die Zukunft schlossen die Akarnanen und Amphilochier einen Friedens- und Bündnisvertrag für 100 Jahre mit den Amprakioten. Danach sollten weder die Amprakioten mit den Akarnanen in den Krieg ziehen dürfen gegen die Peloponnesier, noch auch die Akarnanen mit den Amprakioten gegen die Athener; aber verteidigen sollten sie ihr Gebiet auf Gegenseitigkeit. Die Amprakioten sollten zurückgeben, was sie an Land oder Geiseln von den Amphilochiern hätten; nach Anaktorion sollten sie keine Hilfe leisten, weil es mit den Akarnanen auf Kriegsfuß stand. (4) In diesen Punkten einigten sie sich und stellten den Krieg ein. Danach entsandten die Korinther etwa 300 ihrer Hopliten als Besatzung nach Amprakia und als Kommandanten Xenokleidas[58], den Sohn des Euthykles. Diese trafen dort auf dem beschwerlichen Festlandweg ein. So waren die Dinge um Amprakia verlaufen.

115 (1) Die Athener in Sizilien[59] unternahmen im selben Winter von ihren Schiffen aus eine Landung gegen das Gebiet von Himera, während die Sizilier vom Binnenland her in das Grenzgebiet von Himera eingefallen waren; auch gegen die Aiolischen Inseln waren sie ausgefahren[60]. (2) Bei ihrer Rückkehr nach Rhegion trafen sie dort auf Pythodoros,

den Sohn des Isolochos, als (neuen) Feldherrn der Athener, der Laches in seinem Flottenkommando abgelöst hatte.[61] (3) Die Verbündeten auf Sizilien waren nämlich nach Athen gefahren und hatten dort eine Verstärkung mit noch mehr Schiffen für sich erreicht. Denn zu Lande waren ihnen die Syrakusaner zwar überlegen, aber mit (den bisher) wenigen Schiffen wurden sie vom Meer verdrängt; sie schickten sich an, eine Flotte aufzubauen, um dies nicht weiter mit ansehen zu müssen.[62] (4) Wirklich statteten die Athener 40 Schiffe mit Mannschaften aus, um sie ihnen zu schicken, einmal weil sie meinten, den Krieg dort früher zu Ende zu bringen, und gleichzeitig eine Übungsmöglichkeit für die Flotte zu schaffen. (5) Den einen der Feldherrn, Pythodoros, hatten sie bereits mit wenigen Schiffen vorausgeschickt. Mit einer größeren Zahl wollten sie Sophokles, den Sohn des Sostriades, und Eurymedon, den Sohn des Thukles, nachschicken. (6) Pythodoros, der schon an Stelle des Laches das Kommando über die Schiffe übernommen hatte, fuhr am Ende des Winters aus gegen die lokrische Festung, die früher Laches eingenommen hatte, wurde aber in einer Schlacht von den Lokrern besiegt und fuhr wieder ab.

116 (1) Da ergoss sich gerade bei Beginn dieses Frühjahrs ein feuriger Lavastrom aus dem Ätna, wie schon früher, und vernichtete einen Teil des Landes der Katanier, die am Fuß des Ätna wohnen, der in Sizilien der größte Berg ist. (2) Man sagt, dieser Ausbruch sei im fünfzigsten Jahr nach dem vorangegangenen erfolgt und im Ganzen sei der Berg dreimal ausgebrochen, seitdem Sizilien von Hellenen bewohnt werde. (3) Das also ereignete sich in diesem Winter und damit endete das sechste Jahr dieses Krieges, den Thukydides beschrieb.

Viertes Buch

Siebentes Kriegsjahr

Sommer 425

1 (1) Im folgenden Sommer zur Zeit, da das Getreide die ersten Ähren ansetzte[1], fuhren zehn Schiffe von Syrakus und gleich viel von Lokroi aus und nahmen Messene in Sizilien ein. Die Einwohner hatten sie selbst herbeigerufen und Messene trat aus dem Bündnis mit den Athenern aus.[2] (2) Dies hatten die Syrakusaner vor allem im Hinblick darauf unternommen, dass der Ort eine günstige Landungsmöglichkeit auf Sizilien bietet und sie befürchteten, die Athener könnten einmal von dort ausgehend mit größerer Macht einen Angriff auf sie unternehmen; die Lokrer wollten aus Hass Rhegion von beiden Seiten her niederkämpfen. (3) Auch waren die Lokrer zur gleichen Zeit mit ihrem ganzen Heer in das Gebiet der Rheginer eingedrungen, damit diese nicht Messene zu Hilfe kämen, zum Teil auch, weil Verbannte aus Rhegion, die bei ihnen waren, ebenfalls dazu aufforderten. Denn Rhegion war durch lange Zeit in Bürgerzwiste verwickelt, so war es im Augenblick unmöglich, die Lokrer abzuwehren, weshalb diese umso heftiger ihre Angriffe wiederholten. (4) Die Lokrer richteten Verwüstungen an, zogen aber mit ihrem Landheer wieder ab, die Schiffe jedoch bewachten Messene. Auch andere Schiffe, die bereits ausgestattet wurden, sollten dort ankern und von dort den Krieg weiter betreiben.

2 (1) Um dieselbe Zeit im Frühjahr, bevor das Getreide zur Reife gelangt war, fielen Peloponnesier und ihre Verbündeten in Attika ein, es führte sie der Spartanerkönig Agis, der Sohn des Archidamos. Sie setzten sich fest und verwüsteten das Land. (2) Die Athener aber schickten die 40 Schiffe nach Sizilien, sobald sie diese fertig gestellt hatten, und ebenfalls die noch ausstehenden Feldherren Eurymedon und Sophokles; denn Pythodoros, der dritte von ihnen, war schon früher in Sizilien angekommen. (3) Sie trugen diesen auf, sich im Vorüberfahren auch der Kerkyraier in ihrer Stadt anzunehmen, die unter den Raubzügen ihrer Verbannten im Gebirge zu leiden hatten.[3]

Auch von den Peloponnesiern waren schon 60 Schiffe dorthin gefahren als Beistand für die im Gebirge. Man hoffte auch, bei der herrschenden großen Hungersnot in der Stadt die Sache leicht in den Griff zu bekommen. (4) Demosthenes, der seit seiner Rückkehr aus Akarnanien als Privatmann lebte, betrauten sie auf seine Bitte mit dem Einsatz dieser Schiffe in den Gewässern des Peloponnes, wenn er das wolle.

3 (1) Als sie auf ihrer Fahrt die Küste Lakoniens entlang gekommen waren und erfuhren, dass die Schiffe der Peloponnesier bereits vor Kerkyra seien, drängten Eurymedon und Sophokles nach Kerkyra, Demosthenes trat dafür ein, zunächst Pylos anzulaufen, um dort das Nötige einzuleiten und erst dann (nach Kerkyra) weiterzufahren. Sie widersprachen ihm, doch da kam durch Zufall ein Sturm auf und verschlug die Schiffe nach Pylos. (2) Demosthenes verlangte sogleich, dass der Platz befestigt werde, denn gerade deshalb sei er mitgefahren; auch wies er auf die große Fülle an Holz und Steinen hin sowie darauf, dass der Platz durch seine natürliche Lage gesichert und überdies noch auf eine weite Strecke hin unbewohnt sei. Denn die Entfernung von Pylos bis Sparta beträgt ungefähr 400 Stadien auf einem Landstrich, der einst Messenien war; die Lakedaimonier nennen es Koryphasion. (3) Die anderen Feldherren hielten dagegen, es gebe viele unbewohnte Vorgebirge auf dem Peloponnes, wenn er sie besetzen und den Staat in Unkosten stürzen wolle. Ihm aber schien der Ort doch etwas Besonderes zu sein im Vergleich zu anderen: Es war ein Hafen vorhanden, und die Messenier, die von alters her dort heimisch seien und die auch denselben Dialekt wie die Lakedaimonier sprächen, würden diesen (den Lakedaimoniern) bei Streifzügen von da aus sehr viel Schaden zufügen können und für den Platz eine zuverlässige Besatzung sein.

4 (1) Da er weder die Feldherren noch die Soldaten – später hatte er auch den Taxiarchen seine Pläne mitgeteilt – überzeugen konnte, musste er untätig bleiben, bis die Soldaten, die sich wegen der Unmöglichkeit abzusegeln langweilten, ganz von selbst der Eifer überkam, den Ort ringsum mit Mauern zu sichern. (2) Sie packten also tüchtig zu und wollten arbeiten, hatten aber keine Eisenwerkzeuge zur Steinbearbeitung. Da suchten sie Steine entsprechend aus, trugen sie herbei und fügten sie zusammen, wie jedes Stück eben passte. Den Lehm, wo man ihn unbedingt brauchte, trugen sie in Ermangelung von Körben auf dem Rücken herbei, indem sie sich vorbeugten, damit er liegen bliebe, und beide Hände auf dem Rücken verschränkten, damit er nicht abrutschte. (3) Auf jede Weise beeilten sie sich, die Abschnitte mit der besten Angriffsmöglichkeit rasch auszubauen, bevor noch die Lakedaimonier zur Abwehr anrücken sollten. Der Großteil des Platzes war an sich schon gesichert und benötigte keinerlei Mauer.

5 (1) Die (Lakedaimonier) aber feierten gerade ein Fest und maßen der Sache keine Bedeutung bei, als sie davon erfuhren; wenn sie ausrückten, dann würden die Athener ihnen entweder gar keinen Widerstand entgegensetzen, oder sie würden leicht gewaltsam (diese Festung) erobern. Auch die Tatsache, dass ihr Heer immer noch in Attika stand, hielt sie etwas ab.

(2) Nachdem die Athener ihren Platz gegen das Festland zu und dort, wo es am meisten nötig war, in sechs Tagen be-

festigt hatten, ließen sie Demosthenes mit 5 Schiffen als Bedeckung dort zurück. Mit der Mehrzahl der Schiffe nahmen sie beschleunigten Kurs auf Kerkyra und Sizilien.

6 (1) Als nun die Peloponnesier in Attika erfuhren, dass Pylos besetzt sei, zogen sie eilig nach Hause. Sowohl die Lakedaimonier als auch König Agis meinten, dass die Sache mit Pylos ihnen besonders nahe gehe. Ferner waren sie auch jahreszeitlich früh eingefallen und das Getreide war noch grün, daher wurde es knapp mit der Verpflegung für die meisten, und drittens stellte sich eine für die Jahreszeit ungewöhnlich raue Witterung ein, die dem Heer zu schaffen machte. (2) So trug mancherlei dazu bei, dass sie rascher ihren Rückmarsch antraten und dieser Einfall am kürzesten dauerte, denn nur fünfzehn Tage waren sie in Attika geblieben.

7 (1) Um dieselbe Zeit eroberte Simonides, ein Feldherr der Athener, durch Verrat Eion in Thrakien, eine Kolonie von Mende, die mit ihnen aber nun[4] verfeindet war. Er hatte dazu wenige Athener aus den Besatzungen und eine große Zahl von dortigen Verbündeten versammelt. Sogleich waren die Chalkidier und Bottier zur Abwehr herbeigeeilt, er wurde also wieder hinausgeworfen und verlor viele Soldaten.

8 (1) Als sich die Peloponnesier, die in Attika waren, zurückgezogen hatten, rückten die Spartiaten selbst mit den Periöken der nächsten Umgebung sogleich gegen Pylos vor, bei den übrigen Lakedaimoniern ging der Anmarsch langsamer vor sich, waren sie doch eben erst von einem anderen Feldzug zurückgekehrt. (2) Im ganzen Peloponnes gaben sie den Befehl aus, so schnell wie möglich gegen Pylos zu marschieren, und benachrichtigten ihre 60 Schiffe bei Kerkyra. Diese wurden über die Landenge von Leukas geschleppt und trafen, ohne dass die attischen Schiffe in Zakynthos es merkten, bei Pylos ein. Dort war bereits das Landheer vor

Ort. (3) Demosthenes hatte schon vorher, als die peloponnesische Flotte noch unterwegs war, heimlich zwei Schiffe an Eurymedon und die Athener auf der Flotte bei Zakynthos abgeschickt, um ihnen zu melden, unverzüglich zu kommen, da der Platz in Gefahr sei. (4) Die Schiffe fuhren auch in rascher Fahrt dahin, wie Demosthenes ihnen befohlen hatte. Unterdessen machten die Lakedaimonier Anstalten, die Festung von der Land- und Seeseite anzugreifen. Sie hofften, das in Eile angelegte und nur schwach besetzte »Bauwerk« leicht erobern zu können. (5) Da sie auf den Entsatz durch die attische Flotte aus Zakynthos gefasst waren, planten sie, falls sie die Feste nicht etwa vorher einnähmen, die Hafeneinfahrten zu blockieren, damit die Athener dort nicht anlegen könnten. (6) Denn die Sphakteria genannte Insel erstreckt sich entlang dem Hafen und ist diesem vorgelagert, sie macht ihn sicher und die (beiden) Einfahrten schmal, sodass durch die eine auf der Seite von Pylos und der athenischen Befestigungen zwei, durch die andere auf der gegenüberliegenden Festlandseite acht bis neun Schiffe gleichzeitig einlaufen können. Die Insel war mit Gehölz bewachsen und gänzlich unwegsam, weil menschenleer; ihre Länge beträgt etwa 15 Stadien.[5] (7) Die Einfahrten wollten sie also mit den Schiffen – dicht beisammen und den Bug nach außen – sperren. Auf diese Insel selbst setzten sie Hopliten über aus Furcht, die Athener könnten von dort aus etwas gegen sie unternehmen, und ebenso besetzten sie mit anderen die Festlandsküste. (8) So werde nämlich für die Athener sowohl die Insel Feindesland sein als auch das Festland, das keine Landung ermöglicht. Denn was von Pylos außerhalb der Einfahrt gegen das offene Meer zu liegt, hat keinen Hafen und würde ihnen keinen Punkt darbieten, von dem ausgehend sie ihre Leute unterstützen könnten. Aller Wahrscheinlichkeit nach würden sie selbst ohne das Risiko einer Seeschlacht den Platz erstürmen, da er nicht mit Verpflegung versorgt und mit geringen Vorkehrungen besetzt worden sei. (9) Mit solchen Plänen setzten sie die Hopliten zur Insel über, nachdem sie sie aus allen Abteilungen durch das Los bestimmt hatten. Es gingen zwar anfangs auch andere zur Ablösung hinüber, zum Schluss aber waren es 420 mit ihren Heloten, die dort abgeschnitten waren. Das Kommando über sie hatte Epitadas, der Sohn des Molobros.

9 (1) Als Demosthenes sah, wie die Lakedaimonier mit Flotte und Fußtruppe zugleich angreifen wollten, traf auch er Vorkehrungen. Die (drei) Trieren, die er von den zurückgelassenen Schiffen noch hatte, zog er an Land unter den Schutz der Befestigung und sicherte sie mit Palisaden ab. Die Mannschaft rüstete er mit Schilden aus, die freilich notdürftig und meist aus Weiden geflochten waren. Es waren nämlich keine Waffen in diesem unbewohnten Land zu bekommen, und auch diese hatten sie von einem dreißigrudrigen messenischen Piratenschiff und einem Schnellsegler erhalten, die gerade rechtzeitig vorbeigekommen waren. Etwa 40 Hopliten dieser Messenier standen zur Verfügung, die er mit den anderen einsetzte. (2) Den größten Teil seiner Leute mit und ohne Rüstung verteilte er auf die festesten und am besten zu haltenden Stellen des Platzes auf der Landseite mit dem Befehl, die (feindliche) Fußtruppe abzuwehren, wenn sie angreife. Er selbst wählte sich aus allen insgesamt 60 Hopliten und einige Bogenschützen aus und stieg außerhalb der Befestigung zum Meer hinab, da er dort am ehesten erwartete, dass die Feinde an Land zu gehen versuchten. Das Gelände fiel zwar steil und felsig gegen das offene Meer ab, aber weil ihre eigene Befestigung dort am schwächsten war, würden sie seiner Ansicht nach darauf ihr Augenmerk richten, um gewaltsam einzudringen. (3) Die Athener selbst hatten sich gar nicht bemüht, die Befestigung stark zu machen in der Erwartung, niemals von Schiffen be-

siegt zu werden; doch wenn die Feinde eine Landung erzwängen, könne der Platz eingenommen werden. (4) An diesen Punkt, unmittelbar bis ans Meer, rückte er heran, stellte die Hopliten auf, um nach Möglichkeit diese Absperrung einzurichten, und ermutigte sie auf solche Art:

10 (1) »Männer, mit mir zu diesem Wagnis entschlossen! Keiner von euch soll in dieser Bedrängnis den Eindruck erwecken wollen, gescheit zu sein, indem er sich all den Schrecken, der uns umgibt, in Gedanken ausmalt. Nein, vielmehr muss man ohne diese Rücksichten mit Zuversicht den Feinden zu Leibe rücken und wohl daraus seine Überlegenheit gewinnen! Wenn es nämlich so weit in unserer Zwangslage gekommen ist wie jetzt, dann ist kluges Abwägen am wenigsten gefragt, sondern es bedarf des Wagnisses, und das sehr rasch! (2) Ich sehe sogar, die Sache liegt eher günstig für uns, wenn wir standhalten und nicht aus Furcht vor ihrer Überzahl unsere Vorteile feige preisgeben wollen. (3) Die Schwierigkeit, dieses Gelände zu betreten, rechne ich als unseren Vorteil, der unser Verbündeter wird, wenn wir standhalten. Weichen wir zurück, wird es trotz seiner Steilheit leicht zugänglich sein, weil niemand entgegentritt. Auch werden wir dann einen Feind haben, der noch unerbittlicher ist, weil er keine leichte Rückzugsmöglichkeit mehr hat, mag er auch von uns überwunden werden. Solange (die Feinde) noch auf den Schiffen sind, können wir sie leicht abwehren, sind sie aber gelandet, dann ist die Lage schon ausgeglichen. (4) Auch ihre Menge muss man nicht sehr fürchten. Wenn auch ihr Heer zahlreich ist, wegen der Schwierigkeit der Landung wird es nur in kleinen Abteilungen kämpfen. Wir haben es nicht mit einem Landheer zu tun, das unter gleichen Umständen an Zahl überlegen wäre, sondern das von Schiffen aussteigt, für die die zahlreichen Zufälle auf dem Meer maßgeblich sind. (5) Somit werden, wie ich glaube, die Schwierigkeiten, mit denen sie zu kämp-

fen haben, ein Ausgleich sein für unsere (geringe) Zahl. Gleichzeitig verlasse ich mich darauf, dass ihr Athener seid und aus Erfahrung wisst, eine Flotteninvasion angesichts des Feindes kann nicht erzwungen werden, wenn dieser nur standhält und nicht aus Angst vor der brausenden See und unter dem überwältigenden Eindruck der anfahrenden Flotte davonläuft. Haltet auch ihr selbst jetzt stand und wehrt euch bereits hier an der Brandung, um euch und den Platz zu retten!«

11 (1) Bei solchem Zuspruch des Demosthenes fassten die Athener noch größeren Mut, sie stiegen hinab und stellten sich dicht am Meer auf. (2) Die Lakedaimonier aber eröffneten nun den Angriff auf die Befestigung zu Lande mit ihrem Heer und zugleich mit ihren 43 Schiffen. An Bord dieser Schiffe fuhr der Flottenbefehlshaber Thrasymelidas, Sohn des Kratesikles, ein Spartiate. Er griff da an, wo Demosthenes es erwartet hatte. (3) Und die Athener standen an beiden Seiten, nach dem Land und zum Meer hin, abwehrbereit, da bildeten die Lakedaimonier aus ihrer Flotte kleine Abteilungen, weil es nicht möglich war, mit einer größeren Zahl anzulegen. Sie ließen nach Abteilungen ausruhen und wiederholten ihre Landeversuche, wobei sie allen Mut bewiesen, verbunden mit gegenseitigem Anfeuern, ob sie nicht doch den Durchbruch schaffen und die Festung einnehmen könnten. (4) Vor allen anderen wurde Brasidas zum leuchtenden Beispiel. Er befehligte nämlich eine Triere und sah, wie die (anderen) Trierarchen und Steuerleute wegen der schwierigen Küste, selbst wo eine Landung allenfalls noch möglich schien, zurückschreckten und vermeiden wollten, ihre Schiffe zerschellen zu lassen. Laut brüllte er ihnen zu, es sei unvernünftig, ein paar Hölzer zu schonen und dabei über die Feinde hinwegzusehen, wie sie im Land eine Festung gebaut hätten. Sie sollten nur eine Landung erzwingen und ihre eigenen Schiffe zertrümmern. Er forderte

auch die Verbündeten auf, sie sollten nicht zurückschrecken, den Lakedaimoniern für ihre großen Verdienste ihre Schiffe in der gegenwärtigen Lage zu opfern; sie sollten sie nur auflaufen lassen und auf jede mögliche Art an Land gehen, um die Feinde und den Platz zu überwältigen.

12 (1) Und die anderen riss er zu solchem Tun mit, dabei zwang er seinen eigenen Steuermann, das Schiff auflaufen zu lassen, und betrat schon die Landungsbrücke. Beim Versuch auszusteigen wurde er von den Athenern zurückgeschlagen, und vielfach verwundet verlor er das Bewusstsein. Als er dann noch in den Schiffsraum stürzte, fiel sein Schild ins Meer; weil er an Land getrieben wurde, holten ihn die Athener heraus und brachten ihn später am Siegeszeichen an, das sie anlässlich dieses Zusammenstoßes errichteten. (2) Die Übrigen bemühten sich zwar sehr, waren aber außerstande auszusteigen wegen der örtlichen Schwierigkeiten und der Ausdauer der Athener, die kein bisschen zurückwichen. (3) Soweit hatte sich das Blatt gewendet, dass die Athener vom Land aus – noch dazu von lakonischem Land aus – die Spartaner abwehrten, die sie mit Schiffen angriffen, dass andererseits die Lakedaimonier von einer Flotte aus auf ihrem eigenen, zum Feindesland gewordenen Territorium gegen die Athener eine Landung versuchten. Denn die Größe des Ruhmes bestand zur damaligen Zeit für die Landmacht (Sparta) darin, dass sie mit ihrer Fußtruppe am mächtigsten war, für die Seemacht (Athen), dass sie durch ihre Flotte am meisten überlegen war.

13 (1) Diesen ganzen Tag hindurch und einen Teil des nächsten hatten sie mit Landeversuchen verbracht, dann aber aufgegeben. Am dritten Tag hatten sie einige Schiffe an der Küste entlang nach Asine geschickt, um Hölzer für Belagerungsmaschinen zu holen. Sie hatten sich nämlich Hoffnungen gemacht, von der Hafenseite her, wo die Mauer zwar hoch, aber doch eine Landung am besten (möglich)

war, den Platz durch Belagerungsmaschinen einzunehmen. (2) Zu diesem Zeitpunkt aber trafen die 40[6] Schiffe der Athener aus Zakynthos ein; es hatten sich ihnen nämlich noch einige Wachschiffe aus Naupaktos und vier aus Chios zur Verstärkung angeschlossen. (3) Als diese nun Festland und Insel voll von Hopliten und die Schiffe ohne auszulaufen im Hafen liegen sahen, wussten sie selbst nicht, wo sie landen sollten. So fuhren sie fürs Erste Prote an, eine unbewohnte Insel, die nicht weit entfernt liegt, und brachten dort die Nacht zu. Am folgenden Tag stachen sie in See, zur Schlacht gerüstet, wenn ihnen die Feinde aufs offene Meer entgegenkommen wollten, anderenfalls um selbst zum Angriff (in den Hafen) einzufahren. (4) Die Lakedaimonier aber fuhren ihnen weder entgegen noch hatten sie es zuwege gebracht, die Hafeneinfahrten zu blockieren, was sie beabsichtigt hatten, sondern in aller Ruhe waren sie an Land damit beschäftigt, die Schiffe mit Mannschaften zu besetzen, und Vorkehrungen zu treffen, um jedem Eindringling im Hafen selbst, der nicht klein ist, die Seeschlacht zu liefern.

14 (1) Als die Athener das merkten, ruderten sie durch beide Einfahrten herein auf sie los, fielen über die Schiffe her, die größtenteils bereits flott gemacht und klar zum Gefecht waren, und trieben sie in die Flucht. Bei der Verfolgung beschädigten sie aus geringem Abstand noch viele, fünf erbeuteten sie und eines davon mit der gesamten Mannschaft. Die Übrigen, die an Land geflüchtet waren, griffen sie dort an. Andere wieder, deren Besatzung eben erst an Bord ging, wurden gerammt, bevor sie noch auslaufen konnten; andere nahmen sie leer ins Schlepptau, weil die Mannschaft davongelaufen war. (2) Die Lakedaimonier (des Landheeres), die das mit ansahen, waren vor Schmerz über das Missgeschick außer sich, weil ihre Männer auf der Insel nun abgeschnitten wurden. Sie kamen zu Hilfe und wateten

in voller Waffenrüstung ins Meer, packten die Schiffe und versuchten, sie rückwärts zu ziehen. In diesem Moment glaubte jeder, die Sache gelinge nicht, wo immer er nicht selbst tatkräftig mitwirkte. (3) Und so entwickelte sich ein gewaltiges Getümmel um die Schiffe, wobei beide ihre Rollen vertauscht hatten. Denn die Lakedaimonier in ihrer verzweifelten Kampfeswut lieferten – man kann es nicht anders ausdrücken – vom Land aus eine Seeschlacht, die Athener wiederum, den Sieg vor Augen mit dem Wunsch, ihr gegenwärtiges Kriegsglück möglichst voll auszunützen, kämpften von den Schiffen aus wie Landtruppen. (4) Äußerst hart nahmen sie einander her unter vielen Verwundungen, bis sie sich trennten. Die Lakedaimonier brachten die leeren Schiffe mit Ausnahme der zuerst erbeuteten in Sicherheit. (5) Da bezogen nun beide ihr Lager, die einen stellten ein Siegeszeichen auf, gaben die Toten heraus und bemächtigten sich der Schiffstrümmer. Auch die Insel umfuhren sie sogleich und hielten sie unter Bewachung, da ja die Leute darauf abgeschnitten waren. Die Peloponnesier auf dem Festland samt denen, die von allen Seiten schon zur Verstärkung zu ihnen gestoßen waren, verblieben im Raum um Pylos.

15 (1) Als die Kunde von den Ereignissen bei Pylos nach Sparta kam, beschlossen sie, wegen der Schwere des Schlages sollten die leitenden Amtsträger zum Heer reisen und an Ort und Stelle nach eigenem Augenschein die geeigneten Beschlüsse fassen. (2) Da diese dort erkannten, wie unmöglich es war, ihren Leuten zu helfen, sie sie aber auch der Gefahr entziehen wollten, entweder Hungersnot zu leiden oder von der Übermacht bezwungen den Feinden in die Hände zu fallen, entschlossen sie sich, mit den athenischen Feldherren, wenn diese bereit wären, einen Waffenstillstand zu schließen für Pylos, dann nach Athen Gesandte zu schicken wegen eines Friedensvertrages und zu versuchen, die Männer schnellstens freizubekommen.

16 (1) Die Feldherren erklärten sich einverstanden, und so kam folgender Vertrag zustande: Die Lakedaimonier schaffen alle Schiffe, in denen sie gekämpft haben, und alle im Lakonischen Meer befindlichen, soweit es Kriegsschiffe sind, nach Pylos und liefern sie den Athenern aus; sie greifen auch nicht die Maueranlage an, weder zu Lande noch zu Wasser. Die Athener gestatten den Lakedaimoniern auf dem Festland, ihren Landsleuten auf der Insel Lebensmittel zu bringen, abgemessen und zubereitet, zwei attische Choiniken Mehl für jeden Mann und zwei Kotylen[7] Wein und Fleisch, für die Diener jeweils die Hälfte. Das alles sollten sie unter den Augen der Athener hinüberschaffen, kein Boot dürfe insgeheim einlaufen. Die Athener bewachen weiterhin die Insel, ohne allerdings eine Landung zu versuchen, und greifen das peloponnesische Heer weder zu Lande noch zu Wasser an. (2) Wenn der eine oder der andere auch nur einen einzigen Punkt übertritt, so gilt der Vertrag als gebrochen. Er bleibt so lange in Kraft, bis die spartanischen Gesandten aus Athen zurückkehren; die Athener bringen sie mit einer Triere dorthin und auch wieder zurück. Nach ihrer Rückkehr ist dieser Vertrag aufgehoben, die Athener liefern die Schiffe wiederum aus im gleichen Zustand, wie sie sie erhalten haben. (3) Unter diesen Bedingungen kam der Vertrag zustande, die Schiffe wurden übergeben, ungefähr 60 an der Zahl, und die Gesandten gingen ab. In Athen angekommen, sprachen sie folgendermaßen:

17 (1) »Athener, hierher geschickt haben uns die Lakedaimonier, um für die Männer auf der Insel durch Verhandlungen einen Vergleich zu erreichen, der, wie wir zeigen können, für euch vorteilhaft ist und für uns, an den Umständen gemessen, möglichst ehrenvoll sein soll. (2) Wenn wir unsere Rede etwas länger ausdehnen, so ist dies kein Verstoß gegen unsere Gewohnheit; es ist bei uns zu Lande üblich, *der lan-*

gen Red' entraten, wo ein Wort genug,[8] doch pflegen wir, wenn die Stunde es gebietet, in längeren Ausführungen etwas Förderliches darzulegen, das heißt, durch Worte zu tun, was Not ist. (3) Nehmt sie also nicht feindselig auf, so, als wollten wir hier Toren belehren, sondern nehmt sie als Mahnung zu einem guten Entscheid, dessen Bedeutung ihr ja kennt. (4) In eurer Hand liegt es jetzt, das Glück der Stunde gut zu nutzen, indem ihr behaltet, worüber ihr herrscht, und Ehre und Ruhm hinzugewinnt, und nicht in den gleichen Fehler zu verfallen, wie Menschen, denen unverhofft ein Gewinn zufällt: Voll Hoffnung stürmen sie immer weiter, da ihnen ja bis jetzt wider Erwarten alles glückte. (5) Wer aber schon oft und oft das Wechselspiel des Schicksals erfahren hat, der sollte zutiefst dem Glück misstrauen; diese Haltung, aus Erfahrung erwachsen, dürfte wohl eurer Stadt und uns am ehesten anstehen.

18 (1) Schaut auf unser jetziges Missgeschick und lernt daraus: Wir, die bei allen Hellenen in höchstem Ansehen stehen, kommen zu euch, und was, wie wir früher glaubten, zu gewähren eher in unserer Macht stand, das zu erbitten, sind wir nun hier. (2) Und doch widerfuhr uns dies weder wegen eines Nachlassens unserer Macht noch weil wir über einem Zuwachs alles Maß vergessen hätten, sondern weil bei unveränderten Bedingungen unser Plan misslang, und das kann jeden treffen. (3) Daher wäre es unverständig, aufgrund der gegenwärtigen Größe eurer Stadt und des Machtzuwachses zu meinen, das Glück werde immer auf eurer Seite stehen. (4) Weise sind die Menschen, die jedes Gut im Hinblick auf die Ungewissheit der Zukunft sichern – sie werden dann auch dem Unglück besonnener begegnen können – und nicht glauben, sie könnten vom Krieg ein Stück nach eigenem Ermessen herausnehmen und sich nur damit befassen; nein, sie werden sich den Wechselfällen des Schicksals fügen. Kaum heimgesucht von Niederlagen, weil sie (ihren) Erfolgen misstrauen, werden solche Menschen gerade im Augenblick des Glücks Frieden schließen. (5) Uns jetzt so zu behandeln, Athener, brächte euch Ehre; sonst könnte vielleicht später einmal, wenn ihr euch unserem Rat verschließt und ins Unglück stürzt, was ja oft geschieht, jemand auf den Gedanken verfallen, ihr verdanktet auch im gegenwärtigen Aufschwung eure Siege nur dem Glück – wo es euch doch ohne Gefahr freisteht, den Ruhm eurer Macht und Einsicht der Nachwelt zu hinterlassen.

19 (1) Die Lakedaimonier ersuchen euch um Abschluss eines Bündnisses und Beilegung des Krieges; sie bieten euch dafür Frieden und Bündnis und gegenseitiges freundschaftliches Einvernehmen, das zwischen uns herrschen soll; sie verlangen als Gegendienst ihre Männer von der Insel zurück; denn sie glauben, es sei für beide Teile besser, es nicht aufs Äußerste ankommen zu lassen, ob euch die Männer mit Gewalt bei der ersten Gelegenheit zu Rettung entfliehen oder überwältigt noch mehr in eure Gewalt geraten. (2) Große Feindschaften legt man, glauben wir, nicht dadurch bei, dass man nach Kampf und Sieg den Gegner durch erzwungene Eide auf ungleiche Bedingungen verpflichtet, sondern wenn man bei der Möglichkeit zu mildem Vorgehen den Feind auch durch Edelmut besiegt und ihm wider sein Erwarten einen maßvollen Vergleich anbietet. (3) Denn wenn der Gegner sich verpflichtet fühlt, Gutes mit Gutem zu vergelten, aber nicht erlittene Gewalt zu rächen, wird er sich bereitwilliger und aus Ehrgefühl an die Verträge halten. (4) Und eher noch handeln Menschen bei großen Feindschaften so als bei unbedeutenden Streitigkeiten; Menschenart ist es, bei freiwilligem Nachgeben auch selber sich gern zu fügen, gegen alle überheblichen und maßlosen Forderungen aber wider alle Vernunft auch weiterhin das Äußerste zu wagen.

20 (1) Für uns beide ist jetzt, wenn überhaupt, die beste Gelegenheit zur Versöhnung, ehe Unheilbares zwischen uns tritt und uns völlig beherrscht; das triebe uns dann zu ewigem Hass gegen euch, im staatlichen wie im persönlichen Leben, ihr aber würdet verlieren, was wir euch anbieten. (2) Solange es also noch unentschieden steht und ihr Ruhm und unsere Freundschaft hinzugewinnt, wir aber, statt in Schande zu fallen, einen glimpflichen Ausgang unseres Missgeschicks finden – da sollten wir uns aussöhnen, für uns selbst Frieden statt Krieg wählen und den übrigen Hellenen Erlösung von allen Leiden schenken. Die werden dann euch vor allem das Verdienst zuschreiben; denn jetzt sind sie in den Krieg verwickelt, ohne klar zu wissen, wer von uns damit begonnen hat, kommt es aber zu einem Vertrag – und das liegt jetzt mehr bei euch –, so werden sie den Dank hierfür euch aussprechen. (3) Entschließt ihr euch dazu, so gewinnt ihr durch eine edle Tat, nicht mit Gewalt, die feste Freundschaft der Lakedaimonier, die diese euch von selbst anbieten. (4) Überlegt, welche Vorteile naturgemäß darin enthalten sind: Wenn wir und ihr dieselbe Sprache führen, so ist das übrige Hellas, bedenkt es wohl, uns weit unterlegen und wird uns die höchsten Ehren erweisen.«

21 (1) So sprachen die Lakedaimonier im Glauben, die Athener hätten sich schon all die Zeit vorher nach einem Waffenstillstand gesehnt und seien nur durch ihren eigenen Widerstand gehindert worden, würden also ihr Friedensangebot freudig annehmen und ihre Landsleute ausliefern. (2) Die Athener aber dachten, da sie nun einmal die Männer auf der Insel eingeschlossen hielten, sei ihnen ein Waffenstillstand jederzeit sicher, wann immer sie ihn abschließen wollten; daher schraubten sie ihre Forderungen höher. (3) Vor allem hetzte sie Kleon auf, der Sohn des Kleainetos, ein Volksführer jener Zeit, auf den das Volk am meisten vertraute. Der bestimmte sie zu folgender Antwort: Erst müssten ihre Leute auf der Insel Waffen und sich selbst ausliefern und nach Athen geschafft werden, nach ihrem Eintreffen sollten die Lakedaimonier Nisaia, Pegai, Troizen und Achaia herausgeben, Gebiete, die sie nicht im Krieg genommen, sondern die bei dem früheren Abkommen[9] die Athener in einer Notlage und weil sie damals viel dringender Frieden brauchten, ihnen abgetreten hatten; dann könnten sie ihre Leute erhalten und Frieden schließen für so lange, wie es beiden Seiten beliebe.

22 (1) Auf diesen Bescheid entgegneten die Lakedaimonier nichts, baten sie aber, Unterhändler zu bestimmen, die sich mit ihnen durch Rede und Gegenrede über jeden einzelnen Punkt in aller Ruhe einigen könnten, so weit eben die gegenseitige Verständigung reiche. (2) Darauf aber stürzte sich nun Kleon mit aller Macht und sagte, er habe es ja schon längst bemerkt, dass sie nichts Gerechtes im Sinne führten, jetzt sei es aber völlig klar, da sie nicht vor dem ganzen Volk sprechen, sondern sich mit wenigen Männern zusammensetzen und so unterhandeln wollten; wenn sie vernünftige Pläne vorzubringen hätten, sollten sie nur vor allen reden. (3) Da nun die Lakedaimonier einsehen mussten, wie unmöglich es sei, vor dem Volk zu sprechen – denn wenn sie sich auch unter dem Eindruck ihres Missgeschicks zu Eingeständnissen bereit fänden, würden sie doch im Falle eines Scheiterns der Verhandlungen ihren Bundesgenossen verächtlich erscheinen –, andererseits aber erkannten, dass die Athener nicht unter maßvollen Bedingungen auf ihre Vorschläge eingingen, reisten sie unverrichteter Dinge von Athen ab.

23 (1) Sogleich nach ihrer Rückkehr waren die Verträge um Pylos außer Kraft gesetzt, und die Lakedaimonier forderten ihre Schiffe zurück, wie man übereingekommen war. Die Athener erhoben Beschwerde wegen eines vertragswidrigen Angriffs auf die Festung und anderer unerheblich scheinender Dinge, gaben sie nicht heraus und versteiften sich darauf, es sei ja ausgemacht worden, dass der Vertrag gebrochen sei, wenn auch nur ein noch so geringfügiger Punkt übertreten werde. Die Lakedaimonier widersprachen, klagten das Einbehalten der Schiffe als einen Rechtsbruch an, entfernten sich und traten wieder zum Krieg an. (2) Von beiden Seiten wurde jetzt um Pylos mit Nachdruck Krieg geführt: Die Athener ruderten tagsüber ständig mit zwei Schiffen in entgegengesetzter Richtung um die Insel, des Nachts lag die ganze Flotte ringsum vor Anker, außer zur offenen See hin, wenn Wind ging; auch waren aus Athen noch 20 Schiffe zu ihnen gekommen zur Blockade, sodass sich ihre Gesamtzahl auf 70 belief. Die Peloponnesier aber lagerten auf dem Festland, machten ihre Angriffe auf die Festung und hielten Ausschau, ob ein günstiger Augenblick eintrete, die Männer (auf der Insel) zu retten.

24 (1) Zu dieser Zeit hatten die Syrakusaner auf Sizilien und ihre Verbündeten die bei Messene Wache haltenden Schiffe durch weitere, die sie instand gesetzt hatten, verstärkt und führten nun den Krieg von Messene aus. (2) Die Lokrer drängten sie am meisten dazu, aus Hass gegen die Rheginer, und sie waren auch selbst mit ganzem Aufgebot in deren Land eingefallen. (3) Auch eine Seeschlacht beschlossen sie zu wagen, da sie sahen, wie wenig Schiffe den Athenern zur Verfügung standen, und erfahren hatten, dass die Mehrzahl, die kommen sollte, die Insel (Sphakteria) belagere. (4) Wenn sie nämlich einmal mit der Flotte gesiegt hätten, hofften sie, durch einen Angriff zu Lande und zur See mit Rhegion leicht fertig zu werden; dadurch werde sich ihre eigene Lage noch mehr verbessern. Denn Rhegion auf einem Vorsprung Italiens und Messene auf Sizilien liegen dicht beieinander, das werde es den Athenern unmöglich machen, zu ankern und die Durchfahrt zu beherrschen.

(5) Diese Meerenge liegt zwischen Rhegion und Messene, dort ist Sizilien vom Festland am kürzesten entfernt (etwa 3 km). Dies ist die so genannte Charybdis, die Odysseus durchfahren haben soll. Wegen der Enge und weil aus zwei großen Meeren, dem Tyrrhenischen und dem Sizilischen, die Wassermassen hier aufeinandertreffen und Strömungen bilden, galt sie mit Recht als gefährlich.

25 (1) In dieser Meerenge wurden nun die Syrakusaner und ihre Verbündeten mit etwas über 30 Schiffen wegen eines Schiffes, das hindurchfahren wollte, spät am Tage zu einer Seeschlacht gezwungen mit 16 athenischen und acht rheginischen Schiffen, die ausgefahren waren. (2) Besiegt von den Athenern, ruderte jeder Teil, wie er gerade konnte, eilig nach seinem Standort, die einen nach Messene, die anderen nach Rhegion; ein Schiff hatten sie verloren und die Nacht machte dem Kampf ein Ende. (3) Danach zogen die Lokrer aus dem Gebiet Rhegions ab und vor dem messenischen (Vorgebirge) Peloris sammelten sich die Schiffe der Syrakusaner und ihrer Verbündeten; sie ankerten dort und auch das Landheer bezog Stellung. (4) Als die Athener und Rheginer hier an sie heranfuhren und die Schiffe leer sahen, griffen sie an, verloren dabei aber selbst ein Schiff durch eine Eisenhand (Enterhaken), die ausgeworfen wurde, die Mannschaft rettete sich durch Schwimmen. (5) Als darauf die Syrakusaner ihre Schiffe bestiegen und sie an Stricken längs der Küste nach Messene ziehen ließen, fielen die Athener sie wieder an; weil jene schräg abbogen und durch Gegenangriff zuvorkamen, verloren die Athener noch ein Schiff. (6) So erreichten die Syrakusaner, ohne bei ihrer Treidelfahrt an der Küste und bei einem derartigen Seegefecht unterlegen zu sein, den Hafen von Messene. (7) Nun wurde gemeldet, dass Kamarina von Archias und seinen Leuten verräterisch an die Syrakusaner angeschlossen werden solle, da fuhren die Athener hin. Die Messenier aber marschierten zur gleichen Zeit mit ihrer ganzen Heeresmacht zu Lande und zugleich mit Schiffen gegen ihre Nachbarstadt, das chalkidische Naxos. (8) Am ersten Tag drängten sie die Naxier hinter ihre Mauern zurück und verwüsteten ihnen das Land, am folgenden segelten sie mit ihrer Flotte um die Landspitze und verheerten das Gebiet um den Fluss Akesines, mit ihrem Landheer aber machten sie Angriffe auf die Stadt. (9) Inzwischen kamen die Sizilier[10] in großer Zahl über ihre Berge herab zur Abwehr der Messenier. Als die Naxier das sahen, fassten sie neuen Mut, und da sie sich untereinander darauf verließen, dass auch die Leontiner und andere hellenische Verbündete jeden Augenblick zu ihrem Entsatz eintreffen würden, machten sie plötzlich einen Ausfall aus der Stadt, überfielen die Messenier und schlugen sie in die Flucht. Über tausend machten sie nieder, auch die Restlichen hatten auf ihrem Rückzug nach Hause zu leiden. Denn die Barbaren fielen auf den Wegen noch über sie her und rieben sie fast völlig auf. (10) Die Schiffe steuerten darauf nach Messene und trennten sich dann, ein jedes in seine Heimat. Da zogen sogleich die Leontiner und ihre Verbündeten mit den Athenern[11] gegen Messene, weil es nun schon geschwächt sei. Die Athener versuchten mit ihren Schiffen einen Angriff auf den Hafen, das Landheer auf die Stadt. (11) Doch die Messenier machten einen Ausfall, ebenso einige Lokrer unter Demoteles, die nach der Niederlage dort als Besatzung geblieben waren. Sie griffen unvermutet an, schlugen den Hauptteil des Leontinischen Heeres in die Flucht und töteten viele. Als die Athener dies sahen, kamen sie von ihren Schiffen zur Hilfe herbei und jagten die Messenier wieder in die Stadt zurück, weil sie sie ohne alle Ordnung überrascht hatten. Darauf errichteten sie ein Siegeszeichen und kehrten nach Rhegion zurück. (12) Danach setzten die Hellenen auf Sizilien ohne die Athener ihre Landkriege gegeneinander fort.

26 (1) Vor Pylos hielten die Athener immer noch die Lakedaimonier auf der Insel eingeschlossen, und das Lager der Lakedaimonier auf dem Festland blieb unverändert in seiner Stellung. (2) Sehr mühselig war für die Athener die Überwachung aufgrund des Mangels an Lebensmitteln und Wasser. Es gab nämlich nur eine einzige Quelle auf dem Festungsplateau von Pylos selbst und diese war nicht ergiebig, dafür gruben sich die meisten den Kiessand am Meer auf und tranken brackiges Wasser, wie es zu erwarten stand. (3) Platzmangel machte sich auch für ihr Heerlager bemerkbar, und weil auch die Schiffe keinen guten Hafen hatten, nahmen abteilungsweise die einen Verpflegung an Land auf und die anderen lagen auf hoher See vor Anker. (4) Den größten Verdruss verursachte ihnen die Verzögerung, die sich wider Erwarten ergab. Sie hatten immer gedacht, dass sie die Spartaner auf der öden Insel, die nur salziges Wasser zu trinken hatten, binnen weniger Tage zum Aufgeben zwingen würden. (5) Ursache dafür war: Die Lakedaimonier hatten jeden, der wollte, öffentlich aufgefordert, gemahlenes Getreide, Wein, Käse und andere Lebensmittel, wie sie sich für eine Belagerung eignen, auf die Insel zu bringen; sie setzten eine hohe Geldbelohnung aus, und wer von den Heloten solches einführe, dem versprachen sie die Freiheit. (6) Tatsächlich schafften es manche trotz aller Gefahren, besonders die Heloten. Sie fuhren irgendwo auf gut Glück vom Peloponnes ab und versuchten bei Nacht von der Seeseite her an der Insel zu landen. (7) Meistens warteten sie darauf, dass sie mit dem Wind dorthin getrieben wurden; denn sie konnten der Wachsamkeit der Trieren leichter verborgen bleiben, wenn Wind von der offenen See her blies. Da wurde es nämlich unmöglich, ringsum vor Anker zu liegen; für *sie* aber war die Landung ohne Rücksicht auf Verluste eingeplant; sie ließen ihre Boote stranden, die nach ihrem Geldwert eingeschätzt waren, und die Hopliten lagen schon um die Landungsspitze der Insel auf der Lauer. Alle die es bei Windstille riskierten, wurden abgefangen. (8) Sie schwammen auch im Taucheinsatz unter Wasser hinüber auf der Hafenseite, dabei zogen sie an einem Strick in Schläuchen Mohn in Honig getränkt und gestoßenen Leinsamen[12] mit sich. Anfangs kamen sie unbemerkt durch, später aber wurde die Bewachung auch darauf gerichtet. (9) Auf jede Art setzten beide Seiten ihre Tricks ein, die einen, um Lebensmittel (auf die Insel) zu bringen, die anderen, um sie dabei zu erwischen.

27 (1) Als man in Athen von der schwierigen Lage des Heeres und der Versorgung der Spartaner auf der Insel mit Lebensmitteln erfuhr, waren sie in großer Sorge und befürchteten, es könnte Winter werden über dieser Belagerung; dann würde der Lebensmittelnachschub um den Peloponnes herum unmöglich sein, zumal in jener Einöde, wo sie nicht einmal im Sommer imstande waren, genug dorthin zu schaffen; eine Blockade könnten sie in dieser hafenlosen Gegend überhaupt nicht aufrechterhalten, und dann würden die Lakedaimonier entweder, wenn sie die Belagerung aufgäben, heil davonkommen oder stürmisches Wetter abwarten und mit den Booten, die ihnen die Lebensmittel heranführten, auslaufen. (2) Am meisten aber ängstigte sie der Gedanke, die Lakedaimonier würden jetzt, da sie wieder festen Boden unter den Füßen hatten, nicht mehr mit ihnen wegen eines Friedens verhandeln; und sie bereuten es schon, den Waffenstillstand nicht angenommen zu haben. (3) Da Kleon die Missstimmung des Volkes auf sich gerichtet fühlte wegen der Hintertreibung eines Friedensschlusses, erklärte er, die Boten berichteten nicht die Wahrheit. Als die Ankömmlinge darauf bestanden, wenn man ihnen nicht traue, solle man doch andere als Beobachter hinschicken, bestimmten die Athener ihn und Theagenes dazu. (4) Nun wurde er sich seiner Zwangslage bewusst – entwe-

der den Verleumdeten beizupflichten oder bei gegenteiliger Behauptung als Lügner dazustehen – und riet den Athenern, die er schon viel fester zum Feldzug entschlossen sah, es sei gar nicht nötig, Beobachter zu schicken und damit die beste Zeit ungenützt verstreichen zu lassen; wenn sie die Berichte glaubten, sollten sie gleich gegen die Spartaner ausfahren. (5) Dies hatte er auf den Feldherrn Nikias, den Sohn des Nikeratos, gemünzt, den er hasste und verspottete: Es sei doch ein Leichtes, wenn die Feldherren nur richtige Männer wären, mit Truppen auszufahren und die auf der Insel gefangen zu nehmen; ja er selbst, wenn er das Amt hätte, würde das zuwege bringen.

28 (1) Als nun die Athener gegen Kleon murrten, warum er denn nicht sofort hinfahre, wenn es ihm so leicht erscheine, erklärte Nikias, der ja den Grund seines Scheltens durchschaute, er solle, so weit es auf die Feldherren ankomme, mit jeder beliebigen Streitmacht dort sein Glück versuchen. (2) Kleon, der die Übergabe des Befehls anfangs nur für Gerede hielt, war dazu bereit, als ihm aber klar wurde, dass Nikias ihm tatsächlich die Sache übertragen wolle, wich er zurück. Nicht er sei Feldherr, sondern Nikias; denn jetzt fürchtete er sich schon, da er ja nie geglaubt hatte, Nikias würde so weit gehen, ihm sein Amt anzubieten. (3) Aber Nikias wiederholte seinen Antrag, legte das Kommando über Pylos nieder und rief die Athener zu Zeugen an. Die aber, wie es die Masse eben zu tun pflegt: Je mehr Kleon der Fahrt entfliehen und seinen Worten entrinnen wollte, umso heftiger forderten sie Nikias auf, den Befehl zu übergeben, und riefen jenem zu, die Fahrt anzutreten. (4) Da er keine Möglichkeit sah, von seiner eigenen Rede freizukommen, übernahm er die Fahrt; er trat vor und erklärte, er fürchte die Lakedaimonier nicht und werde dorthin fahren, ohne einen einzigen Bürger aus der Stadt mitzunehmen, sondern nur die anwesenden Lemnier und

Imbrer, die leichten Hilfstruppen aus Ainos und 400 Bogenschützen aus anderen Orten. Mit diesen, behauptete er, werde er samt den Truppen in Pylos binnen zwanzig Tagen die Spartaner entweder lebend herbringen oder an Ort und Stelle erschlagen. (5) Die Athener brachen in Gelächter aus über dieses prahlerische Geschwätz, und dennoch kam den Vernünftigen all dies nicht ungelegen, weil sie von zwei Vorteilen sicher einen zu erlangen dachten, nämlich entweder Kleon loszuwerden – was sie eigentlich mehr hofften – oder, wenn das fehlschlage, die Lakedaimonier in die Gewalt zu bekommen.

29 (1) Da hatte Kleon nun alle seine Forderungen in der Volksversammlung durchgesetzt, und die Athener hatten ihm in einer Abstimmung die Fahrt übertragen. Er entschied sich für einen von den Kommandanten in Pylos, für Demosthenes, als Mitfeldherrn und machte sich unverzüglich zur Abfahrt bereit. (2) Demosthenes hatte er deshalb beigezogen, weil er unterdessen erfahren hatte, dass dieser an einem Plan zur Landung auf der Insel arbeite. Seine Soldaten hatten nämlich schwer zu leiden am hilflosen Zustand ihres Standortes; sie waren mehr Belagerte als Belagerer und verlangten dringend, es auf einen Entscheidungskampf ankommen zu lassen. Ihm selbst hatte der Umstand Mut gemacht, dass auf der Insel ein Brand ausgebrochen war. (3) Weil die Insel nämlich ursprünglich mit Buschwerk bewachsen und – von jeher unbewohnt – völlig unwegsam war, fürchtete er sich und erblickte darin eher einen Vorteil für die Feinde. Denn die könnten ein großes Landungsheer aus dem Hinterhalt heraus überfallen und ihm gefährlich werden. Die Schwächen und Stellungen der Feinde seien nämlich für die Athener aufgrund des Waldes nicht in gleicher Weise sichtbar, während alle Schwächen des eigenen Heeres offenkundig wären, sodass sie es unvermutet angreifen könnten, wo immer sie nur wollten, denn der Angriff stünde ja bei ihnen. (4) Wenn er aber genötigt werden sollte, im Dickicht zum Nahkampf überzugehen, so dachte er, sei eine ortskundige Minderheit im Vorteil vor einer unkundigen Übermacht. Ohne dass man es merke, könne sein eigenes Heer aufgerieben werden, da kein Überblick möglich sei, wo gegenseitige Hilfe Not tue.

30 (1) Infolge des Unglücks in Aitolien,[13] das zum Teil durch die Waldgegend verursacht worden war, lagen ihm solche Betrachtungsweisen besonders nahe. (2) Nun waren aber die Soldaten wegen des Platzmangels gezwungen, an den äußersten Vorsprüngen der Insel zu landen und sich dort unter Bewachung durch Vorposten das Essen zu kochen. Da hatte einer unabsichtlich eine kleine Stelle im Gehölz angezündet und als darauf noch Wind aufgekommen war, war unversehens der größte Teil des Waldes niedergebrannt. (3) So hatte Demosthenes nun eher gesehen, dass von den Lakedaimoniern eine größere Zahl dort war, während er vorher vermutet hatte, dass sie für eine geringere Zahl Lebensmittel dorthin brächten; auch sei die Insel leichter zugänglich geworden, und so hatte er sich schon damals auf einen Überfall vorbereitet in der Meinung, es lohne sich, wenn die Athener größeren Eifer sehen ließen; er hatte ein Heer von den Verbündeten in der Nähe aufgeboten und auch sonstige Vorkehrungen getroffen.

(4) Da traf Kleon – er hatte einen Boten vorausgeschickt, dass er mit dem verlangten Heer nun kommen werde – in Pylos ein. Gleich nach ihrem Zusammentreffen sandten sie zunächst einen Herold ins feindliche Lager auf dem Festland mit der Aufforderung, wenn sie wollten, die Leute auf der Insel anzuweisen, die Waffen zu strecken und sich ohne weiteren Kampf zu ergeben; in diesem Fall sollten sie bis zu einer weiteren Übereinkunft unter angemessener Bewachung gehalten werden.

31 (1) Als man das ablehnte, warteten sie noch einen Tag zu. Am folgenden ließen sie in der Nacht wenige Schiffe auslaufen, die sie mit allen Hopliten besetzt hatten. Kurz vor Tagesanbruch landeten sie auf beiden Seiten der Insel, sowohl von der offenen See her, als auch von der Hafenseite aus. Es waren gut 800 Hopliten, und sie rückten im Laufschritt gegen den ersten Wachposten auf der Insel vor. (2) Sie (die Spartaner) waren nämlich so verteilt: Bei diesem ersten Posten standen etwa 30 Hopliten, im mittleren und flachsten Teil der Insel aber, wo auch Wasser vorhanden war, stand die Hauptmacht und ihr Kommandant Epitadas; schließlich bewachte ein kleinerer Teil auch die äußerste Spitze der Insel, Pylos gegenüber, die steil nach dem Meer abfällt und auch von der Landseite am schwersten angreifbar ist. Denn dort befand sich ein alter Turm, der aus zusammengetragenen Steinen erbaut war, von dem sie sich einen gewissen Nutzen erwarteten, wenn ein hart bedrängter Rückzug ihnen zu schaffen machen sollte. So war ihre Aufstellung.

32 (1) Die Athener machten die erste Wachmannschaft, die sie überrannten, sogleich nieder, während jene noch in ihren Zelten zu den Waffen griffen; die Landung hatten sie nicht gemerkt, sie glaubten, die Schiffe seien wie gewöhnlich zur Blockade nachts unterwegs. (2) Mit Tagesanbruch landete dann das übrige Heer auf etwas mehr als 70 Schiffen, also alle Ruderer, ausgenommen die der untersten Reihe[14]. Sie waren jeder nach seiner Art ausgerüstet, doch gab es auch 800 Bogenschützen und die gleiche Zahl von Peltasten, dazu die Hilfstruppen der Messenier und die Übrigen alle, so weit sie um Pylos standen, ausgenommen die Wachmannschaft der Festung. (3) Auf Anordnung des Demosthenes verteilten sie sich zu je 200 Mann und mehr, gelegentlich auch weniger, und besetzten die höchstgelegenen Punkte, damit größte Verwirrung bei den Feinden herrsche, wenn sie, von allen Seiten umringt, nicht wüssten, gegen wen sie sich wenden sollten, sondern durch die Übermacht zwischen zwei Fronten gerieten: Wenn sie gegen einen Frontalangriff vorgingen, sollten sie von hinten, wenn gegen einen Flankenangriff, sollten sie von der anderen Seite beschossen werden. Wohin sie sich auch wendeten, immer sollten Leichtbewaffnete ihnen in den Rücken fallen. (4) Denn ihnen, die mit Bogen, Wurfspeer, Steinen und Schleuderkugeln aus der Ferne ihre Kampfkraft entfalten, ist am schwersten beizukommen. Es wäre unmöglich, ihnen etwas anzuhaben, denn selbst im Fliehen waren sie noch im Vorteil und setzten den zurückkehrenden Gegnern erneut zu. Mit solcher Überlegung hatte Demosthenes ursprünglich schon seinen Landeplan entworfen und setzte ihn nun in die Tat um.

33 (1) Als Epitadas und seine Lakedaimonier, die die Hauptmacht auf der Insel bildeten, sahen, dass ihr erster Wachposten niedergemacht war und eine Truppe sie angriff, schlossen sie ihre Reihen und gingen auf die Hopliten der Athener los, in der Absicht, sich in den Nahkampf zu stürzen. Denn diese standen ihnen frontal gegenüber, auf den Flanken aber die Leichtbewaffneten, ebenso auch im Rücken. (2) An die (athenischen) Hopliten konnten sie also gar nicht herankommen und hier ihre Geschicklichkeit anwenden, denn die Leichtbewaffneten beschossen sie von allen Seiten und hielten sie umringt, während jene (athenischen Hopliten) sich überhaupt nicht gegen sie rührten, sondern ruhig stehen blieben. Wo sich die Leichtbewaffneten allerdings in ihren Angriffen am nächsten an sie heranwagten, wurden sie in die Flucht geschlagen; doch trotz ihres Zurückweichens gaben sie den Kampf nicht auf; diese Männer, mit ihren leichten Waffen gerüstet, gewannen auf der Flucht leicht einen Vorsprung in dem beschwerlichen, bisher nie bebauten und deshalb unwegsamen Gelände, wobei die Lakedaimonier in ihrer schweren Rüstung sie nicht verfolgen konnten.

34 (1) Eine Zeit lang beschossen sie also einander von weitem. Aber die Lakedaimonier konnten allmählich, wo die Leichtbewaffneten angriffen, nicht mehr so kräftig vorstoßen. Als nun die Leichtbewaffneten sahen, dass sie schon schwerfälliger in ihrer Abwehr wurden, gewannen sie noch sehr viel an Entschlossenheit dazu durch den bloßen Anblick ihrer zahlenmäßigen Überlegenheit. Auch hatten sie sich mehr und mehr an die Feinde gewöhnt, sodass sie ihnen nicht mehr so furchtbar vorkamen, weil sie nicht sogleich das erlitten hatten, was ihrer Erwartung entsprochen hätte, als ihnen im ersten Augenblick der Landung bei dem Gedanken, es gehe jetzt gegen Lakedaimonier, angst und bange geworden war. Jetzt hatten sie diesen Respekt verloren, sie stürmten unter Kriegsgeschrei scharenweise gegen sie und beschossen sie mit Steinen, Pfeilen, Wurfspießen – was jeder gerade zur Hand hatte. (2) Zugleich mit dem Angriff ertönte nun der Schlachtruf, und Panik überfiel die Männer, die eine solche Kampfart nicht gewohnt waren; dabei wirbelte noch viel Asche des kürzlich niedergebrannten Waldes hoch, und es war unmöglich, vor sich etwas zu sehen vor lauter Pfeilen und Steinen, die von den vielen Menschen im Aschenwirbel geschleudert wurden. (3) Das bedeutete für die Lakedaimonier einen schweren Stand. Denn ihre Helme schützen sie nicht gegen die Pfeile und die Wurfspieße verfingen sich vielfach in den Schilden[15], als sie beschossen wurden, und brachen darin ab. Sie wussten sich nicht mehr zu helfen, da ihnen jede Übersicht genommen war und sie wegen des noch lauteren Geschreis der Feinde die eigenen Kommandos nicht hören konnten. Gefahr hatte sie von allen Seiten umzingelt, sie hatten keine Aussicht mehr, inwiefern sie sich wehren sollten, um davonzukommen.

35 (1) Endlich, nachdem viele von ihnen verwundet waren, weil der Kampf immer auf derselben Stelle hin- und herwogte, schlossen sie sich eng zusammen und marschierten zum nicht weit entfernten Turm an der äußeren Spitze der Insel und zu ihrer dortigen Besatzung. (2) Sowie sie aber das Feld räumten, da setzten ihnen die Leichtbewaffneten – erneut mutig geworden – mit noch ärgerem Geschrei hart zu und alle Lakedaimonier, die beim Rückzug gefangen wurden, waren des Todes. Die meisten aber entkamen bis zum Turm und stellten sich mit der dortigen Besatzung im ganzen Umfang auf, um ihn zu verteidigen, wo er zu erstürmen war. (3) Die Athener waren zwar gefolgt, hatten aber durch die natürliche Befestigung keine Möglichkeit, die Lakedaimonier zu umgehen oder einzukreisen; so versuchten sie, sie von vorn anzugreifen und zu besiegen. (4) Und lange Zeit, den größten Teil des Tages, hielten beide Seiten unter großen Mühen das Schlachtgetümmel, den Durst und die Sonnenhitze aus, wobei die einen bemüht waren, die Gegner aus der Höhe zu vertreiben, die anderen, ihre Stellung zu behaupten. Die Lakedaimonier konnten sich jetzt leichter zur Wehr setzen als vorher, weil ihnen keine Umzingelung an den Flanken drohte.

36 (1) Da aber der Kampf ergebnislos gewesen wäre, ging der Anführer der Messenier zu Kleon und Demosthenes hin und erklärte: So sei alles nur vergebliche Mühe für sie; wenn sie ihm aber eine Abteilung Bogenschützen und Leichtbewaffnete geben wollten, um die Spartaner im Rücken zu umgehen – auf einem Weg, den er selbst finden würde –, so glaube er, den Zugang erzwingen zu können. (2) Er bekam auch, was er verlangt hatte, und nun marschierte er los, stets in Deckung, sodass jene ihn nicht sehen konnten. Wo auch immer das steile Ufer der Insel es erlaubte, kletterte er hinauf. Dort hielten die Lakedaimonier im Vertrauen auf die gesicherte Lage des Platzes keine Wache, so umging er sie, ohne gesehen zu werden, wenn auch mit großer Mühe und knapper Not. Auf der Anhöhe tauchte er plötzlich in ihrem Rücken auf, bewirkte durch sein unerwartetes Erscheinen Entsetzen bei den einen, aber bei den anderen, die sahen, worauf sie gewartet hatten, noch größere Zuversicht. (3) Die Lakedaimonier wurden nun von beiden Seiten beschossen und befanden sich in derselben Zwangslage wie seinerzeit – um Kleines mit Großem zu vergleichen – bei den Thermopylen: Auch jene wurden aufgerieben, nachdem die Perser sie auf einem Bergpfad umgangen hatten. Jetzt befanden sie sich zwischen zwei Schusslinien und hielten nicht mehr stand, sondern in der Minderzahl kämpften sie gegen die Übermacht, zogen sich durch den Nahrungsmangel körperlich geschwächt zurück, und schon hatten die Athener die Zugänge allmählich erobert.

37 (1) Für Kleon und Demosthenes war klar: Wenn (die Lakedaimonier) auch nur einen Schritt zurückweichen, werden sie von ihrem Heer vernichtet. Da machten sie dem Kampf ein Ende und hielten ihre Leute zurück in der Absicht, (die Feinde) in Athen lebend vorzuführen, falls sie auf ihre Mitteilung hören, ihren Sinn beugen und sich in der gegenwärtigen Notlage geschlagen geben wollten. (2) Sie ließen durch einen Herold verkünden: Wenn sie wollten, sollten sie die Waffen strecken und sich den Athenern ergeben, sodass diese nach Gutdünken ihre Beschlüsse fassen könnten.

38 (1) Die Spartaner hatten gehört; die meisten ließen ihre Schilde sinken[16] und erhoben die Hände, womit sie anzeigten, auf das verkündete Angebot eingehen zu wollen. Während der darauf folgenden Waffenruhe traten zu Unterhandlungen zusammen: Kleon sowie Demosthenes und von der anderen Seite Styphon, der Sohn des Pharax. Denn von den früheren Anführern war der erste – Epitadas – gefallen; Hippagretos, sein Vertreter, lebte zwar noch, lag aber wie ein Toter unter den Leichen, und Styphon wurde nach spartanischem Brauch als dritter gewählt, um das Kommando zu führen, falls jenen etwas zustoßen sollte. (2) Styphon und seine Begleiter erklärten nun, sie wollten durch einen Herold bei den Lakedaimoniern auf dem Festland anfragen lassen, wie sie sich verhalten sollten. (3) Die Athener hatten aber keinem von ihnen gestattet, die Insel zu verlassen, sondern ließen selbst Herolde vom Festland kommen; nach zwei- bis dreimaligen Rückfragen brachte der Mann, der zuletzt von den Lakedaimoniern vom Festland herübergefahren war, folgenden Bescheid: »Die Lakedaimonier fordern euch auf, selbst über euch zu befinden, ohne dabei etwas Ehrloses zu tun.«[17] Nun berieten sie unter sich und beschlossen, die Waffen zu strecken und sich zu ergeben. (4) Diesen Tag hindurch und noch die folgende Nacht hielten die Athener sie in Gewahrsam. Am folgenden Tag stellten die Athener auf der Insel ein Siegeszeichen auf und bereiteten sich im Übrigen auf die Rückfahrt vor; sie verteilten die Gefangenen an die Trierarchen zur Bewachung, die Lakedaimonier aber schickten einen Herold und holten ihre Toten ab. (5) So viele waren es, die auf der Insel fielen oder lebend gefangen wurden: 420 Hopliten waren im Ganzen übergesetzt; von diesen wurden lebend abgeführt fast 300 – es fehlten acht auf diese Zahl –, die Übrigen waren gefallen. Auch Spartiaten waren unter den Überlebenden etwa 120. Von den Athenern waren nicht viele umgekommen, denn eine eigentliche Schlacht mit Aufstellung hatte es nicht gegeben.

39 (1) Die Zeit, während der die Männer auf der Insel eingeschlossen wurden, betrug im Ganzen von der Seeschlacht bis zum Kampf auf der Insel 72 Tage. (2) Davon wurden sie zwanzig Tage während der Abwesenheit der Gesandten zu Friedensverhandlungen verpflegt, die übrigen Tage nährten sie sich von dem, was ihnen heimlich zugeführt wurde. Und tatsächlich war noch etwas Mehl auf der Insel, und auch andere Lebensmittel wurden vorgefunden. Denn ihr Anführer Epitadas hatte für jeden Einzelnen knappere Rationen bemessen als im Hinblick auf den Vorrat angebracht war. (3) Die Athener und Peloponnesier zogen nun mit den Heeren von Pylos ab, jeder nach Hause; und Kleons Versprechen, so irrwitzig es auch war, ging in Erfüllung, denn innerhalb von zwanzig Tagen brachte er die Männer ein, wie er es in Aussicht gestellt hatte.

40 (1) Völlig unerwartet, eigentlich am meisten von allen Kriegsereignissen, kam für die Hellenen dieses Ergebnis zustande. Denn von den Lakedaimoniern hatte man immer erwartet, dass sie weder aus Hunger noch in einer sonstigen Notlage die Waffen strecken, sondern lieber mit der Waffe in der Hand im Kampf sterben würden. (2) Man wollte nicht anerkennen, dass die, die sich ergeben hatten, den Gefallenen gleichzustellen seien; später fragte einer von den athenischen Verbündeten in kränkender Absicht einen jener Gefangenen von der Insel, ob *das* die vollkommenen Helden wären, die jetzt tot seien – darauf die Antwort: »Viel wert wäre das Rohr« – er meinte damit den Pfeil –, »wenn es sich nur die Tapferen aussuchte.« Er wollte damit klarstellen, dass der gefallen sei, den die Steine und Geschosse zufällig getroffen hätten.

41 (1) Als die Männer eingebracht waren, beschlossen die Athener, sie in Gefangenschaft zu halten, bis sie eine Vereinbarung erreicht hätten. Wenn aber die Peloponnesier vorher in ihr Gebiet einfallen sollten, so wollte man sie abführen und hinrichten. (2) Nach Pylos legten sie eine Besatzung, und die Messenier aus Naupaktos schickten die Fähigsten ihrer Leute dorthin, als wäre dieses Land ihre Heimat; denn Pylos gehört zum ehemaligen Land Messenien. Sie plünderten nun lakonisches Gebiet, richteten auch große Schäden an, zumal sie den gleichen Dialekt sprachen. (3) Die

Lakedaimonier hatten solche Überfälle und diese Art der Kriegsführung bisher nicht gekannt. Als nun ihre Heloten zum Feind überliefen und sie befürchteten, dass in umfangreicherem Maß überall im Land politische Verwirrung gestiftet werde, nahmen sie die Sache nicht leicht, sondern schickten, obwohl sie den Athenern ihre Gedanken nicht anmerken ließen, Gesandte hin und versuchten, Pylos und ihre Männer zurückzuerhalten. (4) Aber die Athener schraubten ihre Ansprüche immer höher, und trotz häufiger Verhandlungsrunden schickten sie sie ergebnislos weg. So weit die Ereignisse um Pylos.

42 (1) Im selben Sommer, gleich darauf, unternahmen die Athener mit 80 Schiffen, 2000 ihrer eigenen Hopliten und 200 Reitern auf Transportschiffen für Pferde einen Kriegszug gegen korinthisches Gebiet; es begleiteten sie Verbündete aus Milet, Andros und Karystos. Die militärische Führung hatte Nikias, der Sohn des Nikeratos, mit noch zwei anderen Feldherren. (2) Auf ihrer Fahrt landeten sie bei Tagesanbruch zwischen Chersones und Rheiton am Strand jener Gegend, über der sich der solygeische Hügel erhebt, auf dem sich in alter Zeit die Dorer während ihres Krieges mit den aiolischen Korinthern festgesetzt hatten. Ein Dorf mit Namen Solygeia liegt jetzt dort oben. Vom Strand, wo die Schiffe anlegten, ist dieses Dorf 12 Stadien entfernt, die Stadt Korinth 60 und der Isthmos 20 Stadien. (3) Die Korinther hatten schon vorher aus Argos Informationen, dass das Heer der Athener kommen werde, und waren gegen den Isthmos zur Abwehr mit gesamter Mannschaft vorgerückt, ausgenommen die jenseits der Landenge. Auch auswärts in Amprakia und Leukas standen 500 Mann von ihnen als Besatzung. Mit dem gesamten Aufgebot achteten die Übrigen darauf, wo die Athener landen würden. (4) Als diese dann aber doch unbemerkt bei Nacht mit ihrer Flotte eingetroffen waren und die Signalfeuer kamen, ließen sie für den

Fall, dass die Athener sich etwa gegen Kommyon wenden sollten, die Hälfte ihres Heeres bei Kenchreia stehen und setzten sich mit der anderen eiligst zur Abwehr in Marsch.

43 (1) Battos, der eine ihrer Anführer – bei der Schlacht waren zwei anwesend –, übernahm eine Abteilung, marschierte zum Dorf Solygeia, um es zu schützen, da es keine Mauern hatte, Lykophron aber nahm mit den Übrigen den Kampf auf. (2) Zuerst griffen die Korinther den rechten Flügel der Athener an, der eben vor der Halbinsel an Land gegangen war, danach das restliche Heer. Es war ein erbitterter Kampf und zur Gänze Mann gegen Mann. (3) Der rechte Flügel der Athener und Karystier, die ganz außen aufgestellt waren, nahm die Korinther in Empfang und warf sie zurück, wenn auch mit Mühe. Diese wichen hinauf gegen eine Feldmauer zurück – es war nämlich das gesamte Gelände abschüssig –, und schossen mit Steinen von ihrer nun höheren Stellung herab; dann stimmten sie den Schlachtgesang an und gingen wieder zum Angriff vor; da die Athener standhielten, kam es erneut zum Nahkampf. (4) Doch eine Abteilung der Korinther kam ihrem linken Flügel zu Hilfe, schlug den rechten der Athener in die Flucht und verfolgte ihn bis zum Meer; doch dann bei den Schiffen machten die Athener und Karystier kehrt. (5) Das ganze übrige Heer kämpfte auf beiden Seiten ununterbrochen, besonders der rechte Flügel der Korinther, wo Lykophron stand und gegen den linken der Athener ankämpfte; denn sie erwarteten, dass die Athener gegen das Dorf Solygeia einen Angriff versuchten.

44 (1) Lange Zeit hielten sie also stand und gaben einander nicht nach. Hierauf aber wandten sich die Korinther – denn die Athener hatten Reiter, die ihnen als Unterstützung zustatten kamen, während die anderen nicht ein Pferd hatten – zur Flucht und wichen auf den Hügel zurück, nahmen dort erneut Aufstellung und stiegen nicht mehr herab, sondern verhielten sich ruhig. (2) Bei diesem Rückzug des rechten Flügels fielen die meisten von ihnen, auch ihr Feldherr Lykophron. Auch das übrige Heer hatte sich auf diese Weise zurückgezogen, nachdem es dazu genötigt worden war, ohne dass es zu einer großen Verfolgung oder überstürzten Flucht gekommen wäre; es setzte sich einfach auf den Anhöhen fest. (3) Die Athener aber beschäftigten sich bereits damit, den Toten die Rüstungen auszuziehen und die eigenen Gefallenen zu bergen, als die Korinther nicht mehr gegen sie zur Schlacht antreten wollten, und stellten sogleich ein Siegeszeichen auf. (4) Für die andere Hälfte der Korinther, die in Kenchrea als Bewacher saßen, damit (die Athener) nicht unbemerkt nach Krommyon segelten, für sie also blieb die Schlacht hinter dem Oneiosberg unbemerkt. Erst als sie eine Staubwolke erblickt und daraus auf die Schlacht geschlossen hatten, rückten sie sofort zur Unterstützung heran. Ebenso ausgerückt waren die älteren Männer aus Korinth, die die Vorgänge wahrgenommen hatten. (5) Da also die Athener nun diese gesammelten Kräfte anrücken sahen und glaubten, es komme auch Entsatz von den unmittelbar benachbarten peloponnesischen Städten, zogen sie sich eilig auf ihre Schiffe zurück und nahmen die Waffenbeute mit, sowie die eigenen Toten, ausgenommen zwei, die sie nicht auffinden konnten und daher zurückließen. (6) Nachdem sie ihre Schiffe bestiegen hatten, setzten sie zu den vorgelagerten Inseln über und erreichten von dort durch einen Herold, dass sie ihre Toten, die sie hatten liegen lassen, unter dem Schutz eines Vertrages bergen durften. Gefallen waren von den Korinthern in dieser Schlacht 212, von den Athenern etwas weniger als 50.

45 (1) Von den Inseln brachen die Athener auf und fuhren noch am gleichen Tag weiter in das korinthische Krommyon; es ist von der Stadt 120 Stadien entfernt. Hier gingen sie vor Anker, verwüsteten das Land und verbrachten die

Nacht auf freiem Feld. (2) Am folgenden Tag segelten sie die Küste entlang zuerst ins Gebiet von Epidauros, führten so manche Landung durch und kamen dann nach Methana zwischen Epidauros und Troizen. Hier besetzten sie die Landenge der Halbinsel (auf der Methone liegt)[18] und errichteten eine Befestigungsanlage. Auch eine Besatzung ließen sie dort zurück und plünderten dann eine Zeit lang das Gebiet von Troizen, Haliai und Epidauros. Mit ihren Schiffen fuhren sie nach Fertigstellung der Befestigung wieder nach Hause.

46 (1) Um dieselbe Zeit, als dies geschah, waren auch Eurymedon und Sophokles in Kerkyra angekommen, nachdem sie von Pylos Richtung Sizilien mit ihren athenischen Schiffen[19] losgefahren waren. Sie machten einen Kriegszug gemeinsam mit der demokratischen Partei aus der Stadt gegen die Leute, die sich im Isonegebirge verschanzt hatten, die damals nach den Bürgerunruhen[20] herübergekommen waren, das Land beherrschten und immer wieder große Schäden verursachten. (2) Nach einem Sturmangriff und der Eroberung ihrer Festung fanden alle Männer vollzählig Zuflucht auf der Bergeshöhe und willigten in eine Abmachung ein, dass sie ihre Hilfstruppen auslieferten, dass aber über sie persönlich das athenische Volk entscheide, wenn sie die Waffen gestreckt hätten. (3) Die Feldherren ließen die Männer auf die Insel Ptychia zur Bewachung bringen unter dem Schutz dieses Vertrages, bis sie nach Athen geschickt würden: Wenn auch nur einer von ihnen auf der Flucht erwischt werde, sei für alle die Abmachung hinfällig geworden. (4) Aber die Volksanführer in Kerkyra fürchteten, die Athener könnten jene nicht hinrichten, wenn sie erst angekommen wären, und dachten sich Folgendes aus: (5) Sie ließen einige Mitglieder der Oligarchen auf der Insel beeinflussen. Dazu schickten sie Freunde vor und wiesen diese an, Wohlwollen vorzuspiegeln und zu sagen, dass es für sie am besten wäre, möglichst rasch die Flucht zu ergreifen; sie selbst würden auch ein Boot bereitstellen. Denn die Feldherren der Athener hätten die Absicht, sie den Demokraten auf Kerkyra auszuliefern.

47 (1) So brachten die Volksanführer sie tatsächlich so weit. Nachdem sie ihnen ein Boot bereitgestellt hatten, wurden die, die davonfuhren, aufgegriffen, hiermit war der Vertrag hinfällig, und den Kerkyraiern wurden nun alle ausgeliefert. (2) Mitbeteiligt daran haben sich hauptsächlich die Feldherren der Athener in der Weise, dass die angebliche Begründung glaubwürdig werden konnte und die Betreiber ganz unbesorgt vorgehen konnten. Offenbar wäre es (für die Feldherren) unerwünscht gewesen, wenn sie anderen die Ehre gegönnt hätten, die Gefangenen nach Athen zu bringen, während sie selbst nach Sizilien mussten. (3) Die Kerkyraier übernahmen sie also und sperrten sie in ein großes Gebäude. Später holten sie Gruppen zu 20 Mann heraus und trieben sie zwischen zwei Reihen von Hopliten, die zu beiden Seiten aufgestellt waren; aneinander gefesselt wurden sie erschlagen oder niedergestochen von den Hopliten an beiden Seiten, wenn einer irgendwo einen persönlichen Feind erblickt hatte. Dabei gingen noch Leute mit Peitschen nebenher und trieben sie zur Eile, wenn sie etwas zu langsam ihren Weg gingen.

48 (1) Etwa 60 Mann führten sie auf diese Art aus dem Gebäude heraus und brachten sie um, ohne dass die Leute im Gebäude dies merkten, denn sie glaubten, man führe sie nur weg, um sie anderswo unterzubringen. Als sie es aber merkten und einer es ihnen klar sagte, riefen sie die Athener herbei und forderten diese auf, sie selbst sollten sie umbringen, wenn sie schon ihren Tod wünschten. Sie wollten nun auch nicht mehr das Gebäude verlassen und weigerten sich mit aller Macht, noch jemandem den Zutritt zu gestatten. (2) Die Kerkyraier ihrerseits dachten gar nicht daran, die

Türen gewaltsam aufzubrechen, sondern bestiegen das Dach des Gebäudes, rissen die Decke auf, warfen mit Ziegeln und schossen mit Pfeilen hinab. (3) Die (Eingeschlossenen) schützten sich dagegen, so gut sie konnten, und zugleich brachten sich die meisten selbst um: Sie stießen sich die Pfeile, die jene abgeschossen hatten, in den Hals oder erhängten sich an den Gurten einiger Betten, die ihnen zufällig zur Verfügung standen, oder indem sie Schlingen aus ihren Kleidern angefertigt hatten. Auf jede Art begingen sie Selbstmord den Großteil der Nacht hindurch – denn diese war während des Mordens angebrochen –, und auch durch die Schüsse von oben kamen sie ums Leben. (4) Als es Tag geworden war, stapelten die Kerkyraier (die Leichen) haufenweise auf Wagen und führten sie hinaus vor die Stadt. Die Frauen verkauften sie in die Sklaverei, soweit sie in der Verschanzung gefangen worden waren. (5) Auf solche Weise wurden die (oligarchischen) Kerkyraier vom Gebirge durch das Volk vernichtet, der Bürgerzwist war also mächtig ausgeartet und fand damit sein Ende – wenigstens für diesen Krieg.[21] Denn nichts mehr blieb von den anderen (Oligarchen) übrig, was der Rede wert gewesen wäre. (6) Die Athener segelten nach Sizilien ab, wohin sie ursprünglich aufgebrochen waren, und führten dort Krieg gemeinsam mit ihren Verbündeten.

49 (1) Die Athener in Naupaktos und die Akarnanen unternahmen am Ende des Sommers einen Feldzug gegen Anaktorion, eine korinthische Stadt, die am Ausgang des Golfes von Amprakia liegt, und nahmen sie durch Verrat. Die Akarnanen vertrieben die Korinther und nahmen selbst durch Siedler von überall her den Platz in Besitz. Damit endete der Sommer.

Winter 425/424

50 (1) Im folgenden Winter nahm Aristeides, Sohn des Archippos, ein Kommandant der athenischen Geldbeschaffungsschiffe, die zu den Verbündeten ausgesandt worden waren, den Perser Artaphernes gefangen, der in Mission des Großkönigs nach Sparta unterwegs gewesen war. Dies gelang ihm in Eion am Strymon. (2) Er selbst wurde nach Athen geschafft, wo man seine Papiere aus dem Assyrischen übersetzen ließ. Die Athener entnahmen daraus – während noch vieles andere geschrieben stand – als wichtigste Mitteilung an die Lakedaimonier Folgendes: Er (der Perserkönig) verstehe nicht, was sie eigentlich wollten; denn von den vielen Gesandten, die gekommen seien, habe keiner dasselbe gesagt: Wenn sie also etwas Deutliches kundtun wollten, sollten sie jetzt mit dem Perser Leute zu ihm schicken. (3) Später schickten die Athener diesen Artaphernes auf einer Triere nach Ephesos und zugleich mit ihm auch Gesandte. Als diese dort erfuhren, König Artaxerxes, der Sohn des Xerxes, sei kürzlich gestorben – er starb tatsächlich zu dieser Zeit –, kehrten sie nach Hause zurück.

51 (1) Während desselben Winters brachen auch die Chier ihre neue Stadtmauer ab. Die Athener hatten es befohlen, weil sie Verdacht geschöpft hatten, sie wollten ihnen abtrünnig werden. Doch verschafften sich die Chier bei den Athenern Garantieerklärungen dafür, dass sie nach Möglichkeit von weiteren Schritten gegen sie absehen würden. So endete der Winter und damit das siebente Jahr dieses Krieges, den Thukydides beschrieben hat.

Achtes Kriegsjahr

Sommer 424

52 (1) Gleich zu Beginn des folgenden Sommers trat bei Neumond eine (teilweise) Sonnenfinsternis ein und im ersten Drittel desselben Monats gab es ein Erdbeben.[22] (2) Die Flüchtlinge aus Mytilene und anderen Orten auf Lesbos hatten auf dem Festland ihre Aufmarschbasis. Sie hatten eine Hilfstruppe gewonnen, teils aus dem Peloponnes durch Sold, teils aus der dortigen Gegend angeworben und nahmen damit Rhoiteion[23] ein; nachdem sie aber 2000 phokaische Statere[24] bekommen hatten, gaben sie es wieder zurück, ohne Schäden angerichtet zu haben. (3) Darauf zogen sie gegen Antandros – Verrat tat seine Wirkung –, und sie bekamen die Stadt. Ihre Absicht war nämlich, auch die übrigen so genannten aktäischen Städte,[25] die früher unter der Verwaltung Mytilenes den Athenern gehorcht hatten, zu befreien, vor allem Antandros. Wenn sie nämlich diese Stadt zur Festung ausbauten – es gab dort gute Möglichkeiten Schiffe zu bauen, weil durch die Nähe des Idagebirges Holz zur Verfügung stand, aber auch Gelegenheit zu sonstiger Kriegsrüstung –, so hielten sie es für leicht, von hier aus das nahe liegende Lesbos zu schädigen und sich die aiolischen Städtchen auf dem Festland zu unterwerfen. Dazu wollten sie nun alle Vorbereitungen treffen.

53 (1) Die Athener aber unternahmen im selben Sommer mit 60 Schiffen, 2000 Hopliten und wenigen Reitern einen Feldzug gegen Kythera, wobei sie auch von ihren Verbündeten Milesier und einige andere herangezogen hatten. Anführer waren dabei Nikias, Sohn des Nikeratos, Nikostratos, Sohn des Dieitrephes, und Autokles, Sohn des Tolmaios. (2) Kythera ist eine Insel und liegt vor der lakonischen Küste gegenüber von Malea. Es wohnen dort Lakedaimonier von der Klasse der Metöken und ein Kytherodikes kam als Amtsträger aus Sparta alljährlich dorthin. Auch hielten sie dort ständig eine Besatzung von Hopliten und wandten überhaupt große Sorgfalt an. (3) Denn dort war ihre Anlegestelle für Frachtschiffe aus Ägypten und Libyen, zugleich konnten auch Seeräuber das lakonische Gebiet vom Meer aus, wo allein es möglich ist, dem Land beizukommen, weniger heimsuchen. Denn die Insel erstreckt sich bis zum Sizilischen und Kretischen Meer.

54 (1) Nachdem nun die Athener mit ihrem Heer dort angekommen waren, besetzten sie mit 10 Schiffen und 2000 (?!) Hopliten aus Milet eine an der Seeseite liegende Stadt namens Skandeia; mit dem übrigen Heer landeten sie auf der Malea gegenüberliegenden Seite der Insel, rückten vor die (nicht weit vom Meer entfernte) Stadt Kythera und stießen sogleich auf die (Bewohner), die mit der gesamten Macht dort lagerten. (2) Es kam zur Schlacht; eine kurze Zeit lang hielten die Kytherier stand, dann aber machten sie kehrt und entkamen in die Oberstadt. Später schlossen sie einen Vergleich mit Nikias und seinen Mitfeldherren, wonach sie es den Athenern überließen, über sie zu befinden – nur töten dürften sie sie nicht. (3) Es hatte schon früher einige Zusagen von Nikias an etliche Kytherier gegeben, weshalb ihnen sowohl für den Augenblick als auch für die Zukunft alles, was zur Einigung gehörte, schneller und erfolgreicher gelang. Denn die Athener hätten die Kytherier gewiss vertrieben, wo sie doch Lakedaimonier sind und die Insel so dicht dem lakonischen Gebiet vorgelagert ist. (4) Nach Abschluss des Vergleiches übernahmen die Athener Skandeia, das Städtchen am Hafen. Sie legten eine Besatzung nach Kythera und segelten gegen Asine, Helos und die meisten der Küstenstädtchen; sie führten Landungen durch, blieben auch über Nacht, wo die Gelegenheit dazu war, und verwüsteten das Land etwa sieben Tage lang.

55 (1) Obwohl die Lakedaimonier Kythera in den Händen der Athener sahen und ständig auf solche Landungen an ihrer Küste gefasst sein mussten, so stellten sie sich doch nirgends mit ihrer Gesamtmacht entgegen, sondern verteilten über das Land hinweg eine Anzahl von Hopliten als Besatzungen je nach Bedarf. Auch sonst waren sie sehr auf der Hut und fürchteten, es könne sie ein politischer Umsturz treffen, nachdem sich das große und unerwartete Unglück auf der Insel (Sphakteria) ereignet hatte, nachdem Pylos und Kythera im Besitz des Feindes waren und sie von allen Seiten ein plötzlicher Krieg bedrohte, mit dem sie nicht gerechnet hatten. (2) Daher stellten sie gegen ihre Gewohnheit eine Truppe von 400 Reitern und Bogenschützen auf; zum Kriegführen hatten sie gerade jetzt überhaupt keine Lust, wo sie sich gegen all ihre Militärtradition in einen Seekrieg verwickelt sahen und obendrein gegen die Athener, die alles, was sie nicht wirklich versuchten, immer als Beeinträchtigung dessen ansahen, was sie erreichen zu können glaubten. (3) Zugleich waren sie durch mancherlei Schicksalsschläge, die sie in kurzer Zeit so wider Erwarten getroffen hatten, sehr erschüttert, und sie lebten in beständiger Furcht, es könne ihnen nochmals ein solches Unglück wie auf der Insel zustoßen. Deshalb war ihnen der Mut zu Schlachten gesunken, und was sie auch unternahmen, sie meinten damit Misserfolg zu haben. (4) Ihr Mut hatte das Selbstvertrauen verloren, weil sie es von früher nie gewohnt waren, Fehlschläge hinzunehmen.

56 (1) Den Athenern gegenüber, die damals ihr Küstengebiet verheerten, verhielten sie sich meist ruhig, jedesmal wenn eine Landung im Bereich eines Wachpostens stattfand; schon zahlenmäßig hielten sie sich für unterlegen, zumal unter solchen Umständen.[26] Nur *eine* Besatzung, die um Kotyrta und Aphroditia ihre Abwehrmaßnahmen setzte, verjagte zwar im ersten Anlauf den zerstreuten Haufen von Leichtbewaffneten, wich aber wieder zurück, als Hopliten den Kampf aufgenommen hatten. Weil einige wenige Mann gefallen und auch Waffen erbeutet worden waren, stellten die Athener ein Siegeszeichen auf und fuhren ab nach Kythera. (2) Von dort aus fuhren sie herum nach Epidauros-Limera, verwüsteten einen Teil der Gegend und erschienen dann vor Thyrea, das zur Landschaft namens Kynuria gehört, dem Grenzgebiet zwischen Argos und Lakonien. Die Lakedaimonier, die das Land nutzten, hatten Thyrea den vertriebenen Aigineten zum Bewohnen gegeben, weil ihnen diese zur Zeit des Erdbebens und des Helotenaufstandes Freundschaftsdienste geleistet hatten. Obwohl sie von Athen abhängig waren, hatten sie doch immer in Zuneigung zu Sparta gehalten.

57 (1) Noch während der Anfahrt der Athener verließen also die Aigineten die Befestigung, mit deren Bau sie eben beschäftigt waren, und zogen sich in die Oberstadt zurück, in der sie wohnten; sie ist etwa 10 Stadien vom Meer entfernt. (2) Eine der lakedaimonischen Besatzungen in der Gegend, die auch an den Befestigungen mitgebaut hatte, wollte trotz der Bitte der Aigineten nicht in die befestigte Stadt, sondern es schien ihnen gefährlich, eingeschlossen zu werden. Sie zogen sich in höheres Gelände zurück und unternahmen nichts weiter, weil sie sich für nicht stark genug hielten, den Kampf aufzunehmen. (3) Unterdessen waren die Athener schon gelandet, marschierten sogleich mit dem gesamten Heer los, und nahmen Thyrea ein. Die Stadt brannten sie nieder und plünderten, was darin war; die Aigineten, so weit sie nicht im Nahkampf gefallen waren, führten sie nach Athen und mit ihnen auch den spartanischen Stadtkommandanten Tantalos, den Sohn des Patroklos, der verwundet gefangen genommen wurde. (4) Aus Kythera führten sie einige Männer ab, die sie aus Sicherheitsgründen (von der Insel) entfernen wollten. Diese be-

schlossen die Athener auf den Inseln[27] in Gewahrsam zu bringen, die übrigen Kytherier sollten auf ihrer Insel wohnen bleiben und eine (jährliche) Abgabe von 4 Talenten entrichten, die Aigineten aber beschlossen sie hinzurichten, und zwar alle, die sie gefangen hatten, wegen ihrer Erbfeindschaft von jeher, und den Tantalos zu den übrigen Lakedaimoniern von der Insel (Sphakteria) zu sperren.

58 (1) Im selben Sommer kam es auf Sizilien zwischen Kamarina und Gela zu einer Waffenruhe, zuerst untereinander, danach traten auch die übrigen Sizilier in Gela zusammen; aus allen Städten nahmen Gesandte Verhandlungen miteinander auf, ob sie sich einigen könnten. Viele Meinungen wurden von allen Seiten dafür und dagegen ausgesprochen, man stritt sich und erhob Ansprüche, je nachdem jeder zu kurz zu kommen glaubte; da hielt Hermokrates, der Sohn des Hermon, aus Syrakus, der sie auch am meisten überzeugen konnte, vor ihrer Vollversammlung folgende Rede:

59 (1) »Meine Stadt, Sizilier, zählt nicht zu den geringsten und hat dabei nicht allzu sehr unter dem Krieg zu leiden. Ich will aber vor euch allen in meiner Rede aufzeigen, welcher Entschluss mir der Beste scheint für Sizilien als Ganzes. (2) Über den Krieg, wie schwer er sei, was er alles mit sich bringe, wozu sollte man dies aufzählen und die Rede dehnen vor Leuten, die darum wissen? Denn niemand wird aus Unkenntnis gezwungen, ihn zu führen, niemand aber lässt sich aus Furcht abbringen, wenn er nur einen Vorteil erhofft. So ist es nun einmal, der eine achtet den Gewinn höher als die Bedrohung, der andere will lieber allen Gefahren standhalten, ehe er für den Augenblick auch nur etwas nachgibt. (3) Wenn aber beide zur Unzeit so verfahren, dann sind Ermahnungen zum Friedensschluss nützlich. (4) Wenn wir das in unserer jetzigen Lage einsehen wollten, so wäre es äußerst wertvoll. Denn, jeder auf die Wahrung seines Vorteils bedacht, haben wir zunächst den Krieg begonnen, jetzt aber gilt es, durch Rede und Gegenrede einen Ausgleich zu suchen; gelingt es aber nicht, dass jeder mit seinem gerechten Teil heimkehrt, dann werden wir wieder Krieg führen.

60 (1) Und doch sollten wir erkennen, dass diese Versammlung, wenn wir vernünftig sind, nicht den persönlichen Vorteilen jedes Einzelnen gilt, sondern (der Frage) ob wir Sizilien, das als Ganzes, wie ich es beurteile, von den Athenern bedroht ist, retten können; und als vermittelnde Kraft in unseren Streitigkeiten, viel zwingender als meine Reden, sollten wir die Athener betrachten: Sie, die mächtigsten unter den Hellenen, liegen mit ihren wenigen Schiffen hier auf der Lauer und warten auf unsere Fehler und nützen unter dem gesetzmäßigen Namen Bündnis selbst das naturgemäß Feindliche mit schönem Schein zu ihrem Vorteil. (2) Denn wenn wir Krieg beginnen und sie ins Land ziehen, ein Volk, das auch ungerufen aus eigenem Antrieb zu den Waffen greift, wenn wir uns selbst auf eigene Kosten schädigen und damit ihnen den Weg zur Herrschaft bahnen, so werden sie wahrscheinlich, wenn sie uns erschöpft sehen, einmal mit größerer Heeresmacht kommen und unser ganzes Land zu unterwerfen trachten.

61 (1) Jedoch sollte jeder, wenn wir es recht bedenken, um Fremdes hinzuzugewinnen, nicht um vorhandenen Besitz zu schmälern, Verbündete an sich ziehen und Gefahren auf sich nehmen; auch sollte er bedenken, dass gerade der innere Zwist die Städte und somit ganz Sizilien zugrunde richtet, dessen Einwohner, das sind wir alle, zwar insgesamt bedroht sind, aber nach Städten sich entzweien. (2) In dieser Erkenntnis sollten sich Bürger mit Bürger und Stadt mit Stadt aussöhnen und versuchen, gemeinsam das ganze Sizilien zu retten; niemand möge sich einbilden, nur die Dorer unter uns seien den Athenern verhasst, die Chalkidier aber durch die ionische Verwandtschaft gesichert. (3) Denn nicht die Stämme, weil sie etwa verschieden geartet sind, greifen sie an aus Hass gegen den einen, nein, nach den Reichtümern Siziliens gieren sie, die wir gemeinsam besitzen. (4) Das zeigten sie ja jetzt bei dem Hilferuf der Chalkidier. Diese hatten ihnen noch nie dem Bündnis gemäß Hilfe geleistet, jene aber haben die Vertragsrechte mit größtem Eifer erfüllt. (5) Dass die Athener ihre Macht erweitern und nur darauf sinnen, ist ihnen gar nicht zu verdenken, und ich tadle an niemandem den Willen zu herrschen, wohl aber allzu rasche Bereitschaft, sich zu ducken; denn so ist nun einmal Menschenart: zu herrschen über alles, was nachgibt, aber sich abzusichern gegen alles, was angreift. (6) Wenn wir, obwohl wir dies erkennen, nicht richtig vorsorgen, und wenn einer der hier Versammelten das nicht für die wichtigste Aufgabe hält, dann sind wir im Irrtum. (7) Der schnellste Weg, dem abzuhelfen, wäre, wenn wir uns untereinander aussöhnten; denn nicht von ihrer Heimat aus greifen uns die Athener an, sondern aus dem Gebiet derer, die sie herbeiriefen. (8) Und so findet dann nicht der Krieg im Krieg, sondern im Frieden unser Zwist mühelos ein Ende, und die Eindringlinge, die mit schönem Schein zu unrechtem Tun gekommen sind, werden mit schönem Grund unverrichteter Dinge abziehen.

62 (1) Gegenüber den Athenern gewinnen wir so großen Vorteil, wenn wir uns recht beraten: (2) den von allen übereinstimmend als höchstes Gut gepriesenen Frieden – wie sollten wir ihn nicht unter uns selbst schließen können? Oder meint ihr, wenn einer irgendwo seinen Vorteil findet oder auch das Gegenteil, wäre da nicht Ruhe eher als Krieg geeignet, das eine zu hemmen, das andere zu fördern, und bietet nicht Ruhm und Ehre der Frieden gefahrloser, und was man sonst noch in ausführlicher Rede darlegen könnte? Das also heißt es nun zu bedenken und daher meine Worte nicht zu verachten, sondern ihnen folgend auf die Rettung jedes Einzelnen zu sehen. (3) Wenn jemand zuversichtlich glaubt, aufgrund seines Rechtes oder mit Gewalt etwas zu erreichen, so möge er sich nur nicht im Unverhofften schwer täuschen und bedenken: Manche wollten sich schon an ihren Beleidigern rächen, andere wieder erhofften dank einer beträchtlichen Macht einen Gewinn – und dann haben die einen nicht nur ihre Rache verfehlt, ja, sie konnten sich nicht einmal selbst retten, und den anderen widerfuhr es, statt mehr zu haben, sogar ihren eigenen Besitz zu verlieren. (4) Denn Rache muss niemandem nach einer Art Rechtsgrundsatz glücken, weil ihm Unrecht widerfährt; und Stärke ist nicht deshalb verlässlich, weil sie voll Selbstvertrauen ist. Das Unberechenbare der Zukunft herrscht eben in weitestem Umfang, und ist es auch noch so trügerisch, so erweist es sich doch als nützlich; denn da Furcht auf beiden Seiten waltet, ziehen wir mit größerer Vorsicht gegeneinander in den Kampf.

63 (1) Und jetzt, wegen der unbestimmten Furcht vor diesem Unsichtbaren und wegen der nun schon Furcht erregenden Anwesenheit der Athener, durch beides also erschreckt, ferner, was das Fehlschlagen unserer Hoffnungen betrifft, in der hinreichenden Erkenntnis, dass die Pläne jedes Einzelnen von uns gerade durch diese beiden Hindernisse vereitelt wurden, wollen wir die drohenden Feinde außer Landes schaffen und selber am besten Frieden auf ewige Zeit schließen, wenn aber nicht, so doch durch langfristige Verträge unsere Streitigkeiten auf später verschieben. (2) Überhaupt wollen wir einsehen, dass wir meinen Worten folgend die Freiheit jeder Stadt behaupten; nur dann werden wir Freundes- und Feindestat mannhaft mit Gleichem vergelten. Wenn wir aber in unserem Starrsinn einmal anderen untertänig sind, steht es uns nicht mehr frei, uns an jemandem zu rächen, wir können vielmehr noch von großem Glück sprechen, wenn wir nur zu Freundschaft mit unseren ärgsten Feinden und zu Gegnerschaft, wo sie nicht am Platze ist, gezwungen werden.

64 (1) Ich also, der ich, wie anfangs erwähnt, die mächtigste Stadt vertrete und mich besser auf Angriff als auf Verteidigung verstehe, bin in richtiger Erkenntnis des Kommenden zu Nachgiebigkeit bereit; ich will nicht meinen Gegnern so arg zusetzen, dass ich selbst den ärgsten Schaden erleide, und nicht in törichtem Ehrgeiz glauben, ebenso selbstherrlich wie über den eigenen Entschluss auch über das Schicksal zu gebieten, das ich ja doch nicht beherrsche; nein, soweit es vertretbar ist, will ich nachgeben. (2) Die anderen fordere ich auf, ebenso wie ich zu handeln, und lieber Derartiges von euch selbst als von den Feinden hinzunehmen. (3) Es ist ja keine Schande, wenn Freunde ihren Freunden nachgeben, also ein Dorer den Dorern, ein Chalkidier seinen Stammverwandten, da wir doch alle zusammen Nachbarn und Mitbewohner eines einzigen meerumflossenen Landes sind und mit einem einzigen Namen Sizilier genannt sind, die wir, glaube ich, wenn der Fall eintritt, gegeneinander Krieg führen, uns dann aber auch wieder untereinander in gemeinsamen Besprechungen verständigen werden. (4) Die Fremdstämmigen aber wollen wir im Fall eines Angriffs immer geschlossen, wenn wir verständig sind, abwehren, da wir, selbst wenn nur der Einzelne Schaden leidet, auch insgesamt in Gefahr sind, und wollen sie in Zukunft nie mehr als Verbündete oder Schiedsrichter herbeiziehen. (5) Wenn wir so handeln, werden wir für den Augenblick unser Sizilien nicht eines doppelten Vorteils berauben, von den Athenern loszukommen und vom inneren Krieg; und in Zukunft werden wir es als freies Land bewohnen, von fremdem Zugriff weniger gefährdet.«

65 (1) Mit solchen Worten überzeugte Hermokrates die Sizilier; sie kamen überein, den Krieg beizulegen, sodass jeder seinen Besitz behalte – Kamarina sollte Morgantine erhalten gegen Zahlung einer bestimmten Summe an Syrakus; (2) die Bundesgenossen der Athener riefen deren Anführer und sagten ihnen, sie würden Frieden schließen, der Vertrag solle auch für sie verbindlich sein. Da jene einverstanden waren, schlossen sie das Abkommen, und die Schiffe der Athener segelten hierauf von Sizilien ab. (3) Die Athener in der Stadt bestraften die Feldherren nach ihrer Ankunft teils mit Verbannung, Pythodoros und Sophokles,[28] und den dritten, Eurymedon, belegten sie mit einer Geldbuße, da sie trotz der Möglichkeit, Sizilien zu unterwerfen, durch Geld bestochen abgezogen seien. (4) So sehr waren sie in ihrem gegenwärtigen Glück überzeugt, es dürfe sich ihnen nichts entgegenstellen, das Mögliche ebenso wie das Schwierige müssten sie mit großer oder auch schwacher Heeresmacht durchsetzen. Die Ursache hiervon war das unerwartete Glück bei den meisten ihrer Unternehmungen, das ihrer Hoffnung solche Kraft verlieh.

66 (1) Im selben Sommer wurden die Megarer in der Stadt einerseits von den Athenern kriegerisch bedrängt, die alljährlich mit ihrer gesamten Heeresmacht in das Gebiet einfielen, andererseits von Pegai aus durch ihre eigenen Flüchtlinge, die in einem Bürgerkrieg von der Volksmasse vertrieben worden waren und nun mit Plünderungen Schwierigkeiten machten; die Megarer berieten also untereinander, man müsse die Flüchtlinge wieder aufnehmen und dürfe die Stadt nicht durch zweierlei Feinde dem Verderben aussetzen. (2) Als nun die Freunde der Verbannten merkten, woher der Wind wehte, traten sie auch ihrerseits offener als früher dafür ein, sich an diesen Vorschlag zu halten. (3) Da sahen aber die Anführer der demokratischen Partei ein, dass das Volk unmöglich mit ihnen unter den gegenwärtigen Leiden durchhalten werde. In ihrer Angst verhandelten sie mit den athenischen Feldherren Hippokrates, dem Sohn des

Ariphron, und Demosthenes, dem Sohn des Alkisthenes, um ihnen die Stadt zu übergeben. Sie meinten, dabei sei für sie die Gefahr geringer, als wenn die von ihnen Vertriebenen zurückkämen. Sie einigten sich, zuerst sollten die Athener die Langen Mauern besetzen, die sich in einer Länge von etwa 8 Stadien von der Stadt bis zu ihrem Hafen Nisaia erstreckten, damit die Peloponnesier nicht von Nisaia aus heranrücken könnten, wo sie allein die Besatzung bildeten, um Megara fest in der Hand zu haben. Dann wollten sie auch versuchen, die Oberstadt zu übergeben; dort werde man sich leichter fügen, wenn einmal dieses (die Besetzung der Langen Mauern) gelungen sei.

67 (1) Nachdem beiderseits hinsichtlich Planung und Ausführung die Vorbereitungen abgeschlossen waren, fuhren die Athener zur Nachtzeit nach Minoa, der Insel vor Megara, und setzten sich mit 600 Hopliten, die Hippokrates befehligte, in einer Lehmgrube fest, aus der die Megarer gewöhnlich Ziegel gewannen und wovon die Langen Mauern nicht weit entfernt waren. (2) Die Truppe mit dem zweiten Feldherrn Demosthenes – plataiische Leichtbewaffnete und junge Grenzsoldaten[29] – legte sich beim Enyalion[30] in den Hinterhalt, in noch viel geringerer Entfernung. Und niemand erfuhr davon mit Ausnahme der Männer, die diese Nacht Bescheid wissen mussten. (3) Als es nun Morgen werden sollte, gingen die megarischen Verräter auf folgende Art zu Werk: Von langer Hand hatten sie die Öffnung des Tores sorgsam vorbereitet, sie hatten es sich zur Gewohnheit gemacht, ein (schmales) Boot mit Doppelrudern, wie um auf Seeraub auszugehen, auf einem Wagen durch den Graben des Nachts zum Meer zu bringen und dann auszufahren; dafür hatten sie vom (peloponnesischen) Befehlshaber die Genehmigung[31] erwirkt. Vor Tagesanbruch zogen sie es wieder auf dem Wagen zur Mauer und hinter das Tor (in die Stadt) hinein, damit den Athenern von Minoa die Aufmerk-

samkeit genommen[32] werde, wenn im Hafen kein einziges Schiff sichtbar wäre. (4) Als nun diesmal der Wagen eben wieder vor dem Tor stand, das wie gewöhnlich für das Boot geöffnet wurde, liefen die Athener, als sie dies sahen, der Verabredung gemäß in vollem Lauf aus ihrem Hinterhalt; sie wollten noch rasch hineinkommen, bevor das Tor abgeschlossen werde und solange der Wagen noch darinstand, der das Schließen behinderte. Gleichzeitig töteten die mitwirkenden Megarer für sie die Torwächter. (5) Zuerst drangen nun die Plataier und die Grenzsoldaten unter Demosthenes bis dahin vor, wo jetzt das Siegeszeichen steht; denn es kam gleich innerhalb des Tores zum Kampf, weil die Peloponnesier in nächster Nähe (die Vorgänge) bemerkt hatten; die Plataier besiegten die herbeieilenden (Feinde) und hielten für die heranrückenden Hopliten der Athener den Eingang frei.

68 (1) Danach richtete jeder Athener, sobald er nur drinnen war, seinen Angriff gegen die Mauer. (2) Die peloponnesischen Wachen, die sich zunächst entgegenstellten, wehrten sich trotz ihrer geringen Zahl, und einige von ihnen fielen. Die meisten aber ergriffen die Flucht, sie waren erschreckt, weil Feinde sie in der Nacht überfallen hatten und auch die verräterischen Megarer gegen sie kämpften; daher glaubten sie, ganz Megara habe sie verraten. (3) Und es traf sich, dass der Herold der Athener aus eigenem Entschluss verkündet hatte, wer von den Megarern wolle, könne herkommen und zusammen mit den Athenern zu den Waffen greifen. Als sie das gehört hatten, hielten sie nicht mehr stand, sondern meinten tatsächlich, dass man nun gemeinsam gegen sie kämpfe, und entflohen nach Nisaia. (4) Am frühen Morgen, als die Mauer schon gewonnen war und sich die Megarer in der Stadt in großer Verwirrung befanden, verlangten diejenigen, die den Athenern in die Hand arbeiteten, und noch eine Menge, die damit einverstanden war, man müsse das Tor öffnen und zur Schlacht ausziehen. (5) Es war nämlich ausgemacht, nach Öffnung des Tores sollten die Athener einfallen. Sie selbst wollten sich kenntlich machen, sich nämlich dick mit Salböl einschmieren, damit ihnen kein Leid geschehe. Die Öffnung des Tores wurde für sie noch gefahrloser, denn gemäß der Abmachung waren von Eleusis her 4000 athenische Hopliten und 600 Reiter die Nacht hindurch marschiert und bereits eingetroffen. (6) Als sie nun eingeölt am Tor standen, verriet ein Eingeweihter den anderen den verräterischen Anschlag; und diese rotteten sich nun zusammen und sagten, man dürfe weder gegen den Feind ausziehen – denn auch früher habe man bei noch größerer Kampfkraft nie den Mut dazu gehabt –, noch dürfe man die Stadt jetzt einer offenkundigen Gefahr aussetzen. Wenn sich jemand nicht füge, käme es auf der Stelle zum Kampf. Sie ließen aber nicht erkennen, dass sie über die Machenschaften Bescheid wüssten, sondern blieben mit Nachdruck bei ihrer Ansicht, als ob sie nur das Beste wollten, und zugleich verblieben sie als Wächter beim Tor, sodass den Anstiftern (des Verrats) ihr Vorhaben nicht gelang.

69 (1) Da nun die Feldherren der Athener erkannt hatten, dass etwas dazwischengekommen war und sie die Stadt nicht im Sturm einnehmen konnten, begannen sie sogleich, Nisaia mit einer Mauer einzuschließen. Sie dachten, wenn sie (den Ort) erobern könnten, bevor noch jemand zum Entsatz heranrücke, würde sich auch Megara schneller ergeben. (2) Rasch zur Hand war Werkzeug aus Athen, sowie Steinmetze, und was man sonst noch nötig hatte. Sie begannen also mit den Langen Mauern, die sie erobert hatten, zogen dazwischen eine Quermauer gegen Megara hin ein und von hier aus nach beiden Seiten eine Mauer mit Graben bis zum Meer bei Nisaia, wobei sich das Heer (die Arbeit) aufteilte. Aus der Vorstadt verwendeten sie Steine und Ziegel, schlugen Einzelbäume und Waldgehölze um und stellten Verhaue her, wenn es irgendwo erforderlich war. Auch die Häuser der Vorstadt bekamen eine Brustwehr und standen somit als Bollwerke zur Verfügung. (3) Diesen ganzen Tag arbeiteten sie und am folgenden gegen Abend war die Mauer so gut wie vollendet, da gerieten die Leute in Nisaia in Furcht einerseits wegen des Mangels an Lebensmitteln, denn man bezog diese täglich aus der Oberstadt und glaubte nicht an raschen Hilfseinsatz durch die Peloponnesier, andererseits hielten sie die Megarer für Feinde. Sie schlossen mit den Athenern eine Vereinbarung: Sie wollten die Waffen abgeben und jeder solle sich um eine bestimmte Geldsumme loskaufen, über die Lakedaimonier aber, den Kommandanten und wer sonst noch mit darin war, sollten die Athener nach Gutdünken verfügen. (4) Darauf einigten sie sich und zogen ab. Nun schleiften die Athener die Langen Mauern, wo sie an Megara anstießen, übernahmen Nisaia und trafen ihre weiteren Vorbereitungen.

70 (1) Brasidas, der Sohn des Tellis aus Sparta, stand aber um diese Zeit gerade in der Gegend von Sikyon und Korinth und wollte sich zu einem Feldzug nach Thrakien bereitmachen. Als dieser von der Eroberung der Mauern erfuhr, fürchtete er um die Peloponnesier in Nisaia und ebenso, dass Megara genommen werde. Er schickte zu den Boiotern die Aufforderung, schleunigst bei Tripodiskos, einem Dorf im Umland von Megara am Fuß des Geraneiagebirges, mit ihrem Heer zu ihm zu stoßen; er selbst machte sich mit 2700 Hopliten aus Korinth, 400 aus Phleius, 600 aus Sikyon und mit Leuten, die von ihm selbst bereits angeworben waren, auch dahin auf, in der Meinung, Nisaia noch unerobert zu finden. (2) Als er aber (den Stand der Dinge) erfuhr – er war nämlich gerade zur Nachtzeit nach Tripodiskos heruntergekommen –, wählte er, bevor er noch ausgekundschaftet würde, 300 Mann aus seinem Heer aus und

rückte an die Stadt Megara heran, ohne dass die Athener es merkten, die am Meer standen. Er wollte angeblich und, sofern möglich, auch tatsächlich einen Handstreich gegen Nisaia versuchen; hauptsächlich aber lag ihm daran, sich in die Stadt Megara Einlass zu verschaffen und sich diese Stadt zu sichern. Er verlangte, man solle ihn aufnehmen, und gab an, er habe Hoffnung, Nisaia zurückzugewinnen.

71 (1) Aber die Parteiungen unter den Megarern fürchteten einerseits nun, dass er ihnen die Verbannten wieder zurückführe und sie selbst vertreibe, andererseits, dass die Demokraten aus eben dieser Sorge über sie selbst herfielen und die Stadt dann, während man sich untereinander bekämpfe, verloren sei, da ja die Athener in der Nähe lauerten. Sie ließen ihn also nicht ein, sondern beiderseits beschlossen sie, ruhig zu bleiben und abzuwarten, was sich ergebe. (2) Sie rechneten nämlich beide damit, dass es zur Schlacht komme zwischen den Athenern und dem Entsatzheer; es sei dann für sie noch sicherer, sich erst nach dem Sieg seinen »Freunden« anzuschließen. Da Brasidas sie nicht überreden konnte, zog er wieder zum übrigen Heer zurück.

72 (1) Gleich bei Tagesanbruch waren die Boioter da (in Tripodiskos); sie hatten nämlich schon vor der Botschaft des Brasidas im Sinn gehabt, Megara zu Hilfe zu kommen, da die Gefahr auch sie betreffe. So standen sie mit dem gesamten Heer bei Plataia. Als nun auch noch der Bote kam, wurden sie noch mutiger und schickten 2200 Hopliten und 600 Reiter, mit der Mehrzahl kehrten sie wieder um.[33] (2) Als nun das ganze Heer mit nicht weniger als 6000 Hopliten zugegen war, während die athenischen Hopliten um Nisaia und am Meer in Aufstellung, die Leichtbewaffneten aber über die Ebene ausgeschwärmt waren, da fielen die boiotischen Reiter unerwartet – denn früher war noch nie von irgendwoher für die Megarer ein Entsatz gekommen – über die Leichtbewaffneten her und trieben sie zum Meer

hin. (3) Es stürmten aber auch die Athener gegen sie heran und gingen zum Nahkampf über; da entwickelte sich ein ausgedehntes Reitergefecht, in welchem beide Seiten beanspruchten, nicht unterlegen gewesen zu sein. (4) Denn die Athener hatten zwar den Reiterführer der Boioter und einige andere – nicht viele – getötet und ihrer Rüstung beraubt, als diese unmittelbar an Nisaia herangekommen waren, hatten nach ihrem Sieg die Toten unter dem Schutz von Verträgen herausgegeben und auch ein Siegeszeichen errichtet, doch konnten bei der ganzen Sache beide Seiten nichts Entscheidendes erreichen; und sie trennten sich, die Boioter zu ihrer Truppe, die anderen nach Nisaia.

73 (1) Danach rückten Brasidas und sein Heer näher an das Meer und die Stadt Megara. Sie besetzten einen geeigneten Platz und blieben ruhig, aber zur Schlacht bereit. Sie meinten, die Athener würden sie angreifen, und wussten genau, dass die Megarer nur abwarten würden, wem von beiden der Sieg gehöre. (2) Sie versprachen sich davon einen doppelten Vorteil; zum einen nicht zuerst anzugreifen und sich nicht absichtlich einer gefährlichen Schlacht aussetzen, dabei aber doch deutlich gezeigt zu haben, dass sie abwehrbereit wären, und ihnen, gleichsam ohne sich schmutzig gemacht zu haben, der Sieg zu Recht gebühre, zum anderen auch Megara gegenüber gut dazustehen. (3) Wären sie nämlich nicht im Anmarsch gesehen worden, hätte es für sie keinerlei Chance auf einen Erfolg gegeben, sondern sie hätten sofort die Stadt verloren, so, als ob sie besiegt worden wären; nun aber könnte es gelingen, dass sich die Athener von sich aus gar nicht auf einen Entscheidungskampf einließen; dann würde ihnen kampflos das zufallen, weswegen sie gekommen seien; und so geschah es auch. (4) Die Athener setzten sich allerdings in Marsch und stellten sich an den Langen Mauern in Schlachtordnung auf, blieben aber ihrerseits ruhig, da die Gegner nicht angriffen. Ihre Feldherren waren der Ansicht, dass für sie mehr auf dem Spiel stehe als für die Gegner; denn ihnen sei (bisher) das meiste[34] gelungen. Wenn sie aber jetzt die Schlacht gegen eine solche Übermacht eröffneten, würden sie entweder im Falle eines Sieges Megara bekommen, oder durch eine Niederlage im besten Teil ihres Hoplitenheeres geschwächt werden. Aufseiten der Gegner aber, die jeweils nur mit einem Teil ihrer Streitmacht vertreten waren, wolle verständlicherweise keiner der Gefahr ausweichen. So verharrten beide eine Zeit lang, und als von keiner Seite ein Angriff erfolgte, gingen zuerst die Athener nach Nisaia zurück und dann auch die Peloponnesier zu ihrem Ausgangspunkt. Nunmehr wurden in Megara die Freunde der Vertriebenen mutiger und öffneten für Brasidas und die Kommandanten von den (verbündeten) Städten die Tore, als ob diese gesiegt hätten, da die Athener nicht mehr kämpfen wollten. Nachdem sie sie eingelassen hatten, nahmen sie Verhandlungen auf, während die (Demokraten), die für die Athener eingetreten waren, völlig erschüttert waren.

74 (1) Später, als die Verbündeten in ihre Heimatstädte entlassen waren, kehrte auch Brasidas nach Korinth zurück und rüstete zum Feldzug gegen Thrakien, wohin er ursprünglich gewollt hatte. (2) Als dann auch die Athener nach Hause abgezogen waren, machten sich diejenigen ihrer Anhänger, welche sich hauptsächlich für die Athener ins Zeug gelegt hatten und wussten, dass sie dabei gesehen worden waren, sogleich im Stillen davon. Die anderen einigten sich mit den Freunden der Verbannten und holten sie aus Pegai wieder heim, nachdem sie mit feierlichsten Eiden gelobt hatten, einander nichts nachzutragen, sondern nur das Beste für die Stadt zu wollen. (3) Doch als die (Oligarchen) in den Staatsämtern vertreten waren, führten sie eine Waffenmusterung[35] durch; sie ließen dabei die Abteilungen auseinander treten und suchten sich aus der Zahl ihrer Gegner etwa

100 Mann aus, die angeblich besonders die Interessen der Athener vertreten hatten. Über diese öffentlich abzustimmen, nötigten sie das Volk. Nach ihrer Verurteilung richteten sie sie hin und gaben der Stadt eine im Wesentlichen oligarchische Verfassung. (4) Und die längste Zeit blieb diese Umwälzung bestehen, obwohl sie aus dem Parteienkampf einer kleinen Minderheit hervorgegangen war.

75 (1) Im selben Sommer sollte Antandros von den Mytilenern (zur Festung) ausgebaut werden, wie sie es beabsichtigt hatten.[36] Die Kommandanten der athenischen Geldbeschaffungsschiffe, Demodokos und Aristeides, befanden sich am Hellespont, der dritte von ihnen, Lamachos, war mit 10 Schiffen in den Pontos (Schwarzes Meer) eingefahren. Da bemerkten sie allmählich die Anstalten zum Festungsbau, und es bestand ihrer Meinung nach die Gefahr, es könne eine Bedrohung für die Insel entstehen, wie es Anaia für Samos war. Dort (in Anaia) hatten sich die Verbannten aus Samos festgesetzt, die Peloponnesier mit Steuerleuten für ihre Flotte versorgt, in Samos Unruhe geschürt und Überläufer aus der Stadt aufgenommen. Also boten die Athener bei den Verbündeten Streitkräfte auf und fuhren damit nach Antandros, besiegten in einer Schlacht die ihnen (von dort) entgegengekommenen Mytilener und eroberten den Platz zurück. (2) Nicht viel später war Lamachos in den Pontos eingefahren und im Gebiet von Herakleia an der Mündung des Flusses Kales vor Anker gegangen. Er büßte aber seine Schiffe ein, weil sich am Oberlauf des Flusses Wolkenbrüche ereignet hatten und plötzlich Wassermassen zu Tal strömten. Er selbst und sein Heer marschierten zu Fuß durch das Gebiet der bithynischen Thraker, die drüben in Kleinasien wohnen, nach Kalchedon, einer megarischen Tochterstadt an der Mündung des Pontos.

76 (1) Im selben Sommer kam auch Demosthenes, Feldherr der Athener, mit 40 Schiffen nach Naupaktos, gleich nach dem Abzug aus dem Land um Megara. (2) Denn mit Hippokrates und ihm wurden heimlich von Angehörigen boiotischer Städte Verhandlungen betrieben. Sie wollten die bestehende Verfassung abändern und in eine Demokratie nach athenischem Muster umwandeln. Insbesondere war es Pythodoros, ein Flüchtling aus Theben, auf dessen Rat von ihnen Folgendes vorbereitet wurde: (3) Das Städtchen Siphai wollten einige (den Athenern) übergeben; es liegt auf thespischem Gebiet am Meer, im Golf von Krisa. Chaironeia, das an Orchomenos – früher minyisch, jetzt aber boiotisch genannt – abgabenpflichtig ist, wollten andere aus Orchomenos ihnen in die Hände spielen. Die Verbannten aus Orchomenos waren dabei besonders eifrig am Werk und hatten Söldner aus dem Peloponnes angeworben. Chaironeia liegt an Boiotiens Grenze gegen das Gebiet von Phanoteus in Phokis, so waren auch einige Phoker an der Sache beteiligt. (4) Die Athener sollten Delion besetzen, das Apollonheiligtum im Gebiet von Tanagra gegenüber Euboia, und zwar sollte dies alles gleichzeitig an einem bestimmten Tag geschehen, damit die Boioter nicht mit vereinten Kräften beim Delion als Helfer auftreten könnten, sondern jede Stadt mit ihren eigenen Problemen zu tun habe. (5) Wenn der Versuch gelingen sollte und das Delion mit Mauern befestigt werden könnte, so hofften sie doch einigermaßen, dass die bestehenden Verhältnisse im Lande nicht zu halten seien, wenn es auch nicht gleich zu Verfassungsneuerungen in den boiotischen Städten käme; falls man diese Plätze erst einmal habe, das Land ausplündern könne und für die einzelnen Verbände ein Rückzug möglich sei, wenn die Athener jeweils den Abtrünnigen zu Hilfe kämen, den Gegnern aber keine vereinigte Streitmacht zur Verfügung stünde, dann würden sie mit der Zeit die Sache wunschgemäß in den Griff bekommen.

77 (1) Ein solcher Angriffsplan wurde also entworfen. Hippokrates selbst wollte bei passender Gelegenheit mit dem Heer aus der Stadt (Athen) gegen die Boioter marschieren, den Demosthenes hatte er mit 40 Schiffen nach Naupaktos geschickt, damit er aus jener Gegend ein Heer von Akarnanen und anderen Verbündeten sammle und nach Siphai fahre, das durch Verrat übergeben werden sollte. Der Tag, an dem beides zugleich geschehen sollte, war unter ihnen abgesprochen. (2) Als Demosthenes angekommen war, übernahm er Oiniadai, das von allen Akarnanen bezwungen worden war, in das Bündnis mit den Athenern; er selbst rief das gesamte Verbündetenheer in jener Gegend zu den Waffen, wandte sich zunächst gegen Salynthos und die Agraier, brachte sie auch auf seine Seite und bereitete sich im Übrigen vor, um zur bestimmten Zeit vor Siphai einzutreffen.

78 (1) Brasidas war um dieselbe Zeit in diesem Sommer mit 1700 Hopliten ins thrakische Gebiet unterwegs. Als er Herakleia bei Trachis erreicht hatte, schickte er einen Boten nach Pharsalos an seine Freunde und ließ um Geleit für sich und sein Heer ersuchen. Nach Meliteia in Achaia kamen Panairos, Doros, Hippolochidas, Torylaos und der Proxenos[37] Strophakos aus Chalkis, worauf er seinen Marsch fortsetzte. (2) Noch andere Thessalier führten ihn, darunter Nikonidas aus Larisa, ein Freund des Perdikkas; denn in Thessalien durchzukommen war ohne Geleit nicht leicht, schon gar nicht mit Waffen. Überhaupt war es bei allen Hellenen gleich verdächtig, durch fremdes Land zu ziehen, ohne die Erlaubnis bekommen zu haben. Die breite Masse hielt es in Thessalien von jeher mit den Athenern. (3) Wenn also die Thessaler nicht traditionsgemäß mehr Fürstentümer als Städte mit Rechtsgleichheit hätten, wäre er niemals vorangekommen; denn auch so stellten sich ihm die Gegner seiner Freunde während des Marsches noch in den Weg. Sie

versuchten, ihn am Enipeus zu stoppen, und erklärten, dass er Unrecht tue, ohne die Erlaubnis ihrer Bundesbehörde[38] durchzumarschieren. (4) Seine Führer erwiderten, dass sie ihm gegen den Willen jener Behörde nicht das Geleit geben wollten, aber weil er so überraschend erschienen sei, würden sie als Gastfreunde bei seinem Marsch behilflich sein. Auch Brasidas selbst sprach davon, dass er als ihr und Thessaliens Freund komme, dass er die Waffen gegen seine Feinde, die Athener, und nicht gegen sie trage; er wisse gar nicht, dass es zwischen den Thessalern und Lakedaimoniern Feindschaft gebe, sodass sie nicht zueinander ins Land kommen dürften. Auch jetzt würde er gegen ihren Willen nicht weiterziehen – er könne es auch gar nicht –, freilich erwarte er von ihnen, dass sie ihn nicht hinderten. (5) Sie nahmen dies zur Kenntnis und zogen ab. Er aber setzte seinen Marsch auf dringendes Anraten seiner Begleiter unverzüglich im Eiltempo fort, bevor ein neues, noch größeres Hindernis eintreten konnte. Noch am selben Tag, an dem er von Meliteia aufgebrochen war, kam er bis Pharsalos und schlug am Fluss Apidanos sein Lager auf. Von dort ging es dann weiter nach Phakion und von da in die Perraibia. (6) Hier kehrten seine thessalischen Begleiter um und die Perraibier, Untertanen der Thessaler, führten ihn bis nach Dion, im Reich des Perdikkas, einem Städtchen Makedoniens, das am Fuß des Olymp im Grenzgebiet zu Thessalien liegt.

79 (1) Auf diese Weise war Brasidas in Eilmärschen durch Thessalien gezogen, noch schnell genug, bevor jemand Vorbereitungen treffen konnte, ihn zu hindern, und kam bei Perdikkas und in der Chalkidike an. (2) Aus dem Peloponnes hatten nämlich die von den Athenern abgefallenen Thraker und Perdikkas das Heer geholt aus Furcht davor, dass Athens Kriegsglück (zu) groß sei. Die Chalkidier waren der Ansicht, die Athener würden sich zuerst gegen sie wenden, und mit ihnen hatten auch die noch nicht abtrünnigen Nachbarstädte darauf hingewirkt, das Heer heimlich ins Land zu rufen. Perdikkas war zwar noch kein offener Feind, fürchtete aber doch die alten Streitpunkte mit den Athenern und wollte sich vor allem Arrabaios, den Lynkestenkönig, unterwerfen.[39] (3) Zustatten kam ihnen dabei, dass die Lakedaimonier gegenwärtig große Misserfolge hatten, und sie insofern umso leichter aus dem Peloponnes ein Heer bekommen konnten.

80 (1) Die Lakedaimonier hofften, weil die Athener dem Peloponnes und damit ihrem eigenen Land so schwer zusetzten, sie am besten dadurch zu vertreiben, dass sie ihnen auch ihrerseits als Vergeltung Schäden zufügten, indem sie zu deren Verbündeten ein Heer schickten, zumal diese selbst bereit waren, dessen Verpflegung zu übernehmen, und sie sogar herbeiriefen. (2) Zugleich bekamen sie damit einen erwünschten Vorwand, einen Teil der Heloten außer Landes zu schicken, damit diese nicht unter den gegenwärtigen Bedingungen, da Pylos in Feindeshand war, einen Aufstand machten. (3) Hatten sie doch sogar aus Furcht vor ihrer verwegenen[40] Überzahl – denn bei den Lakedaimoniern hat von jeher fast jede Maßnahme immer darauf abgezielt, die Heloten im Zaum zu halten – Folgendes getan: Sie hatten bekannt gemacht, wer von ihnen glaube, sich in den Kriegen in ihrem Sinne am besten bewährt zu haben, solle sich zum Zweck der Freilassung beurteilen lassen. Damit stellten sie sie auf die Probe in der Meinung, dass von denjenigen, die in ihrem Selbstbewusstsein den Anspruch erheben, freigelassen zu werden, jeder sich erst einmal auf sie selbst stürzen würde. (4) Und sie wählten etwa 2000 aus, die bekränzten sich zwar und zogen als nunmehr freie Leute von Tempel zu Tempel; aber nicht viel später ließen die Spartaner sie verschwinden und keiner erfuhr, auf welche Art ein jeder ums Leben kam. (5) Auch damals schickten sie

bereitwillig mit Brasidas 700 von ihnen als Hopliten hinaus, die Übrigen holte er sich aus dem Peloponnes, nachdem er sie für Sold gewonnen hatte.

81 (1) Besonders Brasidas selbst hatten die Lakedaimonier geschickt, einmal auf seinen Wunsch hin, aber auch auf Bitten der Chalkidier; war er doch ein Mann, der in Sparta den Ruf hatte, in allem ein »Macher« zu sein, und tatsächlich war er nach seinem auswärtigen Einsatz äußerst wertvoll für die Lakedaimonier geworden. (2) Denn sogleich brachte er durch sein gerechtes und maßvolles Auftreten den Städten gegenüber die meisten auf seine Seite, aber auch durch Verrat bekam er einige Orte, sodass die Lakedaimonier in die Lage versetzt wurden, wenn sie Frieden schließen wollten und später wirklich schlossen, solche Plätze gegen andere auszutauschen und den Peloponnes vom Krieg zu entlasten. Auch für den Krieg in der Zeit nach den sizilischen Ereignissen bewirkte vor allem die damalige Tüchtigkeit und Klugheit des Brasidas, dass sich die Verbündeten der Athener den Lakedaimoniern geneigt zeigten, weil die einen sie selbst erfahren hatten, die anderen sie aufgrund von Hörensagen anerkannten. (3) Als Erster war er nämlich ausgezogen und hatte sich den Ruf erworben, in jeder Hinsicht menschlich vollkommen zu sein, und so ließ er die unerschütterliche Zuversicht zurück, dass auch die anderen (Lakedaimonier) ebenso wären.

82 (1) Als er damals in den Gegenden Thrakiens eingetroffen war, hatten die Athener davon erfahren und erklärten Perdikkas zum Feind, weil sie meinten, er sei verantwortlich für den Aufmarsch, und sorgten für eine umfangreichere Bewachung der dortigen Verbündeten.

83 (1) Perdikkas zog, sobald er Brasidas und sein Heer empfangen hatte, gegen Arrabaios, den Sohn des Bromeros und König der makedonischen Lynkesten, zu Feld, seinen Grenznachbarn, mit dem es Streit gab und den er unterwerfen wollte. (2) Als er und das Heer mit Brasidas am Einfallstor von Lynkos standen, erklärte Brasidas, er wolle noch vor Beginn der Feindseligkeiten durch Verhandlungen Arrabaios wenn möglich zum Verbündeten der Lakedaimonier machen. (3) Arrabaios hatte nämlich durch einen Herold Kontakt aufgenommen und war bereit, Brasidas als unparteiischen Richter anzuerkennen. Auch die anwesenden chalkidischen Gesandten hatten ihm empfohlen, Perdikkas nicht vom Gegenstand seiner Furcht zu befreien, damit sie ihn eher bereit fänden, sich für ihre Zwecke einsetzen zu lassen. (4) Zugleich hatten auch die Gesandten des Perdikkas in Sparta dahin gehend gesprochen, dass er viele Orte seiner Nachbarschaft zu ihren Verbündeten machen werde, sodass Brasidas es für seine Pflicht hielt, das Verhältnis zu Arrabaios lieber unter dem Gesichtspunkt der Gemeinsamkeit zu ordnen. (5) Perdikkas aber sagte, er habe ihn nicht als Schiedsrichter bei ihren Streitigkeiten geholt, sondern als Vernichter seiner Feinde, die er ihm als solche bezeichne; er handle unrecht, wenn er sich mit Arrabaios (zu Verhandlungen) treffe, während er seinerseits die Hälfte seines Heeres verpflege.[41] (6) Gegen Perdikkas' Willen und im Zerwürfnis mit ihm einigte sich Brasidas mit Arrabaios, und von ihm durch Verhandlungen überzeugt, zog er das Heer wieder ab, bevor es ins Land einfiel. Perdikkas bezahlte danach ein Drittel anstatt der halben Unterhaltskosten, weil er sich ungerecht behandelt fühlte.

84 (1) Im selben Sommer gleich (nach diesen Ereignissen) rückte Brasidas ebenfalls mit den Chalkidiern gegen Akanthos vor, eine Tochterstadt von Andros, kurz vor der Weinlese. (2) Über seine Aufnahme gerieten sie dort untereinander in Streit – die Leute, die ihn mit den Chalkidiern herbeigeholt hatten, und das Volk. Trotzdem wurde aufgrund der Furcht um die noch draußen stehende Ernte das Volk von Brasidas überredet, ihn persönlich einmal einzulassen, ihn anzuhören und danach zu entscheiden. So wurde er eingelassen; er trat vor die Menge hin – für einen Lakedaimonier war er gar kein schlechter Redner – und sprach etwa Folgendes:

85 (1) »Akanthier, ich und das Heer wurden von den Lakedaimoniern entsandt, um unseren Grundsatz als wahr zu erweisen, den wir gleich zu Beginn des Krieges verkündet haben: Wir würden um der Befreiung[42] von Hellas willen mit den Athenern kämpfen. (2) Kamen wir auch reichlich spät hierher, getäuscht in unseren Ansichten von dem Krieg dort unten, da wir hofften, allein rasch und ohne Gefahr für euch die Athener niederzuringen, so möge uns doch niemand deshalb tadeln; denn jetzt, da es sich so ergab, sind wir hier und wollen mit euch versuchen, sie zu bezwingen. (3) Ich wundere mich freilich, warum ihr vor mir die Tore schließt, als ob ihr euch nicht über mein Kommen freut. (4) Wir Lakedaimonier jedenfalls glaubten, zu Bundesgenossen – selbst noch vor unserem tatsächlichen Eintreffen wenigstens der Gesinnung nach – zu kommen und es werde euch angenehm sein. Deshalb haben wir solche Gefahren auf uns genommen, durch fremdes Land viele Tage lang zu marschieren, und geben uns jede nur erdenkliche Mühe. (5) Wenn ihr euch nun eines anderen besinnt oder wenn ihr eurer eigenen Freiheit und der aller Hellenen zuwiderhandelt, so wäre das doch sehr arg. (6) Denn abgesehen davon, dass ihr euch selbst weigert, werden auch die andern, zu denen ich noch komme, weniger gern zu mir übertreten und es bedenklich finden, wenn gerade ihr, die Ersten, zu denen ich gekommen bin, die ihr über eine ansehnliche Stadt verfügt und als verständig geltet, mich nicht aufgenommen habt. Ich aber werde keinen anderen stichhaltigen Grund dafür angeben können, als dass ich euch eine rechtswidrige Freiheit anbiete oder mit zu schwachen Mitteln hierher gekommen bin, ohnmächtig, die Athener abzuwehren, falls sie angriffen. (7) Und doch haben demselben Heer, über das ich jetzt verfüge, die Athener damals, als ich zum Entsatz von Nisaia heranrückte, nicht entgegenzutreten gewagt; und so ist es unwahrscheinlich, dass sie, zumal auf dem Seewege, eine Streitmacht gegen euch entsenden, die an Stärke der von Nisaia gleichkommt.

86 (1) Ich selbst bin nicht in böser Absicht, sondern zur Befreiung der Hellenen hierher gekommen, habe auch die Behörden in Sparta unter heiligsten Eiden verpflichtet, alle, die ich zu Verbündeten gewinnen könnte, sollen weiterhin nach eigenen Gesetzen leben, außerdem wollen wir euch weder mit Gewalt noch mit List zu einem Bündnis mit uns drängen, sondern im Gegenteil euch, den von den Athenern Geknechteten, im Kampf beistehen. (2) Es sollte also, meine ich, niemand gegen mich Verdacht hegen, da ich doch so feste Zusicherungen gebe, und nicht an meiner Macht zu helfen zweifeln; nein, voll Vertrauen sollt ihr zu mir übertreten. (3) Sollte aber jemand aus Furcht vor einem persönlichen Feind Bedenken tragen, ich könnte die Stadt einer Gruppe von Leuten in die Hände spielen, der möge nur volles Vertrauen zu mir fassen. (4) Denn nicht, um mich in einen Bürgerkrieg einzulassen, bin ich gekommen und glaube auch nicht, sichere Freiheit zu bringen, wenn ich, das Vätergesetz missachtend, die Mehrheit den wenigen oder die Minderheit der Gesamtheit unterwürfe.[43] (5) Denn das wäre schwerer zu ertragen als Fremdherrschaft, und uns Lakedaimoniern erwüchse für unsere Mühen kein Dank, sondern statt Ehre und Ruhm nur Anklage; und eben die Vorwürfe, derentwegen wir die Athener bekämpfen, würden wir, so scheint es, uns selbst zuziehen, und zwar noch hassenswerter als einer, der sich überhaupt nicht den Anschein edlen Betragens gab. (6) Denn mit schönklingendem Trug sich zu bereichern ist für ein allgemein angesehenes Volk schimpflicher als mit offener Gewalt. Diese greift an mit dem Rechtsanspruch der Macht, die das Schicksal verlieh, jener mit der Hinterlist böser Gesinnung.

87 (1) So umsichtig bedenken wir alles, wenn es um unsere höchsten Vorteile geht; und abgesehen von den Eiden könnt ihr kaum bindendere Zusicherungen erhalten, als wenn jemandes Taten, genau geprüft nach seinen Worten, die zwingende Vermutung erlauben, sein Vorteil liege gerade dort, wo er es angibt. (2) Wenn ihr nun trotz dieser meiner Vorhalte erklärt, ihr wäret (zu einem Bündnis mit uns) nicht imstande, aber doch als unsere Freunde beansprucht, uns ohne Schaden abweisen zu dürfen – die Freiheit scheine euch durchaus nicht gefahrlos zu sein, und es sei gerecht, sie dem zu bringen, der auch die Macht habe, sie zu empfangen, man dürfe sie aber niemandem gegen seinen Willen aufzwingen –, so rufe ich die Götter und die Heroen dieses Landes zu Zeugen, dass ich in guter Absicht kam und kein Gehör fand. Ich werde euer Land verwüsten und euch zwingen und glaube damit kein Unrecht zu begehen, (3) sondern sogar aus zwei triftigen Gründen die beste Rechtfertigung auf meiner Seite zu haben: wegen der Lakedaimonier, dass sie nicht an eurer Freundschaft, wenn ihr nicht zu uns übertretet, Schaden nehmen durch eure Geldzuwendungen an die Athener, und wegen der Hellenen, damit sie nicht durch euch gehindert werden, die Sklaverei loszuwerden. (4) Andernfalls hätten wir ja gar keinen Grund, so zu handeln, und wir Lakedaimonier sind nicht verpflichtet, außer der Nutzen der Allgemeinheit gebietet es, die zu befreien, die gar nicht wollen. (5) Nach Herrschaft streben wir nicht, bemühen uns vielmehr, andere davon zu befreien, und da würden wir an der Mehrheit Unrecht begehen, wenn wir, die wir allen gemeinsam die Selbständigkeit bringen, euren Widerstand duldeten.[44] (6) Das also bedenkt wohl, und setzt euren Ehrgeiz darein, den Hellenen auf dem Weg zur Freiheit voranzuschreiten, euch ewigen Ruhm zu begründen, selber an eurem Eigentum nicht Schaden zu nehmen und die ganze Stadt mit dem schönsten Namen zu schmücken.«

88 (1) So sprach Brasidas. Die Akanthier erörterten zunächst in vielen Reden alles Für und Wider, dann stimmten sie geheim ab, und weil Brasidas so Verlockendes gesagt hatte und sie um ihre Feldfrüchte fürchteten, beschloss die Mehrheit, von den Athenern abzufallen; sie verpflichteten ihn auf die Eide, die die spartanischen Behörden beschworen hatten, ehe sie ihn aussandten: Es sollten fürwahr alle, die er an sich ziehen könne, selbständige Verbündete sein. Und so nahmen sie das Heer auf. (2) Bald darauf fiel auch Stagiros ab, eine Tochterstadt von Andros.

Winter 424/423

89 (1) Das geschah also in diesem Sommer. Es folgte der Winter, und gleich zu Beginn ging man daran, den Feldherren der Athener, Hippokrates und Demosthenes, zur Macht bei den Boiotern zu verhelfen; Demosthenes sollte mit seinen Schiffen an Siphai, Hippokrates aber an das Delion heranrücken. Dabei kam es jedoch zu einem Irrtum in der Berechnung der Tage, an denen beide ihre Militäraktion durchführen sollten. Demosthenes traf früher vor Siphai ein, zusammen mit Arkananen und vielen Verbündeten von dort an Bord seiner Flotte, blieb aber erfolglos. Das Vorhaben war nämlich von Nikomachos, einem Phoker aus Phanoteus, verraten worden; der hatte es den Lakedaimoniern gemeldet und diese wieder den Boiotern. (2) Weil nun von allen Boiotern Hilfe geleistet wurde – Hippokrates stand nämlich noch nicht kämpfend im Land – konnten sowohl Siphai als auch Chaironeia rechtzeitig vorher besetzt werden. Als aber auch seine Aktivisten den Fehler bemerkten, unternahmen sie nichts mehr in ihren Städten.

90 (1) Hippokrates aber hatte bei den Athenern eine Generalmobilmachung veranlasst, selbst die Metöken[45] und alle Fremden, die anwesend waren, zog er ein; er traf jedoch später (als Demosthenes) beim Delion ein, als sich die Boioter von Siphai bereits zurückgezogen hatten. Hippokrates ließ also das Heer ein Lager beziehen und das Apollonheiligtum Delion auf folgende Weise befestigen: (2) Rings um den heiligen Bezirk und den Tempel hoben sie einen Graben aus und häuften das Schuttmaterial aus dem Graben zu einem Wall auf. Dabei rammten sie beidseitig Pfähle in den Boden, fügten Weinstöcke hinzu, die sie in der Umgebung des Heiligtums abhieben, zugleich auch Steine, ja sogar Ziegel, die sie aus den Bauten der Umgebung herausgebrochen hatten, und versuchten auf jede Art das Bollwerk hochzuziehen. Sie errichteten auch Holztürme, wo eine passende Stelle war und vom heiligen Bezirk kein Bauwerk vorhanden war. Denn die Halle, die es gegeben hatte, war eingestürzt. (3) Am dritten Tag nach ihre Abfahrt von zu Hause begannen sie und arbeiteten diesen, ferner den vierten und am fünften bis zu Mittag. (4) Als hierauf das Wichtigste vollendet war, zog das Heer erst einmal vom Delion ab, etwa 10 Stadien weit, als ob es nach Hause marschiere. Die meisten Leichtbewaffneten zogen gleich weiter, die Schwerbewaffneten aber legten ihre Waffen ab und machten Rast. Hippokrates selbst blieb noch dort, teilte inzwischen Wachen ein und organisierte alles Nötige, um die Befestigungsanlage fertig zu stellen, so weit sie noch unvollendet war.

91 (1) Während dieser Tage sammelten sich die Boioter in Tanagra; und als sie aus allen Städten zugegen waren und bemerkten, wie die Athener nach Hause abzogen, stimmten die zehn anderen Boiotarchen[46] – es gibt deren elf – einem Kampf nicht zu: Die Athener seien gar nicht mehr in Boiotien. Tatsächlich befanden sich die Athener ziemlich genau an der Grenze von Oropia, als sie während der Rast ihre

Waffen ablegten. Einzig Pagondas, Sohn des Aiolades, zusammen mit Lysimachidas' Sohn Arianthides, Boiotarch aus Theben, wollte es zur Schlacht bringen. Er hatte den Oberbefehl und glaubte, es sei besser, das Wagnis auf sich zu nehmen. Damit nicht alle geschlossen ihre Stellungen verlassen müssten, rief er die Boioter geordnet nach den einzelnen Abteilungen zu sich, redete ihnen zu, die Athener anzugreifen und die Entscheidungsschlacht zu liefern. Er sprach etwa so:

92 (1) »Boioter! Keiner von uns Kommandanten hätte auf den Gedanken kommen dürfen, es sei nicht folgerichtig, den Athenern eine Schlacht zu liefern, wenn wir sie etwa nicht mehr in Boiotien antreffen. Sie haben nämlich vor, Boiotien zu vernichten, nachdem sie über die Grenze gekommen sind und eine Festung errichtet haben; und sie sind doch die Feinde, wo auch immer sie angetroffen werden; sie handelten feindselig, gleichgültig woher sie kamen. (2) Wenn aber einer bisher glaubte, es sei sicherer (die Athener nicht anzugreifen), soll er sich jetzt eines Besseren besinnen. Denn wenn einen ein anderer angreift und es auf die Verteidigung des eigenen Landes ankommt, verträgt die an sich löbliche Vorsicht ausgeklügeltes Taktieren nicht gleich gut, als wenn einer, im eigenen Land unangefochten, in seiner Gier nach mehr von sich aus über jemand anderen herfällt. (3) Es ist auch althergebrachte Sitte bei euch, das Heer eines fremden Stammes, das angreift, abzuwehren, ganz gleich ob auf eigenem oder fremdem Boden. Erst recht muss man das gegen die Athener tun, die noch dazu unsere Grenznachbarn sind. (4) Denn gegen Nachbarstädte überhaupt muss sich bei allen die Entschlossenheit zur Freiheit festigen, besonders jenen gegenüber, die nicht nur ihre Umgebung, sondern auch die entfernten Städte zu unterjochen versuchen. Warum sollte man es da nicht auf den äußersten Entscheidungskampf ankommen lassen? Als Beispiel, wie es die Athener treiben, dienen uns doch die Euboier drüben (jenseits des Meeres) und der größte Teil des übrigen Hellas. Wie sollte man auch nicht erkennen, dass anderswo die Nachbarn einander Schlachten um den Verlauf der Landesgrenzen liefern, bei uns aber, wenn wir erst besiegt sind, für unser ganzes Land unwiderruflich eine einzige Grenze gesteckt wird? (5) Denn sind die Athener erst einmal eingedrungen, werden sie gewaltsam über unser Hab und Gut verfügen. Die Nachbarschaft mit diesen ist für uns so viel gefährlicher als mit anderen.

Gewöhnlich greifen alle Menschen im ungehemmten Vertrauen auf ihre Macht immer denjenigen an, der sich in aller Ruhe nur im eigenen Land zur Wehr setzt, und entfesseln kühn einen Krieg – wie eben jetzt die Athener; wer aber von sich aus vorrückt, auch über seine eigenen Grenzen hinweg, und den Kampf beginnt, wenn die Gelegenheit günstig ist, denjenigen bedrängt man in der Regel weniger gern. (6) Auch wir haben diese Erfahrung an ihnen bereits gemacht. Wir besiegten sie in Koroneia, als sie während des Bürgerkrieges bei uns unser Land besetzten, und erlangten bis heute für Boiotien eine große Sicherheit. (7) Daran sollten wir uns erinnern, die Älteren sollten an die früheren Leistungen wieder anknüpfen, die Jüngeren als Söhne der damals so tapferen Väter müssen versuchen, der ererbten Tüchtigkeit keine Schande anzutun. Im Vertrauen auf die Hilfe des Gottes, dessen Heiligtum die Athener sittenwidrig zu einer Festung ausgebaut haben und für sich verwenden, und auf die Opfer, die sich als günstig erwiesen, als wir sie darbrachten, müssen wir ihnen entgegentreten und beweisen: Sie sollen sich das, wonach sie trachten, bei anderen holen und die angreifen, die sich nicht wehren. Bei den Menschen, für die es ehrenvolle Pflicht ist, das eigene Land mit der Waffe frei zu erhalten und das anderer nicht widerrechtlich zu knechten, werden sie nicht ohne Kampf davonkommen.«

93 (1) Mit solchen Worten feuerte Pagondas die Boioter an und bewog sie tatsächlich, gegen die Athener zu marschieren. In Eile ließ er das Heer aufbrechen – es war nämlich schon spät am Tage – und setzte es in Marsch. Als er nahe genug an die Truppe der Athener herangekommen war, ließ er sein Heer Halt machen, ordnete es und traf die Vorbereitungen zur Schlacht; weil ein Hügel dazwischen lag, konnten beide Heere einander nicht sehen. (2) Hippokrates befand sich noch beim Delion, als ihn die Nachricht erreichte, dass die Boioter heranrückten. Er ließ seinem Heer den Befehl übermitteln, sich in Schlachtlinie aufzustellen, und nicht viel später traf er selbst ein. Beim Delion hatte er 300 Reiter zurückgelassen, damit es Wächter gebe, wenn jemand angreife, und um zugleich die Gelegenheit wahrzunehmen, den Boiotern zur rechten Zeit während der Schlacht in den Rücken zu fallen. (3) Die Boioter aber hatten ihnen einen Trupp entgegengestellt, der diese abwehren sollte. Als bei ihnen alles geordnet war, zeigten sie sich unerwartet oben auf dem Hügel, traten mit ihren Waffen in einer Schlachtordnung an, wie sie es beabsichtigt hatten: etwa 7000 Schwerbewaffnete, über 10 000 Leichtbewaffnete, 1000 Reiter und 500 Peltasten. (4) Auf dem rechten Flügel standen die Thebaner und ihre unmittelbaren Nachbarn, in der Mitte die Haliartier, Koronaier, Kopaier und die übrigen Anwohner des Kopais-Sees. Den linken Flügel bildeten die Thespier, Tanagraier und Orchomenier. Auf jeden der beiden Flügel waren auch die Reiter und Leichtbewaffneten verteilt. Die Thebaner staffelten sich zu einer Tiefe von 25 Schilden, die anderen, wie es sich gerade ergab. (5) Das war die Heeresmacht und die Gliederung der Boioter.

94 (1) Die athenischen Hopliten stellten sich acht Mann tief durchgehend im ganzen Heer auf, wobei sie an Zahl ihren Gegnern gewachsen waren, die Reiter (verteilten sich) an beiden Flügeln. Ordnungsmäßig ausgerüstete Leichtbewaffnete waren weder damals vorhanden noch gab es sie in der Stadt. Die Leichtbewaffneten, die am Einfall mitgemacht hatten, waren ihren Gegnern an Zahl zwar überlegen, aber in der Mehrzahl ohne geeignete Ausrüstung mitmarschiert. Denn es hatte eine allgemeine Mobilmachung von anwesenden Fremden und Athenern gegeben. Nachdem sie aber bereits nach Hause aufgebrochen waren, fanden sie sich mit Ausnahme weniger nicht mehr auf ihrem Posten ein. (2) Als nun beide Heere in ihrer Schlachtordnung standen und bereits aufeinander stoßen sollten, schritt der Feldherr Hippokrates die Front des athenischen Heeres ab, feuerte es an und sprach etwa Folgendes:

95 (1) »Athener, meine Rede wird nur kurz, erreicht aber bei tapferen Männern das Gleiche; sie weckt eher die Erinnerung (an Bekanntes), als dass sie Ansporn bewirken müsste. (2) Keinem von euch sollen Bedenken kommen, wir täten nicht recht, uns hier auf fremden Boden in solche Gefahr zu stürzen. Denn im Land der Boioter wird die Entscheidungsschlacht um unser eigenes stattfinden; und wenn wir siegen, werden euch die Peloponnesier gewiss nie wieder ins Land einfallen – ohne die Reiterei dieser Boioter! In einer einzigen Schlacht gewinnt ihr jetzt dieses Land hinzu und verschafft eurem eine größere Freiheit. (3) Tretet ihnen also entgegen würdig einer Stadt, die jeder, der sie als Heimat hat, als Erste bei den Hellenen rühmt; tretet ihnen entgegen würdig der Väter, die einst mit Myronides bei Oinophyta diese Boioter überwanden und Boiotien eroberten.«

96 (1) Während Hippokrates auf solche Art Mut zusprach und nur bis zur Mitte des Heeres – aber nicht weiter – kam, hatten die Boioter den Paian[47] angestimmt und griffen vom Hügel herab an, nachdem sie Pagondas ebenfalls in aller Eile nochmals angespornt hatte. Die Athener gingen ebenfalls vor, im Laufschritt stießen sie aufeinander. (2) Die beiden Flügel der Heere kamen dabei nicht ins Handgemenge, aus dem gleichen Grund: Wildbäche hinderten sie. Die Hauptmasse aber prallte aufeinander mit heftigem Schwertkampf und Schildgestoße. (3) Der linke Flügel der Boioter bis zur Mitte unterlag dabei den Athenern und diese brachten hier ihre Gegner in arge Bedrängnis, vor allem die Thespier; denn diese wurden, da sich ihre Nebenleute zurückgezogen hatten, sie selbst auf engem Raum umzingelt waren, so weit sie standhielten, im Handgemenge niedergehauen. Ja, sogar die Athener, durch die Umzingelung verwirrt, erkannten einander nicht und töteten einige der Ihren. (4) Hier unterlagen also die Boioter und flohen auf den noch kämpfenden Kampfabschnitt zurück; der rechte Flügel, wo die Thebaner standen, siegte dagegen über die Athener, trieb sie zurück und folgte ihnen langsam. (5) Nun traf es sich, dass die beiden Reiterschwadronen, die (der Boiotarch) Pagondas heimlich um den Hügel herumgeschickt hatte, als der linke Flügel in Bedrängnis war, plötzlich auftauchten und der siegreiche Flügel der Athener, in der Meinung, ein neues Heer greife an, ins Wanken geriet. (6) Und jetzt war bereits auf beiden Seiten, aus dem erwähnten Grund und wegen der Thebaner, die nachdrängten und die Reihen durchbrachen, das gesamte athenische Heer auf der Flucht. (7) Die einen liefen zum Delion oder zur Meeresküste, andere gegen Oropos, andere gegen das Parnesgebirge, jeder eben dorthin, wo er Rettung erhoffte. (8) Die Boioter verfolgten sie und hieben ein, vor allem die Reiter, die eigenen und die der Lokrer, die im Augenblick des Sieges zur Verstärkung eingetroffen waren. Nur die Nacht hemmte das blutige Werk, und so konnte sich der Großteil der Flüchtenden retten. (9) Tags darauf ließen die Besatzungen von Oropos und Delion – denn es war immer noch im Besitz (der Athener) – Wachposten zurück und fuhren auf dem Seewege in die Heimat.

97 (1) Die Boioter errichteten ein Siegesmal, holten ihre Toten ein und beraubten die der Feinde, dann hinterließen sie einen Wachposten und zogen sich nach Tanagra zurück; nunmehr planten sie einen Angriff auf das Delion. (2) Ein athenischer Herold, unterwegs wegen der Toten, begegnete dem boiotischen Herold, der ihn umkehren hieß, er würde nichts ausrichten, ehe er selbst aus Athen zurückgekehrt sei; er trat vor die Athener und überbrachte seinen Auftrag: Sie handelten nicht recht, die Bräuche der Hellenen zu übertreten. (3) Es sei allgemeiner Grundsatz, bei gegenseitigen Einfällen die Heiligtümer des Landes zu schonen; die Athener aber hätten das Delion befestigt, wohnten darin, und alles, was Menschen auf ungeweihtem Boden tun, das geschähe dort, selbst das Wasser, das ihnen als unberührbar gelte außer für die Handwaschung bei Opfern, schöpften sie zu ihrem täglichen Gebrauch. (4) In des Gottes und ihrem eigenen Namen forderten also die Boioter sie auf bei den gemeinsam verehrten Göttern und bei Apollon, das Heiligtum zu verlassen und ihre Sachen von dort wegzunehmen.

98 (1) So sprach der Herold. Die Athener schickten nun ihrerseits einen Herold zu den Boiotern: Am Heiligtum, so erklärten sie, hätten sie nicht gefrevelt und würden sich auch fürderhin von sich aus nicht daran vergehen; sie hätten es auch von allem Anfang an nicht in dieser Absicht betreten, sondern nur, um sich von dort aus gegen ungerechte Angriffe zu verteidigen. (2) Es sei Brauch bei den Hellenen, wer über ein Land gebietet, sei es größer oder kleiner, dem fallen auch die Heiligtümer zu, in denen er den Dienst in den früher gebräuchlichen Riten nach bestem Können aufrechterhalten wird. (3) Es hätten ja auch die Boioter und überhaupt alle, die bei der Landnahme erst die Urbevölkerung vertrieben hätten, fremde Kultstätten übernommen und besäßen sie jetzt als Eigentum. (4) Wenn sie selbst mehr boiotisches Land in ihre Gewalt hätten bekommen können, würden sie auch das festhalten; jetzt aber würden sie das Gebiet, das sie besäßen, freiwillig, so weit es auf sie ankäme, nicht räumen. (5) Das Wasser hätten sie in ihrer Not heraufgeholt, die sie nicht in Frevelmut selbst verschuldet hätten – jene seien zuerst in ihren Besitz eingedrungen –, und bei der Verteidigung seien sie genötigt worden, es zu gebrauchen. (6) Es sei aber nur billig, dass alles durch Krieg oder sonstige Not Erzwungene Verzeihung finde, auch beim Gott; es seien ja auch für unabsichtliche Vergehen die Altäre Zufluchtsort; Rechtsbruch – dieses Wort treffe auf Verbrecher ohne Not zu, aber nicht, wenn einer durch die Verhältnisse zu verwegener Tat getrieben werde. (7) Wenn jene die Toten nur im Tausch gegen Heiligtümer herausgeben wollten, so frevelten sie ärger gegen die Götter als sie selber, die nicht gewillt seien, Recht und Anstand um den Preis von Heiligtümern einzuhandeln. (8) Sie verlangten einen klaren Bescheid: nicht unter der Bedingung eines Abzuges aus Boiotien – sie stünden ja gar nicht in Boioterland, es sei ihr eigenes, nach Kriegsrecht erobertes –, sondern gemäß einem nach Väterart abgeschlossenen Vertrag sollten sie ihnen die Toten ausliefern.

99 (1) Die Boioter antworteten darauf: Wenn ihr in Boiotien steht, so nehmt eure Sachen und verlasst unser Land, wenn aber in eurem eigenen, so müsst ihr selbst wissen, was ihr zu tun habt. Sie meinten nämlich, das Gebiet von Oropos, wo die Toten im Grenzgebiet nach der Schlacht lagen, sei zwar athenisches Untertanenland, die Athener könnten sich aber kaum gewaltsam ihrer Toten bemächtigen, andererseits würden sie auch für ihr eigenes Land keinen Vertrag abschließen. Aber das sei eine anständige Antwort: Wenn sie ihr Land verließen, sollten sie auch erhalten, was sie forderten. Nach diesem Bescheid kehrte der athenische Herold unverrichteter Dinge heim.

100 (1) Die Boioter zogen sofort darauf vom Melischen Meerbusen noch Speerschützen und Schleuderer an sich, auch waren zu ihrer Unterstützung nach der Schlacht 2000 Schwerbewaffnete aus Korinth eingetroffen, außerdem die aus Nisaia abgezogenen peloponnesischen Besatzungstruppen ebenso wie die aus Megara. Mit diesen allen zogen sie gegen das Delion und berannten die Befestigung; zuerst versuchten sie es auf andere Art, dann aber setzten sie folgende Maschine ein, dank der sie schließlich siegten: (2) Sie schnitten einen langen Balken entzwei, höhlten ihn zur Gänze aus und fügten ihn wieder zusammen wie eine Röhre. An das eine Ende hängten sie mit Ketten einen Kessel an, und in ihn reichte vom Balken herab ein eiserner Blasbalg hinein; auch vom übrigen Holz war ein Großteil eisenbeschlagen. (3) Diese Maschine führten sie von weit her mit Wagen an den Teil der Mauer heran, der hauptsächlich aus Flechtwerk und Holz bestand; und sooft sie nahe dran waren, richteten sie starke Blasbälge an das ihnen zugewandte Ende des Balkens und bliesen. (4) Die Luft strömte nun durch die Röhre in den Kessel, der mit glühenden Kohlen, Pech und Schwefel gefüllt war, und entfachte eine gewaltige Stichflamme, die die Mauer in Brand setzte, sodass niemand dort ausharren konnte. Die Athener verließen ihre Posten und ergriffen die Flucht, und die Mauer wurde auf solche Weise eingenommen. (5) Von der Besatzung fiel ein Teil, 200 wurden gefangen, der Großteil aber bestieg die Schiffe und fuhr nach Hause.

101 (1) Als Delion am siebzehnten Tag nach der Schlacht gefallen war und der athenische Herold, ohne von den Ereignissen etwas zu wissen, nicht viel später wiederkam wegen der Toten, gaben die Boioter sie heraus und antworteten nicht mehr so wie früher. Gefallen waren von den Boiotern in der Schlacht etwas weniger als 500, von den Athenern fast 1000, darunter der Feldherr Hippokrates,

außerdem von den Leichtbewaffneten und dem Tross eine große Zahl. (3) Nach dieser Schlacht unternahm wenig später Demosthenes, nachdem ihm seine Fahrt zum Zweck der Übernahme von Siphai damals nicht gelungen war, mit einem Heer von Akarnanen, Agraiern und 400 Hopliten der Athener eine Landung auf das Gebiet von Sikyon. (4) Noch bevor aber alle Schiffe landen konnten, waren die Sikyonier zur Abwehr herbeigeeilt, schlugen die bereits Gelandeten in die Flucht und verfolgten sie bis zu ihren Schiffen. Eine Anzahl von ihnen töteten sie, andere nahmen sie lebendig gefangen. Sie errichteten ein Siegesdenkmal und ließen während eines Waffenstillstandes die Toten bergen.

(5) Sein Leben verlor in denselben Tagen des Kampfes um das Delion auch der König der Odrysen, Sitalkes; er war bei einem Feldzug gegen die Triballer in einer Schlacht besiegt worden. Seuthes, der Sohn des Sparadokos, sein Neffe, wurde nun König der Odrysen und des übrigen Thrakien, so weit auch Sitalkes geherrscht hatte.

102 (1) Im selben Winter zog Brasidas mit seinen thrakischen Verbündeten gegen Amphipolis am Strymon, eine Tochterstadt von Athen. (2) Den Platz, wo nun die Stadt steht, hatte schon früher der Milesier Aristagoras auf der Flucht vor dem Großkönig Dareios zu besiedeln versucht, war aber von den Edonern vertrieben worden; ebenso (ging es) zweiunddreißig Jahre später den Athenern, die 10 000 Mann – eigene und von Fremden, wer wollte – dorthin geschickt hatten; diese wurden bei Drabeskos von den Thrakern vernichtet. (3) Aber neunundzwanzig Jahre danach kamen die Athener wieder – Hagnon, der Sohn des Nikias, war als Gründer entsandt worden –, verjagten die Edoner und gründeten diesen Platz, der früher Enneahodoi[48] hieß. Als Stützpunkt diente ihnen dabei Eion, ihr am Meer gelegener Handelsplatz bei der Mündung des Strymon, 25 Stadien von der jetzigen Stadt entfernt; Hagnon nannte sie

Amphipolis, weil er sie innerhalb des Bogens, in dem der Strymon sie beidseits umfließt, durch eine lange Mauer von Fluss zu Fluss umschloss, eine vom Meer und vom Festland weithin sichtbare Siedlung.

103 (1) Gegen dieses Amphipolis rückte also Brasidas mit seinem Heer von Arnai in der Chalkidike heran. Gegen Abend kam er an den Aulon und nach Bromiskos, wo sich der Bolbesee zum Meer hin öffnet, ließ dort zu Abend essen und marschierte die Nacht hindurch weiter. (2) Es stürmte und schneite ein wenig, umso mehr drängte er zur Eile, da er von den Amphipoliten nicht bemerkt werden wollte – außer von den Verrätern unter ihnen. (3) Es lebten dort nämlich Siedler aus Argilos – die Argilier sind Bürger einer Tochterstadt von Andros – und noch andere, die mit ihm im Einverständnis handelten, teils dem Perdikkas, teils den Chalkidiern zuliebe. (4) Vor allem die Argilier, die nächsten Nachbarn, seit jeher gegen die Athener misstrauisch und voll böser Absichten gegen diese Siedlung, hatten, als die Gelegenheit da war und Brasidas kam, schon längst mit ihren dort eingebürgerten Leuten über die Auslieferung der Stadt verhandelt; nun nahmen sie ihn in ihre Stadt (Argilos) auf und fielen in jener Nacht von den Athenern ab, das Heer führten sie noch vor Morgen an die Brücke über den Fluss. (5) Die Stadt liegt ziemlich weit von diesem Übergang entfernt, und die Mauern reichten noch nicht so weit hinunter wie jetzt, nur ein schwacher Wachposten stand dort. Den überwältigte Brasidas leicht, da Verrat, Sturm und sein plötzlicher Überfall zusammenwirkten; dann ging er über die Brücke und setzte sich sogleich in den Besitz des ganzen Landstrichs, den die Amphipoliten außerhalb ihrer Stadt bewohnten.

104 (1) Da sein Übergang die Bewohner der Stadt überrascht hatte und von ihren Leuten draußen ein Großteil gefangen wurde, einige auch in die Stadt flüchteten, befiel

die Amphipoliten große Verwirrung, zumal sie sich auch gegenseitig misstrauten. (2) Man sagt sogar, wenn sich Brasidas entschlossen hätte, sofort gegen die Stadt vorzurücken, statt mit dem Heer auf Plünderung auszugehen, hätte er sie sicherlich erobern können. (3) So aber bezog er ein festes Lager, und als er das außerhalb liegende Land durch Streifzüge verheert hatte und seine Anhänger in der Stadt nicht den von ihm erwarteten Erfolg erzielten, hielt er sich ruhig. (4) Die Gegner der Verräter aber waren an Zahl überlegen, sodass die Tore der Stadt nicht sofort geöffnet wurden; im Einverständnis mit dem Feldherrn Eukles, der aus Athen bei ihnen war als Wächter der Stadt, schickten sie zum zweiten Feldherrn in Thrakien, Thukydides,[49] Sohn des Oloros, der all dies aufgeschrieben hat – er stand damals bei Thasos, diese Insel ist eine Gründung von Paros, von Amphipolis ungefähr eine halbe Tagesfahrt entfernt –, und baten ihn um Hilfe. (5) Auf diese Kunde stach er in aller Eile mit sieben Schiffen, die er zur Verfügung hatte, in See und wollte rechtzeitig womöglich noch Amphipolis, ehe es sich ergeben habe, andernfalls wenigstens Eion besetzen.

105 (1) Nun war Brasidas in Sorge wegen der von Thasos herankommenden Entsatzflotte, hatte überdies erfahren, dass Thukydides das Nutzrecht an den Goldbergwerken in dieser Gegend Thrakiens besitze und daher einer der mächtigsten Männer auf dem Festland sei. Deshalb drängte es ihn, womöglich vorher die Stadt in seine Gewalt zu bekommen, damit nicht das Volk von Amphipolis, wenn Thukydides einmal da wäre, hoffe, er werde Bundestruppen vom Meer und vom Festland herbeiziehen und sie retten, und dann würden sie kaum mehr zu ihm übertreten. (2) Er ließ also maßvolle Bedingungen durch den Herold verkünden: Von den Amphipoliten und Athenern in der Stadt solle jeder, der wolle, auf seinem Besitz unter völlig gleichen Rechten verbleiben dürfen, wer dazu nicht bereit sei, könne innerhalb von fünf Tagen mit all seinem Besitz abziehen.

106 (1) Als das die Menge hörte, wurde sie anderen Sinnes, zumal der athenische Grundstock der Bürgerschaft nur gering, die Mehrzahl aber bunt gemischt war und die draußen Gefangenen viele Verwandte in der Stadt hatten; den Heroldspruch empfanden sie im Vergleich zu ihren Befürchtungen als gerechtfertigt: die Athener, weil sie ohnehin gern abgezogen wären, da sie ja ungleich Härteres zu gewärtigen hatten und auf baldige Hilfe nicht rechnen durften, und der übrige Haufen, weil er sich einerseits der Stadt nicht beraubt, andererseits von der Gefahr wider Erwarten befreit sah. (2) Daher verfochten nun die Parteigänger des Brasidas schon ganz offen ihre Sache; als sie dann auch die Menge umgestimmt sahen und dem anwesenden athenischen Feldherrn nicht mehr gehorsam, da kam es zu einem Vertrag, und sie nahmen Brasidas unter den Bedingungen des Heroldspruches auf. (3) Auf solche Weise also hatten sie die Stadt übergeben, Thukydides aber lief mit seinen Schiffen am selben Tag spät abends in Eion ein. (4) Eben hatte Brasidas Amphipolis besetzt, bei Eion aber handelte es sich nur um eine Nacht, und er hätte es ebenfalls genommen; denn wären die Schiffe nicht in aller Eile zum Entsatz herbeigekommen, wäre es gleich bei Morgengrauen in seine Hände gefallen.

107 (1) Hierauf ordnete Thukydides die Verhältnisse in Eion, um es für den Augenblick, falls Brasidas angreife, und für die Zukunft zu sichern, und nahm alle auf, die von oben (aus Amphipolis) gemäß dem Vertrag zuziehen wollten. (2) Brasidas fuhr sogleich mit vielen Booten flussabwärts gegen Eion, um vielleicht die von der Mauer vorspringende Landzunge zu besetzen und dadurch die Einfahrt zu beherrschen, und unternahm auch einen Angriff von der Landseite, wurde aber beide Male zurückgeschlagen; nun

sicherte er Amphipolis und Umgebung. (3) Myrkinos schloss sich ihm ebenfalls an, eine Edonerstadt, nachdem der Edonerkönig Pittakos von den Söhnen des Goaxis und seinem Weib Brauro erschlagen worden war, und nicht viel später die Städte Galepsos und Oisyme; das sind Gründungen von Thasos. Auch Perdikkas fand sich gleich nach der Einnahme bei ihm ein und half ihm bei seinen Anordnungen.

108 (1) Die Einnahme von Amphipolis versetzte die Athener in große Furcht, vor allem weil ihnen die Stadt nützlich war durch die Lieferung von Schiffsbauholz und die Entrichtung des Tributes und weil bis zum Strymon die Lakedaimonier unter dem Geleit der Thessaler Zugang zu ihren Bundesgenossen hatten. Solange sie die Brücke nicht beherrschten, konnten sie nicht weiter vordringen, da oberhalb der Fluss einen weit ausgedehnten See bildete und gegen Eion zu durch Trieren geschützt war; jetzt aber, glaubten sie, werde das leicht möglich sein. (2) Auch mussten sie befürchten, dass sich die Verbündeten von ihnen lossagten; denn Brasidas zeigte sich in allen Belangen sehr maßvoll und erklärte in seinen Reden immer und überall, er sei ausgesandt, um Hellas zu befreien. (3) Kaum hatten die Städte von Amphipolis' Fall erfahren, von seinen Versprechungen und seiner Milde, waren sie mehr als je zuvor zum Umsturz entschlossen; sie schickten heimlich Gesandtschaften an ihn ab, forderten ihn auf, zu ihnen zu kommen, und jede wollte die Erste sein, die abfiel. (4) Es schien ihnen das sogar ziemlich gefahrlos zu sein, da sie sich täuschten in der Macht Athens, deren Größe sich später noch zeigen sollte, und sie mehr nach ihren verschwommenen Wünschen urteilten als mit verständiger Voraussicht; es sind ja die Menschen gewohnt, was sie begehren, unbedachter Hoffnung anheimzustellen, was sie nicht an sich heranlassen wollen, mit selbstherrlicher Überlegung abzuweisen. (5) Dazu kamen noch

die jüngste Niederlage der Athener in Boiotien und die verlockenden, aber unwahren Reden des Brasidas – dass nämlich die Athener bei Nisaia seinem einen Heer nicht entgegenzutreten gewagt hätten; das stärkte ihren Mut und ihren Glauben, dass niemand gegen sie zu Felde ziehen werde. (6) Hauptsächlich aber weil es ihnen für den Augenblick Freude machte und weil sie als Erste die Tatkraft der Lakedaimonier erproben würden, waren sie zu jedem Wagnis bereit. Als die Athener davon erfuhren, schickten sie, so gut es in kurzer Zeit und im Winter möglich war, Besatzungen in die einzelnen Städte; Brasidas sandte nach Sparta mit dem dringenden Ersuchen um Verstärkung und begann selbst auf dem Strymon mit dem Bau von Trieren. (7) Die Lakedaimonier aber unterstützten ihn nicht, teils aus Neid, den die Vornehmen gegen ihn hegten, teils weil sie ihre Männer von der Insel freibekommen und den Krieg beenden wollten.

109 (1) Im selben Winter eroberten die Megarer ihre Langen Mauern zurück, die die Athener besetzt hielten, und rissen sie bis auf den Grund nieder; und Brasidas zog nach der Einnahme von Amphipolis mit den Verbündeten gegen die so genannte Akte(-Halbinsel). (2) Diese erstreckt sich vom Kanal des persischen Großkönigs herein[50] bis zum Hohen Athos, der in das Ägäische Meer ausläuft. (3) An Städten gibt es dort Sane, eine Gründung von Andros, gerade am Kanal, dem Meer von Euboia zugewendet, außerdem Thyssos, Kleonai, Akrothooi, Olophyxos und Dion. (4) Diese werden von vermischten Stämmen zweisprachiger[51] Nichtgriechen bewohnt. Zum geringen Teil gibt es ein chalkidisches Element, doch hauptsächlich ein pelasgisches vom Stamm der Tyrsener (Tyrrhener), die einst auch Lemnos und Athen besiedelt hatten, aber auch etwas bisaltisch, krestonisch und Edoner. In kleinen Ortschaften wohnen diese. (5) Die meisten gingen zu Brasidas über, nur Sane und

Dion widersetzten sich, daher verblieb er in ihrem Gebiet und verwüstete es mit dem Heer.

110 (1) Als sie sich aber nicht ergeben wollten, zog er sogleich gegen das chalkidische Torone, das von den Athenern besetzt war. Einige wenige Männer hatten ihn eingeladen, sie waren bereit, ihm die Stadt zu übergeben. Er traf noch nachts kurz vor Tagesanbruch ein und ließ sein Heer beim Dioskureion Halt machen, welches höchstens 3 Stadien von der Stadt entfernt ist. (2) Der restlichen Stadt Torone und der athenischen Besatzung blieb dies verborgen. Seine Helfer aber wussten, dass er kommen werde. Einige wenige von ihnen waren heimlich vor die Stadt gegangen, hielten Ausschau nach seiner Ankunft, und als sie seine Anwesenheit bemerkten, nahmen sie nur mit Dolchen leicht bewaffnete Männer mit in die Stadt – nur sieben, denn von ursprünglich zwanzig eingeteilten Männern hatten nur sie keine Angst davor, sich einzuschleichen; ihr Anführer war Lysistratos aus Olynth. Sie drangen durch eine Mauerlücke an der Meerseite ein und vor bis an den höchsten Punkt der Stadt – sie ist nämlich einen Hügel hinaufgebaut –, unbemerkt von den hier wachenden Mannschaften und brachten diese um. Die Pforte gegen Kanastraion bemühten sie sich aufzubrechen.

111 (1) Brasidas war inzwischen etwas näher vorgerückt, hielt sich mit dem übrigen Heer aber ruhig und sandte nur 100 Peltasten vor; sie sollten, sobald ein Tor geöffnet und das vereinbarte Zeichen gegeben wäre, als Erste hineinstürmen. (2) Während zu ihrer Verwunderung längere Zeit verging, waren diese allmählich bis dicht an die Stadt herangekommen; aber auch die Toroner setzten drinnen mit den Eingedrungenen ihre Vorbereitungen fort. Als die Pforte von ihnen aufgebrochen und auch das Tor bei der Agora nach Durchschlagung des Querriegels geöffnet war, führten sie zuerst einige um die Stadt herum durch die Pforte herein, um die ahnungslosen Einwohner durch das plötzliche Erscheinen des Feindes im Rücken und auf beiden Seiten in Schrecken zu versetzen. Hierauf hielten sie das verabredete Feuerzeichen hoch und ließen durch das Tor bei der Agora auch die übrigen Peltasten herein.

112 (1) Sobald Brasidas das Zeichen sah, setzte er sein Heer in Bewegung und ließ es im Laufschritt unter allgemeinem Geschrei anstürmen; seine Leute verursachten höchste Bestürzung bei den Einwohnern der Stadt. (2) Sie fielen geradewegs durch das Tor ein, auch über Vierkantbalken, die an der teilweise eingestürzten und im Bau befindlichen Stadtmauer zufällig angelehnt waren, um Steine hochzuziehen. (3) Brasidas und die Hauptmacht wandte sich gleich gegen die höher gelegenen Teile der Stadt, er wollte sie von oben herab und sicher in seine Gewalt bringen; der übrige Haufe schwärmte gleichmäßig in alle Richtungen aus.

113 (1) Die Toroner wussten in ihrer Mehrheit von nichts, während die Eroberung bereits im Gange war, und befanden sich in großer Verwirrung. Die Aktivisten aber und ihre bereitwilligen Helfer standen sogleich aufseiten der Eingedrungenen. (2) Von den Athenern aber – es übernachteten nämlich zufällig etwa 50 Hopliten auf der Agora – fielen einige im Handgemenge und die Übrigen, als sie merkten was vorging, flohen zum Teil auf dem Landweg, zum Teil auf die Schiffe, deren zwei Wache hielten; sie retteten sich auf die Festung Lekythos, die allein sie besetzt hielten und die Richtung Meer auf einem hohen Punkt der Stadt lag, aber durch eine schmale Landenge abgesondert war. (3) Hierher flüchteten auch diejenigen Toroner, die es mit den Athenern hielten.

114 (1) Als es nun Tag geworden und Brasidas im sicheren Besitz der Stadt war, ließ er den Toronern, die mit den Athenern entkommen waren, durch einen Herold mitteilen, wer wolle, könne (aus Lekythos) zu seinen früheren Lebensverhältnissen zurückkehren und ohne Furcht sein Leben als Bürger weiterführen, den Athenern aber schickte er einen Herold und befahl ihnen, mit all ihrer Habe unter Waffenstillstand aus Lekythos auszuziehen, da die Festung den Chalkidiern gehöre. (2) Diese weigerten sich abzuziehen, verlangten aber für sich einen Tag Waffenstillstand, um ihre Gefallenen zu bergen. Er aber sicherte zwei Tage zu. An diesen Tagen befestigte er selbst die Häuser in der Nähe, und die Athener taten das Gleiche auf ihrer Seite. (3) Auch eine Versammlung der Toroner berief Brasidas ein und sprach Ähnliches wie in Akanthos. Es sei ungerecht, die Aktivisten, die ihm die Einnahme der Stadt ermöglicht hätten, für Schurken oder für Verräter zu halten; denn sie hätten dies nicht getan, um die Stadt in Knechtschaft zu bringen oder weil sie mit Geld bestochen seien, sondern in guter Absicht, um der Stadt zur Freiheit zu verhelfen. Sie sollten auch nicht glauben, dass die, die sich nicht daran beteiligt hätten, etwa nicht dieselben Rechte haben sollten. Er sei nämlich nicht gekommen, um eine Stadt oder auch nur einen aus der Zivilbevölkerung zu vernichten. (4) Deswegen habe er an die, die sich zu den Athenern geflüchtet hatten, die Botschaft gerichtet, weil er sie nicht für schlechtere Bürger halte – trotz ihrer Zuneigung zu den Athenern. Auch würden jene, so glaube er, die Lakedaimonier, wenn sie sie erst einmal aus Erfahrung kennen gelernt hätten, nicht mit weniger Wohlwollen behandeln, sondern mit noch viel mehr, da sie – die Lakedaimonier – eine gerechtere Sache verträten; nur aufgrund ihrer Unkenntnis hätten sie sich bisher (vor den Lakedaimoniern) gefürchtet. (5) Alle sollten sich, so verlangte er, als zuverlässige Verbündete für die Zukunft bewähren, und von jetzt an würden *sie* die Verantwortung für ihre Fehler tragen. Durch die bisherigen Vorgänge hätten nicht die Lakedaimonier Unrecht erlitten, sondern vielmehr die Toroner durch andere Mächtigere, und es sei verzeihlich, wenn sie sich etwas widersetzt hätten.

115 (1) Er hatte sie also mit solchen Worten ermutigt, und der Waffenstillstand war abgelaufen, da schritt er zum Angriff auf Lekythos. Die Athener aber wehrten sich hinter ihrem schlechten Mauerwerk und von den Häusern herab, die Brustwehren erhalten hatten, und einen Tag lang schlugen sie (die Angriffe) zurück. (2) Am folgenden Tag aber, als von den Feinden eine Belagerungsmaschine gegen sie vorgeführt werden sollte, von der sie Feuer gegen die hölzernen Wehranlagen zu werfen beabsichtigten, als noch dazu das Heer anrückte, errichteten sie dort, wo man ihrer Meinung nach die Maschine am ehesten einsetzen würde und (der Platz) am leichtesten anzugreifen war, auf einem Haus einen Turm aus Holz. Viele Krüge (Amphoren) und Fässer (Pithoi) Wasser schafften sie dort hinauf und große Steine; auch viele Leute kletterten hinauf. (3) Der Bau hatte zu starke Belastung erhalten und brach unter großem Krachen zusammen, dies löste bei den Athenern, die in der Nähe Augenzeugen waren, mehr Bedauern als Furcht aus. Die Leute in größerer Entfernung und besonders die, die sehr weit weg waren, glaubten jedoch, der Platz sei schon genommen worden, und stürmten fluchtartig zum Meer und zu den Schiffen.

116 (1) Als nun Brasidas merkte, wie sie ihre Brustwehren verließen und sah, was vorging, griff er sogleich mit dem Heer an, nahm das Mauerwerk ein und machte nieder, was ihm in die Hände fiel. (2) Die Athener, die auf die genannte Art mit Lastschiffen und Kriegsschiffen den Platz verlassen hatten, retteten sich nach Pallene. Nun gibt es in Lekythos ein Heiligtum der Athene. Brasidas hatte irgendwie, als er angreifen wollte, bekannt machen lassen, er werde demjenigen, der als erster die Mauer ersteige, 30 Silberminen[52] schenken; jetzt kam er zur Ansicht, die Eroberung sei auf andere, als auf menschliche Art gelungen, und er stiftete die 30 Minen der Göttin für den Tempelschatz, ließ Lekythos schleifen und ausräumen und zur Gänze als heiligen Bezirk (Temenos) weihen. (3) Die übrige Zeit des Winters baute er die Plätze, die er hatte, aus und entwarf Angriffspläne gegen die anderen; und als der Winter vorübergegangen war, endete auch das achte Kriegsjahr.

Neuntes Kriegsjahr

Sommer 423

117 (1) Die Lakedaimonier und Athener schlossen gleich im Frühling des folgenden Jahres (423) einen Waffenstillstand auf ein Jahr: Die Athener, weil sie dachten, Brasidas könne ihnen weiter keine Städte mehr abtrünnig machen, bis sie sich in Ruhe gerüstet hätten, und zugleich, wenn sich für sie günstige Voraussetzungen ergäben, könnten sie zu umfangreichen Einigungen kommen; die Lakedaimonier aber meinten, dass die Athener genau die Befürchtungen hegten, die sie wirklich hatten, ferner, dass sie sich nach dieser Erfahrung noch mehr nach Versöhnung sehnen und unter Rückgabe ihrer Leute auch auf längere Zeit einen Vertrag schließen würden, wenn erst einmal Erholung von Kriegsnöten und Mühseligkeiten gewährleistet werde. (2) Sie legten nämlich ziemlichen Wert darauf, ihre Männer[53] wieder zu bekommen, während Brasidas noch Erfolge hatte. Denn hätte er noch mehr erreicht und den Athenern gegenüber ein vollständiges Gleichgewicht hergestellt, so würden sie selbst einerseits jene Leute verlieren, andererseits den Athenern mit gleicher Macht im Kampf gegenübertreten und dabei auch den Sieg in Gefahr bringen. (3) Es wurde also zwischen ihnen und ihren Verbündeten folgender Waffenstillstandsvertrag abgeschlossen:

118 (1) »Betreffend den Tempel und das Orakelheiligtum des pythischen Apollon schlagen wir vor, dass dort jeder, der will, ohne Furcht und Gefahr das Orakel in Anspruch nehmen darf gemäß den Gepflogenheiten der Väter. (2) Die Lakedaimonier sind damit einverstanden, ebenso ihre Verbündeten, soweit sie anwesend sind. Sie erklären, nach Möglichkeit auch die Boioter und Phoker dafür zu gewinnen, indem sie durch Herolde Kontakt aufnehmen. (3) Betreffend den Tempelschatz werden wir uns zu ermitteln bemühen, wer sich daran widerrechtlich vergriffen hat, und dabei aufrichtig und rechtmäßig die Gepflogenheiten der Väter beachten, sowohl ihr als auch wir, als auch alle anderen, die wollen, indem sie alle die Gepflogenheiten der Väter beachten. (4) In diesen Punkten stimmen die Lakedaimonier und ihre übrigen Bündnispartner demgemäß zu. Wenn die Athener einen Waffenstillstand eingehen wollen, gilt für die Lakedaimonier und ihre übrigen Verbündeten folgender Beschluss: Beide sollten auf ihrem Gebiet bleiben im Besitz dessen, was wir jetzt besetzt halten, einerseits in Koryphasion[54] innerhalb Bouphras und Tomeus, andererseits in Kythera, ohne sich in das Bündnis einzumischen, weder wir in ihres noch sie in unseres; und die bei Nisaia und Minoa sollten die Straße nicht überschreiten, die vom Tor beim Nisos[55] zum Poseidonheiligtum und vom Poseidonion geradewegs auf die Brücke nach Minoa zuführt – auch die Megarer und die Verbündeten sollten diese Straße nicht überschreiten. Auch die Insel, die die Athener eingenommen haben, sollten sie weiter besitzen, ohne dass sich eine von beiden Parteien bei den anderen einmischt, ebenso alles was sie um Troizen haben, in der Weise, wie es die Troizener mit den Athenern vereinbart haben. (5) Auch auf dem Meer sollten sie sich frei bewegen, so weit es ihr eigenes Gebiet und das ihrer Verbündeten betrifft, die Lakedaimonier und ihre Verbündeten sollten nicht mit Kriegsschiffen ausfahren, sondern nur mit ruderbetriebenen Lastschiffen mit einer Fracht von etwa 500 Talenten.[56] (6) Für Herolde, Gesandtschaften und Begleiter, soviel es beliebt, soll im Hinblick auf die Beendigung des Krieges und der Rechtsstreitigkeiten freier Ab- und Zugang herrschen sowohl zum Peloponnes als auch nach Athen, sowohl zu Lande als auch zu Wasser. (7) Die Überläufer solltet weder ihr noch wir aufnehmen in dieser Zeit (des Waffenstillstandes), weder einen Freien noch einen Sklaven. (8) Prozesse solltet ihr mit uns und wir mit euch vor Gerichten austragen in herkömmlicher Weise und die Streitfälle nach dem Recht beilegen ohne Krieg. (9) Das schlagen die Lakedaimonier und ihre Verbündeten vor; wenn ihr aber bessere und gerechtere Vorschläge habt als diese, kommt nach Sparta und teilt es mit. Denn nichts werden die Lakedaimonier und ihre Verbündeten zurückweisen, was ihr berechtigt vorbringt. (10) Wer (zu uns) kommt, soll mit Vollmacht kommen, wie ihr es auch von uns verlangt. Der Waffenstillstandsvertrag soll ein Jahr gelten. (11) BESCHLUSS DES VOLKES: (Die Phyle) Akamantis hatte den Vorsitz (Prytanie), Phainippos war Schriftführer, Nikiades Sitzungsleiter, und Laches beantragte: Zum glücklichen Erfolg der Athener solle man den Waffenstillstand abschließen unter den Bedingungen, die die Lakedaimonier und ihre Verbündeten zugestanden hatten. Das Volk genehmigte: (12) Es solle einen Waffenstillstand geben für ein Jahr mit Beginn an diesem Tag, dem 14. Elaphebolion.[57] (13) In dieser Zeit sollten Gesandte und Herolde von beiden Seiten zusammentreten und die Verhandlungen führen, wie in Zukunft dem Krieg ein Ende gemacht werden könne. (14) Die Feldherren und der Ausschuss (Prytanen) sollen eine Volksversammlung einberufen und als Erstes veranlassen[58], dass die Athener über den Frieden einen Beschluss herbeiführen, mit welchen Vorschlägen betreffend die Beendigung des Krieges die Gesandtschaft (der Spartaner) auch immer kommen mag. Die anwesenden Gesandtschaften sollten sich sogleich vor dem Volk feierlich verpflichten, den Waffenstillstandsvertrag getreulich einhalten zu wollen.

119 (1) Über diese Punkte einigten sich (unter Eid?) die Lakedaimonier und ihre Verbündeten mit den Athenern und ihren Verbündeten am 12. des lakedaimonischen Monats Gerastios. (2) An der Einigung und am Vertragsabschluss waren beteiligt seitens der Lakedaimonier: Tauros, Sohn des Echetimidas, Athenaios, Sohn des Perikleides, und Philocharidas, Sohn des Eryxilaidas; seitens der Korinther: Aineas, Sohn des Okytos, und Ephamidas, Sohn des Aristonymos; seitens der Sikyonier: Damotimos, Sohn des Naukrates, und Onasimos, Sohn des Megakles; seitens der Megarer: Nikasos, Sohn des Kekalos, und Menekrates, Sohn des Amphidoros; seitens der Epidaurier: Amphias, Sohn des Eupaiidas; seitens der Athener: die Feldherren Nikostratos, Sohn des Dieitrephes, Nikias, Sohn des Nikeratos, und Autokles, Sohn des Tolmaios.«

(3) Dieser Waffenstillstand war also zustande gekommen, und während seiner gesamten Gültigkeit traten sie zu Verhandlungen über den dauerhafteren Friedensvertrag zusammen.

120 (1) Etwa in diesen Tagen des Vertragsabschlusses trat Skione, eine Stadt auf Pallene, von den Athenern zu Brasidas über. Die Einwohner behaupten, Pallener aus dem Peloponnes zu sein; ihre Vorfahren seien auf der Rückfahrt von Troia durch einen Sturm, der die Achaier betroffen habe, in dieses Land verschlagen worden und dort als Siedler verblieben. (2) Als sie nun zu Brasidas übertraten, fuhr er zur Nachtzeit nach Skione hinüber, wobei eine befreundete Triere vorausfuhr, welcher er selbst auf einem Boot in einiger Entfernung folgte, damit die Triere ihn schützen könne, wenn er auf ein Schiff stoßen sollte, das größer sei als sein Boot. Würde sich aber eine andere Triere von gleicher

Stärke zeigen, so werde sich seiner Meinung nach diese nicht gegen das kleinere Boot, sondern gegen das Kriegsschiff wenden, und er könne sich unterdessen in Sicherheit bringen. (3) Er kam allerdings an, berief in Skione eine Versammlung ein und sprach ähnlich wie schon in Akanthos und Torone, fügte auch noch hinzu, ihr Verhalten sei deshalb besonders rühmlich, weil von den Athenern im Besitz von Poteidaia Pallene auf der Landenge abgeriegelt worden sei, sie also wie auf einer Insel lebten und sich trotzdem aus freien Stücken für die Freiheit entschieden und nicht zaghaft abgewartet hätten, bis sich für sie ein zusätzlicher Zwang ergeben habe zu ihrem offenkundigen eigenen Vorteil. Das sei ein Hinweis darauf, dass sie sich unter anderen Bedingungen auch in größten Gefahren tapfer bewähren würden. Wenn erst einmal die Verhältnisse nach Plan[59] geordnet seien, werde er sie in Wahrheit für die treuesten Freunde der Lakedaimonier halten und sie demgemäß zu schätzen wissen.

121 (1) Die Skioner gerieten durch diese Worte in Hochstimmung und alle zusammen, auch die, denen anfangs die Vorgänge nicht behagt hatten, fassten Mut und gedachten den Krieg mutig zu ertragen. Sie hatten Brasidas an sich schon höchst ehrenvoll empfangen, nun überreichten sie ihm noch von Staats wegen einen goldenen Kranz als einem, der Griechenland befreie, auch persönlich schmückten ihn Bürger mit Wollbändern und Frühlingsblumen wie einen Athleten. (2) Er aber ließ ihnen für den Augenblick eine kleine Besatzung zurück und fuhr wieder weg. Bald nachher setzte er eine größere Truppe über, um mit ihnen einen Handstreich gegen Mende und Poteidaia zu führen; denn er dachte, dass die Athener – als handle es sich um eine Insel – mit einem Entsatzheer anrücken würden, und wollte ihnen dabei zuvorkommen; auch knüpfte er in diesen Städten Verbindungen an wegen einer Übergabe durch Verrat.

122 (1) Und er war im Begriff, seinen Handstreich gegen diese Städte vorzubereiten, da kamen auf einer Triere die Boten des Waffenstillstandes zu ihm, seitens der Athener Aristonymos, aus Sparta Athenaios. (2) Das Heer marschierte wieder nach Torone, sie aber brachten dem Brasidas den Vertrag zur Kenntnis, und alle Verbündeten der Lakedaimonier an den thrakischen Küsten nahmen die Vertragsbestimmungen an. (3) Aristonymos erklärte sich bei allen Übrigen einverstanden, bei den Skionern aber hatte er aufgrund einer Berechnung der Tage bemerkt, dass sie erst später abgefallen waren, und weigerte sich, für sie den Vertrag gelten zu lassen. Brasidas aber widersprach entschieden – es sei schon früher gewesen –, und gab die Stadt nicht heraus. (4) Als nun Aristonymos über diese Vorgänge Meldungen nach Athen machte, waren die Athener sogleich bereit, Skione zu bekriegen. Die Lakedaimonier schickten nun Gesandte und ließen sagen, dass sie damit den Vertrag brechen würden; sie beanspruchten die Stadt im Vertrauen auf Brasidas und waren bereit, sich einer Schiedsrichterentscheidung darüber zu unterwerfen. (5) Die Athener wollten es nicht auf einen Schiedsspruch ankommen lassen, sondern möglichst schnell losschlagen; sie waren in Zorn geraten, dass auch die Leute auf den Inseln es sich schon herausnahmen, von ihnen abzufallen, im Vertrauen auf die Landmacht der Lakedaimonier, die für sie doch ganz ohne Nutzen sei. (6) Die Wahrheit im Hinblick auf den Bündnisaustritt lag näher beim Rechtsstandpunkt der Athener, denn die Skioner waren zwei Tage zu spät abgefallen. Sie folgten einem Antrag Kleons und fassten sogleich einen Beschluss, Skione zu zerstören und die Einwohner zu töten; alles Übrige ließen sie ruhen, nur dafür rüsteten sie sich.

123 (1) Inzwischen trat auch Mende aus ihrem Bündnis aus, eine Stadt auf Pallene und Tochterstadt der Eretrier. Brasidas nahm sie auf, ohne ein Unrecht zu tun, wie er glaubte, da sie während des Waffenstillstandes ganz offen zu ihm übergegangen waren, auch er hatte nämlich den Athenern so manche Vertragsverletzungen vorzuwerfen. (2) Die Mender aber hatten dies umso unbedenklicher gewagt, weil sie die Verlässlichkeit des Brasidas sahen, und ihrer konnten sie sich deshalb sicher sein, weil er auch Skione nicht herausgeben wollte. Zugleich gab es bei ihnen einige wenige Aktivisten (für Brasidas), die nicht rückgängig machten, was sie vorhatten, vielmehr aus Furcht vor Entdeckung ihrer Absichten die meisten gegen ihre Überzeugung (zum Anschluss an Brasidas) drängten. (3) Die Athener, die davon sogleich erfahren hatten, gerieten nun vollends in Wut und rüsteten gegen beide Städte. (4) Brasidas hatte sich auf die Anfahrt ihrer Flotte gefasst gemacht, ließ Frauen und Kinder aus Skione und Mende nach Olynth auf die Chalkidike bringen, verlegte auch 500 peloponnesische Hopliten und 300 Peltasten aus Chalkidike dorthin unter dem Oberbefehl des Polydamidas; und diese trafen nun bei sich in Erwartung, dass die Athener bald erscheinen würden, gemeinsam Vorkehrungen zur Abwehr.

124 (1) Brasidas und Perdikkas marschierten unterdessen zusammen zum zweiten Mal gegen Arrabaios nach Lynkos. Perdikkas führte die Streitmacht der Makedonen, über die er herrschte, samt Hopliten der dort wohnenden Hellenen, Brasidas außer den bei ihm verbliebenen Peloponnesiern auch Chalkidier, Akanthier und Kontingente der übrigen Städte. Im Ganzen umfasste das Hoplitenheer der Hellenen etwa 3000, an Reitern – Makedonen und Chalkidier – folgten im Ganzen beinahe 1000 und eine große Menge sonstige Barbaren. (2) Sie drangen ins Land des Arrabaios ein und fanden die Lynkesten schon zur Abwehr im Feld bereit, da schlugen sie selbst ihnen gegenüber ein Lager auf. (3) Auf beiden Seiten hatten die Fußtruppen Hügel besetzt, zwischen denen eine Ebene lag. In diese sprengte die Reiterei beider Seiten und lieferte sich zunächst ein Reitergefecht; hierauf aber, als mit den Reitern Hopliten der Lynkesten vom Hügel herab kamen, um in den Kampf einzugreifen, rückten auch Brasidas und Perdikkas zum Angriff vor, trieben die Lynkesten in die Flucht und erschlugen viele; die Übrigen flüchteten in die Berge und verhielten sich ruhig. (4) Danach errichteten sie ein Siegeszeichen und blieben zwei oder drei Tage in Erwartung der Illyrier, die, von Perdikkas eben erst in Sold genommen, eintreffen sollten. Hierauf wollte Perdikkas weiter gegen die Dörfer des Arrabaios vorrücken und nicht weiter untätig verharren, Brasidas aber, der um Mende besorgt war, dass der Stadt etwas zustoßen könnte, wenn die Athener dort früher einträfen, war dazu nicht bereit – zumal auch die Illyrier nicht kamen – und wollte lieber den Rückzug.

125 (1) Während sie sich darüber nicht einigten, kam die Nachricht, dass die Illyrier Perdikkas im Stich gelassen und sich Arrabaios angeschlossen hätten; daher hielten nun beide den Rückzug für gut, weil sie jene kämpferischen Männer fürchteten. Doch wegen ihrer Meinungsverschiedenheit wurde nicht ausgemacht, wann man aufbrechen sollte; und als die Nacht hereinbrach, befiel die Makedonier und die Masse der Barbaren eine plötzliche Panik – wie sich denn große Heere oft ohne ersichtlichen Grund gern erschrecken lassen –, und im Glauben, die Feinde seien noch viel zahlreicher, als sie wirklich waren, und würden im nächsten Augenblick über sie herfallen, traten sie zu einer überstürzten Flucht an und entwichen nach Hause; den Perdikkas, der das zuerst gar nicht mitbekommen hatte, zwangen sie, als er begriff, was vorging, voraus abzuziehen, noch ehe er mit Brasidas Kontakt aufnehmen konnte. Denn sie lagerten weit voneinander entfernt. (2) Als Brasidas bei Tagesanbruch sah, dass sich die Makedonen schon voreilig entfernt hatten, dass die Illyrier und Arrabaios zum Angriff bereit waren, da stellte er seine Hopliten in geschlossenem Viereck auf, nahm die Masse der Leichtbewaffneten in die Mitte und machte sich über den Rückzug Gedanken. (3) Zum Ausfall, wenn man sie irgendwo angreife, stellte er die Jüngsten auf, er selbst plante mit 300 Mann ausgewählter Truppen als Letzter auf dem Rückzug den vordersten Feinden im Fall eines Angriffs Widerstand zu leisten und sie zurückzuweisen. (4) Und bevor die Feinde herankamen, ermutigte er die Soldaten in aller Eile noch mit folgenden Worten:

126 (1) »Wenn ich nicht besorgt sein müsste, ihr Männer aus dem Peloponnes, dass ihr bestürzt seid, allein gelassen zu sein, und darüber, dass die angreifenden Barbaren auch noch zahlreich sind, würde ich nicht zugleich mit dem ermunternden Zuspruch auch eine Belehrung verbinden. So aber will ich in Anbetracht, dass die Unsrigen uns davongelaufen sind und die Menge der Feinde groß ist, mit einer kurzen Rückbesinnung und Ermunterung vom Wichtigsten euch zu überzeugen versuchen. (2) Tapfer zu sein in Kämpfen geziemt sich für euch, nicht weil gerade Verbündete zugegen sind, sondern weil Tapferkeit in euch wohnt. Vor keiner Übermacht anderer dürft ihr euch fürchten, denn ihr kommt ja auch nicht aus solchen Staatsgebilden, in denen viele über wenige, sondern wo über eine Mehrheit eher eine Minderheit herrscht; nicht anders habt ihr diese Macht gewonnen als durch Siegen in der Schlacht. (3) Von diesen Barbaren, die ihr jetzt aus Unkenntnis fürchtet, solltet ihr aus den Kämpfen, die ihr bereits an der Seite der Makedonen bestanden habt, wissen, dass sie uns nicht gefährlich werden können; aus diesen Begegnungen schließe ich das und von anderen Berichten weiß ich es. (4) Sobald man den Eindruck gewonnen hat, dass die scheinbare Stärke der Feinde in Wirklichkeit Schwächen sind, so wird die Belehrung, die über sie die Wahrheit klar macht, den Mut derer stärken, die sich gegen sie wehren sollen; nur wenn die Feinde wirklich tapfer sind, ist es ein Vorteil, dass man ohne Vorwissen wagemutiger auf sie losgehen mag. (5) Diese hier machen auf die, die sie nicht kennen, vor der Schlacht einen abschreckenden Eindruck. Denn durch die Masse ihres Anblicks sind sie fürchterlich, durch das Getöse ihres Geschreis unerträglich, das unsinnige Schwingen ihrer Waffen hat etwas von einer Drohgebärde. Im Nahkampf aber mit denen, die das alles aushalten, sind sie ganz anders. Denn sie halten keine Aufstellung ein und würden sich nicht scheuen, in Bedrängnis von jedwedem Platz zu weichen; sowohl Flucht als auch Angriff hat bei ihnen den gleichen ehrenvollen Stellenwert, und ihre Tapferkeit hat etwas Unbeweisbares. Ihre Kampfesweise, bei der jeder sein eigener Kommandant ist, bietet wohl leicht jemandem den Vorwand, sich auf anständige Weise zu retten; anstatt sich ins Handgemenge zu stürzen, halten sie es für sicherer, euch aus der Entfernung gefahrlos zu schrecken. Denn sonst würden sie Ersteres vor Letzterem versuchen. (6) So seht ihr also klar, dass der Schrecken, der von ihnen ausgeht, in Wirklichkeit nur kurze Zeit dauert und bloß auf Auge und Ohr einwirkt. Wenn ihr einem solchen ›Angriff‹ standhaltet und zum richtigen Zeitpunkt in guter Ordnung und Aufstellung den Rückzug antretet, werdet ihr rascher in Sicherheit kommen und für die Zukunft verstehen, dass sich solche Horden denen, die einmal ihren ersten Ansturm aushalten, nur mit Drohungen aus der Ferne prahlerisch zeigen, dass sie sich, aber nur wenn man vor ihnen weicht, als hartnäckige Verfolger erweisen – und auch noch draufgängerisch, wenn sie außer Gefahr sind.«

127 (1) Nachdem Brasidas dies zur Ermunterung gesprochen hatte, trat er den Rückzug an. Kaum sahen dies die Barbaren, drangen sie mit gewaltigem Lärm und lautem Geschrei auf ihn ein in der Meinung, er fliehe vor ihnen und sie brauchten das Heer nur einzuholen, um es zu vernichten. (2) Da man jedoch ihren Angriffen überall durch Ausfälle begegnete und Brasidas selbst mit seinen auserlesenen Leuten gegen die Angreifer den Rücken deckte, stießen sie gleich beim ersten Anlauf auf unerwarteten Widerstand; und auch weiterhin empfing man sie, wenn sie wieder angriffen, und schlug sie zurück; wenn es aber eine Kampfpause gab, setzten sie ihren Rückzug fort. Da ließ nun die Masse der Barbaren von den Hellenen samt Brasidas auf offener Ebene ab, nur einen Teil ließen sie zurück, um sie weiter zu verfolgen und sie gelegentlich anzugreifen. Die Übrigen setzten im Lauf den fliehenden Makedonen nach, machten nieder, wen sie antrafen, und besetzten vorweg schon den Pass, der als enge Straße zwischen zwei Bergen in das Land des Arrabaios hineinführt; denn sie wussten, dass es für Brasidas keinen anderen Weg zum Rückzug gab. Und als er genau zu diesem schwierigen Wegabschnitt kam, versuchten sie, ihn zu umstellen, um ihn abzufangen.

128 (1) Er aber durchschaute es und befahl seinen 300, sie sollten ohne feste Ordnung, jeder so schnell wie möglich, die Höhen erklimmen, auf deren Besetzung es seiner Meinung nach hauptsächlich ankam, und die Barbaren, die dort schon angelangt waren, wieder zu vertreiben suchen, bevor sie zu seiner völligen Umzingelung weitere Verstärkung erhielten. (2) Diese nun stürmten hinauf, besiegten die Leute auf der Anhöhe, und der Großteil des griechischen Heeres setzte nun seinen Marsch dorthin leichter fort. Denn die Barbaren hatten durch ihre Vertreibung von der Anhöhe Angst bekommen und folgten nicht mehr weiter, weil sie meinten, die Griechen seien an der Grenze und bereits entkommen. (3) Nachdem Brasidas die Anhöhen besetzt hatte, marschierte er nun in größerer Sicherheit weiter und kam noch am selben Tag nach Arnisa, dem ersten Ort im Reich des Perdikkas. (4) Die Soldaten waren innerlich erbittert über den voreiligen Rückzug der Makedonen; wenn sie am Weg auf Ochsengespanne stießen oder auf herausgefallenes Gepäck, wie das auf einem nächtlichen und ängstlichen Rückzug erwartungsgemäß der Fall ist, spannten sie die Tiere aus, hieben sie nieder und eigneten sich das Gepäck an. (5) Seitdem erst betrachtete Perdikkas Brasidas als seinen Feind und hegte gegen die Peloponnesier einen Hass, der seiner Gesinnung zu den Athenern nicht entsprach; er überging dabei seine eigenen wichtigen Interessen und arbeitete darauf hin, wie er sich am schnellsten mit den Athenern einigen und sich von den Peloponnesiern trennen könne.

129 (1) Als Brasidas aus Makedonien nach Torone zurückkam, fand er die Athener schon im Besitz von Mende, und da er sich für zu schwach hielt, nach Pallene überzusetzen und einzugreifen, blieb er ruhig und sicherte Torone. (2) Zur Zeit der Kämpfe in Lynkos waren nämlich die Athener gegen Mende und Skione mit 50 Schiffen, die sie sogleich ausgerüstet hatten, darunter 10 aus Chios, 1000 eigenen Hopliten, 600 Bogenschützen, 1000 thrakischen Söldnern und anderen Peltasten aus den Reihen der dortigen Verbündeten ausgefahren. Feldherren waren Nikias, der Sohn des Nikeratos, und Nikostratos, der Sohn des Dieitrephes. (3) Nachdem sie aus Poteidaia mit den Schiffen ausgelaufen waren, landeten sie beim Heiligtum des Poseidon und marschierten gegen Mende. Die Einwohner aber hatten mit 300 zu ihnen gestoßenen Skionen und den peloponnesischen Hilfstruppen – im Ganzen 700 Hopliten – unter ihrem Kommandanten Polydamidas auf einer Anhöhe außerhalb der Stadt fest Stellung bezogen. (4) Nikias versuchte nun mit 120 Leichtbewaffneten aus Methone, 60 ausgewählten Hopliten aus Athen und sämtlichen Bogenschützen auf einem Pfad den Hügel zu erreichen, konnte sich aber nicht durchsetzen, weil (seiner Truppe) von den Verteidigern Verwundungen zugefügt worden waren. Nikostra-

tos, der mit dem gesamten übrigen Heer auf einem anderen Zugang und weiterem Umweg vorging, kam erst recht ins Gedränge, und beinahe wäre das ganze Heer besiegt worden. (5) Weil an diesem Tag die Mender und ihre Verbündeten nicht nachgegeben hatten, zogen sich die Athener zurück und bezogen ein Lager; und die Mender kehrten bei Einbruch der Nacht in ihre Stadt zurück.

130 (1) Am folgenden Tag fuhren die Athener nach Skione herum, eroberten die Vorstadt, und den ganzen Tag hindurch verwüsteten sie das Land, ohne dass ihnen jemand entgegentrat, da es auch in der Stadt zu einer gewissen Unruhe[60] gekommen war. Die 300 aus Skione zogen denn auch in der folgenden Nacht nach Hause ab. (2) Am nächsten Tag rückte Nikias mit der Hälfte des Heeres bis an Skiones Grenze vor und verwüstete das Land, Nikostratos aber mit den übrigen Truppen setzte dicht vor dem oberen Stadttor (von Mende) da, wo man nach Poteidaia geht, der Stadt zu. (3) Nun stellte Polydamidas die Mender, die hier mit ihren Verbündeten innerhalb der Stadtmauern die Waffen gelagert hatten, in Schlachtordnung auf und verlangte von ihnen, gegen den Feind auszurücken. (4) Und als sich jemand aus dem Volk infolge der inneren Zwietracht dagegen auflehnte und erklärte, dass er nicht ausrücke und es auch gar nicht nötig habe, Krieg zu führen, als er dann von Polydamidas wegen dieses Widerspruchs mit der Hand gepackt und unter Gebrüll eingeschüchtert wurde, da griff das Volk plötzlich zu den Waffen und wandte sich voll Wut gegen die Peloponnesier und die, die mit ihnen gemeinsam (gegen Mende) gearbeitet hatten. (5) Sie fielen über sie her und schlugen sie in die Flucht, teils weil der Angriff völlig unerwartet kam, teils auch, weil die Peloponnesier darüber in Schrecken geraten waren, dass den Athenern die Tore geöffnet wurden; denn sie glaubten jetzt, man habe sie einer Verabredung gemäß überfallen. (6) Soweit sie nicht auf der

Stelle umkamen, entflohen sie auf die Stadtburg, die sie auch schon vorher besetzt gehalten hatten. Die Athener aber – auch Nikias war inzwischen in die Stadt zurückgekommen – drangen nun mit dem gesamten Heer in die Stadt ein, deren Tore ja nicht infolge eines Vergleichs geöffnet worden waren, und plünderten, als ob sie die Stadt im Sturm genommen hätten; nur mit Mühe konnten die Feldherren ihre Leute davon zurückhalten, auch die Einwohner umzubringen. (7) Danach ließen sie den Mendern aber doch ihre gewohnte Verfassung: Sie sollten unter sich selbst entscheiden, wenn sie etwa gewisse Leute als verantwortlich für den Bündnisbruch betrachteten. Die (Peloponnesier) in der Burg schlossen sie ein, indem sie eine Mauer auf beiden Seiten bis zum Meer zogen und eine Bewachungstruppe aufstellten. Nachdem sie die Verhältnisse in Mende wieder unter Kontrolle hatten, marschierten sie gegen Skione.

131 (1) Aber die Skioner und die Peloponnesier zogen ihnen selbst aus der Stadt entgegen und nahmen eine starke Stellung auf einem Hügel vor der Stadt ein, ohne dessen Eroberung durch die Feinde eine Einschließung ihrer Stadt nicht gelingen konnte. (2) Die Athener griffen hier kräftig an und zwangen im Kampf die Gegner auf dem Hügel zur Flucht, schlugen selbst ein Lager auf und trafen Vorbereitungen, die Stadt mit einer Mauer einzuschließen, nachdem sie ein Siegeszeichen errichtet hatten. (3) Wenig später, als sie bereits an der Arbeit waren, trafen auch die in Mende auf der Burg belagerten (peloponnesischen) Hilfstruppen ein, weil sie bei Nacht die Bewachungstruppe am Meer bezwungen hatten; und die meisten entgingen dem (athenischen) Belagerungsheer vor Skione und erreichten die Stadt.

132 (1) Während man noch an der Einschließung von Skione arbeitete, sandte Perdikkas Herolde zu den Feldherren der Athener und schloss ein Abkommen mit den Athenern ab, und zwar aus Hass gegen Brasidas wegen des Rückzugs aus Lynkos – damals hatte er sofort zu verhandeln begonnen. (2) Nun wollte gerade zur gleichen Zeit der Lakedaimonier Ischagoras ein Heer auf dem Landweg an Brasidas überstellen; Perdikkas aber, von dem Nikias verlangt hatte, nach Vertragsabschluss seine Verlässlichkeit den Athenern zu beweisen, wollte zugleich auch von sich aus die Peloponnesier nicht mehr in sein Land gelangen lassen; er gewann seine Gastfreunde in Thessalien für sich – immer schon unterhielt er Beziehungen zu den führenden Leuten – und wusste den Heereszug und die Nachrüstung zu verhindern, sodass (das Heer) nicht einmal einen Einmarsch in Thessalien versuchte. (3) Allerdings kamen Ischagoras, Ameinias und Aristeus selbst doch bei Brasidas an, um sich dort im Auftrag der Lakedaimonier einen Überblick über die Vorgänge zu verschaffen; sie brachten aus Sparta gegen jede Gepflogenheit einige jüngere Männer mit, um sie als Amtsträger in den Städten einzusetzen und nicht (die Macht) beliebigen Leuten anzuvertrauen. Und Brasidas setzte Klearidas, den Sohn des Kleonymos, über Amphipolis und Pasitelidas, den Sohn des Hegesandros, über Torone.

133 (1) Im selben Sommer rissen die Thebaner die Mauern der Thespier nieder, weil sie ihnen vorwarfen, für Athen Sympathie zu zeigen. Gewollt hätten sie dies schon immer gern, jetzt aber gab es eine ziemlich gute Gelegenheit dazu, weil in der Schlacht mit den Athenern Thespiais Mannschaft in der Blüte ihrer Jahre gefallen war.[61] (2) Auch der Heratempel brannte im selben Sommer nieder, da die Priesterin Chrysis ein brennendes Licht zu nahe an die Kränze[62] gestellt hatte und eingeschlafen war, sodass alles unbemerkt in Brand geraten war und schließlich ein Raub der Flammen wurde. (3) Chrysis selbst bekam Angst vor den Argeiern und floh auf der Stelle noch in der Nacht nach Phleius. Die Argeier setzten nach herkömmlichem Brauch eine neue Priesterin ein mit Namen Phaeinis. Acht Jahre und das neunte zur Hälfte hatte Chrysis von diesem Krieg erlebt, als sie geflohen war. (4) Und Skiones Einschließung war, als der Sommer bereits zu Ende ging, zur Gänze fertig; die Athener ließen zu ihrer Bewachung eine Mannschaft zurück und zogen mit dem übrigen Heer ab.

Winter 423/422

134 (1) Im folgenden Winter kam es zwar zwischen Athen und Sparta zu keinen Kampfhandlungen,[63] die Mantineer und Tegeaten aber, beide mit ihren Verbündeten, lieferten sich eine Schlacht bei Laodikion in der Landschaft Oresthis, wobei der Sieg umstritten war. Denn beide Teile hatten einen Flügel ihnen jeweils gegenüber in die Flucht geschlagen, beide auch Siegeszeichen errichtet und Beutewaffen nach Delphi gesandt. (2) Nachdem freilich auf beiden Seiten viele gefallen waren und die Schlacht noch unentschieden geblieben war, da die Nacht dem Kampf ein Ende setzte, hatten die Tegeaten auf dem Schlachtfeld die Nacht verbracht und sogleich ein Siegeszeichen aufgestellt, die Mantineer aber hatten sich nach Bukolion zurückgezogen und erst später eines aufgestellt.

135 (1) Am Ende desselben Winters, kurz vor Frühlingsbeginn, machte Brasidas einen Angriffsversuch gegen Poteidaia. Er näherte sich nämlich des Nachts und legte eine Leiter an, was vorerst niemand merkte. Denn das Anlegen geschah, nachdem die Glocke[64] ihre Runde gemacht hatte, an einer unbewachten Stelle, bevor der Mann, der sie weitergab, (auf seinen Posten) zurückkehrte. Da man sie aber dann sogleich bemerkte, noch bevor jemand (die Mauer) erstiegen hatte, führte Brasidas sein Heer in Eile zurück und wartete nicht auf den Tagesanbruch. (2) So ging der Winter zu Ende und damit das neunte Jahr dieses Krieges, den Thukydides beschrieben hat.

Fünftes Buch

Zehntes Kriegsjahr

Sommer 422

1 (1) Im folgenden Sommer hatte der einjährige Vertrag sein Ende erreicht (und galt noch)[1] für die Zeit der Pythischen Spiele. Noch während des Waffenstillstandes vertrieben die Athener die Delier aus Delos, weil sie zur Ansicht gelangt waren, dass sie aufgrund irgendeiner alten Schuld nicht rein (genug) seien, dem Gott geweiht zu sein; außerdem aber sei jene Reinigung, die früher[2] von mir schon geschildert worden ist, insoweit mangelhaft gewesen, als sie die Entfernung der Totensärge für ausreichend gehalten hatten. Die meisten Delier besiedelten Atramyttion in Kleinasien (gegenüber Lesbos), das ihnen Pharnakes[3] zugewiesen hatte, die restlichen[4] siedelten wie jeder Einzelne gewillt war.

2 (1) Kleon – er hatte die Athener dazu bewogen – fuhr nach Ablauf des Waffenstillstandes gegen die thrakischen Gebiete aus mit 1200 Hopliten und 300 Reitern, noch mehr Verbündeten und 30 Schiffen. (2) Er landete zunächst bei Skione, das noch belagert wurde, bekam Verstärkung von den Hopliten der Wachmannschaften vor Ort, dann fuhr er auf Kophos zu, einen Hafen von Torone, der nicht weit von der Stadt entfernt liegt. (3) Als er da von Überläufern erfuhr, dass weder Brasidas in Torone anwesend noch die Besatzung der Stadt kampfkräftig sei, rückte er mit dem Landheer vor die Stadt und ließ 10 Schiffe zum Hafen herumfahren. (4) Zuerst stieß er an die Mauer, die Brasidas um die Vorstadt gezogen hatte, um auch diese in die Stadt mit einzubeziehen, wobei er nach dem Abriss eines Stückes der alten Mauer eine einzige, zusammenhängende Stadt geschaffen hatte.

3 (1) Dorthin eilten Pasitelidas, der lakedaimonische Anführer, und die vorhandene Wachmannschaft zum Einsatz und bemühten sich, die angreifenden Athener zurückzuschlagen. Da sie aber hart bedrängt wurden und gleichzeitig die abgesandten Schiffe herumgefahren waren und in den Hafen einliefen, fürchtete Pasitelidas, die Schiffe könnten ihm zuvorkommen und die ungeschützte Stadt wegnehmen und er selbst könnte, wenn die Mauer genommen würde, abgeschnitten werden; da gab er (die Verteidigung der Mauer) auf und stürmte im Laufschritt in die Stadt. (2) Doch die Athener waren schneller, sie hatten sowohl von den Schiffen aus Torone eingenommen, als auch das Landheer unmittelbar gefolgt und dort eingedrungen war, wo die alte Mauer niedergerissen[5] worden war. Einen Teil der Peloponnesier und Toroner schlugen sie im Handgemenge sogleich, die anderen nahmen sie lebend gefangen, auch den Anführer Pasitelidas. (3) Brasidas war zum Entsatz für Torone aufgebrochen, als er aber auf dem Weg von der Einnahme der Stadt erfahren hatte, kehrte er wieder um; etwa 40 Stadien hatten ihm noch gefehlt und er wäre (vor den Athenern) rechtzeitig gekommen. (4) Kleon und die Athener stellten zwei Siegeszeichen auf, das eine am Hafen, das andere an der Mauer, die Frauen und Kinder der Toroner verkauften sie als Sklaven, die Männer, die Peloponnesier und so manchen Chalkidier, der dabei war, insgesamt etwa 700, schickten sie nach Athen. Der Anteil an Peloponnesiern kam später aufgrund des Friedensvertrages frei, der Rest wurde von den Olynthiern heimgeführt im Austausch Mann gegen Mann. (5) Um dieselbe Zeit eroberten die Boioter Panakton, die Grenzfestung zu den Athenern, durch Verrat. (6) Kleon stellte eine Wachtruppe auf, stach wieder in See und fuhr um den Athos herum gegen Amphipolis.

4 (1) Phaiax, der Sohn des Erasistratos, fuhr zur selben Zeit mit zwei anderen im Auftrag der Athener mit zwei

Schiffen als Gesandter nach Italien und Sizilien. (2) Denn die Leontiner hatten nach dem Friedensschluss und dem Abzug[6] der Athener aus Sizilien viele (neue) Bürger aufgenommen und das Volk dachte daran, das Land unter sich neu zu verteilen. (3) Die Mächtigen merkten das, riefen die Syrakusaner zu Hilfe und vertrieben die demokratischen Kräfte. Diese zerstreuten sich in alle Richtungen, die Mächtigen aber einigten sich mit den Syrakusanern, ließen ihre Stadt wüst und leer zurück und siedelten sich in Syrakus unter Zusicherung des Bürgerrechtes an. (4) Später zogen einige von ihnen wieder aus Syrakus fort, weil es ihnen dort nicht gefiel, und besetzten in Leontinoi einen Stadtteil namens Phokaiai und ebenso Brikinniai, eine Festung im leontinischen Gebiet. Von den seinerzeit vertriebenen Demokraten kamen die meisten zu ihnen und machten daraus feste Stützpunkte für Kriegshandlungen (gegen Syrakus). (5) Das hatten die Athener erfahren und schickten nun Phaiax zu ihnen, (um zu versuchen,) ob sie nicht die dortigen Verbündeten und womöglich auch die übrigen sizilischen Griechen zu einem gemeinsamen Feldzug gegen das allzu mächtig werdende Syrakus bewegen und den demokratischen Kräften in Leontinoi wieder aufhelfen könnten. (6) Phaiax vermochte nach seiner Ankunft Kamarina und Akragas zu gewinnen, in Gela aber gelang ihm sein Vorhaben nicht, deshalb besuchte er die übrigen Städte nicht mehr, sondern zog sich durch das Land der (einheimischen) Sikuler nach Katane zurück, kam auf einem Abstecher auch in Brikinniai vorbei, sprach allen dort Mut zu und segelte ab, weil er gemerkt hatte, dass er sie nicht überzeugen konnte.

5 (1) Während der Hinfahrt nach Sizilien und auch wieder auf der Rückfahrt verhandelte Phaiax mit einigen Städten in Italien über ein Freundschaftsbündnis mit Athen und traf dabei auf Lokrer, eben erst aus Messenien vertriebene

Ansiedler. Nach dem Friedensabkommen der sizilischen Griechen hatten sich nämlich die Messenier entzweit, und da die eine Partei die Lokrer herbeigerufen hatte, wurden Siedler hingeschickt und Messene (Messana) wurde einige Zeit lang lokrisch. (2) Diese traf also Phaiax, als sie gerade heimkehrten, machte ihnen aber keine Schwierigkeiten, denn die Lokrer hatten bereits Einigung mit ihm über ein Bündnis mit Athen erzielt. (3) Sie waren nämlich die Einzigen unter den verbündeten sizilischen Griechen, die damals, als diese sich aussöhnten, keinen Vertrag mit den Athenern abgeschlossen hatten, und sie hätten es auch jetzt nicht getan, wenn sie nicht der Krieg mit ihren Grenznachbarn und Aussiedlern aus Hipponion und Medma bedrängt hätte.

6 (1) Kleon, der damals von Torone gegen Amphipolis gefahren war, unternahm zuerst von Eion aus einen Angriff auf Stagiros, eine Gründung von Andros, eroberte sie aber nicht; Galepsos dagegen, die Tochterstadt von Thasos, nahm er im Sturmangriff. (2) Er schickte Gesandte zu Perdikkas mit der Aufforderung, er solle seiner Bündnisverpflichtung gemäß mit einem Heer erscheinen, ferner nach Thrakien zum Odomantenkönig Polles, dass er ihm möglichst viele thrakische Söldner verschaffen sollte, er selbst blieb solange ruhig in Eion. (3) Brasidas setzte sich auf diese Nachrichten hin ihm gegenüber bei Kordylion fest. Dieser Platz gehört den Argiliern und liegt jenseits des Flusses auf einer Anhöhe, nicht sehr weit von Amphipolis entfernt; von dort war die ganze Gegend zu überblicken, sodass Kleon nicht unbemerkt mit seinem Heer hätte aufbrechen können; das nämlich erwartete er von ihm, dass er aus Geringschätzung der gegnerischen Truppenstärke schon mit seinem gerade verfügbaren Heer (den Strymon aufwärts) gegen Amphipolis marschieren werde. (4) Zugleich versuchte Brasidas sich zu verstärken, indem er sich 1500 Thraker für Sold und alle Edoner, Peltasten und Rei-

ter, holte. Auch aus Myrkinos und von den Chalkidiern hatte er 1000 Peltasten noch zusätzlich zu denen in Amphipolis. (5) Das Hoplitenheer belief sich insgesamt auf gut 2000 Mann und dazu noch 300 griechische Reiter. Davon hatte Brasidas selbst in seinem Lager bei Kerdylion 1500 bei sich, die anderen waren Klearidas in Amphipolis zugeteilt.

7 (1) Kleon verhielt sich eine Zeit lang ruhig, sah sich schließlich aber doch gezwungen, zu tun, was Brasidas erwartet hatte. (2) Denn seine Soldaten waren verärgert über das Stillsitzen; als sie dann die Führungsqualitäten (eines Brasidas) mit seiner Erfahrung und seinem Mut damit verglichen, wie viel es an Inkompetenz und Führungsschwäche bei ihnen gebe und wie ungern sie mit Kleon mitgezogen seien, da bemerkte dieser ihre Stimmung und wollte sie nicht durch untätiges Lagerleben noch unzufriedener machen; er brach auf und führte (sie gegen Amphipolis). (3) Er verfuhr dabei ebenso, wie es ihm auch bei Pylos[7] geglückt war, als er die Zuversicht gewonnen hatte, irgendwie klug zu sein. Dass jemand zur Schlacht gegen ihn ausziehen werde, erwartete er nämlich gar nicht, er sagte, er marschiere aus, nur um einen Überblick über die Gegend zu gewinnen, und wartete auf weitere Verstärkung, aber nicht in der Absicht, mit Sicherheit überlegen zu sein, wenn er (zum Kampf) gezwungen werde, sondern um die Stadt einzukreisen und sie mit Gewalt zu nehmen. (4) Er kam also hin und ließ auf einem gut gesicherten Hügel vor Amphipolis das Heer Halt machen, er selbst schaute sich die Sumpfgegend des Strymon an und die Lage der Stadt, wie sie sich gegen Thrakien hin erstreckte. (5) Kampflos abziehen zu können glaubte er, wann immer er wollte. Denn weder zeigte sich jemand auf der Mauer, noch kam jemand an den Toren heraus – geschlossen waren sie alle! Daher hielt er es schon für einen Fehler, ohne Belagerungsmaschinen heraufgekommen

zu sein, er hätte nämlich die (von Truppen) entblößte Stadt gleich nehmen können.

8 (1) Brasidas aber brach, sobald er die Bewegungen der Athener sah, sogleich von der Anhöhe bei Kerdylion auf und marschierte hinab nach Amphipolis. (2) Einen Gegenangriff in geordneter Schlachtreihe gegen die Athener machte er nicht, er hatte Bedenken wegen seiner eigenen Truppenstärke und hielt sie für schwächer, nicht an Zahl – denn diese war annähernd im Gleichgewicht –, wohl aber an Wert. Denn was von den Athenern in den Krieg zog, war eine homogene Truppe, und auch aus Lemnos und Imbros die besten Kräfte. Dagegen plante er seinen Angriff mit einem geschickten Trick. (3) Wenn er nämlich den Gegnern – so glaubte er – die Zahl und notdürftige Ausrüstung seiner Leute zeigte, so werde ihm der Sieg wohl mehr Schwierigkeiten machen, als wenn jene sie vorher nicht zu Gesicht bekämen und in Kenntnis ihrer tatsächlichen Beschaffenheit sie verachteten. (4) Er wählte sich 150 Hopliten aus, stellte die Übrigen unter das Kommando des Klearidas und trug sich mit dem Gedanken, die Athener unverzüglich anzugreifen, bevor sie wieder davonzogen. Denn seiner Meinung nach würde er sie nicht noch einmal so isoliert zu fassen bekommen, wenn erst einmal die Verstärkung bei ihnen eintreffe.[8] Er rief deshalb alle seine Soldaten zusammen in der Absicht, sie zu ermutigen und seinen Plan zu erläutern; er sprach etwa Folgendes:

9 (1) »Männer, Peloponnesier! Es sollte genügen, kurz klarzustellen, aus was für einem Land wir kommen, dass es wegen seiner Entschlossenheit immer frei war, dass ihr als Dorer jetzt gegen Ionier kämpfen werdet, denen überlegen zu sein ihr gewohnt seid. (2) Wie ich aber den Angriff zu führen gedenke, darüber werde ich euch genau unterrichten, damit nicht die Tatsache, dass nur eine kleine Truppe und nicht alle der Gefahr ausgesetzt sind, so manchem unzurei-

chend erscheint und Mutlosigkeit verursacht. (3) Ich vermute nämlich, die Gegner sind voll Verachtung uns gegenüber und wohl nicht in der Erwartung, dass jemand gegen sie zur Schlacht ausrücke, auf den Plan getreten und begehen nun den Leichtsinn, sich ohne Schlachtordnung die Gegend anzuschauen. (4) Wer auf solche Fehler der Gegner am besten achtet und zugleich unter Berücksichtigung seiner eigenen Kräfte den Angriff führt, nämlich nicht sosehr in offener Schlachtaufstellung als vielmehr nach dem Vorteil, den der Augenblick bietet, der wird wohl am meisten Erfolg haben. (5) Den größten Ruhm bringen solche Kriegslisten, durch die man den Feind am meisten täuschen und den Freunden am besten nützen kann. (6) Solange sie also noch in unvorbereiteter Sorglosigkeit mehr daran denken, unbemerkt abzuziehen, als standzuhalten, wie ich an ihnen wahrzunehmen glaube, und solange sie in ihrer Nachlässigkeit zu keinem Beschluss kommen, und bevor sie sich noch besser besonnen haben, will ich mit meinen Kämpfern hier womöglich überraschend und im Laufschritt die Mitte ihres Heeres überfallen. (7) Du aber, Klearidas, sollst dann später, sobald du siehst, wie ich im Gefecht verwickelt unter den Gegnern erwartungsgemäß Schrecken verbreite, an der Spitze deiner Leute den Mannschaften aus Amphipolis und den sonstigen Verbündeten unversehens die Stadttore öffnen, zum Angriff herausstürmen und so schnell wie möglich zum Nahkampf drängen. (8) So besteht nämlich die Hoffnung, dass sie besonders stark in Panik geraten; denn eine Truppe, die später angreift, ist für den Feind furchtbarer als die, mit der er bereits im Gefecht steht.[9] (9) Und du selbst zeige dich als tapferer Mann, wie man es von dir als Spartiate erwarten muss! Auch ihr, ihr Männer der Verbündeten, folgt ihm mutig und denkt daran, dass drei Dinge die ruhmvolle Kriegsführung ausmachen: Bereitwilligkeit, Ehrgefühl und Gehorsam gegenüber den Vorgesetzten. (Denkt daran,) dass *euch* am heutigen Tag im Falle eurer Bewährung die Freiheit zuteil wird und die Möglichkeit, entweder Verbündete der Lakedaimonier genannt zu werden oder Knechte der Athener, wenn ihr Glück habt und nicht als Sklaven verkauft oder getötet werdet. (Denkt daran,) es gäbe für euch drückendere Knechtschaft als ihr je zu ertragen hattet, für die übrigen Griechen aber wäret ihr zum Hindernis ihrer Befreiung geworden! (10) Aber erweist euch ja nicht als Schwächlinge – ihr seht, worum es in diesem Kampf geht –, und ich werde euch beweisen, dass ich nicht sosehr im Stande bin, anderen Mut zuzusprechen, als vielmehr selbst tatkräftig ans Werk zu gehen.«

10 (1) Nach diesen Worten machte sich Brasidas selbst für den Ausmarsch fertig, ließ die Leute um Klearidas beim so genannten Thrakischen Tor Aufstellung nehmen, damit sie wie vereinbart hervorstürmten. (2) Nun hatte man aber bemerkt, dass Brasidas von Kerdylion abgezogen und in der Stadt, die von außen her gut eingesehen werden konnte, beim Tempel der Athene opferte und mit jenen Vorkehrungen beschäftigt war. Kleon hatte sich zu dieser Zeit gerade (der Stadt) genähert, und hier wurde ihm gemeldet, dass das ganze Heer der Feinde in der Stadt sichtbar sei und dass man – unter[10] dem Tor hindurch – die Füße vieler Pferde und Menschen sehen könne, dass es wohl zu einem Ausfall kommen sollte. (3) Er hörte dies und kam herbei; nachdem er sich davon überzeugt hatte, ließ er, weil er vor der Ankunft seiner Verstärkungen keine Schlacht liefern wollte und sie durch rechtzeitigen Abzug noch vermeiden zu können glaubte, das Signal zum Rückzug geben und befahl, wie das auch allein möglich war,[11] nach der linken Flanke zu,[12] in Richtung Eion abzumarschieren. (4) Als er den Eindruck hatte, der Rückzug laufe unter Zeitverlust[13] ab, ließ er selbst den rechten Flügel schwenken, bot dadurch den Feinden die ungedeckte Flanke, und versuchte so, das Heer zurückzu-

führen. (5) In diesem Augenblick, als Brasidas den günstigen Zeitpunkt sah und die Bewegung des athenischen Heeres, sagte er zu seiner Mannschaft und zu den anderen: »Diese Männer werden uns nicht gewachsen sein, so viel wird klar durch die Bewegung ihrer Speere und Köpfe. Wo immer so etwas vorkommt, halten sie gewöhnlich den Angreifern nicht stand. Aber jemand öffne mir das Tor, das vereinbarte, und dann hinaus, lasst uns über sie herfallen möglichst rasch und mit Mut!« (6) Damit stürmte er im Laufschritt durch das Tor bei den Palisaden und das erste in der damals noch vorhandenen Langen Mauer[14] auf dem geraden Weg, wo jetzt, wenn man auf die steilste Stelle zugeht, das Siegeszeichen steht, überfiel die Athener, die wegen ihrer eigenen, nicht vorhandenen Ordnung gleich eingeschüchtert sowie wegen seiner Kühnheit geschockt waren, drang bis zur Mitte des Heeres vor und trieb es zur Flucht. (7) Auch Klearidas machte – wie besprochen – gleichzeitig seinen Ausfall beim Thrakischen Tor und warf sich auf das (athenische) Heer. So traf es sich, dass die Athener plötzlich von zwei Seiten (angegriffen) in Verwirrung gerieten. (8) Ihr linker Flügel, der mehr gegen Eion hin stand und schon einen Vorsprung hatte, riss sofort ab und ergriff die Flucht. Während dieser zurückwich, wurde Brasidas verwundet, als er sich beim Vordringen gegen den rechten Flügel wandte, sein Fallen bemerkten aber die Athener nicht, sondern seine Nächsten hoben ihn auf und trugen ihn weg. (9) Der rechte Flügel der Athener hielt länger stand; Kleon allerdings, der ja von vornherein an kein Standhalten gedacht hatte, floh sofort, wurde aber eingeholt und von einem myrkinischen Peltasten getötet, seine Hopliten jedoch zogen sich auf dem Hügel zusammen und wehrten den Angriff des Klearidas zwei oder drei Mal ab, und nicht eher wichen sie, als bis myrkinische und chalkidische Reiterei und Peltasten sie umstellten, mit Speeren beschossen und zur Flucht trieben.

(10) Danach erst ergriff das ganze Heer der Athener die Flucht, sie schlugen sich mühsam und auf vielen Wegen in den Bergen durch; soweit sie nicht sofort im Nahkampf oder von der chalkidischen Reiterei und den Peltasten getötet wurden, entkam der Rest nach Eion. (11) Die Leute, die Brasidas aufgehoben und aus dem Schlachtfeld gerettet hatten, brachten ihn noch lebend in die Stadt; und er bekam noch mit, dass die Seinen die Sieger waren, nicht viel später aber starb er. (12) Das übrige Heer unter Klearidas nahm bei der Rückkehr von der Verfolgung den Toten die Rüstungen ab und errichtete ein Siegeszeichen.

11 (1) Danach bestatteten alle Verbündeten Brasidas, wobei sie ihm mit ihren Waffen das Geleit gaben, in Form eines Staatsbegräbnisses in der Stadt vor dem Platz, wo jetzt die Agora ist; die Bewohner von Amphipolis – sie hatten eine Einfriedung um sein Grabmal gezogen – opferten ihm seither als Heros und haben zu seinen Ehren Wettkämpfe und jährliche Festopfer eingeführt, betrachteten ihn auch als Gründer ihrer Siedlung; sie rissen Hagnons[15] Bauten nieder und beseitigten alles Vorhandene, was an ihn als Gründer erinnern konnte, denn einerseits meinten sie, Brasidas sei ihnen zum Retter geworden, und sie legten zum gegenwärtigen Zeitpunkt aus Furcht vor den Athenern großen Wert auf das Bündnis mit den Lakedaimoniern, andererseits werde Hagnon nach dem Ausbruch der Feindschaft mit den Athenern die Ehrungen nicht zum Vorteil für sie und auch nicht sehr gern empfangen. (2) Die Toten gaben sie den Athenern zurück. Gefallen waren von den Athenern etwa 600, von den Gegnern (nur) sieben, weil die Schlacht eher nicht in Reih und Glied, sondern unter solch merkwürdigen Umständen und Panik von Anfang an stattgefunden hatte. (3) Nach der Bergung (und Bestattung) der Toten fuhren die Athener nach Hause, Klearidas und seine Leute ordneten die Verhältnisse um Amphipolis.

Winter 422/421

12 (1) Um dieselbe Zeit gegen Ende des Sommers waren die Lakedaimonier Rhamphias[16], Autocharidas und Epikydidas mit 900 Hopliten als Hilfskorps unterwegs zum thrakischen Küstenland. Sie kamen bis Herakleia in Trachis und blieben dort, weil sich ihrer Meinung nach die dortige Lage nicht günstig entwickelte.[17] (2) Während ihres Aufenthaltes fand diese Schlacht statt, und damit ging der Sommer zu Ende.

13 (1) Gleich zu Beginn des Winters hatte Rhamphias mit seinen Leuten den Marsch in Thessalien bis Pierion fortgesetzt. Weil die Thessaler den Weg versperrten und auch Brasidas gefallen war, zu dem sie das Heer führen wollten, kehrten sie nach Hause um. Nach ihrer Meinung hatte die Sache keinen Zweck mehr, da die Athener nach ihrer Niederlage abgezogen waren, sie selbst aber zu weiteren Unternehmungen, wie sie Brasidas geplant hatte, nicht stark genug gewesen wären. (2) Hauptsächlich zogen sie ab, weil sie wussten, dass die Lakedaimonier schon damals, als sie auszogen, ihre Neigung eher dem Frieden zuwandten.

14 (1) So fügte es sich gleich nach der Schlacht bei Amphipolis und dem Rückzug des Rhamphias aus Thessalien, dass mit dem Krieg keine der beiden streitenden Parteien mehr etwas zu tun haben wollte, sondern eher ihre Gedanken auf den Frieden richteten: Die Athener, weil sie beim Delion und kurz darauf bei Amphipolis schwer getroffen worden waren und kein festes Vertrauen in ihre Stärke mehr hatten, womit sie früher die Verträge zurückgewiesen hatten in der Meinung, als Sieger hervorzugehen. (2) Zusätzlich befürchteten sie, die Verbündeten könnten infolge ihrer Niederlagen noch mehr ermuntert werden, von ihnen abzufallen, und bereuten es, dass sie nach den Kämpfen in Pylos[18] auf die günstigen Bedingungen für ein Friedensabkommen nicht eingegangen waren. (3) Die Lakedaimonier wiederum (trachteten nach Frieden), weil der Krieg, in dem sie die Macht der Athener durch Verwüstung ihres Landes in wenigen Jahren vernichten zu können geglaubt hatten, einen für sie unerwarteten Verlauf genommen hatte. Sie waren aber auf der Insel (Sphakteria) in ein Unglück gestürzt, wie es Sparta noch nie getroffen hatte; ihr Land wurde von Pylos und Kythera aus geplündert, die Heloten liefen ihnen davon, und immer mussten sie gefasst sein, dass die verbleibenden in Verbindung mit denen außer Landes – wie schon früher[19] – auch jetzt einen Aufstand machten. (4) Dazu kam noch, dass auch ihr dreißigjähriger Friede mit Argos zu Ende ging, und auf einen neuen Vertrag wollten die Argeier nicht eingehen, außer wenn man ihnen das Gebiet von Kynuria abträte; offensichtlich war es unter solchen Umständen für sie unmöglich, mit Argos und Athen zugleich Krieg zu führen. Auch von den peloponnesischen Städten hatten sie einige im Verdacht, sie könnten sich auf die Seite von Argos schlagen – was auch wirklich geschah.

15 (1) Wegen solcher Überlegungen auf beiden Seiten glaubte man, eine Einigung erzielen zu müssen, vor allem hatten die Lakedaimonier den Wunsch, ihre Männer von der Insel zurückzuerhalten. Denn unter ihnen befanden sich die vornehmsten Spartiaten und ihnen ebenbürtige Verwandte. (2) Sie hatten daher gleich nach ihrer Gefangennahme zu verhandeln begonnen, aber die Athener wollten in ihrem Glück hoch hinaus und waren noch nicht bereit gewesen, sich unter gleichen Bedingungen zu einigen. Nach der Niederlage beim Delion hatten aber die Lakedaimonier sogleich gemerkt, dass diese schon eher nachgeben würden, und schlossen den einjährigen Waffenstillstand ab, in welchem sie zusammenkommen und über eine Verlängerung beraten sollten.

16 (1) Seither hatten die Athener noch die Niederlage bei Amphipolis einstecken müssen, Kleon und Brasidas waren gefallen, die auf beiden Seiten die Hauptgegner des Friedens gewesen waren – Brasidas, weil er es wegen seiner Kriegführung zu Erfolgen und Ehren brachte, Kleon, weil er glaubte, in ruhigen Zeiten könnte er als Übeltäter eher auffallen und als Verleumder[20] weniger Glauben finden. Jetzt also bemühten sich zwei Männer, die in beiden Städten eifrig den Frieden[21] herbeizuführen suchten, noch viel mehr darum. Es waren Pleistoanax, der Sohn des Pausanias und König der Lakedaimonier, und Nikias, der Sohn des Nikeratos, im damaligen Hochgefühl seiner Feldherrnerfolge. Nikias wollte, solange er keinen Misserfolg erlitten hatte und (dafür) auch geschätzt wurde, sein Glück in Sicherheit bringen, wollte für den Augenblick selbst von Mühen befreit sein, auch die Bürger davor bewahren und der Nachwelt den Ruhm hinterlassen, als ob er es sein ganzes Leben geschafft habe, der Stadt niemals Unglück zu bringen; er glaubte, dies gelinge nur in Gefahrlosigkeit und immer dann, wenn sich jemand am wenigsten dem Geschick des Zufalls[22] ausliefere; Gefahrlosigkeit aber biete der Friede. Pleistoanax hingegen wurde wegen seiner Rückkehr[23] von seinen Gegnern angefeindet, von ihnen wurde er den Lakedaimoniern zur Mahnung immer in Erinnerung gerufen, jedesmal, wenn ihnen ein Unglück zustieß, als ob all dies wegen seiner gesetzwidrigen Rückkehr so gekommen sei. (2) Sie beschuldigten ihn nämlich, er habe mit seinem Bruder Aristokles die Seherin in Delphi angestiftet, den Lakedaimoniern wiederholt, sooft ihre Gesandtschaften kamen, den Orakelspruch zu geben: *Des Zeussohnes und Halbgottes Samen sollten sie aus fremdem Land ins eigene zurückbringen, sonst würden sie mit silberner Pflugschar pflügen.*[24] (3) Mit der Zeit aber habe er die Lakedaimonier dazu veranlasst, ihn vom Lykaion[25], wo er wegen seines damaligen unter vermeintlicher Bestechung (zustande gekommenen) Abzugs aus Attika[26] als Verbannter lebte und aus Furcht vor den Lakedaimoniern ein zur Hälfte im Heiligtum des Zeus befindliches Haus bewohnte,[27] nach neunzehn Jahren unter Tänzen und Opfern zurückzuführen, so wie damals, als man bei der erstmaligen Gründung von Lakedaimon die Könige eingesetzt hatte.

17 (1) Aus Ärger über diese üble Nachrede und in der Meinung, in Friedenszeiten, wo es keinen Fehlschlag geben könne und zugleich die Lakedaimonier ihre (gefangenen) Männer wiederbekämen, wäre er wohl auch selbst bei seinen Feinden unangefochten; solange aber Krieg herrsche, würden die führenden Leute notwendigerweise wegen der Misserfolge Vorwürfe ernten, wünschte er dringend den Frieden. (2) Diesen Winter traten sie noch zu Verhandlungen zusammen und gegen den Frühling hin drohten die Lakedaimonier waffenklirrend mit neuer Aufrüstung, die sie durch die Städte rundum verkünden ließen, als ob es um den Bau von Befestigungsanlagen ginge, damit die Athener besser Acht geben sollten; und bei den Verhandlungen machten sie auf beiden Seiten ihre vielen Ansprüche geltend, doch einigten sie sich darauf, Frieden zu schließen und dabei zurückzugeben, was jede der beiden Parteien im Krieg erobert hatte. Nisaia sollten die Athener behalten – als diese nämlich die Herausgabe von Plataia verlangten, erklärten die Thebaner, sie hätten den Platz nicht durch Gewalt oder Verrat, sondern durch freiwillige Übergabe seitens der Plataier in ihren Besitz gebracht, und aus demselben Grund (beanspruchten) die Athener Nisaia. Darauf riefen die Lakedaimonier ihre Verbündeten zusammen, und da bis auf die Boioter, Korinther, Eleer und Megarer, die mit den Verhandlungen nicht einverstanden waren, alle anderen für den Frieden stimmten, schlossen sie den Vertrag

und schworen beim Trankopfer den Athenern und diese den Lakedaimoniern Folgendes:

18 (1) »Frieden schlossen Athener und Lakedaimonier samt ihren Verbündeten unter folgenden Bedingungen, und Stadt für Stadt leistete den Schwur: (2) Was die gemeinsamen Heiligtümer betrifft, soll jeder, der will, wie von alters her hingehen, opfern, Orakel befragen, Feste besuchen – sowohl auf dem Land- als auch auf dem Seeweg –, ohne sich fürchten zu müssen. Das Heiligtum und der Tempel des Apollon in Delphi und die Bewohner Delphis sollen unter eigenem Gesetz stehen, an niemanden anderen Steuern zahlen und eigene Gerichtsbarkeit haben, sowohl über sich selbst als auch über ihr Land nach Art der Väter. (3) Fünfzig Jahre soll der Vertrag gelten zwischen den Athenern samt ihren Verbündeten und den Lakedaimoniern samt ihren Verbündeten ohne arglistiges und schädigendes Verhalten sowohl auf dem Land als auch zur See. (4) Waffengewalt anzuwenden soll nicht erlaubt sein, weder den Lakedaimoniern und ihren Verbündeten gegenüber den Athenern und ihren Verbündeten noch den Athenern und ihren Verbündeten gegenüber den Lakedaimoniern und ihren Verbündeten auch nicht mit Tricks und anderen Mitteln. Wenn es einen Streitpunkt unter ihnen gibt, sollen sie sich des Rechtsweges und der Eide bedienen, worauf sie sich geeinigt haben. (5) Zurückzugeben haben die Lakedaimonier und ihre Verbündeten den Athenern Amphipolis. In allen Städten, die die Lakedaimonier den Athenern zurückgeben, sollen die Einwohner samt ihrer Habe auswandern dürfen, wohin sie wollen. Die Städte sollen den Beitrag leisten wie unter Aristeides, sonst ihre eigenen Gesetze behalten. Waffen gegen sie zu ihrem Nachteil zu erheben soll den Athenern und ihren Verbündeten nicht gestattet sein, sobald sie den Beitrag zahlen nach Vertragsabschluss. Es sind dies die Städte Argilos, Stagiros, Akanthos, Skolos, Olynthos und

Spartolos. Verbündet sollen sie mit keinem der beiden Mächte sein, weder mit den Lakedaimoniern noch mit den Athenern. Wenn aber die Athener diese Städte überreden können, soll ihnen erlaubt sein, sie mit ihrer Zustimmung zu Verbündeten zu machen. (6) Die Mekybernaier, Sanaier und Singaier sollen ihre eigenen Städte bewohnen wie die Olynthier und Akanthier. (7) Den Athenern zurückgeben sollen die Lakedaimonier und ihre Verbündeten auch Panakton; zurückzugeben haben die Athener an die Lakedaimonier Koryphasion, Kythera, Methana, Pteleon, Atalante und alle Männer, die den Lakedaimoniern angehören und in Athen oder sonstwo innerhalb seines Machtbereichs in Gewahrsam sind; auch sollen sie die in Skione belagerten Peloponnesier freigeben und die Übrigen, soweit sie Verbündete der Lakedaimonier sind, auch alle diejenigen, die Brasidas dorthin geschickt hat, gleichermaßen auch, wenn jemand von den Verbündeten der Lakedaimonier in Athen oder sonstwo in seinem Machtbereich in Gewahrsam ist. In gleicher Weise zurückzugeben haben auch die Lakedaimonier und ihre Verbündeten alle, die sie von den Athenern und ihren Verbündeten in Gewahrsam haben. (8) Über Skione, Torone, Sermyliai und jede andere Stadt, über die die Athener verfügen, sollen die Athener über diese und andere Städte beschließen nach ihrem Gutdünken. (9) Eide schwören sollen die Athener vor den Lakedaimoniern und ihren Verbündeten in allen Städten. Schwören sollen beide Teile den höchsten ortsüblichen Eid, siebzehn Männer aus jeder Stadt. Die Schwurformel soll so lauten: ›Ich werde diese Vereinbarungen und diesen Friedensvertrag einhalten – gerecht und ohne Arglist‹. Ebenso soll auch für die Lakedaimonier und ihre Verbündeten der Eid gegenüber den Athenern lauten und jährlich sollen ihn beide Teile erneuern. (10) Säulen sollen sie aufstellen in Olympia, Delphi, auf dem Isthmos, in Athen auf der Akropolis und im Gebiet von

Sparta im Amyklaion[28]. (11) Wenn aber welche Seite auch immer etwas vergessen hat, was es auch sei, so soll es dem Eid nicht widersprechen, das von beiden Seiten mit Aufrichtigkeit zu sagen und Änderungen so vorzunehmen, wie sich beide Seiten – Athener und Lakedaimonier – einigen.

19 (1) Es beginnt die Wirksamkeit des Vertrages unter dem Ephoros Pleistolas am vierten Tag vor dem Ende des Monats Artemisios, in Athen unter dem Archon Alkaios am sechsten Tag vor dem Ende des Monats Elaphebolion.[29] Beim Vertragsabschluss geschworen haben Folgende: (2) Von den Lakedaimoniern: Pleistoanax, Agis, Pleistolas, Damagetos, Chionis, Metagenes, Akanthos, Daithos, Ischagoras, Philocharidas, Zeuxidas, Antippos, Tellis, Alkinadas, Empedias, Menas, Laphilos. Von den Athenern: Lampon, Isthmionikos, Nikias, Laches, Euthydemos, Prokles, Pythodoros, Hagnon, Myrtilos, Thrasykles, Theagenes, Aristokrates, Iolkios, Timokrates, Leon, Lamachos, Demosthenes.«

20 (1) Dieser Friedensvertrag wurde abgeschlossen am Ende des Winters mit Frühlingsbeginn, gleich nach den städtischen Dionysien[30] – gerade zehn Jahre waren vergangen und wenige Tage darüber seit dem ersten Einfall in Attika und dem Beginn dieses Krieges. (2) Man muss dabei auf die Zeiten sehen und darf sich nicht verlassen auf das Nachzählen von Namen der Archonten oder nach welcher Würde immer an jedem Ort das Vergangene bezeichnet wird. Denn (ein Ereignis) ist nicht genau (datiert), wenn einer sein Amt antritt, oder wenn er sich in der Mitte seiner Amtszeit befindet oder wie es sonst eintreffen mochte. (3) Wer aber nach Sommern und Wintern zählt, wie bei der Abfassung dieser Schrift geschehen, wird herausfinden, wenn jedes als Hälfte des Jahres gelten soll, dass dieser erste Krieg zehn Sommer und ebenso viele Winter gedauert hat.

21 (1) Die Lakedaimonier aber – durch Losentscheid mussten sie zuerst herausgeben, was sie hatten – entließen sogleich die Kriegsgefangenen, die bei ihnen waren, und schickten auch Ischagoras, Menas und Philocharidas als Gesandte nach Thrakien; (durch sie) ergingen Weisungen an Klearidas, Amphipolis den Athenern zu übergeben, und an die anderen, den Friedensvertrag, wie für jede Stadt vereinbart, anzunehmen. (2) Die aber wollten nicht, weil sie ihn für unzureichend hielten; auch Klearidas übergab die Stadt (Amphipolis) nicht, weil er den Chalkidiern einen Gefallen tun wollte, und erklärte, gegen ihren Widerstand sei ihm das nicht möglich. (3) Er selbst kam in Eile mit Gesandten von dort nach Sparta, um sich zu rechtfertigen, falls ihn die Leute um Ischagoras anklagten, dass er nicht gehorche. Zugleich aber wollte er wissen, ob die Einigung doch noch eine Änderung erfahren könne. Als er aber herausfand, dass (die Spartaner zur Einhaltung) verpflichtet waren, und auch die Lakedaimonier ihn mit dem Befehl entließen, den Platz (Amphipolis) zu übergeben oder, wenn das nicht ginge, (wenigstens) mit allen Peloponnesiern von dort abzuziehen, reiste er eilig wieder ab.

22 (1) Die Verbündeten waren damals gerade in Lakedaimon selbst zugegen und die Lakedaimonier forderten nun auch die auf, sich anzuschließen, die den Frieden nicht angenommen hatten. Diese aber verweigerten seine Annahme mit derselben Begründung, mit der sie ihn schon zuerst zurückgewiesen hatten, wenn man ihnen nicht gerechtere Bedingungen als diese gewähre. (2) Als sie nicht nachgeben wollten, schickten die Lakedaimonier sie fort und arbeiteten nun selbst an einem Bündnis mit den Athenern. Sie waren zur Auffassung gelangt, die Argeier seien ohne die Athener gar nicht zu fürchten, hatten sie doch schon, nachdem Ampelidas und Lichas (als Boten) gekommen waren, den Frieden nicht erneuern wollen; und der übrige Peloponnes werde sich wohl ruhig verhalten, wenn es (freilich für sie) möglich wäre, würden sich die Argeier den Athenern anschließen. (3) Da nun Gesandte aus Athen anwesend waren und Verhandlungen stattfanden, einigten sie sich, und es kam unter Eiden folgendes Bündnis zustande:

23 (1) »Unter folgenden Gesichtspunkten werden Lakedaimonier und Athener für 50 Jahre Verbündete sein: Wenn irgendwelche Feinde in das Land der Lakedaimonier kommen und den Lakedaimoniern Schaden zufügen, sollen die Athener den Lakedaimoniern auf jede wirksame Weise helfen, so gut sie nach ihren Möglichkeiten dazu in der Lage sind; wenn (die Feinde) nach Verwüstungen wieder abziehen, soll ihre Stadt mit den Lakedaimoniern und Athenern im Kriegszustand sein, von beiden zu leiden haben und beide Städte zugleich sollen auch gemeinsam Frieden schließen; das geschehe in Aufrichtigkeit, in Bereitwilligkeit und ohne Arglist. (2) Und wenn irgendwelche Feinde ins Land der Athener kommen und die Athener schädigen, sollen die Lakedaimonier den Athenern auf jede wirksame Weise helfen, so gut sie nach ihren Möglichkeiten dazu in der Lage sind; wenn (die Feinde) nach Verwüstungen wieder abziehen, soll ihre Stadt mit den Lakedaimoniern und Athenern im Kriegszustand sein, von beiden zu leiden haben, und beide Städte zugleich sollen auch gemeinsam Frieden schließen; das geschehe in Aufrichtigkeit, in Bereitwilligkeit und ohne Arglist. (3) Im Fall eines Sklavenaufstandes sollen die Athener den Lakedaimoniern zu Hilfe kommen mit aller Kraft nach Möglichkeit. (4) Darauf schwören werden von beiden Seiten diejenigen, die auch schon den ersten Vertrag beschworen haben. Zur jährlichen Erneuerung dieses Eides sollen die Lakedaimonier nach Athen kommen zum großen Dionysosfest, die Athener nach Lakedaimon zum Hyakinthosfest. (5) Eine Säule sollen beide aufstellen, einerseits in Lakedaimon beim Apollon im Amyklaion, andererseits in

Athen auf der Akropolis bei der Athene. (6) Wenn aber Lakedaimonier und Athener beschließen, etwas an diesem Bündnisvertrag hinzuzufügen oder zu streichen, soll das, was man beschließt, für beide mit dem Eid in Einklang stehen.

24 (1) Den Eid leisteten von den Lakedaimoniern Folgende: Pleistoanax, Agis, Pleistolas, Damagetos, Chionis, Metagenes, Akanthos, Daithos, Ischagoras, Philocharidas, Zeuxidas, Antippos, Alkinadas, Tellis, Empedias, Menas, Laphilos. Von den Athenern: Lampon, Isthmionikos, Laches, Nikias, Euthydemos, Prokles, Pythodoros, Hagnon, Myrtilos, Thrasykles, Theagenes, Aristokrates, Iolkios, Timokrates, Leon, Lamachos, Demosthenes.«

(2) Dieses Bündnis wurde nicht lange nach dem Friedensvertrag abgeschlossen; und die Athener gaben jetzt den Lakedaimoniern die Männer von der Insel (Sphakteria) zurück, und damit begann der Sommer des elften Kriegsjahres. Der erste Krieg, der diese zehn Jahre ununterbrochen stattgefunden hatte, ist somit beschrieben.

25 (1) Nach dem Vertrag und dem Bündnis zwischen Sparta und Athen, die geschlossen wurden nach dem zehnjährigen Krieg, als Pleistolas in Sparta Ephoros und Alkaios in Athen Archon waren, hatten alle, die ihn annahmen, Frieden; nur die Korinther und einige Städte auf dem Peloponnes suchten das Abkommen umzustoßen, und sogleich gab es neuen Aufruhr zwischen Sparta und seinen Bundesgenossen. (2) Außerdem wurden die Lakedaimonier im Laufe der Zeit den Athenern verdächtig, da sie sich in einigen Punkten nicht an die Abmachungen hielten. (3) Für die Dauer von sechs Jahren und zehn Monaten vermieden zwar beide, in das Land des anderen einzufallen, außerhalb aber schadeten sie sich während dieses unsicheren Waffenstillstandes, wo sie nur konnten; danach sahen sie sich gezwungen, den nach den zehn (Kriegs-)Jahren geschlossenen Vertrag aufzuheben, und führten wieder offen Krieg.[31]

26 (1) Auch das hat derselbe Thukydides beschrieben, der Reihe nach, wie es geschehen ist, geordnet nach Sommern und Wintern, bis die Lakedaimonier und ihre Verbündeten der Herrschaft Athens ein Ende setzten und die Langen Mauern und den Piräus besetzten. Der Krieg dauerte bis dahin insgesamt siebenundzwanzig Jahre. (2) Denn wenn jemand die Einigung zwischendurch nicht als Krieg ansehen wollte, so würde er nicht richtig urteilen. Man möge nur erwägen, wie der Frieden durch die Unternehmungen (der beiden Gegner) dauernd gebrochen wurde, und man wird finden, dass man wohl kaum von Frieden sprechen kann, wo sie weder alles zurückgaben noch zurückbekamen, was vertraglich festgelegt war; außerdem kam es zum Mantineischen und Epidaurischen Krieg und zu anderen gegenseitigen Vertragsbrüchen, die Verbündeten in Thrakien blieben nach wie vor Feinde, und die Boioter nahmen einen Waffenstillstand jeweils nur auf zehn Tage an. (3) So wird man also mit dem ersten, dem zehnjährigen Krieg, dem auf ihn folgenden verdächtigen Waffenstillstand und dem danach wieder ausbrechenden Krieg auf diese Zahl von Jahren kommen, berechnet nach den Jahreszeiten, mit einem Überschuss von wenigen Tagen; und solche, die auf Orakelsprüche etwas hielten, hätten allein hierin eine Bestätigung gefunden. (4) Denn ich erinnere mich wohl, wie immer, vom Anfang bis zum Ende des Krieges, von vielen verkündet wurde, er müsse dreimal neun Jahre dauern. (5) Ich habe ihn ganz miterlebt, als erwachsener Mann mit wachem Sinn und gespannter Aufmerksamkeit, um Genaues darüber zu wissen. Nach meinem Feldzug gegen Amphipolis musste ich mein Land zwanzig Jahre als Verbannter meiden, hielt mich daher wegen der Verbannung auf beiden Seiten auf, nicht zuletzt bei den Peloponnesiern, sodass ich in aller Ruhe genauere Erkundigungen einziehen konnte. (6) Die Zerwürfnisse nach den zahn Jahren, den Bruch des Vertrages und den weiteren Verlauf des Krieges werde ich jetzt berichten.

Elftes Kriegsjahr

Sommer 421

27 (1) Nachdem der fünfzigjährige Friedensvertrag und danach das Bündnis abgeschlossen waren, reisten die Gesandtschaften aus dem Peloponnes, die zu diesem Zweck herbeigerufen worden waren, wieder von Lakedaimon ab. (2) Die anderen gingen nun aber nach Hause, die Korinther jedoch wandten sich zuerst nach Argos und nahmen mit einigen Argeiern, die in Amt und Würden standen, Verhandlungen auf: Es sei notwendig, weil die Lakedaimonier nicht in guter Absicht, sondern zur Unterjochung des Peloponnes den Friedensvertrag und das Bündnis mit den Athenern abgeschlossen hätten, die doch früher ihre erbittertsten Feinde gewesen seien, dass (wenigstens) die Argeier darauf achteten, dass der Peloponnes gerettet werde; sie sollten beschließen, dass jede Stadt der Hellenen, die nur wolle, die ihre eigene Verfassung habe und die völlig gleiches Recht zuerkenne, mit den Argeiern ein Bündnis eingehen könne, sodass man füreinander zum Schutz kämpfen könne; sie sollten dafür wenige Männer zu einer Behörde mit allen Vollmachten[32] ernennen und nicht die Verhandlungen vor das Volk bringen, damit diese nicht bloßgestellt werden, wenn sie die Volksmenge nicht überzeugen könnten. Sie behaupteten auch, dass sich viele anschließen würden aus Hass gegen die Lakedaimonier. (3) Nachdem die Korinther diese Ratschläge erteilt hatten, kehrten sie nach Hause zurück.

28 (1) Die Männer von Argos hatten ihnen Gehör geschenkt, und als sie die Überlegungen ihren Behörden und dem Volk vorgetragen hatten, nahmen die Argeier sie durch allgemeinen Beschluss an; sie wählten zwölf Männer aus, mit denen jeder von den Hellenen, der dazu bereit war, ein Bündnis schließen könnte, ausgenommen Athener und Lakedaimonier. Von diesen sollte keiner ohne Zustimmung der Volksversammlung von Argos einen Vertrag abschließen können. (2) Die Argeier waren darauf umso leichter eingegangen, weil sie sahen, dass ihnen der Krieg mit den Lakedaimoniern nicht erspart bleiben würde – denn ihr Waffenstillstandsvertrag mit diesen ging seinem Ende zu – und weil sie sich Hoffnungen machten, die Vorherrschaft über den Peloponnes zu erringen. Denn zu dieser Zeit stand Lakedaimon in schlechtem Ruf und wurde wegen seiner Misserfolge verachtet, die Argeier aber erlebten in jeder Hinsicht eine Hochblüte, sie hatten nicht die Belastungen des Attischen Krieges getragen, vielmehr gute Gewinne gemacht, da sie mit beiden Seiten im Frieden lebten. (3) So nahmen also die Argeier alle Hellenen, die wollten, in ihr Bündnis auf.

29 (1) Die Mantineer und ihre Verbündeten schlossen sich als Erste dem Bündnis an, weil sie vor den Lakedaimoniern Angst hatten. Denn von Mantineia war ein Teil Arkadiens unterworfen und in Abhängigkeit gehalten worden, noch während es Krieg mit den Athenern gab; und sie meinten, dass die Lakedaimonier nicht länger ihre Herrschaft dulden würden, wenn sie erst einmal freie Hand hätten. Daher wandten sie sich gern an Argos in Anbetracht dessen, dass dies eine große Stadt war, die mit den Lakedaimoniern immer schon uneinig war und eine demokratische Verfassung hatte wie sie selbst. (2) Als die Mantineer abgefallen waren, fingen auch die übrigen Peloponnesier mit dem Gerede an, dass man es ebenso wie diese machen müsse, sie waren zur Auffassung gelangt, (die Mantineer) seien übergetreten, weil sie etwas mehr wüssten; zugleich waren sie auch über die Lakedaimonier erbittert, aus (vielen) anderen Gründen, namentlich aber deshalb, weil im Vertrag mit den Athenern geschrieben stand, dass es für beide Städte – Sparta und Athen – mit dem Eid vereinbar sei, nach ihrem Belieben etwas hinzuzufügen oder zu streichen. (3) Gerade dieser Satz erregte bei den Peloponnesiern besonderen Anstoß und begründete den Verdacht, dass die Lakedaimonier sie mit Hilfe der Athener unterjochen wollten; es wäre nämlich gerecht gewesen, (nur) für die Gesamtheit der Verbündeten diese Änderungsmöglichkeit schriftlich vorzusehen. (4) Daher schwebten die meisten in Angst und fühlten sich dazu getrieben, mit den Argeiern und untereinander ein Waffenbündnis zu schließen.

30 (1) Die Lakedaimonier hatten aber gemerkt, dass sich dieses Gerede auf dem Peloponnes festgesetzt hatte und die Korinther als Berater aufgetreten waren und selbst mit Argos einen Vertrag schließen wollten; sie schickten Gesandte nach Korinth und wollten dem, was sich da anbahnte, zuvorkommen; sie beschuldigten (die Korinther), das Ganze eingefädelt zu haben, und erklärten, dass sie die Eide brechen würden, wenn sie aus Untreue zu ihnen Verbündete der Argeier sein wollten; schon jetzt täten sie Unrecht, dass sie den Vertrag mit den Athenern nicht annähmen, wo doch ausgemacht worden sei, dass für alle verbindlich sei, was die Mehrheit der Verbündeten beschließe, sofern kein Hindernis vonseiten der Götter oder Heroen entgegenstehe. (2) Die Korinther – sie hatten auch die übrigen Verbündeten, die den Vertrag nicht angenommen hatten, schon vorher zu sich bestellt – entgegneten nun in deren Anwesenheit den Lakedaimoniern. Dabei sagten sie aber nicht gerade heraus, worin sie (wirklich) ungerecht behandelt wurden, nämlich dass sie von den Athenern weder Sollion noch Anaktorion zurückbekommen hatten, oder wodurch sie sich sonst noch benachteiligt glaubten, sondern nahmen zum Vorwand, die (Verbündeten) in Thrakien nicht verraten zu wollen; durch Privatpersonen hätten sie ihnen nämlich Eide geleistet, als diese mit Poteidaia gemeinsam abfielen, und später auch noch andere Eide (von Staats wegen).

(3) Also brächen sie ihre Bündniseide nicht – so sagten sie –, wenn sie dem Vertrag mit den Athenern nicht beitreten wollten; denn nachdem sie jenen bei den Göttern Treue geschworen hätten, würden sie nun ihre Eidespflichten verletzt haben, wenn sie sie verraten hätten; es sei ja vereinbart worden, »sofern kein Hindernis vonseiten der Götter oder Heroen entgegenstehe«. In ihren Augen sei das ein solches religiöses Hindernis. (4) So viel sagten sie im Hinblick auf die früheren Eide; über das Bündnis mit den Argeiern würden sie mit ihren Freunden einen Beschluss herbeiführen und tun, was gerecht sei. (5) Da kehrten die Gesandten der Lakedaimonier nach Hause zurück. Zufällig waren in Korinth auch Gesandte der Argeier, die die Korinther dazu drängten, dem Bündnis beizutreten und nicht (länger) zu zögern. Die Korinther aber forderten sie auf, sich für eine spätere Versammlung bei ihnen einzufinden.

31 (1) Da kam aber auch gleich eine Gesandtschaft der Eleer; sie schlossen zuerst mit den Korinthern ein Bündnis, begaben sich hierauf von dort nach Argos und wurden, wie vorweg ausgemacht, Verbündete der Argeier. Elis hatte nämlich gerade Auseinandersetzungen mit den Lakedaimoniern wegen Lepreon. (2) Denn es war seinerzeit zwischen einigen arkadischen Städten und den Lepreaten ein Krieg ausgebrochen, und die Eleer waren von den Lepreaten zu einem Bündnis herbeigerufen worden um den Preis, dass sie die Hälfte ihres Landes (an Elis abtraten). Nachdem sie gemeinsam den Krieg beigelegt hatten, teilten die Eleer das Land den Lepreaten selbst zur Bewirtschaftung zu und legten ihnen (nur) die Pflicht auf, dem Zeus von Olympia (jährlich) ein Talent zu zahlen. (3) Und bis zum Attischen Krieg zahlten sie, hierauf aber, als sie unter dem Vorwand des Krieges damit aufhörten, wollten die Eleer sie zwingen, da wandten sich die Lepreaten nun aber an die Lakedaimonier. Nachdem bei den Lakedaimoniern (für diese Streitfrage) ein Schiedsgericht eingerichtet worden war, hatten die Eleer den Verdacht, keine unparteiische Behandlung zu erfahren, sie entzogen sich dem Verfahren und verwüsteten das Land der Lepreaten. (4) Die Lakedaimonier trafen trotzdem[33] ihre Rechtsentscheidung: Die Lepreaten seien (von Elis) unabhängig und die Eleer seien im Unrecht. Weil sie sich aber dem Verfahren nicht gestellt hätten, schickten (die Lakedaimonier) eine Besatzungstruppe von Hopliten nach Lepreon. (5) Die Eleer aber waren der Auffassung, die Lakedaimonier hätten eine von ihnen abgefallene Stadt in Schutz genommen, und beriefen sich auf den Vertrag, in dem bestimmt war, dass jeder das, was er zu Anfang des Attischen Krieges besessen hätte, auch am Ende behalten sollte. Die Eleer waren ihrer Meinung nach nicht unparteiisch behandelt worden, traten auf die Seite der Argeier und schlossen, wie schon vorher gesagt, das Bündnis (mit Argos). (6) Verbündete mit Argos wurden auch gleich nach jenen die Korinther und die thrakischen Chalkidier. Die Boioter aber und Megarer waren sich einig und verhielten sich ruhig, sie wurden von den Lakedaimoniern aufmerksam im Auge behalten und meinten auch, dass für sie und ihre Oligarchie die Demokratie der Argeier weniger vorteilhaft sei als die Verfassung der Lakedaimonier.

32 (1) Um dieselbe Zeit in diesem Sommer eroberten die Athener nach einer Belagerung Skione, sie töteten die erwachsenen Männer, verkauften Kinder und Frauen in die Sklaverei und übergaben das Land den Plataiern zur Bewirtschaftung; die Delier führten sie wieder zurück nach Delos, weil sie sich ihre Niederlagen in den Schlachten (Amphipolis, Delion) zu Herzen nahmen und der Gott in Delphi einen Orakelspruch (mit dieser Forderung) verkündet hatte. (2) Und auch Phoker und Lokrer begannen Krieg zu führen. (3) Auch Korinther und Argeier, bereits miteinander verbündet, gingen nach Tegea, um diese Stadt zum

Austritt aus dem Bündnis mit den Lakedaimoniern zu bewegen; sie sahen nämlich (Tegea und sein Gebiet) als einen beträchtlichen Teil an und meinten, wenn dieser dazukomme, würden sie wohl den ganzen Peloponnes haben. Als aber die Tegeaten erklärten, sie würden sich Lakedaimoniern keinesfalls widersetzen, ließen die Korinther, die bis dahin mit Leidenschaft (in diesem Sinn) tätig gewesen waren, in ihrem Ehrgeiz nach und befürchteten, es würde nun niemand mehr von den anderen zu ihnen übertreten. (5) Trotzdem kamen sie noch zu den Boiotern und baten sie, ihre und der Argeier Verbündete zu werden und auch sonst mit ihnen zusammenzuarbeiten; und den Waffenstillstand, jeweils nur auf zehn Tage, den die Athener und Boioter miteinander immer abschlossen – nicht lange nach dem fünfzigjährigen Friedensvertrag –, diesen Waffenstillstand verlangten die Korinther von den Boiotern für sie zu erwirken, indem sie sie nach Athen begleiteten; wenn aber die Athener darauf nicht eingingen, so sollten sie diesen Waffenstillstand aufkündigen und künftig ohne sie keinen neuen Vertrag schließen. (6) Als die Korinther ihre Bitten hinsichtlich des Bündnisses mit den Argeiern vorbrachten, forderten die Boioter sie auf, noch etwas Geduld zu haben. Nach Athen aber kamen sie mit den Korinthern; doch konnten sie den Waffenstillstandsvertrag für jeweils zehn Tage nicht erwirken, sondern die Athener antworteten, für die Korinther gebe es ja einen Friedensvertrag, insofern sie Verbündete der Lakedaimonier seien. (7) Die Boioter kündigten deshalb ihren Waffenstillstand von jeweils zehn Tagen nicht auf, sosehr es auch die Korinther verlangten und ihnen Vorwürfe machten, dass sie sich mit ihnen so geeinigt hätten. Zwischen Korinthern und Athenern gab es aber doch Waffenruhe, allerdings ohne (besonderen) Vertrag.

33 (1) Die Lakedaimonier machten im selben Sommer mit gesamter Heeresmacht einen Feldzug unter Führung ihres Königs Pleistoanax, Sohn des Pausanias, in das Gebiet der Parrhasier in Arkadien, die von den Mantineern abhängig sind; (die Parrhasier) hatten Lakedaimonier wegen innerer Unruhen zu Hilfe gerufen. Gleichzeitig aber wollten die Lakedaimonier, wenn möglich, die Festung in Kypsela schleifen, die die Mantineer angelegt und mit einer Besatzung versehen hatten; sie liegt auf dem Gebiet von Parrhasos in Richtung zur lakonischen Skiritis. (2) Die Lakedaimonier verwüsteten nun das Land der Parrhasier, die Mantineer überließen die Bewachung ihrer Stadt den Argeiern und versuchten selbst, ihre Verbündeten zu schützen. Sie konnten aber die Festung von Kypsela und die Städte der Parrhasier nicht zugleich retten und zogen ab. (3) Die Lakedaimonier machten die Parrhasier unabhängig, rissen die Festung nieder und zogen wieder ab nach Hause.

34 (1) Im selben Sommer waren auch die Truppen, die einst mit Brasidas nach Thrakien ausmarschiert waren, wieder angekommen; Klearidas hatte sie nach Abschluss des Friedensvertrages heimgebracht. Die Lakedaimonier beschlossen, dass die Heloten, die unter Brasidas gekämpft hatten, frei sein sollten und sich ansiedeln könnten, wo sie wollten.[34] Bald nachher aber, als sie bereits mit den Eleern in Streit lebten, wiesen sie ihnen zusammen mit den Neodamoden[35] Lepreon als Wohngebiet zu, das an der lakonisch-elischen Grenze lag. (2) Sie fürchteten, die auf der Insel (Sphakteria) in Gefangenschaft geratenen Männer, die ihre Waffen gestreckt hatten, könnten, wenn sie ehrenfähig wären, einen politischen Umsturz hervorrufen in der Meinung, wegen ihres Missgeschicks zurückgesetzt zu werden. Obwohl einige bereits Ämter bekleideten, nahm[36] man ihnen ihre Bürgerrechte und zwar insoweit, als sie weder ein Amt haben, noch rechtsgültig etwas kaufen oder verkaufen durften. Später bekamen sie ihre Bürgerehre wieder.

35 (1) Im selben Sommer nahmen die Dier auch Thyssos an der Athosküste ein, eine Stadt, die mit Athen verbündet war. (2) Diesen Sommer gab es enge Kontakte zwischen den Athenern und Lakedaimoniern, doch sowohl Athener als auch Lakedaimonier verdächtigten einander gleich nach dem Vertragsabschluss, weil keiner dem anderen die (eroberten) Plätze zurückgab. (3) Denn die Lakedaimonier, die durch Losentscheid als Erste (ihre Eroberungen) herausgeben mussten, hatten Amphipolis und das andere nicht herausgegeben, sie brachten auch ihre thrakischen Verbündeten nicht dazu, den Friedensvertrag anzunehmen, ebenso wenig die Boioter und die Korinther, obwohl sie immer sagten, sie würden diese mit den Athenern gemeinsam zwingen, wenn sie nicht wollten; sie setzten sogar gewisse Fristen – freilich ohne schriftliche Festlegung –, ab wann alle, die (dem Vertrag) nicht beigetreten wären, für beide Städte Feinde sein sollten. (4) Als die Athener sahen, dass damit nicht Ernst gemacht wurde, kam ihnen allmählich der Verdacht, dass es die Lakedaimonier nicht ehrlich meinten, sodass sie trotz der wiederholten Forderungen vonseiten Spartas Pylos nicht herausgaben, sondern es sogar bereuten, die Gefangenen von der Insel herausgegeben zu haben; auch andere Plätze behielten sie und warteten ab, bis auch jene die Vereinbarungen erfüllt hatten. (5) Die Lakedaimonier behaupteten, sie hätten das Mögliche getan; sie hätten nämlich die bei ihnen als Gefangene gehaltenen Athener herausgegeben und ihre Soldaten aus Thrakien abgezogen und was sie sonst noch imstande gewesen wären. Über Amphipolis – so sagten sie – hätten sie keine Macht gehabt, dass sie es hätten herausgeben können; die Boioter und Korinther versuchten sie (zur Annahme) des Friedensvertrages zu bewegen und Panakton von ihnen für Athen zu bekommen, und allen athenischen Kriegsgefangenen in Boiotien die Heimkehr zu ermöglichen. (6) Pylos allerdings – so verlangten sie – sei ihnen herauszugeben, wenigstens solle man Messenier[37] und Heloten abziehen, wie sie selbst ihre Truppen aus Thrakien abgezogen hätten; die Athener sollten allenfalls den Platz (mit eigenen Truppen) besetzen, wenn sie wollten. (7) Nachdem in diesem Sommer vielfach und ausführlich verhandelt worden war, brachten sie die Athener dazu, die Messenier und die Übrigen (nicht athenischen Truppen), nämlich sowohl Heloten, als auch Überläufer aus Lakonien von Pylos abzuziehen; sie siedelten sie in Kranioi auf Kephallenia an. (8) Diesen Sommer also herrschte Ruhe und gegenseitige Besuchsdiplomatie.

Winter 421/420

36 (1) Im folgenden Winter – es waren bereits andere Ephoren im Amt und nicht die, unter denen der Friedensvertrag zustande gekommen war, wobei einige von ihnen Gegner (dieses Vertrages) waren – kamen Gesandte aus dem Gebiet der Verbündeten, auch Athener, Boioter und Korinther hatten sich eingefunden. Vieles besprachen sie untereinander, auf nichts einigten sie sich; als sie schon nach Hause abreisen wollten, führten mit den Boiotern und Korinthern Kleobulos und Xenares, diejenigen unter den Ephoren, die den Vertrag am liebsten aufkündigen wollten, auf eigene Faust Besprechungen. Sie wirkten auf sie ein, so nachhaltig wie möglich dasselbe politische Ziel zu verfolgen: Die Boioter sollten versuchen, zuerst selbst Verbündete der Argeier zu werden, darauf sollten sie die Argeier in Verbindung mit den Boiotern zu Verbündeten der Lakedaimonier machen; so nämlich könnten die Boioter am wenigsten gezwungen werden, dem Attischen Friedensvertrag beizutreten; denn die Lakedaimonier würden die Feindschaft mit den Athenern und die Auflösung des Vertrages dafür in Kauf nehmen, dass die Argeier ihre Freunde und Verbündeten werden. (Die beiden Ephoren) kannten nämlich ihre Lakedaimonier, die den Wunsch hatten, dass Argos zu ihnen in recht freundschaftlichem Verhältnis stehen sollte, weil sie meinten, der Krieg außerhalb des Peloponnes wäre wohl leichter (zu führen). (2) Was Panakton betrifft, so baten sie die Boioter, (die Stadt) an die Lakedaimonier zu übergeben, damit sie womöglich Pylos dafür eintauschen und mit größerer Sicherheit zum Krieg mit den Athenern antreten könnten.

37 (1) Nachdem die Boioter und Korinther diese Vorschläge von Xenares, Kleobulos und wer sonst noch ihre Freunde waren, erhalten hatten, um sie den entscheidenden Behörden mitzuteilen, reisten beide Gesandtschaften wieder ab. (2) Von den Argeiern aber hatten zwei Mitglieder der obersten Behörde schon darauf gewartet, als sie auf dem Weg (durch argeisches Gebiet) zurückreisten; sie trafen mit ihnen zusammen und knüpften Gespräche an, ob die Boioter irgendwie auch ihre Verbündeten werden könnten wie die Korinther, die Eleer und Mantineer; wenn es dazu käme, würde es ihrer Meinung nach leicht gelingen, sowohl Krieg zu führen, als auch Friedensverträge abzuschließen, sowohl mit den Lakedaimoniern, wenn sie wollten und gemeinsam Rat pflegten, als auch nötigenfalls mit jedem anderen. (3) Als die Gesandten der Boioter dies hörten, waren sie sehr zufrieden, denn zufällig baten (die beiden Herren aus Argos) gerade darum, wozu sie ihre Freunde aus Lakedaimon beauftragt hatten. Als die Männer aus Argos merkten, dass sie auf den Vorschlag eingehen wollten, gingen sie weg mit der Bemerkung, Gesandte zu den Boiotern schicken zu wollen. (4) Die Boioter kamen (in Theben) an und berichteten den Boiotarchen die (Verhandlungsergebnisse) aus Lakedaimon und das, was von den Argeiern gekommen war, die sie getroffen hatten. Auch den Boiotarchen gefielen

(diese Vorschläge) und sie gingen umso eifriger darauf ein, weil es sich so ergeben hatte, dass beide – ihre Freunde in Lakedaimon und die Argeier – die gleiche Politik wie sie betreiben wollten. (5) Wenig später erschienen auch Gesandte aus Argos und forderten zur Annahme der Vereinbarungen auf. Die Boiotarchen stimmten den Vorschlägen zu und entließen sie mit dem Versprechen, Gesandte wegen des Bündnisses nach Argos zu schicken.

38 (1) Unterdessen planten die Boiotarchen, Korinther, Megarer und Gesandten aus Thrakien, sich zunächst durch Eid zu verpflichten, einander falls erforderlich auf Verlangen beizustehen und ohne gemeinsame Zustimmung weder einen Krieg zu beginnen noch beizulegen; und so sollten bereits die Boioter und Megarer – denn sie verfolgten dieselbe Politik – mit Argos einen Bündnisvertrag abschließen. (2) Bevor die Eide geleistet wurden, verständigten die Boiotarchen die vier Räte der Boioter davon, die in allem die letzte Entscheidung haben, und schlugen ihnen vor, dass von allen Städten der Eid geleistet werden solle, die mit ihnen zu gegenseitigem Nutzen unter Eid ein Bündnis eingehen wollten. (3) Die Mitglieder in den Räten der Boioter wiesen diesen Gedanken aber zurück aus Angst, gegen die Interessen der Lakedaimonier zu handeln, wenn sie mit den Korinthern unter Eid ein Bündnis eingingen, die von den Lakedaimoniern abgefallen waren. Denn die Boiotarchen hatten ihnen die Inhalte der Besprechungen in Lakedaimon nicht mitgeteilt, dass nämlich die Ephoren Kleobulos und Xenares samt ihren Anhängern empfohlen hatten, zuerst Verbündete der Argeier und Korinther zu werden und sich erst später den Lakedaimoniern anzuschließen; (die Boiotarchen) hatten immer gemeint, der Rat würde auch ohne diese Mitteilungen nichts anderes beschließen, als was sie nach vorheriger Prüfung ihrerseits vorschlügen. (4) Als nun die Sache auf Hindernisse stieß, reisten die Korinther und die Gesandten aus Thrakien unverrichteter Dinge ab; die Boiotarchen, die ursprünglich vorgehabt hatten, wenn sie es wirklich erreicht hätten, auch das Bündnis mit den Argeiern zu versuchen, stellten keine Anträge mehr in Sachen Argos an die Räte, auch schickten sie keine Gesandten mehr nach Argos, wie sie versprochen hatten, sondern es machte sich eine gewisse Nachlässigkeit breit und eine Verzögerung in allem.

39 (1) In diesem selben Winter überrannten Olynthier Mekyberna, wo sich eine athenische Besatzung befand, und nahmen sie ein. (2) Danach – denn immer (noch) waren Verhandlungen im Gange zwischen Athenern und Lakedaimoniern über das, was sie voneinander (durch Eroberung) hatten – hofften die Lakedaimonier, wenn die Athener Panakton von den Boiotern bekämen, dass sie selbst wohl Pylos wiedererlangen würden. So reisten Gesandte zu den Boiotern und ersuchten, ihnen Panakton und die athenischen Kriegsgefangenen zu überlassen, damit sie im Tausch dafür Pylos bekämen. (3) Die Boioter lehnten ab, es sei denn, die Lakedaimonier würden mit ihnen ein Separatbündnis schließen, wie mit den Athenern. Nun wussten die Lakedaimonier zwar, dass sie dazu den Athenern gegenüber kein Recht hatten; denn es war (vertraglich) vereinbart, dass keiner von beiden ohne den anderen mit einem Dritten einen Bündnisvertrag schließen oder Krieg führen sollte; aber sie wollten vorübergehend Panakton bekommen, um es mit Pylos einzutauschen, und weil zugleich die Kreise[38], die sich beeilten, den Friedensvertrag (mit Athen) zunichte zu machen, die Politik mit den Boiotern eifrig betrieben, gingen sie am Ende des Winters – eigentlich kurz vor Frühlingsbeginn – ein Bündnis ein, und sofort wurde mit der Schleifung von Panakton begonnen. Damit endete das elfte Kriegsjahr.

Zwölftes Kriegsjahr

Sommer 420

40 (1) Sogleich mit dem Frühjahr des folgenden Sommers, als die Argeier merkten, dass die Gesandten nicht kamen, die die Boioter zu schicken angekündigt hatten, dass Panakton geschleift wurde und ein Separatbündnis zwischen Boiotern und Lakedaimoniern geschlossen worden war, fürchteten sie, dass sie isoliert würden und ihr gesamten Bündnissystem sich den Lakedaimoniern anschließe. (2) Sie dachten nämlich, die Boioter hätten sich von den Lakedaimoniern überreden lassen, Panakton zu schleifen und dem Friedensvertrag mit den Athenern beizutreten, und die Athener wüssten um all das Bescheid; demnach gäbe es für sie keine Möglichkeit mehr, mit den Athenern ein Bündnis einzugehen, während sie früher wegen der Uneinigkeit (beider Mächte) gehofft hatten, wenn sie schon nicht beim Vertrag mit den Lakedaimoniern bleiben könnten, dass ihnen jedenfalls das Bündnis mit den Athenern möglich sein werde. (3) Die Argeier waren also in dieser Hinsicht in Verlegenheit und fürchteten, sie müssten mit Lakedaimoniern, Tegeaten, Boiotern und Athenern zugleich Krieg führen; obwohl sie vorher den Vertrag mit den Lakedaimoniern nicht angenommen hatten,[39] sondern in der Zuversicht schwelgten, im Peloponnes die Hegemonie zu bekommen, schickten sie, so rasch sie konnten, die Gesandten Eustrophos und Aison nach Lakedaimon, die im Ruf standen, besondere Spartanerfreunde zu sein, und hielten es unter den gegenwärtigen Umständen für das Beste, durch Abschluss eines Vertrages für alle Fälle Ruhe zu haben.

41 (1) Nach ihrer Ankunft verhandelten die Gesandten mit den Lakedaimoniern über die Bedingung, unter der mit ihnen ein Vertrag geschlossen werden könnte. (2) Und zu-

erst verlangten die Argeier eine schiedsrichterliche Entscheidung – entweder durch eine Stadt oder durch einen einzelnen Mann – über das kynurische Land, ein Grenzgebiet, dessentwegen es immer Misshelligkeiten gegeben hatte mit den Städten Thyrea und Anthene; aber die Lakedaimonier zogen daraus wirtschaftlichen Nutzen; in der Folge aber ließen die Lakedaimonier nicht zu, dass davon (im Vertrag) auch nur eine Erwähnung gemacht werde, sondern wenn die Argeier wie früher Verträge abschließen wollten, seien sie dazu bereit. Trotzdem erreichten die Gesandten aus Argos von den Lakedaimoniern folgendes Zugeständnis: Sie sollten für jetzt einen fünfzigjährigen Friedensvertrag schließen, es solle aber für beide Parteien möglich sein, wenn es in Lakedaimon und Argos weder Krieg noch eine Seuche gebe, regelrecht anzukündigen, dass man (mit Waffengewalt) um dieses Land kämpfe, wie es auch früher[40] einmal der Fall war, als beide den Sieg geltend gemacht hatten; es solle aber nicht möglich sein, einander weiter zu verfolgen, als bis zu den Grenzen von Argos beziehungsweise von Lakedaimon. (3) Den Lakedaimoniern erschien dies anfangs als Unsinn, hierauf aber – sie wollten nämlich unter allen Umständen mit Argos befreundet sein – gestanden sie zu, was die Argeier verlangt hatten, und machten gemeinsam einen schriftlichen Vertragsentwurf. Die Lakedaimonier verlangten, bevor er rechtskräftig wurde, die (Gesandten) müssten zuerst nach Argos zurückkehren, (den Vertragsentwurf) der Volksversammlung vorlegen und, wenn die zustimme, sollten sie zum Fest der Hyakinthien kommen, um die Eide zu leisten. Sie reisten also ab.

42 (1) Zur selben Zeit, als die Argeier dies betrieben, mussten die Gesandten der Lakedaimonier Andromenes, Phaidimos und Antimenidas, die Panakton und die (gefangenen) Männer von den Boiotern übernehmen und den Athenern aushändigen sollten, zur Kenntnis nehmen, dass

Panakton von den Boiotern selbst geschleift worden war mit der Begründung, es gebe zwischen Athenern und Boiotern seit einem Streit um Panakton noch Eide aus alter Zeit: Keiner von beiden sollte den Platz (allein) besiedeln, sondern nur gemeinsam bewirtschaften. Die Kriegsgefangenen, die die Boioter von den Athenern in Gewahrsam hatten, übernahm Andromenes mit seinen Leuten, die sie nach Athen schafften und zurückgaben; sie teilten (den Athenern) die Schleifung von Panakton mit und meinten, hiermit auch dieses zurückgegeben zu haben, denn kein Feind der Athener könne mehr darin wohnen. (2) Kaum wurde das ausgesprochen, waren die Athener sehr empört und glaubten durch die Schleifung Panaktons von den Lakedaimoniern rechtswidrig behandelt zu werden; denn man hätte (den Platz) in ordentlichem Zustand übergeben müssen; auch erfuhren sie noch, dass (die Lakedaimonier) mit den Boiotern ein besonderes Bündnis eingegangen waren, obwohl sie früher immer wieder erklärt hatten, dass sie (mit Athen) gemeinsam die Vertragsgegner zur Annahme zwingen würden. Auch sonst richteten sie ihr Augenmerk auf Vertragsbestimmungen, deren Erfüllung offen geblieben war, und fühlten sich hintergangen, sodass sie den Gesandten eine feindselige Antwort gaben und sie entließen.

43 (1) Bei einer solchen Missstimmung zwischen den Lakedaimoniern und den Athenern waren andererseits jene Kreise in Athen sogleich eifrig tätig, die den Friedensvertrag aufkündigen wollten. (2) Zu diesen gehörte unter anderen auch Alkibiades, der Sohn des Kleinias, ein Mann, der in einer anderen Stadt seinem Alter nach als (zu) jung[41] gegolten hätte, aber aufgrund der Wertschätzung seiner Vorfahren in Ansehen stand. Seiner persönlichen Meinung nach war es zwar vorteilhafter, sich mit den Argeiern zu verbünden, jedoch wegen seines Selbstbewusstseins und ehrgeizigen Erfolgsstrebens schloss er sich den (Gegnern des Friedensvertrages) an; denn die Lakedaimonier hatten den Friedensvertrag mit Nikias und Laches ausgehandelt, ihn selbst aber wegen seiner Jugend übersehen. Auch hatten sie ihn nicht so geehrt im Sinn der alten Staatsgastfreundschaft (Proxenie), die zwar sein Großvater aufgegeben hatte, er selbst aber zu erneuern im Sinn hatte, indem er für ihre Kriegsgefangenen von der Insel (Sphakteria) eintrat. (3) Weil er sich in jeder Hinsicht zurückgesetzt fühlte, hatte er von Anfang an gegen den Frieden gesprochen und behauptet, auf die Lakedaimonier könne man sich nicht verlassen, sie suchten nur deshalb den Frieden, um die Argeier zu vernichten, dabei aber die Athener durch einen Friedensvertrag (draußen zu halten), um dann wiederum das isolierte Athen anzugreifen; und als nun jener Zwiespalt aufgetreten war, schickte er sofort auf eigene Faust (Leute) nach Argos mit dem Auftrag, die Argeier sollten möglichst schnell mit den Mantineern und Eleern kommen und (die Athener) zu einem Bündnis auffordern, denn jetzt sei der richtige Zeitpunkt und er selbst werde ihnen dabei sehr gern behilflich sein.

44 (1) Nachdem die Argeier die Botschaft vernommen und erfahren hatten, dass das Bündnis mit den Boiotern ohne die Athener geschlossen worden war, diese vielmehr mit den Lakedaimoniern in schweren Streit geraten waren, nahmen sie weiter keine Rücksicht auf ihre Gesandten in Sparta, die dort wegen eines Friedensvertrages gerade verhandelten; vielmehr richteten sie ihr Augenmerk auf Athen, eine Stadt, die mit ihnen seit alters befreundet und demokratisch war wie sie selbst und die eine große Seemacht besaß, um an ihrer Seite zu stehen, wenn sie in einen Krieg eintreten sollten. (2) Sie schickten also gleich Gesandte an die Athener wegen des Bündnisses, auch die Eleer und Mantineer beteiligten sich daran. (3) Es kamen aber auch von den Lakedaimoniern in aller Eile Gesandte, die sich für

die Athener anscheinend passend verhielten, Philocharidas nämlich und Leon und Endios. Sie fürchteten, die Athener könnten in ihrem Ärger ein Bündnis mit den Argeiern schließen, und zugleich hatten sie auch die Absicht, Pylos im Tausch für Panakton zu verlangen, und sich für das Bündnis mit den Boiotern zu entschuldigen (und zu betonen), dass sie es nicht zum Nachteil der Athener abgeschlossen hätten.

45 (1) Als sie im Rat darüber sprachen und auch (erklärten), sie seien mit der Vollmacht gekommen, alle Streitigkeiten zu bereinigen, erweckten sie bei Alkibiades die Furcht, sie könnten, wenn sie das vor dem Volk sagten, die Menge für sich gewinnen, und das Bündnis mit den Argeiern würde abgelehnt werden. (2) Da hatte Alkibiades für sie etwa folgenden guten Einfall: Er machte die Lakedaimonier unter eidlichen Beteuerungen glauben, wenn sie nicht vor dem Volk zugäben, dass sie mit Vollmachten gekommen seien, werde er ihnen Pylos verschaffen – denn er werde die Athener dazu (ebenso leicht) überreden, wie er bisher dagegen gesprochen habe – und er werde auch sonst eine Einigung herbeiführen. (3) Er beabsichtigte damit, dass sie nicht auf Nikias hereinfielen, und arbeitete daran, sie vor dem Volk bloßzustellen, als ob sie nichts Aufrichtiges im Sinn hätten und bald so, bald anders sprächen, um so das Bündnis mit Argos, Elis und Mantineia durchzusetzen. (4) Denn als sie vor dem Volk auftraten und auf Befragen nicht, wie früher vor dem Rat, erklärten, sie seien mit Vollmachten gekommen, waren die Athener nicht mehr zu halten, sondern hörten auf Alkibiades, der nun über die Lakedaimonier viel heftiger als früher losschimpfte; sie waren bereit, die Argeier und ihre Begleiter sogleich auftreten zu lassen und sie sich zu Verbündeten zu machen. Aber ein Erdstoß[42] ereignete sich, bevor noch ein rechtsgültiger Beschluss gefasst wurde, und die Volksversammlung wurde für diesmal vertagt.

46 (1) In der folgenden Versammlung sprach Nikias. Obwohl er von den selbst betrogenen Lakedaimoniern seinerseits betrogen worden sei, weil sie nicht zugegeben hätten, mit Vollmachten gekommen zu sein, müsse man trotzdem eher mit den Lakedaimoniern gut Freund werden; man solle auf die Wünsche der Argeier vorerst nicht eingehen und erst noch (eine Gesandtschaft zu den Lakedaimoniern) schicken und erfahren, was sie beabsichtigten; er meinte, den Krieg noch hinauszuzögern sei für (die Athener) ehrenvoll, für jene aber demütigend. Da für die Athener selbst die Verhältnisse günstig und stabil seien, sei es bei weitem das Beste, diesen glücklichen Zustand fortdauern zu lassen; für jene aber in ihrer misslichen Lage bedeute es einen Glücksfall, möglichst schnell wieder ein Kriegsrisiko einzugehen. (2) Damit erreichte er (bei den Athenern), Gesandte, unter denen auch er war, zu entsenden, die die Lakedaimonier auffordern sollten, wenn sie ehrliche Absichten hätten, Panakton in ordentlichem Zustand und Amphipolis zu übergeben und das Bündnis mit den Boiotern zu lösen, wenn sie nicht dem Friedensvertrag beitreten wollten, wie es ja ausgemacht sei, dass keine Partei ohne die andere ein Bündnis eingehen dürfe. (3) Mitteilen sollten sie: Wenn die Athener hätten Unrecht tun wollen, so hätten sie sich die Argeier bereits zu Verbündeten gemacht, denn diese befänden sich zu diesem Zweck gerade bei ihnen. Das alles und worüber sie sich sonst noch zu beklagen hatten, trugen sie ihnen auf und schickten die Gesandten unter Nikias' Führung (nach Sparta).

(4) Jene waren nun dort angekommen, verkündeten ihre Aufträge und erklärten zum Schluss, wenn (die Lakedaimonier) nicht das Bündnis mit den Boiotern lösen wollten, solange diese nicht dem Friedensvertrag beiträten, so würden sie – die Athener – die Argeier und ihre Freunde sich zu Verbündeten machen; die Lakedaimonier jedoch lehnten es

zwar ab, das Bündnis mit den Boiotern aufzulösen – die Leute um den Ephoros Xenares hatten durchgesetzt, dass dies geschah, und auch wer sonst noch derselben Meinung war –, aber auf Bitten des Nikias erneuerten sie die Eide. Er fürchtete nämlich, in jeder Hinsicht ergebnislos abzureisen und (bei den Athenern) in Verruf zu geraten – was auch geschah –, weil er als verantwortlich für den Friedensvertrag mit den Lakedaimoniern galt. (5) Als nach seiner Rückkehr die Athener hörten, dass in Lakedaimon nichts erreicht wurde, hatten sie sogleich wieder ihren Zorn und waren der Meinung, betrogen zu werden; zufällig waren die Argeier und ihre Freunde noch da – Alkibiades hatte sie vorgeladen –, und die Athener machten einen Friedens- und Bündnisvertrag mit ihnen, wie folgt:

47 (1) »Frieden für hundert Jahre schließen Athener, Argeier, Mantineer und Eleer im eigenen Namen und auch für die Verbündeten, die ihnen jeweils unterstehen, ohne Arglist und Schädigung sowohl auf dem Land als auch zur See. (2) Waffengewalt anzuwenden soll nicht erlaubt sein, weder den Argeiern, Eleern, Mantineern samt ihren Verbündeten gegenüber den Athenern und ihren Verbündeten, die ihnen unterstellt sind, noch den Athenern und ihren Verbündeten (die den Athenern unterstehen), gegenüber den Argeiern, Eleern, Mantineern und ihren Verbündeten – auch nicht mit Tricks und anderen Mitteln. (3) Unter folgenden Bedingungen sollen Athener, Argeier, Mantineer und Eleer für hundert Jahre Verbündete sein: Wenn Feinde in das Land der Athener kommen, sollen Argeier, Mantineer und Eleer Athen zu Hilfe kommen, so weit es die Athener verlangen sollten, auf jede wirksame Weise, so gut sie nach ihren Möglichkeiten dazu in der Lage sind. Wenn (die Feinde) nach Verwüstungen wieder abziehen, soll ihre Stadt mit den Argeiern, Mantineern, Eleern und Athenern im Kriegszustand sein und von all diesen Städten zu leiden haben. Für keine

der (verbündeten) Städte soll es möglich sein, den Krieg gegen diese Stadt beizulegen, wenn nicht von allen anderen zugestimmt wird. (4) Zu Hilfe kommen sollen auch die Athener nach Argos, Mantineia und Elis, wenn Feinde in das Land der Argeier oder Mantineer oder Eleer kommen, soweit es diese Städte verlangen sollten, auf jede wirksame Weise, so gut sie nach ihren Möglichkeiten dazu in der Lage sind. Wenn (die Feinde) nach Verwüstungen wieder abziehen, soll ihre Stadt mit den Athenern, Argeiern, Mantineern und Eleern im Kriegszustand sein und von all diesen Städten zu leiden haben. (Für keine der Städte) soll es möglich sein, den Krieg (gegen diese Stadt) beizulegen, wenn nicht von allen anderen zugestimmt wird. (5) Nicht gestatten sollen (die verbündeten Städte), dass jemand mit Waffen zum Zweck des Krieges ihr eigenes Gebiet und das ihrer Verbündeten, die ihnen unterstehen, durchzieht, auch nicht auf dem Seeweg, wenn nicht alle Städte zusammen – Athen, Argos, Mantineia und Elis – den Beschluss gefasst haben, dass der Durchzug möglich sei. (6) Für die Hilfstruppen soll die entsendende Stadt bis zu dreißig Tagen die Versorgung bereitstellen, von der Zeit an, wo sie in die Stadt kommen, die nach Hilfe verlangt hat, und für den Rückzug gleichermaßen. Will die Stadt, die das Heer hatte kommen lassen, dieses längere Zeit einsetzen, soll sie für die Verpflegungskosten aufkommen: für den Hopliten, Leichtbewaffneten und Bogenschützen drei aiginetische Obolen täglich, für den Reiter eine aiginetische Drachme.[43] (7) Die Stadt, die das Heer hatte kommen lassen, soll den Oberbefehl haben, solange der Krieg auf ihrem Gebiet stattfindet. Sollten alle Städte gemeinsam einen Kriegszug irgendwohin beschließen, sollen alle Städte gleich am Oberbefehl beteiligt sein. (8) Den Eid auf diesen Vertrag sollen die Athener für sich und ihre Verbündeten leisten, die Argeier, Mantineer, Eleer und ihre Verbündeten sollen einzeln schwören, jede Stadt für sich. Schwören soll jede Stadt für sich den landesüblichen und höchsten Eid beim Opfer ausgewachsener Tiere.[44] Der Eid aber soll so lauten: ›Ich werde festhalten am Bündnisvertrag gemäß den Vereinbarungen nach dem Recht, ohne schädigenden und arglistigen Hintergedanken und werde ihn nicht übertreten, auch nicht mit Tricks und anderen Mitteln.‹ (9) Schwören sollen in Athen der Rat und die in Attika anwesenden Amtsträger, den Eid abnehmen sollen die Prytanen. In Argos (sollen schwören) der Rat, die Achtzig und die Artynen (Ordner), den Eid abnehmen sollen die Achtzig. In Mantineia (sollen schwören) die Demiurgen (Volksoberste) und der Rat und die übrigen Amtsträger, den Eid abnehmen sollen die Theoren (Aufsichtsbehörde) und Polemarchen (Kriegsoberste). In Elis (sollen schwören) die Demiurgen und die übrigen höchsten Amtsträger und die Sechshundert, den Eid abnehmen sollen die Demiurgen und Thesmophylaken (Rechtshüter). (10) Zur Erneuerung der Eide sollen die Athener dreißig Tage vor den Olympischen Spielen nach Elis, Mantineia und Argos kommen; die Argeier, Eleer und Mantineer sollen zehn Tage vor dem Großen Panathenäenfest nach Athen kommen. (11) Die Bestimmungen betreffend den Friedensvertrag, die Eide und das Militärbündnis sollen die Athener in eine Steinsäule auf der Akropolis eingravieren, die Argeier auf der Agora im Apollonheiligtum, die Mantineer im Zeusheiligtum auf ihrer Agora. Auch in Olympia sollen sie das nächste Mal bei den Olympischen Spielen gemeinsam eine Schriftsäule aus Bronze aufstellen.[45] (12) Wenn es diesen Städten angemessen erscheinen sollte, den Vertragsbestimmungen etwas hinzuzufügen, soll das maßgebend sein, sofern alle Städte nach gemeinsamer Beratung darüber einen Beschluss gefasst haben.«

48 (1) So wurden also der Friedensvertrag und das Militärbündnis abgeschlossen und der zwischen den Lakedaimoniern und Athenern (bestehende Vertrag) wurde darum doch von keiner Seite aufgekündigt. (2) Obwohl die Korinther Verbündete der Argeier waren, schlossen sie sich nicht an; sie hatten sogar vorher schon nicht mitgeschworen, als zwischen Eleern, Argeiern und Mantineern ein Bündnis zustande gekommen war, wonach sie (gemeinsam) mit denselben Kriege führen und Frieden halten wollten, sondern erklärt, ihnen genüge das ursprünglich geschlossene Schutzbündnis, einander zu Hilfe zu kommen, aber keinen Angriffskrieg an jemandes Seite zu führen. (3) Die Korinther trennten sich so von ihren Verbündeten und richteten ihr Augenmerk wieder auf die Lakedaimonier.

49 (1) Die Olympischen Spiele fanden in diesem Sommer statt, bei denen der Arkadier Androsthenes zum ersten Mal im Pankration[46] siegte. Die Lakedaimonier waren aber von den Eleern aus dem Heiligtum ausgesperrt worden, sodass sie weder am Opfer noch an den Wettkämpfen teilnehmen konnten; sie hatten ihnen nicht die Strafe bezahlt, zu der sie die Eleer nach Olympischer Rechtssatzung verurteilt hatten mit der Behauptung, sie hätten während des Olympischen Friedens gegen ihre Festung Phyrkos die Waffen erhoben und ihre Hopliten nach Lepreon geschickt. Die Strafsumme betrug 2000 Minen, für jeden einzelnen Hopliten 2 Minen, wie das Gesetz bestimmt. (2) Die Lakedaimonier schickten Gesandte und erhoben Einspruch, man habe sie zu Unrecht verurteilt, und machten geltend, der Festfriede sei in Lakedaimon noch nicht verkündet gewesen, als sie ihre Hopliten ausgeschickt hatten. (3) Die Eleer erklärten, die Waffenruhe sei bei ihnen in Kraft gewesen, denn sie verkünden sie bei sich selbst zuerst; sie selbst hätten sich ruhig verhalten und sich gleichsam auf den Festfrieden verlassen, da hätten (die Lakedaimonier) hinterrücks gegen sie dieses Unrecht begangen. (4) Die Lakedaimonier widersprachen: Die Eleer hätten es nicht nötig gehabt, (den Festfrieden) noch in Lakedaimon zu verkünden, wenn sie sie für Rechtsbrecher gehalten hätten; sie hätten es aber doch getan, weil sie anscheinend (noch) nicht diese Meinung hatten; seitdem aber hätten die Lakedaimonier keinerlei Waffen gegen sie erhoben. (5) Die Eleer blieben bei ihrem Wort, sie könnten von der Unschuld (der Lakedaimonier) nicht überzeugt werden; wollten (jene) ihnen aber Lepreon herausgeben, so würden sie sowohl auf ihren Anteil am Geld verzichten, als auch selbst (für die Lakedaimonier) die Strafsumme bezahlen, die dem Gott gebühre.

50 (1) Als aber (die Lakedaimonier) darauf nicht eingingen, änderten sie ihre Forderung dahingehend, dass jene Lepreon nicht herauszugeben brauchten, wenn sie nicht wollten; sie sollten dann aber – da sie doch gern am Fest teilnehmen wollten – vor den Altar des Olympischen Zeus treten und in Gegenwart der Hellenen schwören, dass sie später gewissenhaft die Strafsumme entrichten würden. (2) Als sie auch das nicht wollten, wurden die Lakedaimonier vom Heiligtum ausgeschlossen, von Opfern und Wettkämpfen, und opferten zu Hause. Die übrigen Hellenen waren in den Festgesandtschaften vertreten mit Ausnahme der Lepreaten. (3) Gleichwohl befürchteten die Eleer, (die Lakedaimonier) könnten die Teilnahme am Opfer gewaltsam erzwingen, und richteten eine Bewachung ein durch bewaffnete junge Leute; dazu kamen (als Verstärkung) je 1000 Mann aus Argos und Mantineia, auch aus Athen Reiter, die in Harpine das Fest abwarteten. (4) Große Angst aber schwebte über den Festteilnehmern, dass die Lakedaimonier mit Waffengewalt eindringen, namentlich nachdem auch der Lakedaimonier Lichas, der Sohn des Arkesilaos, auf dem Platz der Spiele von den Rhabduchen[47] (Stabträgern) Schläge bekommen hatte; sein Gespann war nämlich siegreich und war ausgerufen worden als das eines Gemeinwesens der Boioter, weil jener zur Teilnahme am Wett-

kampf nicht berechtigt war. Da trat er nun auf dem Platz der Spiele vor, bekränzte den Wagenlenker und wollte damit zeigen, dass dies sein Wagen sei. Infolgedessen herrschte bei allen noch größere Furcht und der Eindruck, es werde noch eine unerwartete Störung geben. Die Lakedaimonier verhielten sich allerdings ruhig, und so verlief das Fest ungestört. (5) Nach Korinth aber kamen nach den Olympischen Spielen die Argeier und ihre Verbündeten, um die Korinther zu bitten, sich (ihrem Bündnis) anzuschließen. Auch von den Lakedaimoniern waren gerade Gesandte anwesend, und trotz vieler Verhandlungsrunden kam es schließlich zu keinem Ergebnis, sondern nach einem Erdstoß lösten sich (die Versammlungen) auf und jeder ging nach Hause. Damit endete der Sommer.

Winter 420/419

51 (1) Im folgenden Winter kam es zu einer Schlacht zwischen den Herakleern in Trachis und den Ainianen, Dolopern, Meliern und einigen Thessalern. (2) Diese Nachbarstämme waren nämlich der Stadt feindlich, denn gegen kein anderes Land als das ihre wurde dieser befestigte Platz angelegt. Schon gleich bei der Gründung der Stadt machten sie Schwierigkeiten und fügten Schäden zu, so gut sie nur konnten; damals aber besiegten sie die Herakleer in der Schlacht und ihr lakedaimonischer Anführer Xenares, Sohn des Knidis, fiel dabei; auch andere aus Herakleia kamen ums Leben. Damit endete der Winter und mit ihm ging das zwölfte Kriegsjahr zu Ende.

Dreizehntes Kriegsjahr
Sommer 419

52 (1) Im folgenden Sommer, gleich zu Beginn, bemächtigten sich die Boioter Herakleias, da es nach der Schlacht schweren Schaden genommen hatte, und schickten den Lakedaimonier Agesippidas wegen schlechter Amtsführung weg; sie bemächtigten sich aber des Platzes aus Furcht, die Athener könnten ihn bekommen, während die Lakedaimonier eben erst mit den Unruhen im Peloponnes befasst waren. Die Lakedaimonier freilich waren gegen sie sehr erbittert. (2) Im selben Sommer kam Alkibiades, der Sohn des Kleinias, im Einvernehmen mit den Argeiern und ihren Verbündeten als athenischer Feldherr mit wenigen athenischen Hopliten und Bogenschützen in den Peloponnes; und nachdem er Verstärkung von den dortigen Verbündeten erhalten hatte, durchzog er mit seinem Heer den Peloponnes und half mit, die Maßnahmen im Sinne des Bündnisses durchzusetzen. So veranlasste er die Leute von Patrai, Mauern bis ans Meer zu ziehen, und erwog seinerseits, eine weitere Befestigung beim achaiischen Rhion anzulegen. Aber die Korinther, die Sikyonier und wem sonst noch der befestigte Platz geschadet hätte, eilten vereint herbei und verhinderten dies.

53 (1) Im selben Sommer kam es zum Krieg zwischen Epidauros und Argeiern, angeblich wegen der Opfergabe für Apollon Pythaios, die abzuführen die Epidaurier verpflichtet waren für die Benützung des Tempellandes[48], was sie aber nicht tun wollten; die tatsächlichen Eigentümer des Heiligtums waren die Argeier. Aber auch ohne diese Beschwerde schien es Alkibiades und den Argeiern (richtig), Epidauros, wenn möglich, zum Anschluss (an das Viererbündnis) zu nötigen, um Korinth zu beruhigen, und von

Aigina aus würde der Anmarsch (von Hilfstruppen) für die Athener kürzer sein, als wenn sie das Vorgebirge Skyllaion umsegeln müssten. Die Argeier rüsteten sich also, um selbst wegen der Eintreibung der Opfergabe in Epidauros einzufallen.

54 (1) Aber auch die Lakedaimonier marschierten zur selben Zeit mit gesamter Heeresmacht bis Leuktra an ihrer eigenen Grenze auf das Lykaiongebirge zu; König Agis, der Sohn des Archidamos, führte sie. Es wusste aber niemand, wohin sie marschierten, nicht einmal die Städte, aus denen (Truppen) geschickt wurden. (2) Als ihnen das Grenzüberschreitungsopfer[49] nicht glücklich ausfiel, gingen sie wieder nach Hause und kündigten ihren Verbündeten an, sie sollten sich für den übernächsten Monat zum Ausmarsch vorbereiten – der nächste Monat war der Karneios[50], bei den Dorern ein Monat mit vielen Festen. (3) Nach ihrem Abzug rückten die Argeier noch am vierten Tag vor dem Beginn des Karneios aus, hielten diesen Tag die ganze Zeit hindurch (als Datum) fest,[51] fielen in das Land von Epidauros ein und verwüsteten es. (4) Die Epidaurier riefen nun ihre Verbündeten zu Hilfe, von denen einige wegen des Festmonats Ausflüchte suchten, die anderen rückten zwar bis zur Grenze heran, verhielten sich dann aber untätig.

55 (1) Während nun die Argeier in Epidauros waren, kamen Gesandtschaften der Städte auf Einladung der Athener in Mantineia zusammen. Im Lauf der Verhandlungen erklärte Euphamidas aus Korinth, dass die Worte nicht den Taten entsprächen. Denn sie säßen zwar wegen des Friedens zusammen, die Epidaurier aber mit ihren Verbündeten und die Argeier stünden einander in Waffen gegenüber; es müssten also zuerst Leute zu[52] den Heeren beider hingehen und sie nach Hause schicken; dann erst solle man wieder über den Frieden reden. (2) (Die Gesandten) waren damit einverstanden, entfernten sich und bewogen die Argeier zum

Abzug aus epidaurischem Land. Später traten sie erneut zusammen, konnten sich aber nicht einigen, sondern die Argeier fielen wiederum in epidaurisches Gebiet ein und verwüsteten es. (3) Einen Kriegszug unternahmen auch die Lakedaimonier nach Karyai; da aber auch diesmal die Grenzüberschreitungsopfer nicht günstig für sie ausfielen, kehrten sie um. (4) Nachdem die Argeier ein Drittel des epidaurischen Landes (durch Flurschäden) verheert hatten, gingen sie nach Hause; auch von Athen waren ihnen 1000 Hopliten zu Hilfe gekommen und Alkibiades war ihr Feldherr. Doch sie hatten erfahren, dass die Lakedaimonier (nur bis zu ihrer Grenze[53]) ausmarschiert waren, und weil man sie nicht mehr brauchte, zogen sie[54] ab. So ging der Sommer vorüber.

Winter 419/418

56 (1) Im folgenden Winter schickten die Lakedaimonier, ohne dass die Athener darum wussten, 300 Mann unter der Führung von Agesippidas auf dem Seeweg (als Besatzung) nach Epidauros. (2) Da kamen aber die Argeier zu den Athenern und beschwerten sich, es stehe doch im Vertrag geschrieben,[55] die einzelnen (Bündnispartner) dürften nicht zulassen, dass Feinde durch ihr Gebiet durchziehen und (die Athener) hätten nun (die Spartaner) auf dem Seeweg vorbeifahren[56] lassen; und wenn nun nicht auch (die Athener) zum Schaden der Lakedaimonier die Messenier und Heloten nach Pylos schafften, so sei für sie – die Argeier – der Vertrag verletzt. (3) Die Athener brachten auf Betreiben des Alkibiades auf der lakonischen Säule den schriftlichen Zusatz an: »Nicht gehalten haben sich die Lakedaimonier an ihre Eide«, ferner schafften sie die Heloten aus Kranioi nach Pylos, um sie plündern zu lassen, sonst aber verhielten sie sich ruhig.

(4) Diesen Winter dauerte der Krieg zwischen Argeiern und Epidauriern an; zu einer regelrechten Schlacht kam es zwar nicht, wohl aber zu Überfällen aus dem Hinterhalt, bei denen – wie es sich ergab – einige von beiden Seiten umkamen. (5) Am Ende des Winters, schon gegen Frühlingsanfang, gingen die Argeier mit Leitern gegen Epidauros vor, um es im Sturmangriff zu erobern in der Meinung, es sei wegen des Krieges (von der Bevölkerung) weitgehend verlassen, doch unverrichteter Dinge zogen sie ab. Damit ging der Winter zu Ende und auch das dreizehnte Kriegsjahr endete.

Vierzehntes Kriegsjahr

Sommer 418

57 (1) Um die Mitte des folgenden Sommers gelangten die Lakedaimonier – ihre Verbündeten, die Epidaurier, waren schwer in Bedrängnis und auch sonst hatte man sich auf dem Peloponnes teils von ihnen abgewendet, teils nahm man eine zögernde Haltung ein – zur Auffassung, dass das Übel noch größere Fortschritte machen werde, wenn sie ihm nicht schleunigst zuvorkämen. So zogen sie selbst und die Heloten mit gesamter Macht in den Krieg gegen Argos. Anführer war Agis, der Sohn des Archidamos, König der Lakedaimonier. (2) Mit ihnen zogen die Tegeaten aus und wer von den Arkadern sonst noch mit den Lakedaimoniern verbündet war. Die Verbündeten aus dem übrigen Peloponnes und von auswärts sammelten sich bei Phleius: aus Boiotien 5000 Hopliten und ebenso viele Leichtbewaffnete, 500 Reiter und gleich viele Reiterbegleitsoldaten[57], aus Korinth 2000 Hopliten, die Übrigen nach Vermögen und aus Phleius die gesamte Heeresmacht, weil in seinem Gebiet das Heer stationiert war.

58 (1) Die Argeier hatten schon von vornherein von den Rüstungen der Lakedaimonier erfahren, und als diese nach Phleius marschierten in der Absicht, sich mit den Übrigen zu vereinigen, da zogen auch sie aus. Zu ihrer Hilfe waren auch die Mantineer gekommen zusammen mit ihren Verbündeten und aus Elis 3 000 Hopliten. (2) Im Vormarsch trafen sie nun die Lakedaimonier bei Methydrion in Arkadien, und beide Heere besetzten einen Hügel; auch die Argeier bereiteten sich vor, den Lakedaimoniern eine Schlacht zu liefern, da sie es ihrer Meinung mit ihnen (noch) allein zu tun hatten. Doch Agis ließ sein Heer in der Nacht aufbrechen und marschierte, ohne dass es auffiel, nach Phleius zu den übrigen Verbündeten. (3) Als die Argeier das bei Tagesanbruch merkten, setzten sie sich in Marsch zuerst in Richtung Argos, dann aber Richtung Straße nach Nemea, wo sie erwarteten, dass die Lakedaimonier mit ihren Verbündeten herabkommen würden. (4) Agis aber wählte wider Erwarten überhaupt nicht diesen Weg, sondern schlug mit den Lakedaimoniern, Arkadern und Epidauriern – er hatte den Befehl dazu erteilt – einen anderen, beschwerlichen ein und stieg so in die Ebene von Argos hinab; auch die Korinther, Pellener und Phleiasier setzten sich auf einem anderen, steilen Weg in Bewegung; die Boioter aber, die Megarer und Sikyonier waren angewiesen, die Straße nach Nemea hinabzusteigen, wo die Argeier saßen, um ihre Reiter einzusetzen und den Argeiern in den Rücken zu fallen, wenn diese gegen die Lakedaimonier in der Ebene vorgehen sollten. (5) So hatte (Agis) seine Anordnungen getroffen, fiel in die Ebene ein und verwüstete Saminthos und andere Gebiete.

59 (1) Als die Argeier dies erfuhren, eilten sie – es war schon mitten am Tag – zur Abwehr aus Nemea herbei, sie stießen auch mit dem Heer aus Phleius und Korinth zusammen, töteten wenige von den Phleiasiern, verloren aber auch selbst den Korinthern gegenüber nicht viel mehr. (2) Und die Boioter, die Megarer und Sikyonier marschierten, wie befohlen, auf Nemea zu, trafen dort die Argeier nicht mehr an; sie waren in die Ebene hinabmarschiert, als sie zusehen mussten, wie ihr Gebiet verwüstet wurde, und waren gerade bei der Aufstellung ihrer Schlachtordnung. Gegenüber rüsteten sich auch die Lakedaimonier. (3) Inmitten (der Feinde) saßen die Argeier in der Falle; denn in der Ebene schnitten die Lakedaimonier mit Verbündeten sie von ihrer Stadt ab, gegen die Anhöhen hin die Korinther, Pleiasier, Pellener, von Nemea her die Boioter, Sikyonier und Megarer. Reiter hatten sie nicht, denn die Athener waren als Einzige ihrer Verbündeten noch nicht gekommen. (4) Der Großteil der Argeier und ihrer Verbündeten hielt die gegenwärtige Lage für gar nicht so bedrohlich, sondern hatte den Eindruck, die Schlacht werde unter günstigen Bedingungen stattfinden und *sie* hätten die Lakedaimonier in die Falle gelockt, in ihrem Land und vor ihrer Stadt![58] (5) Doch zwei Männer, Thrasylos, einer der fünf Feldherren, und Alkiphron, ein Proxenos der Lakedaimonier, gingen, als die Heere schon so gut wie am Zusammenstoßen waren, zu Agis und redeten mit ihm, er solle es nicht zur Schlacht kommen lassen. Denn einverstanden seien die Argeier, den Lakedaimoniern völlig gleiche Rechte zuzuerkennen und (von ihnen) zu verlangen, wenn die Lakedaimonier den Argeiern gegenüber Beschwerden hätten und im Übrigen nach einem Vertragsabschluss in Frieden zu leben.

60 (1) Die beiden Argeier, die das sagten, sprachen nicht im Auftrag des Volkes, sondern von sich aus. Auch Agis ging von sich aus auf die Vorschläge ein, ohne mit mehreren überhaupt eine Beratung durchgeführt zu haben; nur einem Einzigen von denen, die den Kriegszug in hoher Stellung mitmachten, teilte er (die Vorschläge) mit und schloss einen Waffenstillstandsvertrag ab für vier Monate, in denen die

Argeier ihre Zusagen erfüllen müssten. Auch führte er sofort das Heer zurück, ohne einem der übrigen Verbündeten etwas zu sagen. (2) Die Lakedaimonier und ihre Verbündeten fügten sich zwar seiner Führung nach dem »Gesetz«, aber untereinander machten sie Agis schwere Vorwürfe, da sie glaubten, hier wäre eine günstige Gelegenheit gewesen, aus guter Position die Schlacht zu liefern, und obwohl (die Feinde) ringsum sowohl von Reitern als auch von Fußsoldaten eingeschlossen worden seien, seien sie, ohne etwas geleistet zu haben, was ihrem Rüstungsaufwand entspräche, abgezogen. (3) Und wirklich: das schönste hellenische Heer war dies, das sich bisher je vereinigt hatte. Zu sehen war dies besonders, als es noch in Nemea versammelt war, wo die Lakedaimonier mit gesamter Heeresmacht waren, ferner die Arkader, die Boioter, die Korinther, die Sikyonier, Pellener, Phleiasier und Megarer – diese alle mit ihren erlesenen Mannschaften. Sie hätten es dem Anschein nach nicht nur mit dem argeiischen Bund in der Schlacht aufnehmen können, sondern auch noch mit einem anderen,[59] wenn er hinzugekommen wäre. (4) Das Heer zog sich also unter solchen Vorwürfen gegen Agis zurück und löste sich dann auf – jeder (ging) nach Hause.

(5) Die Argeier aber hatten ihrerseits den Leuten, die den Waffenstillstand ohne Auftrag des Volkes abgeschlossen hatten, noch viel mehr vorzuwerfen, denn ihrer Meinung nach habe für sie die Gelegenheit gar nicht besser sein können, und doch seien die Lakedaimonier entwischt; unmittelbar vor ihrer Stadt und mit vielen tüchtigen Verbündeten hätte der Kampf stattfinden können. (6) Auf dem Rückzug begannen sie beim Charadros[60], wo sie vor dem Einzug (in die Stadt) Prozesse im Zusammenhang mit dem Kriegszug entscheiden, Thrasyllos zu steinigen[61]. Er flüchtete sich jedoch an den Altar und kam mit dem Leben davon; sein Vermögen wurde allerdings eingezogen.

61 (1) Als danach aus Athen 1000 Hopliten und 300 Reiter zu Hilfe kamen – das Kommando über sie führten Laches und Nikostratos –, hatten die Argeier doch Bedenken, den Waffenstillstandsvertrag mit den Lakedaimoniern zu brechen, und forderten (die Athener) auf, wieder abzuziehen; auch ließen sie (die Athener), die ihre Sache vertreten wollten, erst dann vor dem Volk zu Wort kommen, als die Mantineer und Eleer – die waren noch anwesend – sie durch ihr Drängen dazu zwangen. (2) Und hier erklärten die Athener, bei denen Alkibiades als Gesandter dabei war, vor den Argeiern und ihren Verbündeten ebenfalls: Zu Unrecht sei der Waffenstillstandsvertrag zustande gekommen, weil ohne die übrigen Verbündeten, und jetzt, wo sie eben zum rechten Zeitpunkt zur Stelle seien, müsse man sich mit dem Krieg befassen. (3) Sie überredeten tatsächlich aufgrund solcher Argumente die Verbündeten,[62] und sogleich marschierten sie gegen Orchomenos in Arkadien – alle, mit Ausnahme der Argeier; obwohl sich auch diese hatten umstimmen lassen, so blieben sie doch zuerst zurück, später aber kamen sie ebenfalls nach. (4) Nun belagerten sie alle Orchomenos, machten ihre Angriffe, da sie auf die Einnahme (des Ortes) an sich schon Wert legten, vor allem aber weil die Geiseln aus Arkadien von den Lakedaimoniern dort untergebracht worden waren. (5) Die Orchomenier fürchteten die Schwäche ihrer Mauern, die Größe des Heeres und, weil für sie kein Entsatz kam, dass sie vorher schon verloren seien; sie willigten in eine Abmachung ein, dass sie Verbündete waren und aus ihren Reihen den Mantineern Geiseln stellten und die auslieferten, die die Lakedaimonier (bei ihnen) untergebracht hatten.

62 (1) Danach, als sie Orchomenos hatten, berieten die Verbündeten, gegen welchen der übrigen Orte man nun zuerst vorgehen sollte. Die Eleer verlangten, gegen Lepreon, die Mantineer, gegen Tegea. Die Argeier und Athener schlossen sich den Mantineern an. (2) Da gerieten die Eleer in Zorn, weil sie nicht (den Angriff) gegen Lepreon beschlossen hatten, und zogen ab nach Hause. Die übrigen Verbündeten aber rüsteten sich im Gebiet von Mantineia zum Marsch auf Tegea. Auch einige der Leute in der Stadt (Tegea) versuchten, ihnen die Macht in die Hände zu spielen.

63 (1) Nachdem aber die Lakedaimonier von Argos abgezogen waren und den viermonatigen Waffenstillstand geschlossen hatten, machten sie Agis schwere Vorwürfe, dass er ihnen Argos nicht unterworfen habe, obwohl ihrer Meinung nach die Gelegenheit so günstig gewesen sei wie nie zuvor. So viele Verbündete nämlich wieder zusammenzubringen und noch dazu solche, sei nicht leicht. (2) Als dazu noch Nachrichten von der Einnahme von Orchomenos kamen, ereiferten sie sich noch mehr und beschlossen im Zorn – ganz gegen ihre Art[63] –, man müsse sein Haus niederreißen und ihn (mit der Zahlung) von 100 000 Drachmen bestrafen. (3) Doch er erreichte durch seine Bitten, keines von beiden zu tun. Durch tapferes Verhalten werde er nämlich die Vorwürfe als haltlos erweisen, nachdem er (erneut) in den Krieg gezogen sein werde, andernfalls sollten sie ihren Beschluss ausführen. (4) Da hoben sie die Strafe und die Zerstörung (seines Hauses) auf, machten aber aus diesem Anlass ein Gesetz, das es bei ihnen früher noch nicht gegeben hatte: Sie wählten für ihn zehn Spartiaten als Beiräte aus, ohne die er nicht befugt sein sollte, ein Heer aus der Stadt (Sparta) zu führen.

64 (1) Inzwischen erreichte sie die Nachricht von ihren Anhängern in Tegea, wenn sie nicht unverzüglich zur Stelle seien, würde Tegea zu den Argeiern und ihren Verbündeten übertreten, ja, man sei so gut wie übergetreten. (2) Da setzte sich ein Entsatzheer in Bewegung, bestehend aus Lakedaimoniern selbst und dem gesamten Aufgebot an Heloten, so schnell wie noch nie zuvor. (3) Sie zogen nach Orestheion in Mainalien und wiesen vorher ihre Verbündeten unter den Arkadern an, sich zu sammeln und ihnen auf dem Fuße nach Tegea zu folgen. Bis Orestheion zogen sie mit ihrem Heer, von dort aber schickten sie den sechsten Teil der Lakedaimonier, dem die Älteren und Jüngeren angehörten, zum Schutz der Heimat nach Hause; mit dem restlichen Heer trafen sie bei Tegea ein; und nicht viel später waren auch die Verbündeten unter den Arkadern zur Stelle. (4) Sie sandten nach Korinth, zu den Boiotern, Phokern und Lokrern die Aufforderung, unverzüglich Hilfstruppen nach Mantineia zu schicken. Doch für diese kam das sehr plötzlich, und es war nicht leicht, das feindliche Gebiet zu durchziehen – es lag wie eine Absperrung dazwischen –, ohne sich zu sammeln und aufeinander zu warten; trotzdem beeilten sie sich. (5) Die Lakedaimonier hatten die anwesenden Verbündeten unter den Arkadern (in ihr Heer) eingegliedert und fielen in das Gebiet von Mantineia ein; sie lagerten beim Heraklestempel und verwüsteten das Land.

65 (1) Als die Argeier und ihre Verbündeten sie erblickten, besetzten sie eine steile, schwer zugängliche Anhöhe und stellten sich zur Schlacht auf. (2) Die Lakedaimonier gingen sogleich auf sie los und waren schon auf Stein- oder Speerwurfweite an sie herangekommen, als einer der Älteren (vom Beirat?), der sah, dass die Lakedaimonier eine feste Stellung angreifen wollten, dem (König) Agis zurief, er denke jetzt wohl daran, Übel mit Übel zu heilen[64]; damit machte er klar, dass der gegenwärtige unangebrachte Eifer die Wiedergutmachung für den schimpflichen Rückzug aus Argos sein wolle.[65] (3) Agis aber – sei es nun dieses Zurufs wegen, sei es, dass ihm von selbst ein anderer Gedanke kam – führte plötzlich das Heer in Eile wieder zurück, bevor es zum Zusammenstoß gekommen war. (4) Nun kam er wieder in das Gebiet von Tegea und ließ das Wasser auf mantineischen Boden ableiten. Es richtet nämlich große Schäden an, auf welche Seite auch immer es sich ergießen mag, weswegen Mantineer und Tegeaten (immer wieder) Krieg führen. Agis wollte nämlich die (Argeier und ihre Verbündeten) von der Anhöhe herablocken; wenn sie von der Ableitung des Wassers hörten und dagegen einschreiten wollten, könne er die Schlacht in der Ebene schlagen. (5) Den ganzen Tag blieb er dort und ließ das Wasser ableiten. Die Argeier und ihre Verbündeten waren zuerst überrascht vom plötzlichen Rückzug trotz nächster Nähe und wussten nicht, was sie davon halten sollten. Als (die Lakedaimonier) aber immer weiter davonzogen und verschwunden waren, blieben sie selbst ruhig und folgten ihnen nicht, doch machten sie wieder ihren Feldherren Vorwürfe, sie hätten sowohl früher schon bei Argos die Lakedaimonier in der Falle gehabt und sie wieder entwischen lassen, als auch jetzt, wo sie davonliefen, verfolge sie keiner, sondern in aller Ruhe brächten sich die Lakedaimonier in Sicherheit, die Argeier aber würden verraten. (6) Die Feldherren gerieten zwar im Moment in Verlegenheit, später aber führten sie sie von der Anhöhe herab, rückten in die Ebene vor und lagerten, um die Feinde anzugreifen.

66 (1) Am folgenden Tag stellten sich die Argeier und ihre Verbündeten in Schlachtordnung auf, entschlossen zu kämpfen, wenn sie (an die Feinde) geraten sollten; die Lakedaimonier aber kamen vom Wasser wieder zum Heraklestempel in ihre ursprüngliche Stellung und sahen in nächster Nähe die Gegner, alle in Schlachtordnung und von der Anhöhe schon vorgerückt. (2) In diesem Moment gab es für die Lakedaimonier die größte Überraschung, soweit sie zurückdenken konnten.[66] Nach kurzer Verzögerung gelang ihnen die Herstellung der Ordnung und auf der Stelle, unter Zeitdruck, traten sie in Reih' und Glied, König Agis hatte in allen Einzelheiten das Kommando in üblicher Form.

(3) Wenn nämlich der König führt, gehen von ihm alle Befehle aus, den Polemarchen[67] sagt er persönlich, was geschehen soll, diese den Lochagen, dann die den Pentekonteren, diese wiederum den Enomotarchen und diese den Enomotien. (4) Auch die einzelnen Befehle, wenn die Könige etwa einen geben wollen, nahmen denselben Weg und kommen schnell an, denn beinahe das ganze Heer der Lakedaimonier besteht aus Vorgesetzten von Vorgesetzten und die Verantwortung für das, was geschieht, haben viele zu tragen.

67 (1) Den linken Flügel bildeten auch diesmal die Skiriten, die als einzige der Lakedaimonier diese Stellung immer einnehmen. Neben ihnen die Brasidas-Soldaten aus Thrakien und die Neodamoden[68] bei ihnen. Daran schlossen sich die Lakedaimonier selbst mit ihren Abteilungen (Lochen), neben ihnen von den Arkadern erst die Heraier, dann die Mainalier; auf dem rechten Flügel waren die Tegeaten und wenige Lakedaimonier, die den äußersten Abschnitt innehatten, und ihre Reiterei war auf beide Flügel verteilt. (2) Das war die Aufstellung der Lakedaimonier. Ihnen gegenüber bildeten die Mantineer den rechten Flügel, weil sich die Sache in ihrem Land abspielte, neben ihnen die Verbündeten von den Arkadern, darauf die Elitetruppe[69] der Tausend aus Argos, denen die Stadt von frühester Jugend an militärische Ausbildung auf Staatskosten ermöglichte; an sie reihten sich die übrigen Argeier, nach ihnen ihre Verbündeten aus Kleonai und Orneai[70], danach zuletzt die Athener auf dem linken Flügel mit ihren eigenen Reitern von zu Hause.

68 (1) Dies war die Aufstellung und Gefechtsvorbereitung der beiden (Heere), das Heer der Lakedaimonier war augenscheinlich größer. (2) Eine Zahl niederschreiben, sei es von beiden Heeren nach ihren einzelnen Teilen, sei es von der Gesamtstärke, könnte ich nicht mit Genauigkeit. Denn die Truppenstärke der Lakedaimonier konnte man nie wissen wegen ihrer Geheimhaltung in Staatsangelegenheiten, die der anderen war wegen der menschlichen Neigung, mit der Macht ihres Landes zu prahlen, unglaubwürdig. Aber aufgrund folgender Berechnungen ist es möglich, einigermaßen die Truppenstärke der Lakedaimonier, die damals erreicht wurde, zu überblicken. (3) Denn es kämpften 7 Lochen, ohne die 600 Skiriten, jeder Lochos hatte 4 Pentekostyen, in jeder Pentekostys gab es 4 Enomotien; von einer Enomotie kämpften 4 Mann im ersten Glied; in der Tiefe stellten sich nicht alle gleichmäßig auf, sondern wie jeder Lochage wollte; im Durchschnitt standen sie 8 Mann tief. Über die ganze Länge (der Schlachtlinie) standen außer den Skiriten 448 Mann in vorderster Linie.

69 (1) Als sie bereits zusammenstoßen sollten, gab es Ermutigungsansprachen für jede Mannschaft von ihren eigenen Feldherren, etwa so: Den Mantineern (sagte man), es gehe um den Kampf fürs Vaterland, zugleich auch um Herrschaft und Knechtschaft, darum, sich Erstere nicht entreißen zu lassen, nachdem man sie aus Erfahrung kenne, Letztere nie wieder kennen zu lernen. Den Argeiern (sagte man), sie sollten es nicht hinnehmen, die ursprüngliche Hegemonie und den einstigen Machtausgleich (mit Sparta) für immer zu verlieren; sie sollten auch an den Männern, die ihre Feinde und Nachbarn zugleich sind, für viel Unrecht Vergeltung üben. Für die Athener (sagte man) sei es Ehrensache, unter so vielen tapferen Verbündeten im Kampf hinter keinem zurückzustehen; wenn sie im Peloponnes die Lakedaimonier besiegt hätten, würden sie eine gefestigtere und größere Macht besitzen und gewiss werde niemand anderer in ihr Land eindringen. (2) Den Argeiern und ihren Verbündeten wurde solches zur Ermutigung gesagt; bei den Lakedaimoniern aber (spornte) jeder den anderen (an), auch mit Kriegsliedern; an sich selbst – wo sie doch so tapfer sind – richteten sie ihre Aufforderungen, sich daran zu erinnern, was sie gelernt hätten, wohl wissend, dass lange Übung im Kriegshandwerk eher hilft als eine für den Augenblick vorgetragene, schwungvolle Ermunterungsansprache.

70 (1) Und danach erfolgte der Zusammenstoß. Die Argeier und ihre Verbündeten rückten vor mit Nachdruck und Wut, die Lakedaimonier aber langsam unter der Begleitmusik[71] von vielen »Flötenspielern«[72], die (im Heer) verteilt waren, nicht aus religiösen Gründen, sondern, damit sie gleichmäßig nach dem Takt Schritt halten und die Schlachtlinie nicht auseinandergerissen werde, was beim Angriff großer Heere leicht vorkommt.

71 (1) Noch während sie aufeinander losgingen, beschloss König Agis Folgendes zu tun – alle Heere erleben es, dass ihre rechten Flügel sich beim Zusammenstoß in die Länge ziehen und beide die Linke des Gegners mit ihrer Rechten überflügeln; dies deshalb, weil jeder aus Furcht seine ungedeckte (rechte) Seite dem Schild seines Nebenmannes zur Rechten möglichst nahe zu bringen sucht und weil alle glauben, dass der Anschluss im Gedränge den besten Schutz gewähre. Den ersten Anlass dazu gibt der rechte Flügelmann im ersten Glied, der seine ungedeckte Seite den Gegnern zu entziehen bestrebt ist (und daher immer weiter nach rechts drängt); ihm folgen aus gleicher Furcht die Übrigen. (2) Auch diesmal reichten die Mantineer auf ihrem Flügel weit über die Skiriten hinaus und noch weiter die Lakedaimonier und Tegeaten über die Athener, da sie ja auch ein größeres Heer hatten. (3) Da fürchtete Agis, sein linker Flügel könnte umzingelt werden, und da seiner Meinung nach die Mantineer allzu weit (über ihn) hinausreichten, gab er den Skiriten und Brasidas-Soldaten den Befehl, weiter von den Ihrigen hinaus abzurücken und mit den Mantineern gleichzuziehen; in die (entstehende) Lücke wollte er zwei Polemarchen vom rechten Flügel, Hipponoidas und Aristokles, befehlen, mit ihren Lochen abzuschwenken, einzu-

rücken und sie auszufüllen, in der Meinung, sein rechter Flügel würde auch dann noch stark genug bleiben, und die Aufstellung gegenüber den Mantineern werde größere Festigkeit erhalten.

72 (1) Da passierte es ihm, weil er erst während des Anmarsches und unvermutet diesen Befehl gegeben hatte, dass Aristokles und Hipponoidas sich weigerten, abzuschwenken – wegen dieses Vorwurfs wurden sie freilich später auch aus Sparta verbannt, weil man befand, sie hätten sich feige benommen –, dass es eher als gedacht zur Feindberührung kam und dass, obwohl er noch[73] den Skiriten befohlen hatte, wiederum an die Übrigen aufzuschließen, weil die (zwei Lochen) eben nicht abgeschwenkt waren, auch die (Skiriten) nicht mehr imstande waren, den Anschluss zu gewinnen. (2) Aber wie sehr auch die Lakedaimonier an erfahrener Taktik in allem unterlegen waren, so zeigten sie jetzt doch, dass sie durch ihre Tapferkeit überlegen waren. (3) Als der Nahkampf mit den Feinden einsetzte, schlug zwar ihr rechter, aus Mantineern bestehender Flügel die Skiriten und Brasidas-Soldaten in die Flucht, und die Mantineer samt Verbündeten sowie die Elitetruppe der Tausend aus Argos wurden den Lakedaimoniern an der Stelle, wo ihre Schlachtreihe eine Lücke zeigte und nicht geschlossen war, zum Verhängnis, sie kreisten sie ein, trieben sie zur Flucht und warfen sie zurück bis zu den Fuhrwerken, wo sie noch einige der dort aufgestellten älteren Krieger erschlugen. (4) Hier also wurden sie besiegt, die Lakedaimonier. Mit dem übrigen Heer aber, und insbesondere in der Mitte, wo König Agis stand und um ihn die so genannten[74] 300 Ritter, da stürzten sie sich auf die älteren unter den Argeiern, die fünf Lochen, wie sie hießen, auf die Kleonaier und Orneaten, auch auf den anschließenden Teil der Athener, und trieben sie in die Flucht, wobei die meisten gar nicht bis zum Nahkampf standhielten, sondern beim Angriff der Lakedaimonier sogleich nachgaben, und so manche niedergetreten wurden (vor lauter Furcht), nur ja nicht vorher von den Feinden erwischt zu werden.

73 (1) Als nun dort das Heer der Argeier und ihrer Verbündeten nachgegeben hatte, waren sie damit zugleich nach beiden Seiten von der Schlachtordnung abgesprengt, und gleichzeitig umringte der rechte Flügel der Lakedaimonier und Tegeaten mit seinem überragenden Teil die Athener. Von beiden Seiten bedrohte sie Gefahr, auf der einen Seite wurden sie eingekreist, auf der anderen gerade geschlagen. Am meisten vom (ganzen) Heer hätten sie gelitten, wenn ihnen nicht die Anwesenheit der Reiter nützlich gewesen wäre. (2) Auch fügte es sich, dass Agis, als er sah, wie schlecht es dem linken Flügel seiner Leute gegenüber den Mantineern und den Tausend der Argeier erging, seinem ganzen Heer befahl, sich dem geschlagenen Teil des Heeres zuzuwenden. (3) Während dies nun geschah, also das Heer sich entfernte und seitlich von den Athenern abbog, konnten sie sich in Ruhe in Sicherheit bringen, mit ihnen ebenso der geschlagene Teil der Argeier. Die Mantineer mit ihren Verbündeten und die Elitetruppe der Argeier hatten nicht mehr die Absicht, den Feinden weiter nachzusetzen, sondern als sie ihre eigenen Leute besiegt und die Lakedaimonier heranstürmen sahen, ergriffen sie die Flucht. (4) Von den Mantineern fielen sogar ziemlich viele, von der Elitetruppe der Argeier konnte sich der Großteil retten. Allerdings waren Flucht und Rückzug nicht hart bedrängt und führten auch nicht weit; denn die Lakedaimonier liefern durch ihre Ausdauer lange und hartnäckige Schlachten, bis sie (die Feinde) in die Flucht schlagen; haben sie sie aber geschlagen, lassen sie sich nur auf kurze Verfolgungen ein und nicht auf weite Strecken.[75]

74 (1) So oder doch nahezu so verlief die Schlacht; seit undenklich langer Zeit die größte, wurde sie unter den bedeutendsten hellenischen Städten ausgetragen. (2) Die Lakedaimonier stellten sich kampfbereit vor den Leichen der Feinde auf, schickten sich an, sogleich ein Siegeszeichen aufzustellen und sich die Waffen der Toten zu holen; ihre eigenen bargen sie und führten sie nach Tegea, wo sie bestattet wurden, und die der Feinde gaben sie während einer Waffenruhe heraus. (3) Gefallen waren von den Argeiern, Orneaten und Kleonaiern 700, von den Mantineern 200, von den Athenern samt Aigineten 200 und beide Feldherren (Laches und Nikostratos). Die Verbündeten der Lakedaimonier hatten nicht so sehr zu leiden, dass eine nennenswerte Zahl umgekommen wäre; über sie war es schwer, richtige Angaben zu erfahren, angeblich sollen etwa 300 gefallen sein.

75 (1) Während die Schlacht noch bevorstand, war auch der andere König Pleistoanax mit den Älteren und der Jungmannschaft zu Hilfe geeilt und bereits bis Tegea gekommen, als er vom Sieg erfahren und kehrtgemacht hatte. (2) Auch ihren Verbündeten von Korinth und von jenseits des Isthmos schickten die Lakedaimonier Botschaften und ließen sie umkehren. Sie selbst entließen ihre Verbündeten, traten die Rückkehr nach Hause an und feierten das Fest der Karneen,[76] das gerade in diese Zeit fiel. (3) Dem Vorwurf wegen Feigheit, der ihnen von den Hellenen damals gemacht wurde, seit dem Unglück auf der Insel (Sphakteria) und außerdem wegen Ideenlosigkeit und Schwerfälligkeit, hatten sie durch diese eine Tat ein Ende gemacht; durch ein Missgeschick seien sie, wie man nun meinte, in üblen Ruf geraten, in ihrer Geisteshaltung seien sie immer noch dieselben. (4) Am Tag vor der Schlacht war Folgendes geschehen: Die Epidaurier waren mit gesamter Macht in das (von Truppen) entblößte Gebiet von Argos eingefallen und hatten viele von den Argeiern zurückgelassene Besatzungen, als diese ausrückten, niedergemacht. (5) Nachdem aber die

3000 Hopliten der Eleer[77] den Mantineern zu Hilfe gekommen waren, unmittelbar nach der Schlacht, und 1000 aus Athen zu den früheren hinzu, zogen all diese Verbündeten zusammen sogleich gegen Epidauros in den Kampf, solange die Lakedaimonier noch die Karneen feierten, und begannen, die Stadt mit einer Mauer einzuschließen, wobei sie (die Arbeit) abschnittsweise unter sich aufteilten. (6) Die anderen stellten zwar (bald) ihre Arbeit ein, doch die Athener wurden rasch auf der Anhöhe mit dem Heraion, (einem Abschnitt,) der ihnen zugewiesen worden war, fertig. In dieser Verschanzung ließen alle eine gemeinsame Besatzung zurück und zogen dann wieder ab, jeder in seine Heimatstadt. Und der Sommer endete.

Winter 418/417

76 (1) Zu Beginn des folgenden Winters unternahmen die Lakedaimonier gleich wieder einen Feldzug (nachdem sie die Karneen gefeiert hatten)[78]. Nach ihrer Ankunft in Tegea ließen sie nach Argos Vorschläge übermitteln, die auf eine Einigung abzielten. (2) Ihre Anhänger waren aber schon vorher dort, Leute, die die Demokratie in Argos stürzen wollten, und nachdem nun die Schlacht stattgefunden hatte, konnten sie viel leichter die Menge für die Zustimmung gewinnen. Ihr Plan war, zuerst einen Friedensvertrag mit den Lakedaimoniern abzuschließen, später ein Militärbündnis und dann erst gegen die Demokratie vorzugehen. (3) Auch der Proxenos der Argeier, Lichas, der Sohn des Arkesilaos, kam von den Lakedaimoniern mit zwei Vorschlägen nach Argos, mit dem einen für den Fall, dass sie den Krieg fortsetzen wollten, mit dem andern, falls sie zum Frieden geneigt seien. Nach längeren Verhandlungen mit gegensätzlichen Standpunkten – es war gerade Alkibiades zugegen –

bewogen die Aktivisten der Lakedaimonier, die bereits ganz offen aufzutreten wagten, die Argeier, den Vorschlag zur Einigung anzunehmen. Er lautet:[79]

77 (1) »Unter folgenden Bedingungen erklärt sich die Volksversammlung der Lakedaimonier bereit, mit den Argeiern einen Vertrag zu schließen: (Die Argeier) sollen den Orchomeniern die Söhne[80], den Mainaliern die Männer zurückgeben, ferner die Männer in Mantineia den Lakedaimoniern zurückgeben, aus dem Gebiet von Epidauros abziehen und die Verschanzung[81] niederreißen. (2) Wenn die Athener nicht aus dem Gebiet von Epidauros weichen, sollen sie Feinde sein für die Argeier, für die Lakedaimonier, für die Verbündeten der Lakedaimonier und für die Verbündeten der Argeier. (3) Und wenn die Lakedaimonier irgendwelche jungen Leute[82] (als Geiseln?) haben, sollen sie sie allen Städten zurückgeben. (4) Was das Opfer für den Gott (Apollon Pythaios) betrifft, soll man die Epidaurier zu einem Eid verpflichten und in diesem Fall sollen sie selbst schwören, (das Opfer auch darzubringen). (5) Die Städte auf der Peloponnasos, kleine und große, sollen unabhängig sein – alle – wie von alters her. (6) Wenn eine der Städte außerhalb der Peloponnasos in feindlicher Absicht kommt, soll man sich gemeinsam (Argos und Sparta) zur Abwehr entschließen (auf eine Art), wie es den Peloponnasiern am ehesten gerechtfertigt erscheint. (7) So weit es außerhalb der Peloponnasos Verbündete der Lakedaimonier gibt, werden sie im selben Vertragsverhältnis stehen, wie auch die Lakedaimonier und so weit es Verbündete der Argeier gibt, (werden sie im selben Vertragsverhältnis stehen wie die Argeier)[83] und behalten, was ihnen gehört. (8) Nachdem man (diese Absichten) den Verbündeten mitgeteilt hat, soll man den Vertrag abschließen, wenn sie dieser Meinung sind; wenn sie anderer Meinung sind, soll man es nach Hause[84] melden.«

78 (1) Diesen Vorschlag nahmen zunächst die Argeier an, und das Heer der Lakedaimonier begann seinen Rückmarsch von Tegea nach Hause. Weil seitdem ein friedlicher Umgang miteinander wiederhergestellt war, brachten dieselben Männer es wiederum zustande, dass sich die Argeier vom Bündnis mit den Mantineern, den Athenern und den Eleern lossagten und einen Friedens- und Bündnisvertrag mit den Lakedaimoniern abschlossen. Und er lautete so:

79 (1) »Unter folgenden Bedingungen beschlossen die Lakedaimonier und Argeier, dass ein Friedens- und Bündnisvertrag bestehe auf fünfzig Jahre, wobei sie unter völliger Gleichberechtigung zwischen sich Recht sprechen lassen wie von alters her. Die übrigen Städte auf der Peloponnasos sollen teilhaben am Friedens- und Bündnisvertrag, ihre Selbständigkeit und ihre Verfassung behalten, im Besitz des Ihrigen verbleiben und (einander) wie von alters her völlige Rechtsgleichheit zuerkennen. (2) Soweit es außerhalb der Peloponnasos Verbündete der Lakedaimonier gibt, werden sie im selben Vertragsverhältnis stehen wie auch die Lakedaimonier und die Verbündeten der Argeier werden im selben Vertragsverhältnis stehen wie die Argeier und behalten, was ihnen gehört. (3) Wenn irgendwohin ein Feldzug, ein gemeinsamer, nötig ist, sollen Lakedaimonier und Argeier beraten, dabei auch berücksichtigen, wie sie den Verbündeten am gerechtesten (begegnen). (4) Wenn mit einer der Städte Auffassungsunterschiede bestehen, entweder innerhalb oder außerhalb der Peloponnasos, sei es über Grenzen, sei es über etwas anderes, sollen sie sich gütlich darüber auseinander setzen. Wenn (trotzdem) von den Städten der Verbündeten eine mit der anderen Streit hat, sollen sie sich an eine Stadt wenden, die ihnen beiden unparteiisch erscheint. Unter Privatleuten soll man Rechtsstreitigkeiten wie von alters her entscheiden.«

80 (1) So weit der Friedens- und Bündnisvertrag, wie er zustande gekommen war. Und alles, was sie voneinander auf kriegerische oder andere Weise in Besitz hatten, darüber hatten sie sich geeinigt. Da sie nun bereits gemeinsam handelten, beschlossen sie, einen Herold und eine Gesandtschaft von den Athenern nicht zu empfangen, wenn sie nicht aus dem Peloponnes abzögen und die Festungen[85] räumten, (ferner beschlossen sie,) auch nur gemeinsam Frieden zu schließen oder Krieg zu führen. (2) Auch sonst zeigten sie leidenschaftlichen Eifer, und so schickten beide ihre Gesandten in thrakische Lande und zu Perdikkas; sie gewannen ihn dafür, auch auf ihr Bündnis zu schwören. Perdikkas fiel allerdings nicht gleich von den Athenern ab, sondern dachte bloß daran, weil er die Argeier vor Augen hatte, (die schon abgefallen waren,) stammte er doch selbst ursprünglich[86] aus Argos. Mit den Chalkidiern erneuerten sie die alten Eide[87] und bekräftigten sie durch weitere. (3) Auch schickten die Argeier zu den Athenern Gesandte und verlangten, die Verschanzung von Epidauros zu räumen. Die (Athener) sahen, dass sie nur wenige waren im Verhältnis zur Gesamtzahl der Festungsbewacher und schickten Demosthenes, der ihre Leute abholen sollte. Nach seiner Ankunft ließ er zum Schein außerhalb der Festung einen sportlichen Wettkampf veranstalten, und als die übrige Besatzungstruppe (die Festung) verlassen hatte, ließ er die Tore versperren. Später erneuerten dann die Athener den Friedensvertrag mit den Epidauriern und übergaben von sich aus die Befestigungsanlage.

81 (1) Nach dem Austritt der Argeier aus dem Bündnis mussten sich auch die Mantineer, die sich anfangs sträubten, aber ohne Argeier keine Macht hatten, mit den Lakedaimoniern einigen und gaben die Herrschaft über die Städte[88] auf. (2) Dann unternahmen Lakedaimonier und Argeier, je 1000 Mann, zusammen einen Kriegszug und führten in den politischen Verhältnissen von Sikyon noch mehr Oligarchie ein – die Lakedaimonier selbst waren dorthin gekommen; danach machten beide zusammen der Demokratie in Argos ein Ende, und eine Oligarchie im Interesse der Lakedaimonier kam zustande; und das geschah schon gegen Frühlingsanfang, am Ende des Winters, und damit endete das vierzehnte Jahr des Krieges.

Fünfzehntes Kriegsjahr

Sommer 417

82 (1) Im folgenden Sommer gingen die Dier am Athos von den Athenern zu den Chalkidiern über, und die Lakedaimonier sorgten für neue politische Verhältnisse in Achaia, weil sie vorher nicht in ihrem Interesse waren. (2) Und die demokratische Partei der Argeier fand allmählich wieder zusammen, fasste neuen Mut und griff die Oligarchen an; dafür warteten sie bewusst auf die Gymnopaidien[89] der Lakedaimonier. Da kam es zu einer (regelrechten) Schlacht in der Stadt, das Volk siegte, tötete die einen und vertrieb die anderen. (3) Die Lakedaimonier aber waren, solange ihre Freunde (eine Zeit lang) um Hilfe gebeten hatten, längere Zeit nicht gekommen, hatten dann doch die Gymnopaidien verschoben und eilten zu Hilfe. Nachdem sie aber in Tegea erfahren hatten, dass die Oligarchen besiegt seien, wollten sie trotz der Bitten der Flüchtlinge nicht weiter vorrücken, sie kehrten nach Hause um und feierten die Gymnopaidien. (4) Später fanden sich Gesandte der Argeier, sowohl aus der Stadt, als auch von außerhalb bei ihnen ein, und in Gegenwart der Verbündeten entschieden nach langen Debatten beider Parteien die Lakedaimonier, dass die in der Stadt im Unrecht seien, doch es traten weiter zeitraubende Verzögerungen ein. (5) Das Volk von Argos, das aus

Furcht vor den Lakedaimoniern wieder ein Bündnis mit den Athenern anbahnen wollte und sich davon den größten Vorteil erhoffte, baute unterdessen lange Mauern zum Meer hin, damit im Fall einer Blockade der Landwege die Zufuhr von Versorgungsgütern durch die Athener auf dem Seeweg für sie Hilfe bringe. (6) Um diesen Mauerbau wussten auch einige von den peloponnesischen Städten Bescheid. Und die Argeier bauten mit Hilfe ihrer gesamten Bevölkerung, Männer, Frauen und Haussklaven, ihre Mauer. Auch aus Athen kamen Baumeister und Steinmetzen. Und der Sommer endete.

Winter 417/416

83 (1) Im darauf folgenden Winter zogen die Lakedaimonier, als sie vom Mauerbau hörten, gegen Argos in den Krieg – sie selbst und die Verbündeten mit Ausnahme der Korinther. Es arbeitete für sie auch von Argos aus eine kleine Aktivistengruppe. Das Heer führte der König der Lakedaimonier, Agis, der Sohn des Archidamos. (2) Die anscheinend hilfreiche Mitwirkung von der Stadt aus brachte (den Lakedaimoniern) keine Vorteile mehr, aber die im Bau befindlichen Mauern nahmen sie ein und zerstörten sie, auch Hysiai, einen Ort bei Argos, eroberten sie, töteten alle Freien, die sie fangen konnten, zogen daraufhin ab und gingen auseinander, jener in seine Stadt. (3) Bald nachher unternahmen auch die Argeier einen Feldzug in das Gebiet von Phleius und zogen erst nach Verwüstungen wieder ab; man hatte nämlich (dort) ihre Flüchtlinge aufgenommen, die meisten von ihnen hatten sich dort angesiedelt. (4) Im selben Winter blockierten die Athener Makedonien, sie warfen Perdikkas den beschworenen Bund mit den Argeiern und Lakedaimoniern vor und dass er sich nicht an das

Bündnis gehalten habe, als sie sich unter der Führung des Nikias, des Sohnes des Nikeratos, rüsteten, ein Heer gegen die thrakischen Chalkidier und Amphipolis einzusetzen, und dass der Kriegszug aufgegeben worden war, weil er sie im Stich gelassen hatte. Ein Feind also war er! So endete dieser Winter und damit auch das fünfzehnte Kriegsjahr.

Sechzehntes Kriegsjahr

Sommer 416

84 (1) Im folgenden Sommer fuhr Alkibiades mit 20 Schiffen nach Argos, nahm dort unter den Argeiern 300 Männer fest, die immer noch im Ruf und im Verdacht standen, mit den Lakedaimoniern zu sympathisieren. Die Athener brachten sie auf Inseln in der Nähe, die unter ihrer Herrschaft standen, in Gewahrsam. Auch gegen die Insel Melos unternahmen die Athener einen Feldzug mit einer Flotte von 30 eigenen Schiffen, 6 aus Chios und 2 aus Lesbos, mit einem Heer von 1200 eigenen Schwerbewaffneten, 300 Bogenschützen, 20 Reiterschützen und von Verbündeten und den Inseln ungefähr 1500 Schwerbewaffneten. (2) Die Melier stammen von Auswanderern der Lakedaimonier und wollten den Athenern nicht untertan sein wie die anderen Inselvölker, sondern schlossen sich zunächst keinem der beiden Gegner an und verhielten sich ruhig; später dann, als die Athener sie durch Verwüstung des Landes zwingen wollten, traten sie offen in den Krieg ein. (3) Mit der aufgezählten Heeresmacht bezogen nun die Feldherren Kleomedes, Sohn des Lykomedes, und Teisias, Sohn des Teisimachos, ein Lager; ehe sie aber dem Land irgendwie Schaden zufügten, schickten sie vorerst Gesandte zu Verhandlungen in die Stadt. Die Melier führten sie aber nicht vor das Volk, sondern forderten sie auf, vor den Behörden und dem Rat der Adligen über den Zweck ihres Kommens zu sprechen. Da sprachen die athenischen Gesandten ungefähr so:

85 (1) »Da wir unsere Worte nicht an das Volk richten können, offenbar damit nicht die Menge in zusammenhängender Rede von uns manche verlockenden und unwiderleglichen Dinge höre und sich dadurch täuschen lasse – denn das bedeutet doch, wir wissen es genau, unsere Ladung vor den Rat –, so verfahrt nun, ihr hier Versammelten, noch vorsichtiger: Antwortet auch ihr auf jeden einzelnen Punkt und nicht in zusammenhängender Rede, sondern unterbrecht uns sofort, wenn euch etwas in unserer Rede unannehmbar scheint. Zunächst sagt also, ob euch unser Vorschlag gefällt.«

86 (1) Die Ratsherren der Melier antworteten: »Gegen euren gerechten Vorschlag, einander in aller Ruhe zu überzeugen, haben wir nichts einzuwenden, doch scheinen die kriegerischen Rüstungen, die schon abgeschlossen sind und nicht erst drohen, damit nicht übereinzustimmen. Sehen wir euch doch gekommen, selbst Richter zu sein über alles, was gesprochen werden wird. Und das Ende davon wird schließlich sein: Siegen wir in dem Rechtsstreit und geben daher nicht nach, so droht uns Krieg, lassen wir uns aber von euch bereden, Knechtschaft.«[90]

87 (1) Die Athener: Wenn ihr freilich hier zusammengekommen seid, um Vermutungen über die Zukunft anzustellen oder sonst etwas, statt gemäß der gegenwärtigen Lage, wie ihr sie jetzt vor Augen habt, über die Rettung der Stadt zu beraten, so können wir ja gleich wieder aufhören; wenn aber das, so wollen wir weiter reden.

88 (1) Die Melier: Es ist natürlich und verzeihlich, wenn man in solcher Not zu mancherlei Worten und Gedanken Zuflucht nimmt; diese Versammlung hier gilt allerdings unserer Rettung, und daher entwickle sich die Verhandlung, wenn es euch recht ist, in der Art, wie ihr sie fordert.

89 (1) Die Athener: Nun gut, wir selbst wollen nun nicht mit schön klingenden Worten – wie etwa, zu Recht bestehe unsere Herrschaft nach unserem Sieg über die Perser, oder, wir wollten erlittenes Unrecht jetzt rächen – eine langatmige und deshalb unglaubwürdige Rede vortragen. Aber auch ihr, das fordern wir, dürft nicht glauben, uns durch solche Ausführungen zu überzeugen: Als Bürger einer Tochterstadt der Lakedaimonier hättet ihr euch nicht am Krieg (auf unserer Seite) beteiligen können, oder, ihr hättet uns kein Unrecht zugefügt. Nein, im Rahmen des von uns als wahr Erkannten sucht das Mögliche zu erreichen, da ihr ebenso gut wie wir wisst, dass Recht im menschlichen Verkehr nur bei gleichem Kräfteverhältnis zur Geltung kommt, die Stärkeren aber alles in ihrer Macht Stehende durchsetzen und die Schwachen sich fügen.

90 (1) Die Melier: Wir glauben aber doch, es wäre nützlich – so müssen wir ja sprechen, da ihr statt des Rechtes den Vorteil unserem Gespräch zugrunde gelegt habt –, wenn ihr nicht etwas aufheben würdet, woraus alle gemeinsam Gewinn ziehen, sondern wenn jedem, der in Gefahr gerät, Gründe der Billigkeit zu Gebote stünden und er daraus, auch ohne alles bis ins Letzte genau zu erweisen, Nutzen ziehen könne. Das gilt in hohem Grade mit für euch, insoweit ihr, einmal gestürzt, durch die Härte der Strafe (die an euch dann vollzogen werden wird) anderen ein warnendes Beispiel werden könntet.

91 (1) Die Athener: Wegen des Endes unserer Herrschaft, sollte sie auch untergehen, machen wir uns keine Sorgen; denn ein Volk, das über andere herrscht, wie ja auch die Lakedaimonier, bedeutet deshalb für die Besiegten nicht gleich eine schreckliche Gefahr – im Übrigen gilt unser Kampf ja gar nicht den Lakedaimoniern –, wohl aber die

Untertanen, wenn sie einmal zum Kampf rüsten und ihre früheren Herren besiegen. (2) Doch dieser Gefahr zu begegnen sei uns überlassen. Dass wir hierher gekommen sind zum Nutzen unserer Herrschaft und diese Verhandlungen führen wollen zur Rettung eurer Stadt, das werden wir noch aufzeigen; denn dies ist unser Wunsch. Wir werden ohne Mühe eure Herren, und ihr bleibt zum Vorteil für beide ungeschoren.

92 (1) Die Melier: Wie könnte für uns Unterwerfung ebenso vorteilhaft sein wie für euch Ausweitung der Herrschaft?

93 (1) Die Athener: Weil ihr, statt Ärgstes zu erleiden, euch fügen dürftet und wir, wenn wir euch nicht vernichten müssten, dabei gewinnen würden.

94 (1) Die Melier: Dass wir uns ruhig verhalten und statt eure Feinde Freunde sind, jedoch verbündet mit keinem der beiden Gegner, damit könnt ihr euch nicht zufrieden geben?

95 (1) Die Athener: Nein, denn eure Feindschaft schadet uns nicht so sehr, wie Freundschaft als Beweis (unserer) Schwäche, Hass dagegen als (Zeichen unserer) Stärke bei unseren Untertanen gilt.

96 (1) Die Melier: Erschließen denn eure Untertanen derart Recht und Unrecht, dass sie Völker, die euch gar nicht zugehören, mit den Städten, die zum Großteil von euch gegründet sind, teils, nachdem sie sich losgesagt hatten, wieder überwältigt wurden, völlig gleichsetzen?

97 (1) Die Athener: An Rechtsgründen, meinen sie, mag es weder den einen noch den anderen fehlen, aber (sie werden auch denken), dass jene sich dank ihrer Macht behaupten, wir jedoch aus Furcht nicht angreifen. Abgesehen von der Vergrößerung unserer Herrschaft würdet ihr uns daher auch Sicherheit durch eure Unterwerfung bieten, wenn ihr als Insel, noch dazu eine der schwächsten, euch uns Seebeherrschern gegenüber nicht behaupten könnt.[91]

98 (1) Die Melier: Und in unserem früheren Vorschlag seht ihr keine Sicherheit? Denn ebenso, wie ihr uns von der Erörterung der Rechtslage abgebracht und gezwungen habt, nur auf euren Nutzen zu hören, müssen nun andrerseits wir unseren Vorteil darlegen und euch zu beweisen versuchen, ob vielleicht dasselbe auch euch zuträglich sei. Alle, die jetzt noch mit niemandem verbündet sind, werdet ihr euch die nicht zu Feinden machen, wenn sie angesichts dieser Vorgänge glauben müssen, einmal werdet ihr auch gegen sie losziehen? Damit stärkt ihr doch nur eure bisherigen Feinde, und die, die es nie werden wollten, treibt ihr dazu, es gegen ihren Willen zu werden.

99 (1) Die Athener: Das sind, meinen wir, keine so fürchterlichen Gegner, die Städte irgendwo auf dem Festland, die eben, weil sie frei sind, lange zaudern werden, bis sie etwas zu ihrem Schutz gegen uns unternehmen, wohl aber sind es die Inseln, die noch unabhängig sind, so wie ihr, oder die bereits durch den Zwang der Herrschaft gereizt sind. Diese könnten am ehesten in blinder Unüberlegtheit sich selbst und uns in offensichtliche Gefahr stürzen.

100 (1) Die Melier: Nun denn, wenn ihr solche Gefahren auf euch nehmt, um eure Herrschaft zu erhalten, die Untertanen aber, um endlich davon freizukommen, uns noch Freien würde es die arge Schande der Feigheit eintragen, wenn wir nicht alles unternähmen, ehe wir Sklaven werden.

101 (1) Die Athener: Nein, wenn ihr nur vernünftig überlegt; nicht gilt eurem Mannesruhm der Kampf von gleich zu gleich, dass ihr nicht Schande auf euch ladet, sondern eher eurem Heil die Beratung, dass ihr euch nicht den weitaus Mächtigeren widersetzt.

102 (1) Die Melier: Aber wir wissen, dass im Krieg sich das Glück oft gleichmäßiger verteilt, als es dem Kräfteunterschied der beiden Gegner entspräche. Für uns bedeutet Zurückweichen sofortige Hoffnungslosigkeit, handeln wir

aber zuerst, besteht noch Hoffnung, uns aufrechtzuerhalten.

103 (1) Die Athener: Hoffnung, ein Trostmittel in der Gefahr, wird den Starken, wenn er sich an sie klammert, vielleicht schädigen, aber nicht vernichten. Wer aber alles, was er besitzt, aufs Spiel setzt – denn ihrem Wesen nach ist sie verschwenderisch –, erkennt sie erst nach seinem Sturz; da aber lässt sie ihm nichts mehr übrig, womit er sich nach seiner Erkenntnis gegen sie schützen könnte. (2) Trachtet doch, dass es euch nicht so ergeht, da ihr schwach seid und für euren Untergang ein einziger Ausschlag des Waagebalkens genügt, und handelt nicht wie die vielen, die zwar (zuerst) die Möglichkeit hatten, sich noch mit Menschenkraft zu retten, aber dann, wenn in Not und Bedrängnis alle sichtbare Hoffnung geschwunden ist, auf die unsichtbare vertrauen: Weissagung, Göttersprüche und dergleichen mehr, was im Gefolge der Hoffnungen ins Verderben führt.

104 (1) Die Melier: Schwer freilich scheint es auch uns, wisst es wohl, gegen eure Übermacht und das Schicksal, wenn es nicht gleich zu gleich steht, den Kampf aufzunehmen. Dennoch vertrauen wir, dass wir vom Schicksal um der Gottheit willen nicht verlassen werden, weil wir gottesfürchtig ungerechten Angreifern entgegentreten und unserem Mangel an Macht das Bündnis mit den Lakedaimoniern abhelfen wird, die, wenn schon aus keinem andern Grund, uns wegen der Stammesverwandtschaft und um ihrer Ehre willen zu Hilfe kommen müssen; und nicht ganz unvernünftig ist somit unser Selbstvertrauen.

105 (1) Die Athener: Nun, was die Gottheit betrifft, so hoffen auch wir, ihrer Gnade nicht verlustig zu gehen. Denn nichts von dem, was wir fordern oder tun, widerspricht der Vorstellung der Menschen von der Gottheit und ihrem Betragen untereinander. (2) Wir glauben nämlich, dass der Gott wahrscheinlich, der Mensch ganz sicher allezeit nach

dem Zwang der Natur überall dort, wo er die Macht hat, herrscht. Wir haben dieses Gesetz weder aufgestellt noch als Bestehendes zuerst befolgt, als gegeben haben wir es übernommenen und werden es als ewig Gültiges hinterlassen; wir befolgen es in dem Bewusstsein, dass auch ihr oder andere, die dieselbe Macht wie wir errungen haben, nach demselben Grundsatz verfahren würden. (3) Von der Gottheit verlassen zu werden, brauchen wir also nach der Wahrscheinlichkeit nicht zu befürchten. Nun zu eurer Erwartung, die ihr in die Lakedaimonier setzt, da ihr glaubt, sie werden euch um ihrer Ehre willen zu Hilfe kommen. Wir preisen euch glücklich wegen eurer naiven Unkenntnis alles Bösen, beneiden euch aber nicht um eure Torheit. (4) Die Lakedaimonier nämlich betragen sich untereinander und nach ihren Landesgesetzen höchst untadelig, aber wie sie sich anderen gegenüber benehmen, darüber könnte man viel erzählen; kurz und bündig aber darf man behaupten: Sie sind es, die unseres Wissens am augenfälligsten das Angenehme für schön erklären und das Nützliche für gerecht. Und eine solche Gesinnung spricht doch kaum für eure so unvernünftig erhoffte Rettung.

106 (1) Die Melier: Wir aber vertrauen gerade deshalb fest darauf, dass sie zu ihrem eigenen Nutzen die Melier, die Bürger ihrer Tochterstadt nicht preisgeben wollen, um nicht den Freunden unter den Hellenen treulos, den Feinden hilfreich zu erscheinen.

107 (1) Die Athener: Glaubt ihr also nicht, dass das Vorteilhafte mit Sicherheit verbunden ist, das Gerechte und Edle aber nur unter Gefahren vollbracht wird? Ein Wagnis, zu dem die Lakedaimonier im Allgemeinen nur sehr wenig bereit sind.

108 (1) Die Melier: Wir sind wirklich der Meinung, dass sie unseretwegen eher die Gefahr auf sich nehmen und sie für weniger bedenklich halten werden als anderer Leute

wegen, insofern wir für künftige Taten nahe am Peloponnes liegen und wir als Blutsverwandte treuer gesinnt sind als andere.

109 (1) Die Athener: Sichere Stütze findet der Mitstreiter aber nicht im guten Willen des Hilfesuchenden, sondern dann, wenn einer an tatsächlicher Macht weit überlegen ist; und darauf sehen die Lakedaimonier mehr als auf alles andere. Weil sie ja ihrer eigenen Rüstung so sehr misstrauen, rücken sie nur mit vielen Verbündeten in das Land ihrer Nachbarn ein; es ist daher unwahrscheinlich, dass sie auf eine Insel übersetzen, wo wir doch die See beherrschen.

110 (1) Die Melier: Sie könnten ja andere schicken; groß ist das Kretische Meer, in seinen Weiten fällt es den Seebeherrschern schwerer, Schiffe aufzubringen, als solchen, die unbemerkt bleiben wollen, heil durchzukommen. (2) Sollte ihnen aber auch das misslingen, könnten sie sich gegen euer Land wenden und gegen die restlichen Verbündeten, zu denen Brasidas noch nicht gekommen ist, und statt um Land, das euch nichts angeht, werdet ihr euch mehr um euer eigenes Land und das eurer Verbündeten abmühen müssen.

111 (1) Die Athener: Geschieht dies, so haben wir ja darin schon einige Erfahrung, und ihr wisst doch ziemlich genau, dass die Athener noch niemals auch nur eine einzige Belagerung aus Furcht vor anderen Feinden abgebrochen haben. (2) Wir müssen uns aber sagen, dass ihr trotz eurer Ankündigung, ihr wolltet nur über eure Rettung beraten, überhaupt nichts in der bisherigen Unterredung vorgebracht habt, worauf Menschen ihre Hoffnung auf Rettung gründen können; eure stärksten Stützen sind die Hoffnungen auf die Zukunft, eure derzeitigen Anstalten aber sind zu schwach, um gegen den bereits vorhandenen Gegner zum Erfolg zu führen. Arge Verblendung in eurem Denken zeigt ihr daher, wenn ihr uns nicht jetzt noch durch andere, vernünftigere Entschlüsse umstimmt. (3) Ihr werdet doch hof-

fentlich nichts von der in schmählichen und selbstverschuldeten Gefahren schon so oft den Menschen verderblichen »Ehre« halten! Denn schon viele, die noch genau voraussahen, wohin sie trieben, verführte die so genannte Scham mit der Kraft eines Zauberwortes, dass sie sich, geblendet von einem Wort, in der Wirklichkeit mit freiem Willen in heilloses Unglück verstrickten und ärgere Schande infolge ihres Unverstandes als infolge eines Schicksalsschlages davontrugen. (4) Davor werdet ihr euch, wenn ihr nur verständig zu Rate geht, sicher zu hüten wissen und es nicht unbillig finden, der mächtigsten Stadt in ihren maßvollen Forderungen zu willfahren: Bundesgenossen zu werden, tributpflichtig, aber weiterhin im Genuss eures Besitzes, und nicht bei gewährter Wahl zwischen Krieg und Sicherheit verstockt auf eurem Verderben zu bestehen. Denn wer vor dem gleich Starken nicht zurückweicht, sich dem Mächtigeren gegenüber angemessen verhält und sich im Verkehr mit dem Schwächeren mäßigt, der fährt meistens am besten. (5) Überlegt also und bedenkt auch nach unserem Abgang oft und oft: Ihr beratet über euer Vaterland, dieses eine Vaterland steht auf dem Spiel, ob nun die eine Beratung glückt oder fehlschlägt.

112 (1) Damit verließen die Athener den Verhandlungsraum. Die Melier untereinander blieben bei dem gleichen Beschluss, den sie schon früher vorgetragen hatten, und antworteten: (2) »Unser Entschluss hat sich seit dem ersten Mal nicht geändert, Athener, auch wollen wir nicht in kurzer Zeit eine Stadt, die schon siebenhundert Jahre besteht, der Freiheit berauben, sondern voll Vertrauen auf die göttliche Fügung, die sie bisher beschützt hat, und auf die Hilfe aller Menschen, vor allem der Lakedaimonier, wollen wir versuchen, uns zu retten. (3) Wir schlagen euch noch einmal vor, eure Freunde, niemandes Feinde zu sein und dass ihr aus unserem Land abzieht nach Abschluss eines Vertrages, der uns beiden annehmbar scheint.«

113 (1) So antworteten die Melier. Die Athener, die nunmehr die Verhandlungen abbrachen, erklärten: »Ihr seid also wirklich die Einzigen, so scheint uns nach diesen Entschlüssen, die in der Zukunft mehr Sicherheit erkennen als in dem, was vor Augen liegt, und die das Verhüllte, allein weil sie es wünschen, als wirklich betrachten; und da ihr in blindem Vertrauen auf Lakedaimonier, Schicksal und Hoffnungen alles auf eine Karte gesetzt habt, werdet ihr auch alles verlieren.«

114 (1) Danach kehrten die athenischen Gesandten zum Heer zurück. Da sich die Melier nicht fügen wollten, eröffneten die Feldherren sofort die Feindseligkeiten; sie verteilten die Mauerabschnitte an die einzelnen Städte und begannen Melos zu umschließen. (2) Später ließen sie nur Wachposten aus eigenen Leuten und Bundesgenossen zurück, zu Wasser und zu Lande. Mit der Hauptmacht zogen sie ab; die anderen blieben an Ort und Stelle und belagerten die Stadt.

115 (1) Und die Argeier fielen um dieselbe Zeit in das Gebiet von Phleius ein, sie wurden aber von den Phleiasiern und ihren eigenen Flüchtlingen in einen Hinterhalt gelockt, und dabei kamen etwa 80 Mann um. (2) Und die Athener nahmen von Pylos aus den Lakedaimoniern viel Beute ab, doch die Lakedaimonier erklärten deswegen den Friedensvertrag nicht für gebrochen, führten auch nicht Krieg, ließen aber verkünden: Wer von ihnen wolle, könne Raubzüge gegen die Athener unternehmen. (3) Auch die Korinther bekriegten wegen gewisser eigener Streitigkeiten die Athener. Die übrigen Peloponnesier verhielten sich ruhig. (4) Die Melier eroberten in einem nächtlichen Ausfall den Teil der athenischen Ummauerung, der gegen den Markt zu lag, töteten einige Mann, schafften Lebensmittel und andere Güter, so viel sie nur konnten, in die Stadt und verhielten sich dann wieder ruhig. Die Athener verstärkten darauf die Wachposten. So endete der Sommer.

Winter 416/415

116 (1) Im folgenden Winter hatten die Lakedaimonier vor, gegen Argos und sein Umland einen Feldzug zu unternehmen; da ihnen das Grenzüberschreitungsopfer nicht günstig ausfiel, kehrten sie um. Wegen dieses Vorhabens schöpften die Argeier gegen etliche in ihrer Stadt Verdacht, nahmen die einen gefangen, die anderen entkamen ihnen. (2) Zur selben Zeit (im Winter) nahmen die Melier wiederum einen anderen Abschnitt der athenischen Ummauerung, da dort nur wenige Wachtruppen standen. (3) Als nach diesem Vorfall ein weiteres Heer aus Athen unter Philokrates, dem Sohn des Demeas, ankam und nun die Belagerung mit aller Härte durchführte, ergaben sich die Melier, da auch noch Verrat hinzukam, bedingungslos den Athenern. (4) Diese töteten alle erwachsenen Männer, die sie ergreifen konnten, die Kinder und Frauen verkauften sie in die Sklaverei. Sie selbst gründeten den Ort neu und schickten etwas später 500 Siedler dorthin.

Sechstes Buch

1 (1) Im gleichen Winter wollten die Athener zum zweiten Mal und mit größerer Macht als damals unter Laches und Eurymedon gegen Sizilien segeln und es unterwerfen, wenn sie könnten;[1] dabei waren sich die meisten völlig im Unklaren über die Größe der Insel und die Zahl der dort wohnenden Hellenen und Barbaren und dass sie darangingen, einen nicht viel geringeren Krieg anzufangen als den gegen die Peloponnesier. (2) Zur Umseglung von Sizilien braucht nämlich ein Lastschiff nicht viel weniger als acht Tage; so groß ist es, und höchstens 20 Stadien Meer liegen dazwischen, sonst wäre es Festland.

2 (1) Besiedelt wurde es ursprünglich so und hatte folgende Stämme (zu Bewohnern). Als älteste sollen in einem Teil des Landes die Kyklopen und Laistrygonen gesiedelt haben; von denen kann ich weder die Herkunft angeben, noch woher sie ins Land kamen, noch wohin sie abwanderten. Es möge genügen, wie es von den Dichtern berichtet ist und wie jeder darüber denken will. (2) Die Sikaner sind nach ihnen, so scheint es, die Ersten gewesen, die dort siedelten – wie sie selbst behaupten, sogar noch früher, weil sie Ureinwohner seien; wie aber als Tatsache feststeht, sind sie Iberer und wurden vom Sikanosfluss in Spanien von den Ligyern vertrieben. Nach ihnen wurde damals die Insel Sikanien genannt, früher hatte sie Trinakria geheißen; sie bewohnen auch jetzt noch den westlichen Teil der Insel. (3) Nach der Eroberung von Ilion landeten einige Troer, die den Achaiern entkommen waren, in Sizilien, siedelten den Sikanern benachbart und erhielten insgesamt den Namen Elymer, ihre Städte waren Eryx und Egesta. In ihrer Nachbarschaft siedelten auch einige Phoker, die von Troja damals durch den Sturm zuerst nach Libyen, von dort dann nach Sizilien verschlagen wurden. (4) Die Sikeler setzten von Italien – dort wohnten sie nämlich ursprünglich – nach Sizilien über, weil sie den Opikern weichen mussten, wahrscheinlich, wie man berichtet, auf Flößen, indem sie für die Überfahrt Landwind abwarteten, vielleicht aber segelten sie auf andere Weise hin. Es leben auch heute noch in Italien Sikeler, und dieses Land wurde nach Italos, einem König der Sikeler, der so hieß, eben Italien genannt. (5) Sie kamen also nach Sizilien, ein gewaltiges Heer, überwältigten die Sikaner in einer Schlacht und drängten sie in die südlichen und westlichen Teile – und so kam es, dass nach ihnen die Insel statt Sikanien Sizilien hieß. Sie besiedelten die fruchtbarsten Landstriche und behaupteten sie seit ihrer Überfahrt fast dreihundert Jahre, bevor die Hellenen nach Sizilien kamen; auch jetzt noch besitzen sie das Innere und den Norden der Insel. (6) Auch Phoiniker wohnten rings um ganz Sizilien, beschränkten sich aber auf die Küstenränder und vorgelagerten Inseln wegen des Handels mit den Sikelern. Als die Hellenen in großer Zahl über das Meer heransegelten, verließen sie einen Großteil ihrer Besitzungen – nur Motye, Soloeis und Panormos in der Nachbarschaft der Elymer bewohnten und besiedelten sie noch gemeinsam (mit diesen), gestützt auf ein Bündnis mit den Elymern und weil hier die kürzeste Entfernung von Sizilien nach Karthago ist. Barbarenstämme haben also in solcher Zahl und auf solche Weise Sizilien bewohnt.[2]

3 (1) Von den Hellenen kamen als erste die Chalkidier von Euboia und gründeten unter Thukles Naxos und errichteten den Altar des Apollon Archegetes, der jetzt außerhalb der Stadt liegt und auf dem die Festboten, wenn sie von Sizilien abfahren, zuerst opfern. (2) Syrakus gründete im folgenden Jahr Archias aus dem Geschlecht der Herakliden von Korinth. Er vertrieb zunächst die Sikeler von der Insel, auf der, nicht mehr von Wasser umspült, jetzt die Innenstadt liegt; später wurde auch die Außenstadt, weil in den Mauerring einbezogen, volkreich. (3) Thukles und die Chalkidier gründeten von Naxos aus im fünften Jahr nach der Besiedlung von Syrakus Leontinoi – sie hatten die Sikeler gewaltsam vertrieben – und danach Katane; zu ihrem Gründer erklärten aber die Katanier selbst den Euarchos.

4 (1) Zur selben Zeit kam auch Lamis aus Megara mit Siedlern nach Sizilien, gründete oberhalb des Pantakyasflusses einen Platz namens Trotilos, von dort wandte er sich zu den Chalkidiern nach Leontinoi und siedelte mit ihnen kurze Zeit gemeinsam, wurde von ihnen vertrieben und gründete Thapsos; er selbst starb dort, die anderen verließen Thapsos wieder, und da ihnen der Sikelerkönig Hyblon Land anwies und ihnen dazu riet, gründeten sie Megara, genannt das hybläische. (2) Nachdem sie dort zweihundertfünfundvierzig Jahre gewohnt hatten, wurden sie von Gelon, dem Tyrannen von Syrakus, aus der Stadt und dem Landstrich vertrieben. Vor ihrer Vertreibung, hundert Jahre nach ihrer Ansiedlung, entsandten sie Pamillos und gründeten Selinus, und zwar kam dieser aus der Mutterstadt Megara zu ihnen und beteiligte sich an der Besiedlung. (3) Gela gründeten Antiphemos aus Rhodos und Entimos aus Kreta gemeinsam – hierfür hatten sie Siedler herangeführt – vierundvierzig Jahre nach der Besiedlung von Syrakus. Die Stadt erhielt nach dem Fluss Gelas ihren Namen, der Platz aber, wo die Stadt jetzt liegt und der zuerst mit Mauern umgeben wurde, heißt Lindioi; sie erhielt dorische Gesetze. (4) Ungefähr hundertacht Jahre nach ihrer eigenen Ansiedlung gründeten die Geloer Akragas; die Stadt benannten sie nach dem Fluss Akragas, zu Gründern machten sie Aristonus und Pystilos und gaben ihr die Gesetze von Gela. (5) Zankle wurde zuerst von Kyme, einer chalkidischen

Stadt im Opikerland, besiedelt, da Seeräuber dorthin gekommen waren; als dann später auch von Chalkis und dem übrigen euboiischen Land eine große Menge einwanderte, bebauten und nutzten sie das Land gemeinsam. Gründer waren Perieres und Krataimenes, der eine aus Kyme, der andere aus Chalkis. Der erste Name, Zankle, stammte von den Sikelern, weil der Platz eine sichelförmige Gestalt hat – die Sichel nennen die Sikeler nämlich Zanklon. Später aber wurden (die Leute aus Kyme und Chalkis) von Samiern und anderen Ioniern verjagt, die auf der Flucht vor den Persern in Sizilien gelandet waren. (6) Die Samier aber vertrieb nicht viel später der Tyrann von Rhegion, Anaxilas, besiedelte selbst die Stadt mit einer vermischten Bevölkerung und benannte sie in Messene um nach seiner alten Heimat.

5 (1) Himera wurde von Zankle aus besiedelt unter Eukleides, Simos und Sakon; zum Großteil waren es Chalkidier, die in die Tochterstadt auswanderten, es schlossen sich ihnen aber auch Verbannte aus Syrakus an, die im Bürgerkrieg unterlegen waren, die so genannten Myletiden; als Sprache entstand eine Mischung aus dem Chalkidischen und Dorischen, in der Gesetzgebung wurde das chalkidische Recht maßgebend. (2) Akrai und Kasmenai wurden von Syrakus gegründet, Akrai siebzig Jahre nach Syrakus, Kasmenai ungefähr zwanzig nach Akrai. (3) Kamarina wurde zuerst von Syrakus besiedelt, ziemlich genau hundertfünfunddreißig Jahre nach der Gründung von Syrakus; Gründer waren Daskon und Menekolos. Als aber die Kamariner in einem Krieg von den Syrakusanern vertrieben wurden, weil sie abgefallen waren, erhielt einige Zeit später Hippokrates, der Tyrann von Gela, als Lösegeld für kriegsgefangene Syrakusaner das Land der Kamariner; er besiedelte als Gründer nun selbst Kamarina. Abermals von Gelon zerstört, wurde es zum dritten Mal von Geloern besiedelt.[3]

6 (1) So viele Völker, Hellenen und Barbaren, bewohnten Sizilien, und gegen diese mächtige Insel in den Krieg zu ziehen, schickten sich die Athener nun an; der eigentliche Grund war ihr Wunsch, das ganze Land zu beherrschen, zugleich aber wollten sie – ein schöner Vorwand – ihren Verwandten und deren später dazugestoßenen Bundesgenossen zu Hilfe kommen. (2) Am meisten beeinflussten sie aber die Gesandten von Egesta, die sich bei ihnen aufhielten und sie eifrig dazu aufforderten. Als Nachbarn der Selinunter waren sie mit diesen in einen Krieg geraten wegen gewisser Heiratsfragen und eines umstrittenen Landstriches, und die Selinunter im Bündnis mit den Syrakusanern bedrängten sie nun mit Waffengewalt zu Wasser und zu Lande. Daher erinnerten die Egestaner die Athener an das unter Laches im ersten Krieg geschlossene Bündnis mit Leontinoi[4] und ersuchten sie um Schiffe zur Verteidigung; viele Gründe brachten sie vor, davon der wichtigste: Wenn die Syrakusaner straflos Leontinoi zerstören, ihre noch übrigen Bundesgenossen vernichten und so die gesamte Macht in Sizilien erringen können, dann besteht Gefahr, dass sie mit großem Aufgebot als Dorer den Dorern aufgrund der Verwandtschaft und als Bürger ihrer Tochterstädte den Peloponnesiern, die sie ausgesandt haben, zu Hilfe kommen und gemeinsam die Macht Athens stürzen. Da sei es vernünftig, mit den noch verbliebenen Bundesgenossen den Syrakusanern entgegenzutreten, zumal sie selbst ausreichende Mittel für den Krieg bereitstellen würden. (3) Da die Athener solches in den Volksversammlungen hörten und in den Reden der Egestaner und ihrer Helfer (in der Stadt), beschlossen sie, zunächst einmal Gesandte nach Egesta zu schicken; die sollten überprüfen, ob das Geld tatsächlich vorhanden sei, wie jene behaupteten, im Staatsschatz und in den Heiligtümern; dann sollten sie auch gleich untersuchen, wie es mit dem Krieg gegen die Selinunter stünde.

7 (1) Die Gesandten Athens gingen also nach Sizilien ab. Im selben Winter unternahmen die Lakedaimonier mit ihren Verbündeten außer den Korinthern einen Feldzug gegen Argos, verwüsteten ein kleines Stück Land und schafften einiges Getreide weg auf Wagen, die sie mitgeführt hatten. In Orneai siedelten sie die argeischen Verbannten an, ließen ihnen vom übrigen Heer einige wenige zur Bedeckung zurück, schlossen einen Vertrag für eine bestimmte Zeit, demzufolge die Orneaten und Argeier ihr gegenseitiges Gebiet nicht schädigen sollten, und kehrten mit dem Heer nach Hause zurück.[5] (2) Als die Athener aber kurz darauf mit 30 Schiffen und 600 Schwerbewaffneten kamen, rückten die Argeier mit den Athenern und ihrem gesamten Aufgebot aus und belagerten die in Orneai einen Tag lang. Da aber das Heer während der Nacht etwas weitab lagerte, konnten sie aus Orneai entkommen. Am folgenden Tag, als die Argeier das merkten, schleiften sie Orneai und kehrten nach Hause zurück, etwas später auch die Athener mit ihren Schiffen. (3) Auch nach Methone an der Grenze von Makedonien schafften die Athener Reiter auf dem Seeweg, eigene und bei ihnen weilende Verbannte aus Makedonien, und verwüsteten das Land des Perdikkas. (4) Die Lakedaimonier sandten zwar zu den Chalkidiern in Thrakien, die mit den Athenern je zehntägige Waffenruhe geschlossen hatten, und verlangten, sie sollten auf der Seite des Perdikkas kämpfen; sie wollten aber nicht. So endete der Winter, und auch das sechzehnte Jahr des Krieges endete, den Thukydides (in seinem Verlauf) beschrieben hat.

Siebzehntes Kriegsjahr
Sommer 415

8 (1) Im darauf folgenden Sommer kamen gleich mit Frühjahrsbeginn die Gesandten der Athener aus Sizilien zurück und in ihrer Begleitung Egestaner, die 60 Talente ungemünzten Silbers mitbrachten als Monatssold für 60 Schiffe, um deren Entsendung sie bitten wollten.[6] (2) Die Athener beriefen also eine Versammlung ein und vernahmen von den Egestanern und ihren eigenen Gesandten neben anderen verlockenden, aber unwahren Dingen auch viel über die Geldmittel, sie seien im Überfluss vorhanden in den Heiligtümern und im Staatsschatz. Da beschlossen sie, 60 Schiffe nach Sizilien zu entsenden unter dem unumschränkten Befehl von Alkibiades, dem Sohn des Kleinias, Nikias, dem Sohn des Nikeratos, und Lamachos, dem Sohn des Xenophanes, als Hilfe für die Egestaner gegen Selinus, um Leontinoi wieder zu besiedeln, falls der Krieg einen für sie günstigen Verlauf nähme, und alles in Sizilien so zu regeln, wie sie es für Athen am günstigsten erachteten. (3) Vier Tage darauf trat wieder eine Volksversammlung zusammen, (um zu beraten) wegen der möglichst raschen Ausrüstung der Schiffe und der Erfüllung etwaiger Zusatzforderungen der Feldherren für die Ausfahrt. (4) Nikias aber, der gegen seinen Willen zum Feldherrn gewählt worden war, glaubte, die Stadt habe nicht den richtigen Beschluss gefasst, sondern stürze sich unter nichtigem, nur scheinbar schönem Vorwand auf ein großes Unternehmen, nämlich (die Unterwerfung von) ganz Sizilien; er trat vor und wollte die Athener mit folgenden Überlegungen davon abbringen:

9 (1) »Diese Versammlung wurde wegen unserer Zurüstung einberufen, wie wir nämlich nach Sizilien auslaufen sollen. Indessen bin ich der Meinung, wir sollten gerade diese Frage noch einmal überlegen, ob es vorteilhaft ist, die Schiffe auszusenden, und sollten nicht nach so kurzer Beratung über bedeutende Dinge, dem Rat fremder Männer folgend, einen Krieg beginnen, der uns nichts angeht. (2) Ich für meinen Teil habe ja Ehre davon, und weniger als andere fürchte ich für mein Leben, glaube aber doch, dass derjenige ein ebenso guter Bürger ist, der für sein Leben und seinen Besitz vorsorgt; am ehesten wird nämlich ein solcher auch das Wohlergehen der Stadt um seines eigenen Vorteils willen wünschen. Trotzdem, wie ich früher nie aus Ehrgeiz gegen meine Überzeugung gesprochen habe, so werde ich auch heute nur das sagen, was ich für das Beste halte. (3) Bei eurer Denkungsart aber würde meine Rede wenig ausrichten, riete ich euch, das Bestehende zu bewahren und nicht das Vorhandene für Ungewisses und Künftiges aufs Spiel zu setzen. Dass ihr aber zur unrechten Zeit euch beeilt und nicht leicht zu gewinnen ist, wonach ihr strebt, das will ich euch zeigen.

10 (1) Ich behaupte nämlich, dass ihr viele Feinde hier zurücklasst und obendrein noch drauf aus seid, durch eure Sizilienfahrt andere von dort hierher zu ziehen. (2) Und vielleicht glaubt ihr, der früher geschlossene Friede biete euch eine sichere Grundlage. Der wird aber nur, solange ihr ruhig bleibt, dem Namen nach als Frieden bestehen; so weit haben es ja Männer aus unserer und der Feinde Mitte gebracht.[7] Wenn ihr aber irgendwo mit nennenswerter Streitmacht einen Rückschlag erleidet, so werden uns sehr rasch die Feinde angreifen, die infolge von Unglücksfällen und weniger ehrenvoll als wir dem Vergleich beistimmen mussten, und selbst dabei stoßen wir noch auf viele strittige Punkte. (3) Es gibt aber auch Staaten, die nicht einmal diesem Übereinkommen beigetreten sind – und es sind nicht die schwächsten; vielmehr führen die einen offenen Krieg (gegen uns), und andere halten sich nur deshalb bei einem

Waffenstillstand von je zehn Tagen zurück, weil auch die Lakedaimonier noch friedfertig sind.[8] (4) Leicht könnte es geschehen, wenn sie unsere Macht zersplittert fänden, wonach wir jetzt ja trachten, dass sie angreifen zusammen mit den Siziliern, um deren Bündnis sie schon früher viel gegeben hätten. (5) Daher muss man die Lage genau prüfen und darf nicht mutwillig die Stadt der Gefahr aussetzen und nach einer neuen Herrschaft streben, bevor wir unsere (jetzige) gefestigt haben, zumal doch die Chalkidier in Thrakien schon so viele Jahre von uns abtrünnig und immer noch nicht bezwungen sind und einige andere auf dem Festland nur sehr zweifelhaft gehorchen. Wir aber eilen den Egestanern bereitwillig zu Hilfe – sind sie ja doch Bundesgenossen, denen Unrecht geschieht! –, denjenigen aber, durch deren Abtrünnigkeit wir schon so lange Unrecht leiden, zögern wir noch immer entgegenzutreten.

11 (1) Und doch könnten wir diese, haben wir sie nur einmal niedergerungen, auch niederhalten. Selbst wenn wir dagegen jene überwältigt haben, könnten wir sie wegen der großen Entfernung und ihrer großen Zahl wohl kaum beherrschen. Unsinnig aber ist es, solche Gegner anzugreifen, die man nach einem Sieg nicht niederhalten, nach einem Misserfolg aber nicht unter gleichen Bedingungen wie vorher (erneut) angreifen kann. (2) Die Sizilier, glaube ich, würden uns, so wie es jetzt um sie steht, immer noch weniger gefährlich werden, wenn die Syrakusaner über sie herrschten – womit uns ja die Egestaner vor allem Furcht einjagen wollen. (3) Denn jetzt ist es möglich, dass Einzelne den Lakedaimoniern zuliebe gegen uns vorgehen, in jenem Falle aber ist es unwahrscheinlich, dass ein Reich gegen ein anderes Reich zu Felde zieht. Auf die gleiche Art, wie sie unserem im Bund mit den Lakedaimoniern ein Ende machen können, kann auch, das mögen sie sich denken, von ebendenselben auch ihres auf dieselbe Weise vernichtet werden.

(4) Vor uns werden die Hellenen dort am meisten Angst haben, wenn wir nicht hinkommen, dann aber auch, wenn wir unsere Macht nur zeigen und bald wieder abziehen. Wir wissen doch: Das Fernste wird bewundert und was nur äußerst selten durch eine Probe seinen Glanz beweist. Sollte uns aber etwas misslingen, würden sie uns gleich verachten und uns mit den Feinden hier angreifen. (5) So ergeht es ja jetzt euch, Athener, mit den Lakedaimoniern und ihren Bundesgenossen: weil ihr über sie wider Erwarten, im Gegensatz zu eurer Furcht, die Oberhand behalten habt, missachtet ihr sie schon und strebt nach Sizilien. (6) Man soll sich aber nicht aufgrund der Schicksalsschläge der Feinde zum Übermut hinreißen lassen, sondern erst dann guten Mutes sein, wenn die eigenen Überlegungen sich als besser erwiesen haben. Bedenkt, dass die Lakedaimonier wegen ihrer Schande nichts anderes im Auge haben, als auf welche Weise sie euch auch jetzt noch, wenn möglich, zu Fall bringen und ihre Schmach wieder gutmachen können; umso mehr, als sie am meisten und die meiste Zeit sich um den Ruhm der Tapferkeit mühen. (7) Nicht um die Egestaner in Sizilien, ein Barbarenvolk, geht unser Kampf, wenn wir besonnen sind, sondern (darum), dass wir vor einer Stadt, die uns mit ihrer Oligarchie auflauert,[9] scharf auf der Hut sind.

12 (1) Weiterhin müssen wir bedenken, dass wir uns erst in jüngster Zeit von der schweren Seuche und vom Krieg etwas erholt und folglich an Geldmitteln und Bevölkerung wieder zugenommen haben. Und das für uns selbst hier zu verwenden ist recht und billig, aber nicht für diese Landflüchtigen, Hilfebedürftigen, deren Vorteil es ist, geschickt zu lügen und, unter Gefährdung ihres Nächsten, aus eigenem aber nur Worte aufbietend, im Falle eines Gelingens schäbigen Dank zu bezeugen, bei einer Niederlage aber auch die Freunde mit ins Unglück zu reißen. (2) Und wenn euch jemand[10], der sich gern zum Feldherrn wählen ließ, zur

Ausfahrt rät – nur seinen eigenen Vorteil im Auge, zumal er ja noch viel zu jung ist für das Feldherrnamt –, um mit seiner Rossezucht Bewunderung zu erregen und wegen der hohen Kosten auch einen Nutzen zu ziehen aus der Feldherrnstelle, auch dem gebt nicht Gelegenheit, unter Gefährdung des Staates mit seinem persönlichen Aufwand zu prunken; bedenkt vielmehr, solche Männer schaden dem Staatswohl, verschwenden ihren eigenen Besitz, und die Angelegenheit ist zu bedeutend, als dass sie Jüngere beschließen oder hitzig in Angriff nehmen sollten.

13 (1) Solche sehe ich aber jetzt hier versammelt, aufgerufen zur Unterstützung eben dieses Mannes – und das macht mir Sorge; an die Älteren aber stelle ich die Gegenforderung: Keiner möge sich schämen, sollte er neben einem von diesen sitzen, als Feigling zu erscheinen, wenn er gegen den Krieg stimmt; seid nicht, wie es jenen vielleicht widerfahren mag, vom unglücklichen Streben nach der Ferne erfüllt, bedenkt, dass durch leidenschaftliche Gier das wenigste gelingt, durch kluge Voraussicht das meiste. Nein, um des Vaterlandes willen, das größere Gefahr als je zuvor wagt, stimmt dagegen und beschließt, die Sizilier sollten sich unter Wahrung der bisherigen annehmbaren Grenzen gegen uns – des Ionischen Meerbusens, wenn man am Land hinsegelt, des Sizilischen, wenn über das Meer – im eigenen Land untereinander vertragen; (2) den Egestanern im Besondern aber sagt, wenn sie schon ohne die Athener den Krieg gegen die Selinunter zuerst angefangen haben, so sollen sie sich auch aus Eigenem wieder versöhnen. Und in Zukunft wollen wir nicht, wie wir es gewöhnlich tun, solche Staaten zu Bundesgenossen machen, denen wir in ihrer Not zwar beistehen, bei denen wir aber, selbst der Hilfe bedürftig, solche nicht finden.

14 (1) Und du, Vorsitzender, wenn du verpflichtet zu sein glaubst, für die Stadt zu sorgen, und ein tüchtiger Bürger

sein willst, bring das zur Abstimmung und setze es den Athenern noch einmal zur Beratung an und denke daran, wenn du die Wiederholung der Abstimmung scheust, dass dich wegen des Verstoßes gegen die Gesetze vor so vielen Zeugen keine Schuld treffen wird, du aber wohl für die Stadt in diesem ihrem Beschluss zum Arzt werden könntest, und dass ein Amt derjenige richtig verwaltet, der dem Vaterland soviel als möglich nützt oder zumindest mit Willen nicht schadet.«

15 (1) So sprach Nikias; von den Athenern, die dann auftraten, sprachen sich die meisten dafür aus, den Kriegszug zu unternehmen und die Beschlüsse nicht umzustoßen, einige stimmten aber auch dagegen. (2) Am eifrigsten betrieb den Feldzug Alkibiades, der Sohn des Kleinias, in der Absicht, dem Nikias entgegenzuarbeiten, weil er im Allgemeinen sein politischer Gegner war und dieser so übel auf ihn angespielt hatte; vor allem aber wollte er Feldherr werden und hoffte, dabei Sizilien und Karthago zu erobern und gleichzeitig, wenn er Glück habe, für sich selbst durch (Gewinn an) Reichtum und Ruhm Nutzen zu ziehen. (3) In hohem Ansehen bei den Bürgern stehend, gab er sich nämlich kostspieligeren Leidenschaften hin, als seinem Vermögen entsprach: der Rossezucht und sonstigen Ausgaben. Das trug in nicht geringem Maße zum Untergang Athens bei. (4) Denn die Menge bekam Angst vor dem alles herkömmliche Maß übersteigenden Aufwand in seiner Lebensführung und vor der Spannkraft seines Geistes bei all seinen Taten. So wurden sie, als strebe er nach der Alleinherrschaft, seine Feinde, und obwohl er in seiner Amtsführung den Forderungen des Krieges am trefflichsten begegnete, waren sie wegen seiner persönlichen Lebensgewohnheiten missgestimmt, übertrugen den Befehl anderen und stürzten so in sehr kurzer Zeit den Staat ins Verderben. (5) Damals also trat er auf und sprach zu den Athenern folgendermaßen:

16 (1) »Es gebührt mir tatsächlich mehr als anderen, Athener, das Feldherrnamt – ich muss nämlich damit beginnen, weil mich Nikias so getadelt hat –, und ich glaube auch, dessen wert zu sein. Weshalb ich nämlich verrufen bin, das bringt meinen Vorfahren und mir Ruhm, der Heimat sogar Nutzen. (2) Denn die Griechen hielten, sogar über die tatsächliche Macht hinaus, unsere Stadt für noch größer infolge des Glanzes meiner Teilnahme an den Olympischen Spielen, während sie vorher erwartet hatten, sie sei vom Krieg zu Boden gerungen. Denn ich entsandte sieben Wagen, so viele, wie noch nie ein Privatmann vorher, errang den ersten Sieg und auch den zweiten und vierten, und trat auch sonst auf, wie es meines Sieges würdig war. Nach Brauch und Herkommen gilt das als Ehre, aus dem Geleisteten schließt man aber auch auf Macht. (3) Und aller Glanz, den ich in der Stadt bei Festesausstattungen und sonstiger Gelegenheit entfalte, erweckt zwar bei den Bürgern Neid – der Menschennatur entsprechend –, den Fremden erscheint aber auch das als Stärke. So ist denn diese ›Torheit‹ nicht unnütz bei dem, der auf eigene Kosten nicht nur sich, sondern auch der Stadt nützt. (4) Es ist ja kein Unrecht, wenn sich einer, der von sich selbst hoch denkt, mit anderen nicht auf gleiche Stufe stellt; denn auch der Unglückliche kann niemand an seinem Schicksal gleichermaßen beteiligen, sondern wie wir im Unglück nicht angeredet werden, ebenso muss es einer ertragen, wenn er von den Glückgesegneten übersehen wird, oder er soll erst Gleiches erweisen und dann erst Ähnliches als Gegenleistung fordern. (5) Ich weiß aber, dass solche Männer, überhaupt alle, die durch irgendeine glanzvolle Stellung hervorragen, zu ihrer Zeit Anstoß erregen, bei den Gleichgestellten am meisten, dann auch im Verkehr mit den anderen, dass sie aber manchen der späteren Menschen den Wunsch auf Verwandtschaft mit ihnen – auch wenn diese nicht bestand –

hinterließen und dem Vaterland, aus dem sie stammen, Grund zum Stolz, nicht als wären sie Fremde, die gefehlt, sondern echte Söhne, die Großes vollbracht haben. (6) Wenn ich auch danach strebe und deshalb wegen meiner Lebensführung verschrien bin, so überlegt doch, ob ich die öffentlichen Angelegenheiten schlechter als irgendein anderer betreibe. Denn die mächtigsten Staaten des Peloponnes vereinigte ich zu einem Bund ohne große Gefahr und Kosten für euch und zwang so die Lakedaimonier, an einem Tag bei Mantineia ums Ganze zu kämpfen. Und daher kommt es, dass sie sich trotz ihres Sieges in der Schlacht auch jetzt noch nicht völlig sicher fühlen.

17 (1) Und das hat meine Jugend und Torheit, die angeblich über Menschenmaß hinausgeht, gegenüber der Macht der Peloponnesier durch kluge Worte erhandelt und mit Vertrauen erweckendem Eifer durchgesetzt. Auch jetzt seid nicht in Angst vor ihr, sondern solange ich eben in dieser Jugendblüte stehe und Nikias, wie es scheint, im Glück ist, macht euch den Vorteil zunutze, den wir beide euch bieten. (2) Den Beschluss, nach Sizilien zu segeln, stoßt nicht um, als sei er gegen eine zu gewaltige Macht gerichtet; denn von bunt zusammengewürfelten Massen sind die Städte dort dicht besiedelt, und leicht kommt es dazu, dass Bürger vertrieben und (andere) neu aufgenommen werden. (3) Daher ist niemand so, als ginge es um das eigene Vaterland, mit Waffen ausgestattet noch sein Besitz auf dem Land mit den gebräuchlichen Anlagen; nur das, was jeder entweder durch Überredungskünste oder durch Aufruhr vom Gemeinbesitz erraffen und womit er, wie er wohl glaubt, im Fall eines Scheiterns ein anderes Land besiedeln kann, eben nur das beschafft er sich. (4) So ist es unwahrscheinlich, dass ein solcher Haufen einmütig auf eine Rede hört oder gemeinsam ans Werk geht. Schnell wohl werden sie einem einzeln, wenn man ihnen zu Gefallen redet, zulaufen, zumal wenn

sie uneinig sind, wie wir erfahren. (5) Und fürwahr, auch Schwerbewaffnete haben sie nicht so viele, wie sie sich rühmen, haben sich doch auch die übrigen Hellenen nicht so stark erwiesen, wie die einzelnen Staaten für sich errechneten, sondern Hellas hat sich darin gar sehr getäuscht und sich mühsam im Verlauf dieses Krieges hinlänglich gerüstet. (6) Die Dinge dort werden also nach dem, was ich vernommen habe, so oder noch günstiger vonstatten gehen – wir werden nämlich viele Barbaren vorfinden, die aus Hass gegen die Syrakusaner sie mit uns angreifen werden –, und auch die Verhältnisse hier werden uns nicht hindern, wenn ihr es richtig überlegt. (7) Unsere Väter hatten ebendieselben Feinde, die wir, wie man behauptet, jetzt bei der Überfahrt hier zurücklassen würden, und noch dazu den Perser als Gegner und haben doch das Reich begründet, auf nichts anderes als auf die Überlegenheit der Flotte bauend. (8) Noch nie waren die Peloponnesier weniger zuversichtlich uns gegenüber, und wenn sie auch wieder gut zu Kräften gekommen sind, so können sie zwar in unser Land einfallen, selbst wenn wir nicht aussegeln, mit ihrer Flotte könnten sie uns aber nicht schaden; denn der zurückbleibende Teil der unsrigen ist ihnen gewachsen.

18 (1) Welchen Vernunftgrund sollen wir also vorbringen, um jetzt zu zaudern, oder gegenüber den Bundesgenossen vorschützen, um ihnen nicht zu Hilfe zu kommen? Denen müssen wir beistehen, da wir uns mit ihnen ja eidlich verbunden haben, und nicht entgegenhalten, dass sie uns auch nicht geholfen haben. Denn wir haben sie nicht deshalb uns verbündet, dass sie uns ihrerseits hier beistehen, sondern dass sie unseren Feinden dort beschwerlich fallen und sie hindern, uns hier anzugreifen. (2) Unser Reich haben wir so erworben, wir und alle anderen, die ein Reich gründeten. Beigestanden haben wir bereitwillig Barbaren und Hellenen, wann immer sie um Hilfe baten; denn blieben wir alle ruhig sitzen und wollten nach der Stammeszugehörigkeit entscheiden, wem man zu Hilfe kommen müsse, würden wir nur wenig hinzugewinnen, vielmehr um dieses Reich selbst Gefahr laufen. Gegen den Mächtigen wehrt man sich nämlich nicht nur, wenn er angreift, sondern damit er nicht angreift, kommt man ihm zuvor. (3) Wir können es uns nicht einteilen, wie weit wir herrschen wollen, sondern sind gezwungen, da wir nun einmal auf diesem Stand angelangt sind, gegen die einen Anschläge zu sinnen, die anderen nicht hochkommen zu lassen, da uns droht, von anderen beherrscht zu werden, wenn wir nicht selbst über andere herrschen. Ihr dürft nicht unter dem gleichen Gesichtspunkt wie die anderen Ruhe und Frieden betrachten, wenn ihr nicht eure ganze Lebensart der ihren angleicht.

(4) In der Überlegung, dass wir unsere Macht hier noch mehr vergrößern, wenn wir jene dort angreifen, wollen wir die Fahrt unternehmen, damit wir den Hochmut der Peloponnesier dämpfen, wenn man sieht, dass wir die gegenwärtige Ruhe gering schätzen und sogar nach Sizilien ausfahren; ferner, damit wir, wenn die dortige Macht hinzukommt, wahrscheinlich über ganz Hellas herrschen oder doch zumindest die Syrakusaner schädigen, was uns selbst und unseren Bundesgenossen nützen wird. (5) Sicherheit, zu bleiben, wenn es günstig verläuft, und abzuziehen, werden die Schiffe gewähren; denn See beherrschend werden wir sein auch gegen alle Sizilier. (6) Nicht soll euch der in den Reden des Nikias (ausgesprochene Rat) zur Tatenlosigkeit und seine (versuchte) Spaltung zwischen Jüngeren und Älteren davon abhalten; vielmehr, in der gewohnten Ordnung, wie unsere Väter in gemeinsamer Beratung zwischen Jungen und Älteren unsere Macht auf solche Höhe hoben, auf diese Weise versucht auch jetzt, die Stadt zu fördern. Und bedenkt: Jugend und Alter sind ohne einander zu nichts imstande, zusammen aber haben das Schlechte, das Mittelmä-

ßige und das Vollkommene, wenn vermischt, die größte Kraft; unsere Stadt wird, wenn sie untätig verharrt, sich selbst aufreiben – wie das auch sonst zu geschehen pflegt –, und das Können auf allen Gebieten wird dabei verkümmern, kämpft sie aber, wird sie immer Erfahrung hinzugewinnen und sich zu wehren, nicht in Worten, sondern in Taten, gewohnt sein. (7) Überhaupt meine ich, dass eine (von Natur) keineswegs untätige Stadt am schnellsten, so glaube ich, durch den Übergang zur Untätigkeit zugrunde geht und von den Menschen diejenigen am sichersten ihren Staat lenken, die möglichst wenig von den bestehenden Sitten und Bräuchen, sollten sie auch weniger gut sein, abweichen.«

19 (1) So sprach Alkibiades. Als die Athener ihn hörten, ebenso wie die Egestaner und die Verbannten aus Leontinoi, die vortraten und baten, an die Eide erinnerten und sie anflehten, ihnen zu Hilfe zu kommen, da drangen sie noch viel mehr als vorher auf den Feldzug. (2) Da erkannte Nikias, er werde sie durch die gleichen Erwägungen (wie vorher) nicht mehr davon abbringen, vielleicht aber durch die Größe der Zurüstung sie umstimmen können, wenn er viel verlange, trat vor und sprach zum zweiten Mal folgendermaßen:

20 (1) »Da ihr also, Athener, wie ich sehe, durchaus nach dem Feldzug verlangt, so möge uns dies zum Guten ausschlagen, wie wir es wünschen; was ich nun unter den gegebenen Umständen für nötig erachte, will ich aufzeigen. (2) Gegen Städte planen wir einen Angriff, die, wie ich vernommen habe, mächtig sind, nicht einander untertan, ohne Verlangen nach einem Umsturz, durch den vielleicht aus gewaltsamer Knechtschaft einer gern in eine erträglichere Lage überwechseln möchte, kaum bereit, unsere Herrschaft statt der Freiheit auf sich zu nehmen, und der Zahl nach, für die eine Insel, sehr viele hellenische. (3) Denn außer Naxos und

Katane, die, so hoffe ich, auf unserer Seite stehen werden wegen der Verwandtschaft mit den Leontinern, sind dort noch andere sieben,[11] in ihrer Rüstung in jeder Hinsicht ziemlich ähnlich unserer Macht, nicht zum wenigsten die Städte, gegen die wir hauptsächlich ausfahren, Selinus und Syrakus. (4) Viele Schwerbewaffnete stehen dort, Bogenschützen und Speerwerfer, viele Trieren und Schiffsvolk, um sie zu bemannen. Geld besitzen sie, teils in Privatbesitz, teils liegt es in den Tempeln der Selinunter, den Syrakusanern fließt es außerdem zu aus ihrer Herrschaft über einige Barbarenstämme; worin sie uns aber am meisten überlegen sind: Sie besitzen zahlreiche Pferde und leben von eigenem – nicht eingeführtem – Getreide.

21 (1) Gegen eine so bedeutende Macht bedarf es nicht nur einer Flotte und einer geringfügigen Streitmacht, es muss außerdem zahlreiches Fußvolk mitfahren, wenn wir wirklich unserem Plan Entsprechendes ausführen und nicht durch ihre vielen Reiter vom Land abgeschnitten werden wollen, zumal wenn sich die Städte aus Furcht vereinigen und uns nicht neu hinzutretende Freunde – aber andere, als die Egestaner sind – Reiterei zu unserer Verteidigung bereitstellen; (2) es wäre doch eine Schande, überwältigt abziehen zu müssen oder später Verstärkung anzufordern, weil man zuerst einen unüberlegten Beschluss gefasst hat. Gleich von hier aus müssen wir mit ausreichender Rüstung losziehen, im Bewusstsein, dass wir weit weg von unserem eigenen Land zu fahren beabsichtigen und nicht in gleicher Weise in den Krieg ziehen werden, wie wenn ihr euren Untertanen hier als Bundesgenossen gegen jemand zu Hilfe gekommen seid, wo das Notwendige aus Freundesland leicht nachgeschafft werden konnte; nein, in eine völlig fremde Gegend wollen wir aufbrechen, aus der ein Bote im Winter nicht einmal in vier Monaten leicht hierher kommen kann.

22 (1) Schwerbewaffnete müssen wir meines Erachtens in großer Zahl mitführen, aus unserer Mitte und den Bundesgenossen, von unseren Untertanen und wenn wir Leute aus dem Peloponnes entweder dazu überreden oder durch Geld auf unsere Seite ziehen können, dazu noch Bogenschützen in großer Zahl und Schleuderer, um der Reiterei dort das Gegengewicht zu halten. An Schiffen müssen wir ihnen weit überlegen sein, um die Lebensmittel leichter herbeischaffen zu können, auch von hier müssen wir Getreide, Weizen und gedörrte Gerste, in Lastschiffen mitführen und Bäcker, die wir aus den Mühlenbetrieben dem Verhältnis nach ausheben und unter Sold nehmen, damit, falls wir irgendwo durch Windstille festgehalten werden, das Heer seine Lebensmittel hat; denn da es sehr groß ist, wird nicht jede Stadt es aufnehmen können. Auch alles andere müssen wir nach besten Kräften bereitstellen, nicht von anderen abhängig werden, vor allem aber von hier möglichst viel Geld mithaben; denn von dem der Egestaner, das dort dem Vernehmen nach bereitliegt, seid überzeugt, dass es wohl auch nur dem Vernehmen nach bereitliegt.

23 (1) Wenn wir nämlich selbst von hier ausfahren, in der Rüstung ihnen nicht nur gewachsen – außer gegen ihre stärkste Waffe, die Reiterei[12] –, sondern in jeder Hinsicht überlegen, auch dann werden wir nur mit Mühe imstande sein, Eroberungen zu machen, ja uns nur zu behaupten. (2) Ihr müsst euch Leute vorstellen, die ausziehen, eine Stadt in fremdem und feindlichem Land zu gründen; die müssen am ersten Tag, an dem sie landen, sich gleich des Landes bemächtigen oder gewärtig sein, dass sie im Fall eines Scheiterns alles gegen sich haben werden. (3) Da ich das befürchte und weiß, wie sehr wir klare Überlegung brauchen, noch mehr aber Glück – und das ist für uns Menschen schwer –, so will ich mich möglichst wenig dem Schicksal anvertrauen bei diesem Unternehmen, sondern in festem Vertrauen auf eine nach menschlichem Ermessen (hinreichende) Zurüstung ausfahren. (4) Das ist meiner Meinung nach für die Stadt als Ganzes größte Sicherheit, für uns, die wir in den Krieg ziehen werden, aber Rettung. Wenn jemand anderer Meinung ist, so übergebe ich ihm mein Feldherrnamt.«

24 (1) So sprach Nikias, in der Absicht, die Athener durch die Fülle seiner Forderungen abzuhalten oder, falls er doch den Feldzug unternehmen müsse, auf diese Weise am besten gesichert auszusegeln. (2) Die Athener aber ließen sich ihr Verlangen nach dem Feldzug durch die riesigen Ausmaße der Rüstung nicht nehmen, waren im Gegenteil noch viel mehr darauf versessen, und so ergab sich für ihn gerade die gegenteilige Wirkung; denn man fand, sein Rat sei gut und umfassende Sicherheit werde jetzt doch gegeben sein. (3) Und eine Sucht nach diesem Unternehmen überkam alle in gleicher Weise: die Älteren, (das Land) zu unterwerfen, gegen das sie ausfuhren – zumindest würde eine so große Streitmacht keinesfalls zugrunde gehen –, die in ihren besten Jahren Stehenden aus Sehnsucht, die Ferne zu sehen und kennen zu lernen, voll Vertrauen, heil davonzukommen, und die große Masse der Soldaten in der Hoffnung, fürs Erste Geld zu verdienen und dann eine Macht zu gewinnen, durch die ihnen dauernde Soldzahlung gewährleistet werde. (4) Wegen der übermächtigen Leidenschaft der Menge verhielt sich auch mancher, dem die Sache missfiel, ruhig aus Furcht, er könnte, wenn er dagegenstimme, in den Ruf eines Staatsfeindes kommen.

25 (1) Schließlich trat ein Athener vor, wandte sich an Nikias und erklärte, er solle jetzt nicht mehr Vorwände und Verzögerungen suchen, sondern endlich vor allen Anwesenden angeben, welche Streitmacht ihm die Athener zuerkennen sollten. (2) Ungern sagte (Nikias), er wolle lieber mit seinen Genossen im Feldherrnamt in Ruhe beratschlagen. Was er aber gleich jetzt für nötig erachte: Mit nicht weniger als 100 Trieren müsse man ausfahren, von den Athenern selbst sollten Truppentransportschiffe, soviel ihnen gut scheine, gestellt werden, andere seien von den Bundesgenossen anzufordern, mit nicht weniger als 5000 Schwerbewaffneten von Athenern und Bundesgenossen zusammen, wenn möglich noch mehr; die übrige Streitmacht an Bogenschützen von hier und Kreta, an Schleuderern und alles Weitere, was ihnen zweckdienlich erscheine, würden sie selbst im richtigen Verhältnis bereitstellen und mitführen.

26 (1) Auf das hin beschlossen die Athener sofort, die Feldherren sollten unumschränkte Vollmacht haben; bei der Festsetzung der Zahl des Heeres und bei dem Gesamtunternehmen sollten sie vorgehen, wie es ihnen am vorteilhaftesten für Athen erscheine. (2) Danach begann die Rüstung, auch zu den Bundesgenossen sandten sie Boten und veranstalteten in der Stadt selbst Aushebungen. Gerade aber hatte sich die Stadt erholt von der Seuche und dem ununterbrochenen Krieg hinsichtlich der Zahl kampffähiger Jugend, die nachgewachsen war, und der Anhäufung von Geld infolge des Waffenstillstandes; daher konnte alles leichter bereitgestellt werden.

27 (1) So waren sie also mit der Rüstung beschäftigt. In dieser Zeit wurden alle Marmorstandbilder des Hermes in der Stadt Athen – sie stehen, viereckig behauen, nach Landesbrauch in großer Zahl in den Vorhallen der Privathäuser und Tempel –, die meisten also von diesen wurden in einer Nacht an den Köpfen verstümmelt. (2) Die Täter kannte niemand, aber hohe Belohnungen wurden von Staats wegen für ihre Ausforschung festgesetzt, außerdem ordnete man an, wenn jemand von einer anderen Freveltat wisse, so solle er das ohne Furcht anzeigen, jeder Beliebige, sei er Städter, Fremder oder Sklave. (3) Die Athener nahmen den Vorfall ziemlich schwer, sie betrachteten ihn nämlich als übles Vorzeichen für das Unternehmen, zugleich aber als Verschwörung zum Zweck eines Umsturzes und der Beseitigung der Demokratie.

28 (1) Angezeigt wurde denn auch von einigen Metöken und Sklaven zwar nichts über die Hermesstatuen, wohl aber etwas über Verstümmelungen an anderen Statuen, schon früher von jungen Leuten in übermütiger Weinlaune verübt, außerdem, dass Mysterienfeiern zum Spott in Privathäusern abgehalten würden; dessen beschuldigten sie auch den Alkibiades.[13] (2) Das griffen diejenigen auf, die ganz besonders dem Alkibiades grollten, weil er sie daran hinderte, selbst ungestört das Volk zu leiten; da sie glaubten, wenn sie ihn vertrieben, die Ersten zu sein, bauschten sie den Fall auf und schrien, zur Beseitigung der Demokratie sollten die Mysterien und die Verstümmelung der Hermesstatuen dienen, überhaupt gäbe es nichts von alledem, was nicht mit seiner Mithilfe geschehen sei; als Beweis führten sie auch seine übrige ungewöhnliche, unbürgerliche Lebensführung an.[14]

29 (1) Alkibiades verteidigte sich sofort gegen die Anschuldigungen und war bereit, noch vor der Ausfahrt untersuchen zu lassen, ob er davon etwas begangen habe – denn schon waren auch die Zurüstungen beendet –, und wenn er tatsächlich davon etwas begangen habe, Buße zu leisten, würde er aber freigesprochen, wolle er sein Feldherrnamt erfüllen. (2) Er beschwor sie, in seiner Abwesenheit nicht Verleumdungen über ihn anzuhören, sondern eher ihn gleich zu töten, wenn er Unrecht begangen habe; es sei vernünftiger, ihn nicht mit einer solchen Anschuldigung belastet noch vor der Untersuchung an der Spitze eines so gewaltigen Heeres auszusenden. (3) Seine Feinde fürchteten aber, das Heer werde ihm wohlgesinnt sein und das Volk allzu milde vorgehen, aus Rücksicht darauf, dass seinetwegen Argeier am Feldzug teilnahmen und einige Mantineer. Daher versuchten sie auf alle Art, (eine Verhandlung) abzuwenden und zu hintertreiben, schickten zu dem Zweck andere Redner vor, die erklärten, er solle jetzt einmal aussegeln und die Abfahrt nicht verzögern, nach seiner Rückkehr aber Rechenschaft ablegen innerhalb einer bestimmten Frist; sie hatten nämlich die Absicht, ihn aufgrund umfassenderer Verleumdung, die sie in seiner Abwesenheit leichter zu erstellen hofften, zurückrufen und vor Gericht stellen zu lassen. So beschloss man, Alkibiades solle fahren.

30 (1) Danach also, um die Mitte des Sommers, lief nunmehr die Flotte nach Sizilien aus. Für den Großteil der Bundesgenossen, die Verpflegungs- und Lastschiffe und was sonst noch am Unternehmen teilnahm, war schon vorher Kerkyra als Treffpunkt festgesetzt worden, um von dort gemeinsam in Richtung des Vorgebirges von Iapygien den Ionischen Meerbusen zu überqueren. Die Athener selbst und die Bundesgenossen, die in der Stadt waren, zogen am festgesetzten Tag zum Piräus und gingen gleich bei Morgengrauen an Bord. (2) Ihnen folgte fast die ganze Bevölkerung der Stadt, Städter und Fremde, die Einheimischen geleiteten die Ihren, die einen ihre Freunde, andere ihre Verwandten, wieder andere ihre Söhne, unter Hoffen und zugleich unter Klagen, was sie alles erobern, andererseits aber, ob sie sie jemals wiedersehen würden, da sie überlegten, welch gewaltige Flotte sie von ihrer Heimat aus absandten.

31 (1) In diesem Augenblick aber, als sie nunmehr in Gedanken an die Gefahren einander verlassen sollten, kam ihnen das Schreckliche mehr zu Bewusstsein als zur Zeit, da sie das Unternehmen beschlossen hatten; indes, aufgrund der gegenwärtigen Machtentfaltung, bei der Menge dessen, was sie mit eigenen Augen sahen, fassten sie wieder Mut. Die Fremden aber und der übrige Haufe kamen als Zuschauer wie zu einem gewaltigen und unglaublichen Unternehmen. Denn diese erste Flotte, die nun aussegelte,[15]

war für hellenische Machtverhältnisse die kostspieligste und stattlichste, die je eine einzige Stadt ausgerüstet hat. (2) Nach der Zahl von Schiffen und Schwerbewaffneten war freilich die gegen Epidauros unter Perikles und gleichfalls dann die gegen Poteidaia unter Hagnon nicht geringer: 4 000 Schwerbewaffnete aus Athen selbst, 300 Reiter, 100 Trieren, aus Lesbos und Chios 50, außerdem hatten zahlreiche Bundesgenossen an dem Unternehmen teilgenommen. (3) Aber sie waren nur für eine kurze Fahrt ausgesegelt und mit geringfügiger Ausrüstung, dieser Feldzug aber für eine lange Dauer und für beide Fälle, was immer notwendig sein würde, mit Schiffen und Fußvolk in gleicher Weise ausgestattet: Die Flotte war unter hohen Kosten für Trierarchen und Stadt bis aufs Letzte hergerichtet, der Staat gab jedem Seemann 1 Drachme Taggeld und stellte die leeren Schiffe zur Verfügung, 60 Schnellruderer, 40 Lastschiffe und hierfür die beste Mannschaft, die Trierarchen gaben Zulagen zu dem vom Staat gezahlten Sold für die Ruderer der obersten Bänke und die Mannschaft und verwendeten auch sonst die teuersten Schiffsverzierungen und -einrichtungen, wobei sich aufs äußerste jeder Einzelne bemühte, dass gerade sein Schiff die anderen an prächtiger Ausstattung und Schnelligkeit übertreffe;[16] die Fußtruppe aber war nach sorgfältig erstellten Listen ausgehoben worden, im eifrigen Bemühen um Waffen und sonstige Gebrauchsgegenstände untereinander wetteifernd. (4) So kam es unter ihnen zu einem Wettstreit in dem, womit ein jeder betraut war, und das Ganze glich mehr einer Zurschaustellung der eigenen Macht und Wohlhabenheit vor den anderen Hellenen als einer Rüstung gegen Feinde. (5) Wenn jemand ausgerechnet hätte: die öffentlichen Ausgaben der Stadt und die persönlichen der Soldaten, von der Stadt, was sie bereits gezahlt und was sie den Feldherren auf die Fahrt mitgegeben, bei den Einzelnen, was jeder für den persönlichen Bedarf und der Trierarch für das Schiff aufgewendet hatte und noch aufzuwenden gedachte, außerdem, was sicherlich, auch abgesehen von dem staatlichen Sold, jeder Einzelne sich als Reisegeld bereitgelegt hatte für den langen Feldzug und was zum Zweck des Handels Soldat oder Kaufmann auf die Fahrt mitnahm, so hätten sich viele Talente als Summe ergeben, die aus der Stadt weggeschafft wurden. (6) Und das Unternehmen war ebenso, weil jeder staunte über die Kühnheit und die Pracht des Geschauten ringsum, in aller Munde wie wegen der Übermacht des Heeres über die Angegriffenen und weil nunmehr die Überfahrt zu dem am weitesten von der Heimat entfernten Ziel begonnen wurde, mit mächtiger Hoffnung auf das Künftige im Vergleich zu dem schon Vorhandenen.

32 (1) Als dann die Schiffe bemannt waren und alles endlich verladen war, womit sie in See stechen wollten, wurde mit einem Trompetensignal Ruhe geboten, dann verrichteten sie die vor dem Auslaufen üblichen Gebete, nicht auf jedem Schiff getrennt, sondern alle zusammen nach den Worten eines Herolds, in Krügen mischten sie Wein das ganze Heer entlang, und aus goldenen und silbernen Schalen brachten Schiffssoldaten und Trierarchen Trankopfer dar. (2) Die Gebete sprach auch die übrige Volksmenge vom Land aus mit, Bürger und wer sonst noch ihnen wohlgesinnt dabei war. Dann stimmten sie den Schlachtgesang an, beendeten die Opfer und stachen schließlich in See; zunächst segelten sie noch in Kiellinie, dann aber in einem Wettfahren bis Aigina. Danach strebten sie in eiliger Fahrt nach Kerkyra, wo das übrige Heer der Bundesgenossen sich sammelte.

(3) Nach Syrakus kamen von vielen Seiten Nachrichten über das Herannahen der Flotte, jedoch schenkte man ihnen lange Zeit keinen Glauben. Man berief aber eine Volksversammlung ein, in der verschiedene Reden gehalten wurden,

von solchen, die an die Nachrichten vom Feldzug der Athener glaubten, von anderen, die das Gegenteil behaupteten; auch Hermokrates, Sohn des Hermon, trat vor, und weil er darüber genau unterrichtet zu sein glaubte, gab er ihnen in seiner Rede folgende Ratschläge:

33 (1) »Unglaublich wird euch vielleicht scheinen, was ich – so wie einige andere – vom tatsächlichen Herannahen (der Athener) behaupte, und ich weiß, wer scheinbar Unglaubwürdiges behauptet oder davon berichtet, findet nicht nur keinen Glauben, sondern kommt auch in den Ruf eines Toren. Jedoch will ich, ohne Scheu, nicht an mich halten – in Zeiten der Gefahr für die Stadt –, zumal ich überzeugt bin, für meine Rede besser unterrichtet zu sein als irgendein anderer. (2) Die Athener sind tatsächlich gegen euch, was euch so völlig in Staunen versetzt, mit einem gewaltigen Heer aufgebrochen, mit See- und Landstreitkräften, angeblich wegen ihres Bündnisses mit den Egestanern und wegen der Rücksiedlung der Leontiner, in Wahrheit aber voll Verlangen nach dem Besitz Siziliens, vor allem aber unserer Stadt; sie glauben nämlich, wenn sie die erst einmal besitzen, würden sie leicht auch das Übrige bekommen. (3) Seid überzeugt, sie werden bald da sein, und seht zu, auf welche Weise ihr ihnen aufgrund der vorhandenen Mittel entgegentreten könnt, und dass ihr nicht aus Überheblichkeit ungerüstet von ihnen überrascht werdet noch aus Ungläubigkeit euch um das Ganze nicht kümmert. (4) Wenn es einem aber glaubwürdig erscheint, so soll er doch nicht vor ihrem Wagemut und ihrer Macht erschrecken. Sie werden uns nämlich nicht mehr Schaden zufügen können, als sie selbst erleiden werden, auch dass sie mit einem gewaltigen Aufgebot herankommen, ist nicht ohne Nutzen, im Hinblick auf die anderen Sizilier sogar viel besser – in ihrem Schrecken werden sie eher geneigt sein, auf unserer Seite mitzukämpfen; und wenn wir sie etwa vernichten oder, ohne dass sie ihr Ziel erreichen, zurückschlagen – und ich fürchte wirklich nicht, dass sie erlangen, was sie erwarten –, so wird das für uns die herrlichste Tat sein, und, mir wenigstens scheint, das darf man hoffen. (5) Denn nur wenige gewaltige Feldzüge von Hellenen und Barbaren, die sich weit von der eigenen Heimat entfernten, haben Erfolg gehabt. Denn nie kommen sie in größerer Zahl als die Einwohner und ihre Nachbarn – alles pflegt sich ja aus Angst zusammenzuschließen –, und wenn sie aus Mangel an notwendigen Gütern in einem fremden Land Misserfolg haben, so hinterlassen sie dennoch, auch wenn sie hauptsächlich durch ihre eigenen Fehler scheitern, den Angegriffenen namhaften Ruhm. (6) Wie es ja gerade den Athenern ergangen ist: Als der Perser, von dem es hieß, er sei gegen Athen losgezogen, unerwartet viele Rückschläge erlitten hatte, da wurden sie groß; und so können wir hoffen, dass auch uns solches zuteil wird.

34 (1) Voll Vertrauen wollen wir also unsere Rüstungen hier vorantreiben, durch Gesandte an die Sizilier die einen fester an uns binden und versuchen, mit den anderen Freundschaft und Bündnis zu schließen, in das übrige Sizilien wollen wir Gesandte schicken, hinzuweisen auf die gemeinsame Gefahr, auch nach Italien, um es entweder als Verbündeten zu gewinnen oder wenigstens (zu erreichen), dass sie die Athener nicht aufnehmen. (2) Ich halte es auch für vorteilhaft, nach Karthago zu schicken. Das kommt ihnen nicht unverhofft; denn immer sind sie in Furcht vor einem Angriff der Athener gegen ihre Stadt, sodass sie vielleicht denken werden, wenn sie uns hier preisgäben, bald selbst in Bedrängnis zu sein, und sich deshalb entschließen, uns entweder heimlich oder offen, jedenfalls auf irgendeine Weise, beizustehen. Imstande dazu sind sie am ehesten von den jetzt Mächtigen, wenn sie nur wollen; denn Gold und Silber besitzen sie in Menge, wodurch ja der Krieg und alles andere besten Erfolg verspricht. (3) Wir wollen aber auch

nach Sparta und Korinth schicken mit dem Ersuchen, uns hierher zu Hilfe zu kommen und dort den Krieg anzufachen. (4) Was ich aber für am vorteilhaftesten halte, ihr aber wegen der euch angeborenen Trägheit wohl am wenigsten rasch befolgen werdet, soll dennoch gesagt werden. Wenn wir Sizilier bereit wären, alle zusammen, oder doch die meisten mit uns, die gesamte vorhandene Flotte in See stechen zu lassen mit Verpflegung für zwei Monate an Bord und den Athenern bei Tarent und dem Iapygischen Vorgebirge entgegenzutreten und ihnen klarzumachen, dass der Kampf nicht früher um Sizilien geht, als sie sich die Überfahrt über den Ionischen Golf erkämpft haben, so würden wir sie wohl gewaltig in Schrecken versetzen und zu der Überlegung bringen, dass wir uns als Beschützer auf befreundetes Land stützen – denn Tarent wird uns aufnehmen –, sie aber noch eine weite Meeresstrecke mit ihrer ganzen Streitmacht zurücklegen müssen, und es ist schwer bei der Länge der Fahrt, in Ordnung zu bleiben; und wir könnten die Flotte leicht angreifen, wenn sie langsam und in kleinen Abteilungen herannaht. (5) Wenn sie aber mit den vereinigten schnell segelnden Flotteneinheiten ohne schweren Ballast angreifen – sie müssten dann aber rudern –, so können wir die Ermüdeten überfallen; wollen wir aber nicht, so haben wir die Möglichkeit, uns nach Tarent zurückzuziehen. Die Feinde aber, die mit wenig Vorräten, in der Absicht, eine Seeschlacht zu liefern, herübergefahren sind, wären in auswegloser Lage in dem menschenleeren Gebiet; blieben sie, würden sie umzingelt, versuchten sie an uns vorbeizusegeln, würden sie die übrige Streitmacht im Stich lassen, und im Ungewissen über die Gesinnung der Städte, ob sie von ihnen aufgenommen würden, wären sie völlig mutlos. (6) Daher wird sie meines Erachtens diese Überlegung davon abbringen, von Kerkyra überhaupt auszulaufen; vielmehr dürften sie die Lage noch einmal beraten, Späher aussenden, wie viele wir seien und wo, und dabei durch den Zeitverlust in den Winter hineingedrängt werden. Oder sie werden aus Bestürzung über die unerwartete Entwicklung die Fahrt abbrechen, zumal der erfahrenste ihrer Feldherren, wie ich höre, nur widerwillig den Befehl führt und gern einen Vorwand ergreifen wird, wenn sich bei uns Nennenswertes zeigt. (7) Das Gerücht, das weiß ich genau, würde unsere Rüstungen bestimmt übertreiben, aber die Meinungen der Menschen pflegen sich nach dem, was sie hören, zu richten, und wer den Angriff vorwegnimmt oder doch vorher den Angreifern seine Verteidigungsbereitschaft zu erkennen gibt, den fürchten sie mehr, weil man ihn für der Gefahr gewachsen hält. (8) So könnte es jetzt auch den Athenern ergehen. Sie ziehen nämlich gegen uns heran, so, als ob wir uns nicht wehren wollten, mit Recht voll Verachtung, weil wir nichts unternommen haben, sie im Bunde mit den Lakedaimoniern zu vernichten. Wenn sie uns jetzt wider Erwarten wagemutig sehen, so werden sie wegen der unerwarteten Entwicklung sicher mehr bestürzt sein als wegen unserer tatsächlichen Macht. (9) Lasst euch also überzeugen, am besten zu diesem Wagnis, wenn nicht, wenigstens die weiteren Kriegsvorbereitungen zu treffen, und jedem werde der Gedanke vertraut: Geringschätzung der Angreifer zeigt sich in der Stärke der Abwehrmaßnahmen; und aus Furcht getroffene Rüstungen für das Sicherste zu halten, im Bewusstsein, dass wir uns in Gefahr befinden, das wird für jetzt am nützlichsten sein. Die Feinde ziehen gegen uns heran und sind, ich weiß es genau, schon unterwegs, ja beinahe schon hier.«

35 (1) So sprach Hermokrates; aber das Volk von Syrakus war in gewaltigem Streit zerrissen, die einen erklärten, auf keinen Fall kämen die Athener, es sei nicht wahr, was er behaupte, die anderen wieder meinten, wenn sie auch kämen, was könnten sie ihnen schon antun, das sie nicht in stärkerem Maße als Vergeltung erleiden würden; andere gaben sich überhaupt geringschätzig und zogen die Angelegenheit ins Lächerliche. Nur ein geringer Teil war es, der dem Hermokrates glaubte und sich Sorgen um die Zukunft machte. (2) Da trat Athenagoras auf, der Vorsteher des Volkes war und zur damaligen Zeit den größten Einfluss auf die Massen hatte, und sprach folgendermaßen:

36 (1) »Wer nicht wünscht, dass die Athener so übel beraten sind, hierher zu kommen und sich uns zu unterwerfen, ist entweder feig oder der Stadt nicht freundlich gesinnt. Diejenigen aber, die dergleichen berichten und euch Angst einjagen wollen, über die wundere ich mich nicht wegen ihrer Dreistigkeit, sondern wegen ihrer Dummheit, wenn sie glauben, nicht durchschaut zu werden. (2) Denn weil sie für ihre eigenen Angelegenheiten fürchten, wollen sie auch die Stadt in Schrecken versetzen, um in der allgemeinen Angst ihre Absichten zu verdecken. Und diesen Zweck haben jetzt die Berichte, die nicht von ungefähr aufkamen, sondern von Männern verfasst sind, die immer den Staat in Unruhe versetzen. (3) Wenn ihr aber gut überlegt, werdet ihr nicht auf das, was diese Leute melden, schauen und danach die Wahrscheinlichkeit abschätzen, sondern darauf, was kluge und viel erfahrene Menschen, wie ich die Athener einschätze, unternehmen mögen. (4) Es ist nämlich nicht wahrscheinlich, dass sie die Peloponnesier in ihrem Rücken zurücklassen und, ohne den Krieg dort sicher beigelegt zu haben, freiwillig in einen anderen, nicht geringeren ziehen; ich glaube vielmehr, sie sind zufrieden, dass wir, so mächtige und große Städte, nicht gegen sie ziehen.

37 (1) Sollten sie aber wirklich, wie berichtet wird, kommen, so halte ich Sizilien für fähiger als den Peloponnes, den Krieg durchzustehen, weil es in allem besser gerüstet ist, unsere Stadt aber sogar allein dem jetzt angeblich heranrückenden Heer, auch wenn es in doppelter Stärke angriffe,

bei weitem überlegen ist; sie werden meines Wissens keine Pferde mitbringen und hier sich keine beschaffen können, außer einigen wenigen von den Egestanern, auch so viel Schwerbewaffnete, dass sie an Zahl den unseren gewachsen sind, werden sie auf ihren Schiffen nicht heranführen – denn es ist schon etwas Großes, selbst mit unbelasteten Schiffen eine so weite Seefahrt hierher zu unternehmen –, ebenso wenig die übrige Ausrüstung, die man gegen eine so mächtige Stadt beschaffen muss – und die ist nicht gering. (2) Daher glaube ich – so sehr bin ich anderer Meinung: Auch wenn sie mit einer zweiten, ebenso mächtigen Stadt wie Syrakus herankämen und sich in unserer Nachbarschaft ansiedelten und dann Krieg führten, würden sie nur mit Mühe der völligen Vernichtung entgehen, umso eher in einem zur Gänze feindlichen Sizilien – und es wird sich zusammenschließen – mit einem Lager aus Schiffen und lächerlichen Zelten, nur mit dem notwendigsten Bedarf, ohne über weitere Strecken wegen unserer Reiterei ausrücken zu können. Überhaupt, glaube ich, werden sie nicht einmal an Land Fuß fassen können; um so viel halte ich unsere eigene Streitmacht für stärker.

38 (1) Aber weil die Athener das, wie ich sage, erkennen, so bin ich überzeugt, dass sie ihre eigenen Machtmittel zu erhalten trachten. Nur Leute von hier reimen Dinge zusammen, die es nicht gibt noch geben kann; (2) und von diesen weiß ich nicht erst jetzt, sondern schon immer, dass sie mit dergleichen oder noch verderblicheren Reden oder Taten die Mehrheit von euch einschüchtern und selbst die Herrschaft über die Stadt ergreifen wollen. In der Tat fürchte ich, sie werden bei ihren oftmaligen Versuchen einmal Erfolg haben; wir aber sind unfähig, bevor wir im Unglück sind, Vorsorge zu treffen, und wenn wir etwas merken, dem entgegenzutreten. (3) Das ist ja auch der Grund, warum unsere Stadt so selten Ruhe findet, viele Unruhen und Kämpfe zu bestehen hat, nicht so sehr gegen äußere Feinde wie im Innern, und manchmal auch Tyrannis und ungerechte Gewaltherrschaft. (4) Ich will versuchen, wenn ihr mir folgt, davon zu unseren Lebzeiten nichts geschehen zu lassen, indem ich die Mehrheit von euch überzeuge, diejenigen aber, die solche Pläne schmieden, bestrafe, nicht nur, wenn ich sie auf frischer Tat ertappe – denn es ist schwierig, sie zu fassen –, sondern auch für das, was sie wollen, aber nicht durchsetzen können – dem Feind muss man nicht nur bei seinen Handlungen, sondern auch bei seinen Plänen vorher entgegentreten, zumal ja, wer nicht vorher auf der Hut ist, auch vorher zu Schaden kommen wird –, indem ich schließlich die Adelspartei teils widerlege, teils bewache, teils auch belehre; denn so glaube ich sie am ehesten von ihrer verbrecherischen Tätigkeit abbringen zu können. (5) Und schließlich noch, was ich schon oft überlegt habe, was wollt ihr denn, ihr jungen Herren? Schon Ämter ausüben? Aber das ist nicht gesetzmäßig. Das Gesetz ist mehr deshalb erlassen worden, weil ihr dazu noch nicht imstande seid, als, wenn ihr dazu imstande seid, euch zu kränken. Oder wollt ihr nicht gleiche Rechte mit den anderen teilen? Aber wie kann gerecht sein, wenn Gleiche nicht gleich eingeschätzt werden?

39 (1) Es wird jemand vielleicht behaupten, Demokratie sei weder vernünftig noch gerecht, vielmehr hätten die Begüterten die beste Eignung zur vortrefflichen Verwaltung der Ämter. Ich aber behaupte erstens: Demos (Volk) nennt man die Gesamtheit, Oligarchie einen Teil; zweitens: die besten Hüter des Geldes sind die Reichen, den besten Rat erteilen die Klugen, das Gehörte beurteilen kann am ehesten die Menge, und alle die haben in ihren verschiedenen Lebensbereichen, aber auch insgesamt in der Demokratie gleiche Rechte und Pflichten. (2) Die Oligarchie gibt zwar an den Gefahren der Menge Anteil, doch von den Vorteilen nimmt sie nicht nur den größeren Teil, sondern reißt alles insgesamt an sich und behauptet es. Das ist es, was von euch die Mächtigen und die jungen Leute wollen, was aber in einer mächtigen Stadt unmöglich zu erreichen ist.

40 (1) Aber noch jetzt, ihr größten Dummköpfe, die ich unter den Griechen kenne, wenn ihr nicht bemerkt, welch Unheil ihr betreibt, oder ihr größten Verbrecher, wenn ihr wissentlich frevelt: Noch jetzt also erkennt oder bereut und fördert das allen gemeinsame Beste der Stadt! Seid überzeugt, dass der gleiche oder sogar größere Teil davon den Tüchtigen unter euch zukommt, wenn ihr aber anders wollt, dass ihr Gefahr lauft, alles zu verlieren! Und lasst ab von dergleichen Botschaften, erkennt, dass ihr es mit Leuten zu tun habt, die euch durchschaut haben und euch nicht mehr gewähren lassen werden! (2) Denn unsere Stadt hier wird, wenn die Athener wirklich kommen, sie abwehren, wie es ihrer würdig ist – und wir haben Feldherren, die darauf sehen werden –, und wenn nichts daran wahr ist, wie ich glaube, wird sie nicht auf eure Meldungen hin in Schrecken geraten, nicht euch zu Führern wählen und so eine selbst gewählte Knechtschaft auf sich laden, sondern wird selbst für sich sorgen, eure Worte als gleichbedeutend mit Taten beurteilen und sich die bestehende Freiheit nicht auf bloße Gerüchte hin entreißen lassen, nein, weil sie in ihrer tatkräftigen Wachsamkeit euch nicht gewähren lässt, wird sie sie zu bewahren wissen.«

41 (1) So sprach also Athenagoras; dann erhob sich einer der Feldherren und ließ keinen weiteren Redner auftreten, sondern sprach selbst zur Lage Folgendes: (2) »Klug ist es nicht, wenn einige gegenseitige Beschuldigungen vorbringen, noch wenn die Hörer sie aufnehmen, sondern mehr auf die einlaufenden Meldungen zu achten, damit wir, jeder Einzelne und die ganze Stadt, uns ordentlich rüsten, die herankommenden Feinde abzuwehren. (3) Wenn wir dann

nicht dazu genötigt sind, so ist es kein Schaden, das Gemeinwesen ausgestattet zu haben mit Pferden, Waffen und Sonstigem, worin der Prunk des Krieges besteht – Aufsicht und Prüfung wird unsere Sache sein –, ebenso wenig, Gesandtschaften an die Städte gerichtet zu haben zur Beobachtung, und wenn sonst etwas nötig erscheint. (4) Einiges davon haben wir schon veranlasst, und was wir erfahren, werden wir an euch weiterleiten.« Nach seiner Rede wurden die Syrakusaner aus der Versammlung entlassen.

42 (1) Die Athener, sie selbst und ihre Bundesgenossen, waren bereits sämtlich in Kerkyra. Zunächst hielten die Feldherren eine neuerliche Musterung ab und erließen eine Einteilung, wie sie vor Anker gehen und lagern sollten; sie teilten 3 Geschwader ein und losten sie einander zu, um nicht bei einer Fahrt in geschlossenem Verband Mangel an Wasser zu haben, an Häfen und sonstigem Vorrat bei den Landeplätzen, im Übrigen, damit das Ganze in besserer Ordnung und leichter zu befehlen sei, nach Abteilungen einem Feldherrn zugewiesen. (2) Außerdem schickten sie 3 Schiffe nach Italien und Sizilien voraus, um zu erkunden, welche Städte sie aufnehmen würden. Sie hatten Befehl, ihnen noch vorher entgegenzukommen, damit sie genau unterrichtet landen könnten.

43 (1) Hierauf stachen die Athener mit dieser ganzen Streitmacht von Kerkyra aus in See und fuhren nach Sizilien hinüber: mit insgesamt 134 Trieren und 2 Fünfzigruderern aus Rhodos – davon waren 100 attische, 60 schnell segelnde, die anderen Truppentransportschiffe, die übrige Flotte aus Chios und von den restlichen Verbündeten; Schwerbewaffnete insgesamt 5100 – davon stellten die Athener selbst 1500 nach den Aushebungsverzeichnissen[17] und 700 Theten als Schiffsbesatzung, die übrige Streitmacht stellten Bundesgenossen, teils von den Untertanen, aber auch 500 von den Argeiern, 250 von den Mantineern und Söldner; Bogenschützen insgesamt 480 – von diesen stellten die Kreter 80; 700 Schleuderer aus Rhodos; von megarischen Verbannten 120 Leichtbewaffnete, dazu ein Pferdetransportschiff mit 30 Reitern.

44 (1) So groß war die Streitmacht, die zum Krieg übersetzte; die Lebensmittel für sie führten 30 Getreideschiffe, mit Bäckern, Steinmetzen und Zimmerleuten und Belagerungswerkzeug an Bord, außerdem segelten noch 100 Barken mit, die zur Begleitung der Lastschiffe beordert waren; viele andere Barken und Lastschiffe folgten freiwillig der Kriegsflotte, um Handelsgeschäfte zu treiben: All das überquerte damals gemeinsam von Kerkyra aus den Ionischen Golf. (2) Die ganze Flotte segelte auf das Iapygische Vorgebirge zu, auf Tarent und wie es eben für die Einzelnen günstig war, und fuhr an der Küste Italiens entlang, ohne dass die Städte ihnen Markt und Aufnahme gewährten, nur Wasser und Ankerplatz, Tarent und Lokroi nicht einmal das, bis sie schließlich nach Rhegion kamen, der Spitze Italiens. (3) Hier sammelten sie sich endlich und errichteten außerhalb der Stadt – denn drinnen fanden sie keine Aufnahme – ein Lager im heiligen Bezirk der Artemis, wo man ihnen auch einen Markt gewährte, zogen die Schiffe an Land und hielten sich ruhig. Mit den Rheginern knüpften sie Verhandlungen an; als Chalkidier sollten sie den Leontinern, gleichfalls Chalkidiern, zu Hilfe kommen. Die aber erklärten, sie wollten keiner der beiden Seiten beitreten, sondern würden tun, was die übrigen Italer beschlössen. (4) Sie überdachten auch, wie sie die Dinge in Sizilien am besten vorwärtstreiben könnten, und erwarteten ihre vorausgesandten Schiffe aus Egesta, da sie wissen wollten, ob es sich mit dem Geld so verhalte, wie die Gesandten in Athen erklärt hatten.

45 (1) Den Syrakusanern wurde inzwischen bereits von vielen Seiten und auch von ihren Kundschaftern als sicher gemeldet, dass die Schiffe in Rhegion seien, und unter diesen Umständen rüsteten sie sich mit allem Nachdruck, ohne mehr Zweifel zu hegen. Ringsum zu den Sikelern schickten sie teils Wachposten, teils Gesandte, in die festen Plätze im Land legten sie Besatzungen, in der Stadt überprüften sie durch eine Musterung der Waffen und Pferde, ob alles in Ordnung sei, auch sonst richteten sie sich wie für einen baldigen, ja fast schon ausgebrochenen Krieg ein.

46 (1) Aus Egesta kommend, stießen die vorausgeschickten 3 Schiffe bei Rhegion wieder zu den Athenern mit der Nachricht, das versprochene Geld sei nicht vorhanden, nur 30 Talente fänden sich. (2) Die Feldherren waren sofort in mutloser Stimmung, weil ihnen gleich dieses Erste in die Quere gekommen war, ebenso wie die Weigerung der Rheginer, am Feldzug teilzunehmen; gerade die hatten sie von Anfang an auf ihre Seite zu ziehen versucht, und es war auch sehr aussichtsreich, da jene ja mit den Leontinern verwandt waren und in bestem Einvernehmen standen. Dem Nikias freilich kam dieser Vorfall mit den Egestanern nicht überraschend, den beiden anderen schien alles ziemlich unbegreiflich. (3) Die Egestaner hatten sich nämlich Folgendes ausgedacht damals, als die ersten Gesandten der Athener zu ihnen kamen, um sich wegen des Geldes zu vergewissern; sie führten sie in den Tempel der Aphrodite auf dem Berge Eryx und zeigten ihnen die Weihegeschenke, Schalen, Weinkrüge, Opfergeräte und andere zahlreiche Gegenstände, alles aus Silber, und viel wirkungsvoller anzusehen im Verhältnis zum geringen Wert; die einzelnen Bürger veranstalteten Gastmähler für die Schiffsmannschaften, und hierfür sammelten sie aus Egesta selbst goldene und silberne Becher, andere erbaten sie von den benachbarten Städten, phoinikischen und griechischen, und trugen sie bei den Gastmählern als ihre eigenen auf. (4) Da alle größtenteils dieselben verwendeten und überall großer Reichtum zu

herrschen schien, ließen sich die Athener der Trieren stark beeindrucken; nach Athen zurückgekehrt, verbreiteten sie, welch gewaltige Schätze sie gesehen hätten. (5) Diese also, die, selbst getäuscht, damals auch die anderen überredet hatten, mussten jetzt, da die Nachricht kam, in Egesta seien keine Geldmittel vorhanden, viele Anschuldigungen der Soldaten ertragen. Die Feldherren aber berieten über die gegenwärtige Lage.

47 (1) Die Meinung des Nikias war nun, gegen Selinus zu segeln mit dem ganzen Heer, weswegen sie ja vor allem ausgesandt waren, und wenn die Egestaner Geldmittel für das ganze Heer beisteuerten, so könne man darüber beraten, andernfalls solle man für die 60 Schiffe, die sie erbeten hatten, von ihnen den Unterhalt fordern, dort bleiben und die Selinunter entweder gewaltsam oder vertraglich mit ihnen aussöhnen; sodann sollten sie an den anderen Städten vorbeisegeln, ihnen die Macht Athens vor Augen führen, aber auch einen Beweis seines Eifers für Freunde und Bundesgenossen geben und dann wieder heimfahren, es sei denn, sie könnten den Leontinern in der Eile und unvermutet helfen oder irgendeine andere Stadt auf ihre Seite ziehen, aber man dürfe nicht die Stadt auf ihre eigenen Kosten in Gefahr bringen.

48 (1) Alkibiades aber erklärte, wenn sie schon mit so gewaltiger Streitmacht ausgefahren seien, so dürften sie jetzt nicht in Schanden und unverrichteter Dinge zurückkehren; sie sollten an die übrigen Städte Boten entsenden, außer nach Selinus und Syrakus, und versuchen, die Sikeler teils von Syrakus abtrünnig zu machen, teils als Freunde zu gewinnen, um Verpflegungs- und Truppennachschub zu haben. Zunächst sollten sie die Messenier auf ihre Seite ziehen, denn dort sei die beste Gelegenheit für Überfahrt und Landung in Sizilien, und das Heer werde Hafen und Ankerplatz vorfinden. Wenn sie sich der Städte versichert hätten und wüssten, mit wem sie für den Krieg im Bunde stünden, sollten sie Syrakus und Selinus angreifen, es sei denn, diese fänden sich zu einem Übereinkommen mit den Egestanern bereit und jene wären mit der Wiederbesiedlung von Leontinoi einverstanden.

49 (1) Lamachos dagegen schlug vor, man solle geradewegs gegen Syrakus segeln und vor den Mauern der Stadt möglichst schnell einen Kampf liefern, solange sie noch ungerüstet und außer sich vor Schreck sei. (2) Gleich zu Beginn sei jedes Heer am furchtbarsten; vergehe aber Zeit, bevor es sich blicken lasse, so fassten die Menschen im Herzen wieder Mut und dächten geringschätziger über den Anblick. Wenn sie aber unvermutet über jene herfielen, solange sie noch in angstvoller Erwartung seien, dann würden sie gewiss die Oberhand behalten und ihnen in jeder Hinsicht Schrecken einjagen: durch ihren Anblick – denn jetzt zeigten sie sich noch in gewaltiger Zahl –, durch die Erwartung dessen, was ihnen widerfahren werde, vor allem aber durch die plötzliche Gefahr der Schlacht. (3) Wahrscheinlich werde man auch auf dem freien Land außerhalb der Stadt viele abfangen, weil sie ja nicht an ihr Kommen glauben würden; aber auch wenn diese in die Stadt flüchteten, werde das Heer nicht an Geldmangel leiden, wenn es sich die Lage beherrschend vor der Stadt festsetze. (4) Die übrigen Sizilier werden sich dann umso eher nicht mit jenen verbünden, wohl aber zu ihnen übertreten, ohne zu zögern und abzuwarten, welche Seite die Oberhand gewinne. Zum Schiffshafen für Rückzug und neuen Angriff müsse man Megara machen, das unbewohnt war, von Syrakus weder zu Wasser noch zu Lande weit entfernt.

50 (1) So sprach Lamachos, schloss sich dann aber doch dem Vorschlag des Alkibiades an. Darauf fuhr Alkibiades mit seinem Schiff hinüber nach Messene und verhandelte mit den Bewohnern wegen eines Bündnisses; als er sie dazu

nicht bewegen konnte, sie vielmehr antworteten, sie würden sie nicht in die Stadt aufnehmen, wohl aber ihnen außerhalb einen Markt gewähren, segelte er nach Rhegion zurück. (2) Sogleich bemannten nun die Feldherren 60 Schiffe aus der ganzen Zahl, nahmen Lebensmittel an Bord und fuhren entlang (der Küste) nach Naxos; das übrige Heer ließen sie in Rhegion zurück und einen von ihnen. (3) Die Naxier nahmen sie in ihrer Stadt auf, dann segelten sie nach Katane weiter; als die Katanier sie nicht aufnahmen – es waren nämlich unter ihnen syrakusfreundliche Männer –, (4) fuhren sie den Fluss Terias hinauf und bezogen dort ein Lager. Am folgenden Tag segelten sie gegen Syrakus, die übrigen Schiffe hielten sie in einer Linie, 10 aber schickten sie voraus, um in den Großen Hafen einzulaufen und nachzusehen, ob schon Schiffe seetüchtig gemacht seien; sie wollten auch näher heranfahren und von den Schiffen aus verkünden, die Athener seien gekommen, um die Leontiner wieder in ihrer Heimat anzusiedeln aufgrund des Bündnisses und der Stammesverwandtschaft, seien also Leontiner in der Stadt, sollten sie zu den Athenern als ihren Freunden und Wohltätern ohne Furcht übertreten. (5) Als das verkündet war und sie alles besichtigt hatten, die Stadt, die Häfen und die Art des Geländes, von dem aus sie die Belagerung in Angriff würden nehmen müssen, kehrten sie wieder nach Katane zurück.

51 (1) Aufgrund eines in einer Versammlung gefassten Beschlusses ließen die Katanier das Heer nicht ein, forderten aber die Feldherren auf, hereinzukommen und, wenn sie wollten, ihre Sache vorzutragen. Als nun Alkibiades sprach und die Bewohner nur auf die Volksversammlung achteten, brachen die Soldaten unbemerkt eine kleine, schlecht eingefügte Pforte auf, drangen in die Stadt ein und kauften auf dem Markt. (2) Als nun die syrakusfreundlichen Katanier das Heer drinnen sahen, da entflohen einige wenige in plötzlichem Schrecken, die anderen beschlossen ein Bündnis mit den Athenern und forderten sie auf, das übrige Heer von Rhegion herzuführen. (3) Hierauf segelten die Athener nach Rhegion hinüber und stachen nunmehr mit der gesamten Streitmacht nach Katane in See; als sie dort angekommen waren, machten sie sich daran, ihr Lager zu errichten.

52 (1) Nachrichten kamen ihnen zu aus Kamarina, es würde, wenn sie kämen, sich wohl zu ihnen schlagen, ferner, dass die Syrakusaner eine Flotte bemannen. Mit der ganzen Streitmacht segelten sie also zunächst entlang der Küste nach Syrakus, da sie aber keine Flotte bemannt vorfanden, fuhren sie dann weiter nach Kamarina, hielten auf die Küste zu und sandten einen Herold in die Stadt. Aber diese ließen sie nicht ein mit dem Hinweis auf den Vertrag[18], laut dem sie die Athener nur aufnehmen würden, wenn sie mit einem einzigen Schiff kämen, es sei denn, sie selber hätten mehr verlangt. (2) So segelten sie denn unverrichteter Dinge ab. Im Gebiet von Syrakus gingen sie an Land und plünderten; die syrakusanische Reiterei eilte aber herbei und hieb einige ihrer versprengten Leichtbewaffneten nieder; dann kehrten sie nach Katane zurück.

53 (1) Dort trafen sie die »Salaminia«[19] an, die von Athen gekommen war mit dem Befehl an Alkibiades, zurückzukehren wegen der Verteidigung gegen die Vorwürfe, die die Stadt gegen ihn erhob, aber auch an einige andere Soldaten, die mit ihm angeklagt waren, teils wegen der Entweihung von Mysterien, teils auch wegen der Hermen. (2) Denn die Athener betrieben auch nach der Ausfahrt der Flotte um nichts weniger die Untersuchung des Mysterien- und Hermenfrevels, und ohne die Glaubwürdigkeit der Angeber zu prüfen, sondern alles in ihrem Misstrauen als erwiesen annehmend, setzten sie auf das Wort schlechter Menschen ganz ehrenwerte Bürger gefangen, weil sie es für nützlicher hielten, die Sache genau zu untersuchen und zu lösen, als wegen der üblen Art des Angebers einen Beschuldigten, stände er auch in bestem Rufe, ohne Gerichtsverfahren entkommen zu lassen. (3) Denn da das Volk vom Hörensagen wusste, dass die Tyrannis des Peisistratos und seiner Söhne schließlich drückend geworden und obendrein nicht einmal von ihnen selbst und Harmodios gestürzt worden war, sondern von den Lakedaimoniern, war es dauernd in Furcht und betrachtete alles mit misstrauischen Augen.

54 (1) Denn die kühne Tat des Aristogeiton und des Harmodios entstand aus einem Liebeshandel, den ich etwas ausführlicher berichten werde, um zu zeigen, dass weder die anderen noch die Athener selbst über ihre Tyrannen und über dieses Ereignis auch nur irgendetwas Genaues berichten. (2) Als nämlich Peisistratos in hohem Alter als Tyrann gestorben war, übernahm nicht Hipparchos, wie viele meinen, sondern Hippias als der Älteste die Herrschaft. Des Harmodios, eines jugendlich schönen Jünglings, Liebhaber war Aristogeiton, ein Mann aus der Stadt und mittlerer Bürger, der ihn auch für sich gewann. (3) Harmodios wurden nun von Hipparchos, dem Sohn des Peisistratos, Anträge gemacht; er ließ sich jedoch nicht dazu herbei und berichtete alles dem Aristogeiton. Der aber, voll Eifersucht und Furcht vor der Macht des Hipparchos, dass er ihn etwa gewaltsam gefügig machen könnte, sann sogleich darauf, die Tyrannis, so weit eben sein Einfluss reichte, zu stürzen. (4) Hipparchos, der inzwischen wiederum dem Harmodios Anträge gemacht, ihn aber ebenso wenig umgestimmt hatte, wollte zwar gewaltsam nichts unternehmen, sann aber darauf, ihn auf irgendeine heimliche Art, so als sei es nicht deshalb, zu demütigen. (5) Die Menge empfand die Herrschaft durchaus nicht drückend, hatte er sie doch so eingerichtet, dass sie wenig Anstoß erregte. Und sie achteten von allen Tyrannen am meisten auf Recht und Besonnenheit, trieben von den Athenern nur ein Zwanzigstel der Einkünfte ein, womit sie die Stadt aufs schönste ausschmückten, die Kriege bestritten und die Opfer an Festtagen. (6) Im Übrigen lebte die Stadt nach den früher gültigen Gesetzen, nur sahen sie darauf, dass immer einer von ihnen in den Staatsämtern war. Nach anderen von ihnen bekleidete das jährliche Amt auch Peisistratos, der Sohn des Tyrannen Hippias, benannt nach seinem Großvater, der in seiner Amtszeit den Altar der zwölf Götter auf dem Marktplatz errichten ließ und den des Apollon im Pythischen Heiligtum. (7) Bei dem Altar auf dem Marktplatz baute das athenische Volk später noch ein Stück an und tilgte dabei die Aufschrift. Bei dem im Pythischen Heiligtum ist sie heute noch in undeutlicher Schrift zu sehen und heißt:

Seiner Regierung zum Ruhm Peisistratos, Hippias' Sohn, hat
Diesen Altar hier erbaut, Pythier, in deinem Bezirk.

55 (1) Dass aber Hippias als der Älteste die Herrschaft übernahm, behaupte ich, weil ich durch Berichte genauere Kunde habe als andere; man kann es aber auch aus Folgendem erschließen: Kinder hat anscheinend er allein von den vollbürtigen Brüdern gehabt, wie der Altar beweist und die Säule, die zur Erinnerung an das Unrecht der Tyrannen auf der Akropolis von Athen errichtet wurde und auf der von Thessalos und Hipparchos kein Kind erwähnt ist, von Hippias aber fünf, die er von Myrrhine hatte, der Tochter des Kallias, des Sohnes von Hyperochides; denn es ist wahrscheinlich, dass der Älteste zuerst geheiratet hat. (2) Und eben auf der Säule ist er als Erster erwähnt nach seinem Vater, und das nicht ohne Grund, weil er der Älteste nach ihm war und die Tyrannis übernahm. (3) Auch hätte doch, so glaube ich, Hippias nie so plötzlich und leicht die Tyrannis behaupten können, wenn Hipparchos im Besitz der Herrschaft getötet, er selbst am selben Tag eingesetzt worden wäre; sondern aufgrund der schon früher den Bürgern eingesessenen Furcht und dank der strengen Disziplin der Leibwache behauptete er sich mit einem Übermaß an Sicherheit – als jüngerer Bruder wäre er wohl ratlos gewesen, weil er vorher nicht dauernden Umgang mit der Macht gehabt hätte. (4) Hipparchos aber wurde durch das ihm widerfahrene Unglück bekannt und trug noch dazu für die Nachwelt den Ruhm der Tyrannis davon.

56 (1) Den Harmodios also, der seine Anträge abgewiesen hatte, demütigte er, wie er es sich vorgenommen hatte; sie forderten nämlich seine Schwester, eine Jungfrau, auf, bei einem Festzug als Korbträgerin mitzugehen, jagten sie dann aber weg mit dem Bemerken, sie sei überhaupt nicht aufgefordert worden, weil sie nicht würdig sei. (2) Harmodios nahm dies sehr schwer, noch mehr aber war seinetwegen Aristogeiton erzürnt. Sie hatten mit ihren Helfern schon alles verabredet, warteten aber noch die Großen Panathenäen ab, einen Tag, an dem allein es keinen Verdacht erregte, wenn die am Festzug teilnehmenden Bürger alle zusammen in Waffen erschienen; sie selbst sollten anfangen, jene ihnen aber sofort beistehen gegen die Leibwache. (3) Die Mitverschworenen waren nicht sehr viele, um sicherzugehen. Sie hofften nämlich, dass selbst die nicht vorher Eingeweihten, auch wenn noch so wenige den Anfang wagten, auf der Stelle, da sie ja Waffen hatten, bereitwillig bei ihrer Befreiung mithelfen würden.

57 (1) Als nun das Fest gekommen war, ordnete Hippias draußen auf dem so genannten Töpfermarkt mit seiner Leibwache, wie die einzelnen Gruppen des Festzuges einander folgen sollten; Harmodios und Aristogeiton aber schritten schon, die Dolche in der Hand, zur Ausführung der Tat. (2) Als sie dann einen ihrer Mitverschworenen vertraut mit Hippias reden sahen – er war nämlich für alle leicht zugänglich –, da erschraken sie und glaubten, sie seien verraten und beinahe schon gefangen. (3) Nun wollten sie aber an demjenigen, der ihnen Leid zugefügt hatte und dessentwegen sie alle Gefahren auf sich nahmen, vorher, wenn möglich, noch Rache nehmen, und so, wie sie waren, drangen sie durch das Tor ein und trafen Hipparchos bei dem so genannten Leokoreion. Sogleich stürzten sie, ohne zu überlegen, auf ihn, und in gewaltigem Zorn – der eine aus Eifersucht, der andere, weil gedemütigt – durchbohrten und töteten sie ihn.[20] (4) Der eine, Aristogeiton, entkam der Leibwache für den Augenblick im Gedränge der Menge, später wurde er ergriffen und grausam behandelt; Harmodios aber kam auf der Stelle ums Leben.

58 (1) Als das dem Hippias zum Töpfermarkt gemeldet wurde, begab er sich nicht zum Tatort, sondern, ehe sie über die weite Strecke hin etwas merkten, gleich zu den am Festzug beteiligten Schwerbewaffneten; mit undurchdringlicher Miene, die er angesichts dieses Unglücks annahm, befahl er ihnen, an einem von ihm gewiesenen Platz wegzutreten, ohne Waffen. (2) Diese gingen dorthin, in der Meinung, er wolle ihnen etwas sagen. Er aber befahl seinen Söldlingen, die Waffen unbemerkt wegzuschaffen, und suchte sofort diejenigen heraus, die er für schuldig hielt und bei denen man Dolche fand – denn sie pflegten nur mit Schild und Speer am Festzug teilzunehmen.

59 (1) So war bei Harmodios und Aristogeiton Liebesleid der Anfang der Verschwörung, und zum unüberlegten Wagnis kam es aus plötzlicher Furcht. (2) Auf den Athenern lastete danach die Tyrannis drückender; und Hippias, jetzt mehr in Furcht, ließ viele Bürger hinrichten, sah sich aber gleichzeitig auswärts um, ob er irgendwo Rückhalt fände für den Fall eines Umsturzes. (3) So gab er denn dem Aiantides, dem Sohn des lampsakenischen Tyrannen Hippokles, seine Tochter Archedike zur Frau – er, ein Athener, dem

Lampsakener! –, da er erfahren hatte, welch großen Einfluss die beiden beim Großkönig Dareios hätten. Ihr Grabmal in Lampsakos trägt folgende Inschrift:

Adligsten Mannes in Hellas von allen seinen Gefährten,
Hippias' Tochter liegt hier, Archedike, unter Staub;
Vater und Mann und Brüder und Söhne – Tyrannen sie alle,
Und doch erhob sich ihr Sinn nie zu vermessenem Stolz.

(4) Hippias herrschte noch drei Jahre als Tyrann über die Athener, im vierten wurde er abgesetzt von den Lakedaimoniern und den verbannten Alkmeoniden; unter freiem Geleit wandte er sich nach Sigeion und zu Aiantides nach Lampsakos, von dort zum Großkönig Dareios, von wo aus er auch zwanzig Jahre später, schon in hohem Alter, den Feldzug gegen Marathon auf der Seite der Perser mitmachte.

60 (1) Weil nun das Volk von Athen all dies überdachte und sich erinnerte, was es vom Hörensagen davon wusste, verfuhr es damals so streng und misstrauisch gegen die des Mysterienfrevels Verdächtigen, in der Meinung, alles sei auf eine Oligarchen- oder Tyrannenverschwörung abgesehen. (2) Da sie deshalb also sehr leidenschaftlich vorgingen, schon viele, und zwar ehrenwerte Männer, ins Gefängnis geworfen waren und noch kein Ende abzusehen war, sie vielmehr von Tag zu Tag in größere Wut gerieten und noch mehr ergreifen ließen, da wurde einer der Gefangenen, der in stärkstem Verdacht stand, von einem Mitgefangenen überredet, auszusagen, sei es nun die Wahrheit oder auch nicht; denn für beides gibt es Vermutungen, Genaues hat niemand, weder damals noch später, über die Täter aussagen können. (3) Jener also überzeugte ihn mit seinen Wor-

ten von der Notwendigkeit, wenn er es auch nicht getan habe, für sich Straffreiheit und Rettung zu erlangen und die Stadt von dem gegenwärtigen Misstrauen zu befreien. Er werde mit größerer Gewissheit mit dem Leben davonkommen, wenn er unter Zusicherung von Straffreiheit gestehe, als wenn er leugne und vor Gericht komme. (4) So erklärte er sich selbst und andere schuldig der Hermenverstümmelung. Das athenische Volk hielt sich freudig an diese, wie es glaubte, wahre Mitteilung, und so schwer sie es vorher ertrugen, die Männer nicht zu kennen, die ihre Macht bedrohten, jetzt ließen sie sofort den Angeber und die anderen mit ihm frei, die er nicht angezeigt hatte, die Beschuldigten stellten sie vor Gericht und richteten diejenigen hin, die in Gewahrsam waren, die Entflohenen verurteilten sie zum Tode und setzten demjenigen einen Geldpreis aus, der sie tötete. (5) Dabei war es zwar unklar, ob die Verurteilten zu Unrecht bestraft worden waren, aber für die übrige Stadt war es jedenfalls für den Augenblick ein merklicher Vorteil.

61 (1) Den Fall Alkibiades nahmen die Athener auf Drängen seiner Gegner, die ihm schon vor der Ausfahrt zugesetzt hatten, ziemlich schwer, und da sie wegen der Hermen Gewissheit zu haben glaubten, so schien es ihnen umso sicherer, dass auch der Mysterienfrevel, dessen er beschuldigt war, aus demselben Grunde und zum Zwecke einer Verschwörung gegen das Volk von ihm begangen worden war. (2) Es war nämlich auch eine nicht sehr starke Abteilung Lakedaimonier gerade zu der Zeit, da sie hierüber in Aufregung waren, bis zum Isthmos vorgerückt, um mit den Boiotern etwas zu erledigen. Man glaubte nun, sie seien auf sein Betreiben und nicht der Boioter wegen nach gegenseitiger Vereinbarung gekommen, und wenn sie selbst also nicht vorher aufgrund der Anzeige die Männer verhaftet hätten, wäre die Stadt verraten gewesen. Eine Nacht schliefen sie sogar im Theseustempel der Stadt in Waffen. (3) Auch die

Gastfreunde des Alkibiades in Argos gerieten um dieselbe Zeit in den Verdacht eines Anschlages gegen das Volk; und die auf den Inseln verwahrten Geiseln der Argeier übergaben sie deswegen damals dem Volk von Argos zur Hinrichtung. (4) Von allen Seiten also hatte sich Verdacht gegen Alkibiades erhoben. Weil sie ihn daher vor Gericht ziehen und hinrichten wollten, schickten sie die »Salaminia« nach Sizilien, um ihn und die anderen, die angezeigt waren (nach Athen zu bringen). (5) Sie hatten den Auftrag, ihm zu befehlen, wegen seiner Rechtfertigung mitzukommen, festnehmen sollten sie ihn aber nicht; sie waren nämlich darauf bedacht, ihre eigenen Soldaten in Sizilien und die Feinde nicht zu erregen, vor allem aber wollten sie, dass die Mantineer und Argeier dort blieben, die sich ja – wie sie meinten – nur seinetwegen zur Teilnahme am Feldzug hatten bewegen lassen. (6) So segelten Alkibiades auf seinem eigenen Schiff und die Mitangeklagten gemeinsam mit der »Salaminia« von Sizilien ab in Richtung Athen. Aber als sie in Thurioi angelangt waren, fuhren sie nicht mehr weiter mit, sondern gingen von Bord und waren unauffindbar; sie fürchteten, aufgrund einer Verleumdung zur Gerichtsverhandlung zu fahren. (7) Die Besatzung der »Salaminia« suchte eine Zeitlang nach Alkibiades und seinen Leuten, als sie aber nirgends zu finden waren, fuhren sie ab. Alkibiades, nunmehr landesflüchtig, setzte wenig später auf einem Kahn von Thurioi nach dem Peloponnes über.[21] Die Athener verurteilten ihn und seine Leute in Abwesenheit zum Tode.

62 (1) Hierauf teilten die übrigen athenischen Feldherren in Sizilien das Heer in zwei Abteilungen und losten jeder um eine; sie segelten dann mit der ganzen Streitmacht gegen Selinus und Egesta, da sie wissen wollten, ob die Egestaner die Geldmittel beisteuern würden, zugleich mit der Absicht, die Lage in Selinus zu erkunden und den Grund des Zerwürfnisses mit den Egestanern zu erfahren.[22] (2) An der

Küste entlang segelnd, Sizilien zur Linken, und zwar den Teil gegen den Tyrrhenischen Meerbusen, hielten sie auf Himera zu, die einzige griechische Stadt in diesem Landstrich; da man sie nicht aufnahm, segelten sie weiter. (3) Auf der Fahrt nahmen sie Hykkara, eine sikanische Stadt, mit den Egestanern verfeindet, an der Küste gelegen. Die Bevölkerung machten sie zu Sklaven, die Stadt übergaben sie den Egestanern – von diesen waren nämlich Reiter zu ihnen gestoßen –, sie selbst zogen mit der Fußtruppe zurück durch das Land der Sikeler, bis sie nach Katane kamen, die Schiffe mit den Sklaven fuhren (um die Insel) herum. (4) Nikias fuhr gleich von Hykkara nach Egesta weiter, erledigte einiges, übernahm 30 Talente und erschien wieder beim Heer. Die Sklaven verkauften sie und erhielten dafür 120 Talente. (5) Zu den verbündeten Sikelern schickten sie ringsum Boten mit dem Ersuchen, Soldaten zu stellen. Mit der Hälfte ihres Heeres rückten sie vor das feindliche Hybla Geleatis, konnten es aber nicht einnehmen; so endete der Sommer.

Winter 415/414

63 (1) Im darauf folgenden Winter rüsteten die Athener sogleich zum Angriff auf Syrakus, die Syrakusaner aber gleichfalls, um gegen jene vorzugehen. (2) Da nämlich entgegen ihrer ersten angstvollen Erwartung die Athener sie nicht sogleich überfallen hatten, fassten sie im Verlauf jedes weiteren Tages größeren Mut; und da die Athener an die entgegengesetzte Küste Siziliens fuhren und sich nur weit entfernt von ihnen zeigten, Hybla angriffen und beim ersten Versuch mit Gewalt nicht nehmen konnten, wuchs ihre Verachtung noch mehr und sie forderten von ihren Feldherren – wie es die Menge, wenn sie nur Mut geschöpft hat, zu tun pflegt –, sie gegen Katane zu führen, da jene ja nicht gegen sie heranrückten. (3) Syrakusanische Reiter, die immer als Kundschafter an das Heer der Athener heransprengten, fragten sie höhnend unter anderem, sie seien wohl eher gekommen, um mit ihnen gemeinsam in der Fremde sich niederzulassen, als die Leontiner in ihre Heimat rückzusiedeln.

64 (1) Das merkten die athenischen Feldherren und wollten sie mit dem ganzen Aufgebot von der Stadt möglichst weit weglocken, selbst aber mit den Schiffen bei Nacht vorbeisegeln und in Ruhe ein Lager an einem günstigen Platze besetzen; darüber waren sie sich nämlich im Klaren, dass sie dies weniger leicht durchführen könnten, wenn sie von den Schiffen gegen gerüstete Feinde an Land gehen müssten oder bekannt würde, dass sie zu Land herankämen – ihren Leichtbewaffneten und ihrem Tross würden die zahlreichen syrakusanischen Reiter, da sie über gar keine verfügten, großen Schaden zufügen –, so aber würden sie einen Platz besetzen, an dem sie von den Reitern keinen nennenswerten Schaden erleiden müssten. Syrakusanische Verbannte, die am Unternehmen teilnahmen, machten sie auf das Gelände beim Olympieion aufmerksam, das sie dann auch tatsächlich besetzten. Für ihre Absicht ersannen die Feldherren also folgende List: (2) Sie entsandten einen Mann, der ihnen treu ergeben war und auch mit den syrakusanischen Feldherren ihrer Meinung nach in ebenso gutem Einvernehmen stand. Der Mann war ein Katanier; er sagte nun (in Syrakus), er käme von Männern in Katane, deren Namen jene kannten und von denen sie wussten, sie seien die Reste der noch in der Stadt verbliebenen syrakusanisch Gesinnten. (3) Er berichtete, die Athener lagerten abseits von ihren Waffenplätzen in der Stadt, und wenn die Syrakusaner mit ihrem gesamten Aufgebot an einem bestimmten Tag gleich bei Morgengrauen das Lager angreifen wollten, so würden sie selbst die Athener drinnen einschließen und die Schiffe in Brand stecken, sie aber könnten leicht durch einen Ansturm auf die Umschanzung das Lager erobern. Viele von den Kataniern würden dabei mithelfen; diejenigen, von denen er abgeschickt worden sei, hätten schon alles vorbereitet.

65 (1) Die syrakusanischen Feldherren, die überhaupt schon sehr zuversichtlich waren und die Absicht hatten, auch ohne dies vor Katane zu rücken, vertrauten daher dem Mann noch viel sorgloser, vereinbarten sogleich einen Tag, an dem sie zur Stelle sein würden, und entließen ihn wieder. Sie selbst – es waren nämlich bereits von ihren Bundesgenossen die Selinunter und einige andere bei ihnen – befahlen den Syrakusanern, mit dem gesamten Aufgebot auszurücken. Als sie mit ihren Rüstungen fertig waren und die Zeit, zu der sie verabredungsgemäß kommen sollten, nahte, rückten sie gegen Katane und lagerten am Symaithos im Gebiet von Leontinoi. (2) Als die Athener von ihrem Anmarsch erfuhren, brachten sie ihr Heer, und was an Sikelern und anderen zu ihnen gestoßen war, auf die Schiffe und Lastkähne und fuhren bei Nacht nach Syrakus. (3) Die Athener gingen gleich bei Morgengrauen in der Nähe des Olympieion an Land, um das Lager zu beziehen; die syrakusanischen Reiter aber, die sich als erste Katane genähert und bemerkt hatten, dass die gesamte Streitmacht in See gestochen sei, machten kehrt und meldeten dies dem Fußheer; nun machten sich alle auf den Rückmarsch und eilten der Stadt zu Hilfe.

66 (1) Da der Weg aber weit war, hatten die Athener unterdessen in Ruhe das Heer an einem geeigneten Platz gelagert, an dem sie ein Gefecht beginnen konnten, sooft sie wollten, und die syrakusanischen Reiter ihnen während der Schlacht und auch vorher nur geringen Schaden zufügen konnten; auf der einen Seite hinderten Mauerwerk, Häuser, Bäume und Sumpf, auf der anderen steile Abhänge. (2) Die Bäume in der Nähe fällten sie, schafften sie zum Meer hinab und errichteten bei den Schiffen ein Pfahlwerk; am Daskon, wo die Feinde am leichtesten herankommen konnten, führten sie in Eile eine Umschanzung auf aus aufgelesenen Steinen und Bohlen, die Brücke über den Anapos brachen sie ab. (3) Während sie damit beschäftigt waren, rückte niemand aus der Stadt aus, sie zu hindern; als Erste kamen die syrakusanischen Reiter heran, hierauf sammelte sich dann auch das gesamte Fußvolk. Sie zogen zunächst nahe an das athenische Lager heran, dann aber, da diese nicht gegen sie ausrückten, kehrten sie um, überschritten die Straße nach Heloros und nächtigten dort.

67 (1) Am folgenden Tag rüsteten sich die Athener und ihre Verbündeten zur Schlacht und stellten sich in folgender Ordnung auf: Den rechten Flügel hielten die Argeier und Mantineer, die Athener die Mitte, das Übrige die anderen Verbündeten. Die Hälfte ihres Heeres stand vorne, 8 Mann tief, die andere Hälfte bei den Lagerplätzen in einem Viereck, auch diese 8 Mann tief; sie hatten den Auftrag, darauf zu achten, wo ein Teil des Heeres in Bedrängnis sei, und dort Hilfe zu bringen. Die Trossknechte hatten sie in der Mitte dieses Reservetreffens aufgestellt. (2) Die Syrakusaner ordneten ihre Schwerbewaffneten 16 Mann tief, das gesamte Aufgebot der Syrakusaner und die anwesenden Verbündeten: Ihnen zu Hilfe gekommen waren vor allem die Selinunter, dann auch von den Geloern Reiter, insgesamt 200, von den Kamarinaiern an die 20 Reiter und ungefähr 50 Bogenschützen; die Reiter hatten sie an den rechten Flügel angeschlossen, nicht weniger als 1200, neben ihnen auch die Speerwerfer. (3) Bei den Athenern, die als Erste angreifen wollten, schritt Nikias die Reihe der einzelnen Völker ab und ermunterte das ganze Heer mit folgenden Worten:

68 (1) »Langer Ermunterungsreden, ihr Männer, was braucht es derer, da wir alle hier den gleichen Kampf bestehen müssen? Diese unsere Streitmacht scheint mir geeigne-

ter zu sein, Mut zu wecken, als schön gesprochene Reden bei einem schwachen Heer. (2) Denn wo wir hier – Argeier, Mantineer, Athener und von den Inseln die Besten – versammelt sind, wie sollte da nicht bei so vortrefflichen und so vielen Verbündeten jeder große Hoffnung auf den Sieg haben, zumal gegen Leute, die sich mit dem gesamten Aufgebot verteidigen und nicht mit ausgewählter Mannschaft so wie wir, noch dazu Sizilier, die sich uns zwar überlegen dünken, aber unterliegen werden, da ihre Kriegserfahrung geringer ist als ihre Kühnheit. (3) Es soll sich jeder auch vor Augen halten, dass ihr weit von der Heimat entfernt seid und kein Freundesland in der Nähe habt, außer was ihr selbst im Kampf gewinnt. Das Gegenteil rufe ich euch in Erinnerung von dem, womit die Feinde sich jetzt sicher gegenseitig anfeuern. Sie werden sagen, der Kampf sei um das Vaterland, ich aber, dass ihr nicht in eurem Vaterland kämpft, (sondern in der Fremde,) wo ihr also entweder siegen oder einen beschwerlichen Rückmarsch antreten müsst; denn die Reiter werden uns in großer Zahl bedrängen. (4) An eure eigene Ehre denkt und geht mutig an den Gegner heran im Bewusstsein, die gegenwärtige Not und Ausweglosigkeit seien drohender als die Feinde.«

69 (1) Nikias ließ nach diesem Zuspruch das Heer sogleich vorrücken. Die Syrakusaner hatten zu dieser Zeit nicht erwartet, schon kämpfen zu müssen, einige waren ihnen sogar, da die Stadt in der Nähe lag, weggegangen; sie liefen zwar schnellstens wieder herbei, kamen aber zu spät und reihten sich dort ein, wo jeder auf eine größere Abteilung stieß. Denn sie ließen es nicht an Kampfesmut fehlen und nicht an Kühnheit, weder in dieser Schlacht noch in den übrigen; sie waren an Tapferkeit nicht geringer, so weit ihre Kriegserfahrung reichte, und wo diese ausblieb, gaben sie nur ungern auf, was sie wollten. Dennoch, wiewohl sie nicht glaubten, dass die Athener sie zuerst angreifen würden, sie sich also in aller Eile zur Wehr setzen mussten, hoben sie die Waffen und rückten ihnen entgegen. (2) Zunächst lieferten sich die beiderseitigen Steinwerfer, Schleuderer und Bogenschützen das Vorgeplänkel und trieben sich, wie es bei Leichtbewaffneten üblich ist, einmal die, einmal jene, in die Flucht. Dann brachten die Seher die gewohnten Opfer dar und Trompeter feuerten die Schwerbewaffneten zum Nahkampf an. (3) So rückten sie denn vor, die Syrakusaner, zu kämpfen um das Vaterland und jeder um die gegenwärtige Rettung und künftige Freiheit, bei den Gegnern die Athener, (zu kämpfen) um das fremde Land, um es zu Eigen zu gewinnen und das eigene nicht in Gefahr zu bringen durch eine Niederlage, die Argeier und selbständigen Verbündeten, mit jenen gemeinsam zu gewinnen, weswegen sie hergekommen, und ihre eigene Heimat nach einem Sieg wiedersehen zu können. Die untertänigen Verbündeten zeigten sich vor allem bei dem Gedanken an die mit einem Schlag verlorene Hoffnung auf Rettung, falls sie nämlich nicht siegten, zum Kampf entschlossen, daneben (hofften sie) aber auch, als Helfer bei einer neuen Eroberung ein leichteres Joch erwarten zu können.

70 (1) Als sie nun ins Handgemenge geraten waren, da hielten sie lange einander die Waage. Zufällig gab es zur gleichen Zeit einige Donnerschläge, Blitze und einen gewaltigen Wolkenbruch, sodass bei denen, die zum ersten Mal kämpften und mit dem Krieg am wenigsten vertraut waren, auch das die Furcht nur noch steigerte, während die Erfahreneren meinten, solches ereigne sich eben in dieser Jahreszeit; dass aber die Gegner noch immer nicht wichen, machte ihnen viel mehr Sorge. (2) Als dann die Argeier zuerst den linken Flügel der Syrakusaner warfen und nach ihnen die Athener ihre Gegner, da fiel auch das übrige Heer der Syrakusaner auseinander und wandte sich zur Flucht. (3) Weit verfolgten die Athener sie nicht, denn die syrakusanischen

Reiter, in großer Zahl und unbezwungen, bedrängten sie, sprengten auf ihre Schwerbewaffneten zu, wo sie welche bei der Verfolgung zu weit vorstürmen sahen, und warfen sie zurück. Sie folgten also geschlossen, so weit es gefahrlos ging, kehrten dann um und errichteten ein Siegeszeichen. (4) Die Syrakusaner hatten sich an der Straße nach Heloros gesammelt und, so gut sie konnten, geordnet, schickten aber dennoch zum Olympieion von ihren Leuten eine Wache, da sie befürchteten, die Athener könnten sich an den dort verwahrten Schätzen vergreifen; die Übrigen kehrten in die Stadt zurück.

71 (1) Die Athener aber rückten nicht an das Heiligtum heran, sondern sammelten ihre Toten, legten sie auf einen Scheiterhaufen und nächtigten an Ort und Stelle. Am folgenden Tag gaben sie den Syrakusanern unter dem Schutz eines Waffenstillstandes die Toten heraus – gefallen waren von diesen und ihren Verbündeten ungefähr 260 –, von den Ihren sammelten sie die Gebeine – gefallen waren von ihnen und ihren Verbündeten etwa 50 – und segelten mit der Kriegsbeute nach Katane. (2) Denn es war Winter und den Krieg von dort aus zu führen schien ihnen noch nicht möglich, bevor sie Reiter von Athen angefordert oder von den Verbündeten im Land aufgebracht hätten, damit sie nicht völlig von der feindlichen Reiterei beherrscht würden; außerdem wollten sie vorher Geld teils aus dem Land eintreiben, teils aus Athen erwarten, einige Städte auf ihre Seite ziehen, bei denen sie nach der Schlacht eher Erfolg zu haben hofften, und auch Getreide und was sonst noch nötig bereitstellen, um im Frühjahr Syrakus anzugreifen.

72 (1) In dieser Absicht segelten sie nach Naxos und Katane, um zu überwintern. Als die Syrakusaner ihre Toten bestattet hatten, hielten sie eine Volksversammlung ab. (2) Da trat vor sie Hermokrates, der Sohn des Hermon, ein Mann, auch sonst in jeder Hinsicht verständig, im Krieg

durch seine Erfahrung wertvoll und durch seine Tapferkeit berühmt, ermutigte sie und mahnte sie, sich nicht dem Geschehenen zu beugen: (3) nicht ihr mutiger Sinn sei unterlegen, sondern ihre Unordnung sei ihnen schädlich gewesen; sie seien nicht so sehr im Hintertreffen geblieben, wie zu erwarten gewesen, zumal sie gegen die an Erfahrung Ersten der Hellenen, als Laien sozusagen gegen Handwerker, gekämpft hätten. (4) Sehr geschadet hätten ihnen auch die große Zahl der Feldherren und die Verteilung der Befehlsgewalt auf viele – sie hatten nämlich fünfzehn Feldherren – und die führerlose Unordnung der Masse. Wenn sie aber nur wenige erfahrene Feldherren wählten, in diesem Winter das Heer der Schwerbewaffneten kampfbereit machten, indem sie denen Waffen gäben, die keine hätten, damit es möglichst viele würden, und sie auch sonst zur Teilnahme an den Waffenübungen anhielten, dann, so sagte er, würden sie wahrscheinlich über die Feinde siegen; denn Mut besäßen sie, Disziplin in der Kriegführung werde hinzukommen. Beides werde noch zunehmen, diese unter Gefahren geübt, und ihr Mut werde im Bewusstsein des eigenen Könnens noch zuversichtlicher sein. (5) Feldherren müssten sie wählen, wenige und mit unbeschränkter Vollmacht, und ihnen eidlich zusichern, sie schalten zu lassen, wie sie es für richtig hielten; denn so werde, was verborgen bleiben müsse, besser bewahrt, überhaupt würde alles in rechter Ordnung und ohne Zögern durchgeführt.

73 (1) Die Syrakusaner hörten auf ihn und beschlossen alles, wie er geraten hatte. Zu Feldherren wählten sie Hermokrates selbst, Herakleides, den Sohn des Lysimachos, und Sikanos, den Sohn des Exekestos, nur diese drei; (2) nach Korinth und Sparta schickten sie Gesandte, um sich der Waffenhilfe zu versichern und die Lakedaimonier zu bewegen, zu ihrem Nutzen den Krieg gegen die Athener entschlossener und unverhohlen zu führen, um sie entweder von Sizilien abzuziehen oder (zu hindern) ihrem Heer in Sizilien weitere Verstärkung nachzusenden.

74 (1) Das athenische Heer in Katane segelte sogleich vor Messene, in der Hoffnung, es werde an sie verraten werden. Aber was verabredet war, geschah nicht. Denn als Alkibiades aus dem Feldherrnamt schied,[23] nach Athen abberufen und entschlossen, in die Verbannung zu gehen, da verriet er diesen Plan, um den er ja wusste, den syrakusanisch Gesinnten in Messene. Sie beseitigten also vorher diese Männer und machten dann einen Aufruhr, in dem sie mit Waffengewalt durchsetzten, die Athener nicht aufzunehmen. (2) Ungefähr dreizehn Tage blieben die Athener dort; als sie aber vom Winter bedrängt wurden, keine Lebensmittel hatten und noch dazu keine Fortschritte erzielten, fuhren sie nach Naxos zurück, legten Schiffslagerplätze und Umschanzungen an und verbrachten dort den Winter. Eine Triere entsandten sie nach Athen um Geld und Reiter, auf dass sie mit Frühlingsbeginn bei ihnen seien.

75 (1) Auch die Syrakusaner bauten in diesem Winter Befestigungsanlagen: vor der Stadt eine Mauer, mit der sie den Temenites einbezogen, entlang der ganzen Strecke gegen die Epipolai[24] zu, damit sie nicht im Fall einer Niederlage allzu eng durch eine Gegenmauer eingeschlossen würden, dann das Kastell Megara und ein anderes beim Olympieion. Am Meer rammten sie überall Pfähle ein, wo Landeplätze waren. (2) Da sie wussten, dass die Athener in Naxos überwinterten, zogen sie mit dem gesamten Aufgebot gegen Katane, verwüsteten das Land dort, steckten Hütten und Lager der Athener in Brand und zogen wieder ab. (3) Als sie erfuhren, dass die Athener nach Kamarina aufgrund des unter Laches geschlossenen Bündnisses eine Gesandtschaft gerichtet hatten, um es vielleicht zum Anschluss zu bewegen, da schickten sie ihrerseits eine Gegengesandtschaft. Sie hegten nämlich den Verdacht, die Kamarinaier hätten ihnen schon zur ersten Schlacht nur ungern die Hilfe geschickt, die sie geschickt hatten, und wollten sie in Zukunft überhaupt nicht mehr unterstützen, da sie gesehen, wie günstig die Athener in der ersten Schlacht abgeschnitten hatten, sondern sie würden sich diesen anschließen, bestimmt durch die frühere Freundschaft. (4) Als nun aus Syrakus Hermokrates und einige andere nach Kamarina gekommen waren, von den Athenern Euphemos mit Begleitern, sprach Hermokrates in einer hierfür einberufenen Versammlung der Kamarinaier, mit der Absicht, die Athener in Verruf zu bringen:

76 (1) »Nicht aus Sorge über die gegenwärtige Macht der Athener, Kamarinaier, ihr könntet von ihr eingeschüchtert werden, haben wir diese Gesandtschaft hierher geschickt, sondern wegen der von ihnen zu erwartenden Reden, ihr könntet euch, bevor ihr uns gehört habt, von ihnen bestimmen lassen. (2) Sie sind nämlich nach Sizilien gekommen unter dem Vorwand, den ihr vernommen habt, doch in einer Absicht, die wir alle nur vermuten; und ich glaube, sie wollen nicht die Leontiner in ihre Wohnsitze rücksiedeln, sondern eher uns aussiedeln. Denn es ist doch nicht vernünftig, die Städte dort zu entvölkern, andere hier zu besiedeln, die Leontiner, weil sie Chalkidier sind, wegen der Stammesverwandtschaft zu umhegen, die Chalkidier in Euboia, die doch Bürger ihrer Tochterstadt sind, in Knechtschaft zu halten. (3) Auf die gleiche Art, wie sie jene dort in die Gewalt bekommen haben, versuchen sie es jetzt auch hier. Denn als sie Führer der Ionier und aller von ihnen abstammenden Verbündeten nach deren eigenem Willen geworden waren – wie es hieß, zur Rache an dem Perser –, da warfen sie den einen Verweigerung der Heeresfolge vor, den anderen, gegenseitig Krieg zu führen, wieder anderen der Reihe nach irgendeine schönklingende Beschuldigung, die ihnen gerade zur Hand lag, und unterjochten sie alle. (4) Und in der Tat, nicht wegen der Freiheit also, weder die Athener für die der

Hellenen noch die Hellenen für ihre eigene, traten sie dem Perser entgegen, sondern die einen wegen der Unterwerfung unter ihre eigene, nicht des Persers Herrschaft, die anderen, um den Zwingherrn zu wechseln, einen nicht weniger listigen, dafür aber hinterlistigeren.

77 (1) Indessen, nicht um die Stadt der Athener, die so leicht zu verklagen ist, vor Wissenden in all ihrer Ungerechtigkeit darzustellen, sind wir hierher gekommen, vielmehr um uns selbst Vorwürfe zu machen, dass wir zwar die Beispiele der Griechen dort vor Augen haben, wie sie unterjocht wurden, weil sie sich nicht vereint zur Wehr setzten, und jetzt dieselben listigen Ränke gegen uns selbst – Rücksiedlung der stammverwandten Leontiner, Unterstützung für die verbündeten Egestaner –, uns aber doch nicht zusammenscharen und ihnen mit größter Entschlossenheit zeigen wollen. Nicht Ionier sind das hier, nicht Hellespontier und Inselbewohner, die einem Zwingherrn, sei es dem Perser, sei es irgendeinem anderen, in ewigem Wechsel sklavisch dienen, sondern freie Dorer aus dem unabhängigen Peloponnes und jetzt Bewohner Siziliens. (2) Oder warten wir, bis wir einzeln, eine Stadt nach der anderen, überwältigt werden, da wir doch wissen, dass wir nur auf diese Weise zu bezwingen sind, und sie sich, wie wir sehen, gerade auf dieses Vorgehen verlegen: Die einen von uns durch ihre Worte zu entzweien, die anderen durch die Aussicht auf Waffenhilfe gegeneinander zum Krieg zu hetzen, wieder andere zu schädigen, wie sie es eben bei jedem durch schön klingende Reden vermögen? Und glauben wir wirklich, wenn der Landsmann in der Ferne erst vernichtet ist, das Unheil werde nicht einen jeden von uns selbst erreichen, vielmehr werde, wer vor uns leide, für sich allein das Unglück tragen?

78 (1) Wenn sich aber jemand einbildet, der Syrakusaner, nicht er selbst, sei der Feind des Atheners, und es als Zumutung betrachtet, für meine Stadt Gefahren auf sich zu neh-

men, der soll nur bedenken: Er wird nicht um mein Land in höherem Maße, nein, in gleicher Weise auch um sein eigenes in meinem kämpfen, und zwar umso sicherer, als ich nicht vorher vernichtet worden bin und er mit mir im Bunde und nicht allein streiten wird. Ferner, der Athener will nicht nur die Feindschaft des Syrakusaners strafen, sondern unter dem Vorwand, den ich ihm biete, eher die Freundschaft mit ihm festigen.[25] (2) Wenn mich aber jemand beneidet oder auch fürchtet – denn beides widerfährt dem Mächtigen – und deswegen wünscht, Syrakus möge zwar in Not geraten, damit wir bescheiden würden, aber doch die Oberhand behalten wegen seiner eigenen Sicherheit, so hofft er einen Wunsch außerhalb (der Grenzen) menschlicher Macht; denn das gibt es nicht, dass derselbe Mensch in gleicher Weise des Wunsches wie des Geschickes Verwalter ist. (3) Und sollte er sich dann in seiner Berechnung irren, könnte er, wenn er über sein eigenes Unglück klagt, vielleicht einmal wünschen, wieder mein Glück beneiden zu dürfen. Das wird aber unmöglich sein, wenn er mich preisgibt und nicht dieselben Gefahren, nicht um Worte, sondern um Taten, auf sich zu nehmen entschlossen ist; denn dem Wort nach würde er unsere Macht erhalten, in der Tat aber sein eigenes Leben. (4) Und am ehesten wäre es von euch, Kamarinaier, zu erwarten, die ihr uns benachbart seid und als Nächste in Gefahr geraten werdet, dass ihr dies voraussseht und uns nicht nachlässig wie jetzt beisteht, sondern eher selbst zu uns kommt; mit denselben Bitten, mit denen ihr uns herbeigeholt hättet, wenn die Athener sich zuerst gegen Kamarina gewandt hätten, sollt ihr in gleicher Weise jetzt uns ganz offen anspornen, dass wir nicht nachgeben. Aber weder habt ihr, zur Zeit wenigstens, noch haben die anderen solchen Eifer bewiesen.

79 (1) Aus Feigheit werdet ihr vielleicht den Rechtsstandpunkt uns gegenüber und gegenüber den Angreifern vertreten mit der Behauptung, ihr stündet im Bündnis mit Athen; das aber habt ihr doch nicht gegen eure Freunde geschlossen, sondern für den Fall, dass euch ein Feind angreift, und um den Athenern beizustehen, wenn ihnen von anderen (Unrecht widerfährt), nicht wenn sie selbst, so wie jetzt, ihren Mitmenschen Unrecht zufügen. (2) Wollen doch nicht einmal die Rheginer, obwohl Chalkidier, bei der Rücksiedlung der ebenfalls chalkidischen Leontiner mithelfen. Es wäre doch stark, wenn jene die Wahrheit hinter dem schön klingenden Rechtsanspruch vermuteten und ohne jeden Grund sich ruhig verhielten, ihr aber unter einem Scheingrund eure natürlichen Feinde unterstützen und die noch natürlicheren Verwandten im Bund mit den erbittertsten Gegnern verderben wolltet.[26] (3) Nein, das ist nicht gerecht, sondern uns zu helfen und nicht ihre Streitmacht zu fürchten. Denn wenn wir alle zusammenstehen, so ist sie nicht schrecklich, sondern nur, wenn wir uns, worauf diese ja hinarbeiten, bis zur offenen Feindschaft entzweien; denn nicht einmal als sie gegen uns allein vorgingen und in der Schlacht siegten, konnten sie erreichen, was sie wollten, sondern zogen eiligst wieder ab.

80 (1) Wenn wir also vereint sind, haben wir keinen Grund, mutlos zu sein, vielmehr (gilt es,) dem Bündnis beizutreten mit größerer Entschlossenheit, zumal von den Peloponnesiern Unterstützung kommen wird, die doch diesen hier in jeder Hinsicht im Kriegswesen überlegen sind; und niemand soll glauben, solche Vorsicht sei für uns hinreichend und für euch ungefährlich, nämlich als Bundesgenosse beider keinem zu helfen. (2) Denn in der Wirklichkeit ist das nicht ebenso gerecht, wie es in der Rechtfertigung scheint. Wenn nämlich euretwegen, weil ihr nicht mitkämpft, der Unterliegende zugrunde geht und der Sieger übrig bleibt, was wäre das anderes, als dass ihr gerade durch dieses Fernbleiben den einen nicht geholfen habt bei ihrer

Rettung, die anderen nicht gehindert am Rechtsbruch? Gleichwohl, edler wäre, den zu Unrecht Bedrängten, zugleich euren Verwandten, beizustehen, den gemeinsamen Nutzen Siziliens zu wahren und die Athener, die doch eure Freunde sind, an Verfehlungen zu hindern. (3) Zusammenfassend also sagen wir Syrakusaner: Es wäre nicht schwierig, euch oder andere genau darüber aufzuklären, was ihr selber ebenso gut wisst. Aber wenn wir euch schon nicht überzeugen, so bitten wir euch und rufen die Götter zu Zeugen, dass wir bedroht werden von Ioniern, unseren Erbfeinden, und im Stich gelassen werden von euch, Dorer von Dorern. (4) Wenn uns die Athener unterwerfen, so werden sie den Sieg dank eurer Beschlüsse erringen, aber für den eigenen Namen die Ehre gewinnen, und als Preis des Sieges werden sie sich niemand anderen nehmen als den, der ihnen zum Sieg verholfen hat. Wenn aber wir die Oberhand behalten, so werdet für die Schuld an den Gefahren ebenfalls ihr die Rache ertragen. (5) Überlegt also und wählt jetzt: augenblickliche, aber gefahrlose Knechtschaft – oder ob ihr, im Bündnis mit uns vielleicht siegreich, der schimpflichen Zwingherrschaft dieser Leute entgeht und zugleich unserer Feindschaft, die nicht gering sein wird.«

81 (1) So sprach Hermokrates, Euphemos aber, der Gesandte der Athener, nach ihm etwa Folgendes:

82 (1) »Wir sind hierhergekommen zur Erneuerung des früheren Bündnisses, da aber der Syrakusaner uns angegriffen hat, müssen wir auch über unsere Herrschaft sprechen, dass wir sie nämlich zu Recht besitzen. (2) Den stärksten Beweis hat er allerdings selbst vorgebracht: Die Ionier sind immer schon Feinde der Dorer. Und so verhält es sich denn auch. Wir als Ionier, benachbart den Peloponnesiern, die Dorer sind und außerdem stärker als wir, achteten darauf, auf welche Weise wir am wenigsten von ihnen abhängig wären. (3) Und nach den Perserkriegen, im Besitz von Schiffen, befreiten wir uns von der Herrschaft und Führung der Lakedaimonier; denn sie waren ebenso wenig berechtigt, uns zu befehlen, wie wir ihnen, abgesehen davon, dass sie damals mächtiger waren. Wir selbst aber übernahmen die Führung derer, die vorher unter der Herrschaft des Großkönigs standen, und behaupten sie, in der Überzeugung, auf diese Weise am wenigsten von den Peloponnesiern abhängig zu sein, wenn wir über eine Macht verfügen, mit der wir uns zur Wehr setzen können; und um es genau zu sagen, nicht zu Unrecht haben wir die Ionier und Inselbewohner unterworfen, die wir als unsere Stammesverwandten, wie die Syrakusaner behaupten, geknechtet halten. (4) Sie haben nämlich ihre Mutterstadt, uns, im Bündnis mit dem Perser angegriffen und nicht den Mut gefunden, abzufallen und Hab und Gut aufzuopfern, wie wir, als wir die Stadt verließen, nein, Knechtschaft wünschten sie für sich und wollten sie auch über uns bringen.

83 (1) Deswegen herrschen wir jetzt mit vollem Recht, da wir die stärkste Flotte und (unsere) unbedingte Entschlossenheit den Hellenen geboten, sie dagegen dem Perser beides bereitwillig zur Verfügung gestellt und uns geschadet haben, zugleich aber, weil wir Stärke gegenüber den Peloponnesiern anstreben. (2) Und wir machen keine schönen Worte, wie etwa, weil wir den Barbaren allein niedergerungen haben, herrschen wir jetzt mit Recht, oder, weil wir für die Freiheit der Ionier mehr Gefahren auf uns genommen haben als für die aller anderen und unsere eigene. Niemandem aber ist es zu verargen, für das ihm zustehende Wohlergehen zu sorgen. Und jetzt sind wir um unserer Sicherheit willen auch hierher gekommen und sehen, dass ebenso für euch dasselbe von Nutzen ist. (3) Wir werden das mit den Gründen beweisen, die sie zu unserer Verleumdung vorbringen und die ihr vor allem ins allzu Schreckhafte steigernd mit Misstrauen betrachtet; wissen wir doch, dass alle, die irgendetwas ängstlich verdächtigen, sich am schönen Klang einer Rede für den Augenblick erfreuen, beim Handeln später aber doch das Nützliche verfolgen. (4) Unsere Herrschaft dort drüben, haben wir gesagt, halten wir aus Angst fest, und aus dem gleichen Grund sind wir gekommen, um auch die Angelegenheiten hier mit Hilfe unserer Freunde in eine sichere Ordnung zu bringen, nicht um andere zu unterwerfen, vielmehr, dass uns selbst dies widerfährt, zu verhindern.

84 (1) Wende nun niemand ein, wir kümmerten uns um euch, ohne dass es uns etwas anginge. Er soll wissen, wenn ihr erhalten bleibt und ungeschwächt den Syrakusanern gewachsen seid, so werden sie uns in geringerem Maß durch Hilfssendungen an die Peloponnesier schaden. (2) In dieser Hinsicht geht ihr uns also schon sehr viel an. Deshalb ist es auch wohl überlegt, die Leontiner wieder anzusiedeln, nicht als Untertanen wie ihre Stammverwandten in Euboia, sondern möglichst mächtig, damit sie von ihrem eigenen Land aus als Nachbarn diesen hier zu unserem Vorteil beschwerlich fallen. (3) Denn dort drüben sind wir allein unseren Feinden gewachsen; und was den Chalkidier betrifft, wo sie behaupten, es sei unvernünftig, ihn zu knechten und die hier zu befreien: Drüben ist er uns nützlich, wenn er unbewaffnet ist und bloß Geld beisteuert, hier aber (sind es) die Leontiner und die anderen Freunde, wenn sie größtmögliche Selbständigkeit genießen.

85 (1) Für einen Tyrannen oder eine Stadt, die eine Herrschaft besitzt, ist nichts unvernünftig, was nützt, und nichts zugehörig, was nicht verlässlich. In jedem einzelnen Fall muss er Freund oder Feind je nach der Lage werden. Und uns nützt eben das hier, wenn wir nicht die Freunde schwächen, sondern wenn unsere Feinde dank der Stärke unserer Freunde machtlos sind. (2) Ihr könnt das ruhig glauben; denn auch über die Bundesgenossen dort walten wir so, wie es bei jedem vorteilhaft ist, die Chier und Methymnaier stellen Schiffe und sind selbständig, die meisten entrichten unter stärkerem Druck Geldabgaben, andere wieder sind völlig freie Bundesmitglieder, obwohl Inselbewohner und leicht zu überwinden, deswegen, weil sie an äußerst günstigen Plätzen um den Peloponnes herum wohnen. (3) Daher ist es wahrscheinlich, dass wir auch die Verhältnisse hier zu unserem Nutzen und – wie gesagt – aus Angst vor den Syrakusanern ordnen. Denn sie streben nach der Herrschaft über euch und wollen mit Hilfe der Verdächtigungen gegen uns euch vereinigen und dann gewaltsam oder auch ohne Gegenwehr, wenn wir nämlich unverrichteter Dinge abgezogen sind, selbst die Herrschaft über Sizilien gewinnen. Das ist aber die notwendige Folge, wenn ihr euch mit ihnen zusammenschließt; denn uns wird es dann nicht leichtfallen, eine so starke Macht, wenn sie sich zusammengeschlossen hat, zu bezwingen, und auch sie würden, wenn wir nicht hier sind, euch gegenüber nicht zu schwach sein.

86 (1) Wem dies nicht zutreffend erscheint, den widerlegt die Tatsache selbst. Denn das erste Mal habt ihr uns zu Hilfe gezogen, ohne uns ein anderes Schreckbild vorzuhalten als, wenn wir zusähen, wie ihr in die Gewalt der Syrakusaner gerietet, dann würden wir selbst Gefahr laufen. (2) Es wäre aber nicht recht, demselben Grund, mit dem ihr uns zu überzeugen hofftet, jetzt zu misstrauen, ebenso wenig deshalb, weil wir mit einer größeren Streitmacht mit Rücksicht auf ihre Stärke gekommen sind, Verdacht zu hegen; vielmehr sollt ihr diesen selbst misstrauen. (3) Wir sind doch gar nicht imstande, uns hier zu halten, es sei denn, mit euch im Bunde, und würden wir – als Verbrecher! – euch unterwerfen, wären wir außerstande, euch niederzuhalten infolge der Länge des Seeweges und des Mangels an Besatzungstruppen für die großen, ihrer Ausrüstung nach festländischen Städte. Diese aber bedrängen euch nicht mit einem Feldlager, sondern mit einer Stadt, größer als unsere Streitmacht hier, schmieden dauernd Anschläge, und jedesmal, wenn sie gegen einen Einzelnen Gelegenheit finden, lassen sie nicht locker – (4) das zeigten sie unter anderem auch in der Angelegenheit der Leontiner –, und nun erkühnen sie sich, euch gegen Leute, die solches verhindern wollen und Sizilien bisher vor ihrer Herrschaft bewahrt haben, aufzurufen, als wäret ihr ganz ohne Verstand. (5) Zu einer viel wahrhaftigeren Rettung rufen vielmehr wir euch auf mit der Bitte, die Hilfe, die sich beiden gegenseitig bietet, nicht preiszugeben und zu bedenken, dass diesen auch ohne Bundesgenossen immer aufgrund ihrer Übermacht der Weg zu euch offen steht, ihr aber nicht oft Gelegenheit haben werdet, euch mit so starken Hilfstruppen zu wehren. Wenn ihr diese infolge eures Misstrauens erfolglos abziehen lasst oder gar besiegt, so werdet ihr noch einmal wünschen, auch nur einen geringen Teil davon zu sehen, zu einer Zeit aber, da er euch nichts mehr nützen wird, auch wenn er käme.

87 (1) So lasst euch denn nicht, Kamarinaier, von ihren Verleumdungen bestimmen, ebenso wenig ihr anderen. Wir haben euch die volle Wahrheit darüber gesagt, wessen wir verdächtigt werden, und wollen euch in den Hauptpunkten noch einmal erinnern in der Erwartung, euch zu überzeugen. (2) Wir sagen also: Herren sind wir über die Völker dort, um niemand anderem hörig zu sein, Befreier aber für die Völker hier, um keinen Schaden zu erleiden; wir sind gezwungen, nach vielen Seiten zu handeln, weil wir uns auch nach vielen Seiten sichern müssen; als Bundesgenossen für diejenigen von euch, die Unrecht leiden, kommen wir, jetzt und früher, nicht ungerufen, sondern herbeigerufen. (3) Und versucht weder als Richter über unsere Taten noch als Zuchtmeister – was euch schwer fallen dürfte – uns (von unserer Art) abzubringen, sondern so weit euch etwas von unserer Vielgeschäftigkeit und unserem Wesen zugleich

Vorteil bringt, das nehmt und gebraucht, und seid überzeugt, dass diese Eigenschaften nicht allen in gleicher Weise schaden, sondern viel mehr Griechen auch nützen. (4) Denn in jedem Landstrich, auch dort, wo wir nicht herrschen, wird jeder, sowohl wer Unrecht zu erleiden fürchtet als auch wer es plant, infolge der sicheren Erwartung, der eine, er werde Unterstützung von uns erhalten, der andere, er werde sich im Falle unseres Kommens nicht straflos in Gefahr begeben, beide also werden sich gezwungen sehen, der eine, schweren Herzens sich zu mäßigen, der andere, ohne Mühe sich zu retten. (5) Diese jedem Bedürftigen und jetzt euch gebotene Sicherheit schlagt nicht aus, sondern macht es gleich wie die anderen und ergreift die Gelegenheit, mit uns gemeinsam den Syrakusanern, statt immer vor ihnen auf der Hut zu sein, einmal selbst im Angriff von Gleich zu Gleich zu begegnen.«

88 (1) So also sprach Euphemos. Mit den Kamarinaiern aber stand es so: Den Athenern waren sie wohlgesinnt, abgesehen davon, dass sie meinten, sie würden Sizilien unterjochen, mit den Syrakusanern aber lagen sie aufgrund der Nachbarschaft dauernd im Streit. Da sie aber gleichwohl fürchteten, die ihnen so nahen Syrakusaner könnten auch ohne sie den Sieg erringen, hatten sie ihnen zuerst die wenigen Reiter geschickt und waren gesonnen, in Zukunft die Syrakusaner tatkräftiger zu unterstützen, aber doch möglichst maßvoll, im gegenwärtigen Augenblick aber, damit sie nicht die Athener weniger zu achten schienen – zumal sie in der Schlacht siegreich geblieben waren –, beiden die gleiche Antwort zu erteilen. (2) So beschlossen sie es und antworteten: Da beide ihre Bundesgenossen seien und nun miteinander im Krieg lägen, schien es ihnen eidgetreu, in der gegenwärtigen Lage keinem von ihnen beizustehen. Und die Gesandten beider Seiten kehrten zurück. – (3) Die Syrakusaner rüsteten ihrerseits für den Krieg, die Athener lagerten in

Naxos und unterhandelten von dort mit den Sikelern, um möglichst viele auf ihre Seite zu ziehen. (4) Die mehr in der Ebene wohnenden Sikeler, Untertanen der Syrakusaner, waren zum Großteil zu ihnen abgefallen; diejenigen, die das Mittelland besiedelten, waren seit jeher selbständig und standen mit Ausnahme weniger aufseiten der Athener, schafften Nahrungsmittel für das Heer herbei, einige sogar Geld. (5) Gegen diejenigen, die nicht zu ihnen übertraten, zogen die Athener zu Felde, einige zwangen sie zum Beitritt, bei anderen hinderten es die Syrakusaner durch Entsendung von Besatzungstruppen und andere Hilfsmaßnahmen. In diesem Winter verlegten die Athener ihren Ankerplatz von Naxos nach Katane, bauten das von den Syrakusanern niedergebrannte Lager wieder auf und verbrachten dort den Winter. (6) Sie entsandten eine Triere nach Karthago wegen eines Freundschaftsvertrages, ob sie vielleicht einen Vorteil davon haben könnten, eine andere entsandten sie nach Etrurien, da sich dort einige Städte aus freien Stücken zur Waffenhilfe bereit erklärt hatten. Sie sandten auch ringsum Boten zu den Sikelern, ebenso nach Egesta mit dem Auftrag, ihnen möglichst viele Pferde zu schicken; alles Übrige für die Ummauerung, Ziegel, Eisen, beschafften sie, und was sie sonst noch brauchten, um gleich mit Frühjahrsbeginn den Krieg zu eröffnen. (7) Die nach Korinth und Sparta entbotenen Gesandten der Syrakusaner suchten beim Vorbeifahren auch die Italer zu bewegen, dem Vorgehen der Athener nicht tatenlos zuzusehen, da die Anschläge in gleicher Weise auch ihnen gälten. In Korinth angekommen, forderten sie in den Verhandlungen, ihnen aufgrund der Stammesverwandtschaft Hilfe zu senden. (8) Die Korinther beschlossen auch sofort, zunächst einmal nur sie selbst, ihnen mit aller Entschlossenheit beizustehen; sie schickten auch mit ihnen Gesandte nach Sparta, um gemeinsam jene zu bewegen, den Krieg hier gegen die Athener mit mehr Nachdruck zu führen und irgendeine Verstärkung nach Sizilien zu schicken.

(9) In Sparta waren nun die Gesandten aus Korinth und auch Alkibiades mit seinen Fluchtgefährten; er war damals gleich auf einem Lastschiff von Thurioi zuerst nach Kyllene in Elis übergesetzt, später dann auf die Einladung der Lakedaimonier hin unter freiem Geleit nach Sparta gekommen; er fürchtete sie nämlich wegen seiner Handlungsweise in der Mantineiafrage. (10) So kam es, dass in der spartanischen Volksversammlung die Korinther, die Syrakusaner und Alkibiades mit vereinten Bitten die Lakedaimonier zu überreden suchten. Da aber die Ephoren und hohen Amtsträger nur Gesandte nach Syrakus schicken wollten, um eine Verständigung mit den Athenern zu verhindern, aber zu tatkräftiger Hilfe nicht bereit waren, trat Alkibiades vor, stachelte die Lakedaimonier an und ermunterte sie mit folgenden Worten:

89 (1) »Ich muss zunächst über meinen üblen Ruf zu euch sprechen, damit ihr nicht aus Verdacht gegen mich weniger bereitwillig anhört, was für uns gemeinsam wichtig ist. (2) Die Gastfreundschaft mit euch, die meine Vorfahren wegen irgendeiner Beschwerde gekündigt hatten, habe ich selbst wieder erneuert und bin auch sonst und vor allem bei dem Unglück von Pylos für euch eingetreten. Und obwohl ich euch weiterhin geneigt blieb, habt ihr durch eure Aussöhnung mit den Athenern meinen Feinden Macht verschafft, mir aber Unehre, da ihr durch ihre Vermittlung die Verhandlungen führtet. (3) Deshalb habe ich euch mit gutem Recht Schaden zugefügt, als ich mich nach Mantineia und Argos gewandt und auch anderswo euch zuwidergehandelt habe. Wenn einer auch damals bei dem, was euch widerfuhr, zu Unrecht mir zürnte, so soll er jetzt alles im wahren Zusammenhang sehen und sich umstimmen lassen. Schätzte mich aber einer geringer, weil ich mehr auf der

Seite des Volkes stand, so soll er erfahren, dass er auch deswegen zu Unrecht zürnte. (4) Den Tyrannen sind wir seit jeher feindlich gesinnt – alles aber, was dem (einen) Herrschenden entgegentritt, hat den Namen Volk –, und infolgedessen ist unserer Familie die Führung der Menge verblieben.[27] Außerdem war es in einer demokratisch verwalteten Stadt vielfach notwendig, sich nach den Gegebenheiten zu richten. (5) Im Vergleich zu der jetzt herrschenden Zuchtlosigkeit versuchten wir maßvoller in unserer Politik zu sein. Andere waren es – in früheren Zeiten und jetzt –, die die Menge immer mehr zu verwerflichem Handeln verleiteten, und die haben auch mich vertrieben. (6) Wir aber hatten die Führung des Gesamtwesens, weil wir es für unsere Pflicht hielten, die Staatsform, in der die Stadt das Höchstmaß an Macht und Freiheit besaß und die man übernommen hatte, gemeinsam mit anderen zu bewahren; denn die Demokratie durchschauten wir doch alle, die wir nur etwas Einsicht hatten, und ich vor allem – da ich sie ja besonders schmähen darf. Aber über einen allgemein anerkannten Unsinn könnte man wohl kaum etwas Neues sagen. Sie aber umzuwandeln schien uns nicht sicher zu sein, solange ihr als Feinde vor unseren Mauern saßet.

90 (1) Zu den Verleumdungen gegen mich kam es also auf solche Weise; worüber ihr beraten müsst und ich, wenn ich etwas mehr darüber weiß, euch anleiten muss, das vernehmt jetzt. (2) Wir sind nach Sizilien gefahren, erstens, um wenn möglich die Sizilier zu unterwerfen, nach ihnen dann die Italer, und schließlich, um auch einen Versuch auf das Herrschaftsgebiet der Karthager und sie selbst zu machen. (3) Wäre uns das geglückt, ganz oder zum größten Teil, hatten wir die Absicht, gleich gegen den Peloponnes vorzugehen, wobei wir die gesamte uns dort zugewachsene Hellenenmacht herübergeschafft und zahlreiche Barbaren angeworben hätten, Iberer und andere, die drüben allgemein

jetzt als die streitbarsten unter ihnen gelten; Trieren hätten wir zu den unsern in großer Zahl dazugebaut von dem Holz, an dem Italien Überfluss hat. Mit diesen wollten wir den Peloponnes ringsum blockieren, gleichzeitig mit dem Fußvolk durch Einfälle von der Landseite einige Städte im Sturm nehmen, die anderen durch Belagerungsmauern einschließen und hofften so, euch leicht niederzuringen und hernach sogar das ganze Hellenenvolk zu beherrschen. (4) Geld und Lebensmittel sollten die dort hinzugewonnenen Gebiete zur Genüge bereitstellen, auch ohne die Einkünfte von hier, sodass unser Vorhaben leichter gelingen würde.

91 (1) Welches Ziel wir mit der eben abgegangenen Flotte verfolgten, habt ihr nun von einem gehört, der es genau wissen muss; und die noch verbliebenen Feldherren werden, wenn sie können, im gleichen Sinn handeln. Dass aber ohne eure Hilfe die Lage dort unhaltbar wird, das vernehmt nunmehr.

(2) Die Sizilier sind zwar unerfahrener, dennoch könnten sie, wenn sie sich zusammenschlössen, auch jetzt noch die Oberhand gewinnen. Die Syrakusaner aber allein, in einer Schlacht bereits mit ihrem ganzen Aufgebot unterlegen und zugleich zur See blockiert, werden nicht fähig sein, der jetzigen Streitmacht der Athener dort standzuhalten. (3) Ist aber diese Stadt einmal gefallen, so haben sie ganz Sizilien und gleich darauf Italien in der Hand; und die Gefahr, die ich von dort vorausgesagt habe, wird in gar nicht langer Zeit über euch kommen. (4) Daher glaube niemand, die Beratung betreffe nur Sizilien, nein, auch den Peloponnes, wenn ihr nicht in aller Eile Folgendes macht: Schickt auf Schiffen ein Heer hinüber, und zwar von Leuten, die bei der Fahrt selbst rudern, dann aber gleich Waffendienst leisten können, und was ich noch nützlicher als ein Heer erachte: einen Spartiaten als Feldherrn, der die vorhandenen Streit-

kräfte ordne und die Widerwilligen zum Kampf zwinge; so werden die euch zu Gebote stehenden Freunde größeren Mut fassen und die Schwankenden furchtloser auf eure Seite treten. (5) Und zugleich müsst ihr hier den Krieg offener führen, damit die Syrakusaner eure Fürsorge merken und stärkeren Widerstand leisten, und die Athener ihren Truppen weniger leicht neue Unterstützung nachschicken können. (6) Befestigen aber müsst ihr Dekeleia[28] in Attika, wovor sich die Athener seit jeher am meisten fürchten und was allein von allen Kriegsnöten sie noch nicht durchlitten zu haben glauben. Am wirksamsten aber wird man den Feinden auf folgende Weise Schaden zufügen: Wenn man erfahren hat, was sie am meisten fürchten, das dann genau auszukundschaften und gegen sie anzuwenden; denn es ist doch anzunehmen, dass jeder sehr genau seine eigenen gefährlichen Blößen kennt und fürchtet. (7) Mit welchem Nutzen für euch ihr bei diesem Festungsbau die Feinde behindern werdet, das will ich jetzt, vieles beiseite lassend, kurz zusammenfassen. Alles, womit das Land ausgestattet ist, wird euch zum Großteil zukommen, sei es durch Raub, sei es von selbst. Die Einkünfte der Silberbergwerke im Laureion und die Nutznießung aus dem Land und dem Gerichtswesen werden sie sofort verlieren,[29] vor allem aber werden die Abgaben der Bundesgenossen in geringerem Maße hereinkommen; denn wenn diese merken, dass von eurer Seite endlich der Krieg mit Nachdruck betrieben wird, so werden sie in ihrer Pflicht nachlässiger sein.

92 (1) Dass davon etwas geschieht, und zwar in Eile und mit größerer Entschlossenheit, liegt an euch, Lakedaimonier; denn dass es möglich ist, und ich glaube mich nicht zu täuschen – davon bin ich fest überzeugt. (2) Und geringer, so hoffe ich, werde ich keinem von euch erscheinen, wenn ich gegen mein eigenes Vaterland im Bund mit seinen ärgsten Feinden jetzt so entschieden vorgehe, wo ich doch früher als echter Vaterlandsfreund galt; und niemand wird auch in meiner Rede den leidenschaftlichen Rachedurst eines Verbannten vermuten. (3) Geflohen bin ich allerdings vor der Schlechtigkeit derer, die mich vertrieben haben, aber (ich fliehe) nicht vor der Möglichkeit, euch zu nützen, wenn ihr mir folgt; und ärgere Feinde sind nicht die, die ihren Feinden einmal Schaden zugefügt haben, wie ihr, sondern die ihre Freunde zwingen, Feinde zu werden. (4) Vaterlandsliebe aber bewahre ich nicht in einer Zeit, da mir Unrecht widerfährt, sondern solange ich in Sicherheit meine Bürgerpflicht erfüllte. Nicht ein Vaterland, das noch das meine ist, glaube ich jetzt anzugreifen, vielmehr eines, das es nicht mehr ist, zurückzugewinnen. Ein echter Vaterlandsfreund ist nicht, wer seine Heimat, hat er sie zu Unrecht verloren, nicht angreift, sondern wer auf jede Weise aus Sehnsucht sie wieder zu erlangen trachtet. (5) So fordere ich euch denn auf, mich für jede Gefahr und jede Mühsal ohne Zaudern zu verwenden, Lakedaimonier, kennt ihr doch dieses von allen angeführte Wort: Wenn ich als Feind euch sehr geschadet habe, so werde ich auch als Freund reichlich nützen können, insofern als ich die Verhältnisse in Athen kenne, bei euren aber auf Vermutungen angewiesen war. Ihr selbst aber bedenkt, dass ihr jetzt über eure größten Vorteile entscheidet, zögert nicht mit dem Feldzug nach Sizilien und Attika, damit ihr dort, mit einer kleinen Truppenabteilung zu Hilfe kommend, Bedeutendes rettet und die gegenwärtige und künftige Macht der Athener niederwerft, danach selbst in Sicherheit leben könnt und ganz Hellas mit seinem eigenen Willen, nicht gewaltsam, in Güte lenkt.«

93 (1) So sprach Alkibiades; die Lakedaimonier, die zwar von selbst schon vorher an einen Feldzug gegen Athen gedacht hatten, aber zögernd und vorsichtig abwägend, fassten jetzt viel größeren Mut, da er ihnen das alles der Reihe nach darlegte und sie selbst also der Meinung waren, es von einem gehört zu haben, der es genau wissen müsse. (2) Und schon dachten sie daher daran, Dekeleia zu befestigen und sogleich denen in Sizilien Hilfe zu senden. Gylippos, den Sohn des Kleandridas, bestimmten sie zum Feldherrn für die Syrakusaner und trugen ihm auf, in gemeinsamen Beratungen mit jenen und den Korinthern dafür zu sorgen, wie nach den gegebenen Umständen am besten und schnellsten denen drüben geholfen werden könne. (3) Er befahl also den Korinthern, 2 Schiffe gleich jetzt nach Asine zu senden, die Übrigen instand zu setzen, so viele sie eben senden wollten, und, wenn der Zeitpunkt gekommen sei, sie fahrbereit zu halten. Nach diesen Abmachungen verließen (die Gesandten) Sparta. – (4) Es kam auch die athenische Triere aus Sizilien an, die die Feldherren um Geld und Reiter abgesandt hatten. Auf diese Nachricht hin beschlossen die Athener, Lebensmittel für das Heer zu senden und Reiter. So endete der Winter, und das siebzehnte Jahr des Krieges endete, den Thukydides beschrieben hat.

Achtzehntes Kriegsjahr

Sommer 414

94 (1) Gleich mit Frühlingsbeginn, im darauf folgenden Sommer, stachen die Athener in Sizilien von Katane aus in See und fuhren entlang der Küste gegen das sizilische Megara, dessen Volk die Syrakusaner unter ihrem Tyrannen Gelon, wie ich schon früher erwähnt habe,[30] vertrieben hatten und wo sie nun selbst Herren des Landes waren. (2) Dort gingen sie an Land, verwüsteten die Äcker und machten einen Angriff auf ein Bollwerk der Syrakusaner, konnten es aber nicht nehmen; darauf zogen sie mit Fußvolk und Flotte entlang zum Teriasfluss, marschierten landein zur Ebene, plünderten und verbrannten das Korn; dabei stießen sie auf eine kleine Abteilung Syrakusaner, töteten einige, errichteten ein Siegeszeichen und wandten sich wieder zu den Schiffen. (3) Nach Katane zurückgekehrt, versorgten sie sich mit Lebensmitteln und wandten sich mit dem ganzen Heer gegen Kentoripa, ein sikelisches Städtchen, und brachten es durch Übereinkunft auf ihre Seite; beim Rückmarsch steckten sie noch die Getreidefelder der Inessaier und Hyblaier in Brand. (4) In Katane angelangt, fanden sie dort die aus Athen eingetroffenen Reiter vor, 250 an der Zahl, ohne Pferde, aber mit Reitzeug, da man Pferde ja aus dem Lande selbst würde beschaffen können, außerdem 30 Bogenschützen zu Pferde und 300 Silbertalente.

95 (1) Im gleichen Frühjahr zogen die Lakedaimonier gegen Argos, kamen aber nur bis Kleonai, dort kehrten sie wegen eines Erdbebens um. Die Argeier fielen darauf in die angrenzende Thyreatis ein und brachten viel Beute von den Lakedaimoniern auf, die um nicht weniger als 25 Talente verkauft wurde. (2) Das Volk von Thespiai erhob sich im selben Sommer nicht viel später gegen die Regierenden, hatte aber keinen Erfolg; denn da die Thebaner herbeieilten, wurden die einen gefangen genommen, andere flüchteten nach Athen.

96 (1) Im selben Sommer nun, als die Syrakusaner erfahren hatten, dass die Reiter zu den Athenern gestoßen seien und nun der Angriff bevorstünde, da überlegten sie: Falls sich die Athener nicht der Epipolai bemächtigten, einer steil abfallenden, unmittelbar über der Stadt gelegenen Hochebene, würden sie Syrakus nur schwer – selbst nach siegreicher Schlacht – durch eine Mauer abriegeln können. So beschlossen sie, die Zugänge zu bewachen, damit die Feinde nicht unbemerkt dort hinaufgelangten; an einer anderen Stelle würde es ihnen kaum gelingen; (2) denn das ganze übrige Gelände ist steil abfallend, bis zur Stadt aber senkt es sich sanft, von drinnen zur Gänze überschaubar. Von den

Syrakusanern wird es, da es alles andere überragt, »Epipolai« genannt. (3) Sie zogen also mit dem gesamten Aufgebot bei Tagesanbruch auf das offene Feld entlang des Anapos – es hatten zu der Zeit eben Hermokrates und die anderen Strategen ihr Amt übernommen –, hielten eine Waffenmusterung ab und wählten zunächst 600 Schwerbewaffnete aus, deren Führer Diomilos war, ein Verbannter aus Andros; sie sollten die Epipolai bewachen und, wenn man sie für etwas anderes brauche, rasch in geschlossenem Verband zur Stelle sein.

97 (1) Die Athener aber waren in der Nacht vor dieser Musterung unbemerkt von den Syrakusanern mit ihrer ganzen Streitmacht von Katane weg zum so genannten Leon gefahren, der von den Epipolai 6 oder 7 Stadien[31] entfernt ist; sie setzten die Fußtruppen an Land und gingen mit der Flotte bei Thapsos vor Anker; dies ist eine Halbinsel, die als schmale Landenge in das Meer hinausragt und von Syrakus weder zur See noch zu Land weit entfernt ist. (2) Das athenische Schiffsvolk verpfählte die Landenge und verblieb in Thapsos. Das Fußheer stürmte sogleich gegen die Epipolai vor und hatte sie über den Euryelos eher erstiegen, als die Syrakusaner es merkten und von dem offenen Feld und der Musterung zur Stelle sein konnten. (3) Dann eilten alle, so schnell jeder konnte, zur Abwehr herbei, vor allem aber die 600 unter Diomilos; sie mussten aber, bevor sie mit den Athenern zusammentrafen, von dem offenen Feld aus nicht weniger als 25 Stadien zurücklegen. (4) Sie stießen also unter diesen Umständen etwas ungeordnet auf die Feinde, wurden auf den Epipolai besiegt und zogen sich in die Stadt zurück; Diomilos fiel und von den anderen ungefähr 300. (5) Danach errichteten die Athener ein Siegeszeichen und lieferten den Syrakusanern unter Waffenstillstand die Toten aus; zur Stadt selbst zogen sie am folgenden Tag hinunter, als ihnen aber niemand entgegentrat, wandten sie sich wie-

der zurück. Beim Labdalon bauten sie eine Festung, gerade am Abfall der Epipolai in Richtung auf Megara, damit es ihnen, sooft sie zum Kampf oder zur Schanzarbeit auszögen, als Lagerplatz diene für Gerät und Geld.

98 (1) Nicht viel später kamen zu ihnen aus Egesta 300 Reiter, von den Sikelern, Naxiern und einigen anderen ungefähr 100; von den Athenern selbst standen 250 zur Verfügung, für die sie Pferde aus Egesta und Katane bekamen, die restlichen kauften sie; im Ganzen hatten sie 650 Reiter beisammen. (2) Auf dem Labdalon hinterließen die Athener eine Wache, dann wandten sie sich zur Syke, wo sie Halt machten und in Eile eine ringförmige Mauer aufführten.[32] Die Schnelligkeit, mit der sie bauten, jagte den Syrakusanern Schrecken ein; sie rückten aus und waren entschlossen, zu kämpfen und dies nicht zu dulden. (3) Als sie sich schon einander gegenüber in Schlachtordnung aufstellten, da sahen die Feldherren der Syrakusaner ihr Heer auseinander gerissen, sodass es nur schwer wieder geordnet werden konnte; daher führten sie es wieder in die Stadt zurück, außer einem Teil der Reiterei. Diese blieben zurück und hinderten die Athener, Steine herbeizuschaffen und sich weiter zu entfernen. (4) Eine Phyle der athenischen Schwerbewaffneten und mit ihnen alle Reiter warfen sich aber auf die Reiter der Syrakusaner und schlugen sie in die Flucht; sie töteten einige und errichteten ein Siegeszeichen für dieses Reitergefecht.

99 (1) Am folgenden Tag mauerte ein Teil der Athener an der Nordseite der Ringmauer, andere schafften Steine und Holz herbei und schichteten es dauernd gegen den so genannten Trogilos auf, wo die kürzeste Entfernung für die Sperrmauer zwischen Großem Hafen und der gegenüberliegenden Meeresküste war. (2) Die Syrakusaner wollten, weil von den Strategen vor allem Hermokrates dazu riet, keine Gesamtschlachten mehr mit den Athenern wagen, sondern es schien ihnen besser, eine Gegenmauer aufzuführen, wo jene eine Mauer ziehen würden, und sie dadurch, wenn sie rechtzeitig fertig werden könnten, abzuriegeln, zugleich, wenn jene zur Gegenwehr herbeieilten, ihnen einen Teil des Heeres entgegenzuschicken; gelänge es ihnen außerdem rechtzeitig, ihnen durch Pfahlwerke die Zugänge abzusperren, würden jene von ihre Arbeit ablassen und sich alle gegen sie wenden. (3) Sie rückten also aus und arbeiteten, beginnend bei ihrer eigenen Stadt, unterhalb der athenischen Ringmauer an einer Quermauer, hieben die Ölbäume des Heiligtums um und errichteten hölzerne Wachtürme. (4) Die Schiffe der Athener waren noch nicht von Thapsos in den Großen Hafen herumgekommen, daher beherrschten die Syrakusaner noch die Seeseite; die Athener aber schafften die Lebensmittel auf dem Landwege von Thapsos heran.

100 (1) Als den Syrakusanern die Holz- und Steinbauten ihrer Quermauer ausreichend schienen, die Athener aber nicht zur Abwehr herankamen, aus Furcht, sie könnten zweigeteilt im Kampf leichter unterliegen, aber auch, um auf ihrer Seite die Ummauerung rasch vorzutreiben, da ließen die Syrakusaner eine Abteilung als Wache für ihre Mauer zurück und zogen wieder in die Stadt. Die Athener zerstörten die Trinkwasserzuleitungen, die unterirdisch in die Stadt führten; dann warteten sie ab, bis die anderen Syrakusaner über Mittag in den Zelten weilten, einige sogar in die Stadt zurückgekehrt waren und die Wache der Verpfählung nur nachlässig ihren Dienst versah. Jetzt wählten sie 300 von ihren Schwerbewaffneten aus, dazu noch einige der Leichtbewaffneten, die sie ausgerüstet hatten. Diese sollten plötzlich im Laufschritt gegen das Bollwerk anstürmen; das übrige Heer rückte in zwei Abteilungen vor, teils unter dem einen Feldherrn gegen die Stadt, falls man zur Gegenwehr herbeieilte, teils unter dem anderen Feldherrn gegen das

Pfahlwerk bei dem kleinen Tor. (2) Gleich im ersten Ansturm nahmen die 300 das Pfahlwerk; die Wachen verließen es und flüchteten sich in das Vorwerk um den Temenites. Mit ihnen gleichzeitig drangen auch die Verfolger ein, wurden aber wieder von drinnen durch die Syrakusaner hinausgedrängt; dabei fielen einige Argeier und wenige Athener. (3) Beim gemeinsamen Rückzug zerstörte das Heer die Quermauer, dann rissen sie die Verpfählung auseinander, nahmen die Pfähle mit und errichteten ein Siegeszeichen.

101 (1) Am folgenden Tag mauerten die Athener vom Ring aus bis zu dem Steilabhang über dem Sumpf, der von diesem Teil der Epipolai bis zum Großen Hafen reicht und von wo sie abwärts durch das offene Feld und den Sumpf bis zum Hafen die kürzeste Strecke für ihre Ummauerung hatten. (2) Da kamen auch die Syrakusaner heraus und arbeiteten wieder an der Verpfählung, beginnend bei der Stadt und dann mitten durch den Sumpf; daneben zogen sie auch einen Graben, damit die Athener ihren Riegel nicht bis zum Meer vorschieben könnten. (3) Als diese aber mit ihrer Arbeit am Steilabhang fertig waren, machten sie aufs Neue einen Angriff auf Pfahlwerk und Graben der Syrakusaner. Die Flotte hatte Befehl, von Thapsos herüber in den Großen Hafen von Syrakus einzulaufen, sie selbst stiegen im Morgengrauen von den Epipolai auf das offene Feld hinab. Den Sumpf überquerten sie dort, wo er lehmig und einigermaßen trittfest war, auf Türen und breiten Bohlen, die sie aufgelegt hatten; mit Tagesanbruch nahmen sie das Pfahlwerk, außer einem kurzen Stück, und den Graben, später auch den Rest. (4) Es kam zu einer Schlacht, in der die Athener siegten. Von den Syrakusanern flohen die Leute des rechten Flügels gegen die Stadt hin, die vom linken Flügel entlang des Flusses. Die 300 ausgewählten Athener wollten ihnen den Übergang verlegen und eilten im Laufschritt gegen die Brücke. (5) In ihrem Schrecken

darüber drangen nun die Syrakusaner – es war auch der Großteil ihrer Reiterei dort – geschlossen auf diese 300 ein, schlugen sie in die Flucht und warfen sie auf den rechten Flügel der Athener zurück. Durch ihren Anprall wurde auch die erste Phyle des Flügels mit in die Verwirrung gerissen. (6) Kaum sah dies Lamachos, eilte er vom linken Flügel mit einigen Bogenschützen und den Argeiern zur Entlastung herbei, wurde aber beim Überqueren eines Grabens mit einigen anderen abgesprengt und getötet, er selbst und fünf oder sechs mit ihm. Ihre Leichen schafften die Syrakusaner sogleich in aller Eile über den Fluss auf sicheres Gebiet; als aber mittlerweile das übrige athenische Heer heranrückte, zogen sie ab.

102 (1) Inzwischen hatten diejenigen, die zunächst gegen die Stadt geflohen waren, angesichts dieser Ereignisse wieder Mut gefasst und sich, die Stadt im Rücken, den Athenern gegenüber aufgeordnet; eine Abteilung ihrer Leute schickten sie auch zur Ringmauer auf den Epipolai, in der Hoffnung, sie unbewacht zu finden und einzunehmen. (2) Tatsächlich nahmen sie das 300 Meter lange Vorwerk und zerstörten es, bei der Ringmauer selbst verhinderte es Nikias – er war nämlich dort krank zurückgeblieben. Er befahl den Dienern, die Geräte und alles Holz, was draußen an der Mauer lag, in Brand zu stecken, denn er sah bei dem Mangel an Leuten keine andere Möglichkeit der Rettung. (3) Und dies gelang auch; die Syrakusaner wagten sich wegen des Feuers nicht mehr näher heran, sondern zogen sich zurück. Denn schon rückte an die Ringmauer von unten Entsatz heran, da die Athener dort ihre Gegner vertrieben hatten, und zur gleichen Zeit liefen auch ihre Schiffe von Thapsos auftragsgemäß in den Großen Hafen ein. (4) Als die weiter landein Stehenden das merkten, zogen sie in aller Eile ab, und das gesamte Heer der Syrakusaner (rückte) in die Stadt (ein). Nun kamen sie zur Erkenntnis, mit ihren

Kräften die Fortsetzung des Mauerbaues bis zum Meer nicht mehr verhindern zu können.

103 (1) Danach errichteten die Athener ein Siegeszeichen, gaben den Syrakusanern bei Waffenruhe die Leichen heraus, sie selbst holten sich die des Lamachos und seiner Leute. Da nun ihre gesamte Streitmacht zur Stelle war, die Flotte und das Landheer, arbeiteten sie wieder, beginnend von den Epipolai und dem Steilabhang bis hin zum Meer, an einer doppelten Sperrmauer gegen Syrakus. (2) Lebensmittel für das Heer wurden aus allen Gegenden Italiens herbeigeschafft. Es stießen jetzt von den Sikelern, die früher noch abgewartet hatten, zahlreiche Hilfstruppen zu den Athenern und aus Etrurien 3 Fünfzigruderer. Überhaupt ging ihnen alles nach Wunsch vonstatten. (3) Die Syrakusaner glaubten nicht mehr, den Krieg siegreich zu beenden, zumal da ihnen auch aus dem Peloponnes nicht die geringste Unterstützung zuteil wurde. So besprachen sie sich untereinander wegen eines Friedens und auch mit Nikias; denn dieser führte nach dem Tod des Lamachos allein den Befehl. (4) Es kam zwar nicht zum Abschluss, aber wie es sich denken lässt bei Menschen, die nicht ein und aus wissen und härter (als jemals vorher) belagert werden, gab es viele Verhandlungen mit ihm und noch mehr in der Stadt. Sie begegneten einander nämlich infolge der gegenwärtigen Not mit einigem Misstrauen; und die Feldherren, unter deren Führung ihnen solches widerfahren, setzten sie ab, als hätte ihnen deren Unglück oder sogar deren Verrat Schaden gebracht, und wählten andere an ihre Stelle: Herakleides, Eukles und Tellias.

104 (1) Inzwischen waren der Lakedaimonier Gylippos und die korinthischen Schiffe bereits bei Leukas, in der Absicht, rasch Hilfe nach Sizilien zu bringen. Als aber Unglücksbotschaften sie erreichten, alle in dem einen Punkt falsch, dass nämlich Syrakus schon völlig abgeriegelt sei,

hatte Gylippos für Sizilien gar keine Hoffnung mehr; aber um doch Italien zu retten, setzten er und der Korinther Pythen auf 2 spartanischen und 2 korinthischen Schiffen in aller Eile über den Ionischen Meerbusen nach Tarent über. Die Korinther wollten, sobald sie zu ihren 10 Schiffen noch 2 leukadische und 3 amprakische bemannt hätten, später nachfahren. (2) Gylippos schickte zunächst von Tarent eine Gesandtschaft nach Thurioi unter Berufung auf das Bürgerrecht seines Vaters; da er die Stadt aber nicht gewinnen konnte, stach er in See und segelte die Küste Italiens entlang, wurde im Golf von Terine von einem Sturm erfasst – dort pflegt ein heftiger Nordwind herauszuwehen – und aufs offene Meer verschlagen. Nach diesem schweren Unwetter kam er zurück nach Tarent; die Schiffe, die vom Sturm beschädigt waren, ließ er an Land ziehen und wieder instand setzen. (3) Nikias erfuhr zwar von seinem Nahen, sah aber geringschätzig auf die Zahl der Schiffe herab, ebenso wie die Thurier es getan hatten – ihr Aufzug glich auch eher einem Seeräuberunternehmen –, und beachtete es gar nicht weiter.

105 (1) Ungefähr zur gleichen Zeit in diesem Sommer fielen die Lakedaimonier und ihre Bundesgenossen in Argos ein und verwüsteten weite Teile des Landes. Die Athener kamen den Argeiern mit 30 Schiffen zu Hilfe – und damit brachen sie ganz offensichtlich den Friedensvertrag mit den Spartanern. (2) Vorher hatten sie nämlich nur durch Raubzüge von Pylos aus und durch Landeunternehmungen mehr im übrigen Peloponnes als in Lakonien ihre Bündnispflicht gegenüber Argeiern und Mantineern erfüllt, und sooft auch die Argeier sie aufgefordert hatten, nur eben mit einer bewaffneten Schar in Lakonien zu landen, einen noch so kleinen Teil des Landes mit ihnen zu verwüsten und dann wieder abzuziehen, hatten sie immer abgelehnt. Jetzt aber, im Archontat des Pythodoros, Laispodias und Demaratos, gin-

gen sie bei Epidauros Limera, Prasiai und anderen Orten an Land und verwüsteten die Äcker; so boten sie den Lakedaimoniern bereits einen triftigeren Vorwand, sich zur Wehr zu setzen. (3) Als sich die athenische Flotte und die Lakedaimonier aus Argos zurückgezogen hatten, fielen die Argeier in das Gebiet von Phleius ein, verheerten einen Teil des Landes und töteten einige Bewohner; dann kehrten sie nach Hause zurück.

Siebtes Buch

1 (1) Gylippos und Pythen segelten, sobald sie ihre Schiffe ausgebessert hatten, von Tarent entlang der Küste nach dem epizephyrischen Lokroi; da sie schon zuverlässigere Nachrichten erhielten, dass Syrakus noch nicht völlig abgeriegelt sei, sondern über die Epipolai ein geschlossener Heeresverband noch in die Stadt gelangen könne, beratschlagten sie, ob sie, Sizilien zur Rechten, die Einfahrt wagen sollten, oder ob sie, die Insel zur Linken, zunächst nach Himera segeln, die Bewohner selbst und andere Kriegsvölker, die sie etwa gewinnen könnten, an sich ziehen und dann auf dem Landweg heranrücken sollten. (2) Sie beschlossen, nach Himera zu segeln, zumal die 4 attischen Schiffe noch nicht in Rhegion angekommen waren, die Nikias doch auf die Nachricht von ihrer Anwesenheit in Lokroi entsandt hatte. Noch vor dem Eintreffen dieser Postenschiffe setzten sie über die Meerenge und gelangten nach Landungen in Rhegion und Messene nach Himera. (3) Dort bewogen sie die Himeraier zu einem Waffenbündnis. Sie selbst sollten mit ins Feld ziehen und die Besatzung ihrer Schiffe, soweit sie waffenlos war, mit Waffen ausrüsten – denn die Schiffe hatten sie in Himera an Land gezogen. Die Selinunter forderten sie durch Boten auf, ihnen mit ihrem Aufgebot an einen bestimmten Ort entgegenzukommen. (4) Ein wenn auch nicht sehr großes Heer ihnen zu schicken, versprachen auch die Geloer und einige Sikelerstämme, die jetzt viel lieber zum Anschluss bereit waren, da Archonides erst vor kurzem verstorben war; er war König einiger dort ansässiger Sikelerstämme, ziemlich mächtig und Freund der Athener, und von Gylippos hieß es, er

sei voll Entschlossenheit von Sparta herübergekommen. (5) Gylippos zog also von den eigenen Seeleuten und Schiffsbesatzungen die Gepanzerten, ungefähr 700, aus Himera Schwer- und Leichtbewaffnete, zusammen 1000, und 100 Reiter, aus Selinus einige Leichtbewaffnete und Reiter, einige wenige aus Gela und von den Sikelern insgesamt ungefähr 1000 Mann an sich und marschierte gegen Syrakus.

2 (1) Die Korinther aus Leukas eilten mit den restlichen Schiffen so schnell wie möglich zu Hilfe; Gongylos, einer der korinthischen Befehlshaber, der mit einem einzigen Schiff als Letzter in See gestochen war, kam doch als Erster nach Syrakus, sogar kurze Zeit vor Gylippos, und fand die Bewohner gerade dabei, eine Volksversammlung wegen der Beilegung des Krieges einzuberufen. Er verhinderte das und sprach ihnen Mut zu: Es seien noch weitere Schiffe auf der Fahrt hierher und Gylippos, den Sohn des Kleandridos, hätten die Lakedaimonier als Feldherrn entsandt. (2) Da fassten die Syrakusaner neues Vertrauen und zogen sogleich mit ihrem gesamten Aufgebot hinaus, Gylippos entgegen; denn sie hatten erfahren, dass er schon in der Nähe sei. (3) Er hatte beim Vorbeimarsch Ietai, ein Befestigungswerk der Sikeler, genommen und langte in Schlachtordnung bei den Epipolai an, stieg auf entlang des Euryelos, auf demselben Weg wie zuerst auch die Athener, und rückte mit den Syrakusanern gegen die Maueranlage der Athener. (4) Er kam gerade zu dem Zeitpunkt, da die Athener bereits eine 7 oder 8 Stadien lange Doppelmauer zum Großen Hafen fertig gestellt hatten mit Ausnahme eines ganz kurzen Stückes gegen das Meer zu – daran arbeiteten sie noch –; für die andere Mauer, zum Trogilos an der gegenüberliegenden Meeresküste, lagen schon die Steine aufgeschüttet, zumindest für den größeren Teil, einiges war erst halb fertig, anderes sogar schon vollendet und blieb nun so liegen. So nahe der Gefahr war also Syrakus schon.

3 (1) Als Gylippos und die Syrakusaner so plötzlich auf sie zurückten, gab es bei den Athenern zunächst große Verwirrung, dann aber stellten sie sich doch in Schlachtordnung auf. Gylippos machte, nahe herangekommen, Halt und schickte einen Herold zu ihnen: wenn sie binnen fünf Tagen Sizilien mit all ihrem Besitz räumen wollten, sei er zum Friedensschluss bereit. (2) Doch die Athener nahmen das nicht ernst und entließen ihn ohne Antwort. Hierauf ordneten sich beide Seiten zur Schlacht. (3) Weil Gylippos jedoch merkte, wie die Syrakusaner sich in ihrer Aufregung nur mühsam einreihen konnten, zog er das Heer mehr in das freie Feld zurück. Nikias aber führte die Athener nicht zum Kampf, sondern lagerte ruhig vor der eigenen Mauer. Als Gylippos erkannte, dass sie nicht vorrücken würden, führte er sein Heer auf die Temenites genannte Anhöhe, und dort nächtigten sie. (4) Am folgenden Tag bezog er mit dem Großteil des Heeres Stellung gegenüber der athenischen Mauer, damit sie an anderer Stelle nicht eingreifen könnten, eine Abteilung schickte er zum Befestigungswerk Labdalon und nahm es ein; alle, die er darin gefangen nahm, ließ er töten. Das Gelände dort war für die Athener nicht überschaubar. (5) Am selben Tag wurde von den Syrakusanern auch eine athenische Triere aufgebracht, die auf Beobachtungsposten vor dem Hafen lag.

4 (1) Hierauf errichteten die Syrakusaner und ihre Verbündeten durch die Epipolai von der Stadt weg aufwärts in schräger Richtung eine einfache Mauer, damit es den Athenern, falls sie es nicht hindern könnten, unmöglich wäre, sie völlig abzusperren. (2) Die Athener waren bereits wieder hinaufgestiegen, da sie die Mauer am Meer fertig gestellt hatten, und Gylippos – es gab nämlich an der athenischen Mauer einen schwachen Punkt – rückte nachts mit dem Heere dort heran. (3) Die Athener aber – sie lagerten gerade draußen – merkten es und rückten ihrerseits ihm entgegen.

Als er das sah, zog er in aller Eile die Seinen wieder ab. Die Athener bauten dann dort noch höher auf und hielten selbst Wache, die übrigen Bundesgenossen verteilten sie nunmehr auf das restliche Mauerwerk, wo die einzelnen Abteilungen den Schutz übernehmen sollten.

(4) Nikias beschloss, das so genannte Plemmyrion zu befestigen; das ist eine Landspitze gegenüber der Stadt, die mit ihrem Vorsprung die Einfahrt in den Großen Hafen verengt; wenn sie nun befestigt sei, so glaubte er, dadurch den Lebensmittelnachschub zu erleichtern; außerdem könnten sie aus geringerer Entfernung den Hafen der Syrakusaner beobachten und müssten nicht aus einem Winkel des Hafens auslaufen, wenn sie etwas zur See unternehmen wollten. Überhaupt verlegte er sich jetzt mehr auf den Seekrieg, da er die Lage zu Land nach dem Eintreffen des Gylippos als ziemlich hoffnungslos ansah. (5) Er schaffte also das Heer und die Schiffe hinüber und legte drei Befestigungswerke an; in ihnen waren die meisten Geräte gelagert, außerdem ankerten dort die großen Lastkähne und auch die schnellen Schiffe. (6) Und so begann denn vor allem für die Schiffsbesatzungen jetzt zum ersten Mal die Zeit der Not: Wasser gab es wenig und nicht in der Nähe, und sooft die Seeleute zum Holzsammeln ausgingen, wurden sie von den syrakusanischen Reitern, die das offene Land beherrschten, niedergehauen. Ein Drittel ihrer Reiterei hatten die Syrakusaner nämlich wegen der (Athener) auf dem Plemmyrion, um sie an Raubzügen zu hindern, in die Befestigung auf dem Olympieion verlegt. (7) Nikias erfuhr auch, dass die restlichen Schiffe der Korinther auf der Fahrt seien, und schickte zur Beobachtung 20 Schiffe aus mit dem Auftrag, ihnen bei Lokroi, Rhegion und den Landeorten Siziliens aufzulauern.

5 (1) Gylippos baute einerseits an der Mauer durch die Epipolai, und zwar mit den Steinen, die die Athener für sich selbst aufgeschichtet hatten, andrerseits führte er immer die Syrakusaner und die Verbündeten in Schlachtordnung vor die Mauer, und die Athener stellten sich jeweils in Schlachtordnung gegenüber. (2) Als dem Gylippos der günstigste Augenblick gekommen schien, begann er den Angriff. Es kam zu einem Handgemenge zwischen den Mauern, wo den Syrakusanern die Reiterei nichts nützte. (3) Da also die Syrakusaner und ihre Verbündeten unterlegen waren, ihre Toten bei Waffenruhe aufgehoben und die Athener ein Siegeszeichen errichtet hatten, rief Gylippos das Heer zusammen und erklärte, die Schuld liege nicht bei ihnen, sondern bei ihm selbst; durch die Aufstellung, allzusehr innerhalb der Mauern, habe er sie um den Vorteil des Einsatzes von Reiterei und Bogenschützen gebracht. (4) Er werde sie jetzt aufs neue gegen den Feind führen; sie sollten doch auch bedenken, dass sie nicht schlechter gerüstet seien, was aber ihre Gesinnung betreffe, so wäre es ja unerträglich, wenn sie sich nicht entschlossen zeigten, als Peloponnesier und Dorer über Ionier – Inselbewohner und sonstiges dahergelaufenes Gesindel – zu siegen und sie aus dem Land zu jagen. Hierauf führte er sie zu günstiger Zeit wieder gegen den Feind.

6 (1) Nikias aber und die Athener erkannten, dass sie dem Bau an einer Gegenmauer nicht untätig zusehen durften, auch wenn jene keine Schlacht anbieten wollten; denn beinahe schon über das Ende der athenischen Mauer hinaus war die syrakusanische Befestigung vorgetrieben, und wenn sie weitergeführt würde, dann wäre es für die Athener einerlei, ob sie im Kampf jedesmal siegten oder überhaupt nicht kämpften. So rückten sie also den Syrakusanern entgegen. (2) Gylippos führte seine Schwerbewaffneten weiter vor die Mauer als zuletzt und begann dort das Treffen, die Reiter und Speerwerfer stellte er seitlich von den Athenern auf gegen das offene Gelände zu, wo die Mauern beider Seiten abbrachen. (3) Die Reiter warfen sich im Verlauf der Schlacht auf den linken Flügel der Athener, der ihnen gegenüberstand, und schlugen ihn; dadurch wurde auch das restliche Heer von den Syrakusanern besiegt und hinter die Verschanzungen gedrängt. (4) In der folgenden Nacht kamen die Syrakusaner mit ihrer Gegenmauer über die Befestigungsanlage der Athener hinaus, sodass sie selbst von ihnen nicht mehr behindert werden konnten, und jenen überhaupt die Möglichkeit genommen war – selbst im Falle einer Feldüberlegenheit –, sie völlig abzuriegeln.

7 (1) Hierauf liefen auch die restlichen 12 Schiffe der Korinther, Amprakioten und Leukader in den Hafen ein, ohne dass es die athenische Wache merkte; den Befehl über sie hatte der Korinther Erasinides; bei den Arbeiten am restlichen Teil der Quermauer legten sie mit Hand an. (2) Gylippos bereiste das übrige Sizilien, um Truppenverstärkung, Schiffs- und Fußvolk aufzubringen und um die Städte zum Anschluss zu bewegen, wenn etwa eine nicht sehr großen Eifer zeigte oder sich überhaupt vom Kampf noch fernhielt. (3) Andere Gesandte der Syrakusaner und Korinther wurden nach Sparta und Korinth abgeschickt, damit weitere Truppen auf Lastschiffen, Kähnen oder sonstwie übergesetzt werden mögen, da auch die Athener um Verstärkung ersucht hätten. (4) Außerdem bemannten die Syrakusaner eine Flotte und hielten Übungen zur See ab, um selbst da anzugreifen, und auch sonst zeigten sie sich sehr entschlossen.

8 (1) Da Nikias dies merkte und zusehen musste, wie täglich die Stärke der Feinde, aber auch die eigene Not zunahm, schickte er ebenfalls Boten nach Athen – war er doch gewohnt, häufig auch sonst über alle Einzelheiten Bericht zu erstatten, vielmehr also damals, wo er in Bedrängnis zu sein glaubte; denn wenn die Athener sie nicht schnellstens heimholten oder nennenswerte Verstärkungen abschickten,

sah er keine Möglichkeit der Rettung. (2) Weil er befürchtete, die Boten könnten entweder aus Mangel an Beredsamkeit oder Gedächtnis oder im Streben, der Menge zu Gefallen zu reden, nicht die Wahrheit berichten, schrieb er einen Brief. Am ehesten würden die Athener so seine Meinung nicht vom Boten entstellt erfahren und über die wahre Lage beraten können. (3) Die Boten gingen also mit dem Brief und sonstigen mündlichen Aufträgen ab. In seiner Sorge um das Heer hielt er aber mehr auf Wachsamkeit als auf eigene gefahrvolle Unternehmungen.

9 (1) Gegen Ende desselben Sommers zog der athenische Feldherr Euetion mit Perdikkas und vielen Thrakern gegen Amphipolis, konnte die Stadt aber nicht einnehmen; er ließ sodann die Trieren auf der anderen Seite in den Strymon einlaufen und belagerte die Stadt vom Fluss her, sein Stützpunkt war Himeraion. So ging der Sommer zu Ende.

Winter 414/413

10 (1) Im darauf folgenden Winter kamen die Gesandten des Nikias nach Athen, übermittelten seine mündlichen Aufträge, antworteten, wenn jemand zusätzlich noch Fragen stellte, und übergaben den Brief. Und der Stadtschreiber trat vor und las ihn den Athenern vor. Er hatte folgenden Inhalt:

11 (1) »Was wir bisher geleistet haben, Athener, wisst ihr aus vielen anderen Briefen; mehr denn je aber ist es jetzt an der Zeit, dass ihr in genauer Kenntnis unserer derzeitigen Lage eure Beschlüsse fasst. (2) In den meisten Schlachten hatten wir über die Syrakusaner, gegen die wir ja ausgeschickt waren, gesiegt und die Mauern errichtet, innerhalb derer wir jetzt lagern – da kam der Lakedaimonier Gylippos mit einem Heer aus dem Peloponnes und einigen Städ-

ten Siziliens. In der ersten Schlacht wurde er zwar von uns geschlagen, in der folgenden sahen wir uns wegen ihrer vielen Reiter und Bogenschützen gezwungen, uns hinter die Mauern zurückzuziehen. (3) Jetzt haben wir also die Arbeiten an der Umfassungsmauer stillgelegt wegen der feindlichen Überlegenheit und verhalten uns ruhig – wir können nicht einmal unsere gesamte Streitmacht einsetzen, da die Bewachung der Mauern einen Teil der Schwerbewaffneten erfordert –; sie aber haben gegen uns eine einfache Gegenmauer errichtet, sodass es unmöglich ist, sie völlig abzuriegeln, wenn man nicht diesen Querriegel mit einem starken Truppenverband angreift und nimmt. (4) Es ist tatsächlich so weit gekommen, dass wir zwar andere zu belagern glaubten, nun aber selbst, zumindest zu Land, dieses Los am eigenen Leib verspüren; denn allzu weit ins Landesinnere dürfen wir uns wegen der Reiterei nicht wagen.

12 (1) Sie haben auch Boten in den Peloponnes geschickt um Truppennachschub, und die Städte Siziliens bereist Gylippos, um diejenigen, die bis jetzt noch still halten, zur Teilnahme am Krieg zu bewegen, und von anderen womöglich noch Verstärkungen und ausgerüstete Schiffe zu erhalten. (2) Sie planen nämlich, wie ich erfahre, gleichzeitig mit dem Fußvolk einen Angriff gegen unsere Mauern und mit der Flotte zur See. (3) Für ganz unglaublich halte das niemand von euch, dass sie auch zur See angreifen. Denn unsere Flotte, das wissen jene sehr gut, war anfangs äußerst leistungsfähig aufgrund der Trockenheit der Schiffe und der guten Verfassung der Mannschaften. Jetzt aber sind die Schiffe durch und durch feucht, da sie bereits so lange im Wasser liegen, und die Mannschaften arg zusammengeschmolzen. (4) Die Schiffe können wir nämlich nicht an Land ziehen und durchtrocknen lassen, da die feindliche Flotte uns an Zahl ebenbürtig, wenn nicht überlegen ist, und wir immer eines Angriffs gewärtig sein müssen. (5) Wir

sehen, wie sie sich einüben, aber die Entscheidung, ob sie uns angreifen, liegt bei ihnen, und ihre eigenen Schiffe zu trocknen, haben sie mehr Gelegenheit, da sie nicht andere überwachen müssen.

13 (1) Wir aber hätten auch bei einer großen Überzahl an Schiffen keine Gelegenheit dazu, selbst wenn wir nicht gezwungen wären, wie jetzt, alle auf Wache liegen zu lassen. Denn wenn wir auch nur einen Bruchteil von den Beobachtungsposten abziehen, werden uns die Lebensmittel fehlen, die wir schon jetzt nur mühsam an ihrer Stadt vorbeischaffen. (2) Die Mannschaften aber sind aus folgenden Gründen zusammengeschmolzen und verringern sich auch jetzt noch: Die Seeleute werden beim Holzsammeln, Beutemachen und Wasserholen, und zwar über weite Entfernung, von den Reitern niedergehauen; die Ruderknechte laufen über, seit der Kampf unentschieden steht;[1] die Söldner, die gezwungen an Bord gegangen sind, verflüchtigten sich sogleich in die umliegenden Ortschaften, und die, die sich zunächst unter dem Eindruck des hohen Soldes beteiligten und mehr auf Gelderwerb als zum Kampf auszuziehen gedachten, jetzt aber wider Erwarten eine Flotte und auch sonst Widerstand bei den Feinden vorfinden, verlassen uns zum Teil unter irgendeinem Vorwand oder überhaupt, wie es sich jedem gerade bietet – Sizilien ist ja groß; andere haben sogar, um selbst Handelsgeschäfte zu betreiben, hykkarische Sklaven an ihrer Stelle mit Zustimmung der Trierarchen an Bord gehen lassen und damit die Schlagkraft in der Flotte geschwächt.

14 (1) Ihr wisst ja ebenso gut wie ich, der ich es euch schreibe, dass der Kern einer Flottenmannschaft klein ist und nur wenige von den Seeleuten ein Schiff richtig anrudern und stoppen können. (2) Das Betrüblichste daran aber ist, dass ich als Feldherr das nicht abstellen kann – es liegt in eurer Wesensart, euch nur ungern Befehlen zu beugen –

und dass wir von nirgendher die Schiffsbesatzungen auffüllen können, wozu die Feinde überall reichlich Gelegenheit haben, sondern notwendigerweise aus den mitgebrachten Mannschaften den gegenwärtigen und künftigen Bedarf decken müssen; denn unsere derzeitigen Verbündeten, Naxos und Katane, sind zu schwach. (3) Wenn die Feinde auch nur *einen* Erfolg noch erringen, sodass die Gebiete Italiens, die uns mit Lebensmitteln versorgen, sich angesichts unserer Lage und der Tatsache, dass ihr keine Unterstützung nachschickt, auf die Gegenseite schlagen, so werden sie uns zur Übergabe zwingen, und der Krieg wird ohne Schwertstreich zu Ende sein. (4) Ich könnte euch andere und angenehmere Dinge als diese berichten, indessen aber kaum nützlichere, wenn ihr in genauer Kenntnis der hiesigen Lage euch entschließen sollt. Da ich nun eure Wesensart kenne, zwar gern die angenehmsten Dinge zu hören, aber nachher Anklage zu erheben, wenn sich kein entsprechender Erfolg einstellt, hielt ich es für sicherer, euch gleich die Wahrheit zu sagen.

15 (1) Die Aufgaben nun, die uns zunächst gestellt waren, haben Feldherren und Soldaten tadellos erfüllt, davon seid überzeugt; da sich aber ganz Sizilien zusammengeschlossen hat und aus dem Peloponnes ein weiteres Heer zu erwarten ist, so müsst ihr euch sofort entschließen; unsere hiesige Macht ist ja nicht einmal der gegenwärtigen Lage gewachsen; holt also entweder uns von hier zurück oder schickt ein zweites, nicht geringeres Heer nach, Land- und Seetruppen, und eine bedeutende Geldsumme, außerdem für mich einen Nachfolger, da ich wegen meiner Nierenkrankheit unmöglich hier bleiben kann. (2) Ich hoffe, dafür bei euch Verständnis zu finden; habe ich euch doch in meinen gesunden Tagen als Feldherr viele gute Dienste geleistet. Was ihr aber plant, das führt gleich bei Frühlingsbeginn durch und ohne Verzögerung, da sich die Feinde in Sizilien innerhalb kurzem mit Nachschub versorgen können, aus dem Peloponnes zwar langsamer, aber immerhin doch, wenn ihr nicht aufpasst, entweder ohne euer Wissen, wie das letzte Mal, oder noch vor eurem Eingreifen.«

16 (1) So viel eröffnete also der Brief des Nikias. Auf diese Kunde hin entbanden sie zwar den Nikias nicht seines Feldherrnamtes, stellten ihm aber bis zum Eintreffen anderer, neu gewählter Amtsgenossen von den dort Anwesenden zwei zur Seite, Menandros und Euthydemos, damit er nicht allein und krank alle Mühen zu tragen habe. Außerdem beschlossen sie, ein weiteres Heer nachzuschicken, See- und Landtruppen, und zwar Athener, nach den Aushebungslisten, und Verbündete. (2) Als seine Amtsgenossen wählten sie Demosthenes, den Sohn des Alkisthenes, und Eurymedon, den Sohn des Thukles. Den Eurymedon ließen sie gleich um die Wintersonnenwende nach Sizilien abgehen mit 10 Schiffen und 120 Talenten Silber; er sollte denen drüben melden, dass Verstärkung eintreffen werde und man sie nicht vergessen werde.

17 (1) Demosthenes, der noch länger zurückblieb, traf Vorbereitungen für die Ausfahrt gleich zu Frühlingsbeginn: Truppen forderte er bei den Bundesgenossen an, Geld, Schiffe und Schwerbewaffnete beschaffte er in Athen. (2) Auch um den Peloponnes schickten die Athener 20 Schiffe, darauf zu sehen, dass niemand von Korinth oder dem Peloponnes nach Sizilien übersetze. (3) Denn die Korinther, die durch die eintreffenden Boten von der Besserung der Lage in Sizilien erfuhren und daher glaubten, sie hätten auch das erste Mal gerade zur rechten Zeit die Schiffe abgeschickt, wurden nun in ihrem Tatendrang nur noch mehr bestärkt: Selbst machten sie sich daran, in Lastkähnen Schwerbewaffnete nach Sizilien zu befördern, und ebenso die Lakedaimonier, aus dem übrigen Peloponnes welche hinüberzuschaffen. (4) Außerdem bemannten die Korinther

25 Kriegsschiffe, um eine Seeschlacht mit dem bei Naupaktos liegenden Wachposten zu wagen; so würden die Athener, ganz in Anspruch genommen von der Beobachtung der ihnen gegenüberstehenden Flotte, weniger leicht ihre Lastkähne am Auslaufen hindern können.

18 (1) Die Lakedaimonier rüsteten wieder zum Einfall in Attika, wie sie es schon früher beschlossen hatten; jetzt aber trieben Syrakusaner und Korinther nur noch mehr dazu, da sie von der Hilfssendung der Athener nach Sizilien erfahren hatten, um sie durch den Einfall zu verhindern. Auch Alkibiades riet mit Nachdruck, Dekeleia zu befestigen und den Krieg nicht nachlässig zu führen. (2) Am meisten aber wuchs das Selbstvertrauen der Lakedaimonier, weil sie annahmen, Athen würde, in einen zweifachen Krieg verwickelt – gegen sie und die Sizilier –, leichter niederzuringen sein; auch hatte ihrer Meinung nach Athen zuerst den Friedensvertrag gebrochen. Im vorher gegangenen Krieg sei die Schuld mehr auf ihrer Seite gewesen, weil die Thebaner in Friedenszeiten gegen Plataia gezogen waren und weil trotz der Bestimmung in dem damals gültigen Vertrag, nicht mit Waffengewalt vorzugehen, wenn der andere zu einem Schiedsverfahren bereit sei, sie selbst nichts davon hören wollten, obwohl die Athener zu einem Schiedsverfahren aufforderten. Deshalb glaubten sie sich mit Recht von Unglück verfolgt und nahmen sich das Missgeschick von Pylos, und falls ihnen sonst noch etwas widerfahren war, zu Herzen. (3) Als aber nun die Athener von Argos aus einige Landstriche von Epidauros und Prasiai und noch andere Gegenden verheert hatten, gleichzeitig von Pylos aus Raubzüge unternahmen und, sooft Zwistigkeiten entstanden wegen strittiger Punkte des Vertrages und die Lakedaimonier zu einem Schiedsverfahren aufforderten, sich nicht daran kehren wollten, da also glaubten die Lakedaimonier, dieselbe Schuld, die sie vorher auf sich geladen hatten, sei nun auf der Seite der Athener zu finden, und führten den Krieg mit aller Entschlossenheit. (4) In diesem Winter beschafften sie ringsum von den Verbündeten Eisen und setzten das übrige Werkzeug zum Festungsbau instand. Um ihren Leuten in Sizilien in Lastkähnen Hilfstruppen zu senden, trafen sie selbst Vorbereitungen und veranlassten auch die übrigen Peloponnesier dazu. So endete der Winter, und das achtzehnte Jahr des Krieges endete, den Thukydides beschrieben hat.

Neunzehntes Kriegsjahr

Sommer 413

19 (1) Sogleich bei Frühlingsbeginn des folgenden Jahres fielen die Lakedaimonier und ihre Verbündeten in Attika ein, den Befehl hatte Agis, der Sohn des Archidamos, König von Sparta. Zunächst verwüsteten sie das Land gegen die Ebene hin, hierauf befestigten sie Dekeleia, wobei sie die Arbeit städteweise verteilten. (2) Dekeleia ist von der Stadt Athen ungefähr 120 Stadien[2] entfernt, ebenso weit oder nicht viel weiter auch von Boiotien. Um die Ebene und die fruchtbarsten Landstriche zu verheeren, wurde die Festung errichtet, sichtbar bis nach Athen. (3) Die Peloponnesier in Attika und ihre Verbündeten arbeiteten also an den Befestigungswerken, die auf dem Peloponnes sandten ungefähr um die gleiche Zeit auf Lastkähnen die Schwerbewaffneten nach Sizilien: die Lakedaimonier eine Auswahl der besten Heloten[3] und Neodamoden (»Neubürger«), beide zusammen ungefähr 600 unter dem Befehl des Spartiaten Ekkritos, die Boioter 300 Schwerbewaffnete, deren Führer die Thebaner Xenon und Nikon und der Thespier Hegesandros waren. (4) Diese gingen als Erste ab und stachen vom lakonischen Tainaron in See; nach ihnen schickten die Korinther nicht viel später 500 Schwerbewaffnete hinüber, zum Teil aus Korinth selbst, zum Teil angeworbene Arkader, den Befehl führte der Korinther Alexarchos. Auch die Sikyonier sandten 200 Schwerbewaffnete zugleich mit den Korinthern ab, ihr Führer war der Sikyonier Sargeus. (5) Die 25 Schiffe der Korinther, die im Winter bemannt worden waren, lagen den 20 attischen bei Naupaktos gegenüber, bis ihre Schwerbewaffneten auf den Lastkähnen vom Peloponnes auf hoher See waren; deshalb waren sie ja zuerst bemannt worden, damit die Athener weniger auf die Lastkähne, als vielmehr auf die Trieren achten sollten.

20 (1) Inzwischen sandten auch die Athener während der Befestigung von Dekeleia, sogleich bei Frühlingsbeginn, um den Peloponnes herum 30 Schiffe unter Charikles, dem Sohn des Apollodoros, mit dem Auftrag, auch nach Argos zu gehen und gemäß dem Bündnisvertrag von den Argeiern Schwerbewaffnete für die Schiffe zu verlangen. (2) Den Demosthenes schickten sie wie beabsichtigt nach Sizilien, mit 60 athenischen Schiffen und 5 aus Chios, mit 1200 athenischen Schwerbewaffneten nach den Aushebungslisten und von den Inselbewohnern, soviel sie nur immer von überallher aufbringen konnten; auch von den übrigen botmäßigen Bundesgenossen trieben sie ein, was sich nur irgendwo für den Krieg verwertbar erwies. Er hatte den Auftrag, zunächst mit Charikles (um den Peloponnes) herumzusegeln und ihn bei seinen Feldzügen im Lakonischen zu unterstützen. (3) Demosthenes segelte dann nach Aigina und wartete dort auf die Nachzügler des Heeres und bis Charikles die Argeier an sich gezogen hätte.

21 (1) In Sizilien kam um die gleiche Zeit dieses Frühlings auch Gylippos nach Syrakus zurück; aus den Städten, die er dazu bereden konnte, brachte er Truppen mit, soviel er nur von überallher aufbringen konnte. (2) Dann berief er die Syrakusaner zusammen und erklärte ihnen, sie müssten mög-

lichst viele Schiffe bemannen und einmal das Wagnis einer Seeschlacht auf sich nehmen; er hoffe nämlich, auf solche Art einen entscheidenden Schlag, wert der Gefahr, zur Beendigung des Krieges zu führen. (3) Auch Hermokrates unterstützte seinen Vorschlag nach Kräften: Sie müssten sich aufraffen, mit ihren Schiffen die Athener anzugreifen. Er sagte, auch jene besäßen ihre Erfahrung zur See nicht als Erbe ihrer Ahnen und seit jeher schon, sondern mehr noch Landbewohner als die Syrakusaner seien sie erst von den Persern gezwungen worden, Seeleute zu werden. Und kühnen Männern wie eben den Athenern seien offensichtlich solche Gegner am gefährlichsten, die ebenfalls Kühnes wagen. Womit nämlich jene ihren Nachbarn Schrecken einjagten – manchmal nicht durch überlegene Macht, sondern durch kühnen Angriff –, damit könnten nun auch sie selber in gleicher Weise ihren Gegnern aufwarten. (4) Die Syrakusaner würden, das wisse er genau, durch das Wagnis eines unerwarteten Angriffs auf die Flotte der Athener und den Schrecken, den sie ihnen eben dadurch einjagten, größere Vorteile erringen, als die Athener dank ihrer Geschicklichkeit der Unerfahrenheit der Syrakusaner schaden könnten. Sie sollten also den Versuch mit der Flotte wagen und nicht angstvoll zaudern. (5) Dank der Ratschläge des Gylippos, des Hermokrates und vielleicht noch des einen oder anderen waren die Syrakusaner auf eine Seeschlacht ganz versessen und bemannten die Schiffe.

22 (1) Sobald die Flotte ausgerüstet war, rückte Gylippos bei Nacht mit dem gesamten Fußvolk aus, um selber die Befestigungsanlagen auf dem Plemmyrion zu Land anzugreifen; die syrakusanischen Trieren fuhren zur gleichen Zeit und auf Losung ab, die 35 aus dem Großen Hafen in gerader Richtung, die 45 aus dem Kleinen Hafen, wo auch ihre Schiffswerft war, außen herum, um sich mit denen drinnen (im Großen Hafen) zu vereinigen und gemeinsam

gegen das Plemmyrion heranzufahren, damit die Athener von beiden Seiten beunruhigt würden. (2) Die Athener bemannten nun in aller Eile ihrerseits 60 Schiffe, mit 25 kämpften sie gegen die 35 syrakusanischen Schiffe im Großen Hafen, mit den restlichen stellten sie sich den von der Schiffswerft herumkommenden entgegen. Unmittelbar vor der Einfahrt des Großen Hafens lieferten sie sich ein Seetreffen und hielten einander lange die Waage, die einen entschlossen, sich die Einfahrt zu erzwingen, die anderen, dies zu verhindern.

23 (1) Während nun die auf dem Plemmyrion befindlichen Athener zum Meer hinabgestiegen waren und ihre Aufmerksamkeit ganz auf das Seetreffen gerichtet hatten, stieß Gylippos, ehe sie sich versahen, gleich bei Tagesanbruch in einem Überraschungsangriff gegen die Bollwerke vor und nahm zunächst das größte, hierauf die zwei kleineren; deren Besatzung hatte keinen Widerstand geleistet, als sie das größte so leicht genommen sahen. (2) Die Männer aus dem zuerst eroberten, so weit sie sich in Boote oder Lastkähne geflüchtet hatten, entkamen mit knapper Not in das Heerlager – die Syrakusaner hatten nämlich mit den Schiffen im Großen Hafen die Seeschlacht vorläufig zu ihren Gunsten entschieden und ließen sie durch eine, noch dazu schnellsegelnde Triere verfolgen. Als aber die zwei Bollwerke gefallen waren, da zeichnete sich auch schon die Niederlage der Syrakusaner ab, und die Flüchtlinge von dort konnten leichter an ihnen vorüberkommen. (3) Die syrakusanischen Schiffe, die an der Einfahrt des Hafens kämpften, überwältigten zwar die athenische Flotte, segelten aber ohne jede Ordnung ein, behinderten sich gegenseitig und übergaben so den Sieg an die Athener, die sie jetzt in die Flucht schlugen und auch die Schiffe im Großen Hafen, denen sie zuerst unterlegen waren. (4) 11 Schiffe der Syrakusaner versenkten sie und machten den Großteil der

Besatzung nieder, außer der von 3 Schiffen, die sie gefangen nahmen; von ihren eigenen Schiffen verloren sie 3. Die Wracks der syrakusanischen Schiffe zogen sie an Land, errichteten ein Siegeszeichen auf der kleinen, dem Plemmyrion vorgelagerten Insel und zogen in ihr Heerlager ab.

24 (1) So war es den Syrakusanern in der Seeschlacht ergangen, aber die Bollwerke auf dem Plemmyrion hatten sie fest in der Hand und errichteten deshalb drei Siegeszeichen. Die eine der beiden später genommenen Befestigungsanlagen zerstörten sie, die anderen besserten sie wieder aus und verlegten eine Wache dorthin. (2) Viele Menschen waren bei der Einnahme der Befestigungen ums Leben gekommen oder in Gefangenschaft geraten, und das ganze Geld, eine große Summe, fiel den Feinden in die Hände. Da nämlich die Athener diese Bollwerke als eine Art Niederlassung verwendeten, waren viel Händlerware und Korn darin aufbewahrt, aber auch viel, was den Trierarchen gehörte; denn es wurden auch 40 Trierensegel und anderes Schiffsgerät erbeutet, dazu noch 3 Trieren, die man an Land gezogen hatte. (3) Den schwersten und nachhaltigsten Schaden aber erlitt das athenische Heer durch die Einnahme des Plemmyrion; denn jetzt war nicht einmal mehr die Einfahrt für den Lebensmittelnachschub gesichert – die Syrakusaner lagen nämlich mit Sperrschiffen dort auf der Lauer, und die Transportschiffe mussten sich bereits die Durchfahrt erkämpfen –, und überhaupt verfiel das Heer deshalb in Niedergeschlagenheit und Mutlosigkeit.

25 (1) Hierauf entsandten die Syrakusaner 12 Schiffe unter dem Befehl des Syrakusaners Agatharchos. Davon fuhr eines nach dem Peloponnes mit Gesandten an Bord, die von der hoffnungsvollen Entwicklung ihrer eigenen Lage berichten und auf eine Verschärfung des dortigen Krieges dringen sollten. Die 11 Schiffe segelten in Richtung Italien auf die Kunde, dass für die Athener mit Geld und Kriegsbedarf voll geladene Schiffe unterwegs seien. (2) Sie stießen auch wirklich auf diese Schiffe und versenkten die meisten und steckten das Schiffsbauholz in Brand, das bei Kaulonia für die Athener bereitlag. (3) Hierauf wandten sie sich nach Lokroi, und während sie dort vor Anker lagen, landete 1 Lastschiff aus dem Peloponnes mit thespischen Hopliten an Bord. (4) Die Syrakusaner nahmen sie auf ihre Schiffe und segelten die Küste entlang heimwärts. Die Athener lauerten ihnen mit 20 Schiffen bei Megara auf, konnten aber nur 1 Schiff samt Besatzung aufbringen, bei den anderen gelang es ihnen nicht; die entkamen nach Syrakus.

(5) Es kam auch im Hafen zu einem Geplänkel um die Palisaden, die die Syrakusaner vor den alten Schiffshäusern im Meer verankert hatten, damit ihre Schiffe dahinter sicher liegen und die Athener ihnen auch bei einem noch so kräftigen Anprall nicht schaden könnten. (6) Die Athener führten nämlich ein mit Holztürmen und Brustwehren versehenes Riesenschiff heran, von den Booten aus zogen sie durch Seilwinden die Pfähle hoch, oder Taucher sägten sie unter Wasser ab. Die Syrakusaner schossen von den Schiffshäusern aus, die Besatzung des Riesenschiffes schoss zurück; schließlich konnten die Athener die meisten Pfähle herausziehen. (7) Größte Schwierigkeiten aber machte der verborgene Teil der Verpfählung. Einige der Pfähle, die sie eingerammt hatten, ragten nämlich nicht über den Meeresspiegel hervor, sodass man beim Heranfahren Gefahr lief, da man ja nichts sah, mit dem Schiff wie auf einem Riff festzusitzen; aber auch diese sägten gedungene Taucher unter Wasser ab. Dennoch errichteten die Syrakusaner neuerlich eine Verpfählung. (8) Noch vieles andere setzten sie gegeneinander ins Werk, wie es natürlich ist, wenn zwei Heerlager in solcher Nähe gegenüberliegen; mit Plänkeleien und mancherlei Anschlägen rieben sie sich aneinander.

(9) Sodann schickten die Syrakusaner auch in die Städte Gesandte, Korinther, Amprakioten und Lakedaimonier; sie sollten berichten von der Einnahme des Plemmyrion und über die Seeschlacht, dass sie nicht so sehr der feindlichen Übermacht wie ihrer eigenen Verwirrung unterlegen seien; im Übrigen sollten sie erklären, wie hoffnungsvoll die Lage sei, und Verstärkung durch Schiffe und Fußtruppen anfordern; denn auch die Athener erwarteten ein neues Heer, und wenn sie noch vorher ihre derzeitigen Truppen vernichteten, sei der Krieg zu Ende. Das waren die Ereignisse in Sizilien.

26 (1) Als Demosthenes das Heer, mit dem er zur Verstärkung nach Sizilien kommen sollte, beisammen hatte, stach er von Aigina in Richtung Peloponnes in See; dort vereinigte er sich mit Charikles und den 30 athenischen Schiffen. Sie nahmen argeiische Hopliten an Bord und segelten weiter nach Lakonien. (2) Zunächst verwüsteten sie einen Landstrich von Epidauros Limera, hierauf hielten sie auf die Kythera gegenüberliegende lakonische Küste zu, wo der Tempel des Apollon steht, verwüsteten auch dort einige Gebiete und befestigten eine Landzunge, damit die Heloten der Lakedaimonier dorthin überlaufen und Raubzüge von dort, wie von Pylos, unternommen werden könnten. (3) Als nun Demosthenes bei der Einnahme dieses Platzes geholfen hatte, segelte er sogleich weiter nach Kerkyra, um auch von den dortigen Bundesgenossen Truppen zu übernehmen und möglichst schnell nach Sizilien zu fahren. Charikles blieb noch zurück, bis er den Platz vollständig befestigt hatte; er ließ eine Besatzung dort und fuhr dann mit den 30 Schiffen heimwärts, und die Argeier mit ihm.

27 (1) Von den schwerttragenden Thrakern des Dierstammes kamen im selben Sommer 1300 Mann Leichtbewaffnete, die mit Demosthenes nach Sizilien hätten fahren sollen. (2) Da sie aber zu spät eintrafen, entschlossen sich die

Athener, sie wieder nach Thrakien, von wo sie gekommen, zurückzuschicken. Sie nämlich für den von Dekeleia aus geführten Krieg zu behalten, schien ihnen zu teuer, da jeder Mann täglich 1 Drachme erhielt. (3) Dekeleia war nämlich in diesem Sommer zunächst vom ganzen Heer befestigt worden, später, als Wachmannschaften aus den Städten, einander abwechselnd, dort lagen, wurde es zu einer Bedrohung des Landes: Es fügte Athen großen Schaden zu und beeinträchtigte durch die Gefährdung der Güterzufuhr und den Verlust an Menschen entscheidend seine Macht. (4) Früher waren nämlich die Einfälle nur von kurzer Dauer und hinderten nicht, die übrige Zeit das Land zu nutzen. Da sie ihnen aber jetzt dauernd im Land saßen, bald mit zahlreicherer Mannschaft angriffen, bald notgedrungen mit der gleich bleibenden Wache das Land durchstreiften und Beute machten, außerdem der Spartanerkönig Agis anwesend war, der den Krieg nicht nur so nebenbei führte, da erlitten die Athener großen Schaden. (5) Das ganze Land war ihnen verloren, mehr als 20 000 Sklaven waren schon übergelaufen, zum größten Teil Handwerker, alle Schafe und Zugtiere waren zugrunde gegangen; die Pferde waren bei den täglichen Ausritten – Ausfälle gegen Dekeleia oder Wachstreifen auf dem offenen Land – teils lahm geworden wegen des rauen Bodens, teils verwundet.

28 (1) Die Zufuhr von Lebensmitteln aus Euboia, die früher von Oropos aus auf dem Landweg über Dekeleia ziemlich rasch vor sich ging, wurde jetzt auf dem Seeweg um Kap Sunion teuer; in allem und jedem war die Stadt auf Einfuhr angewiesen und sie bot eher den Anblick einer Festung als einer Stadt. (2) Denn an der Mauerwehr hielten tagsüber die Athener abwechselnd Wache, und Nachtruhe hielten sie alle außer den Reitern teils bei den Waffenplätzen, teils auf der Mauer; so waren sie Sommer und Winter dauernd in Not und Bedrängnis. (3) Am meisten aber beschwerte sie, dass sie zwei Kriege gleichzeitig führen mussten. Dabei hatte sie so starker Siegeswille erfasst, wie ihn früher niemand für möglich gehalten hätte, selbst wenn er davon gehört hätte: Selbst bedroht von einer Befestigungsanlage der Peloponnesier, ließen sie trotzdem nicht von Sizilien ab, sondern belagerten ihrerseits dort Syrakus auf dieselbe Weise, eine Stadt, die an und für sich nicht kleiner ist als Athen. Und so sehr liefen ihre Schlagkraft und Kühnheit den Berechnungen der Hellenen zuwider – am Anfang des Krieges glaubten die einen, sie würden ein Jahr, andere zwei Jahre, wieder andere drei Jahre, aber keiner länger, Widerstand leisten, wenn die Peloponnesier in ihr Land einfielen; und jetzt, im siebzehnten Jahr nach dem ersten Einfall, waren sie nach Sizilien gefahren, obwohl sie schon alle Bedrängnis des Krieges erlebt hatten, und hatten einen neuen, nicht geringeren Krieg auf sich genommen als den vom Peloponnes aus gegen sie geführten. (4) Deshalb kamen sie damals wegen der schweren Schäden von Dekeleia und der anderen großen Ausgaben, die anfielen, in Geldschwierigkeiten. So erhoben sie denn um diese Zeit von ihren Bundesgenossen anstelle des Beitrages den Zwanzigsten von allen auf dem Seeweg beförderten Waren, in der Meinung, auf diese Weise werde mehr Geld einlaufen. Ihre Ausgaben waren nämlich nicht mehr gleich hoch wie früher, sondern im gleichen Maß angestiegen, wie sich auch der Krieg ausgeweitet hatte, die Einkünfte aber gingen stark zurück.

29 (1) Die Thraker also, die für Demosthenes zu spät gekommen waren, schickten sie gleich wieder zurück, da sie wegen der herrschenden Geldknappheit die Ausgaben sparen wollten. Dieitrephes erhielt Auftrag, sie heimzuführen, dazu die Weisung, zugleich im Vorbeifahren – sie nahmen ihren Weg durch den Euripos – wenn möglich mit ihnen den Feinden Schaden zuzufügen. (2) Er setzte sie zunächst bei Tanagra an Land und ließ dort in aller Eile plündern;

von Chalkis auf Euboia überquerte er dann bei Anbruch des Abends den Euripos, landete in Boiotien und führte sie nach Mykalessos. (3) Die Nacht verbrachte er, ohne von jemandem bemerkt zu werden, beim Hermestempel, der von Mykalessos ungefähr 16 Stadien entfernt liegt; gleich bei Tagesanbruch machte er einen Überfall auf die nicht sehr große Stadt. Er nahm sie auch im ersten Ansturm, da man keine Wachen aufgestellt hatte, überhaupt auch nicht vermutete, jemand könnte sie bei einer solchen Entfernung vom Meer angreifen; außerdem war die Mauer schwach, an manchen Stellen sogar eingefallen, anderswo nur niedrig gebaut, und die Tore standen, da man sich ja in Sicherheit wiegte, offen. (4) Die Thraker fielen also in Mykalessos ein, zerstörten Häuser und Tempel und mordeten die Menschen; sie verschonten weder Alt noch Jung, sondern töteten alle, die ihnen in den Weg kamen, Frauen und Kinder, ja sogar die Zugtiere, überhaupt alles Lebende, was sie erblickten. Die Thraker sind nämlich gleich den anderen Barbaren, die sich hierin besonders auszeichnen, am blutrünstigsten dann, wenn sie nichts zu fürchten haben. (5) So herrschte denn gewaltiger Aufruhr, jede Art des Verderbens trat einem entgegen, aber noch mehr: sie drangen in eine Schule ein, die größte im Ort, die Knaben hatten sie eben betreten, und hieben alle nieder. So gewaltiges Unheil, ebenso schrecklich wie unerwartet, überfiel die ganze Stadt.

30 (1) Auf die Kunde davon eilten die Thebaner herbei und holten die Thraker noch ein, die schon eine kurze Strecke auf dem Rückmarsch zurückgelegt hatten; die Beute nahmen sie ihnen ab und jagten sie in wilder Flucht bis zum Euripos, wo die Schiffe, auf denen sie hergefahren, vor Anker lagen. (2) Sie hieben die meisten von ihnen beim Einsteigen nieder; sie konnten nämlich nicht schwimmen, und die Schiffsbesatzungen hatten ihre Schiffe angesichts der Vorgänge auf dem Land außerhalb der Schussweite verankert.

Hingegen hatten sich beim übrigen Rückzug die Thraker nicht ungeschickt gegen die ihnen zuvorderst nachdrängende thebanische Reiterei verteidigt, indem sie vorausliefen und sich in der landesüblichen Aufstellung zusammenschlossen – und auf diese Weise fielen nur wenige von ihnen. Ein Teil wurde noch in der Stadt selbst beim Plündern überrascht und niedergemacht. Im Ganzen verloren die Thraker 250 Mann von 1300. (3) Von den Thebanern und ihren Kampfgefährten hatten sie an Reitern und Schwerbewaffneten ungefähr 20 getötet und den thebanischen Boiotarchen Skirphondas; von den Mykalessern war ein beträchtlicher Teil zugrunde gegangen. So erging es also Mykalessos, dessen Schicksal im Vergleich zur Größe (des Ortes) nicht weniger beklagenswert war als manch andere Kriegsereignisse.[4]

31 (1) Demosthenes stieß eben damals auf der Fahrt nach Kerkyra – das Bollwerk in Lakonien war bereits fertig – auf einen Lastkahn, der im elischen Pheia ankerte und die korinthischen Schwerbewaffneten nach Sizilien bringen sollte; den versenkte er, die Mannschaft aber entkam und setzte später auf einem anderen Schiff über. (2) Hernach gelangte Demosthenes nach Zakynthos und Kephallenia, nahm Schwerbewaffnete an Bord und forderte welche von den Messeniern aus Naupaktos an; er fuhr auch nach Akarnanien auf das gegenüberliegende Festland, nach Alyzia und Anaktorion, das Besitz der Athener war. (3) In dieser Gegend traf ihn Eurymedon auf der Rückfahrt von Sizilien; er war damals im Winter mit dem Geld für das Heer dorthin geschickt worden und berichtete unter anderem, er habe bereits unterwegs von der Einnahme des Plemmyrion durch die Syrakusaner erfahren. (4) Auch Konon,[5] der Befehlshaber von Naupaktos, kam zu ihnen mit der Nachricht, die 25 korinthischen Schiffe, die ihnen gegenüberlägen, würden den Kampf nicht beilegen, sondern im Gegenteil darauf dringen; man solle also Schiffe senden, da sie mit ihren 18 Schiffen gegen ihre 25 in einer Seeschlacht nicht bestehen könnten. (5) Dem Konon gaben nun Demosthenes und Eurymedon 10 Schnellsegler ihrer eigenen Flotte mit gegen die vor Naupaktos. Sie selbst waren damit beschäftigt, Truppen zusammenzubringen: Eurymedon fuhr nach Kerkyra, befahl, 15 Schiffe zu bemannen, und wählte die Schwerbewaffneten aus – er teilte sich nach seiner Rückkehr bereits auftragsgemäß im Befehl mit Demosthenes –, Demosthenes hob in den akarnanischen Orten Schleuderer und Bogenschützen aus.

32 (1) Die Gesandten, die damals nach der Eroberung des Plemmyrion von Syrakus aus in die Städte abgegangen waren, hatten dort Erfolg und wollten nun die Truppen, die sie angeworben, zurückführen; Nikias hatte aber rechtzeitig davon erfahren und verständigte durch Boten die verbündeten Sikeler, die den Durchmarschweg beherrschten, die Bewohner von Kentoripa, Alikye und andere. Sie sollten die Feinde nicht durchlassen, sondern ihnen mit geballter Macht den Durchzug verlegen; auf einem anderen Weg würden sie es gar nicht versuchen. Akragas hatte ihnen nämlich schon den Durchzug verwehrt. (2) Die Sizilier waren denn auch schon auf dem Marsch, da legten die Sikeler, gemäß dem Wunsch der Athener, einen dreifachen Hinterhalt, überfielen plötzlich die Ahnungslosen und machten ungefähr 800 nieder und von den Gesandten außer einem aus Korinth ebenfalls alle; der führte diejenigen, die entkommen waren, ungefähr 1500, nach Syrakus.

33 (1) In diesen Tagen stießen auch die Kamarinaier mit ihren Hilfstruppen zu ihnen, und zwar 500 Schwerbewaffneten, 300 Schleuderern und 300 Bogenschützen. Auch die Geloer schickten Schiffe, 5 an der Zahl, 400 Schleuderer und 200 Reiter. (2) Denn bereits fast ganz Sizilien – außer den Akragantinern, diese hatten sich keinem der beiden

Gegner angeschlossen –, alle anderen aber, die früher noch überlegt hatten, standen nun zusammen und unterstützten die Syrakusaner gegen die Athener. (3) Nach dem Missgeschick bei den Sikelern enthielten sich die Syrakusaner eines sofortigen Angriffes auf die Athener. Als Demosthenes und Eurymedon ihre Streitkräfte aus Kerkyra und vom Festland beisammen hatten, überquerten sie mit der gesamten Macht den Ionischen Meerbusen in Richtung auf das Iapygische Vorgebirge; (4) von dort stachen sie wieder in See und landeten auf den Choiraden, einer Inselgruppe Iapygiens, nahmen ungefähr 150 iapygische Speerwerfer vom Stamm der Messapier an Bord, erneuerten mit Artas, der ihnen auch als dortiger Herrscher die Speerwerfer angeboten hatte, einen alten Freundschaftsvertrag und gelangten schließlich nach Metapontion in Italien. (5) Die Metapontier konnten sie bewegen, aufgrund des Bündnisses ihnen 300 Speerwerfer und 2 Trieren mitzuschicken; diese übernahmen sie und segelten weiter nach Thurioi. Dort fanden sie, dass vor kurzem in einem Aufruhr die Gegner Athens vertrieben worden seien. (6) Sie wollten das gesamte Heer dort versammeln und überprüfen, ob jemand zurückgeblieben sei, außerdem die Thurier bewegen, mit vollem Einsatz auf ihrer Seite zu kämpfen und, da sie nun einmal in einer solchen Lage seien, dieselben für Freund und Feind zu erkennen wie die Athener. So blieben sie denn in Thurioi und führten das durch.

34 (1) Die Peloponnesier in den 25 Schiffen, die als Geleitschutz für ihre nach Sizilien abgehenden Lastkähne der (athenischen) Flotte bei Naupaktos gegenüberlagen, rüsteten sich zur gleichen Zeit für eine Seeschlacht, bemannten noch einige Schiffe, sodass sie zahlenmäßig nur wenig schwächer waren als die Athener, und ankerten vor dem achaiischen Erineos im Gebiet von Rhypai. (2) Da der Platz, vor dem sie ankerten, mondsichelförmig gekrümmt war, hatten sie das Fußvolk, das ihnen aus Korinth und von den

ansässigen Verbündeten zu Hilfe geeilt war, an beiden Seiten auf den vorragenden Landspitzen aufgestellt, die Schiffe bildeten in der Mitte einen Sperrriegel; das Kommando über die Flotte hatte der Korinther Polyanthes. (3) Die Athener fuhren von Naupaktos mit 33 Schiffen unter Diphilos gegen sie heran. (4) Die Korinther verhielten sich zuerst ruhig, dann, als es ihnen günstig schien, stürzten sie sich auf die Athener und kämpften. (5) Lange Zeit hielten sie einander die Waage. Von den korinthischen Schiffen wurden 3 versenkt, von den athenischen lief zwar keines völlig auf Grund, aber 7 waren hernach seeuntüchtig, da durch den frontalen Anprall der korinthischen Schiffe, deren Sturmbalken eben dafür verstärkt waren, ihre Bugverplankung in Trümmer ging. (6) Die Seeschlacht stand also unentschieden, und beide Seiten beanspruchten den Sieg, dennoch konnten die Athener die Schiffstrümmer behaupten, da sie der Wind aufs Meer hinaustrieb und die Korinther nicht mehr zum Gegenangriff ausliefen; so trennten sie sich denn voneinander, zu einer Verfolgung kam es nicht, auch Gefangene wurden von keiner Seite gemacht; denn die Korinther und Peloponnesier hatten in Küstennähe gekämpft und konnten sich leicht retten, von den Athenern war überhaupt kein Schiff untergegangen. (7) Als die Athener nach Naupaktos zurückgesegelt waren, errichteten die Korinther sogleich ein Denkmal, als wären sie die Sieger, weil sie mehr feindliche Schiffe beschädigt hätten und weil sie glaubten, so lange nicht unterlegen zu sein, als auch die anderen sich nicht als Sieger fühlten; denn die Korinther meinten, im Vorteil zu sein, wenn sie nicht klar im Nachteil waren, die Athener aber glaubten, unterlegen zu sein, weil sie nicht klar gesiegt hatten. (8) Nach der Abfahrt der Peloponnesier und der Auflösung ihres Fußvolkes errichteten die Athener nun ihrerseits ein Denkmal, als hätten sie den Sieg errungen, von Erineos, wo die Korinther geankert hatten, ungefähr 20 Stadien entfernt. Das war das Ende der Seeschlacht.

35 (1) Nachdem sich die Thurier bereit erklärt hatten, mit 700 Schwerbewaffneten und 300 Schleuderern an dem Feldzug teilzunehmen, ließen Demosthenes und Eurymedon die Flotte in Richtung Kroton weiterfahren, sie selbst führten das gesamte Fußvolk, das sie zunächst in der Ebene des Sybarisflusses gemustert hatten, durch das Gebiet von Thurioi. (2) Als sie zum Hylias kamen und die Krotoniaten ihnen durch Boten ausrichten ließen, sie seien mit einem Durchmarsch des Heeres durch ihr Land nicht einverstanden, da wandten sie sich zur Küste und lagerten am Meer bei der Hyliasmündung; dort stieß auch die Flotte zu ihnen. Am folgenden Tag gingen sie an Bord und segelten weiter; bei allen Städten legten sie an, außer in Lokroi, bis sie schließlich nach Petra bei Rhegion kamen.

36 (1) Die Syrakusaner wollten inzwischen auf die Kunde von ihrem Herannahen einen neuerlichen Angriff mit der Flotte wagen und mit der übrigen Landmacht, die sie eigens deshalb zusammengezogen hatten, um ihrer Ankunft zuvorzukommen. (2) Auch sonst hatten sie die Flotte so ausgerüstet, wie sie sich aufgrund der Erfahrungen der früheren Seeschlacht Vorteile erhofften; sie hatten die Vorderdecks ihrer Schiffe verkürzt und dadurch widerstandsfähiger gemacht, die Sturmbalken am Bug verstärkt und von diesen aus ungefähr sechs Ellen lange Verstrebungen gegen die Bordwand gespannt, innen und außen; auf die gleiche Weise hatten bei der Seeschlacht von Naupaktos die Korinther ihre Schiffe am Bug ausgerüstet. (3) Die Syrakusaner glaubten nun, gegenüber den athenischen Schiffen, die nicht so gebaut waren, sondern leichtere Vorderdecks hatten – griffen ja die Athener nicht so sehr in geradem Anlauf, sondern eher aus der Umfahrung heraus an –, nicht mehr allzusehr im Nachteil zu sein; die Seeschlacht im Großen Hafen, auf engem Raum mit vielen Schiffen, werde zu ihren eigenen Gunsten ausgehen: in geradem Anlauf würden sie die feindlichen Verdecke aufbrechen, wenn sie mit ihren dichten und festen Rammschnäbeln gegen die hohlen und schwachen Wände stießen. (4) Die Athener würden wegen der Enge des Raumes weder um sie herum- noch durch ihre Reihen hindurchfahren können – eine Taktik, auf die jene ganz besonders vertrauten; denn sie selbst würden nach Kräften das eine wehren, das Hindurchfahren, das andere werde die Enge des Raumes hindern, das Umfahren. (5) Und was vorher als Unfähigkeit der Steuermänner galt, in geradem Anlauf zusammenzustoßen, wollten sie nun selbst anwenden, hierin läge ihr größter Vorteil; denn die Athener würden, in Bedrängnis geraten, nur in Richtung auf das Land zurückrudern können, und auch das nur aus kurzer Entfernung und über eine kleine Strecke, nämlich längs ihres Lagers; den Rest des Hafens würden sie selbst ja beherrschen. (6) Wenn nämlich im Fall einer Niederlage sich alle Athener auf engem Raum und auf ein und denselben Punkt hin zurückzögen, würden sie einander rammen und verwirren – das war auch wirklich für die Athener in allen Seeschlachten der Hauptschaden, dass sie für das Rückrudern nicht über den ganzen Hafen verfügten wie die Syrakusaner. In die offene See würden sie auch nicht hinausfahren können, da ja die Syrakusaner Gelegenheit hätten, vom Meer heranzufahren und dorthin wieder zurückzurudern; außerdem war das Plemmyrion in Feindeshand und die Hafenmündung nicht breit.

37 (1) Das waren die Überlegungen der Syrakusaner im Hinblick auf ihre Seeerfahrenheit und Streitmacht; und da sie jetzt auch mutiger waren wegen der früheren Seeschlacht, griffen sie mit Fußvolk und Flotte gleichzeitig an. (2) Das Fußvolk aus der Stadt hatte ein wenig vorher Gylippos gegen die athenische Mauer herausgeführt, wo sie gegen die Stadt schaute; die Besatzung des Olympieion – die Schwerbewaffneten, die dort waren, Reiter und syrakusanische Leichtbewaffnete – rückte von der anderen Seite gegen die Mauer vor; gleich darauf lief die Flotte der Syrakusaner und der Verbündeten aus. (3) Die Athener hatten vorerst nur mit einem Angriff des Fußvolkes gerechnet, als sie aber auch die Schiffe plötzlich herankommen sahen, gerieten sie in gewaltige Verwirrung; die einen ordneten sich auf den Mauern und vor den Mauern gegen die Herankommenden, andere rückten den vom Olympieion und von außen heraneilenden starken Reiterverbänden und Speerwerfern entgegen, andere wieder bestiegen die Schiffe oder stellten sich zur Verteidigung entlang der Küste auf, und als die Schiffe bemannt waren, fuhren sie mit 75 den Feinden entgegen; bei den Syrakusanern waren es ungefähr 80.

38 (1) So versuchten sie also den Großteil des Tages durch Anfahrt und Rückrudern einander beizukommen, ohne aber einen nennenswerten Erfolg erringen zu können, außer dass die Syrakusaner 1 oder 2 athenische Schiffe versenkten; dann trennten sie sich, und auch das Fußvolk zog von den Mauern ab. (2) Am folgenden Tag hielten sich die Syrakusaner ruhig, ohne merken zu lassen, was sie zu tun gedächten. Nach dieser ausgeglichenen Seeschlacht vermutete Nikias einen neuerlichen Angriff; er hielt daher die Trierarchen an, die Schiffe auszubessern, wenn eines Schaden genommen habe, und ließ Lastkähne verankern vor ihrer Verpfählung, die sie anstatt eines verschließbaren Hafens ins Meer gerammt hatten. (3) Im Abstand von ungefähr zwei Plethren[6] stellte er diese Lastkähne auf, damit ein Kriegsschiff, wenn es etwa in Not käme, sichere Zuflucht vorfände und dann wieder sichere Ausfahrt. Mit solchen Vorbereitungen waren die Athener den ganzen Tag beschäftigt bis zur Nacht.

39 (1) Am folgenden Tag griffen die Syrakusaner zu etwas früherer Stunde, aber nach dem gleichen Plan mit Fußvolk und Flotte die Athener an. (2) Sie standen mit den Schiffen einander gegenüber und brachten auf die gleiche Weise wieder den Großteil des Tages hin mit wechselseitigen Versuchen, bis schließlich der Korinther Ariston, Sohn des Pyrrhichos, der beste Steuermann aufseiten der Syrakusaner, die Befehlshaber der Flotte zu Folgendem beredete: Sie sollten Boten zu den städtischen Marktaufsehern schicken mit dem Auftrag, möglichst schnell den Lebensmittelmarkt ans Meer hinab zu verlegen; alle, die etwas Essbares hätten, müssten gezwungen werden, es dorthin zu bringen und zu verkaufen, damit sie ihr Schiffsvolk an Land setzen, gleich neben den Schiffen das Essen einnehmen und nach kurzer Zeit noch am selben Tag die Athener überraschend angreifen könnten.

40 (1) Der Vorschlag gefiel ihnen, sie schickten einen Boten, und der Markt wurde aufgeschlagen; und plötzlich begannen die Syrakusaner zurück zur Stadt zu rudern, stiegen sogleich ans Land und bereiteten sich an Ort und Stelle das Essen. (2) Die Athener glaubten, sie seien im Bewusstsein, unterlegen zu sein, zurückgerudert; so gingen sie in aller Ruhe an Land, besorgten dies und jenes, unter anderem auch ihr Essen, da sie für diesen Tag keine Seeschlacht mehr erwarteten. (3) Aber unvermutet bemannten die Syrakusaner wieder die Schiffe und segelten von neuem gegen sie heran; die Athener aber, in allgemeiner Verwirrung, die meisten sogar, ohne gegessen zu haben, stiegen ohne jede Ordnung ein und fuhren ihnen schließlich entgegen. (4) Eine Zeitlang hielten sie sich beobachtend in einiger Entfernung voneinander; dann aber entschlossen sich die Athener, nicht länger zu zaudern und so durch ihre eigene Ermattung in Nachteil zu geraten, sondern sogleich anzugreifen; und sie brachen unter gegenseitigem Zuruf los und

begannen die Seeschlacht. (5) Die Syrakusaner empfingen sie, die Schiffe, wie beabsichtigt, den Bug voran gerichtet; mit ihren hierfür verfertigten Rammschnäbeln rissen sie große Teile der Bugverplankungen an den athenischen Schiffen auf; großen Schaden fügten den Athenern die Speerwerfer zu, die vom Verdeck aus auf sie schossen, viel größeren aber die Syrakusaner, die in kleinen Booten sie umschwärmten, sich unter die Ruderreihe der feindlichen Schiffe eindrängten, seitlich vorbeifuhren und das Schiffsvolk beschossen.

41 (1) Die Syrakusaner, die auf diese Weise mit aller Anstrengung kämpften, siegten schließlich, die Athener machten kehrt und zogen sich zwischen den Lastkähnen auf ihren Ankerplatz zurück. (2) Die syrakusanischen Schiffe verfolgten sie bis zu den Lastkähnen; dann hinderten sie die Rahen, die von den Lastkähnen mit Delphinen bestückt[7] über den Einfahrten hingen. (3) 2 syrakusanische Schiffe kamen ihnen in ihrer Siegesfreude zu nahe und wurden vernichtet – das eine wurde samt der Mannschaft aufgebracht. (4) Die Syrakusaner hatten 7 athenische Schiffe versenkt, und viele beschädigt, die Mannschaften meist gefangen genommen, zum Teil getötet; dann zogen sie ab und errichteten für beide Seeschlachten Siegeszeichen. Sie hegten bereits die sichere Hoffnung, zur See bedeutend überlegen zu sein, glaubten aber auch, das Fußvolk besiegen zu können.

42 (1) Sie rüsteten also für einen neuerlichen Angriff zu Land und zu Wasser. Inzwischen langten Demosthenes und Eurymedon mit den Verstärkungen aus Athen an, etwa 73 Schiffen samt den ausländischen, ungefähr 5000 Schwerbewaffneten aus Athen und von den Verbündeten, nicht wenigen barbarischen und hellenischen Speerwerfern, dazu noch Schleuderern und Bogenschützen, und dem übrigen Kriegsgerät in ausreichendem Maß. (2) Die Syrakusaner und ihre Bundesgenossen hatte im ersten Augenblick kein geringer

Schrecken erfasst, dass denn für sie überhaupt keine Aussicht bestünde, von der Gefahr befreit zu sein; sie mussten nun erkennen, dass trotz der Befestigung von Dekeleia eine der früheren gleiche oder ähnliche Streitmacht gegen sie ausgefahren sei und die Macht Athens sich in jeder Hinsicht als gewaltig erwies; das alte athenische Heer aber hatte im Unglück wieder neuen Mut gefasst. (3) Als nun Demosthenes den Stand der Dinge sah, glaubte er, nicht länger zögern zu dürfen, damit es ihm nicht so ergehe, wie es dem Nikias ergangen sei; denn unmittelbar nach seiner Ankunft verbreitete Nikias noch Schrecken, als er aber nicht sofort Syrakus angriff, sondern in Katane überwinterte, verlor er jegliches Ansehen, ja Gylippos errang ihm gegenüber sogar einen Vorsprung, als er aus dem Peloponnes mit seinem Heer ankam, um das die Syrakusaner nicht einmal ersucht haben würden, wenn Nikias sofort angegriffen hätte; im Glauben, gleich stark zu sein, hätten sie ihre Unterlegenheit erst erkannt zur gleichen Zeit mit dem Abschluss der Ummauerungsarbeiten, sodass Hilfstruppen, auch wenn sie um welche ersucht hätten, ihnen nicht mehr von gleichem Nutzen gewesen wären. Das also waren die Gedanken des Demosthenes, und im Bewusstsein, dass auch er in der gegenwärtigen Lage und am ersten Tag den Feinden am furchtbarsten sei, wollte er möglichst rasch den Schrecken vor seinem Heer ausnützen.(4) Da er nun die Gegenmauer der Syrakusaner, mit der sie eine völlige Einschließung durch die Athener verhindert hatten, nur einzügig gebaut sah und daher leicht einzunehmen, wenn man nur einmal den Aufgang zu den Epipolai und dann das dortige Lager beherrsche – es würde ihnen niemand auch nur Widerstand leisten –, so drängte er auf einen Angriff und glaubte, den Krieg auf solche Weise am schnellsten zu beenden: (5) entweder habe er Glück und könne Syrakus besetzen, oder er werde das Heer zurückführen und nicht zusehen, wie sich die Athener, die am Kriegszug teilgenommen haben, und überhaupt die ganze Stadt fruchtlos aufrieben. (6) Zunächst also zogen die Athener aus und verwüsteten syrakusanisches Land um den Anapos. Dank ihrer Heeresmacht, Fußtruppen und Flotte, waren sie wie am Anfang wieder überlegen; denn weder hier noch dort gingen die Syrakusaner zum Angriff vor, außer mit den Reitern und Bogenschützen vom Olympieion aus.

43 (1) Dann entschloss sich Demosthenes, zunächst mit Belagerungsmaschinen gegen die Quermauer vorzugehen. Als ihm aber beim Heranschieben die Maschinen von den Verteidigern auf der Mauer in Brand geschossen und die wiederholten Vorstöße seiner übrigen Truppen abgewiesen wurden, wollte er sich nicht länger damit abgeben; er gewann Nikias und die anderen Feldherren für seinen Plan und bereitete den Sturm auf die Epipolai vor. (2) Tagsüber schien es ausgeschlossen, sich unbemerkt zu nähern und hinaufzukommen; er ließ also Lebensmittel für fünf Tage beschaffen, nahm alle Steinmetzen und Zimmerleute mit sowie die übrige Ausrüstung an Wurfgeschossen und Sonstigem, was sie im Falle eines Sieges für die Mauerarbeiten brauchen würden. Er selbst, Eurymedon und Menandros rückten gleich bei Einbruch der Nacht mit dem Großteil des Heeres gegen die Epipolai vor, Nikias blieb innerhalb der Befestigungsmauern zurück. (3) Als sie oben angelangt waren entlang des Euryelos, auf dem gleichen Weg, auf dem auch das frühere Heer das erste Mal hinaufgekommen war, näherten sie sich, ohne von den syrakusanischen Wachen bemerkt zu werden, der Befestigung, die die Syrakusaner dort hatten, eroberten sie und hieben einige Mann des Postens nieder. (4) Die meisten aber entkamen in ihre Lager, deren drei auf den Epipolai in Vorwerken untergebracht waren, eines für die Syrakusaner, eines für die anderen Sizilier und eines für die Bundesgenossen, und meldeten dort den Überfall, berichteten auch den 600 Syrakusanern, der nächststehenden Wache in diesem Abschnitt der Epipolai. (5) Diese eilten sogleich in den Kampf, Demosthenes und die Athener stießen auf sie und schlugen sie trotz tapferer Gegenwehr in die Flucht. Sie selbst stürmten gleich weiter vor, um mit ihrem Schwung, ohne zu erlahmen, das zu erreichen, weshalb sie gekommen. Andere nahmen beim ersten Angriff die syrakusanische Quermauer, deren Besatzung nicht standhielt, und rissen die Schutzwehr ab. (6) Die Syrakusaner, ihre Verbündeten und Gylippos mit seinen Truppen eilten aus den Vorwerken zum Entsatz herbei, da ihnen aber der kühne Überfall unerwartet kam, griffen sie die Athener nur zaghaft an, wurden überwältigt und mussten zunächst zurückweichen. (7) Als nun aber die Athener bereits weniger geordnet vorrückten – so als wäre ihr Sieg schon gesichert – und die ganze, noch gar nicht im Kampf eingesetzte Streitmacht der Feinde in aller Eile durchstoßen wollten, damit sie sich nicht bei einer Verlangsamung ihres Vordringens wieder sammeln könnten, da stellten sich ihnen zuerst die Boioter entgegen, warfen sie im ersten Ansturm und trieben sie in die Flucht.

44 (1) Und hier gerieten nun die Athener in große Verwirrung und Not, worüber man aber nur schwer von der einen wie von der anderen Seite erfahren konnte, was sich im Einzelnen zugetragen hatte. Was bei Tag geschieht, ist zwar klarer ersichtlich, dennoch wissen die daran Beteiligten nicht alles, sondern jeder nur das, was um ihn vorging. Bei einem Nachtgefecht aber – dem Einzigen zwischen großen Heeresabteilungen in diesem Krieg –, wie sollte da jemand etwas Genaues wissen? (2) Es war heller Mond, sie sahen einander daher so, wie es bei Mondschein eben möglich ist: Die Körperumrisse konnte man ausmachen, die genauen Einzelheiten zu erkennen war aber unsicher. Schwerbewaffnete beider Seiten bewegten sich in großer Zahl auf engem

Raum hin und her. (3) Von den Athenern waren die einen bereits besiegt, andere rückten noch im ersten Ansturm ungeschlagen vor; ein großer Heeresverband war zum Teil eben auf der Höhe angelangt, zum Teil noch beim Anstieg, sodass sie nicht wussten, wohin sie sich wenden sollten. Vorn war nach dem Einsetzen der Flucht bereits alles in Auflösung, nur schwer konnte man im Lärm etwas erkennen. (4) Denn die siegreichen Syrakusaner und ihre Verbündeten riefen sich unter lautem Geschrei ihre Befehle zu – in der Nacht war es ja nicht möglich, auf andere Art Anweisungen zu geben –, zugleich empfingen sie die andringenden Feinde. Bei den Athenern suchte einer den andern; alles, was von der Gegenseite kam, auch wenn es Freunde waren, die bereits flüchteten, hielten sie für Feinde. Durch ihre häufigen Fragen nach dem Losungswort, dem Einzigen, woran man sich erkennen konnte, schafften sie sich selbst große Verwirrung, indem alle zugleich fragten, und verrieten es außerdem ganz deutlich an die Feinde. (5) Das Losungswort der Feinde verstanden sie nicht gleich gut, weil jene als Sieger nicht so versprengt waren und sich daher leichter erkannten. Wenn sie also auf Feinde stießen, denen sie sogar zahlenmäßig überlegen waren, so entkamen jene, da sie ja das Losungswort kannten; antworteten aber die Athener nicht, so wurden sie niedergehauen. (6) Am meisten und nachhaltigsten schadete ihnen der Paian, der von beiden Seiten ähnlich angestimmt wurde und dadurch neue Ungewissheit schuf; denn sooft die Argeier, Kerkyraier oder was sonst noch an Dorern aufseiten der Athener kämpfte, den Paian anstimmten, erschraken die Athener, ebenso, wenn die Feinde sangen. (7) Und wenn schließlich ihre eigenen Abteilungen vielfach aufeinander stießen, da sie nun einmal in Verwirrung geraten waren, Freunde auf Freunde und Bürger auf Bürger, so jagten sie sich nicht nur gegenseitig Furcht ein, sondern gerieten auch ins Handgemenge und konnten nur mit Mühe getrennt werden. (8) Um den Verfolgern zu entkommen, stürzten sich viele über den Steilabfall hinab und kamen dabei ums Leben, denn der Weg von den Epipolai hinunter war schmal; wenn welche von oben heil in die Ebene hinuntergekommen waren, so konnte sich der Großteil von diesen, vor allem die vom früheren Heer aufgrund ihrer größeren Ortskenntnis, in das Lager durchschlagen, aber einige der später Eingetroffenen verfehlten den Weg und irrten in der Gegend umher; diese wurden bei Tagesanbruch von syrakusanischen Reiterstreifen niedergemacht.

45 (1) Am folgenden Tag errichteten die Syrakusaner zwei Siegeszeichen auf den Epipolai dort, wo die Athener hinaufgekommen waren, und an der Stelle, wo die Boioter ihnen entgegengetreten. Die Athener bargen bei Waffenstillstand ihre Toten. (2) Gefallen waren aufseiten der Athener und ihrer Verbündeten nicht wenige, Waffen gerieten aber noch mehr in die Hände der Feinde als im Verhältnis zu den Gefallenen stand; denn alle, die sich gezwungen sahen, über den Abhang zu springen, hatten ihre Waffen abgelegt; von ihnen war dabei ein Teil zugrunde gegangen, ein Teil aber heil davongekommen.

46 (1) So fassten die Syrakusaner über diesen unerwarteten Glücksfall wiederum neuen Mut, so wie das erste Mal. Nach Akragas, wo Bürgerkrieg herrschte, entsandten sie Sikanos mit 15 Schiffen, damit er wenn möglich die Stadt unterwerfe. Gylippos bereiste zu Land aufs neue das übrige Sizilien, um weitere Truppen aufzubieten; er hegte nämlich die Hoffnung, nun sogar die Befestigungswerke der Athener im Sturm zu nehmen, da auf den Epipolai alles so gut gegangen sei.

47 (1) Die athenischen Feldherren beratschlagten indessen angesichts des ihnen widerfahrenen Missgeschickes und der im Lager herrschenden allgemeinen Mutlosigkeit. Mit ihren Unternehmungen, das sahen sie, hatten sie kein Glück, und die Soldaten waren des langen Aufenthaltes überdrüssig. (2) Krankheit bedrängte sie aus zwei Gründen; es war nämlich gerade die Jahreszeit, in der die Menschen vor allem erkranken, außerdem war ihr Lagerplatz sumpfig und ungesund; auch sonst erschien ihnen alles äußerst hoffnungslos.[8] (3) Demosthenes war nun entschlossen, nicht länger zu bleiben, sondern in der gleichen Absicht, mit der er den entscheidenden Angriff auf die Epipolai geplant hatte, stimmte er nach dem Scheitern für den Abzug und gegen längeres Verweilen, solange es noch möglich sei, das Meer zu überqueren und zumindest mit den nachkommenden Schiffen des Gesamtheeres die Oberhand zu behaupten. (4) Auch sei es, wie er sagte, für die Stadt nützlicher, gegen die Feinde, die im eigenen Land Befestigungen errichten, Krieg zu führen als gegen die Syrakusaner, die man nicht mehr so ohne weiteres bezwingen könne; es sei auch nicht zu vertreten, ganz umsonst mit so großem Kostenaufwand die Belagerung fortzusetzen.

48 (1) Das war die Meinung des Demosthenes. Nikias wusste zwar auch, wie bedrohlich ihre Lage sei, wollte sie aber im Wort doch nicht als ganz aussichtslos hinstellen; sie sollten auch nicht öffentlich in größerer Versammlung über den Abzug abstimmen und dadurch alles an die Feinde verraten; sie würden sich dann einmal, wenn sie wollten, viel weniger leicht absetzen können. (2) Was außerdem die Lage der Feinde betraf, über die er mehr als die anderen Bescheid wusste, so hegte er noch einige Hoffnung, sie sei noch bedrohlicher als ihre eigene, wenn sie nur die Belagerung beharrlich fortsetzten; Geldmangel würde den Syrakusanern arg zusetzen, zumal sie selbst jetzt mit den vorhandenen Schiffen (wieder) in stärkerem Maße die See beherrschten. Außerdem gab es in Syrakus Leute, die die Stadt den Athenern in die Hände spielen wollten, ihm Nachrichten zukommen ließen und einem Abzug widerrieten. (3) In Erkenntnis dessen schwankte Nikias in Wahrheit noch zwischen den beiden Möglichkeiten, überlegte hin und her und wartete ab, in offener Rede aber erklärte er sich nicht bereit, das Heer zurückzuführen. Er wisse sehr wohl, dass die Athener es nicht billigen würden, wenn sie ohne ihren Beschluss abzögen. Nicht die würden ja über sie entscheiden, die gleich ihnen selbst aus eigenem Wissen, ohne auf Tadel anderer zu hören, ein Urteil fällen könnten; nein, den Verleumdungen, die einer in schönen Worten vorbringe, würden sie Glauben schenken. (4) Von den hier anwesenden Soldaten würden viele, ja die meisten, sagte er, die jetzt über ihre gefährliche Lage schrien, dort angekommen, das gegenteilige Geschrei erheben; bestochen seien die Feldherren worden, als Verräter hätten sie den Rückzug angetreten. Da er also die Art der Athener kenne, so wolle er nicht auf so schmähliche Beschuldigung hin und ungerecht von den Athenern hingerichtet werden, sondern eher von Feindeshand, wenn es sein müsse, in ehrlichem Kampf fallen, allein auf sich gestellt. (5) Die Lage der Syrakusaner, behauptete er, sei dennoch bedrohlicher als ihre eigene; sie müssten Geld aufwenden für die Bezahlung der Söldner, für die Außenwerke, für das zahlreiche Schiffsvolk, das sie schon ein Jahr im Dienst hätten. Darüber seien sie bereits jetzt in Geldverlegenheit und würden künftighin überhaupt mittellos dastehen; 2000 Talente hätten sie bereits ausgegeben, seien obendrein schon verschuldet; sollten sie aber von ihrem jetzigen Aufwand auch nur das Geringste abstreichen, indem sie etwa keinen Sold auszahlten, wären sie völlig verloren, beruhe doch ihre Heeresmacht auf freiwilliger Hilfeleistung, nicht auf hartem Kriegszwang wie ihre eigene. (6) Man müsse also die Belagerung fortsetzen und dürfe nicht aus Mangel an Geld, worin sie ja viel stärker seien, abziehen.

49 (1) So sprach Nikias und beharrte auf seiner Meinung, da er genau Bescheid wusste über die Verhältnisse in Syrakus, die Geldknappheit und die Tätigkeit einer starken Partei, die den Athenern die Stadt übergeben wollte und ihn durch Boten von einem Rückzug abzubringen suchte; außerdem hoffte er zuversichtlich, wenigstens mit der Flotte eine größere Überlegenheit zu erringen als bisher. (2) Demosthenes war aber mit einer längeren Belagerung überhaupt nicht einverstanden. Wenn man schon das Heer nicht abziehen dürfe ohne ausdrücklichen Beschluss der Athener, sondern hier abwarten müsse, so solle man es doch für diese Zeit nach Thapsos verlegen oder nach Katane; von dort aus könnten sie mit dem Fußvolk über weite Strecken das Land durchstreifen, sich durch Plündern des feindlichen Gebietes Verpflegung verschaffen und so jenen Schaden zufügen; auch würden sie dort mit ihrer Flotte auf hoher See, nicht in einer engen Bucht, die den Feinden größere Vorteile biete, die Treffen liefern, in offenem Gewässer, wo ihnen ihre Erfahrung nützen würde und sie Platz hätten für Rückzug und Anlauf, ohne beim Ausfahren und Landen auf eng umgrenzten Raum beschränkt zu sein. (3) Mit einem Wort, es behage ihm ganz und gar nicht, hier zu bleiben, man solle möglichst schnell, gleich jetzt abziehen, ohne zu zögern. Und Eurymedon stimmte ihm hierin zu. (4) Da aber Nikias dagegen sprach, entstand Ungewissheit und Zaudern, zumal man vermutete, Nikias wisse doch etwas mehr und sei deshalb so fest entschlossen. Auf diese Weise ließen die Athener die Zeit verstreichen und blieben an Ort und Stelle.

50 (1) Inzwischen waren Gylippos und Sikanos wieder in Syrakus eingetroffen: Sikanos, ohne Akragas genommen zu haben – als er sich noch in Gela aufhielt, war die syrakusfreundliche Partei vertrieben worden; Gylippos aber kam mit einem neuen starken Heer aus Sizilien und den Schwerbewaffneten, die im Frühjahr vom Peloponnes in den Lastkähnen abgegangen waren und nun aus Libyen in Selinus angekommen waren.[9] (2) Sie waren nämlich nach Libyen verschlagen worden, wo ihnen die Kyrenaier 2 Trieren und Lotsen mitgegeben hatten; auf der Weiterfahrt hatten sie den von den Libyern belagerten Euesperiten geholfen und die Libyer besiegt; von dort waren sie nach Nea Polis, einem karthagischen Handelsplatz, weitergefahren, von wo Sizilien die kürzeste Seestrecke entfernt ist, zwei Tage und eine Nacht; von dort waren sie übergesetzt und in Selinus angelangt. (3) Die Syrakusaner rüsteten sogleich nach ihrer Ankunft, um die Athener von beiden Seiten anzugreifen, mit Flotte und Fußvolk. Da nun die athenischen Feldherren zusehen mussten, wie ein neues Heer eingetroffen war und ihre eigene Lage sich nicht zum Besseren entwickelte, sich vielmehr Tag für Tag in jeder Hinsicht verschlechterte, vor allem unter dem Druck der Krankheiten, so bereuten sie, nicht früher abgezogen zu sein; als aber auch Nikias nicht mehr gleich heftig dagegen sprach, nur dass er keinen offenen Beschluss wünschte, da gaben sie so geheim wie möglich an alle die Weisung zum Auslaufen durch, alles solle auf ein gegebenes Zeichen fertig sein. (4) Alles stand bereit, und sie wollten schon abfahren, da verfinsterte sich der Mond: Es war nämlich eben Vollmond. Die Athener, zumindest die Mehrzahl, forderten die Feldherren auf, anzuhalten, voll Sorge über das Ereignis; und Nikias – er gab vielleicht doch etwas zu viel auf Weissagung und derlei Dinge – wollte nicht einmal über einen früheren Abzug beraten, bevor sie die dreimal neun Tage, wie es die Seher auslegten, gewartet hätten. Deshalb zögerten die Athener – und blieben.

51 (1) Die Syrakusaner aber, die davon natürlich erfuhren, waren nun erst recht darauf versessen, die Athener nicht mehr ziehen zu lassen, da sie ja schon selber erkannt hätten, nicht mehr mächtiger zu sein als sie, weder mit der Flotte noch mit dem Fußvolk – sonst würden sie nicht an Abfahrt gedacht haben –; weil sie aber, sollten sie sich irgendwo anders in Sizilien festsetzen, schwerer zu bekämpfen wären, so wollten sie ihnen möglichst schnell hier, wo es für sie günstig sei, eine Seeschlacht aufzwingen. (2) Sie bemannten also die Schiffe und hielten Übungen zur See ab so viele Tage, wie ihnen ausreichend erschienen. Als der rechte Zeitpunkt gekommen war, machten sie tags zuvor einen Ausfall gegen die athenischen Mauern; da eine nicht sehr starke Abteilung von Schwerbewaffneten und Reitern ihnen aus einem Lagertor entgegenrückte, schnitten sie einigen der Schwerbewaffneten den Weg ab und jagten sie in die Flucht; bei der Enge des Zuganges verloren die Athener 70 Pferde und einige Schwerbewaffnete.

52 (1) An diesem Tag zog sich allerdings die syrakusanische Streitmacht zurück, am folgenden aber fuhren sie mit ihren Schiffen aus, 76 an der Zahl, gleichzeitig rückten sie mit dem Fußvolk gegen die Mauern vor. Die Athener fuhren ihnen mit 86 Schiffen entgegen, stießen mit ihnen zusammen, und die Seeschlacht begann. (2) Den Eurymedon, der mit dem rechten athenischen Flügel die feindlichen Schiffe umfassen wollte und zu diesem Zweck allzu nah an die Küste heranfuhr, umzingelten nun ihrerseits die Syrakusaner und ihre Verbündeten, die vorher die athenische Mitte besiegt hatten, in einem Winkel der Hafenbucht und vernichteten ihn samt seinen Schiffen. Hierauf verfolgten sie die gesamte athenische Flotte und warfen sie an die Küste zurück.

53 (1) Als nun Gylippos die feindlichen Schiffe besiegt und über die Verpfählungen und das eigene Lager hinaus verschlagen sah, wollte er die Mannschaften, die an Land stiegen, niederhauen und den Syrakusanern dadurch, dass die Küste in Freundeshand sei, das Abschleppen der Schiffe erleichtern; daher rückte er eilends mit einer Heeresabteilung gegen den Hafendamm vor. (2) Aber die Etrusker – sie hielten dort für die Athener Wache – sahen sie ungeordnet herankommen, eilten ihnen entgegen, warfen im Ansturm die Ersten zurück und trieben sie in den Sumpf, der Lysimeleia hieß. (3) Als später dann bereits stärkere syrakusanische und verbündete Truppen eintrafen, kamen auch die Athener voll Sorge um ihre Schiffe zu Hilfe und griffen in die Schlacht ein, siegten und töteten bei der Verfolgung einige Schwerbewaffnete; den Großteil ihrer Schiffe konnten sie retten und zogen sie in ihrem Lager zusammen; 18 aber hatten die Syrakusaner und ihre Verbündeten erobert und die gesamte Mannschaft niedergemacht. (4) Da sie die restlichen Schiffe in Brand stecken wollten, füllten sie einen alten Kahn mit Reisig und Kienholz, warfen Feuer hinein und stießen ihn ab – der Wind blies gerade in Richtung auf die Athener. Die Athener fürchteten für ihre Schiffe und trafen Gegenmaßnahmen, das Feuer zu löschen; sie löschten auch wirklich die Flammen, verhinderten ein Näherkommen des Kahnes und entgingen so der Gefahr.

54 (1) Hierauf errichteten die Syrakusaner ein Siegeszeichen für die Seeschlacht und für das Abfangen der Schwerbewaffneten landeinwärts vor der Mauer, wo sie auch die Pferde gefangen hatten, die Athener für den Sieg der Etrusker, die das Fußvolk in den Sumpf gejagt hatten, und für ihren eigenen mit dem restlichen Heer.

55 (1) Da nun die Syrakusaner einen glänzenden Sieg auch zur See errungen hatten – denn vorher waren sie voll Furcht vor der unter Demosthenes eingetroffenen Flotte –, verfielen die Athener in völlige Mutlosigkeit, und groß war ihre Enttäuschung, viel größer aber noch die Reue über den Feldzug. (2) Denn diese Städte, die sie jetzt angriffen, waren die einzigen (Athen) ähnlich gearteten, demokratisch regiert wie sie selbst, mächtig an Schiffen, Pferden und Größe; so konnten sie weder durch einen Verfassungsumschwung bei ihnen Zwietracht säen, um sie dadurch auf ihre Seite zu ziehen, noch (dies) durch eine weit überlegene Rüstung (erreichen). Nach ihren vielen Fehlschlägen waren sie schon vorher ziemlich ratlos, und nachdem sie auch wider Erwarten zur See unterlegen waren, noch viel mehr.

56 (1) Die Syrakusaner kreuzten nunmehr furchtlos vor der Küste in Hafennähe und beabsichtigten, die Einfahrt zu sperren, damit die Athener, selbst wenn sie wollten, nicht mehr insgeheim hinausfahren könnten. (2) Denn jetzt dachten sie nicht mehr bloß an ihre eigene Rettung, sondern wie sie den Athenern Schwierigkeiten bereiten könnten. Sie fühlten sich in richtiger Einschätzung der gegenwärtigen Lage ihren Gegnern bei weitem überlegen, und wenn sie gar die Athener und ihre Verbündeten zu Land und zu Wasser niederringen könnten, so würde ihr Sieg allen Hellenen als herrliche Tat erscheinen. Von den übrigen Hellenen würden die einen sofort die Freiheit erlangen, die anderen wenigstens von der Furcht erlöst sein – denn die restliche Macht Athens werde kaum mehr den für die Zukunft noch drohenden Krieg durchstehen können –, sie selbst aber würden als Urheber Ruhm bei den übrigen Menschen und bei der Nachwelt Bewunderung genießen. (3) Und der Kampf war wirklich rühmenswert, aus diesem Grund und weil sie nicht nur die Athener besiegten, sondern auch deren viele andere Verbündete, und selbst wiederum auch nicht allein auf sich gestellt, sondern im Verein mit Bundesgenossen, deren Führung sie gemeinsam mit Korinthern und Lakedaimoniern übernommen haben, und unter Einsatz ihrer eigenen Stadt zum Kampf in vorderster Front und unter beachtlichem Fortschritt im Seewesen. (4) Denn die gewaltigste Zahl von Völkern war bei dieser einen Stadt zusammengekommen, abgesehen natürlich von dem Gesamtaufgebot dieses Krieges, verteilt auf Athen und Sparta.

57 (1) Denn so viele Völker kämpften vor Syrakus gegen und um Sizilien, um der einen Seite bei der Eroberung des

Landes, der anderen bei der Rettung beizustehen, zusammengeschlossen nicht so sehr durch Vertrag oder Verwandtschaft, sondern wie es für alle der Zufall fügte, wegen eines Vorteils oder durch Zwang. (2) Die Athener selbst, Ionier, hatten aus freien Stücken die dorischen Syrakusaner angegriffen und mit ihnen nahmen die Völker gleicher Zunge und damals auch gleicher Staatsverfassung am Feldzug teil, die Lemnier, Imbrer, die Aigineten,[10] die damals die Insel besiedelten, dazu noch die Hestiaier, die das euboiische Hestiaia bewohnten – all das waren Bürger ihrer Tochterstädte. (3) Von den anderen waren die einen als Untertanen, andere als unabhängige Bundesgenossen, einige auch als Söldner mitgezogen. (4) Von den beitragspflichtigen Untertanen waren dabei Eretria, Chalkis, Styra und Karystos, alle auf Euboia, von den Inseln Keos, Andros, Tenos, aus Ionien Milet, Samos, Chios. Von diesen war Chios zwar nicht tributpflichtig, stellte aber als selbständiger Teilnehmer Schiffe zur Verfügung. Zum Großteil waren das alles Ionier, und zwar von den Athenern abstammend außer den Karystiern – die sind Dryoper –, die als Untertanen und gezwungen Kriegsfolge leisteten, aber doch als Ionier gegen Dorer. (5) Dazu kamen Aioler, aus Methymna mit Schiffen, nicht beitragspflichtig, aus Tenedos und Ainos, tributzahlend. Diese kämpften, Aioler gegen Aioler, nämlich gegen die Boioter aufseiten der Syrakusaner, gezwungenermaßen, die Plataier aber als einzige Boioter gegen Boioter ganz entschieden und aus verständlichem Grund, wegen des Hasses. (6) Die Rhodier und Kytherier waren beide Dorer, Bürger von Tochterstädten der Lakedaimonier, die Kytherier, leisteten gegen die Lakedaimonier unter Gylippos aufseiten der Athener Waffendienst, die Rhodier, der Abstammung nach Argeier, kämpften unter Zwang gegen die dorischen Syrakusaner, ja sogar gegen die Geloer, die Bürger ihrer eigenen Tochterstadt, die mit den Syrakusanern verbündet waren. (7) Von den um den Peloponnes liegenden Inseln nahmen Kephallenia und Zakynthos teil, zwar als selbständige Staaten, aber doch wegen ihrer Insellage mehr gezwungenermaßen, da ja die Athener die See beherrschten. Die Kerkyraier, nicht nur Dorer, sondern sogar Korinther, leisteten ganz entschieden Kriegsfolge gegen die Korinther und Syrakusaner, obwohl sie Tochterstadt der einen, der anderen Stammverwandte waren, gezwungenermaßen dem schönen Vorwand nach, viel eher aber aus eigenem Entschluss wegen ihres Hasses gegen Korinth. (8) Auch die jetzt so benannten Messenier[11] aus Naupaktos und Pylos, das damals von den Athenern besetzt war, wurden für den Kriegszug aufgeboten. Auch einige Verbannte aus Megara kämpften infolge ihres Unglücks gegen die Selinunter, die ja Megarer sind. (9) Bei den anderen war der Feldzug schon mehr eigener Entschluss; so die Argeier: weniger wegen des Bündnisses, sondern aus Hass gegen die Lakedaimonier, jeder Einzelne in der Hoffnung auf raschen persönlichen Gewinn, deshalb leisteten sie als Dorer gegen Dorer an der Seite der ionischen Athener Kriegsfolge; die Mantineer und andere arkadische Söldner, gewohnt, diejenigen anzugreifen, die man ihnen jeweils als Feinde zeigte, betrachteten auch damals die mit den Korinthern eingetroffenen Arkader ohne Bedenken um des Gewinnes willen für ihre Feinde, auch Kreter und Aitoler waren gleichfalls mit Geld gewonnen. So kam es, dass die Kreter, die gemeinsam mit den Rhodiern Gela gegründet hatten, nicht mit ihrer Tochterstadt, sondern gegen sie kämpften, aus eigenem Entschluss, um Sold gedungen. (10) Von den Akarnanen hatten einige aus Gewinnsucht, der Großteil aus Freundschaft mit Demosthenes und Zuneigung zu Athen als Bundesgenossen ihre Dienste angeboten. Alle diese Völker siedeln diesseits des Ionischen Meerbusens. (11) Von den Italiern nahmen die Thurier und Metapontier teil, da sie in der Not ihrer damaligen Bürgerkriege keinen anderen Ausweg sahen, von den Siziliern die Naxier und Katanier, von Barbaren die Egestaner, die ja die Athener herbeigerufen hatten, der Großteil der Sikeler und von den Völkern außerhalb Siziliens eine Abteilung Etrusker[12] wegen ihres Zerwürfnisses mit Syrakus und iapygische Söldner. Das also die Völker, die aufseiten der Athener kämpften.

58 (1) Auf der Gegenseite halfen den Syrakusanern die benachbarten Kamarinaier, die Geloer, die an jene grenzten, und dann, jenseits von Akragas, das sich ruhig verhielt, die Selinunter. (2) Alle diese Völker siedelten in dem Libyen zugewandten Teil Siziliens; aus dem Landstrich gegen das Tyrrhenische Meer zu die Himeraier, die einzigen dort ansässigen Hellenen und auch die Einzigen, die von dort zu Hilfe kamen. (3) Dies die hellenischen Völker in Sizilien, alle selbständige Dorer, die aufseiten der Syrakusaner kämpften; von den Barbaren nur die Sikeler, sofern sie nicht zu den Athenern übergetreten waren; von den Hellenen außerhalb Siziliens die Lakedaimonier, die als Führer einen Spartiaten beistellten, dazu Neodamoden und Heloten, die Korinther, die als Einzige mit Schiffen und Fußvolk eingetroffen waren, Leukader und Amprakioten wegen der Stammesverwandtschaft, aus Arkadien Söldner, von den Korinthern abgeschickt, Sikyoner, zur Teilnahme gezwungen, von den Völkern außerhalb des Peloponnes die Boioter. (4) Im Vergleich zu diesen Verstärkungen boten die Sizilier selbst eine in jeder Hinsicht größere Streitmacht auf, bewohnten sie ja ansehnliche Städte; viele Schwerbewaffnete, Schiffe, Reiter und eine zahllose sonstige Menge waren zusammengekommen. Und im Verhältnis zu allen diesen, das kann man wohl sagen, steuerten die Syrakusaner noch mehr bei wegen der Größe ihrer Stadt und weil sie in großer Gefahr waren.

59 (1) Das also war die Zahl der auf beiden Seiten aufgebotenen Hilfstruppen; damals waren auch alle bereits zur

Stelle, und keiner der Gegner erhielt noch zusätzliche Verstärkung.

(2) Die Syrakusaner und ihre Verbündeten hielten es also aus begreiflichen Gründen für ein ruhmvolles Kampfesziel, nach ihrem Seesieg auch noch die gesamte athenische Streitmacht gefangen zu nehmen und ihnen nirgends, weder zur See noch zu Lande, einen Fluchtweg zu lassen. (3) So sperrten sie denn sofort den Großen Hafen, dessen Mündung ungefähr 8 Stadien breit ist, mit quergestellten Trieren, Lastschiffen und Kähnen, die sie vor Anker legten; auch rüsteten sie sich für den Fall, dass die Athener noch einmal eine Seeschlacht wagen sollten. Ihr ganzes Sinnen galt einem hohen Ziel.

60 (1) In Anbetracht der Sperre und der sonstigen Vorkehrungen schien den Athenern ein Kriegsrat nötig. (2) Die Feldherren und ihre Stellvertreter kamen also zusammen; angesichts des herrschenden Mangels an allem, besonders an Lebensmitteln, die weder für den Augenblick reichten – zur Abfahrt entschlossen, hatten sie nämlich durch Boten nach Katane weiteren Nachschub abbestellt – noch künftighin zu erwarten waren, wenn sie nicht die Seeherrschaft zurückgewännen, beschlossen sie, die landein gelegenen Befestigungen zu räumen und nahe bei den Schiffen durch eine Quermauer einen möglichst engen Raum abzugrenzen, gerade ausreichend für Gerät und Kranke, den aber besetzt zu halten. Mit dem restlichen Fußvolk wollten sie alle Schiffe, die seetüchtigen, aber auch die weniger geeigneten, bemannen, jeder, wer immer nur könnte, müsste an Bord; in einer Seeschlacht würden sie die Entscheidung suchen. Siegten sie, so wollten sie nach Katane fahren, wenn aber nicht, die Schiffe anzünden und zu Land in Reih und Glied abziehen, wo sie auf dem schnellsten Wege einen befreundeten barbarischen oder hellenischen Ort erreichen könnten. (3) Und wie beschlossen handelten sie: Von den landein gelegenen Befesti-

gungen stiegen sie allmählich an die Küste hinunter und bemannten alle Schiffe; wer auch nur irgendwie kräftig und geeignet schien, musste an Bord. (4) Insgesamt wurden etwa 110 Schiffe bemannt; auch schifften sie viele Bogenschützen und Speerwerfer der Akarnanen und sonstigen Söldner ein, überhaupt rüsteten sie sich, so gut es ging, im Wissen um ihre Not und Absicht. (5) Als die Vorbereitungen zum Großteil abgeschlossen waren und Nikias sah, dass die Soldaten durch die unerwartet schweren Niederlagen zur See völlig mutlos waren und wegen des Mangels an Lebensmitteln möglichst schnell losschlagen wollten, rief er alle zusammen und sprach ihnen mit folgenden Worten Mut zu:

61 (1) »Soldaten, von Athen und den übrigen Verbündeten, der bevorstehende Kampf geht alle gleich an: Leben und Heimat steht für jeden auf dem Spiel, ebenso wie für die Feinde; wenn wir jetzt einen Seesieg erringen, dann wird vielleicht mancher seine eigene Stadt wiedersehen. (2) Mutlos zu sein ist nicht nötig, ebenso wenig, sich so zu verhalten, wie ganz unerfahrene Menschen, die nach anfänglichen Fehlschlägen hernach immer in angstvoller Erwartung leben, es werde ihnen Gleiches noch einmal widerfahren. (3) Nein, ihr, die ihr aus Athen hier seid, gestützt auf die Erfahrung vieler Kriege, und ihr von den Bundesgenossen, auf allen Feldzügen mit dabei, denkt an die unberechenbaren Wendungen im Krieg; in der Hoffnung, dass sich das Glück auch einmal auf unsere Seite stellen wird, und mit dem Willen, euch so zu schlagen, wie es einer solchen Streitmacht ziemt, die ihr hier vor euch seht, rüstet euch zu neuem Kampf.

62 (1) Was wir als nützlich erkannt haben bei der Enge des Hafens gegen das bevorstehende Schiffsgedränge und die feindlichen Deckaufbauten, die uns früher so geschadet haben, das alles haben wir jetzt den Umständen gemäß in Betracht gezogen und bereitgestellt. (2) Es werden nämlich viele Bogenschützen und Speerwerfer an Bord gehen, überhaupt zahlreiches Kriegsvolk, das uns bei einer Seeschlacht in offenem Meer kaum nützen würde, da es unsere Gewandtheit (im Manövrieren) durch die schwere Belastung der Schiffe nur herabgesetzt hätte, in der uns jetzt aber aufgezwungenen Landschlacht zu Schiff zweckdienlich sein wird. (3) Wir haben auch, so weit nötig, für den Gegenschlag an den Schiffen neue Vorkehrungen getroffen und gegen ihre verstärkten Rammbalken, womit sie uns ja am meisten geschadet haben, eiserne Greifhände anbringen lassen, die das Schiff nach dem Anprall am Rücklauf hindern werden, wenn nur die Schiffsmannschaft dann das Nötige leistet. (4) Denn dazu sehen wir uns ja schon gezwungen: Es erscheint uns nützlicher, einen Landkampf von den Schiffen aus zu bestehen und weder selbst den Rücklauf anzuwenden noch ihn den Feinden zu gestatten, zumal das Land, abgesehen von dem Streifen, den unser Fußvolk hält, in Feindeshand ist.

63 (1) Daran müsst ihr denken und euch durchschlagen, so gut ihr könnt, euch nicht an Land treiben lassen, sondern wenn Schiff auf Schiff stößt, euch nicht eher absetzen, als ihr die Bewaffneten vom feindlichen Deck herabgeworfen habt. (2) Und das rufe ich ebenso den Seeleuten wie den Bewaffneten zu, da ja dieser Kampf mehr vom Oberdeck aus geführt wird: Auch jetzt noch ist es uns in den meisten Fällen gelungen, mit dem Fußvolk die Oberhand zu behalten. (3) Die Seeleute aber ermahne ich und möchte sie dabei noch bitten: Lasst euch durch die bisherigen Misserfolge nicht allzu sehr aus der Fassung bringen, da ihr jetzt über eine bessere Ausrüstung der Verdecke verfügt und über eine größere Anzahl von Schiffen. Denkt auch an jenes stolze Gefühl, ob es nicht wert ist, erhalten zu bleiben: So lange wurdet ihr für Athener gehalten, ohne es zu sein, und standet durch die Kenntnis unserer Sprache und die Nachahmung unserer Wesensart bei allen Hellenen in hohem Ansehen und hattet an unserer Herrschaft nicht geringeren Anteil wegen der Vorteile, dass ihr den Untertanen Furcht gebotet und euch deshalb kein Unrecht widerfuhr. (4) Als einzigen freien Teilhabern unserer Macht stünde es euch schlecht an, sie jetzt zu verraten, nein, verachtet die Korinther, die ihr oft besiegt habt, und die Sizilier, von denen kein Einziger auch nur im Geringsten Widerstand zu leisten wagte, solange unsere Flotte mächtig war; schlagt sie zurück und zeigt, dass auch in Zeiten der Schwäche und der Misserfolge eure Erfahrung stärker ist als der anderen glückgeborene Kraft.

64 (1) Die Athener unter euch möchte ich noch einmal daran erinnern, dass ihr weder andere Schiffe, diesen gleichwertige, in den Werften zurückgelassen habt noch weitere bewaffnete Kampfmannschaft; und sollte euch etwas anderes zustoßen, als zu siegen, so werden die hiesigen Feinde sogleich dorthin segeln, und die in der Heimat Verbliebenen werden außerstande sein, die Feinde im Land und die neu hinzukommenden abzuwehren. Dann würdet ihr sogleich in die Gewalt der Syrakusaner geraten – mit welch hochfliegenden Plänen, das wisst ihr ja, seid ihr gegen sie ausgezogen! – und die drüben in die der Lakedaimonier. (2) Da ihr also in diesem einen Kampf für beide eintretet, so schlagt euch mannhaft, wenn je, und bedenkt, jeder für sich und alle zusammen, dass ihr, die ihr jetzt an Bord gehen werdet, für die Athener Fußvolk und Flotte, ja überhaupt die ganze noch verbliebene Stadt und der große Name Athens seid; und wenn einer einen anderen irgendwie an Erfahrung und Tapferkeit übertrifft, um diesen Einsatz und zu keiner besseren Zeit als jetzt kann er es zeigen, sich selbst zum Nutzen und der Gesamtheit zur Rettung.«

65 (1) Nach diesen ermunternden Worten befahl Nikias sofort, die Schiffe zu bemannen. Gylippos und die Syrakusaner konnten mit eigenen Augen jede Einzelheit der Vorkehrungen sehen, die die Athener für die Seeschlacht trafen. Schon vorher war ihnen der Plan mit den eisernen Greifhänden verraten worden, (2) und so rüsteten sie sich denn sowohl im Allgemeinen, aber auch dagegen: Bug und einen großen Teil des Schiffsverdecks hatten sie mit Lederhäuten überzogen, damit die angeschleuderte Greifhand abgleite und keinen Gegenhalt finde. (3) Als sie mit allem fertig waren, sprachen ihnen die Feldherren und Gylippos mit folgenden Worten Mut zu:

66 (1) »Dass unsere bisherigen Taten ruhmvoll waren und um eine ruhmvolle Zukunft die Schlacht geschlagen wird, Syrakusaner und Verbündete, scheint der Großteil von euch zu wissen – denn sonst wäret ihr nicht mit solchem Eifer bei der Sache gewesen –, sollte es aber der eine oder andere noch nicht in notwendigem Maße erkannt haben, dem werden wir es darlegen. (2) Den Athenern, die in dieses Land gekommen sind, um zunächst Sizilien zu unterjochen, hierauf, wenn das geglückt sei, den Peloponnes und das übrige Hellas – ihnen, die bereits die größte Macht unter allen Hellenen der Vergangenheit und Gegenwart besitzen, seid ihr als Erste unter allen Menschen mit einer Flotte entgegengetreten, womit sie doch bisher alles unterwarfen, habt sie in den bisherigen Seeschlachten schon besiegt und werdet sie auch in der bevorstehenden aller Wahrscheinlichkeit nach besiegen. (3) Denn wenn Männer dort, wo sie sich überlegen glauben, einen Rückschlag erleiden, so sinkt, so weit noch vorhanden, ihr Selbstvertrauen tiefer, als wenn sie von Anfang an nichts für sich erwartet hätten, und gelingt ihnen etwas wider die Hoffnung ihrer stolzen Zuversicht nicht, so geben sie auch über das tatsächliche Kräfteverhältnis hinaus nach; so scheint es jetzt den Athenern ergangen zu sein.

67 (1) Unsere frühere Stellung, in der wir, noch unerfahren, das Wagnis des Kampfes auf uns nahmen, ist jetzt viel gefestigter, und da noch die Zuversicht hinzugekommen ist, wir seien die Stärksten, wenn wir die Stärksten besiegt haben, so darf jeder doppelte Hoffnung hegen; bei den meisten Taten verleiht aber die größte Hoffnung auch größte Entschlossenheit. (2) Was sie ihrerseits unserer Ausrüstung nachgebildet haben, ist einmal unserer Art gemäß, zum anderen werden wir nicht ungerüstet sein gegen jeden ihrer Kniffe; aber es stehen bei ihnen gegen ihre sonstige Art viele Schwerbewaffnete auf den Verdecken und viele Speerschleuderer, sozusagen Landratten, Akarnanier und andere an Bord Verfrachtete, die nicht einmal so viel Platz finden werden, um kauernd ihre Speere abschießen zu können; wie sollten sie da nicht ihre Schiffe zuschanden fahren und sich alle bei so ungewohnten Bewegungen gegenseitig verwirren? (3) Denn auch die große Zahl ihrer Schiffe wird ihnen nichts nützen, falls einer von euch etwa davor Angst hat, dass er nicht gegen eine gleich starke Flotte kämpfen werde; denn auf engem Raum werden ihre vielen Schiffe weniger imstande sein, das auszuführen, was sie wollen, dafür aber sehr leicht Schaden nehmen durch das, was wir vorbereitet haben. (4) Die reine Wahrheit aber erfahrt aus den Berichten, die wir für zuverlässig halten: Das Übermaß des Unglücks und ihre gegenwärtige Zwangslage haben sie zu verzweifeltem Entschluss getrieben, nicht so sehr ihrer Streitmacht vertrauend als dem blinden Zufall das Äußerste zu wagen, wie es auch immer gehen mag, um entweder die Ausfahrt zu erzwingen oder danach zu Land den Rückzug zu nehmen, da es ihnen ja kaum schlechter gehen kann als jetzt.

68 (1) Gegen solchen Mangel an Ordnung unserer erbittertsten Gegner und ihre schicksalergebene Verzweiflung wollen wir mit loderndem Zorn in den Kampf ziehen, in der rechten Überzeugung, dass es recht getan an den Feinden, das erregte Herz mit der Rache an dem Angreifer zu sättigen, und dass es uns nun doch beschieden ist, den Feinden zu vergelten, was ja, wie man sagt, das süßeste Gefühl ist. (2) Denn es sind unsere Feinde, unsere ärgsten Feinde, ihr alle wisst das. Sind sie doch in unser Land gekommen, es zu unterjochen, und hätten, wäre es ihnen geglückt, den Männern ärgsten Schmerz zugefügt, Kindern und Frauen schlimmste Schande und der ganzen Stadt den schmählichsten Namen. (3) Angesichts einer solchen Lage darf keiner sich schlaff ergeben, noch glauben, es sei schon ein Vorteil, wenn sie nur ohne Gefahr für uns abziehen; denn das werden sie auf jeden Fall tun, auch wenn sie siegen. Stillen wir aber, wie zu erwarten ist, unser Verlangen, diese zu züchtigen und ganz Sizilien die Freiheit, die es schon früher genossen, zurückzugeben, so ist das ein ruhmvoller Kampf. Und solche Wagnisse sind am seltensten, aus denen im Fall eines Scheiterns keine Nachteile, größter Gewinn aber bei glücklichem Gelingen erwachsen.«

69 (1) So sprachen die syrakusanischen Feldherren und Gylippos ihrerseits den Soldaten Mut zu, bemannten dann sofort die Schiffe, da sie Gleiches bei den Athenern bemerkten. (2) Nikias aber, erschüttert über die gegenwärtige Lage, angesichts der Größe und Nähe der Gefahr – standen sie doch unmittelbar vor dem Auslaufen –, und in quälenden Gedanken, die einen immer vor großen Entscheidungen überkommen:[13] Alles ins Werk Gesetzte sei zu wenig und in Worten noch nicht ausreichend dargelegt, so rief er noch einmal jeden einzelnen Trierarchen auf, nannte sie beim eigenen Namen, Vaternamen und Stamm, beschwor jeden, seine eigene Ehre, wenn einer darauf hinweisen konnte, nicht zu beflecken, oder die glanzvollen Taten der Väter, wenn einer berühmte Vorfahren hatte, nicht zu verdunkeln; er erinnerte sie an die größtmögliche Unabhängigkeit ihrer Heimatstadt und die allen gewährte uneingeschränkte Freizügigkeit in der Lebensführung, und er sagte noch einiges andere, was Menschen in einem so entscheidenden Augenblick wohl sagen mögen, ohne Rücksicht darauf, sie könnten manchem anscheinend Althergebrachtes erzählen, Dinge, die bei allen Gelegenheiten so oder auf ähnliche Weise hervorgekehrt werden, über Frauen, Kinder und seit Ahnenzeiten verehrte Götter, nein, in schreckerfüllter Stunde scheint es ihnen nützlich, und sie rufen es an. (3) Da er sie also seiner Meinung nach zwar nicht ausreichend, aber doch gerade zur Not ermutigt hatte, brach er auf, führte das Fußvolk hinunter zur Küste und entfaltete es dort, so weit er konnte, damit die Schiffsbesatzungen zu bestem Nutzen daran Mut fassten. (4) Demosthenes, Menandros und Euthydemos – die Feldherren an Bord der athenischen Schiffe – stachen von ihrem Lager aus in See und fuhren geradewegs auf die Sperre und die noch verbliebene Durchfahrt zu, entschlossen, nach außen durchzubrechen.

70 (1) Die Syrakusaner und ihre Verbündeten, die mit einer ähnlichen Zahl von Schiffen wie vorher schon ausgelaufen waren, hielten mit einem Teil davon am Hafenausgang Wache und ringsum am Hafensaum, um von allen Seiten gleichzeitig über die Athener herzufallen, und gleichzeitig stand das Fußvolk entlang der Küste ihnen zur Hilfe bereit, wo immer ihre Schiffe an Land stoßen würden. Den Befehl über die syrakusanische Flotte führten Sikanos und Agatharchos, jeder über einen Flügel des Ganzen, Pythen und die Korinther hielten die Mitte. (2) Als die Athener an die Sperre herankamen, überwältigten sie im ersten Ansturm die davor aufgestellten Schiffe und versuchten, die Schließketten zu sprengen. Nun aber stürzten sich die Syrakusaner und Bundesgenossen von allen Seiten auf sie – und der Kampf tobte nicht nur an der Sperre, sondern auch im Hafen, hartnäckig und keinem der vorangegangenen vergleichbar. (3) Auf beiden Seiten zeigte sich das Schiffsvolk zum

Äußersten entschlossen, jedesmal auf Befehl den Gegner anzufahren, die Steuerleute entfalteten all ihre Geschicklichkeit in gegenseitigem Wettkampf, und die Schiffssoldaten bemühten sich, sooft Schiff auf Schiff prallte, in ihrem Kampf vom Verdeck aus nicht zurückzustehen hinter der Geschicklichkeit der anderen. Jeder Einzelne trachtete an der ihm zugewiesenen Stelle, sich als den Ersten zu erweisen. (4) Weil aber in dieser Enge viele Schiffe aufeinander trafen – die meisten, die je auf engstem Raum gekämpft hatten, beide Flotten zusammen blieben nur wenig unter 200 –, kam es seltener zu echten Rammstößen, da Rücklauf und Durchfahrt nicht möglich waren, häufiger aber zu Zusammenstößen, wie eben Schiff auf Schiff prallte, entweder bei der Flucht oder beim Angriff auf ein anderes. (5) Solange ein Schiff anlief, beschoss es die Deckbesatzung mit zahlreichen Speeren, Pfeilen und Steinen, waren sie aber Bord an Bord, so stürzten sich die Schiffssoldaten ins Handgemenge und versuchten, jeweils das feindliche Schiff zu entern. (6) So kam es oftmals wegen der Raumenge vor, dass sie andere gerammt hatten, dann aber selbst gerammt waren, dass zwei, manchenorts sogar mehr Schiffe an einem unvermeidlich hängen blieben, dass den Steuerleuten einerseits Abwehr, andererseits Angriff nicht in einer einzigen Richtung, sondern überallhin nach allen Seiten, als Aufgabe gestellt war und dass das gewaltige Getöse der vielen aufeinander stoßenden Schiffe Verwirrung schuf und man daher auch die Rufe der Rudermeister nicht vernehmen konnte. (7) Auf beiden Seiten erhob sich viel Geschrei, wenn die Rudermeister ihre anfeuernden Befehle durchgaben entsprechend ihrer Aufgabe, aber auch aus dem Kampfeseifer des Augenblicks; den Athenern riefen sie zu, die Ausfahrt zu erzwingen und um der Rettung in die Heimat jetzt, wenn jemals überhaupt, entschlossen zuzupacken, den Syrakusanern und ihren Verbündeten, es sei ruhmvoll, ihr

Entkommen zu hindern und durch einen Sieg die eigene Heimat zu erhöhen. (8) Sooft außerdem die Feldherren beider Flotten jemand ohne zwingenden Grund rückwärts rudern sahen, riefen sie den Trierarchen beim Namen und fragten, die Athener, ob er in das ihnen so feindselige Land mehr Vertrauen setze als in das unter so großen Mühen eroberte Meer, weil er jetzt zurückweiche, die Syrakusaner, da sie ja genau wüssten, dass die Athener auf jede nur mögliche Art zu entkommen trachteten, ob sie denn vor Fliehenden selbst fliehen wollten?

71 (1) Die beiden Fußvölker an Land waren, solange die Seeschlacht unentschieden stand, von widerstreitenden und erregten Gedanken zerrissen, siegesgierig das einheimische nach noch größerem Ruhm, voll Furcht die Eindringlinge, es könnte ihnen noch schlechter ergehen als jetzt. (2) Da nämlich die Athener all ihre Hoffnung auf die Flotte gesetzt hatten, war ihre Furcht mit nichts vergleichbar, und wegen des wechselnden Standes der Seeschlacht mussten sie auch einen wechselnden Eindruck vom Land aus gewinnen. (3) Da sie nämlich den Verlauf aus nächster Nähe beobachteten und nicht alle gleichzeitig in dieselbe Richtung schauten, konnten wohl einige, wenn sie die Ihren irgendwo siegen sahen, neuen Mut schöpfen und die Götter anrufen, ihnen nicht die Rettung zu verwehren; wer aber dorthin sah, wo sich eine Niederlage abzeichnete, brach in lautes Wehklagen aus und war vom bloßen Anblick der Ereignisse verzweifelter als die Kämpfer selbst; andere wiederum, die auf einen Abschnitt hinblickten, wo das Kampfgeschehen noch ausgeglichen war, zeigten bei der lang währenden Unentschiedenheit des Gefechtes ihre angstvolle Erwartung sogar in den Körperbewegungen und waren überhaupt am schlimmsten dran; denn jeweils fühlten sie sich beinahe gerettet oder verloren. (4) In ein und demselben Heer der Athener konnte man, solange der Kampf noch nicht entschieden war, alles zugleich hören: Jammern, Geschrei, Sieger, Unterlegene, alles, was in großer Gefahr ein großes Heer unwillkürlich an mannigfachen Lauten von sich gibt. (5) Ähnlich wie ihnen erging es auch den Schiffsmannschaften, bis schließlich doch die Syrakusaner und ihre Verbündeten nach langer Dauer der Seeschlacht die Athener zur Flucht zwangen und in kräftigem Nachstoß unter gewaltigem Geschrei und anfeuerndem Zuruf an die Küste trieben. (6) Nun landete die Flotte, so weit nicht schon während der Fahrt gefangen, an verschiedenen Stellen, die Mannschaft stürzte hinaus ins Lager; das Fußvolk war nicht mehr in Stimmungen zerrissen, sondern in einem einzigen Aufschrei beklagten und bejammerten alle in bitterem Schmerz das Geschehen, die einen eilten den Schiffen zu Hilfe, andere zur restlichen Mauer, um sie zu decken, wieder andere, und zwar die meisten, dachten nur mehr an sich selbst, wie sie sich retten könnten. (7) Lähmendes Entsetzen lastete in dieser Stunde auf allen wie niemals zuvor. Am eigenen Leibe erfuhren sie nun, was sie ähnlich in Pylos anderen zugefügt hatten; denn nach dem Verlust der Schiffe mussten die Lakedaimonier auch ihre auf der Insel abgesetzten Leute verloren geben, und jetzt hatten die Athener keine Hoffnung, auf dem Landweg heil durchzukommen, wenn nicht etwas ganz Unerwartetes geschähe.

72 (1) Nach dieser harten Seeschlacht und beiderseitigen schweren Verlusten an Schiffen und Menschen bargen die siegreichen Syrakusaner und ihre Verbündeten die Schiffstrümmer und die Toten, segelten zurück zur Stadt und errichteten ein Siegeszeichen. (2) Die Athener, unter dem Druck ihres gegenwärtigen Unglücks, dachten nicht einmal daran, die Bergung ihrer Toten und Schiffstrümmer zu erbitten, sondern wollten gleich in derselben Nacht abziehen. (3) Demosthenes aber wandte sich an Nikias mit dem Vorschlag, noch einmal die restlichen Schiffe zu bemannen und gleich beim Morgengrauen, wenn möglich, die Ausfahrt zu erzwingen, es seien ihnen ja mehr seetüchtige Schiffe verblieben als den Feinden; tatsächlich waren den Athenern ungefähr 60 Schiffe geblieben, den Gegnern etwas weniger als 50. (4) Als Nikias zustimmte und sie die Schiffe bemannen wollten, waren die Seeleute nicht bereit, an Bord zu gehen, weil sie in ihrem fassungslosen Jammer über die Niederlage nicht mehr an einen Sieg glauben konnten.

73 (1) So waren sie denn nun alle zusammen entschlossen, auf dem Landweg abzuziehen. Der Syrakusaner Hermokrates merkte freilich ihre Absicht; und da er es für gefährlich hielt, wenn ein so gewaltiges Heer zu Land abzöge, sich irgendwo in Sizilien festsetzte und so aufs Neue nach eigenem Ermessen den Krieg gegen sie aufnehmen könne, wandte er sich an die Oberhäupter der Stadt und trug ihnen seine Meinung vor: Man dürfe die Athener diese Nacht nicht ungestört abziehen lassen – und er entwickelte seine eigenen Ansichten hierüber –, vielmehr müssten sogleich alle Syrakusaner und Verbündeten ausrücken, die Straßen sperren, die Engpässe im Land vorweg besetzen und bewachen. (2) Jene waren zwar selbst der gleichen Meinung, nicht weniger als er, und hielten es für notwendig, so zu handeln, nur würden die Leute in ihrer Freude, sich eben nach der schweren Seeschlacht ein wenig erholt zu haben, zudem an diesem Festtag – sie brachten gerade an diesem Tag dem Herakles ein feierliches Opfer dar –, nicht leicht zum Gehorsam bereit sein; aus übergroßer Freude über den Sieg hätten sich die meisten im Verlauf des Festes dem Trunke zugewandt und würden ihnen wahrscheinlich in allem eher gehorchen, als derzeit die Waffen zu ergreifen und auszurücken. (3) Da also den Führern bei solchen Überlegungen der Plan nicht durchführbar schien und Hermokrates sie nicht mehr eines Besseren belehren konnte, ersann er unter solchen Umständen aus Eigenem Folgendes; er fürchtete nämlich, die Athener könnten in aller Ruhe noch vor ihnen bei Nacht an den schwierigsten Stellen vorbeikommen: Er schickte einige seiner Freunde mit Reitern bei Einbruch der Dunkelheit zum athenischen Lager; diese ritten bis auf Hörweite heran und riefen einige zu sich heran, so als wären sie gute Freunde der Athener – Nikias hatte ja wirklich Leute, die ihm von den Vorgängen in der Stadt berichteten: Sie sollten dem Nikias zureden, nicht in dieser Nacht das Heer wegzuführen, weil die Syrakusaner die Wege besetzt hielten, er möge doch lieber bei Tag und bestens gerüstet abziehen. (4) Nach diesen Worten ritten sie weg, die es gehört hatten, meldeten es den athenischen Feldherren.

74 (1) So blieben sie auf diese Nachricht hin an Ort und Stelle, da sie keinen Trug vermuteten. Und da sie nun schon einmal nicht sofort aufgebrochen waren, beschlossen sie, auch den folgenden Tag noch zu warten, damit die Soldaten den Umständen angepasst möglichst zweckmäßig packen könnten; alles andere wollten sie zurücklassen und nur das auf den Marsch mitnehmen, was sie zur Erhaltung des Lebens benötigten. (2) Die Syrakusaner und Gylippos waren inzwischen mit dem Fußvolk vorausgezogen, hatten alle Wege im Land, wo erwartungsgemäß die Athener marschieren würden, gesperrt, die Übergänge über Bäche und Flüsse mit Wachen besetzt und sich dort, wo es ihnen günstig schien, zum Empfang des Heeres aufgestellt, um es aufzuhalten. Mit ihren Schiffen fuhren sie heran und zogen die athenischen vom Strand herab; einige wenige hatten schon die Athener, wie beabsichtigt, verbrannt, die restlichen nahmen sie in aller Ruhe, ohne dass sie jemand hinderte, ins Schlepptau, wie eben jedes an Land gelaufen war, und brachten sie zur Stadt.

75 (1) Als dann Nikias und Demosthenes die Vorbereitungen für ausreichend hielten, kam es endlich zum Aufbruch des Heeres, am dritten Tage nach der Seeschlacht.

(2) Furchtbar war das ganze Geschehen nicht nur in der einen Hinsicht, dass sie nun nach dem Verlust aller Schiffe abziehen mussten, statt voll mächtiger Siegeshoffnung, unter Gefahr für sich selbst und die eigene Stadt; auch beim Verlassen des Lagers musste jeder noch Schmerzliches sehen und fühlen. (3) Die Toten waren unbestattet, und sooft jemand einen der Seinen liegen sah, erfüllte es ihn mit Trauer und Angst; und die Lebenden, die zurückblieben, Verwundete und Kranke, erschienen den Lebenden noch viel bejammernswerter als die Toten und unglücklicher als die Gefallenen. (4) Mit ihrem Flehen und Wehklagen stürzten sie alle in qualvolle Zweifel, wenn sie baten, mitgenommen zu werden, und jeden Einzelnen beim Namen riefen, wo sie gerade einen ihrer Kameraden oder Angehörigen sahen, wenn sie sich an ihre bereits abziehenden Zeltgenossen anklammerten und ihnen folgten, so weit sie konnten, und wo einen die Körperkräfte verließen, unter lauten Beschwörungen und Jammern zurückblieben; so kam es, dass das ganze Heer vor Tränen und Verzweiflung sich nur sehr schwer auf den Weg machte, wiewohl aus Feindesland und nach Leiden, die alle Tränen überstiegen, in angstvoller Erwartung, was sie in der ungewissen Zukunft noch durchmachen müssten. (5) Überall herrschten Niedergeschlagenheit und Selbstvorwürfe. Alles glich einer Flucht aus eroberter Stadt, dabei aus einer ziemlich großen; von der gesamten Schar waren zusammen nicht weniger als 40 000 auf dem Marsch. Von diesen trug jeder, was er an Brauchbarem mitnehmen konnte, die Schwerbewaffneten und die Reiter gegen die sonstige Gewohnheit außer den Waffen noch ihre eigene Verpflegung, die einen aus Mangel an Dienern, die anderen aus Misstrauen; denn diese waren zum Feind übergelaufen, teils schon seit langem, die meisten aber erst kürzlich. Aber nicht einmal das, was sie mittrugen, sollte ausreichen; es gab ja keine Lebensmittel mehr im Lager. (6) Überhaupt ihr

ganzer jammervoller Zustand, in dem man doch sonst durch die Leidensgemeinschaft vieler Trost zu finden pflegt, schien ihnen trotzdem im Augenblick unerträglich, zumal bei dem Gedanken, nach welchem Glanz und Prunk des Anfangs nun welches Ende und Elend über sie gekommen sei. (7) Es war sicher der gewaltigste Umschwung, den ein hellenisches Heer erlebte. Statt, wozu sie gekommen waren, andere zu unterjochen, mussten sie nun abziehen, voll Furcht, eher selbst dasselbe Schicksal zu erleiden; statt der Gelübde und Schlachtgesänge, unter denen sie ausfuhren, mussten sie nun unter gegenteiligen Ausrufen aufbrechen, und zwar zu Fuß statt zur See, mit größerem Vertrauen auf die Schwerbewaffneten als auf die Flotte. Und doch, vor der Größe der noch über ihnen schwebenden Gefahr, erschien ihnen dies alles erträglich.

76 (1) Als Nikias das Heer mutlos und so gänzlich verändert sah, ging er die Reihen entlang, ermutigte und tröstete alle, so gut er konnte; immer lauter sprach er den Abteilungen zu, an denen er vorbeikam, voll Eifer und mit dem Wunsch, etwas nützen zu können, wenn er möglichst weit gehört werde:

77 (1) »Auch in gegenwärtiger Lage, Athener und Verbündete, müsst ihr noch hoffen – schon manche wurden aus drohenderen Gefahren als diesen gerettet – und dürft euch nicht allzu schwere Vorwürfe machen wegen der Misserfolge und der unverdienten Leiden. (2) Ich selbst bin ja nicht gesünder und kräftiger als irgendeiner aus eurer Mitte – seht doch, wie ich von der Krankheit mitgenommen bin – und stand an Glück, so schien es, keinem nach, weder im persönlichen Leben noch sonst und schwebe jetzt in der gleichen Gefahr wie der Schlechteste und habe doch in meinem Leben den Göttern reichlich gegeben, was ihnen zukommt, und mich gegenüber den Menschen gerecht und vorwurfsfrei verhalten. (3) Deshalb hege ich, was das Kommende betrifft, zuversichtliche Hoffnung; die Misserfolge aber schrecken uns mehr als notwendig. Vielleicht haben sie auch jetzt ein Ende, lange genug hat ja unseren Feinden das Glück gelacht, und wenn unser Feldzug einem Gott verhasst war, so sind wir schon genug dafür bestraft.[14] (4) Es sind doch schon manche gegen ihre Feinde in den Krieg gezogen, haben nach Menschenart gehandelt und Erträgliches erlitten. So dürfen auch wir mit gutem Grund jetzt ein gnädigeres Walten der Götter erhoffen – ihr Mitleid verdienen wir ja schon mehr als ihren Unwillen –, und wenn ihr seht, wie viele Hopliten ihr hier vereint seid und in geschlossener Ordnung abzieht, so seid nicht allzu niedergeschlagen, sondern bedenkt, dass ihr selbst sogleich eine Stadt seid, wo immer ihr euch niederlasst, und keine andere in Sizilien eurem Angriff standhalten oder euch von eurem Standort vertreiben könnte. (5) Dass auf dem Marsch Sicherheit und Ordnung herrscht, dafür müsst ihr selbst sorgen, jeder von dem einen Gedanken beseelt, dass er an dem Platz, an dem er zum Kampf gezwungen wird, Heimat und Schutzfeste finden kann. (6) Und eilig werden wir marschieren, des Nachts ebenso wie des Tags; denn unsere Vorräte sind schon sehr knapp, und wenn wir zu einem befreundeten Ort der Sikeler kommen – die sind uns wegen ihrer Furcht vor den Syrakusanern noch zuverlässig –, dann dürft ihr euch endlich in Sicherheit wiegen. Wir haben Boten an sie vorausgeschickt und verabredet, sie sollten uns entgegenziehen und Lebensmittel mitbringen. (7) Alles in allem, Soldaten, begreift doch, ihr müsst jetzt eure Tapferkeit beweisen, da es keinen Ort in der Nähe gibt, wohin ihr euch kleinmütig in Sicherheit bringen könntet; entflieht ihr aber jetzt den Feinden, so werdet ihr anderen alles wiedersehen, wonach ihr euch sehnt, und ihr Athener werdet die große Macht eurer Stadt, mag sie auch jetzt erschüttert sein, wieder aufrichten; denn Männer machen eine Stadt, nicht Mauern und nicht Schiffe ohne Männer.«

78 (1) Unter solch ermunterndem Zuspruch schritt Nikias die Abteilungen entlang und überall, wo er eine Lücke oder Unordnung bemerkte, ließ er aufrücken und in Reih und Glied treten; mit gleichem Eifer sorgte Demosthenes für die Seinen, sprach ihnen so oder ähnlich Mut zu. (2) Das Heer marschierte in Karreeformation, voran die Abteilung des Nikias, nachfolgend die des Demosthenes, die Träger und den Haupttross nahmen die Schwerbewaffneten in die Mitte. (3) Als sie zum Übergang des Anaposflusses kamen, fanden sie dort entlang des Ufers Truppen der Syrakusaner und Verbündeten aufgestellt. Diese schlugen sie in die Flucht, bemächtigten sich der Furt und marschierten weiter; dabei setzten ihnen die syrakusanischen Reiter und die leichtbewaffneten Speerschützen hart zu. (4) An diesem Tag kamen die Athener ungefähr 40 Stadien weiter und nächtigten am Fuß eines Hügels; tags darauf brachen sie in aller Frühe auf und marschierten ungefähr 20 Stadien, dann stiegen sie in eine Ebene hinab und schlugen dort ihr Lager auf, um sich in den Häusern etwas Essbares zu beschaffen – die Gegend war nämlich bewohnt – und von dort Wasser mitzunehmen; denn auf der vor ihnen liegenden Wegstrecke gab es über weite Entfernungen fast kein Wasser. (5) Die Syrakusaner zogen ihnen unterdessen voraus und sperrten den Pass vor ihnen durch eine Mauer; es war ein beherrschender Hügel, auf beiden Seiten in eine steile Schlucht abfallend, der so genannte Akrafels. (6) Am folgenden Tag rückten die Athener wieder vor; aber die Reiter und Speerwerfer der Syrakusaner und Verbündeten, stark an Zahl, setzten ihnen von beiden Seiten hart zu, beschossen sie mit Speeren und sprengten neben ihnen her. Lange Zeit kämpften die Athener, dann zogen sie sich wieder in das gleiche Lager zurück. Lebensmittel bekamen sie auch nicht mehr in gleicher Weise; denn wegen der Reiter konnten sie sich nicht allzu weit entfernen.

79 (1) Am Morgen brachen sie auf, marschierten weiter und bahnten sich gewaltsam den Weg bis zum abgemauerten Hügel; dort fanden sie vor sich jenseits der Sperrmauer das Fußvolk viele Mann tief aufgestellt, denn der Platz dort war eng. (2) In kräftigem Vorstoß versuchten nun die Athener die Mauer zu stürmen, wurden aber von der Menge auf dem steilen Hügel beschossen – von oben herab trafen sie natürlich viel besser –, sie konnten nicht durchbrechen, zogen sich zurück und rasteten. (3) Zufällig donnerte es gerade dann einige Male und regnete, wie es gegen den Herbst zu ja üblich ist; darüber wurden die Athener noch mutloser und meinten, auch dies alles geschehe zu ihrem Verderben. (4) Während sie rasteten, schickten Gylippos und die Syrakusaner eine Heeresabteilung, um sie nun auch im Rücken, dort, wo sie hergekommen waren, abzumauern; die Athener warfen ihnen aber einige der Ihren entgegen und verhinderten das. (5) Hierauf zogen die Athener mit ihrer gesamten Streitmacht mehr gegen die Ebene zu und nächtigten dort. Am folgenden Tag rückten sie weiter vor, die Syrakusaner drangen aber von allen Seiten auf sie ein und verwundeten viele; sooft die Athener angriffen, wichen sie zurück, wichen aber die Athener, drängten sie nach und fielen vor allem über die Letzten her, damit sie vielleicht kleine Abteilungen in die Flucht schlagen und so das ganze Heer in Schrecken versetzen könnten. (6) Lange wehrten sich die Athener auf solche Art, dann, nach einer Marschstrecke von 5 oder 6 Stadien, rasteten sie in der Ebene. Auch die Syrakusaner ließen von ihnen ab und kehrten in ihr Lager zurück.

80 (1) In der Nacht beschlossen Nikias und Demosthenes, da ihr Heer bereits arg unter dem Mangel aller Lebensmittel litt und sie infolge der vielen Angriffe der Feinde viele Verwundete hatten, eine möglichst große Anzahl von Lagerfeuern anzuzünden und das Heer wegzuführen, aber

nicht mehr auf dem geplanten Weg, sondern in entgegengesetzter Richtung, wo ihnen die Syrakusaner nicht auflauerten, zum Meer hin. (2) Das Heer marschierte nun aber nicht auf Katane zu, sondern nach der anderen Seite Siziliens, gegen Kamarina, Gela und die dortigen hellenischen und barbarischen Städte. (3) Sie entfachten also viele Feuer und zogen bei Nacht ab. Wie es aber allen Heeren, besonders den großen, zu ergehen pflegt, dass Furcht und Schrecken sich verbreiten, zumal bei Nachtmärschen durch Feindesland und in enger Feindberührung, so befiel auch sie gewaltige Verwirrung. (4) Der Heeresteil des Nikias, der ja an der Spitze marschierte, blieb beisammen und gewann einen großen Vorsprung, der des Demosthenes, ungefähr die Hälfte oder mehr, riss ab und zog in ziemlicher Unordnung weiter. (5) Bei Tagesanbruch gelangten sie aber doch zum Meer, schwenkten in die so genannte Helorosstraße ein und wollten, sobald sie zum Kakyparis gekommen wären, entlang des Flusses durch das Binnenland ziehen. Sie hofften nämlich, die Sikeler, zu denen sie Boten geschickt hatten, würden hier zu ihnen stoßen. (6) Doch als sie beim Fluss ankamen, fanden sie auch dort eine Wache der Syrakusaner, die gerade dabei war, den Übergang durch eine Mauer und durch Pfahlwerk zu sperren. Sie bahnten sich gewaltsam den Weg, überschritten den Fluss und zogen weiter zu einem anderen Fluss, dem Erineos. So rieten es ihnen die Führer.

81 (1) Als die Syrakusaner und ihre Verbündeten – es war unterdessen Tag geworden – den Abzug der Athener bemerkten, beschuldigten die meisten den Gylippos, er habe absichtlich die Athener entkommen lassen; unverzüglich setzten sie ihnen nach, wo sie unschwer die Spuren ihres Marsches bemerkten, und holten sie ungefähr zur Frühstückszeit ein. (2) Als sie auf die Abteilung des Demosthenes stießen, die weiter zurückhing und langsamer und ungeordneter marschierte seit dem Schrecken der vergangenen Nacht, griffen sie sogleich an und kämpften; die syrakusanischen Reiter konnten sie leichter einkreisen, da sie ja (vom Haupttrupp) getrennt waren, und in die Enge treiben. (3) Der Heeresteil des Nikias aber hatte schon einen Vorsprung von ungefähr 50 Stadien; denn Nikias marschierte schneller, da seiner Meinung nach in einer solchen Lage nicht freiwilliger Widerstand und Kampf Rettung bedeutete, sondern raschester Rückzug; kämpfen aber sollten sie nur, so weit man sie dazu zwinge. (4) Demosthenes war überhaupt die meiste Zeit und unausgesetzt in Bedrängnis, weil ihm, dem Letzten des Zuges, die Feinde zuerst zusetzten; als er aber jetzt sah, dass die Syrakusaner ihn verfolgten, rückte er nicht mehr weiter vor, sondern trachtete, seine Truppen zur Schlacht zu ordnen, bis er schließlich, da er hierfür einige Zeit brauchte, von ihnen eingekreist wurde und samt seinen Athenern in arge Not geriet. Zurückgedrängt an einen Platz, der kreisförmig von einer niedrigen Mauer umgeben war, mit einem Ausgang auf beiden Seiten und nicht wenigen Ölbäumen, wurden sie ringsum beschossen. (5) Mit gutem Grund verlegten sich die Syrakusaner auf diese Art des Angriffs und nicht auf Nahkämpfe; in einem Entscheidungskampf gegen Verzweifelte wären nicht so sehr sie im Vorteil gewesen wie die Athener; irgendwie schonten sie sich auch schon angesichts des sicheren Erfolges, um sich nicht vorher aufzureiben, glaubten sie ja, auch so, auf diese Weise sie niederzuringen und gefangen zu nehmen.

82 (1) Als sie nun den ganzen Tag hindurch die Athener und ihre Verbündeten beschossen hatten und sahen, wie zermürbt sie bereits waren durch ihre Wunden und all ihre sonstige Not, da ließen Gylippos, die Syrakusaner und Verbündeten verkünden, zunächst, ob von den Inselbewohnern jemand um der Freiheit willen zu ihnen übertreten wolle; es zogen auch wirklich die Mannschaften einiger weniger Städte ab. (2) Etwas später kam dann auch mit allen anderen Truppen des Demosthenes ein Abkommen zustande: Sie sollten die Waffen abliefern und keiner sollte sterben, weder eines gewaltsamen Todes noch in Gefangenschaft noch aus Mangel am nötigsten Lebensunterhalt. (3) Da ergaben sich alle, 6000 Mann, ihr ganzes Geld, das sie bei sich hatten, lieferten sie ab – sie warfen es in die umgedrehten Schilde – und füllten damit vier Schilde. Diese Leute brachten sie dann gleich in die Stadt. – Nikias kam mit seiner Abteilung an diesem Tag zum Erineos, überschritt ihn und ließ das Heer auf einer Anhöhe lagern.

83 (1) Die Syrakusaner holten ihn am folgenden Tag ein, berichteten, Demosthenes habe sich mit seinen Leuten ergeben, und forderten auch ihn auf, das Gleiche zu tun. Er aber, voll Misstrauen, bedang sich aus, einen Reiter auszusenden, um es zu überprüfen. (2) Als der abgeritten war und die Nachricht zurückbrachte, sie hätten sich ergeben, ließ er durch einen Herold dem Gylippos und den Syrakusanern melden, er sei bereit, im Namen des athenischen Volkes einen Vertrag zu schließen: Sie würden alles Geld, das die Syrakusaner für den Krieg aufgewendet hätten, ersetzen, jene dafür sein Heer abziehen lassen; bis das Geld bezahlt sei, würde er Athener als Geiseln stellen, einen für 1 Talent. (3) Die Syrakusaner und Gylippos nahmen aber die Vorschläge nicht an, stürmten vor, umstellten sie und beschossen auch sie von allen Seiten bis spät am Abend. (4) Ihnen erging es ebenfalls schlecht durch den Mangel an Nahrung und allem Nötigen. Dennoch wollten sie die Ruhe der Nacht abwarten und dann abziehen. Sie nahmen die Waffen auf, die Syrakusaner merkten es aber sogleich und stimmten den Schlachtruf an. (5) Da sich die Athener entdeckt sahen, legten sie die Waffen wieder zu Boden, außer etwa 300

Mann; diese brachen durch die Wachposten und marschierten in der Nacht auf dem erstbesten Weg.

84 (1) Bei Tagesanbruch führte Nikias das Heer weiter; die Syrakusaner und Verbündeten bedrängten sie auf die gleiche Weise von allen Seiten und beschossen sie mit Pfeilen und Speeren. (2) Die Athener strebten mit aller Kraft zum Asinaros, teils in der Hoffnung, der Druck des allseitigen Angriffs der vielen Reiter und des übrigen Kriegsvolkes werde nachlassen, wenn sie erst den Fluss überschritten hätten, teils wegen ihrer Erschöpfung und aus Gier nach Wasser. (3) Als sie dort ankamen, stürzten sie hinein ohne jede Ordnung; jeder wollte zuerst am andern Ufer sein, und die nachdrängenden Feinde machten den Übergang vollends schwierig. Denn gezwungen, dicht gedrängt zu marschieren, stürzten sie übereinander und traten sich zu Boden, im Gewirr der Speere und Rüstungen kamen einige sogleich um, andere verwickelten sich und trieben ab. (4) Am anderen Flussufer – einem Steilhang – stellten sich die Syrakusaner auf und beschossen von oben die Athener, von denen die meisten gierig tranken und in dem tief eingeschnittenen Flussbett die eigenen Reihen in Unordnung brachten. (5) Die Peloponnesier stiegen nach ihnen hinunter und metzelten die im Fluss zum Großteil nieder; das Wasser war auch sogleich verdorben, wurde aber dennoch getrunken, obwohl es mit Schlamm und Blut vermengt war, ja die Menge raufte sich noch darum.

85 (1) Als bereits unzählige Leichen im Fluss übereinanderlagen und das Heer vernichtet war, ein Teil im Fluss, der andere, wenn einigen die Flucht glückte, durch die Reiter, ergab sich Nikias dem Gylippos, dem er mehr vertraute als den Syrakusanern; mit ihm sollten er und die Lakedaimonier verfahren, wie sie wollten, die anderen Soldaten aber nicht länger morden. (2) Hierauf befahl Gylippos, nur noch Gefangene zu machen; die Übrigen, sofern man sie nicht heimlich für sich zur Seite schaffte – und das waren viele –, brachten sie lebend zusammen, und den 300, die in der Nacht die Wache durchbrochen hatten, schickten sie Verfolger nach, die sie auch wirklich gefangen nahmen. (3) Was so vom Heer zur Verfügung der Stadt aufgebracht wurde, war nicht sehr viel, was aber heimlich entzogen wurde, das war viel, und ganz Sizilien war von ihnen voll, weil sie nicht aufgrund eines Vertrages wie die des Demosthenes gefangen worden waren. (4) Ein nicht geringer Teil war gefallen; es war in der Tat ein gewaltiges Gemetzel und nicht geringer als irgendeines in diesem Krieg. Viele kamen aber doch davon, teils sofort, teils nach Sklaverei, aus der sie später entliefen. Diese fanden Zuflucht in Katane.

86 (1) Nun sammelten sich die Syrakusaner und ihre Verbündeten wieder, nahmen alle Gefangenen, deren sie sich bemächtigt hatten, und die Beutewaffen mit und kehrten in die Stadt zurück. (2) Alle Athener und Bundesgenossen, die sie gefangen hatten, trieben sie in die Steinbrüche[15] hinunter, den ihrer Meinung nach sichersten Gewahrsam; Nikias aber und Demosthenes erschlugen sie gegen den Willen des Gylippos; denn dieser hätte es für seinen herrlichsten Siegespreis gehalten, zu allem Übrigen noch die feindlichen Feldherren den Lakedaimoniern vorzuführen. (3) Der Zufall fügte es, dass der eine ihr ärgster Feind war, Demosthenes, wegen der Ereignisse auf der Insel und in Pylos, der andere, aus demselben Grund, der beste Helfer; er hatte sich nämlich nachdrücklich dafür eingesetzt, dass die Lakedaimonier von der Insel aufgrund des Friedens, zu dem er die Athener bewogen hatte, freigelassen wurden. (4) Daher waren die Lakedaimonier ihm auch sehr gewogen, und nicht zum Mindesten deshalb hatte er sich im guten Glauben dem Gylippos ergeben. Aber einige Syrakusaner, wie es hieß, fürchteten, er könnte, weil sie mit ihm verhandelt hätten, bei peinlichem Verhör ihr Glück deshalb trüben, andere wiederum, und vor allem die Korinther, er würde, bei seinem Reichtum, Leute bestechen, entfliehen und ihnen neue Schwierigkeiten bereiten; deshalb gewannen sie die Bundesgenossen für ihre Absicht und töteten ihn. (5) So starb dieser Mann aus einem solchen oder sehr ähnlichen Grund, er, der von allen Hellenen meiner Zeit am wenigsten ein so unglückliches Schicksal verdient hätte, weil er sein ganzes Streben auf die Erfüllung des allgemein Gültigen gerichtet hatte.

87 (1) Die Leute in den Steinbrüchen behandelten die Syrakusaner in den ersten Zeiten sehr grausam. Auf tief eingeschnittenem und engem Raum dicht zusammengedrängt, litten sie anfangs noch unter der Sonne und der stickigen Hitze, da kein Dach sie schützte; andererseits brachten die folgenden kühlen Herbstnächte durch den Umschwung Krankheiten; (2) und weil sie wegen der Enge des Raumes alles an einem Ort tun mussten und noch dazu die Toten ebenfalls hier übereinander geschichtet lagen, die an ihren Wunden, dem Witterungsumschwung und dergleichen gestorben waren, so herrschte unerträglicher Gestank – außerdem wurden sie von Hunger und Durst gequält, denn sie gaben einem jeden von ihnen acht Monate hindurch 1 Kotyle Wasser und 2 Kotylen Getreide;[16] und von allen Leiden, die Menschen an einem solchen Ort zu erwarten haben, blieb ihnen auch kein Einziges erspart. (3) So verbrachten sie ungefähr siebzig Tage zusammen; hierauf wurden außer den Athenern und den Leuten aus Sizilien und Italien, die am Feldzug teilgenommen hatten, alle anderen freigelassen. (4) Gefangen genommen wurden, genau ist es unmöglich anzugeben, doch insgesamt nicht weniger als 7000.

(5) Dieses Unternehmen war sicherlich von allen in diesem Krieg das größte, meiner Meinung nach sogar von allen, die wir aus der hellenischen Geschichte kennen, für die

Sieger strahlendster Ruhm, für die Unterlegenen tiefstes Leid. (6) In allem allseitig niedergerungen und nirgends gering vom Leid getroffen, im Alluntergang, so sei es denn genannt, Volk und Flotte, und nichts, was nicht untergegangen wäre; nur wenige von so vielen kehrten nach Hause zurück. Das waren die Ereignisse in Sizilien.

Achtes Buch

1 (1) Als die Nachricht nach Athen kam, konnten sie es lange nicht glauben, auch nicht den tüchtigsten Soldaten, die dem Kampf selbst entronnen waren und genau berichteten; so ganz und gar könne doch nicht das ganze Heer vernichtet sein. Als sie dann aber zur Gewissheit kamen, waren sie erbittert gegen die Redner, die ihnen für die Ausfahrt Mut gemacht hatten – als hätten nicht sie dafür gestimmt –, und zürnten den Orakeldeutern und Sehern und allen anderen, die damals ihnen durch irgendwelche Weissagungen die Hoffnung auf die Eroberung Siziliens genährt hatten. (2) Alles Elend brach von allen Seiten auf sie herein, und rings um sie standen nach diesem Ereignis Furcht und höchste Bestürzung. Verloren hatte jeder Einzelne und die ganze Stadt viele Schwerbewaffnete, Reiter und eine Jungmannschaft, für die sie keine zweite vorhanden sahen; das bedrückte sie sehr. Da sie außerdem in den Werften nicht genug Schiffe sahen, kein Geld in der Staatskasse und keine Mannschaften für die Schiffe, gaben sie alle Hoffnung auf Rettung in solcher Lage auf. Sie glaubten, ihre Feinde aus Sizilien würden sogleich gegen den Piräus fahren, zumal bei ihrer großen Überlegenheit, und die Feinde in Griechenland, jetzt in allem doppelt gerüstet, würden auch von der Land- und Seeseite her angreifen und mit ihnen ihre abgefallenen Bundesgenossen. (3) Dennoch waren sie entschlossen, so weit ihre Mittel noch reichten, nicht nachzugeben, sondern eine Flotte auszurüsten – woher sie nur könnten, würden sie Holz herbeischaffen –, Geld bereitzustellen, sichere Verhältnisse bei den Bundesgenossen und vor allem in Euboia zu schaffen, manches in der Stadt vernünftig einzu-

schränken und eine Behörde[1] von älteren Männern zu wählen, die über Maßnahmen nach dem jeweiligen Stand der Dinge vorberaten sollten. (4) Sie waren im ersten Schrecken, wie es Art des Volkes ist, zu jedem Gehorsam bereit. Und wie sie beschlossen hatten, so handelten sie auch. Das war das Ende des Sommers.

Winter 413/412

2 (1) Im darauf folgenden Winter waren im Hinblick auf den gewaltigen Misserfolg der Athener in Sizilien sogleich alle Hellenen in gespannter Erregung. Die Neutralen meinten, auch wenn sie niemand um ihren Einsatz bitte, sich nicht mehr vom Krieg fern halten zu dürfen, sondern aus eigenem Entschluss gegen die Athener auftreten zu müssen – (die Athener) wären auch auf sie der Reihe nach losgegangen, wenn sie in Sizilien Erfolg gehabt hätten –, und zugleich werde der restliche Krieg kurz sein und daran teilgenommen zu haben bringe ihnen Ruhm ein. Die Verbündeten der Lakedaimonier zeigten zusammen noch größeren Eifer als früher, sich rasch einer vielfachen Plage zu entledigen. (2) Die größte Bereitschaft bewiesen die Untertanen der Athener, von ihnen abzufallen, auch mit Überschätzung ihrer eigenen Kräfte, weil sie die Lage voller Leidenschaft beurteilten und keinen vernünftigen Grund hatten, den kommenden Sommer über durchhalten zu können. (3) Die Politik der Lakedaimonier war durch all das zuversichtlich, hauptsächlich weil ihre Verbündeten aus Sizilien mit großer Macht – die Notlage hatte ihnen zu einer Flotte verholfen – zu Frühlingsbeginn ihnen erwartungsgemäß beistehen sollten. (4) In jeder Hinsicht waren die Aussichten für sie günstig, daher dachten sie daran, sich ohne Bedenken auf den Krieg einzulassen. Ihre Überlegung war, dass sie nach seinem glücklichen Ende für die Zukunft von all den Gefahren befreit wären, die wohl von den Athenern gedroht hätten, wenn diese Siziliens Macht dazugewonnen hätten. Wenn sie Athen niedergerungen hätten, würden sie selbst endlich ungestört die Hegemonie über ganz Hellas ausüben.

3 (1) Sofort brach also ihr König Agis in diesem Winter mit einem Heer aus Dekeleia auf und trieb die Beiträge der Verbündeten für die Flotte ein. Er wandte sich auch Richtung Malischen Golf, und den Oitaiern trieb er aus alter Feindschaft[2] den größten Teil ihres Viehbestandes weg und presste ihnen dafür Geld ab; auch zwang er die Achaier im Raum Phthia und die übrigen dortigen Untertanen der Thessaler trotz deren Protesten und Einwendungen, einige Geiseln und Geld zur Verfügung zu stellen; die Geiseln ließ er nach Korinth bringen und versuchte, (die Achaier und Thessaler) in das Militärbündnis mit einzubeziehen. (2) Die Lakedaimonier ließen in den Städten die Anordnung für den Bau von 100 Schiffen ergehen, sich selbst und den Boiotern schrieben sie je 25 vor, den Phokern und Lokrern 15, auch den Korinthern 15, den Arkadern, Pellenern, Sikyoniern 10, auch den Megarern, Troizenern, Epidauriern und Hermionern 10. Überhaupt rüsteten sie sich, den Krieg gleich gegen das Frühjahr hin zu eröffnen.

4 (1) Mit Rüstungen waren auch die Athener beschäftigt, wie sie beabsichtigt hatten: Zum Schiffsbau schafften sie Holz herbei, sie befestigten Sunion, damit ihre Kornschiffe eine sichere Fahrt um die Küste herum hätten.[3] Ihren gesicherten Stützpunkt in Lakonien[4], den sie bei ihrer Fahrt nach Sizilien angelegt hatten, räumten sie, und auch sonst, wenn etwas ohne Nutzen Aufwand erforderte, schränkten sie sich ein, um zu sparen, vor allem achteten sie darauf, was bei den Verbündeten vorging, damit diese nicht von ihnen abfielen.

5 (1) Während nun beide (Kriegsgegner) so am Werk und wie beim ersten Anfang mit Kriegsrüstung befasst waren, wandten sich als Erste in diesem Winter die Euboier mit einer Gesandtschaft an König Agis wegen eines Austrittes aus dem Bündnis mit Athen. Dieser ging auf ihre Vorschläge ein und ließ aus Lakedaimon Alkamenes, den Sohn des Sthenelaidas[5], und Melanthos als Befehlshaber für Euboia kommen. Diese kamen an, hatten von den Neodamoden[6] etwa 300 Mann bei sich, und (Agis) bereitet für sie die Überfahrt (auf die Insel) vor. (2) Inzwischen kamen auch Gesandte aus Lesbos, wollten gleichfalls von Athen abfallen, und da die Boioter sie dabei unterstützten[7], ließ sich Agis überreden, wegen Euboia noch abzuwarten, und ermöglichte für Lesbos den Bündnisaustritt, indem er Alkamenes als Harmosten[8] einsetzte, der nach Euboia hätte fahren sollen, und 10 Schiffe versprachen die Boioter, weitere 10 Agis. (3) Und das geschah ohne Mitwirkung der Amtsträger in der Stadt, denn solange Agis mit seiner Heeresmacht bei Dekeleia stand, war er sowohl befugt,[9] eine Heeresgruppe irgendwohin auszusenden, wenn er wollte, als auch zusammenzuziehen und Gelder einzutreiben. Auch hörten die Verbündeten in jener Zeit genau genommen mehr auf ihn als auf die Lakedaimonier in der Stadt. Denn in Verbindung mit seiner Heeresmacht war er sofort überall und verbreitete Furcht.

(4) So verhandelte er also mit Lesbos; Chios aber und Erythrai, die ebenfalls abfallen wollten, wandten sich nicht an Agis, sondern an Lakedaimon. Auch von Tissaphernes – er war Oberbefehlshaber des Großkönigs Dareios, des Artaxerxes Sohn, über die kleinasiatischen Küstengebiete – war zugleich mit ihnen ein Gesandter anwesend; (5) denn Tissaphernes bemühte sich ebenso um die Peloponnesier und versprach, ihnen Verpflegung zu liefern. Er war nämlich gerade kürzlich vom Großkönig gemahnt worden we-

gen der Abgaben aus seiner Provinz, die er schuldig geblieben war, weil er sie wegen der Athener von den hellenischen Städten nicht eintreiben konnte. Nun meinte er, er werde also durch Schädigung der Athener leichter zu den Abgaben kommen, zugleich aber die Lakedaimonier zu Verbündeten des Großkönigs machen und den unehelichen Sohn des Pissuthnes, Amorges, der sich in Karien unabhängig gemacht hatte, gemäß einem vom Großkönig erteilten Befehl entweder lebendig ausliefern oder töten.

6 (1) Die Chier also und Tissaphernes arbeiteten gemeinsam am selben Vorhaben. Kalligeitos, der Sohn Laophons aus Megara, und Timagoras, der Sohn des Athenagoras aus Kyzikos, beide aus ihrer Heimat verbannt, wohnten nun bei Pharnabazos, dem Sohn des Pharnakes. Sie kamen zur selben Zeit als Abgesandte des Pharnabazos nach Lakedaimon, um Schiffe für den Hellespont zu beschaffen, damit er (Pharnabazos) selbst, wenn möglich, wie Tissaphernes die Städte in seiner Provinz der Abgaben wegen aus dem Bündnis mit Athen herauslöse, was auch Tissaphernes plante, und durch sein Verdienst ein Bündnis der Lakedaimonier mit dem Großkönig zustande bringe.

(2) Da aber beide (Gesandtschaften), die des Pharnabazos nämlich und auch die des Tissaphernes, sich voneinander unabhängig damit beschäftigten, kam es unter ihnen in Lakedaimon zu einem lebhaften Wettstreit: Die einen wollten durchsetzen, Schiffe und Heer zuerst nach Ionien und Chios zu schicken, die anderen zum Hellespont. (3) Die Lakedaimonier freilich waren überwiegend für das Anliegen der Chier und des Tissaphernes, denn für diese setzte sich auch Alkibiades ein, der mit Endios, einem Ephoren, von alters her in enger Gastfreundschaft verbunden war, weswegen auch seine Familie den lakonischen Namen im Sinn dieser Gastfreundschaft übernommen hatte; denn Endios hieß der Sohn des Alkibiades. (4) Trotzdem schickten die Lake-

daimonier zuerst den Perioken Phrynis als Kundschafter nach Chios, ob sie tatsächlich so viele Schiffe hätten, wie sie behaupteten, und ihre Stadt auch sonst so leistungsfähig wäre entsprechend dem Ruf, in dem sie stand. Als dieser zurückmeldete, dass alles, was sie hörten, wahr sei, gingen sie sofort mit Chios und Erythrai ein Bündnis ein, beschlossen auch 40 Schiffe dorthin zu schicken, da nach dem, was die Chier sagten, dort nicht weniger als 60 vorhanden waren. (5) Und fürs Erste wollten sie selbst 10 davon schicken und dazu Melanchridas, der ihr Flottenkommandant war; als sich dann ein Erdstoß ereignete, schickten sie anstatt Melanchridas Chalkideus und anstatt der 10 Schiffe wurden auf lakonischem Gebiet 5 bereitgestellt. Damit endete der Winter und es endete das neunzehnte Jahr dieses Krieges, den Thukydides beschrieben hat.

Zwanzigstes Kriegsjahr

Sommer 412

7 (1) Als zu Beginn des folgenden Sommers die Chier auf eine unverzügliche Absendung der Schiffe drängten und fürchteten, dass die Athener von ihren Abmachungen etwas merken könnten – alle diplomatischen Verhandlungen gingen nämlich ohne deren Kenntnis vor sich –, schickten die Lakedaimonier drei Spartiaten nach Korinth, die veranlassen sollten, die Schiffe von drüben so schnell wie möglich über den Isthmos zum Meer auf der athenischen Seite hinüberzuschaffen; sie sollten alle nach Chios fahren, sowohl die, die Agis für Lesbos bereitgestellt hatte, als auch die anderen. Die Gesamtzahl der verbündeten Schiffe dort[10] betrug 39.

8 (1) Kalligeitos also und Timagoras, in Vertretung des Pharnabazos, beteiligten sich nicht am Unternehmen Chios;

auch gaben sie das Geld, die 25 Talente, mit denen sie zur Ausrüstung (der Flotte) gekommen waren, nicht her, sondern planten, später auf eigene Faust mit einer Flotte zu kommen. (2) Als Agis aber sah, dass die Lakedaimonier zuerst nach Chios wollten, hatte er persönlich nichts dagegen, vielmehr versammelten sich die Verbündeten in Korinth, hielten Rat und beschlossen, zuerst nach Chios auszufahren mit Chalkideus als Kommandanten, der in Lakonien die 5 Schiffe ausrüstete; darauf würden sie unter Alkamenes' Führung, den auch schon Agis vorgesehen hatte, nach Lesbos und schließlich bis zum Hellespont fahren, wofür Klearchos[11], der Sohn des Rhamphias, als Kommandant eingesetzt war. (3) Man sollte zuerst (nur) die Hälfte der Schiffe über den Isthmos schleppen, und mit diesen sogleich in See stechen, damit die Athener ihre Aufmerksamkeit weniger auf die schon ausgelaufenen als auf die erst nachträglich herübergeschafften Schiffe richteten. (4) Denn ihre Ausfahrt von dort veranstalteten sie ganz offen, sie verachteten nämlich die Ohnmacht der Athener, weil sich von ihnen noch keinerlei Flotte blicken ließ. Wie sie also beschlossen hatten, brachten sie unverzüglich 21 Schiffe (über die Landenge) hinüber.

9 (1) Die Korinther jedoch – so eilig man es auch mit der Ausfahrt hatte – wollten nicht mitfahren, bevor sie die Isthmischen Spiele, die damals stattfanden, zu Ende gefeiert hätten. Agis gestand ihnen zu, den Isthmischen Frieden nur ja nicht zu brechen, und war bereit, die Ausfahrt als allein seine eigene zu unternehmen. (2) Die Korinther waren damit aber nicht einverstanden. Die Zeit verging, da brachten allmählich die Athener mehr über die Pläne der Chier in Erfahrung, schickten Aristokrates, einen ihrer Feldherren, zu ihnen und stellten sie zur Rede; als die Chier (ihre Pläne) leugneten, verlangten die Athener, ihnen als Treuepfand Schiffe für die Flotte der Verbündeten mitzuschicken, und

sie schickten tatsächlich sieben. (3) Die Ursache für die Absendung der Schiffe war: Die meisten Leute auf Chios wussten nicht um die Vorgänge Bescheid, die Eingeweihten von den Oligarchen aber wollten sich noch nicht die Feindschaft der Volksmenge zuziehen, solange sie nicht festen Fuß gefasst hatten; sie rechneten nicht mehr mit der Ankunft der Peloponnesier, weil diese auf sich warten ließen.

10 (1) Inzwischen nahmen die Isthmischen Spiele ihren Verlauf, auch die Athener nahmen daran mit Abordnungen teil, denn (der Festfriede) war verkündet worden; dabei wurden ihnen die Absichten der Chier noch klarer. Nach ihrer Rückkehr rüsteten sie sich sofort, damit ihnen die Schiffe bei der Ausfahrt aus Kenchreai nicht entgingen. (2) Die (Peloponnesier) liefen nach dem Fest mit 21 Schiffen Richtung Chios aus mit Alkamenes als Kommandanten. Ihnen fuhren die Athener zuerst mit einer gleichen Anzahl entgegen und wollten sie auf das offene Meer locken. Da aber die Peloponnesier nicht weit folgten, sondern (Richtung Küste) abdrehten, kehrten auch die Athener um. (3) Sie trauten nämlich den 7 Schiffen aus Chios nicht, die sie unter ihren 21 hatten, sondern bemannten später andere, (erhöhten) bis auf 37 und verfolgten die an der Küste entlang fahrenden Gegner bis Speraion auf korinthischem Gebiet. Dies ist ein entlegener Hafen, unmittelbar an der Grenze gegen Epidauros. Ein Schiff verloren die Peloponnesier noch auf offener See, die Übrigen führten sie zusammen und retteten sie in den Hafen. (4) Als nun die Athener von See her mit ihren Schiffen einen Angriff machten und auch Truppen an Land setzten, kam es zu einem heftigen, unübersichtlichen Getümmel; die Athener beschädigten die meisten (feindlichen) Schiffe vom Land aus und den Kommandanten Alkamenes töteten sie; auch von ihnen selbst fielen einige.

11 (1) Nachdem sie sich getrennt hatten, setzten die Athener eine ausreichende Anzahl von Schiffen zur Beobach-

tung der feindlichen Flotte ein, mit den Übrigen gingen sie bei der kleinen Insel in ihrer Nähe vor Anker, wo sie ein Lager errichteten, und forderten von Athen Verstärkung an. (2) Denn auf peloponnesischer Seite waren am folgenden Tag sowohl Korinther erschienen, die ihren Schiffen zu Hilfe kamen, als auch wenig später die anderen Nachbarn. Als sie sahen, dass die Bewachung (der Schiffe) in einer so entlegenen Gegend mühsam war, wussten sie keinen Rat und kamen schon auf den Gedanken, die Schiffe in Brand zu stecken; dann aber entschlossen sie sich, sie an Land zu ziehen und durch ihr Landheer bewachen zu lassen, bis sich eine günstige Gelegenheit zum Entkommen ergeben habe. Auch Agis schickte ihnen, als er die Nachricht davon erhielt, einen Spartiaten namens Thermon. (3) Die Lakedaimonier hatten zuerst die Meldung erhalten, dass die Schiffe vom Isthmos abgefahren seien – Alkamenes hatte nämlich von den Ephoren den Auftrag, ihnen in diesem Fall einen Boten zu Pferd zu schicken –, und sie wollten dann sofort ihrerseits die 5 Schiffe unter dem Kommando des Chalkideus mit Alkibiades als Begleiter aussenden. Dann aber, als diese schon zur Abfahrt bereit waren, kamen die Nachrichten von Speraion und der Flucht ihrer Schiffe dorthin. Aus Missmut, dass ihnen ihr erstes Unternehmen im Ionischen Krieg fehlgeschlagen war, dachten sie nicht mehr daran, Schiffe aus ihrem Gebiet auslaufen zu lassen, (sondern sie beschlossen,) sogar einige, die vorausgefahren waren, wieder zurückzurufen.

12 (1) Als Alkibiades dies erfuhr, redete er abermals Endios und den anderen Ephoren zu, die Fahrt nicht aus Furcht zu verzögern; er sagte, sie würden bei ihrer Fahrt noch rechtzeitig ankommen, bevor die Chier vom Missgeschick gehört hätten, und er selbst würde nach seinem Auftreten in Ionien die Städte leicht dazu bewegen, (von Athen) abzufallen, indem er die Schwäche der Athener

schildere und die Entschlossenheit der Lakedaimonier; er werde nämlich glaubwürdiger erscheinen als andere. (2) Und Endios sagte er noch, es sei für ihn persönlich ehrenvoll, dass er Ionien aus dem Bündnis (mit Athen) herausgelöst und den Großkönig zum Verbündeten der Lakedaimonier gemacht habe und dies nicht zum Meisterstück des Agis geworden sei; Alkibiades selbst war nämlich gerade mit Agis verfeindet. (3) So hatte er also die anderen Ephoren und Endios überredet, er ging mit 5 Schiffen unter dem Lakedaimonier Chalkideus in See, und in Eile begannen sie ihre Fahrt.

13 (1) Auf der Rückfahrt von Sizilien befanden sich aber um dieselbe Zeit auch die 16 Schiffe der Peloponnesier, die unter Gylippos den Krieg mitgemacht hatten. Im Bereich von Leukas wurden sie von 27 attischen Schiffen, die Hippokrates, der Sohn des Menippos, befehligte, als er auf die Schiffe aus Sizilien lauerte, überrascht und übel zugerichtet. Bis auf eines entkamen die Übrigen den Athenern und gelangten nach Korinth.

14 (1) Um nicht verraten zu werden, nahmen Chalkideus und Alkibiades auf ihrer Fahrt alle fest, die sie trafen, und legten zuerst bei Korykos auf dem (kleinasiatischen) Festland an; hier ließen sie sie frei und hatten selbst ein Treffen mit einigen ihrer Anhänger aus Chios, die ihnen nahe legten, in ihre Hauptstadt zu fahren, ohne sich vorher anzukündigen, und so kamen sie an – für die Chier völlig unerwartet. (2) Die Volksmenge war darüber erstaunt und außer sich; von den Oligarchen war aber alles vorbereitet, sodass zufällig der Rat gerade versammelt war, wo von Chalkideus und Alkibiades Mitteilungen gemacht wurden, dass (noch) viele andere Schiffe heransegelten. Von der Einschließung ihrer Schiffe bei Speraion ließen sie nichts verlauten; so sagte sich Chios und danach Erythrai von Athen los. (3) Darauf fuhren sie mit 3 Schiffen ab und setzten durch,

dass Klazomenai abfiel. Die Klazomenier setzten sogleich auf das Festland über und befestigten Polichna, um im Notfall von der kleinen Insel aus, wo sie wohnten, eine Zuflucht zu haben. Auch die (übrigen) Abtrünnigen waren mit Festungsbau und Kriegsrüstungen beschäftigt.

15 (1) Nach Athen aber kam rasch Nachricht über Chios, und sie erkannten die bereits große und zweifellos bestehende Gefahr, dass auch die übrigen Verbündeten nicht ruhig bleiben wollten, wenn einmal die größte Stadt die Seiten gewechselt habe. Hinsichtlich der 1000 Talente, die sie während des ganzen Krieges auf keinen Fall anzutasten getrachtet hatten, hoben sie sofort die angedrohten Strafen[12] für Antragsteller und Abstimmungsleiter auf – alles unter dem Einfluss augenblicklicher Bestürzung. Sie beschlossen, eilig ans Werk zu gehen, eine nicht geringe Anzahl von Schiffen zu bemannen und 8 von den vor Speraion ankernden sofort auszusenden; diese hatten sich von der Bewachungsflotte getrennt, die Schiffe unter Chalkideus verfolgt, jene aber nicht eingeholt und waren wieder zurückgekehrt; sie standen übrigens unter dem Kommando des Strombichides, Sohn des Thrasykles. Nicht viel später sollten 12 weitere unter Thrasykles zur Verstärkung folgen und ebenfalls von der Blockade ablassen. (2) Die 7 Schiffe der Chier, die zusammen mit den Übrigen die Schiffe (der Feinde) vor Speraion eingeschlossen hielten, zogen sie ab, ließen die Sklaven (unter der Mannschaft) frei und die Freien setzten sie gefangen. Als Ersatz für all diese abgezogenen Schiffe bemannten sie eilig 10 weitere, schickten sie zur Blockade der Peloponnesier dorthin und weitere 30 planten sie noch zu bemannen. Groß war ihr Eifer, gar nicht wenig wurde unternommen, um gegen Chios mit der nötigen Truppenstärke aufzutreten.

16 (1) Inzwischen kam Strombichides mit seinen 8 Schiffen in Samos an, nahm noch ein samisches Schiff hinzu, fuhr nach Teos und verlangte von den Bewohnern, ruhig zu bleiben. Von Chios nach Teos war auch Chalkideus mit 23 Schiffen unterwegs, und gleichzeitig rückte auch das Landheer von Klazomenai und Erythrai heran. (2) Strombichides war rechtzeitig informiert worden und verließ den Hafen; als er dann auf offenem Meer die vielen Schiffe von Chios (kommen) sah, wandte er sich zur Flucht gegen Samos hin, und diese verfolgten ihn. (3) Auf Teos wollte man das Landheer zuerst nicht aufnehmen, aber nach der Flucht der Athener holte man es (auf die Insel). Die Truppen hielten sich zurück und wollten die Rückkehr des Chalkideus von der Verfolgung abwarten; da dies zu lange dauerte, rissen sie selbst die Befestigung nieder, die die Athener vor der Stadt Teos gegen das Festland hin erbaut hatten. Beim Abbruch beteiligten sich auch einige wenige Barbaren (Perser), die Stages befehligte, ein Unterfeldherr[13] des Tissaphernes.

17 (1) Chalkideus aber und Alkibiades hatten Strombichides bis nach Samos verfolgt; nun gaben sie den Seeleuten von den peloponnesischen Schiffen schwere Bewaffnung und ließen sie in Chios zurück; dafür bemannten sie diese Schiffe mit Leuten aus Chios, nahmen 20 weitere hinzu und fuhren nach Milet, um es (auch) aus dem Bündnis herauszulösen. (2) Denn Alkibiades, der mit den Regierenden der Milesier befreundet war, wollte sie zur Mitwirkung veranlassen, bevor noch die Schiffe aus dem Peloponnes angekommen wären, wollte für die Chier, für sich selbst, für Chalkideus und für den Auftraggeber Endios das politische Meisterstück vollbringen, mit Hilfe der Macht von Chios und des Chalkideus den Athenern möglichst viele abtrünnig zu machen. (3) Ohne bemerkt zu werden, legten sie den größten Teil der Fahrt zurück, hatten dabei einen knappen Vorsprung vor Strombichides und Thrasykles, der gerade mit 12 Schiffen aus Athen eingetroffen[14] war und sie mit verfolgte, und machten Milet abtrünnig. Die Athener mit

ihren 19 Schiffen waren ihnen dicht auf den Fersen gefolgt; als man sie in Milet nicht aufnahm, gingen sie bei der vorgelagerten Insel Lade vor Anker. (4) Der erste Bündnisvertrag zwischen dem Großkönig und den Lakedaimoniern, der sogleich nach dem Bündnisaustritt der Milesier unter Vermittlung von Tissaphernes und Chalkideus zustande kam, lautete wie folgt:

18 (1) »Unter folgenden Bedingungen schlossen die Lakedaimonier und ihre Verbündeten mit dem Großkönig und Tissaphernes ein Bündnis: Alles Land und alle Städte, die der Großkönig besitzt und die Vorfahren des Großkönigs besaßen, sollen Besitz des Großkönigs bleiben. So weit aus diesen Städten den Athenern Geld oder andere Werte zuflossen, sollen der Großkönig und die Lakedaimonier mit ihren Verbündeten gemeinsam verhindern, dass die Athener (von dort) Geld oder andere Werte erhalten. (2) Und den Krieg gegen die Athener sollen der Großkönig und die Lakedaimonier samt ihren Verbündeten gemeinsam führen. Den Krieg mit den Athenern zu beenden soll nicht erlaubt sein, wenn es nicht beide (Bündnispartner) beschließen, der Großkönig und die Lakedaimonier samt ihren Verbündeten. (3) Wenn gewisse Städte vom Großkönig abfallen, sollen sie auch für die Lakedaimonier und ihre Verbündeten als Feinde gelten, wenn Städte von den Lakedaimoniern und ihren Verbündeten abfallen, sollen sie für den Großkönig ebenso als Feinde gelten.«

19 (1) Dieses Bündnis kam zustande. Gleich danach bemannten die Chier 10 weitere Schiffe, fuhren nach Anaia, wollten etwas über Milet erfahren und zugleich die Städte abtrünnig machen. (2) Nachdem eine Nachricht von Chalkideus bei ihnen eingetroffen war, sie sollten nur wieder abfahren und dass Amorges[15] auf dem Landweg mit seinem Heer im Anmarsch sei, nahmen sie Kurs Richtung Dios Hieron[16]. Gleich darauf sichteten sie 16 Schiffe, mit denen

Diomedon dem Thrasykles von Athen aus gefolgt war. (3) Nachdem sie diese erblickt hatten, flohen sie mit 1 Schiff nach Ephesos, mit den Übrigen Richtung Teos; und 4 davon erbeuteten die Athener, aber leer, weil die Mannschaft zuvor ans Land entkommen war, die Übrigen fanden Zuflucht in der Stadt Teos. (4) Die Athener fuhren nun nach Samos ab, die Chier aber gingen mit den noch übrigen Schiffen wieder in See, brachten in Verbindung mit dem Landheer Lebedos auf ihre Seite und dann noch Hairai. Darauf kehrten beide, Landheer und Flotte, nach Hause zurück.

20 (1) Um dieselbe Zeit machten vor Speraion die 20 Schiffe der Peloponnesier, die damals von den Athenern mit einer gleichen Anzahl verfolgt und eingeschlossen worden waren, einen plötzlichen Ausfall und siegten in einem Seegefecht; sie erbeuteten 4 Schiffe der Athener, fuhren danach ab nach Kenchreai und rüsteten sich wieder zur Ausfahrt nach Chios und Ionien. Als Flottenkommandant kam aus Lakedaimon Astyochos zu ihnen, dem inzwischen der ganze Oberbefehl zur See übertragen worden war.

(2) Nachdem sich das Landheer aus Teos zurückgezogen hatte, erschien Tissaphernes selbst mit einem Heer, ließ die Befestigungsanlage auf Teos, soweit noch etwas davon übrig war, gänzlich niederreißen und zog wieder ab. Auch Diomedon kam nicht lange nach dessen Abmarsch mit 10 Schiffen der Athener und schloss mit Teos einen Vertrag, dass man sie aufnehme.[17] Er fuhr dann weiter nach Hernai und griff die Stadt an; als er sie nicht gewinnen konnte, fuhr er wieder ab.

21 (1) Um diese Zeit kam es auch in Samos zum Aufstand des Volkes gegen die Mächtigen unter Mitwirkung der Athener, die mit 3 Schiffen gerade zur Stelle waren. Und das Volk tötete insgesamt etwa 200 von den Mächtigsten, 400 bestraften (die Demokraten) mit Verbannung und teilten Land und Häuser der Oligarchen unter sich auf. Als die

Athener danach für sie wegen ihrer Zuverlässigkeit eine Autonomie bewilligt hatten, verwalteten sie künftig die Stadt und ließen die Gutsherren auf dem Land (Geomoren) an gar nichts mehr teilhaben, ja selbst Eheschließungen zwischen ihnen und dem Volk waren nicht mehr möglich.

22 (1) Hierauf, noch im selben Sommer, ließen die Chier – wie begonnen – in ihrem Eifer nicht im mindesten nach, auch ohne die Peloponnesier durch massives Auftreten die Städte (den Athenern) abtrünnig zu machen, zugleich in dem Wunsch, die Risiken auf möglichst viele zu verteilen; sie zogen mit 13 Schiffen gegen Lesbos in den Krieg – wie es ja, von den Peloponnesiern festgesetzt, an zweiter Stelle dorthin gehen sollte – und von dort zum Hellespont. Auch das Landheer der Peloponnesier und der Verbündeten vor Ort marschierte gleichzeitig gegen Klazomenai und Kyme, das Kommando über dieses führte der Spartiate Eualas und über die Schiffe der Perioke Deiniadas. (2) Diese Schiffe brachten nach ihrer Ankunft zuerst Methymna dazu, abzufallen und vier von ihnen blieben zurück; die Übrigen machten dann auch Mytilene abtrünnig.

23 (1) Astyochos aber, der lakedaimonische Oberbefehlshaber zur See, fuhr mit 4 Schiffen, wie beabsichtigt, von Kenchreai ab und kam nach Chios. Während er dort den dritten Tag verbrachte, waren die 25 attischen Schiffe nach Lesbos unterwegs, über die Leon und Diomedon das Kommando führten; denn Leon war mit 10 Schiffen von Athen aus zur Verstärkung hinzugekommen. (2) Da stach auch Astyochos noch spät am selben Abend in See, nahm noch 1 Schiff aus Chios mit und fuhr nach Lesbos, um dort, wenn möglich, helfend einzugreifen. Er kam auch bis Pyrrha und von dort am folgenden Tag nach Eresos. Hier erfuhr er, dass Mytilene von den Athenern gleich beim ersten Schlachtruf eingenommen worden war. (3) Die Athener waren nämlich in voller Fahrt unerwartet in den Hafen eingelaufen, hatten die Schiffe aus Chios überwältigt, waren an Land gegangen und hatten alles, was sich widersetzte, im Kampf besiegt und die Stadt in Besitz genommen. (4) Dies erfuhr Astyochos von den Eresiern und den Schiffen der Chier unter Eubulos, die damals dort zurückgelassen, nach der Einnahme Mytilenes aber entflohen waren, und von denen nun 3 mit ihm zusammentrafen, denn eines war den Athenern in die Hände gefallen. Er hatte deshalb gegen Mytilene nichts mehr vor, sondern stellte, nachdem er Eresos für sich gewonnen und mit schweren Waffen versorgt hatte, die Hopliten seiner Flotte unter das Kommando des Eteonikos und schickte sie zu Fuß die Küste entlang nach Antissa und Methymna. Er selbst fuhr mit seinen eigenen Schiffen und den 3 aus Chios nahe (an Methymna) vorbei in der Hoffnung, die Methymner würden durch diesen Anblick wieder Mut fassen und bei ihrer Absicht bleiben, sich (von den Athenern) loszusagen. (5) Da ihm aber auf Lesbos alles zuwider lief, fuhr er ab nach Chios, nachdem er sein Landheer wieder an Bord genommen hatte. Zurück in die Heimatstädte begab sich auch das Landheer der Verbündeten, das zum Hellespont hätte fahren sollen. Darauf stießen noch 6 Schiffe von der peloponnesischen Verbündetenflotte aus Kenchreai zu denen nach Chios. (6) Die Athener ordneten die Verhältnisse auf Lesbos wieder in ihrem Sinn; nach ihrer Abfahrt eroberten sie noch das von Klazomenai aus befestigte Polichna auf dem Festland und führten die Bewohner wieder in die Stadt auf die Insel zurück, ausgenommen die für den Bündnisbruch Verantwortlichen; die hatten sich nach Daphnus abgesetzt. Und Klazomenai schloss sich wieder den Athenern an.

24 (1) Im selben Sommer unternahmen die Athener vor Milet, die mit 20 Schiffen vor Lade ankerten, eine Landung bei Panormos auf milesischem Gebiet und töteten den lakedaimonischen Befehlshaber Chalkideus, der mit schwachen

Kräften entgegengeeilt war. Drei Tage danach fuhren sie nochmals (zum Festland) hinüber und errichteten ein Siegeszeichen, das die Milesier wieder niederrissen, weil es ohne Macht über das Land aufgestellt worden war. (2) Leon und Diomedon setzten mit ihrer Flotte den Krieg gegen Chios fort, wobei sie auch über die attischen Schiffe von Lesbos verfügten. Sie stützten sich dabei auf die Chios vorgelagerten oinussischen Inseln, auf ihre befestigten Stützpunkte Sidussa und Pteleon, die sie im Gebiet von Erythrai besaßen und auf Lesbos selbst. Sie hatten als Schiffssoldaten Leute an Bord, die nach dem Verzeichnis der Hopliten zwangsverpflichtet[18] waren. (3) Bei Kardamyle und Boliskos gingen sie an Land, schlugen die herbeieilenden Chier in einer Schlacht, töteten ihrer viele und entvölkerten die dortigen Gegenden; in einer weiteren Schlacht siegten sie bei Phanai und in einer dritten bei Leukonion. Danach stellten sich die Chier nicht mehr zum Kampf, die Athener aber verwüsteten nun das Land von großem Wohlstand, das seit den Perserkriegen bis zu jener Zeit nichts zu leiden gehabt hatte. (4) Denn die Chier waren nach meiner Kenntnis neben den Lakedaimoniern die Einzigen, die ihr Glück mit Besonnenheit zu verbinden wussten, und je mehr ihre Stadt an Größe gewann, umso mehr sorgten sie für ihre Sicherheit. (5) Wenn sie jetzt bei ihrem Bündnisaustritt anscheinend etwas unvorsichtig vorgegangen waren, so hatten sie es doch erst gewagt, als sie damit rechnen konnten, dass zahlreiche tapfere Verbündete das Risiko mittragen würden, und als sie beobachteten, dass die Athener nach ihrer Niederlage in Sizilien aus ihrer misslichen Lage selbst kein Hehl mehr machten. Und wenn sie sich darin bei der Unberechenbarkeit menschlicher Schicksale dennoch geirrt haben, teilten sie diesen Irrtum mit vielen anderen, die gleich ihnen glaubten, die Macht der Athener könne rasch mit vereinten Kräften gebrochen werden. (6) Als sie sich nun zur

See abgeschnitten und ihr Land verwüstet sahen, versuchten einige, die Stadt wieder an die Athener anzuschließen. Obwohl die Amtsträger dies merkten, unternahmen sie selbst nichts, ließen aber den Flottenkommandanten Astyochos mit 4 Schiffen, die er bei sich hatte, von Erythrai kommen und suchten dieses Ansinnen möglichst ohne Aufsehen zu vereiteln, entweder durch Festnahme von Geiseln oder auf andere Weise. So verlief die Sache.

25 (1) Aus Athen aber fuhren gegen Ende dieses Sommers 1000 athenische und 1500 argeische Hopliten – 500 leichtbewaffneten Argeiern hatten die Athener nämlich schwere Bewaffnung gegeben – und 1000 von den Verbündeten mit 48 Schiffen, worunter auch Lastschiffe für die Hopliten waren, unter dem Kommando des Phrynichos, des Onomakles und des Skironidas nach Samos, setzten von dort nach Milet über und bezogen ein Lager. (2) Die Milesier rückten gegen sie aus mit 800 Hopliten aus ihrer Stadt, mit den Peloponnesiern, die unter Chalkideus gekommen waren, und mit der Hilfstruppe des Tissaphernes; er war persönlich da mit seiner Reitertruppe; so stießen sie mit den Athenern und ihren Verbündeten zusammen. (3) Die Argeier gingen auf ihrem Flügel gar zu stürmisch voran, aus Geringschätzung nämlich – die Ionier würden ohnehin nicht standhalten –, und marschierten ohne strenge Ordnung; so wurden sie von den Milesiern besiegt und ihrerseits fielen nicht viel weniger als 300 Mann. (4) Die Athener hatten zuerst die Peloponnesier besiegt und die Barbaren und den übrigen Haufen zurückgeworfen; mit den Milesiern trafen sie nicht zum Kampf zusammen, denn diese hatten sich nach ihrem Sieg über die Argeier in ihre Stadt zurückgezogen, als sie die Niederlage ihres übrigen Heeres sahen. Die Athener rückten als Sieger dicht vor die Stadt der Milesier und setzten sich hier fest. (5) Zufällig traf es sich in dieser Schlacht, dass die Ionier auf beiden Seiten den Sieg über die Dorer errangen. Denn über die ihnen gegenüberstehenden Peloponnesier siegten die Athener und gegen die Argeier die Milesier. Die Athener aber stellten ein Siegeszeichen auf und richteten sich daraufhin ein, die auf einer Landzunge liegende Stadt durch eine Mauer abzuriegeln. So meinten sie nämlich, wenn sie erst Milet wiedergewonnen hätten, würde ihnen auch das Übrige leicht zufallen.

26 (1) Da wurde ihnen schon am späten Nachmittag gemeldet, dass die 55 Schiffe aus Sizilien und dem Peloponnes ganz in ihrer Nähe seien. Unter den Siziliern hatte nämlich der Syrakusaner Hermokrates am meisten darauf bestanden, bei der noch folgenden gänzlichen Vernichtung der Athener mit anzupacken; so waren aus Syrakus 20 Schiffe gekommen und aus Selinus 2, ferner waren die aus dem Peloponnes, die sie dort ausgerüstet hatten, bereits fertig. Beide Abteilungen wurden dem Lakedaimonier Therimenes anvertraut, um sie dem Flottenkommandanten Astyochos zuzuführen; sie hatten zuerst Leros angesteuert, die Insel vor Milet. Als sie hier hörten, dass die Athener vor Milet lagerten, fuhren sie zuerst weiter in den Golf von Iassos, um genaue Kenntnis über die Vorgänge in Milet zu haben. (3) Da kam Alkibiades zu Pferd nach Teichiussa auf milesischem Gebiet, wo sie nach der Einfahrt in den Golf an Land ihr Lager aufgeschlagen hatten; nun erfuhren sie Näheres über den Verlauf der Schlacht, denn Alkibiades war selbst dabei gewesen und hatte aufseiten der Milesier und des Tissaphernes mitgekämpft. Er legte ihnen nahe, wenn sie nicht wollten, dass Ionien verloren gehe und ihre Bemühungen zunichte würden, sollten sie so rasch wie möglich Milet zu Hilfe kommen und nicht zusehen, wie die Stadt abgeriegelt werde.

27 (1) Und gleich mit der Morgenröte wollten sie zum Entsatz (von Milet) ausrücken. Sobald Phrynichos, der Feldherr der Athener, von Leros aus genau über die Flotte informiert worden war, lehnte er es ab zu bleiben und eine Seeschlacht zu liefern, obwohl seine Mitfeldherren dies wollten; er selbst werde dies nicht tun, und jeden anderen werde er nach Möglichkeit davon abhalten. (2) Wo es möglich sei, später mit genauer Kenntnis der Zahl der feindlichen Schiffe und der gegen sie verwendbaren eigenen gehörig und in Ruhe gerüstet den Kampf zu beginnen, dürfe man niemals aus Furcht vor übler Nachrede wider alle Vernunft alles aufs Spiel setzen. (3) Denn die Athener brauchten sich nicht zu schämen, mit ihrer Flotte zum geeigneten Zeitpunkt zurückzuweichen, sondern eher werde Schande aufkommen, wenn sie, unter welchen Umständen auch immer, besiegt würden. Die Stadt werde dann nicht nur in Schande, sondern auch in größte Gefahr geraten; nach den erlittenen Niederlagen dürfe sie sich – selbst mit bester Ausrüstung – kaum freiwillig, sondern höchstens im Notfall zu einem Angriff vorwagen, am allerwenigsten aber ohne Zwang sich in selbstgewählte Gefahren begeben. (4) Er empfahl also, möglichst rasch die Verwundeten, die Fußtruppe und was sie an Gerät mitgebracht hatten, an Bord zu bringen, was sie aber vom Feindesland erbeutet hatten, zurückzulassen, um die Schiffe nicht zu überladen, und dann nach Samos zurückzufahren; von dort sollten sie, sobald alle Schiffe versammelt wären, bei guter Gelegenheit erneut Vorstöße unternehmen. (5) Damit setzte er sich durch und handelte danach; und nicht nur jetzt und in diesem Fall, sondern auch später und bei allen anderen Gelegenheiten bewährte sich Phrynichos und zeigte sich als Mann von nicht geringem Verständnis. (6) Danach zogen die Athener gleich am Abend, ohne ihren Sieg auszunutzen, von Milet ab, und die Argeier segelten in Eile und im Zorn über ihre Niederlage von Samos nach Hause.

28 (1) Die Peloponnesier brachen mit der Morgenröte von Teichiussa auf und landeten (bei Milet); hier hielten sie sich einen Tag auf und am folgenden wollten sie, verstärkt durch die Schiffe der Chier, die zuerst mit Chalkideus zusammen verfolgt worden waren, wieder nach Teichiussa fahren zu ihren Schiffsgeräten, die sie dort ausgeladen hatten.[19] (2) Als sie hier ankamen, traf auch Tissaphernes mit seiner Fußtruppe ein und beredete sie zu einer Ausfahrt nach Iasos, wo sich sein Feind Amorges behauptete. Sie überfielen Iasos ganz unvermutet und eroberten es, denn dort erwartete man nur attische Schiffe; besonders die Syrakusaner zeichneten sich beim Kampf aus. (3) Amorges fiel ihnen lebendig in die Hände, ein unehelicher Sohn des Pissuthnes; er war vom Großkönig abgefallen, und die Peloponnesier übergaben ihn an Tissaphernes, damit er ihn, wenn er wolle, dem Großkönig vorführe, wie der ihm befohlen hatte. Iasos plünderten sie, und das Heer machte sehr viel Beute, denn Iasos war schon seit langer Zeit ein reicher Ort. (4) Die Söldner des Amorges übernahmen sie selbst und gliederten sie in ihre Truppe ein, ohne ihnen etwas zu Leide zu tun, weil die meisten aus dem Peloponnes waren. Das Städtchen übergaben sie Tissaphernes, auch alle Gefangenen – Sklaven und Freie –, für die sie vereinbarungsgemäß pro Person 1 Dareiken-Stater[20] erhielten, und dann zogen sie sich nach Milet zurück. (5) Pedaritos, den Sohn des Leon, den die Lakedaimonier als Befehlshaber nach Chios schicken wollten, ließen sie mit der Söldnertruppe des Amorges auf dem Landweg bis nach Erythrai marschieren, und in Milet selbst setzten sie Philippos (als Befehlshaber) ein. Damit endete der Sommer.

Winter 412/411

29 (1) Im folgenden Winter kam Tissaphernes, nachdem er in Iasos die Verhältnisse geordnet hatte[21], nach Milet und verteilte, wie er es in Lakedaimon versprochen hatte,[22] der gesamten Schiffsmannschaft den Monatssold in Höhe von 1 attischen Drachme täglich; für die restliche Zeit aber wollte er nur 3 Obolen zahlen, bis er beim Großkönig angefragt habe; wenn dieser zustimme, wolle er 1 ganze Drachme zahlen. (2) Dagegen erhob Hermokrates, der Feldherr aus Syrakus, Widerspruch, denn Therimenes, der nicht Flottenkommandant war, sondern nur die Schiffe begleiten und Astyochos übergeben sollte, war in Besoldungsfragen schwächlich. Trotzdem wurde fiktiv die Zahl der Schiffe um 5 erhöht[23] und jedem Mann mehr als 3 Obolen zugestanden. Denn für 55 Schiffe gab er 30 Talente pro Monat, und den anderen, die zur genannten Zahl hinzukamen, wurde (der Sold) mit derselben Berechnung gewährt.

30 (1) Im selben Winter waren bei den Athenern auf Samos weitere 35 Schiffe von zu Hause angekommen samt den Feldherren Charminos, Strombichides und Euktemon. Nachdem sie auch die Schiffe von Chios und alle Übrigen bei sich zusammengezogen hatten, beabsichtigten sie, (die Einsätze) durch Los zu bestimmen und mit dem einen Teil der Flotte Milet zu blockieren, einen anderen Teil und das Landheer nach Chios zu schicken. (2) Und das taten sie auch. Strombichides, Onomakles und Euktemon hatten 30 Schiffe und führten einen Teil der nach Milet gekommenen 1000 Hopliten in Transportschiffen, sie zogen ihr Los und fuhren nach Chios. Die Übrigen blieben mit 74 Schiffen vor Samos, beherrschten damit die See und versuchten Angriffe auf Milet.

31 (1) Astyochos, der damals gerade damit beschäftigt war, sich die Geiseln wegen des (bevorstehenden) Verrates auszusuchen, unterbrach sein Vorgehen, als er die Ankunft der Schiffe unter Therimenes und die günstigere Entwicklung des Bündnisses[24] bemerkte. Mit 10 Schiffen aus dem Peloponnes und 10 aus Chios stach er in See; nachdem er Pteleon angegriffen, aber nicht eingenommen hatte, fuhr er weiter nach Klazomenai und forderte die athenisch gesinnten Einwohner auf, nach Daphnus auszusiedeln und zu den Peloponnesiern überzutreten. Dieser Aufforderung schloss sich auch Tamos, ein Unterfeldherr[25] Ioniens, an. (3) Als diese ablehnten, machte er einen Angriff auf die unbefestigte Stadt, konnte sie aber nicht einnehmen und segelte wegen des starken Windes selbst nach Kyme und Phokaia, die übrigen Schiffe aber gingen an den Klazomenai vorgelagerten Inseln vor Anker, vor Marathussa, Pele und Drymussa. Hier blieben sie wegen der Stürme acht Tage und was die Klazomenier dort an Besitz hatten, das plünderten und verbrauchten sie oder nahmen es mit an Bord; darauf fuhren sie (ebenfalls) ab nach Phokaia und Kyme zu Astyochos.

32 (1) Während dieser dort war, kamen Gesandte aus Lesbos, das wieder von Athen abfallen wollte. Ihn persönlich konnten sie zwar gewinnen, aber als die Korinther und die übrigen Verbündeten wegen des früheren Fehlschlages[26] abgeneigt waren, lichtete er die Anker und fuhr gegen Chios. Weil die Schiffe unterwegs von Stürmen verschlagen wurden, kamen sie erst später in Chios an, jedes aus einer anderen Richtung. (2) Auch Pedaritos, der gerade auf dem Landweg von Milet her in Erythrai angekommen war, setzte nachher mitsamt seinem Heer nach Chios über; ihm standen nun auch die etwa 500 Soldaten, die von Chalkideus als Hopliten ausgerüstet zurückgelassen worden waren[27] zur Verfügung. (3) Einige aus Lesbos stellten (wieder) in Aussicht, (von Athen) abzufallen, da machte Astyochos dem Pedaritos und den Chiern den Vorschlag, sie sollten mit ihren Schiffen vorfahren und Lesbos (den Athenern) abtrünnig machen; sie würden damit entweder die Zahl ihrer Verbündeten vergrößern, oder wenigstens, sollte ihnen etwas missglücken, die Athener schädigen. Doch sie ließen sich darauf nicht ein und Pedaritos weigerte sich, ihm die Schiffe zu überlassen.

33 (1) So nahm (Astyochos) die 5 Schiffe aus Korinth, ein sechstes aus Megara und eines aus Hermione zu den lakedaimonischen, die er selbst mitgebracht hatte, hinzu, fuhr nach Milet, um dort den Oberbefehl über die Flotte zu übernehmen; dabei drohte er den Chiern schwer, er werde ihnen gewiss nicht helfen, wenn sie einmal in Not wären. (2) Er legte beim Vorgebirge Korykos an, in der Gegend von Erythrai, und blieb über Nacht. Die Athener, die von Samos nach Chios mit ihrer Heeresmacht unterwegs waren, gingen ebenfalls dort vor Anker, allerdings auf der anderen Seite des Berges; so wurden sie getrennt und merkten nichts voneinander. (3) Als jedoch in der Nacht ein Schreiben von Pedaritos eintraf, dass kriegsgefangene Erythraier von Samos nach Erythrai (zurück)gekommen seien, (von den Athenern) losgelassen, um ihnen ihre Vaterstadt durch Verrat in die Hände zu spielen, lichtete Astyochos sogleich wieder die Anker, und es fehlte nur wenig, so wäre er mit den Athenern zusammengestoßen. (4) Aber auch Pedaritos fuhr (von Chios) zu ihm herüber und sie leiteten wegen der angeblichen Verräter eine Untersuchung ein; als sie herausgefunden hatten, dass alles nur erfunden war, damit die Männer von Samos entkämen, ließen sie ihre Beschuldigung fallen. Und beide fuhren wieder ab, der eine nach Chios, der andere begab sich nach Milet, wie er beabsichtigt hatte.

34 (1) Mittlerweile hatte die Heeresmacht der Athener mit ihren Schiffen Korykos umfahren, stieß zufällig bei Arginon auf 3 Kriegsschiffe der Chier, und als sie sie erblickten, machten sie sich an ihre Verfolgung. Da aber kam ein schwerer Sturm auf und die Schiffe der Chier retteten sich noch mit Mühe in den Hafen, von den Athenern hatten sich 3 Schiffe am weitesten vorgewagt, sie gingen verloren, kenterten vor der Stadt Chios und ihre Besatzung wurde zum Teil gefangen, zum Teil getötet. Die Übrigen entkamen in den Hafen am Fuß des Mimasgebirges, der Phoinikus heißt. Von dort fuhren sie dann nach Lesbos, gingen vor Anker und rüsteten sich zur Belagerung (gegen Chios?).

35 (1) Vom Peloponnes aus fuhr im gleichen Winter der Lakedaimonier Hippokrates mit 10 thurischen Schiffen, die Dorieus, der Sohn des Diagoras, mit noch zwei anderen befehligte, ferner mit 1 lakonischen und 1 syrakusanischen Schiff ab und erreichte Knidos, das bereits auf Betreiben des Tissaphernes abgefallen war. (2) Als man in Milet davon Nachricht erhielt, befahl man, Knidos mit der Hälfte der Schiffe zu sichern, mit der anderen Hälfte die bei Triopion von Ägypten her anlaufenden Lastschiffe zu kapern. Triopion ist ein Vorgebirge von Knidos mit einem Apollonheiligtum. (3) Als die Athener davon hörten, kamen sie von Samos herbeigefahren und griffen die 6 Schiffe an, die bei Triopion Wache hielten; die Mannschaften konnten sich durch Flucht retten. Darauf landeten sie vor Knidos, machten einen Angriff auf die unbefestigte Stadt und hätten sie beinahe eingenommen. (4) Am folgenden Tag griffen sie von neuem an; da man sich aber über Nacht besser geschützt hatte und die geflüchteten Schiffsmannschaften von Triopion noch dazugekommen waren, konnten (die Athener) ihnen nicht mehr so leicht Schaden zufügen; sie zogen also ab, verwüsteten das Land der Knidier und fuhren nach Samos zurück.

36 (1) Um dieselbe Zeit, als Astyochos nach Milet zur Flotte gekommen war, hatten die Peloponnesier für ihr Heerlager alles in reichlichem Maß. Denn es wurde genügend Sold ausbezahlt, auch die große Beute, die in Iasos gemacht worden war, stand den Soldaten zur Verfügung, und die Milesier trugen bereitwillig die Lasten des Krieges. (2) Trotzdem schien den Peloponnesiern der erste Vertrag mit Tissaphernes, der mit Chalkideus zustande gekommen war, mangelhaft und eher nicht zu ihrem Vorteil zu sein; so schlossen sie noch während der Anwesenheit des Therimenes einen weiteren, und der lautete so:

37 (1) »Vertrag der Lakedaimonier und ihrer Verbündeten mit dem Großkönig Dareios und den Söhnen des Großkönigs, ferner mit Tissaphernes. Friede und Freundschaft sollen sein unter folgenden Bedingungen: (2) Gegen alles Land und alle Städte, die der Großkönig Dareios besitzt oder sein Vater besaß oder seine Vorfahren, dürfen weder die Lakedaimonier noch die Verbündeten der Lakedaimonier kriegerisch oder zu (sonstigem) Schaden vorgehen, auch aus diesen Städten Abgaben eintreiben dürfen weder die Lakedaimonier noch die Verbündeten der Lakedaimonier; ebenso wenig dürfen König Dareios und alle, über die er als Großkönig herrscht, gegen die Lakedaimonier oder gegen ihre Verbündeten kriegerisch oder zu (sonstigem) Schaden vorgehen. (3) Wenn die Lakedaimonier oder ihre Verbündeten Ansprüche haben gegenüber dem Großkönig, oder der Großkönig gegenüber den Lakedaimoniern, soll es statthaft sein, das zu tun, worauf sie sich geeinigt haben. (4) Den Krieg gegen die Athener und ihre Verbündeten sollen beide gemeinsam führen; wenn sie aber eine Beendigung herbeiführen, sollen es beide gemeinsam tun. Für jede Heeresmacht, so weit sie sich auf Verlangen des Großkönigs im Land des Großkönigs befindet, soll der Großkönig den Unterhalt bereitstellen. (5) Wenn aber eine von den Städten, die mit dem Großkönig (dieses) Abkommen geschlossen haben, das Land des Großkönigs angreifen sollte, müssen die Übrigen dem entgegentreten und dem Großkönig nach Kräften beistehen. Und wenn jemand aus dem Land des Großkönigs oder einem Land, worüber der Großkönig

herrscht, die Lakedaimonier oder ihre Verbündeten angreifen sollte, so soll der Großkönig dem entgegentreten und nach Kräften (den Lakedaimoniern) beistehen.«

38 (1) Nach diesem Vertrag übergab Therimenes die Flotte an Astyochos; er fuhr in einem kleinen Boot[28] hinaus und wurde nicht mehr gesehen. Die Athener waren bereits von Lesbos mit ihrer Heeresmacht nach Chios herübergekommen und beherrschten nunmehr Land und Meer, sie befestigten Delphinion, einen Platz, der von der Landseite her schon stark ist, Häfen hat und von der Stadt Chios nicht weit entfernt ist. (3) Die Chier waren schon in vielen früheren Schlachten geschlagen worden; auch sonst war es um ihren inneren Frieden gar nicht gut bestellt, sondern sie lebten in gegenseitigem Misstrauen, seit Pedaritos den Sohn Ions, Tydeus, und seine Anhänger wegen ihrer athenischen Gesinnung hatte hinrichten lassen und man der Stadt ein oligarchisches Regime aufgezwungen hatte. Sie verhielten sich also ruhig, denn sie meinten, dass weder sie selbst noch die Hilfstruppen des Pedaritos den Athenern im Kampf gewachsen seien. Freilich wandten sie sich nach Milet und baten Astyochos, ihnen zu Hilfe zu kommen; als dieser ablehnte, beschwerte sich Pedaritos über ihn in einem Schreiben nach Sparta, dass er seine Pflichten verletze. (5) So war die Lage für die Athener in Chios; ihre Schiffe kreuzten von Samos aus gegen die vor Milet, da sich diese aber dem Kampf nicht stellten, zogen sie sich wieder nach Samos zurück und unternahmen nichts mehr.

39 (1) Vom Peloponnes aus wurden im selben Winter für Pharnabazos die 27 Schiffe von den Lakedaimoniern bereitgestellt, die Kalligeitos aus Megara und Timagoras aus Kyzikos angefordert hatten. Sie liefen aus und segelten zur Zeit der (Winter-)Sonnenwende nach Ionien, als Kommandant fuhr der Spartiate Antisthenes mit. (2) Mit ihm schickten die Lakedaimonier noch elf Spartiaten als Beiräte für

Astyochos, einer von ihnen war Lichas, der Sohn des Arkesilaos. Sie hatten Weisung, nach ihrer Ankunft in Milet dort überhaupt nach dem Rechten zu sehen und insbesonders die Schiffe – seien es diese, seien es auch mehr oder weniger – nach ihrem Ermessen zu Pharnabazos nach dem Hellespont zu schicken und Klearchos, den Sohn des Rhamphias, der mit an Bord war, zu deren Befehlshaber zu ernennen und – wieder nach dem Ermessen der elf Beiräte – Astyochos von seinem Flottenkommando abzulösen und Antisthenes einzusetzen. Denn nach dem Beschwerdeschreiben des Pedaritos waren sie gegen jenen misstrauisch geworden. (3) Die Schiffe fuhren also von Malea durch das offene Meer und legten in Melos an, sie trafen dort auf gerade 10 Schiffe der Athener, 3 davon, die unbemannt waren, erbeuteten und verbrannten sie. Aus Furcht aber, dass die übrigen von Melos entkommenen athenischen Schiffe den Athenern in Samos ihre Anfahrt melden würden – was tatsächlich geschah –, nahmen sie Kurs auf Kreta, machten aus Vorsicht einen Umweg und landeten bei Kannos in Kleinasien. Von dort, wo sie sich sicher glaubten, schickten sie Botschaft zur Flotte bei Milet, dass man sie unter Geleit abholen solle.

40 (1) Die Chier und Pedaritos schickten um dieselbe Zeit Boten zu Astyochos, und obwohl er sich säumig zeigte, forderten sie ihn dringend auf, ihnen in ihrem Belagerungszustand mit sämtlichen Schiffen zu helfen und nicht zuzusehen, wie die größte Stadt der Verbündeten in Ionien vom Meer abgeschnitten und zu Land durch Raubzüge geschädigt werde. (2) Die Chier hatten nämlich viele Sklaven, eigentlich die meisten in einer einzelnen Stadt, von Sparta einmal abgesehen, und eben wegen ihrer großen Zahl wurden sie bei Vergehen hart bestraft; sie liefen gleich massenhaft (zu den Athenern) über, sobald man den Eindruck gewann, dass das Heer der Athener durch Verschanzung eine gesi-

cherte Stellung gewonnen hatte; sie richteten die größten Schäden an, weil sie im Land gut Bescheid wussten. (3) Die Chier erklärten also, dass Astyochos zu Hilfe kommen müsse, solange noch Hoffnung und die Möglichkeit vorhanden sei, (den Athenern) entgegenzutreten, wo doch die Befestigung von Delphinion gerade im Gang und noch nicht abgeschlossen sei, und für Heerlager und Schiffe zusätzlich eine noch größere Schutzmauer ringsum errichtet werde. Astyochos entschloss sich nun doch, obwohl er wegen seiner damaligen Drohung keine Lust hatte, im Hinblick auf die Wünsche der Verbündeten, ihnen zu Hilfe zu kommen.

41 (1) Jetzt aber kam Nachricht aus Kaunos, dass die 27 Schiffe und die Beiräte der Lakedaimonier angekommen waren. Nun war (Astyochos) der Ansicht, dass alles Übrige zweitrangig sei gegenüber der Aufgabe, sowohl den Schiffen zur Weiterfahrt zu verhelfen, um damit eher die Überlegenheit zur See geltend zu machen, als auch den Lakedaimoniern, die zu seiner Beaufsichtigung gekommen waren, ein sicheres Geleit zu geben; sofort ließ er Chios beiseite und fuhr nach Kaunos. (2) Im Vorbeifahren landete er bei Kos, der Meropersiedlung, und plünderte die Stadt, die keine Mauern hatte und wegen eines Erdbebens, des schwersten seit Menschengedenken, in Trümmer gefallen war; die Menschen hatten sich in die Berge geflüchtet, und so unternahm er auch im Umland Beutezüge; ausgenommen waren Freie, die er laufen ließ. (3) Von Kos kam er bei Nacht in Knidos an, wurde dort von den Knidiern bedrängt, auf ihr Anraten hin, die Seeleute nicht von Bord zu lassen, sondern, wie er war, sogleich gegen die 20 Schiffe der Athener auszufahren, mit denen Charminos, einer der Feldherren von Samos, diese 27 vom Peloponnes kommenden Schiffe beobachtete, zu denen auch Astyochos hinfuhr. (4) Sie hatten nämlich in Samos von Melos aus deren Annä-

herung erfahren, und zum Überwachungsraum des Charminos gehörten Syme, Chalke, Rhodos und Lykien, denn er hatte inzwischen auch Nachricht erhalten, dass jene in Kaunos seien.

42 (1) So fuhr also Astyochos, wie er war, in Richtung Syme, bevor man ihm noch dahinter kommen konnte, um die Schiffe womöglich irgendwo auf hoher See überraschend zu umzingeln. Aber Regen und dichtbewölkter Himmel verursachten in der Finsternis eine Irrfahrt seiner Schiffe und Verwirrung. (2) Und bei Tagesanbruch, als die Flotte noch zerstreut war, wurde ihr linker Flügel von den Athenern gesichtet, während der Rest um die Insel irrte. Charminos und seine Athener fuhren in Eile los, allerdings mit weniger als 20 Schiffen in der Meinung, die Schiffe von Kaunos, auf die sie warteten, vor sich zu haben. (3) Gleich mit dem ersten Rammstoß versenkten sie 3 Schiffe und andere machten sie kampfunfähig, blieben also im Kampf so weit siegreich, bis ganz unerwartet auch die größere Zahl der Schiffe zum Vorschein kam und sie von allen Seiten eingeschlossen wurden. (4) Da ergriffen sie die Flucht und verloren dabei 6 Schiffe, mit den restlichen entkamen sie zur Insel Teutlussa und von dort nach Halikarnassos. Die Peloponnesier segelten darauf nach Knidos, vereinigten sich mit den 27 Schiffen aus Kaunos und fuhren nun mit allen zusammen weiter nach Syme; dort errichteten sie ein Siegeszeichen und gingen dann wieder bei Knidos vor Anker.

43 (1) Als die Athener von der Seeschlacht Nachricht erhielten, fuhren sie von Samos aus mit allen Schiffen nach Syme, ohne sich gegen die Flotte in Knidos zu wenden oder von ihr angegriffen zu werden; sie nahmen (nur) das Schiffsgerät von Syme an Bord, machten dann noch einen Angriff auf Loryma am Festland und kehrten darauf nach Samos zurück.

(2) Sämtliche Schiffe der Peloponnesier aber, die sich schon in Knidos befanden, wurden wieder instand gesetzt, wo es nötig war, und mit Tissaphernes – denn dieser hatte sich eingefunden – verhandelten die Elf (Beiräte) der Lakedaimonier sowohl über die bisherigen Ereignisse, wenn ihnen etwas nicht gefiel, als auch über den weiteren Krieg und wie man ihn in beiderseitigem Interesse am besten und vorteilhaftesten führen wolle. (3) Namentlich Lichas prüfte scharf das bisherige Vorgehen und erklärte, dass keiner der beiden Verträge, weder der des Chalkideus noch der des Therimenes, geschickt abgefasst sei, sondern es sei unerhört, wenn der Großkönig den Anspruch erhebe, auch jetzt noch über all das Land zu gebieten, über welches früher einmal seine Vorfahren geherrscht hätten; denn das bedeute, dass auch sämtliche Inseln und Thessalien und die Lokrer und alles bis zu den Boiotern der Knechtschaft verfalle; anstatt der Freiheit würden die Lakedaimonier den Hellenen eine persische Herrschaft bringen. (4) Er verlangte also, andere, bessere Verträge abzuschließen oder die bestehenden nicht anzuwenden, und auch den Unterhalt (für die Truppen) brauchten sie unter diesen Bedingungen durchaus nicht. Tissaphernes nahm dies sehr übel und reiste ab, im Zorn und unverrichteter Dinge.

44 (1) Nach Rhodos zu fahren hatten nun (die Peloponnesier) die Absicht, es wurden ja bereits von den einflussreichsten Männern diplomatische Kontakte gepflogen. Sie hofften damit, eine Insel für sich zu gewinnen, die sowohl durch die Menge ihrer Seeleute, als auch durch ihr Landheer ziemlich stark war; gleichzeitig, so meinten sie, würden sie mit dem bestehenden Bündnis in der Lage sein, für den Unterhalt der Schiffe aufzukommen, ohne dafür Tissaphernes um Geld zu bitten. (2) Sie fuhren also gleich im selben Winter von Knidos ab, landeten zuerst mit 94 Schiffen bei Kameiros auf Rhodos und jagten der Masse des Volkes großen

Schrecken ein, denn sie hatte von den Vorgängen nichts gewusst; die Leute flüchteten auch, zumal die Stadt unbefestigt war; darauf riefen die Lakedaimonier diese und die Bevölkerung aus den beiden Städten Lindos und Ialyos zusammen und überredeten die Rhodier, von den Athenern abzufallen; und so trat Rhodos zu den Peloponnesiern über. (3) Die Athener waren mit ihren Schiffen aus Samos zum selben Zeitpunkt ausgefahren, weil sie, davon benachrichtigt, (den Peloponnesiern) zuvorkommen wollten; sie zeigten sich auch auf hoher See, kamen aber nur knapp zu spät und fuhren gleich wieder ab, zuerst nach Chalke, von dort nach Samos; später machten sie von Chalke und von Kos (und von Samos) aus ihre Angriffsfahrten gegen Rhodos und bekriegten es. (4) Die Peloponnesier aber erhoben an Beiträgen 32 Talente von den Rhodiern, blieben sonst aber achtzig Tage ruhig, nachdem sie ihre Schiffe an Land gezogen hatten.

45 (1) In dieser Zeit und auch schon vorher, bevor sie gegen Rhodos aufgebrochen waren, geschah Folgendes: Alkibiades war nach dem Tod des Chalkideus und der Schlacht bei Milet den Peloponnesiern verdächtig geworden; als von ihnen ein Schreiben aus Lakedaimon Astyochos erreichte, dass er getötet werden sollte – er war nämlich auch mit Agis verfeindet und schien auch sonst unzuverlässig –, zog er sich aus Angst zu Tissaphernes zurück; dann schädigte er durch seinen Einfluss auf ihn die Sache der Peloponnesier nach Kräften, (2) und wie er in allem sein Ratgeber wurde, so beschnitt er auch die Besoldung, sodass anstatt 1 attischen Drachme nur 3 Obolen, und selbst das nicht regelmäßig, ausgezahlt wurden. Dabei ließ er Tissaphernes vor jenen geltend machen, dass auch die Athener, die doch schon seit längerer Zeit im Seewesen Erfahrung hätten, ihren Leuten (nur) 3 Obolen zahlten, nicht so sehr aus Geldmangel, als vielmehr um zu verhindern, dass ihre Seeleute aus Überfluss übermütig würden, für Dinge, die für die Gesundheit nachteilig sind, zu viel Geld ausgäben und dadurch an Körperkraft einbüßten, oder dass sie von den Schiffen entliefen, wenn sie nicht den Sold, der ihnen noch zustehe, als Pfand hinterlegen müssten. (3) Er zeigte ihm Methoden, die Trierarchen und die Befehlshaber der einzelnen Städte durch Geldgeschenke für diese Vorgehensweise zu gewinnen; eine Ausnahme waren die Syrakusaner, von ihnen protestierte Hermokrates als Einziger im Namen des ganzen Verbündetenheeres. (4) Die Städte, die Geld haben wollten, wies (Alkibiades) persönlich zurück und widersprach ihnen im Namen des Tissaphernes: Die Chier seien doch wirklich unverschämt, dass sie als Reichste unter den Hellenen und doch nur durch die Hilfe anderer gerettet, jetzt auch noch verlangten, andere Leute sollten sowohl ihr Leben als auch ihr Geld riskieren um ihrer Freiheit willen. (5) Den anderen Städten sagte er, sie täten Unrecht, wenn sie früher, bevor sie abgefallen seien, den Athenern Abgaben gezahlt hätten und jetzt nicht ebenso viel oder noch mehr in ihrem eigenen Interesse beitragen wollten. (6) Tissaphernes, so machte er klar, führe jetzt den Krieg auf eigene Kosten und sei begreiflicherweise sparsam; wenn aber erst das Geld für den Unterhalt vom Großkönig bei ihm einträfe, werde er ihnen den vollen Sold auszahlen und die Städte gebührend unterstützen.

46 (1) Er empfahl Tissaphernes auch, sich mit der Beilegung des Krieges nicht sehr zu beeilen, auch nicht etwa den Wunsch zu haben, phoinikische Schiffe, die er ausrüsten ließ, heranzuziehen, oder für noch mehr Hellenen Sold zu beschaffen und damit ein und derselben Macht die Herrschaft zu Land und zur See zu ermöglichen; er solle es zulassen, dass beide Mächte ihre Herrschaft getrennt ausübten; so sei es für den Großkönig immer möglich, gegen die ihm lästigere Macht die jeweils andere auszuspielen.

(2) Wenn aber die Herrschaft zu Land und zur See in *eine* Hand gelange, werde er niemand haben, mit dessen Hilfe er die Übermächtigen bezwingen könne, es sei denn, er wolle selbst unter großem Aufwand und Risiko sich dazu aufraffen und es irgendwann einmal auf einen Entscheidungskampf ankommen lassen. Billiger sei es doch, mit einem Bruchteil des Aufwandes und zugleich unter Wahrung der eigenen Sicherheit die Hellenen sich untereinander aufreiben zu lassen. (3) Geeigneter als Teilhaber an seiner Herrschaft, so sagte er, seien für ihn die Athener; denn sie hätten es weniger auf das Festland abgesehen und gingen in den Krieg mit einer Methode und deren Durchführung, die (für den Großkönig) die größten Vorteile bringe: Sie beteiligten sich daran, (die Hellenen) zu unterwerfen, und zwar für sich selbst den Teil auf den Inseln und für ihn, so weit Hellenen im Land des Großkönigs wohnten; im Gegensatz dazu seien die Lakedaimonier gekommen, um sie zu befreien, und es gäbe keine Wahrscheinlichkeit, dass die Lakedaimonier zwar nun die Hellenen von sich selbst, den Hellenen, befreien würden, dann aber davon absehen würden, sie auch von den Personen zu befreien, es sei denn, (die Perser) sollten einst (die Lakedaimonier) gänzlich vertreiben. (4) Er riet ihm also nachdrücklich, beide fürs Erste zu schwächen, die Macht der Athener möglichst stark zu beschränken und in weiterer Folge (auch) die Peloponnesier aus dem Land zu drängen. (5) Im Wesentlichen war dies auch die Absicht des Tissaphernes, so weit man aus seinem Vorgehen schließen konnte. Denn er folgte vertrauensvoll Alkibiades, der ihm in diesen Angelegenheiten vermeintlich gute Ratschläge gab; er versorgte die Peloponnesier schlecht und ließ es nicht zu einer Seeschlacht kommen, sondern sagte immer nur, dass die phoinikischen Schiffe noch kommen würden und man dann in einer Übermacht kämpfen könne; damit machte er den Erfolg der (peloponnesischen)

Flotte zunichte und legte sie lahm, gerade als ihre Stärke den Höhepunkt erreicht hatte. Auch sonst konnte man deutlich merken, dass er mit wenig Kampfesmut am Krieg teilnahm.

47 (1) Alkibiades aber gab solche Ratschläge, weil er sie sowohl für Tissaphernes und für den Großkönig, bei denen er sich aufhielt, am besten erachtete, als auch weil er zugleich der eigenen Rückkehr in seine Heimatstadt dienlich sein wollte; denn er wusste, wenn er (Athen) nicht gänzlich zugrunde gehen ließ, würde es für ihn irgendwann einmal möglich sein, durch seine Überredungskunst zurückzukehren. Überzeugend aufzutreten meinte er am ehesten dann, wenn Tissaphernes offensichtlich mit ihm befreundet wäre. So war es dann auch. (2) Sobald nämlich die athenischen Soldaten auf Samos seinen Einfluss auf ihn bemerkten, ließ Alkibiades selbst den mächtigsten Leuten des Heeres sagen, dass sie den führenden Oligarchen in Athen in seinem Namen zu verstehen geben sollten, sein Wunsch gehe dahin, unter den Bedingungen einer Oligarchie und nicht unter denen einer Pöbelherrschaft und Demokratie, die ihn vertrieben habe, zurückzukehren, ihre Politik zu unterstützen und ihnen auch die Freundschaft des Tissaphernes zu verschaffen; deshalb und noch mehr aus eigenem Antrieb waren die Trierarchen der Athener und die Mächtigsten bestrebt, die Demokratie zu stürzen.

48 (1) Die Bewegung ging ursprünglich vom Heerlager aus und verbreitete sich von dort in der Stadt erst später. Bei Alkibiades trafen einige aus Samos ein und begaben sich zu Besprechungen; als dieser in Aussicht stellte, er werde ihnen Tissaphernes und dann auch noch den Großkönig zum Freund machen, wenn sie die Demokratie abschafften – in diesem Fall nämlich werde der Großkönig wohl mehr Vertrauen schenken –, machten sie sich große Hoffnungen, nicht nur als Mächtigste der Bürger, die ja auch die größte

Last zu tragen hätten, einmal die Macht an sich zu ziehen, sondern dass sie ihre Feinde besiegen würden. (2) Nach ihrer Rückkehr auf Samos nahmen sie die Fähigsten ihrer Leute in ihre Verschwörung auf und sprachen vor der Menge ganz offen davon, dass der Großkönig ihr Freund sei und Gelder bereitstellen werde, wenn Alkibiades heimgekehrt sei und sie keine demokratische Politik mehr betrieben. (3) Wenn auch die breite Masse fürs Erste sich über diese Vorgänge ärgerte, gab sie doch Ruhe wegen der verlockenden Aussicht auf den Sold vom Großkönig. Nachdem die Befürworter der Oligarchie dies unter die Leute gebracht hatten, prüften sie die Vorschläge des Alkibiades nochmals unter sich und im weiteren Kreis ihrer politischen Freunde.[29] (4) Während den Übrigen die Vorschläge durchführbar und unbedenklich erschienen, war Phrynichos, der noch Feldherr war, gar nicht damit einverstanden; er hatte den Eindruck – wie es auch der Fall war –, dass es Alkibiades weder um die Oligarchie noch um die Demokratie zu tun sei, sondern dass er einzig und allein als Ziel vor Augen habe, die Stadt aus ihrer gegenwärtigen Verfassung zu lösen und – von seinen politischen Freunden gerufen – zurückzukehren; die (übrigen Athener) selbst müssten aber vor allem darauf achten, dass kein Bürgerkrieg entstehe. Für den Großkönig sei es gar nicht vorteilhaft, sich jetzt, wo auch die Peloponnesier bereits ähnlich (stark) zur See seien und über ziemlich bedeutende Städte in seinem Reich verfügten, den Athenern anzunähern und sich damit Schwierigkeiten einzuhandeln, während es für ihn möglich sei, sich die Peloponnesier zu Freunden zu machen, von denen er niemals etwas Schlimmes erfahren habe. (5) Die verbündeten Städte aber, denen sie eine oligarchische Regierungsform versprochen hätten – weil dann ja auch Athen selbst nicht mehr demokratisch wäre –, von diesen Städten wisse er genau, dass sie nicht eher ins Bündnis zurückkehrten, wenn sie einmal abgefallen seien, und auch die noch bündnistreuen würden dadurch nicht zuverlässiger sein. Denn sie hätten nicht so sehr den Wunsch in Knechtschaft zu leben, gleichgültig ob nun mit einer Oligarchie oder einer Demokratie, als vielmehr frei zu sein, einerlei mit welcher dieser Verfassungen. (6) Aber die so genannten Schönen und Guten[30] setzten nach Meinung der Verbündeten ihnen genauso zu, wie das Volk, da sie doch die Abkassierer seien und Urheber aller Übel für das Volk, woraus aber *sie* den größten Nutzen zögen. Wenn es an ihnen läge, würde man ohne richterliches Urteil und (viel) gewaltsamer hingerichtet werden, das Volk aber sei ihre Zuflucht und für jene (Oligarchen) eine Kontrollinstanz. (7) Und diese Überzeugungen herrschten aufgrund dieser Tatsachen; er selbst wisse genau, dass sie so dächten. Aus seiner Sicht könne nichts, was seitens des Alkibiades vorgeschlagen und gegenwärtig betrieben werde, seine Zustimmung finden.

49 (1) Die versammelten Mitglieder der Verschwörung stimmten jedoch, ihrer früheren Ansicht entsprechend, den Vorschlägen zu und bereiteten sich vor, Boten nach Athen zu senden, Peisandros und andere, um die Rückkehr des Alkibiades und den Sturz der Demokratie (in Athen) zu betreiben und um Tissaphernes mit den Athenern zu befreunden.

50 (1) Überzeugt, dass es jetzt zu Verhandlungen über die Rückkehr des Alkibiades kommen werde und dass ihr die Athener zustimmen würden, fürchtete Phrynichos im Hinblick auf die Feindseligkeit seiner Äußerungen, dass Alkibiades nach seiner Rückkehr sich an ihm als seinem Widersacher rächen werde, und kam auf folgenden Gedanken: (2) Er schickte an Astyochos, den Flottenkommandanten der Lakedaimonier, der sich damals noch bei Milet befand, heimlich einen Brief, dass Alkibiades jetzt gegen die Lakedaimonier arbeite, dass er Tissaphernes mit den Athenern

befreunde, und all das Übrige schrieb er ihm genau. Es sei wohl verzeihlich, dass er gegen einen ihm verfeindeten Mann etwas Böses in Gang setzen wolle, sogar zum Nachteil seiner Vaterstadt. (3) Astyochos aber dachte nicht daran, Alkibiades büßen zu lassen, zumal er ihn gar nicht mehr in die Hände bekommen konnte, sondern begab sich zu ihm nach Magnesia und zu Tissaphernes, erzählte ihnen den Inhalt des Briefes aus Samos und wurde selbst zum Informanten, stellte sich auch noch, wie es hieß, aus persönlichem Gewinnstreben dem Tissaphernes zur Verfügung, mit ihm in diesen und anderen Angelegenheiten gemeinsame Sache zu machen. Aus diesem Grund widersetzte er sich (so) zaghaft, als der Sold nur unvollständig ausgezahlt wurde. (4) Alkibiades schickte sofort eine Anzeige gegen Phrynichos an die Behörden nach Samos und forderte für das, was er getan hatte, seine Hinrichtung. (5) Phrynichos war bestürzt, und weil er wegen dieser Anzeige in äußerste Gefahr geraten war, schickte er erneut Botschaft an Astyochos und stellte ihn zur Rede, dass man das Vorige nicht gehörig geheim gehalten habe und dass er nun bereit wäre, den Lakedaimoniern das gesamte Heer der Athener bei Samos zur Vernichtung preiszugeben; er beschrieb in allen Einzelheiten, auf welche Weise er dies erreichen könne, da doch Samos unbefestigt sei; da er ihretwegen in Lebensgefahr schwebe, dürfe man ihm keinen Vorwurf machen, dass er diese und jede andere Tat lieber begehe, als selbst von den ärgsten Feinden vernichtet zu werden. Astyochos verriet auch das alles an Alkibiades.

51 (1) Phrynichos ahnte jedoch, dass (Astyochos) ihm übel mitspielte und jederzeit ein Schreiben von Alkibiades über diese Dinge eintreffen könne; er kam dem allen zuvor und kündigte selbst dem Heer an, dass die Feinde beabsichtigten das Heerlager anzugreifen, denn Samos sei ja unbefestigt und überdies lägen nicht alle Schiffe in der Nähe vor

Anker; er habe das zuverlässig erfahren, und man müsse möglichst schnell Samos befestigen und im Übrigen auf der Hut sein. Er hatte das Amt des Feldherrn und war zu solchen Anordnungen ermächtigt. (2) Sie begannen den Bau von Festungsanlagen, und deswegen bekam Samos schneller seine Befestigung, als es ohnehin geplant war. Das Schreiben des Alkibiades kam wenig später: Das Heer werde von Phrynichos verraten, und die Feinde beabsichtigten anzugreifen. (3) Alkibiades hatte aber den Ruf, nicht vertrauenswürdig, sondern selbst in die Pläne der Feinde eingeweiht zu sein und sie (nur) aus Feindschaft dem Phrynichos zur Last zu legen, als ob dieser ein Mitwisser wäre; daher schadete er ihm nicht, sondern bestätigte ihn durch sein Zeugnis, weil er dasselbe gemeldet hatte.

52 (1) Danach »bearbeitete« Alkibiades den Tissaphernes und setzte ihm zu, ein Freund der Athener zu werden; der fürchtete allerdings die Peloponnesier, weil sie mit einer stärkeren Flotte vertreten waren als die Athener, trotzdem wollte er, wenn es irgendwie möglich wäre, sich überreden lassen, zumal seit er die Unzufriedenheit der Peloponnesier mit dem Vertrag des Therimenes in Knidos zu spüren bekam. (Denn die Meinungsverschiedenheit hatte es bereits zu dem Zeitpunkt gegeben, als sie in Rhodos waren.) Dort hatte Alkibiades vorher schon die Andeutung gemacht, dass die Lakedaimonier sämtliche Städte befreien wollten; diese Aussage bestätigte Lichas, als er sagte, es sei unannehmbar, dass vertraglich vereinbart sei, der Großkönig solle weiter über Städte gebieten, über die er früher selbst oder seine Vorfahren geherrscht hätten. Weil Alkibiades für seine großen Ziele kämpfte, blieb er seinerseits bei der Sache und bemühte sich, Tissaphernes dienlich zu sein.

53 (1) Andererseits wurden von den Athenern in Samos mit Peisandros Abgesandte geschickt; nach ihrer Ankunft in Athen hielten sie Reden vor dem Volk, wobei sie neben vielem anderen als Hauptsache hervorhoben, dass es ihnen sehr wohl gelingen könnte, wenn sie Alkibiades zurückberiefen und ihre demokratische Verfassung nicht mehr auf dieselbe Art weiter behielten, den Großkönig als Verbündeten zu haben und über die Peloponnesier zu siegen. (2) Da widersprachen aber viele andere im Namen der Demokratie, zugleich protestierten schreiend auch die Feinde des Alkibiades, es sei doch empörend, wenn er unter Verletzung der Gesetze zurückkehre; auch die Eumolpiden und Keryken[31] gaben feierliche Erklärungen ab im Namen der Mysterien, derentwegen er verbannt wurde, und verlangten unter Anrufung der Götter, ihn nicht heimkehren zu lassen. Peisandros begegnete dem heftigen Widerspruch und lauten Jammern, ließ jeden Einzelnen der Gegenredner vortreten und befragte ihn, ob *er* irgendeine Hoffnung habe, dass sich die Stadt retten könne, wo doch die Peloponnesier gleich viel Schiffe, sogar kampfbereit, auf See hätten, wo doch der Großkönig und Tissaphernes Geld für sie bereitstellten, während die Athener keines mehr hätten, es sei denn, jemand brächte den Großkönig dazu, auf ihre Seite zu wechseln. (3) Jedesmal, wenn sie seine Fragen nicht beantworten konnten, sagte er ihnen ganz unverblümt: »Das können wir nur erreichen, wenn wir eine vernünftigere[32] Politik betreiben und es vorziehen, die Staatsämter auf wenige zu übertragen, damit uns der Großkönig vertraut, wenn wir in der gegenwärtigen Lage mehr über unsere Rettung, als über unsere Staatsverfassung beraten – denn später werden wir sie auch wieder ändern können, wenn uns etwas nicht gefällt – und wenn wir Alkibiades zurückholen, der von den heutigen (Politikern) als Einziger dies zuwege bringen kann.«

54 (1) Das Volk nahm beim ersten Hören die Sache mit der Oligarchie übel. Es wurde aber von Peisandros unmissverständlich belehrt, dass es keine andere Rettung gebe; da fügte es sich voll Angst und zugleich in der Hoffnung auf

Änderungen in der Zukunft. (2) Sie beschlossen, Peisandros und mit ihm zehn Männer sollten abreisen und die Angelegenheiten mit Tissaphernes und Alkibiades regeln, wie es nach ihrem Ermessen am besten sei. (3) Weil aber Peisandros gleichzeitig auch gegen Phrynichos intrigiert hatte, enthob ihn das Volk seines Kommandos und ebenso seinen Amtskollegen Skironides; sie sandten an ihrer Stelle als Feldherren Diomedon und Leon zur Flotte. Peisandros hatte verleumderisch behauptet, dass (Phrynichos) Iasos und Amorges verraten[33] habe; tatsächlich aber meinte er, dass (Phrynichos) für die Verhandlungen mit Alkibiades nicht zu gewinnen sei. (4) Peisandros besuchte auch sämtliche verschworenen Klubs, die es von früher in der Stadt zur Einflussnahme auf Prozesse und politische Ämter gerade gab[34], und rief sie dazu auf, sich zusammenzufinden und nach einem gemeinsamen Plan dem Volk die Macht zu entziehen. Nachdem er noch Sonstiges so weit vorbereitet hatte, dass es keine Verzögerung mehr geben konnte, trat er mit den zehn Männern seine Seereise zu Tissaphernes an.

55 (1) Leon und Diomedon, die inzwischen bei den Schiffen der Athener angekommen waren, unternahmen noch im selben Winter eine Angriffsfahrt gegen Rhodos. Sie stießen dort auf die peloponnesischen Schiffe, die aber an Land gezogen waren; nachdem sie eine Landung gemacht und die Rhodier, die zur Abwehr herbeigeeilt waren, in einem Gefecht besiegt hatten, zogen sie sich nach Chalke zurück und führten lieber den Krieg von dort aus weiter als von Kos; denn dort konnten sie besser überwachen, ob die Flotte der Peloponnesier irgendwohin auslaufen würde.

(2) Nach Rhodos kam auch der Lakedaimonier Xenophantidas, er teilte von Pedaritos aus Chios mit, dass das Festungswerk (von Delphinion) der Athener schon fertig sei, und wenn sie nicht mit der ganzen Flotte zu Hilfe kämen, gehe die Macht in Chios verloren. Sie planten auch, zu

Hilfe zu kommen. (3) Inzwischen machte Pedaritos mit seinen Hilfstruppen und dem gesamten Aufgebot der Chier einen Angriff auf den Schutzwall um die Schiffe der Athener, eroberte einen Teil davon und bekam auch einige der an Land gezogenen Schiffe in seine Gewalt. Als dann aber noch die Athener herbeistürmten und als Erstes die Chier in die Flucht schlugen, wurde auch der Rest der Truppe um Pedaritos besiegt, er selbst fiel und ebenso die meisten der Chier, auch viele Waffen wurden erbeutet.

56 (1) Danach wurden die Chier sowohl zu Lande als auch zur See noch enger eingeschlossen als früher und der Hunger in der Stadt war groß. Die Abgesandten der Athener um Peisandros waren bei Tissaphernes angekommen und verhandelten nun über das Abkommen. (2) Alkibiades aber – er war sich der Zustimmung vonseiten des Tissaphernes nicht ganz so sicher, da dieser die Peloponnesier ziemlich fürchtete und immer noch den Wunsch hatte, wie er von Alkibiades beraten worden war, dass beide Teile einander schwächten –, Alkibiades also führte eine Wendung solcher Art herbei, dass Tissaphernes durch möglichst überzogene Forderungen die vertragliche Einigung verhindern konnte. (3) Es scheint mir aber, dass dies Tissaphernes ebenfalls beabsichtigte, und zwar aus Furcht (vor den Peloponnesiern); Alkibiades jedoch wollte, als er sah, dass Tissaphernes ohnehin kein Abkommen schließen werde, bei den Athenern den Eindruck erwecken, er sei sehr wohl imstande, ihn zu gewinnen, nur die Athener hätten für Tissaphernes nicht genügend zu bieten, obwohl er an sich überzeugt sei und sich mit ihnen verbünden wolle. (4) Denn übertrieben viel verlangte Alkibiades – in Gegenwart des Tissaphernes führte *er* für diesen das Wort –, sodass immer die Athener verantwortlich (für das Scheitern) waren, obwohl sie auf seine immer neuen Forderungen eingingen. Denn ganz Ionien, so verlangte er, sollte abgetreten werden;

dann wieder die vorgelagerten Inseln und noch anderes; dem widersetzten sich die Athener nicht. Schließlich, in der dritten Zusammenkunft fürchtete er, gänzlich in seiner Ohnmacht entlarvt zu werden, und forderte, sie müssten dem Großkönig eine Kriegsflotte bauen und damit seine Küste befahren lassen, wo auch immer und mit wie vielen Schiffen er wolle. Da ging dann wirklich nichts mehr ...[35] Die Athener meinten, das sei unannehmbar und sie seien von Alkibiades betrogen worden; im Zorn reisten sie ab und begaben sich nach Samos.

57 (1) Tissaphernes reiste danach, noch im selben Winter, sofort nach Kaunos; er wollte die Peloponnesier zur Rückkehr[36] nach Milet bewegen und ihnen nach einem weiteren Vertrag, so gut er ihn nur abschließen könne, wieder Verpflegung liefern und nicht gänzlich mit ihnen verfeindet sein. Er befürchtete nämlich, wenn sie für ihre vielen Schiffe keine Versorgung hätten, dass sie entweder, von den Athenern zu einer Seeschlacht gezwungen, eine Niederlage erleiden könnten, oder dass die Athener auch ohne ihn erreichten, was sie wollten, wenn nämlich die (peloponnesischen) Schiffe von ihren Mannschaften verlassen würden. (2) Ferner befürchtete er noch besonders, sie könnten auf der Suche nach Verpflegung das Festland plündern. In Anbetracht und Voraussicht all dieser Umstände und wie es denn überhaupt sein Wunsch war, unter den Hellenen ein Gleichgewicht der Macht herzustellen, ließ er die Peloponnesier zu sich einladen, gewährte ihnen Versorgung und schloss mit ihnen einen dritten Vertrag ab, wie folgt:

58 (1) »Im dreizehnten Jahr der Regierung des Königs Dareios und unter dem Ephorat des Alexippidas in Lakedaimon wurde in der Ebene des Maiandros der Vertrag geschlossen zwischen den Lakedaimoniern samt ihren Verbündeten einerseits und Tissaphernes, Hieramenes und den Söhnen des Pharnakes andererseits über die Machtbereiche des Großkönigs und der Lakedaimonier samt ihren Verbündeten: (2) Das Land des Großkönigs, soweit es zu Asien gehört,[37] soll der Großkönig besitzen; und über sein Land soll der Großkönig bestimmen, wie er will. (3) Die Lakedaimonier und ihre Verbündeten dürfen gegen das Land des Großkönigs keineswegs zu dessen Schaden vorgehen, ebenso wenig darf der Großkönig gegen das Land der Lakedaimonier oder das ihrer Verbündeten zu deren Schaden vorgehen. (4) Wenn einer der Lakedaimonier oder ihrer Verbündeten gegen das Land des Großkönigs zu dessen Schaden vorgeht, sollen ihm die Lakedaimonier und ihre Verbündeten entgegentreten; und wenn jemand von den Leuten des Großkönigs gegen die Lakedaimonier und ihre Verbündeten zu deren Schaden vorgeht, soll der Großkönig entgegentreten. (5) Unterhalt für die Schiffe, die gegenwärtig vorhanden sind, soll Tissaphernes vereinbarungsgemäß zur Verfügung stellen, bis die Schiffe des Großkönigs eintreffen. (6) Sobald die Schiffe des Großkönigs angekommen sind, soll es den Lakedaimoniern und ihren Verbündeten freistehen, ob sie ihre eigenen Schiffe weiter versorgen. Wenn sie von Tissaphernes den Unterhalt beanspruchen wollen, soll ihn Tissaphernes zur Verfügung stellen, aber die Lakedaimonier und ihre Verbündeten sollen mit Kriegsende so viel Geld an Tissaphernes zurückzahlen, wie sie bekommen haben. (7) Sobald die Schiffe des Großkönigs angekommen sind, sollen die Schiffe der Lakedaimonier und ihrer Verbündeten und die Schiffe des Großkönigs den Krieg gemeinsam führen, wie auch immer es Tissaphernes und den Lakedaimoniern samt ihren Verbündeten richtig erscheint. Wenn sie (den Krieg) mit den Athenern beenden wollen, soll dies in ähnlicher Art und Weise geschehen.«

59 (1) Dieser Vertrag wurde also abgeschlossen, und danach war Tissaphernes mit Vorbereitungen beschäftigt, die phoinikischen Schiffe wie verabredet herbeizuholen, und was er sonst noch versprochen hatte; jedenfalls wollte er, dass man allgemein von seinen Vorbereitungen wusste.

60 (1) Bereits gegen Ende des Winters eroberten die Boioter durch Verrat Oropos, wo die Athener eine Besatzung aufrechterhalten hatten. Männer aus Eretria und Oropos selbst hatten mitgewirkt, weil sie darauf hinarbeiteten, dass Euboia abfalle. Gegenüber Eretria gelegen hatte der Platz, solange die Athener darüber verfügten, auf jeden Fall eine äußerst schädliche Auswirkung auf Eretria und das restliche Euboia. (2) Jetzt also, wo die Eretrier Oropos hatten, kamen sie[38] nach Rhodos und wollten die Peloponnesier nach Euboia holen. Diese aber waren eher um Hilfe für das bedrängte Chios bemüht, sie stachen in See und fuhren mit der gesamten Flotte von Rhodos ab. (3) Als sie bei Triopion vorbeikamen, sichteten sie die Schiffe der Athener auf hoher See, die gerade von Chalke hersegelten. Weil aber keine der beiden Flotten auf Angriff fuhr, kamen die (Athener) nach Samos und die Peloponnesier nach Milet; und diese sahen nun ein, dass es ohne Seeschlacht nicht mehr möglich ist, Chios zu Hilfe zu kommen. Damit endete dieser Winter und das zwanzigste Jahr dieses Krieges, den Thukydides beschrieben hat.

Einundzwanzigstes Kriegsjahr 411/410

61 (1) Im folgenden Sommer, gleich mit Frühlingsbeginn, wurde der Spartiate Derkylidas mit einer nicht sehr großen Truppe auf dem Landweg nach Abydos am Hellespont geschickt, um es zum Bündnisaustritt zu bewegen. (Abydos ist eine Gründung der Milesier.) Auch die Chier wurden, während Astyochos nicht wusste, wie er ihnen helfen sollte, durch Belagerung unter Druck gesetzt und gezwungen, eine Seeschlacht zu schlagen. (2) Sie hatten nach dem Tod des

Pedaritos, als Astyochos eben noch auf Rhodos war, einen Spartiaten, Leon, der mit Antisthenes als Passagier mitgekommen war, aus Milet als Befehlshaber bekommen und zugleich 12 Schiffe, die gerade als Wachschiffe vor Milet lagen, darunter 5 aus Thurioi, 4 aus Syrakus, 1 aus Anaia, 1 aus Milet und 1 von Leon selbst. (3) Während sie nun mit ihrer ganzen Mannschaft einen Ausfall machten und eine starke Stellung im Gelände gewannen, gingen sie gleichzeitig mit 36 Schiffen gegen die 32 der Athener vor und lieferten ihnen eine Seeschlacht. Dabei kam es zu einem erbitterten Kampf, ohne dass die Chier und ihre Verbündeten dabei im Nachteil waren; sie zogen sich schließlich – denn es war schon spät abends – in ihre Stadt zurück.

62 (1) Unmittelbar darauf, als Derkylidas auf dem Landweg von Milet am Hellespont eingetroffen war, wechselte Abydos zu Derkylidas und Pharnabazos über – und Lampsakos zwei Tage später. (2) Strombichides fuhr auf diese Nachricht hin eilig aus Chios mit 24 Schiffen zur Gegenwehr ab, unter denen auch Transportschiffe mit Hopliten waren; als die Lampsakener gegen ihn ausrückten, besiegte er sie in einer Schlacht und eroberte das unbefestigte Lampsakos schon beim ersten Schlachtruf. Sowohl den beweglichen Besitz als auch Sklaven gab er zur Plünderung frei, die Freien aber ließ er in ihren Häusern wohnen und zog weiter gegen Abydos. (3) Da sich die Bewohner nicht freiwillig ergaben und er die Stadt durch einen Angriff nicht erobern konnte, fuhr er auf die gegenüberliegende Seite von Abydos, nach Sestos, einer Stadt auf der Chersones, die seinerzeit[39] die Perser in Besitz hatten, und machte sie zum Stützpunkt und Überwachungsplatz für den ganzen Hellespont.

63 (1) Inzwischen wurden die Chier wieder verstärkt zu Beherrschern des Meeres, und sowohl die Leute in Milet als auch Astyochos fassten jetzt neuen Mut, als die Nachricht von der Seeschlacht und vom Abzug des Strombichides eintraf. (2) Astyochos fuhr mit 2 Schiffen nach Chios, nahm die dortigen Schiffe hinzu und mit der gesamten Flotte startete er zu einer Angriffsfahrt gegen Samos; weil aber (die Athener) gegeneinander misstrauisch[40] waren und ihm nicht entgegenfuhren, kehrte er wieder nach Milet zurück.

(3) Denn um diese Zeit, ja noch etwas früher, war die Demokratie in Athen aufgehoben worden. Als nämlich Peisandros und seine Gesandten von Tissaphernes nach Samos zurückgekehrt waren, bekamen sie die Dinge im Heer noch fester in den Griff, und von den Samiern selbst brachten sie die Einflussreichsten so weit, dass sie mit ihnen die Einführung einer Oligarchie versuchten, obwohl sie selbst gegeneinander Kämpfe geführt hatten, um nicht oligarchisch regiert zu werden. (4) Unter sich kamen die Athener in Samos bei weiterer Erwägung darin überein, Alkibiades, da er nun einmal nicht wolle, ganz aus dem Spiel zu lassen; er sei nämlich als Mitglied einer oligarchischen Regierung auch gar nicht geeignet. Nachdem sie bereits ein großes Risiko eingegangen seien, wollten sie für sich selbst darauf achten, auf welche Weise sie ihre Vorhaben verwirklichen könnten. Zugleich wollten sie auch alles, was mit dem Krieg zusammenhängt, standhaft aushalten und gern aus eigenen Mitteln Geld und was sonst nötig sei beisteuern, da sie nicht mehr für andere, sondern in eigenem Interesse die Belastungen auf sich nähmen.

64 (1) Nachdem sie also solches unter sich ausgemacht hatten, schickten sie Peisandros und die Hälfte der Abgesandten sogleich nach Hause (nach Athen), um dort (ihr Vorhaben) in die Tat umzusetzen; auch war ihnen der Auftrag erteilt worden, in den abhängigen Städten, die sie unterwegs etwa anlaufen würden, eine Oligarchie einzuführen; die andere Hälfte schickten sie zu den übrigen Orten, jeden Abgesandten in eine andere Stadt. (2) Dieitrephes, der damals in Chios weilte aber als Feldherr für die thrakischen Küstengebiete ausgewählt war, schickten sie zu seinem Kommandoabschnitt. Nachdem er in Thasos angekommen war, löste er die demokratische Verfassung auf. (3) Schon im zweiten Monat nach seiner Abreise begannen die Thasier ihre Stadt zu befestigen, da ihnen an einer Aristokratie unter Mitwirkung von Athenern nicht mehr gelegen war, rechneten sie doch jeden Tag mit der Befreiung durch die Lakedaimonier. (4) Überdies gab es auch eine (aristokratische) Verbanntengruppe der Athener bei den Peloponnesiern, und diese setzte mit ihren Anhängern in der Stadt nach Kräften alles daran, Schiffe zu entsenden und Thasos (den Athenern) abtrünnig zu machen. Es kam ihren Wünschen sehr entgegen, dass sowohl ihre Stadt ohne eigenes Risiko in der Verfassung neu geordnet werde und die demokratische Herrschaft, mit deren Widerstand zu rechnen war, abgeschafft sei. (5) Bei Thasos also hatten die Athener, die das oligarchische Regime einführten, gerade den gegenteiligen Erfolg und, wie mir scheinen will, auch bei vielen anderen Städten. Denn nachdem die Städte Vernunft angenommen und größere Handlungsfreiheit erlangt hatten, strebten sie direkt die Freiheit an, weil sie bei den Athenern die »guten« Gesetze, die in Wirklichkeit nur Tünche waren, nicht schätzten.

65 (1) Die Leute des Peisandros fuhren also, wie beschlossen, die Küsten entlang und lösten die demokratischen Verfassungen in den Städten auf, nahmen zugleich aus manchen Orten Hopliten als Beschützer für sich mit und gelangten nach Athen. (2) Hier fanden sie das meiste von den Mitgliedern des Klubs[41] bereits vorbereitet. Denn einen gewissen Androkles,[42] einen der wichtigsten Anführer der Demokraten, hatten einige Jüngere, die sich zusammentaten, heimlich ermordet. Er hatte hauptsächlich die Verbannung des Alkibiades durchgesetzt;[43] aus zweifachem

Grund hatten sie (Androkles) ums Leben gebracht, zum einen wegen seiner demagogischen Tätigkeit und zum andern weil sie damit Alkibiades, der ihrer Meinung nach zurückkehren und ihnen zu einem Bündnis mit Tissaphernes verhelfen würde, einen Gefallen zu tun glaubten. Auch einige andere Widersacher hatten sie auf dieselbe Weise heimlich aus dem Weg geräumt. (3) Als politisches Programm war von ihnen ganz offen verbreitet worden, dass niemand Gelder beziehen solle, der nicht Kriegsdienst leiste, und dass nicht mehr als Fünftausend an der praktischen Politik beteiligt sein dürften, und zwar vornehmlich solche, die mit ihrem Vermögen und ihrer Person nützlich sein könnten.

66 (1) Tatsächlich sollte die Sache vor der Volksmenge beschönigt werden, denn die Stadt beherrschen wollten die, die den Umsturz betrieben. Das Volk freilich versammelte sich trotzdem und auch der Rat nach dem Bohnenlos[44], aber sie berieten nichts, was den Verschworenen unerwünscht gewesen wäre, vielmehr waren die Sprecher aus ihren Reihen, und das Gesprochene war vorher unter ihnen genau abgekartet. (2) Es widersprach auch keiner mehr von den anderen aus Angst und weil er die große Zahl der Verschwörergruppe sah. Wenn trotzdem jemand opponierte, war er bei nächstbester Gelegenheit ein toter Mann; und nach den Tätern gab es weder eine Fahndung, noch fand eine Gerichtsverhandlung statt, wenn es Verdächtige gab, sondern das Volk blieb ruhig und fühlte sich dermaßen eingeschüchtert, dass jeder es als Gewinn betrachtete, nichts Gewaltsames zu erleiden – auch wenn er zu schweigen hatte. (3) Weil sie die Zahl der Verschworenen für größer hielten als sie wirklich war, hatten sie umso mehr den Mut verloren; gerade das[45] herauszufinden waren sie nicht imstande; wegen der Größe der Stadt und der gegenseitigen Unbekanntheit hatten sie dazu keine Möglichkeit. Aus demselben Grund war es unmöglich, einem anderen seine

Empörung zu klagen und sich mit einem Gegenanschlag zur Wehr zu setzen; denn man wäre damit entweder an einen Unbekannten geraten, zu dem man sprechen sollte, oder an einen Bekannten, dem nicht zu trauen war. (5) All die Demokraten nämlich begegneten einander unter Verdächtigungen, als wäre einer an den Vorgängen beteiligt; denn es gab tatsächlich so manchen, von dem man nie vermutet hätte, dass er sich der Oligarchie zuwenden würde. Und hauptsächlich solche erregten unter der Volksmenge das größte gegenseitige Misstrauen und verhalfen so den Oligarchen zu einer gesicherten Position, indem sie beim Volk das Misstrauen gegen sich selbst festigten.

67 (1) Zu einer solchen Zeit also kamen die Leute um Peisandros an und begannen sogleich, den Rest zu erledigen. Zuerst beriefen sie die Volksversammlung ein und stellten den Antrag, zehn Männer zu wählen als bevollmächtigte Verfasser (eines Gesetzentwurfes); sie sollten als Antrag vor dem Volk an einem bestimmten Tag einen schriftlichen Vorschlag einbringen, wie die Stadt am besten verwaltet werden könne. (2) Als dann der Tag herankam, beriefen sie die Volksversammlung nach Kolonos ein, das (für diesen Zweck) zu wenig Platz bietet; es ist dies ein Poseidonheiligtum, außerhalb der Stadt, etwas mehr als 10 Stadien entfernt. Und die Verfasser beantragten weiter nichts als Folgendes: Jedem Athener solle es möglich sein, ungestraft jeden beliebigen[46] Antrag zu stellen. Wenn jemand gegen den Antragsteller eine Klage[47] wegen Verfassungsverletzung einbringe, oder ihm auf andere Weise schade, setzten sie darauf schwere Strafen. (3) Da wurde denn auch ganz unverblümt beantragt, dass kein einziges Amt mehr nach der bisherigen Verfassung amtieren und man auch keine Besoldung (aus der Staatskasse) beziehen solle. Als Vorsitzende solle man fünf Männer wählen, diese sollten ihrerseits hundert Männer wählen und von den hundert jeder drei wei-

tere. Diese Vierhundert sollten dann ins Rathaus (Buleuterion) einziehen und mit unbeschränkter Vollmacht regieren, wie sie es für das Beste erachten und die Fünftausend einberufen, wann immer es ihnen richtig schiene.

68 (1) Es war Peisandros, der diesen Antrag stellte und auch in aller Offenheit unermüdlich darauf hinarbeitete, die Demokratie zu stürzen. Wer aber die ganze Sache geplant hatte, und wer schon die längste Zeit als treibende Kraft wirkte, war Antiphon, ein Mann, der unter den Athenern keinem an persönlicher Tüchtigkeit nachstand; er entfaltete größte Kraft sowohl in seinen Überlegungen, als auch im Ausdruck dessen, was er dachte; und vor dem Volk trat er nicht auf, auch sonst nicht mit Absicht bei einem Gerichtsverfahren, sondern er war der Volksmenge unheimlich wegen des Rufes, in dem die Gewalt seiner Rede stand. Wenn freilich Leute vor Gericht oder in der Volksversammlung eine Streitsache zu vertreten hatten, war er der Einzige, der jedem nützen konnte, wer sich auch immer von ihm in einer Sache einen Rat geben ließ. (2) Auch hat er selbst offenbar später, als die † Demokratie wieder aufgekommen, das Regime der Vierhundert in Prozesse verwickelt, in der Folge gestürzt und vom Volk übel behandelt worden war †,[48] die bis auf meine Zeit beste[49] Verteidigungsrede gehalten; da er (die Herrschaft der Vierhundert) mit aufgerichtet hatte, war auch er auf Leben und Tod angeklagt worden. (3) Auch Phrynichos trat aus Furcht vor Alkibiades allen voraus eifrigst für die Oligarchie ein, weil er wusste, dass der seine Abmachungen auf Samos kannte, und weil er es für unwahrscheinlich hielt, dass er von einer oligarchischen Regierung zurückberufen würde. Unter diesen gefährlichen Umständen zeigte er sich, nachdem er einmal dafür eingestanden war, als der weitaus zuverlässigste Mann. (4) Auch war Theramenes, der Sohn des Hagnon, einer der Ersten, die sich am Sturz der Demokratie beteiligten, ein Mann, dem es weder an Beredsamkeit, noch an Verstand fehlte. Daher war das Werk die Leistung vieler gescheiter Männer und begreiflicherweise gelang es trotz seiner Größe. Denn es war schwer, dem Volk der Athener ziemlich genau im hundertsten Jahr, seit die Tyrannen gestürzt wurden, die Freiheit zu nehmen, während es seitdem nicht nur selbst unabhängig, sondern mehr als die Hälfte dieser Zeit über andere zu herrschen gewohnt gewesen war.

69 (1) Nachdem aber die Volksversammlung, ohne dass jemand widersprochen hätte, diese (Anträge) bestätigt und sich aufgelöst hatte, führte man die Vierhundert gleich nachher auf folgende Weise in das Rathaus ein: Die Athener waren wegen der Feinde in Dekeleia[50] immer auf ihrem Posten, die einen auf der Mauer, die anderen in Bereitschaft. (2) An jenem Tag nun ließ man die Nichteingeweihten wie gewöhnlich weggehen[51], mit den Verschworenen aber war vereinbart, sie sollten in aller Ruhe nicht an ihren (vorgesehenen) Posten, sondern abseits warten, und wenn sich jemand dem Geschehen widersetze, zu den Waffen greifen und einschreiten. (3) Es waren da auch aus Andros, Tenos und Karystos 300 Mann und von den Siedlern[52] aus Aigina – die Athener hatten sie als Siedler dorthin geschickt – waren ebenfalls welche zu diesem Zweck mit ihren Waffen gekommen; ihnen war dasselbe befohlen worden. (4) Als diese überall so verteilt waren, kamen die Vierhundert, jeder mit verstecktem Dolch, und mit ihnen die 120 jungen Leute (Hellenen), die sie brauchten, wenn es galt, irgendwo Hand anzulegen; sie drangen zu den durchs Bohnenlos gewählten Ratsmitgliedern ein, die im Rathaus waren, und sagten ihnen, sie könnten jetzt gehen, ihre Besoldung[53] bekämen sie noch. Die (Verschworenen) selbst hatten das Geld aufgebracht und zahlten es ihnen für die ganze restliche Zeit beim Hinausgehen aus.

70 (1) Als der Rat auf diese Weise ohne Widerspruch allmählich zurückgetreten war und auch die übrigen Bürger keinerlei Aufstand machten, sondern ruhig blieben, zogen die Vierhundert im Rathaus ein, losten aus ihren Reihen die Ausschüsse (Prytanen), und für die Götter verrichteten sie bei Antritt ihres Amtes, was an Gebeten und Opfern üblich war; später aber veränderten sie viel an der demokratischen Staatsverwaltung – nur dass sie des Alkibiades wegen die Verbannten nicht zurückholten –, und auch sonst beherrschten sie machtvoll die Stadt. (2) Einige Männer, nicht viele, deren Beseitigung ihnen zweckmäßig schien, ließen sie hinrichten, andere sperrten sie ins Gefängnis, wieder andere verwiesen sie (aus der Stadt). Zu Agis, dem König der Lakedaimonier, der in Dekeleia stand, schickten sie Herolde und ließen ihm sagen, sie wollten Frieden schließen und dürften wohl voraussetzen, dass er sich eher mit ihnen einige als mit dem unzuverlässigen Volk.

71 (1) (Agis) aber dachte nicht, dass die Stadt ruhig bleiben und das Volk so bald seine Freiheit preisgeben werde; wenn es ein starkes peloponnesisches Heer sähe, könne es gar nicht ruhig bleiben; für den Augenblick war er auf jeden Fall davon überzeugt, dass bei ihnen Unruhen stattfinden würden, und so gab er den Abgesandten der Vierhundert keine versöhnliche Antwort; vielmehr ließ er aus dem Peloponnes noch ein starkes Heer kommen und rückte wenig später mit diesen hinzukommenden Kräften und seiner eigenen Bewachungstruppe von Dekeleia bis dicht vor die Mauern der Athener, in der Hoffnung, dass sie sich entweder bei ihren Unruhen eher (sogleich) unterwerfen würden, als (die Peloponnesier) es wollten, oder wenigstens doch beim ersten Angriffsschrei wegen der voraussichtlich von innen und außen zugleich erregten Verwirrung; denn die Einnahme der Langen Mauern würde wegen ihrer schwachen Besatzung auf jeden Fall gelingen. (2) Als er jedoch in

nächste Nähe gekommen war, und die Athener nicht im Geringsten an ihre inneren Verhältnisse rührten, vielmehr Reiter (gegen ihn) ausschickten und einen Teil der Hopliten und Leichtbewaffneten, auch eine Anzahl von Bogenschützen, niedermachten, wenn sie ihnen zu nahe kamen, und sich auch einiger Rüstungen und Leichen bemächtigten, da erst erkannte er die Lage und führte das Heer wieder zurück. (3) Er selbst blieb mit seinen Truppen in Dekeleia vor Ort, die Neuangekommenen schickte er nach dem Aufenthalt von wenigen Tagen im Land wieder nach Hause. Danach stellten die Vierhundert trotzdem wieder diplomatische Kontakte zu Agis her; weil er bereits mehr Entgegenkommen zeigte, schickten sie auf seinen Rat hin auch nach Lakedaimon Gesandte wegen eines Abkommens, denn sie wollten Frieden haben.

72 (1) Sie schickten auch nach Samos zehn Männer, die das Heer beschwichtigen und darüber aufklären sollten, dass die Oligarchie nicht zum Schaden der Stadt und der Bürger die Macht übernommen habe, sondern zur Rettung des gesamten Staatsgefüges, und dass Fünftausend und nicht bloß Vierhundert an der praktischen Politik beteiligt seien; und überhaupt hätten die Athener wegen ihrer Kriegszüge und außenpolitischer Geschäfte doch noch niemals einen derart wichtigen Sachverhalt zu beraten gehabt, dass deswegen Fünftausend zusammengekommen wären. (2) Mit diesen und anderen zweckdienlichen Aufträgen schickten sie sie sogleich nach ihrem eigenen Amtsantritt ab, weil sie befürchteten – was tatsächlich geschah –, dass sich das Schiffsvolk die oligarchische Staatsform nicht gefallen lassen werde und, wenn dort einmal das Übel ausgebrochen sei, den Sturz (der Oligarchie) einleiten werde.

73 (1) In Samos nämlich regte sich bereits Widerstand gegen die oligarchische Herrschaft, und Folgendes geschah gerade zur gleichen Zeit, als die Vierhundert (zur Regie-

rungsübernahme) zusammentraten: (2) Diejenigen Samier, die sich damals[54] als Anhänger der Demokratie gegen die Machthaber erhoben hatten, waren wiederum umgeschwenkt, sie waren von Peisandros, als er zurückgekommen, sowie von seinen athenischen Anhängern auf Samos gewonnen worden; sie wurden ein verschworener Bund von etwa dreihundert Männern und wollten über die Übrigen, die ihrer Meinung nach Demokraten waren, herfallen. (3) Einen gewissen Hyperbolos aus Athen, einen verkommenen Kerl, der durch das Scherbengericht verbannt worden war, aber nicht aus Angst vor seiner Macht und seinem Ansehen, sondern wegen seiner Schlechtigkeit und als Schandfleck für die Stadt, diesen Hyperbolos brachten sie um mit Einverständnis des Charminos, eines der Feldherren, und einiger Athener, die bei ihnen waren; sie taten das, um einen Beweis ihrer Treue zu liefern, auch andere derartige Taten vollbrachten sie gemeinsam und waren darauf aus, über die Vertreter der Mehrheit herzufallen. (4) Diese aber merkten es und zeigten das Vorhaben den Feldherren Leon und Diomedon an, die sich der Oligarchie nur widerwillig fügten, weil sie beim Volk in Ansehen standen, ferner auch dem Trierarchen Thrasybulos und dem Thrasylos, einem Hopliten, und anderen, die den Ruf hatten, entschiedene Gegner des verschworenen Bundes zu sein; sie verlangten, nicht zuzulassen, dass man sie vernichte und dass Samos den Athenern entfremdet werde, durch das allein ihre Macht bis jetzt aufrecht geblieben sei. (5) Als diese Männer das gehört hatten, wandten sie sich persönlich an jeden einzelnen Soldaten (mit der Aufforderung, so etwas) nicht zuzulassen, vor allem an die Paralier[55]. Lauter Athener und Freie fuhren auf diesem Schiff und waren immer schon der Oligarchie abgeneigt, als es sie (noch) gar nicht gab; und Leon und Diomedon ließen ihnen jedes Mal, wenn sie irgendwohin fuhren, ein paar Schiffe zum Schutz zurück.

(6) Als daher die Dreihundert über sie herfielen, kamen all diese, vor allem die Paralier zu Hilfe, und die Vertreter der Mehrheit der Samier gingen als Sieger hervor, sie töteten dreißig von den Dreihundert, und die drei Hauptverantwortlichen bestraften sie mit Verbannung; den anderen trugen sie nichts Böses nach und lebten mit ihnen unter Beibehaltung ihrer Demokratie weiterhin zusammen.

74 (1) Das Schiff »Paralos« mit dem Athener Chaireas, dem Sohn des Archestratos, der eifrig am Umschwung mitgewirkt hatte, schickten die Samier und die (athenischen) Soldaten in aller Eile nach Athen; er sollte das Geschehen melden. Sie wussten nämlich noch nicht, dass die Vierhundert inzwischen herrschten. (2) Sie waren kaum gelandet, da setzten die Vierhundert einige der Paralier, zwei oder drei, gefangen, den Übrigen nahmen sie das Schiff weg, versetzten sie zwangsweise auf ein anderes, ein Truppentransportschiff, und teilten es zur Überwachung Euboias ein. (3) Chaireas aber, der sich heimlich irgendwie davongemacht hatte, als er sah, was vorging, kam wieder nach Samos und schilderte den Soldaten unter schrecklichen Übertreibungen die Zustände in Athen, dass (die Machthaber) alle mit Schlägen bestraften, dass es keinerlei Widerspruch gegen die Träger der Staatsmacht gebe, dass man sich auch an ihren Frauen und Kindern vergreife und daran denke, die Angehörigen all derer, die als Soldaten in Samos Dienst täten und nicht bei der Partei mitmachten, zu verhaften und einzusperren, um sie hinzurichten, falls sie den Gehorsam verweigern sollten – und was er ihnen sonst noch an Lügen auftischte.

75 (1) Als (die Soldaten auf Samos) dies hörten, stürzten sie sich zuerst auf die Wortführer der Oligarchie und auf andere, die mitgemacht hatten, um auf sie loszuschlagen, wurden aber dann doch von unparteiischen Leuten zurückgehalten und eines Besseren belehrt, dass sie nicht das

Ganze verderben sollten, wo doch die Schiffe der Feinde kampfbereit in der Nähe lauerten, und so hörten sie damit wieder auf. (2) Darauf wollten Thrasybulos, der Sohn des Lykos, und Thrasylos – sie standen an der Spitze der Gegenbewegung – ganz entschieden für die Demokratie auf Samos eintreten und ließen alle Soldaten, insbesonders die Anhänger der Oligarchie, feierlichste Eide schwören, einmütig die Demokratie weiterhin aufrechtzuerhalten und den Krieg gegen die Peloponnesier mit Eifer fortzusetzen, den Vierhundert feindlich gesinnt zu sein und sich mit ihnen auf keinerlei Verhandlungen durch Herolde einzulassen. (3) Auch von den Samiern schworen alle im waffenfähigen Alter denselben Eid, und die Soldaten einigten sich mit den Samiern darauf, sowohl jede Bedrängnis, als auch die Folgen der Gefahren gemeinsam zu ertragen; sie meinten, dass weder die Samier, noch sie selbst eine rettende Zuflucht hätten, sondern in beiden Fällen – mögen nun die Vierhundert in Athen den Sieg erringen oder die Feinde aus Milet – würden sie verloren sein.

76 (1) Und so waren sie um diese Zeit zum ehrgeizigen Wettstreit angetreten: die einen, um der Stadt eine demokratische Verfassung aufzuzwingen, die anderen, um das Heer für die Oligarchie zu gewinnen. (2) Da hielten die Soldaten auch gleich eine Volksversammlung ab, in der sie die bisherigen Feldherren und so manchen Trierarchen, dem sie nicht trauen konnten, absetzten und andere zu Trierarchen und Feldherren an ihrer Stelle wählten, unter denen sich Thrasybulos und Thrasylos befanden. (3) Etliche unter ihnen traten als Redner auf und hielten weitere aufmunternde Ansprachen, man dürfe nicht den Mut verlieren, weil die Stadt sie (politisch) im Stich gelassen habe; denn eine Minderheit habe sich von ihnen losgesagt, *sie* seien die Mehrheit und hätten in jeder Hinsicht die besseren Möglichkeiten. (4) Im Besitz der gesamten Flotte könnten sie nämlich die übrigen Städte, über die sie herrschten, in gleicher Weise zur Entrichtung der Abgaben zwingen, wie wenn sie von Athen aufbrächen. Nun stehe ihnen eben Samos zur Verfügung, keineswegs eine schwache Stadt, vielmehr hätte sie den Athenern, als sie Krieg führte,[56] beinahe ihre Überlegenheit zur See streitig gemacht, und gegen die Feinde würden sie sich vom selben Stützpunkt aus genauso wehren wie bisher. Auch seien sie im Besitz der Schiffe viel besser in der Lage, sich mit Gütern zu versorgen, als die Leute in Athen. (5) Und nur, weil sie selbst vor Samos stationiert seien, hätten die Leute in Athen bisher die Kontrolle über die Einfahrt zum Piräus, und wenn sie ihnen die (demokratische) Verfassung nicht wiedergeben wollten, (werde es sich zeigen,) dass sie eher imstande seien, den Leuten in Athen die See zu sperren, als dass sie von den Athenern abgesperrt würden. (6) Dürftig und nicht der Rede wert sei, was die Stadt für sie zur Überwindung der Feinde geleistet habe, und sie hätten nichts (an den Leuten in Athen) verloren, da diese weder Geld hätten, um es zu schicken – die Soldaten verschafften es sich vielmehr selbst –, noch einen brauchbaren Ratschlag, weswegen eine Stadt den Heeren gegenüber Befehlsgewalt habe; aber auch darin hätten (die Machthaber in Athen) Fehler begangen, dass sie die Gesetze der Väter außer Kraft gesetzt hätten; sie selbst aber hielten diese aufrecht und würden auch versuchen, jene (zur Einhaltung) zu zwingen; daher gebe es auf ihrer Seite (Demokraten), die nicht schlechter seien, wenn es gelte, einen brauchbaren Rat zu erteilen. (7) Und Alkibiades werde ihnen, wenn sie ihm nur Straffreiheit und Rückkehr erwirkten, mit Vergnügen zum Bündnis mit dem Großkönig verhelfen. Die Hauptsache aber sei, wenn ihnen alles fehlschlage: Im Besitz einer so großen Flotte gebe es für sie sehr viele Rückzugsmöglichkeiten, wo sie Städte und Land finden könnten.

77 (1) Auf solche Weise hatten sie sich untereinander in der Volksversammlung ermutigt und ihre Kriegsvorbereitungen setzten sie nicht weniger eifrig fort. Die Männer (jene zehn Gesandten), die die Vierhundert nach Samos gesandt hatten, waren bereits in Delos, da erfuhren sie von der Lage auf Samos und setzten ihre Weiterreise nicht mehr fort.

78 (1) Um diese Zeit aber beklagten sich lautstark die Soldaten von der Flotte der Peloponnesier vor Milet, dass unter Astyochos und Tissaphernes ihre Einsätze erfolglos blieben; Astyochos habe weder früher, als sie selbst noch stärker waren und die Flotte der Athener klein, eine Schlacht wagen wollen, noch jetzt, wo die Athener angeblich unter sich im Streit lägen und ihre Schiffe noch nicht beisammen hätten; stattdessen warte man auf die phoinikischen Schiffe des Tissaphernes – leeres Gerede, nicht Tatsache – und laufe Gefahr, zuletzt völlig vernichtet zu werden. Tissaphernes wiederum lasse diese Schiffe gar nicht kommen und, indem er den Unterhalt nicht regelmäßig und vollständig zahle, schädige er die Flotte. Man dürfe also nicht länger zuwarten, sagten sie, sondern müsse die entscheidende Seeschlacht wagen; am meisten drängten die Syrakusaner.

79 (1) Den Verbündeten und Astyochos war dieses unzufriedene Murren nicht entgangen, sie entschlossen sich in einem Kriegsrat zur Seeschlacht, zumal ihnen auch die unruhigen Zustände auf Samos[57] gemeldet worden waren; sie brachen darauf mit allen 112 Schiffen auf, gaben den Milesiern den Befehl, auf dem Landweg entlang der Küste nach Mykale zu marschieren, und fuhren auch selbst in Richtung Mykale. (2) Als die Athener vor Samos – sie lagen mit 82 Schiffen bei Glauke auf Mykale vor Anker, denn dort ist der Abstand von Samos zum Festland bei Mykale gering – sahen, wie die Schiffe der Peloponnesier heranfuhren, wichen sie nach Samos zurück, da sie sich mit ihrer Zahl nicht

(in der Lage) fühlten, einem riskanten Kampf ums Ganze gewachsen zu sein. (3) Außerdem wollten sie, da sie schon vorher erfahren hatten, dass man sich in Milet zu einer Seeschlacht entschlossen hatte, zunächst auf Strombichides warten, der ihnen vom Hellespont her mit den von Chios nach Abydos abgegangenen Schiffen zu Hilfe kommen sollte; an ihn war bereits ein Bote geschickt worden. (4) Darum also wichen sie nach Samos zurück, die Peloponnesier aber steuerten nach Mykale und bezogen ein Lager, ebenso das Landheer aus Milet und Umgebung. (5) Als sie am folgenden Tag gegen Samos ausfahren wollten, wurde ihnen die Ankunft des Strombichides mit seinen Schiffen vom Hellespont gemeldet; und unverzüglich fuhren sie wieder zurück nach Milet. (6) Nun unternahmen die Athener ihrerseits mit Verstärkung der Schiffe (des Strombichides) eine Angriffsfahrt mit 108 Schiffen gegen Milet und wollten eine Seeschlacht liefern; da ihnen aber niemand entgegenkam, fuhren sie wieder nach Samos zurück.

80 (1) Im selben Sommer, gleich danach – die Peloponnesier hatten sich nämlich nicht zugetraut, mit ihrer gesamten Flotte zum Kampf auszulaufen, und wussten nun nicht, woher sie für so viele Schiffe das Geld bekommen sollten, zumal Tissaphernes nur schlecht zahlte –, da schickten sie Klearchos, den Sohn des Rhamphias, mit 40 Schiffen zu Pharnabazos, wie es ihnen von Anfang an vom Peloponnes aus vorgeschrieben worden war. (2) Pharnabazos hatte sie nämlich gerufen und war bereit, für den Unterhalt zu sorgen, und zugleich hatte auch Byzanz durch Herolde erklärt, auf die Seite der Peloponnesier wechseln zu wollen. (3) Diese Schiffe der Peloponnesier steuerten nun auf die offene See hinaus, um auf ihrer Fahrt vor den Athenern verborgen zu bleiben, und wurden von einem Sturm erfasst; die einen erreichten Delos – es war die Mehrzahl mit Klearchos – und kehrten später wieder nach Milet zurück, Klear-

chos aber begab sich auf dem Landweg zum Hellespont und übte dort sein Amt als Befehlshaber aus.[58] Die anderen 10 Schiffe mit Helixos, dem Feldherrn aus Megara, trafen wohlbehalten am Hellespont ein und machten Byzanz abtrünnig. (4) Als danach die (Athener) von Samos davon Nachricht erhalten hatten, schickten sie eine Anzahl Schiffe zur Abwehr und Beobachtung zum Hellespont, und so fand auch ein kurzes Seegefecht vor Byzanz statt, 8 gegen 8 Schiffe.

81 (1) Die Männer aber, die in Samos an der Spitze standen, vor allem Thrasybulos blieb nach wie vor bei derselben Überzeugung, man müsse auch unter geänderten Verhältnissen Alkibiades zurückbringen, und gewann dafür schließlich die Mehrheit der Soldaten in einer Volksversammlung; nachdem sie für Alkibiades freie Rückkehr und Straflosigkeit beschlossen hatten, fuhr er zu Tissaphernes und nahm Alkibiades mit nach Samos, denn seiner Meinung nach gebe es die Rettung nur dann, wenn Alkibiades Tissaphernes von den Peloponnesiern auf ihre Seite ziehe. (2) Als nun eine Volksversammlung einberufen wurde, sprach zunächst Alkibiades unter Vorwürfen und Klagen über sein persönliches Schicksal der Verbannung, kam dann ausführlich auf die politische Lage zu sprechen und erweckte in ihnen keine geringen Erwartungen für ihre Zukunft. Dabei übertrieb er die Größe seines Einflusses bei Tissaphernes, einmal, damit die oligarchischen Machthaber zu Hause ihn fürchten und ihre verschworenen Klubs sich eher auflösen sollten, die Athener auf Samos aber ihn mehr in Ehren hielten und selbst mehr Mut fassten, andererseits aber auch, damit die Feinde und Tissaphernes möglichst gründlich entzweit werden und ihre auf ihn gesetzten Hoffnungen begraben sollten. (3) Alkibiades versprach in prahlerischer Übertreibung, Tissaphernes habe sich ihm gegenüber verpflichtet: Solange ihm selbst noch etwas übrig sei, sollten die

Athener, wenn er nur einmal Vertrauen zu ihnen gewonnen habe, gewiss nicht beim Unterhalt (für die Flotte) in Verlegenheit geraten, auch dann nicht, wenn er sein eigenes Bettzeug zu Geld machen müsste; und die Schiffe der Phoiniker, die schon vor Aspendos lägen, werde er bereitstellen, und zwar für die Athener, nicht für die Peloponnesier; Vertrauen gewinnen könne er zu den Athenern nur dann, wenn er, Alkibiades, wohlbehalten heimgekehrt sei und sich ihm verbürge.

82 (1) Das und vieles andere hörten sie von ihm und wählten ihn sogleich als Feldherrn zu den früheren hinzu; sie unterstellten das Ganze seiner Leitung und jeder hätte seine gegenwärtige Hoffnung auf Rettung und Bestrafung der Vierhundert um nichts in der Welt eingetauscht; sie waren schon bereit, weil sie nach all dem Gesagten für den Augenblick die Gegenwart der Feinde gering schätzten, sogar gegen den Piräus zu fahren. (2) Doch gegen den Piräus zu fahren und die Feinde dicht im Rücken hinter sich zu lassen, dem widersetzte sich (Alkibiades) ganz entschieden, obwohl viele ihn dazu drängten. Er werde sich nach den Erfordernissen des Krieges erst richten, sagte er, nachdem er zum Feldherrn gewählt worden sei, und zu Tissaphernes fahren. (3) Von dieser Versammlung reiste er gleich ab, um den Eindruck zu erwecken, dass er in allem mit Tissaphernes gemeinsam vorgehe; auch wollte er ihm gegenüber seine angesehene Stellung besser herausstreichen und zeigen, dass er bereits zum Feldherrn gewählt sei und somit die Macht habe, ihm zu nützen oder zu schaden. So war es Alkibiades gelungen, mit Tissaphernes den Athenern Angst zu machen – und mit ihnen dem Tissaphernes.

83 (1) Als die Peloponnesier in Milet von der Rückkehr des Alkibiades erfuhren, war ihr Zerwürfnis mit Tissaphernes, dem sie schon früher misstrauten, noch viel größer geworden. Denn es war ihnen so ergangen, dass Tissaphernes, seit sie der Flotte der Athener bei deren Vorstoß gegen Milet nicht entgegengefahren waren und keine Seeschlacht gewagt hatten, mit der Auszahlung des Soldes an sie noch nachlässiger geworden war und die Hassgefühle, die wegen Alkibiades schon vorher bestanden, noch mehr gegen sich entfacht hatte. (3) In Zusammenkünften – wie auch schon früher – beschwerten sich die Soldaten und auch einige der anderen maßgeblichen Leute, nicht nur der gemeine Mann: Noch niemals hätten sie je den vollen Sold bekommen, es werde (zu) wenig ausbezahlt, und auch das nicht regelmäßig; wenn man nicht entweder eine entscheidende Seeschlacht liefere, oder von hier weg dorthin fahre, wo man den Unterhalt bekäme, würden die Leute ihre Schiffe verlassen; für alles sei Astyochos verantwortlich, der wegen persönlicher Vorteile dem Tissaphernes in seinen Launen zu Willen sei.

84 (1) Während man sich also in derartigen Beschwerden erging, kam es mit Astyochos noch zu folgendem heftigen Auftritt: Die Schiffsbesatzungen aus Syrakus und Thurioi bestanden zum Großteil aus freien Männern, umso stürmischer bedrängten sie ihn und wollten ihren Sold haben. (Astyochos) gab ihnen aber eine ziemlich anmaßende Antwort und bedrohte sie, und gegen Dorieus, der als Sprecher für seine Seeleute auftrat, hob er sogar den Stock. (3) Bei diesem Anblick brach der Soldatenhaufe in wüstes Geschrei aus – wie eben Seeleute so sind –, und sie stürzten sich auf Astyochos, um auf ihn loszuschlagen; der aber sah dies rechtzeitig und flüchtete zu einem Altar: Verwundet wurde er jedenfalls nicht, sondern sie trennten sich wieder voneinander. (4) Auch das Bollwerk, das von Tissaphernes in Milet errichtet worden war, nahmen die Milesier in einem unerwarteten Überfall ein und vertrieben seine Besatzung daraus; das war den übrigen Verbündeten ganz recht, vor allem den Syrakusanern. (5) Lichas freilich war damit nicht einverstanden,[59] sondern erklärte, Milet und alle übrigen Orte im Gebiet des Großkönigs müssten dem Tissaphernes in angemessener Form dienen und ihm behilflich sein, bis sie den Krieg erfolgreich beendet hätten. Die Milesier aber waren deswegen und aus anderen Gründen dieser Art auf ihn zornig, und als er später an einer Krankheit starb, duldeten sie nicht, dass die anwesenden Lakedaimonier ihn dort begruben, wo sie wollten.

85 (1) Während also wegen dieses Streites für Astyochos und Tissaphernes widrige Verhältnisse herrschten, kam Mindaros als Nachfolger des Astyochos im Flottenkommando an und übernahm den Oberbefehl. Astyochos aber fuhr ab. (2) Und Tissaphernes schickte ihm als Gesandten einen seiner Leute namens Gaulites mit, einen zweisprachigen Karer, der die Milesier wegen des Bollwerks anklagen und zugleich ihn verteidigen sollte; denn er wusste, dass auch die Milesier dorthin reisten, um lautstark gegen ihn zu protestieren, unter ihnen namentlich Hermokrates, der aufdecken wollte, wie Tissaphernes den Interessen der Peloponnesier schwer schade und es mit beiden Kriegsparteien halte. (3) Mit (Hermokrates) verfeindet war er ja schon immer gewesen wegen der Soldzahlungen; und als schließlich Hermokrates aus Syrakus verbannt war, und andere Feldherren zu den Schiffen der Syrakusaner gekommen waren – Potamis, Myskon und Demarchos –, da verfolgte Tissaphernes den bereits verbannten Hermokrates noch viel rücksichtsloser und beschuldigte ihn unter anderem, er habe einmal von ihm Geld verlangt, es aber nicht bekommen und lasse seitdem seinen Hass gegen ihn aus. (4) So fuhren also Astyochos, die Milesier und Hermokrates nach Lakedaimon. Alkibiades aber war inzwischen von Tissaphernes nach Samos zurückgekommen.

86 (1) Die Abgesandten, die die Vierhundert seinerzeit nach Samos geschickt hatten, um (das Heer) dort zu beruhigen und aufzuklären, trafen nun aus Delos ein und versuchten in Anwesenheit des Alkibiades bei einer Volksversammlung zu sprechen. (2) Die Soldaten wollten sie zuerst gar nicht hören, sondern schrien, man solle die Zerstörer der Demokratie töten, doch danach beruhigten sie sich endlich und hörten zu. (3) Diese berichteten nun, dass der Verfassungsbruch keineswegs zum Verderben der Stadt, sondern zu ihrer Rettung geschehen sei, auch nicht, damit sie den Feinden ausgeliefert werde, denn das hätten sie schon tun können, als unter ihrer Regierung die (Lakedaimonier) angegriffen hatten; bei den Fünftausend würden alle nacheinander an die Reihe kommen, ihre Angehörigen würden auch nicht misshandelt, wie Chaireas in seinen Verleumdungen berichtet hätte, nicht das geringste Leid widerfahre ihnen, sondern jeder wohne nach wie vor auf seinen Besitzungen an Ort und Stelle. (4) Noch vieles andere brachten sie vor, trotzdem wollten (die Soldaten) nicht darauf hören, sondern waren weiterhin verbittert, machten bald diese, bald jene Vorschläge, meistens, man solle mit der Flotte gegen den Piräus aufbrechen; und allem Anschein nach hat Alkibiades damals zum ersten Mal und mehr als so mancher andere der Stadt einen nützlichen Dienst erwiesen: Denn als die Athener auf Samos darauf bestanden, gegen die eigene Vaterstadt auszufahren – in diesem Fall hätten die Feinde mit größter Sicherheit sofort Ionien und den Hellespont gehabt – wurde er zum Verhinderer (all dessen). (5) In diesem Moment wäre kein Einziger sonst fähig gewesen, die Menge zu bändigen; er aber brachte sie ab von der Ausfahrt und stoppte die, die sich in persönlichem Zorn gegen die Abgesandten ergingen, indem er sie scharf zurechtwies. (6) Er selbst entließ die Abgesandten mit der Antwort, dass er nichts dagegen habe, wenn die Fünftausend regierten, verlangte aber, dass sie die Vierhundert entfernen und den Rat der Fünfhundert, wie früher, einsetzen sollten. Wenn aber zwecks Einsparung Ausgaben gekürzt worden seien, sodass die Soldaten im Kriegseinsatz mehr Mittel zum Unterhalt hätten, so lobe er das sehr. (7) Im Übrigen verlangte er, standzuhalten und den Feinden nichts zuzugestehen. Denn wenn die Stadt gerettet werde, bestehe die Hoffnung, sich untereinander auch wieder zu vertragen, wenn aber ein einziger Teil – entweder der in Samos oder jener (in Athen) – unterliege, werde es auch niemanden mehr geben, mit dem sich jemand versöhnen könne.

(8) Anwesend waren auch Gesandte der Argeier, die der demokratischen Partei der Athener auf Samos ihre Hilfe anboten. Alkibiades lobte sie und entließ sie mit der Antwort, sie sollten erscheinen, wenn man sie rufe. (9) Die Argeier waren mit den Paraliern gekommen, die damals[60] von den Vierhundert auf ein Truppentransportschiff versetzt worden waren, um vor Euboia zu kreuzen. Sie sollten dann Gesandte der Athener von den Vierhundert nach Lakedaimon bringen, und zwar Laispodias, Aristophon und Melesias. Als sie bei Argos entlanggefahren waren, hatten sie die Gesandten als maßgebliche Zerstörer der Demokratie festgenommen und den Argeiern übergeben. (Die Paralier) selbst waren nicht mehr nach Athen zurückgekehrt, sondern mit der Triere, die sie hatten, nach Samos gekommen und hatten die Gesandten aus Argos mitgenommen.

87 (1) Im selben Sommer, gerade zu diesem Zeitpunkt, als sich die Peloponnesier aus verschiedenen Gründen, besonders aber wegen der Rückkehr des Alkibiades, über Tissaphernes ärgerten, als ob er es ganz offen mit den Athenern halte, wollte (Tissaphernes), wie es wenigstens schien, die Verdächtigungen vor ihnen loswerden. Er bereitete eine Reise zu den phoinikischen Schiffen nach Aspendos vor und forderte Lichas auf, ihn dabei zu begleiten. Für das Heer, sagte er, werde er seinen Stellvertreter Tamos beauftragen, um während seiner Abwesenheit den Unterhalt be-

reitzustellen. (2) Darüber wird nun nicht übereinstimmend berichtet, und es ist nicht leicht zu wissen, mit welcher Absicht (Tissaphernes) nach Aspendos kam und trotz seines Kommens die Schiffe doch nicht abholte. (3) Denn dass die 147 phoinikischen Schiffe bis Aspendos gelangten, ist gewiss; weshalb sie aber nicht (an ihr Ziel) kamen, darüber gibt es verschiedene Vermutungen. Die einen (sagen), um durch seine Abreise die Sache der Peloponnesier weiter zu schwächen – wenigstens habe Tamos, der dazu beauftragt worden war, den Unterhalt nicht besser, sondern noch schlechter zur Verfügung gestellt –, die anderen, um den Phoinikern, die er nach Aspendos gebracht habe, Geld abzunötigen, wenn er sie wieder entließe – denn *so* hätte er sie gar nicht einsetzen wollen –, wieder andere sagen, seines schlechten Rufes in Lakedaimon wegen, damit man sage, dass er keine Pflichten verletze, sondern sich offenkundig zu den Schiffen begebe, die wirklich mit ihren Mannschaften bereitlägen. (4) Mir aber scheint es völlig klar zu sein, dass er, um die Hellenen aufzureiben und hinzuhalten, die Flotte nicht holte; um ihre Schwächung (ging es), während er dorthin reiste und Zeit verlor, aber auch um ein Gleichgewicht (der Macht), damit er keiner der beiden Kriegsparteien beistehe und sie dadurch stärker mache; denn wenn er gewollt hätte, hätte er ohne Zweifel durch seine Einmischung den Krieg entschieden. Hätte er nämlich (die Schiffe) herbeigeholt, so hätte er aller Wahrscheinlichkeit nach den Lakedaimoniern zum Sieg verholfen, die mit ihrer Flotte schon jetzt eher gleich stark als unterlegen (den Athenern) gegenüberlagen. (5) Am deutlichsten verrät ihn aber die Begründung, die er anführte, warum er die Schiffe nicht herbeigeschafft habe. Er sagte nämlich, es seien weniger gewesen, als der Großkönig zu versammeln befohlen hatte. Aber in diesem Fall hätte er sicherlich noch größeren Dank geerntet, wenn er ohne Verwendung vieler Mittel des

Großkönigs dasselbe mit geringerem Aufwand zuwege gebracht hätte. (6) Kurzum, Tissaphernes begab sich, in welcher Absicht auch immer, nach Aspendos und traf dort mit den Phoinikern zusammen, und die Peloponnesier schickten auf seine Aufforderung, um angeblich die Schiffe zu holen, den Lakedaimonier Philippos mit 2 Trieren.

88 (1) Als Alkibiades erfuhr, dass Tissaphernes nach Aspendos reiste, fuhr er ebenfalls mit 13 Schiffen dorthin und stellte den Athenern auf Samos seinen unwiderstehlich großen Einfluss in Aussicht; er werde nämlich persönlich den Athenern die phoinikischen Schiffe bringen, oder wenigstens verhindern, dass sie zu den Peloponnesiern stoßen. Er kannte wahrscheinlich schon länger die Absicht des Tissaphernes, dass dieser gar nicht vorhatte, sie zu holen, und wollte ihn im Hinblick auf seine Freundschaft zu ihm – Alkibiades – und den Athenern den Peloponnesiern verdächtig machen und ihn dadurch noch mehr nötigen, auf die Seite der Athener zu treten. So brach er auf und hielt Kurs nach Osten, direkt auf Phaselis und Kaunos zu.

89 (1) Als die Gesandten, die von den Vierhundert ausgeschickt worden waren, von Samos nach Athen gekommen waren, berichteten sie, was Alkibiades ihnen gesagt hatte, wie er aufgefordert hatte, durchzuhalten und den Feinden keinesfalls nachzugeben, und dass er die besten Hoffnungen habe, das Heer mit ihnen auszusöhnen und die Peloponnesier zu besiegen. (Diese Berichte) stärkten die meisten, die nur unter Widerwillen der Oligarchie zugestimmt hatten und sich gern von der ganzen Sache gefahrlos zurückgezogen hätten, noch viel mehr. (2) Und sie hielten schon ihre Treffen ab, bekrittelten die praktische Politik in eingehenden Erörterungen, ja, als Wortführer hatten sie Leute, die zum engsten Kreis der Oligarchie gehörten und Ämter bekleideten, wie Theramenes, den Sohn des Hagnon, Aristokrates, den Sohn des Skelios, und andere, die zwar an führenden Positionen beteiligt waren, aber, wie sie sagten, sowohl das Heer auf Samos, als auch erst recht Alkibiades und auch die Leute, die nach Sparta diplomatische Kontakte hatten, fürchteten, dass sie ohne Beteiligung der Mehrheit einen Schaden für die Stadt anrichten würden. (Sie verlangten) zwar, dass keine Änderungen stattfänden und sie die allzu sehr verkleinerte Zahl beibehielten, aber die Fünftausend solle man nicht nur dem Namen nach, sondern wirklich zur Regierung berufen und die Verfassung mit mehr Rechtsgleichheit ausstatten. (3) Tatsächlich war (dieses Verlangen) eine Verfassungsform, die bei ihnen nur in Worten bestand; aber die meisten von ihnen widmeten sich aus persönlichem Ehrgeiz solchen Bestrebungen, wodurch auch am ehesten eine Oligarchie, die aus einer Demokratie entstanden ist, zugrunde geht. Denn alle beanspruchten vom ersten Tag an, dass sie nicht gleich sind, sondern dass jeder selbst der Allererste ist. Bei der Demokratie aber, wenn eine Wahl stattfindet, nimmt man die Ergebnisse leichter hin, da man von Gleichstehenden nicht zurückgesetzt werden kann. (4) Am deutlichsten den Ausschlag gab bei ihnen die starke Stellung des Alkibiades auf Samos und die Überzeugung, dass die Oligarchie nicht von Dauer sein werde. So ließ sich jeder Einzelne in einen Wettstreit ein, um als Erster der Anführer des Volkes zu werden.

90 (1) Die hauptsächlichen Widersacher unter den Vierhundert, die gegen ein solches (politisches) Vorgehen waren und an der Spitze standen, nämlich Phrynichos, der damals als Feldherr in Samos gegen Alkibiades aufgetreten war, und Aristarchos, schon immer der entschiedene Gegner der Demokratie, und Peisandros und Antiphon und andere höchst Mächtige hatten schon vorher, als sie ihre Regierung angetreten hatten und die Verhältnisse auf Samos wieder auf die Demokratie umgeschwenkt waren, ihre Gesandten wiederholt nach Lakedaimon geschickt und die Einigung angestrebt; sie betrieben auch die Befestigung in der so genannten Eetioneia, und das (alles) erst recht, nachdem ihre Abgesandten aus Samos zurückgekommen waren, und sie sahen, wie ihnen die Mehrheit und die Leute, die in ihren Augen zuverlässig waren, umfielen. (2) Sie entsandten Antiphon, Phrynichos und weitere zehn in aller Eile, weil sie das, was sich bei ihnen und in Samos abzeichnete, fürchteten, und gaben ihnen den Auftrag, auf jede nur annehmbare Weise mit den Lakedaimoniern ein Abkommen zu schließen; an der Befestigung in der Eetioneia bauten sie noch eifriger weiter. (3) Ihre Absicht bei dieser Festung war, wie Theramenes und seine Gruppe sagte, nicht etwa die Leute aus Samos vom Piräus fern zu halten, wenn sie gewaltsam einfahren sollten, sondern nach Belieben die Feinde mit Schiffen und Landungstruppen zu empfangen. (4) Die Eetioneia ist nämlich eine am Piräus vorspringende Landspitze und unmittelbar neben ihr ist die Hafeneinfahrt. Der Festungsbau wurde nun mit der schon vorher bis gegen das Festland vorhandenen Mauer verbunden, sodass man mit einer Besatzung von wenigen Leuten die Einfahrt beherrschen konnte. Denn bei dem einen der beiden Türme an der Mündung des engen Hafens endete die alte Mauer nach dem Festland zu und zugleich auch die neue, innere, die dem Meer zu gebaut wurde. (5) Durch eine Quermauer bezogen sie auch eine Halle[61] ein, die sehr geräumig war und in nächster Nähe gleich an die (neue) Befestigung anschloss; sie selbst führten die Aufsicht darüber und zwangen alle, das vorhandene und noch ankommende Getreide darin auszuladen und zum Verkauf dort zu entnehmen.

91 (1) Darüber äußerte sich Theramenes vor den Leuten schon länger recht abfällig, und als die Gesandten aus Lakedaimon heimkehrten, ohne irgendetwas erreicht zu haben, was für alle annehmbar gewesen wäre, behauptete er, diese Befestigung könne sogar den Untergang der Stadt mit sich bringen. (2) Denn gerade um diese Zeit lagen bereits die 42 Schiffe aus dem Peloponnes, um die die Euboier gebeten hatten – unter ihnen waren auch einige italische aus Tarent und Lokroi, sowie einige aus Sizilien – bei Las in Lakonien vor Anker und rüsteten sich zur Fahrt nach Euboia; den Befehl führte der Spartiate Agesandridas, der Sohn des Agesandros. Diese Schiffe, so behauptete Theramenes, sollten weniger für Euboia als vielmehr für die, die Eetioneia befestigten, zu Hilfe kommen und wenn man sich nicht vorsehe, werde man unversehens ins Verderben geraten. (3) Derartiges war tatsächlich im Gange bei denen, auf die diese Beschuldigung zutraf, und keineswegs war dies nur verleumderisches Gerede. Denn jene (Vierhundert) wollten vor allem als Oligarchen auch über die Verbündeten herrschen und wenn schon nicht das, so doch wenigstens im Besitz der Schiffe und der Befestigungen autonom bleiben; wären sie aber selbst davon ausgeschlossen, wollten sie doch keinesfalls dem Volk in die Hände fallen und vor den anderen in erster Linie vernichtet werden, sondern lieber die Feinde aufnehmen und sich mit ihnen ohne Mauern und Schiffe einigen, und – wie auch immer – die Macht über die Stadt behalten, wenn nur für ihre Person die Sicherheit gewährleistet bleibe.

92 (1) Deshalb bauten sie auch fleißig an dieser Befestigung, die kleine Pforten, Zugänge und sonstige Einlassmöglichkeiten für die Feinde bot, und wollten damit rechtzeitig fertig werden. (2) Anfangs war davon unter wenigen und eher geheim die Rede gewesen; nachdem Phrynichos, der von seiner Gesandtschaft aus Lakedaimon zurückgekehrt war, von einem Mann der Grenzwachen[62] bei vollem Markt mit einem geplanten Anschlag verwundet worden und nicht weit vom Rathaus, von dem er gekommen war, unverzüglich gestorben war, entkam der Täter; sein Helfer aber, ein Mann aus Argos, wurde ergriffen und von den

Vierhundert unter Folter verhört; er gab jedoch weder den Namen des Anstifters noch sonst etwas an, sondern (behauptete), nur zu wissen, dass viele Leute beim Kommandanten der Grenzwachen und noch in anderen Häusern zusammenkämen. Als dabei nichts Entscheidendes herauskam, gingen Theramenes, Aristokrates und wer unter den Vierhundert sonst noch mit ihnen eines Sinnes war, noch viel unverfrorener zu Werke. (3) Zugleich waren nämlich auch die Schiffe von Las herumgefahren, bei Epidauros vor Anker gegangen und hatten Streifzüge gegen Aigina unternommen; nun erklärte Theramenes: Wenn diese Schiffe nach Euboia segeln sollten, sei es doch unwahrscheinlich, dass sie in die Bucht von Aigina eingelaufen seien und nachher wieder vor Epidauros ankerten, es sei denn, sie seien herbeigerufen worden und deswegen gekommen, weswegen er (seine Gegner) immer schon beschuldige. Es sei also nicht mehr möglich, länger Ruhe zu bewahren. (4) Nachdem viele aufrührerische und verdächtigende Worte gefallen waren, kam es dann auch wirklich zu Tätlichkeiten. Denn die Hopliten im Piräus, die an der Festung Eetioneia arbeiteten, unter ihnen auch Aristokrates als Hauptmann (Taxiarch) seiner Abteilung (Phyle), nahmen den Feldherrn Alexikles fest, einen Vertreter der Oligarchie, der seinen Parteifreunden sehr ergeben war; sie brachten ihn in ein Haus und sperrten ihn ein. (5) An der Festnahme beteiligten sich unter anderen noch ein gewisser Hermon, der die in Munichia aufgestellten Grenzwächter befehligte; aber das Wichtigste war doch, dass die Masse der Hopliten geschlossen damit einverstanden war. (6) Als dies den Vierhundert gemeldet wurde – sie hatten gerade eine Sitzung im Rathaus –, wollten sie sofort zu den Waffen greifen, ausgenommen die, die diese Zustände nicht wollten, und sie drohten Theramenes und seinen Anhängern. Dieser verteidigte sich und erklärte, er sei bereit mitzugehen, um (Alexikles) zu befreien.

Er nahm auch einen der Feldherren mit, der mit ihm einer Meinung war, und ging in den Piräus; auch Aristarchos eilte zu Hilfe und auch von den Rittern einige junge Leute. (7) Da gab es aber große und entsetzliche Aufregung; die Leute in der Stadt meinten nämlich, der Piräus werde schon eingenommen und der Gefangene sei tot, und die im Piräus (glaubten), dass man aus der Stadt jeden Augenblick gegen sie anrücke. (8) Als die älteren Leute alle, die in der Stadt hin und her liefen und zu den Waffen stürzten, zurückhielten und auch Thukydides aus Pharsalos, der Proxenos der Stadt, der gerade anwesend war, voll Eifer den Einzelnen in den Weg trat und ihnen zuschrie, sie sollten doch nicht ihre Vaterstadt ins Verderben stürzen, wo doch Feinde in der Nähe lauerten, da erst beruhigten sie sich mit Mühe und ließen voneinander ab. (9) Theramenes nun kam in den Piräus – er war nämlich auch Feldherr –, und voll Zorn fuhr er die Hopliten an, freilich nur zum Schein, Aristarchos jedoch und die Gegner nahmen die Sache wirklich übel auf. (10) Die Hopliten in ihrer Mehrzahl aber setzten ihr Werk fort und machten sich nichts daraus; und den Theramenes fragten sie, ob *er* denn glaube, dass die Festung in guter Absicht gebaut werde oder ob ihr Abbruch nicht besser wäre. Er antwortete, wenn sie dafür wären, sie abzubrechen, so sei auch er einverstanden. Und sogleich bestiegen sowohl die Hopliten als auch viele Leute aus dem Piräus die Befestigung und schleiften sie. (11) Der Volksmenge gegenüber diente das Schlagwort, wer für die Herrschaft der Fünftausend anstatt der Vierhundert eintrete, müsse mit Hand ans Werk legen. Denn sie versteckten sich immer noch hinter dem Namen der »Fünftausend«, und wer die Demokratie wünschte, wagte es nicht, sie geradeheraus beim Namen zu nennen aus Furcht, dass es (diese Fünftausend) wirklich gibt und ein unbedachtes Wort zu jemandem gefährlich wird. Die Vierhundert wollten daher weder, dass es die

Fünftausend (als politische Größe) gebe, noch dass es sie offensichtlich nicht gebe, weil es ihrer Ansicht nach geradezu Demokratie gewesen wäre, so viele Teilhaber (der Macht) einzusetzen, die Ungewissheit aber die Furcht voreinander erregen konnte.

93 (1) Am folgenden Tag versammelten sich die Vierhundert trotz ihrer Bestürzung im Rathaus, die Hopliten im Piräus aber ließen Alexikles, den sie festgenommen hatten, frei, rissen das Festungswerk nieder, kamen zum Dionysostheater bei Munichia, hielten unter Mitnahme ihrer Waffen eine Versammlung ab und marschierten nach Beschlussfassung sogleich in die Stadt und stellten sich beim Anakeion[63] kampfbereit auf. (2) Da kamen einige Abgeordnete der Vierhundert zu ihnen, sprachen mit ihnen, von Mann zu Mann, und beredeten diejenigen, die sie als vernünftig ansahen, sich selbst friedlich zu verhalten und auch die anderen zu beschwichtigen, indem sie sagten, sie würden die Fünftausend namhaft machen und aus diesen sollten der Reihe nach, wie immer die Fünftausend beschließen würden, die Vierhundert gewählt werden; bis dahin sollten sie doch auf keine Weise ihre Stadt ins Verderben und den Feinden in die Hände treiben. (3) Auf dieses viele Zureden von vielen Seiten zeigte sich die große Menge der Hopliten friedfertiger, und hauptsächlich fürchteten sie nun um das Ganze ihres Gemeinwesens; und so waren sie einverstanden, am verabredeten Tag eine Volksversammlung im Dionysostheater abzuhalten, wegen der (Herstellung) der Eintracht.

94 (1) Als dann aber die Versammlung stattfand und sich fast alle eingefunden hatten, kam die Nachricht, dass die 42 Schiffe mit Agesandridas von Megara her an Salamis vorübersegelten; und nun glaubte jeder (der vielen Hopliten), es sei genau das eingetreten, was von Theramenes und seinen Anhängern schon immer gesagt worden war, dass nämlich die Schiffe an die Befestigung heranfahren würden, ein Glück also, dass man sie niedergerissen habe. (2) Möglich, dass Agesandridas tatsächlich infolge getroffener Vereinbarungen länger bei Epidauros und dortherum kreuzte, wahrscheinlich aber hielt er sich dort wegen der augenblicklichen inneren Unruhen der Athener auf, in der Hoffnung, nötigenfalls zur Stelle zu sein. (3) Die Athener aber eilten auf diese Nachricht mit ihrer gesamten Heeresmacht im Laufschritt zum Piräus, da nach ihrer Ansicht nun ein Krieg vonseiten ihrer Feinde – größer als ihr eigener im Inneren – nicht in der Ferne, sondern beim Hafen stattfand. Die einen bestiegen die einsatzbereiten Schiffe, die anderen zogen die restlichen ins Wasser, wieder andere eilten zur Abwehr auf die Mauern und an die Hafenmündung.

95 (1) Die Schiffe der Peloponnesier fuhren jedoch vorüber, umsegelten Sunion, ankerten zwischen Thorikos und Prasiai und kamen später in Oropos an. (2) Die Athener aber waren gezwungen, sich in Eile ungeübter Schiffsbesatzungen zu bedienen, wie anzunehmen bei einer Stadt in Aufruhr, und wollten nur rasch das Allerwichtigste retten; denn seit ihrer Verdrängung aus Attika war ihnen Euboia alles. Sie schickten den Feldherrn Thrasymachos mit Schiffen nach Eretria, nach deren Ankunft zusammen mit den schon früher vor Euboia stationierten Schiffen eine Flotte von 36 Schiffen entstand. Und gleich wurden sie auch zu einer Seeschlacht gezwungen. Agesandridas war nämlich nach dem Frühstück von Oropos aus in See gestochen, Oropos aber liegt von der Stadt Eretria etwa 60 Stadien auf dem Seeweg entfernt. (4) Als er nun heranfuhr, wollten auch die Athener ihre Schiffe mit Mannschaften füllen in der Meinung, die Soldaten seien in der Nähe der Flotte. Diese aber konnten sich gerade am Markt nicht zum Frühstück verpflegen – denn nach einem vorher gefassten Plan der Eretrier wurde nichts angeboten –, sondern nur in den entlegensten Häusern der Stadt, damit (die Athener) ihre Leute nur langsam an Bord bringen könnten, die Feinde ihnen im Angriff zuvorkämen und die Athener nötigten, zum Kampf auszulaufen, wie sie gerade wären. Den Feinden in Oropos wurde von Eretria aus ein Zeichen gegeben, wann sie auslaufen sollten. (5) Mit solcher Vorbereitung gingen die Athener in See, lieferten vor dem Hafen von Eretria eine Seeschlacht, hielten sogar eine kurze Zeit stand, ergriffen schließlich die Flucht und wurden bis an Land verfolgt. (6) So weit sie in der vermeintlich befreundeten Stadt der Eretrier Zuflucht suchten, erging es ihnen am schlimmsten, denn sie wurden von ihnen umgebracht. Wer zur Festung in Eretria floh, die die Athener selbst besetzt hielten, kam davon und ebenso die Schiffe, so weit sie Chalkis erreichten. (7) Die Peloponnesier erbeuteten aber 22 Schiffe der Athener, töteten zum Teil die Mannschaft, teils nahmen sie sie gefangen und errichteten ein Siegeszeichen. Nicht viel später machten sie ganz Euboia abtrünnig, ausgenommen Oreos – diese Stadt hielten die Athener selbst besetzt –, und ordneten die Verhältnisse auf der Insel in ihrem Sinne.

96 (1) Die Athener aber überkam, als die Nachricht von den Ereignissen um Euboia eintraf, die größte Bestürzung, wie sie früher nie dagewesen. Denn weder das Unglück in Sizilien, so groß es damals erschien, noch sonst ein Ereignis hatte (die Stadt) jemals so in Schrecken versetzt. (2) Das Heer auf Samos hatte sich losgesagt, andere Schiffe waren nicht vorhanden, auch keine Mannschaften, um an Bord zu gehen; unter ihnen selbst herrschte Aufruhr, und es war unklar, wann sie aufeinander losschlagen würden; nun war noch ein solches Unglück hinzugekommen, durch das sie Schiffe und, was das Wichtigste war, Euboia verloren hatten, woraus sie mehr Nutzen gezogen hatten, als aus Attika; wie hätten sie da nicht erwartungsgemäß den Mut verlieren sollen? (3) Am allermeisten beunruhigte sie die Gefahr in nächster Nähe, (die Frage,) ob die Feinde es wagen würden, sogleich nach ihrem Sieg gegen den Piräus zu fahren, in dem es keine Schiffe mehr gab, und jeden Augenblick, so meinten sie, würden sie da sein. (4) Und tatsächlich, wenn sie wagemutiger gewesen wären, hätten sie dies leicht tun können und hätten (somit) entweder die Gegensätze in der Stadt durch eine Hafensperre weiter verschärft, oder durch eine längere Belagerung die (athenischen) Schiffe von Ionien trotz deren Feindschaft gegen die Oligarchie gezwungen, ihren Angehörigen und der gesamten Stadt zu Hilfe zu kommen; in diesem Fall wäre den Peloponnesiern in die Hände gefallen: der Hellespont, Ionien, die Inseln, alles bis Euboia, kurzum das ganze Reich der Athener. (5) Aber nicht nur bei dieser Gelegenheit, sondern auch bei vielen anderen, war es für die Athener der allergrößte Vorteil, Lakedaimonier als Feinde zu haben. Größte Gegensätze lagen nämlich in ihrer Art: die einen wendig, die anderen schwerfällig, die einen unternehmungslustig, die anderen unentschlossen; vor allem für eine Seemacht lag darin der größte Nutzen. Das bewiesen die Syrakusaner; denn sie waren von ähnlicher Art und bekämpften (die Athener) auch am erfolgreichsten.

97 (1) Auf diese Meldungen hin bemannten die Athener trotzdem 20 Schiffe und beriefen Volksversammlungen ein, jetzt zum ersten Mal wieder eine auf der so genannten Pnyx, wo sie auch sonst gewöhnlich (Versammlungen abhielten); in dieser setzten sie die Vierhundert ab und beschlossen, die Staatsgeschäfte den Fünftausend zu übertragen; dazugehören sollten alle, soweit[64] sie eine Hoplitenausrüstung bieten konnten; keiner sollte für irgendein Amt ein Entgeld bekommen, widrigenfalls belegten sie ihn mit einem Fluch. (2) Später wurden auch noch weitere zahlreiche Volksversammlungen abgehalten, in denen sie einen Verfassungsausschuss (Nomotheten) und weitere Staatseinrichtungen beschlossen. Und in dieser ersten Zeit hatten die

Athener zweifellos, wenigstens während meines Lebens, offensichtlich eine gute Verfassung geschaffen. Denn sie lief auf eine vernünftige Mischung von Oligarchie und Demokratie hinaus, und gerade das brachte die Stadt aus der schlimmen Lage, die entstanden war, zuerst einmal wieder in die Höhe. (3) Sie beschlossen auch, dass Alkibiades und andere mit ihm zurückkehren sollten, und schickten an ihn und das Heer auf Samos die Aufforderung, sich an den Staatsgeschäften zu beteiligen.

98 (1) Gleich zu Beginn dieser Umwälzung machten sich die Leute um Peisandros und Alexikles, und wer sonst noch Anhänger der Oligarchie war, heimlich davon nach Dekeleia. Nur Aristarchos, der damals auch gerade Feldherr war, scharte in aller Eile irgendwelche Bogenschützen[65] um sich, äußerst barbarische Kerle, und rückte gegen Oinoe vor. (2) Oinoe war eine Festung der Athener an der Grenze von Boiotien, die damals die Korinther unter Beiziehung der Boioter belagerten, weil ihnen von Oinoe aus ein Unglück zugefügt worden war, nämlich die Vernichtung ihrer Leute beim Abzug von Dekeleia. (3) Mit diesen machte nun Aristarchos gemeinsame Sache und täuschte die (Athener) in Oinoe mit der Behauptung, in der Stadt habe man sich mit den Lakedaimoniern geeinigt und sie müssten nun den Platz den Boiotern übergeben, das sei unter anderem eine Vertragsbedingung. Sie aber glaubten ihm, da er ja Feldherr war, und sie selbst wegen der Belagerung von nichts etwas wussten, und verließen (Oinoe) gegen freien Abzug. (4) Auf diese Weise bekamen die Boioter das verlassene[66] Oinoe, und die Oligarchie samt Bürgerkrieg in Athen fand ihr Ende.

99 (1) Um dieselbe Zeit in diesem Sommer (tat sich)[67] auch bei den Peloponnesiern einiges. So hatte keiner der von Tissaphernes Beauftragten – damals als er nach Aspendos reiste – den Unterhalt gezahlt und weder die phoinikischen Schiffe noch Tissaphernes waren erschienen. Philippos, der mit ihm geschickt worden war, und ein anderer, Hippokrates, ein Spartiat, der sich in Phaselis befand, hatten an den Nauarchen Mindaros geschrieben, dass die Schiffe nie zur Stelle sein würden und sie von Tissaphernes in jeder Hinsicht betrügerisch geschädigt würden. Nun holte sie Pharnabazos zu sich und war bereit, mit Hilfe ihrer Schiffe die noch übrigen Städte seiner Provinz den Athenern abtrünnig zu machen, weil er, ähnlich wie Tissaphernes, größere Vorteile (durch Tributzahlungen) für sich erhoffte. Darum also brach Mindaros in größter Ordnung und nach einem Befehl im letzten Augenblick, damit die Athener auf Samos nichts merken sollten, mit 73 Schiffen von Milet auf und fuhr zum Hellespont. Schon vorher waren – auch im selben Sommer – 16 Schiffe dorthin gefahren, die auf einen Teil der Chersones Überfälle durchführten. (Mindaros jedenfalls) wurde von einem Sturm überrascht und legte gezwungenermaßen in Ikaros an, wo er wegen der nicht befahrbaren See fünf oder sechs Tage blieb und von wo er dann nach Chios gelangte.

100 (1) Als Thrasylos von der Abfahrt (des Mindaros) aus Milet erfuhr, stach auch er sogleich mit 55 Schiffen von Samos aus in See und beeilte sich, damit jener ihm nicht bei der Einfahrt in den Hellespont zuvorkäme. (2) Doch er hatte vernommen, dass jener in Chios sei, meinte, jener werde dort bleiben, und stellte Späher in Lesbos und auf dem gegenüberliegenden Festland auf, damit es ihm nicht entgehe, wenn vielleicht die Schiffe irgendwohin steuern sollten; er selbst aber fuhr nach Methymna und ließ Mehl und andere Versorgungsgüter herbeischaffen, um im Fall größerer zeitlicher Verzögerung von Lesbos aus die Vorstöße nach Chios zu unternehmen. (3) Zugleich wollte er nach Eresos auf Lesbos fahren – denn dieses war abgefallen – und es wenn möglich erobern. Denn nicht unvermögende

Verbannte aus Methymna hatten aus Kyme etwa 50 befreundete Hopliten herübergebracht und vom Festland welche als Söldner angeworben, im Ganzen etwa 300 Mann. Unter der Führung des Thebaners Anaxandros, also der Stammverwandtschaft[68] gemäß, überfielen sie zuerst Methymna; doch zurückgeschlagen durch die Besatzung der Athener, die schon früher aus Mytilene angekommen war, ferner nach einer erneuten Niederlage in offener Feldschlacht zogen sie durch das Gebirge und machten Eresos abtrünnig. (4) Thrasylos fuhr nun mit allen Schiffen gegen diese Stadt und plante einen Angriff. Vor ihm dort angekommen war bereits Thrasybulos mit 5 Schiffen aus Samos, nachdem sie die Meldung von dieser Überfahrt der Verbannten erhalten hatten. Er kam aber zu spät, also ging er vor dem Hafen von Eresos vor Anker. (5) Dazu kamen noch etwa 2 Schiffe, die sich gerade vom Hellespont nach Hause begaben und (5) aus Methymna. So waren dort also im Ganzen 67 Schiffe, mit deren Mannschaft sie sich anschickten, unter Anwendung von Belagerungsmaschinen und anderer Mittel Eresos, wenn möglich, gewaltsam zu erobern.

101 (1) Mindaros unterdessen und die Schiffe der Peloponnesier hatten in zwei Tagen aus Chios Lebensmittel besorgt, und von der Mannschaft hatte jeder drei chiische Tessarakosten[69] von den Chiern bekommen; am dritten Tag liefen sie eilends von Chios aus, aber nicht auf die hohe See, um nicht mit den Schiffen vor Eresos zusammenzutreffen, sondern sie fuhren, Lesbos zu ihrer Linken, gegen das Festland zu. (2) Sie legten im phokaischen Gebiet an, im Hafen Karteria, und frühstückten; nach ihrer Weiterfahrt entlang der kymaiischen Küsten bereiteten sie ihr Nachtmahl in Arginusai auf dem Festland gegenüber Mytilene. (3) Von dort fuhren sie noch tief in der Nacht weiter und kamen nach Harmatus auf dem Festland gegenüber von Methymna, frühstückten rasch, fuhren weiter an Lektos, Larisa, Hama-

xitos und den Orten dort vorbei, und kamen schließlich kurz vor Mitternacht nach Rhoiteion am Hellespont. Einige Schiffe ankerten auch bei Sigeion und anderswo dort in der Gegend.

102 (1) Die Athener, die mit 18 Schiffen vor Sestos lagen, als ihnen ihre Wächter die Feuerzeichen gaben[70] und sie auch die Feuer im Feindesland plötzlich in großer Zahl aufleuchten sahen, erkannten daraus, dass die Peloponnesier (in den Hellespont) einfuhren. Noch in derselben Nacht näherten sie sich, so, wie sie waren, in aller Eile heimlich der Chersones, fuhren die Küste entlang gegen Elaius hin und wollten den Schiffen der Feinde ins offene Meer davonfahren. (2) Und wirklich entgingen sie auch den 16 Schiffen bei Abydos, obwohl der anfahrenden befreundeten Flotte befohlen worden war, gut auf sie Acht zu haben, wenn (die Athener) wegfahren wollten. Mit Tagesanbruch aber wurden sie von den Schiffen des Mindaros gesichtet; sofort wurde die Verfolgung aufgenommen, und sie entkamen ihnen nicht mit allen Schiffen, nur die Mehrzahl flüchtete nach Imbros und Lemnos, 4 von den Schiffen, die als Letzte fuhren, wurden bei Elaius gekapert. Eines davon, das beim Heiligtum des Protesilaos gestrandet war, erbeuteten die Feinde samt der Mannschaft, zwei weitere ohne diese, und eines, ebenfalls leer, steckten sie bei Imbros in Brand.

103 (1) Danach belagerten (die Peloponnesier) mit den aus Abydos zu ihnen gestoßenen und den übrigen insgesamt 86 Schiffen während dieses Tages Elaius; da es sich aber nicht ergab, zogen sie wieder nach Abydos ab.

(2) Die Athener aber, die (im Vertrauen) auf ihre Späher getäuscht, nicht gedacht hätten, dass die Schiffe der Feinde von ihnen unbemerkt vorbeifahren könnten, sondern in Ruhe ihre Belagerung fortsetzen wollten, verließen jetzt, als sie die Nachricht erhielten, unverzüglich Eresos und kamen in aller Eile dem Hellespont zu Hilfe. (3) Sie fingen sogar

2 Schiffe der Peloponnesier ab, die sich damals bei der Verfolgung allzu kühn ins offene Meer hinausgewagt hatten und ihnen nun in die Hände fielen; einen Tag später kamen sie an, ankerten vor Elaius, holten sich aus Imbros die Schiffe, die geflüchtet waren, und rüsteten sich fünf Tage lang zur Seeschlacht.

104 (1) Darauf lieferten sie eine Seeschlacht auf folgende Art: Die Athener stellten sich in *eine* Linie und fuhren dicht an der Küste Richtung Sestos, die Peloponnesier aber, die dies bemerkten, kamen ihrerseits aus Abydos entgegen. (2) Als nun beiderseits der Entschluss zur Seeschlacht gefasst war, dehnten die Athener ihre Linie – 76 Schiffe – an der Chersones hin aus, beginnend bei Idakos bis Arrhiana, die Peloponnesier wiederum von Abydos bis Dardanos 86 Schiffe. (3) Den rechten Flügel bei den Peloponnesiern bildeten die Syrakusaner, den anderen Mindaros selbst und die am besten fahrenden Schiffe, bei den Athenern den linken Thrasylos und Thrasybulos den rechten. Die übrigen Feldherren ordneten sich jeder an seinem Platz dazwischen ein. (4) Da beeilten sich die Peloponnesier, mit ihrem ersten Angriff zuvorzukommen und dem rechten Flügel der Athener, den sie mit ihrem linken überragten, wenn möglich die Ausfahrt (aus der Meerenge) zu sperren und die Mitte gegen das Land hin zu drängen, das nicht weit entfernt war. Die Athener erkannten das, sie zogen da, wo die Gegner sie abriegeln wollten, ebenfalls ihre Linie weiter nach außen und waren durch ihre (schnelle) Fahrt überlegen, ihr linker Flügel aber war bereits über das Vorgebirge hinaus verlängert, das Kynos sema heißt. (5) In ihrem Zentrum standen sie infolgedessen mit ihren Schiffen in geschwächter und auseinandergezogener Position, zumal sie zahlenmäßig unterlegen waren; auch zeigt die Küste um Kynos sema einen spitzwinkeligen Vorsprung, sodass alle Vorgänge jenseits nicht sichtbar waren.

105 (1) Also griffen die Peloponnesier in der Mitte an, trieben die Schiffe der Athener ans Ufer, stiegen sogar (zur Verfolgung) an Land und waren im Kampf weit überlegen. (2) Die vom rechten Flügel unter Thrasybulos konnten dem Zentrum nicht zu Hilfe kommen, da sie selbst von einer Übermacht bedrängt wurden; auch die Leute des Thrasylos vom linken Flügel nicht, denn die Lage war unübersichtlich wegen des Vorgebirges Kynos sema, und zugleich hielten die Syrakusaner und die übrigen, die in nicht schwächerer Zahl gegenüberstanden, sie fest, bis die Peloponnesier wegen ihrer Überlegenheit bald dieses, bald jenes Schiff sorglos zu verfolgen begannen und teilweise etwas aus der Ordnung gerieten. (3) Als Thrasybulos und seine Mannschaft dies erkannten, brachen sie die weitere Ausdehnung ihres Flügels ab, stellten sich in rascher Wendung zum Kampf, richteten sich gegen die Schiffe, die angreifen wollten, und schlugen sie in die Flucht. Dann nahmen sie den Kampf gegen den siegreichen Teil der Peloponnesier auf, rammten die planlos umherfahrenden Schiffe und die Mehrzahl trieben sie kampflos in eine überstürzte Flucht. Die Syrakusaner hatten von sich aus bereits der Truppe des Thrasylos nachgegeben und ergriffen erst recht die Flucht, als sie die anderen sahen.

106 (1) Nachdem die entscheidende Wende eingetreten war und die Peloponnesier die Flucht ergriffen hatten, zuerst meistens zum Meidios-Fluss hin, später nach Abydos, nahmen ihnen die Athener nur wenige Schiffe ab, denn der enge Hellespont bot den Gegnern kurze Wege zum Entkommen, doch errangen sie diesen Seesieg im allergünstigsten Augenblick. (2) Bis dahin hatten sie die Flotte der Peloponnesier immer gefürchtet, sowohl wegen der Missgeschicke im Kleinen,[71] als auch wegen des Unglücks in Sizilien, jetzt lösten sie sich davon, sich selbst herabzusetzen und die Feinde für einer Seeherrschaft würdig zu halten.

(3) An Schiffen der Gegner erbeuteten sie 8 aus Chios, 5 aus Korinth, 2 aus Amprakia, 2 aus Boiotien, je 1 von Leukas, Lakedaimon, Syrakus und Pellene. Sie selbst büßten 15 Schiffe ein. (4) Sie errichteten ein Siegeszeichen am Vorgebirge von Kynos sema, bargen die Schiffstrümmer, gaben den Gegnern unter dem Schutz eines Vertrages ihre Toten heraus und schickten nach Athen eine Triere mit der Siegesnachricht. (5) Als sie das unverhoffte Glück nach Ankunft dieses Schiffes gehört hatten, schöpften sie nach den eben erlittenen Niederlagen um Euboia und bei ihrem inneren Aufruhr viel neue Kraft und glaubten, der Schwierigkeiten Herr werden zu können, wenn sie eifrig ans Werk gingen.

107 (1) Am vierten Tag nach der Seeschlacht fuhren die Athener in Sestos, als sie ihre Schiffe voll Eifer instand gesetzt hatten, gegen Kyzikos, das abtrünnig geworden war. Bei Harpagion und Priapos sahen sie die 8 Schiffe aus Byzantion vor Anker liegen, steuerten auf sie zu, besiegten die Mannschaft an Land in einem Gefecht und erbeuteten die Schiffe. Nach ihrer Ankunft vor Kyzikos, das keine Befestigung hatte, brachten sie die Stadt wieder auf ihre Seite und trieben Geldzahlungen ein. (2) Inzwischen brachen die Peloponnesier von Abydos gegen Elaius auf und holten sich dort ihre eigenen (von den Athenern) erbeuteten Schiffe, so weit sie noch brauchbar waren – die übrigen verbrannten die Elaiusier –, und schickten Hippokrates und Epikles nach Euboia, um auch von dort die Schiffe zu holen.

108 (1) Um die gleiche Zeit war auch Alkibiades mit seinen 13 Schiffen von Kaunos und Phaselis nach Samos zurückgekehrt; er meldete, dass er die phoinikischen Schiffe von den Peloponnesiern fern gehalten habe, sodass sie nicht kämen, und dass er Tissaphernes mit den Athenern noch enger befreundet habe als früher. (2) Auch bemannte er zu

seinen bisherigen Schiffen noch 9 weitere, trieb in Halikarnassos große Geldsummen auf und befestigte Kos. Nachdem er das erledigt und in Kos einen Befehlshaber eingesetzt hatte, landete er bereits gegen den Herbst zu wieder in Samos. (3) Als nun Tissaphernes hörte, dass die Schiffe der Peloponnesier von Milet zum Hellespont gefahren seien, brach er von Aspendos auf und reiste nach Ionien. (4) Während der Anwesenheit der Peloponnesier am Hellespont ließen sich die Bewohner von Antandros – sie sind Aioler – aus Abydos zu Fuß durch das Idagebirge Hopliten kommen und nahmen sie in die Stadt auf; sie wurden nämlich vom Perser Arsakes, dem Stellvertreter des Tissaphernes, unterdrückt. Er hatte auch die Delier, die Atramyttion besiedelten, nachdem sie von den Athenern aus Delos wegen der (rituellen) Reinigung[72] vertrieben worden waren, scheinbar in Freundschaft und Verbundenheit, vorgeblich um einen geheimen Feind zu bekämpfen, zum Krieg eingezogen und dabei ihre besten Leute verlangt; er hatte dann abgewartet, bis sie beim Frühstück waren, sie durch seine Truppen umstellen und niederschießen lassen. (5) (Die Antandrier) fürchteten ihn also wegen dieser Untat, dass er sich auch an ihnen derart vergehen könnte, und da er ihnen überhaupt Dinge zumutete, die sie nicht ertragen konnten, vertrieben sie seine Besatzung aus der Stadtburg.

109 (1) Tissaphernes bemerkte auch darin ein Werk der Peloponnesier, und dies nicht nur aus seinen Erfahrungen[73] in Milet und Knidos, denn auch dort waren seine Besatzungen hinausgeworfen worden; er meinte, jetzt den schlimmsten Ruf bei ihnen zu haben, und fürchtete, dass sie ihn noch weiter schädigen würden. Gleichzeitig hätte es ihn geärgert, wenn Pharnabazos in kürzerer Zeit mit geringerem Aufwand mehr Erfolge gegen die Athener haben sollte. Er plante deshalb, zu ihnen an den Hellespont zu reisen, um

sich sowohl über die Vorfälle um Antandros zu beschweren, als auch, um die Vorwürfe wegen der phoinikischen Schiffe und anderer Dinge auf möglichst glaubwürdige Art zu entkräften. Nachdem er zuerst nach Ephesos gekommen war, brachte er ein Opfer dar für Artemis ...[74] (Sobald der Winter nach diesem Sommer zu Ende ist, wird das einundzwanzigste Kriegsjahr vollständig.)

Anhang

Inhaltsübersicht
und zeitliche Verteilung des Stoffes

Kapitel	Jahr	Inhalt/Ereignis	Seite
47–70	430/429	*Zweites Kriegsjahr* (47–68 Sommer; 69–70 Winter)	
47–54	*Sommer*	**Zweiter Einfall der Spartaner; die »Pest«**	145
55–58		Perikles rückt den Spartanern nicht entgegen; Angriff auf Epidauros; Seuche auch unter den Truppen; Athenische Expedition nach Thrakien misslingt	151
59–64		Rede des Perikles	153
65		**Würdigung des Perikles; sein Tod**	158
66		Angriff der Peloponnesier auf Zakynthos	160
67		Peloponnesische Gesandte (Aristeus u. a.) aufgegriffen und hingerichtet	160
68		Amprakia gegen das amphilochische Argos	161
69–70	*Winter*	Sperre des Korinthischen Golfes; Melesander; Poteidaia kapituliert	163
71–103	429/428	*Drittes Kriegsjahr* (71–92 Sommer; 93–103 Winter)	
71–78	*Sommer*	Belagerung von Plataia	164
79		Misserfolge der Athener gegen Chalkidier und Bottier	170
80–82		Angriff der Peloponnesier auf Stratos (Akarnanien)	172
83–84		Seeschlacht zwischen peloponnesischer Flotte und Phormions 20 Schiffen	175
85–86		Weitere Rüstungen, Auffahrt	177
87–89		Feldherrenreden der Peloponnesier und Phormions	179

Drittes Buch

Viertes Buch

Fünftes Buch

Sechstes Buch

Kapitel	Jahr	Inhalt/Ereignis	Seite
103–107		Seeschlacht bei Kynossema; Athener siegen, nehmen Kyzikos	694
108–109		Alkibiades in Halikarnassos, befestigt Kos, kehrt nach Samos zurück; Zerwürfnisse zwischen den Peloponnesiern und Tissaphernes	697

Bemerkungen zum Heerwesen

Der Peloponnesische Krieg übertrifft, so schreibt Thukydides, an Größe und Dauer alle bisherigen Kriege, die von Griechen geführt worden sind. Lesen wir freilich die Nachrichten über Heeresstärke und Verluste – so weit überhaupt von Thukydides Zahlen angeführt werden –, mag uns vielleicht der Peloponnesische Krieg als relativ unbedeutender Bürgerkrieg zwischen zwei griechischen Staaten erscheinen. Doch müssen wir, um ein richtiges Bild zu erhalten, bei dem Vergleich der Zahlen innerhalb der antiken Wirtschafts- und Bevölkerungsverhältnisse bleiben. Wir werden dann erkennen, dass etwa das Scheitern der Sizilischen Expedition (Gesamtverluste des Athenischen Bundes etwa 40 000 Mann) für Athen eine ebenso schwere, wenn nicht schwerere Katastrophe darstellte wie im Zweiten Weltkrieg der Verlust der 6. Armee (rund 330 000 Mann) in Stalingrad für Deutschland.

Die militärische Schlagkraft einer Polis beruhte auf dem Kontingent ihrer Schwerbewaffneten (Hopliten). Erst allmählich wurden im Verlauf des Krieges in stärkerem Maße Leichtbewaffnete eingesetzt, aber sie gelangten trotz ihrer gerade in einem gebirgigen Land vielfältigen Einsatzmöglichkeiten nicht zu der starken Bedeutung, die ihnen im 4. Jh. im makedonischen Heer Philipps und Alexanders zufallen sollte.

Die Rüstung des *Hopliten* bestand aus Helm, Brustpanzer (aus mehreren Lederschichten, die oberste mit Metallbeschlägen), Beinschienen, Rundschild, Lanze und Schwert. In der Schlacht waren die Hopliten in einer Phalanx formiert. Die Tiefe der Phalanx betrug im Allgemeinen 8 Mann, doch kam auch tiefere Staffelung vor. Die Hopliten waren Bürger, deren Vermögen mindestens so groß war, dass sie die ziemlich teure Hoplitenrüstung anschaffen konnten. Nur in Ausnahmefällen wurden Angehörige der ärmeren Klassen oder Unfreie auf Staatskosten ausgerüstet.

Neben dem reinen Bürgerheer wurden im Peloponnesischen Krieg erstmals in größerem Umfang auch Söldnertruppen eingesetzt, so etwa bei dem athenischen Expeditionsheer nach Syrakus (Thuk. VI 24).

Die *Leichtbewaffneten* waren noch zu Beginn des Krieges von geringer Bedeutung. In Athen gab es bis zur Schlacht beim Delion keine organisierte leichte Truppe (Thuk. IV 94), erst allmählich lernte man ihren Wert kennen. Besonders tüchtig waren die Leichtbewaffneten der weniger entwickelten Stämme Griechenlands (Thessaler, Aitoler, Akarnanen). Drei Arten sind zu unterscheiden: 1. Speerwerfer (Akontisten), die mehrere Wurfspeere mit sich führten. 2. Bogenschützen (Toxoten). 3. Schleuderer (Sphendoneten), deren Waffen Steine oder Bleikugeln waren, die sie entweder mit der Hand oder mit Lederschlaufen schleuderten. Die Speerwerfer trugen zuweilen einen leichten runden Schild (πέλτη) und hießen dann Peltasten.

Athen

Die wehrpflichtigen *Hopliten* waren in Listen (κατάλογοι) verzeichnet (z. B. Thuk. VI 43,2; VII 16,1). Die Wehrpflicht dauerte vom 18. bis zum 60. Lebensjahr, die Listen umfassten also 42 Jahrgänge. Am häufigsten wurden die mittleren Jahrgänge (20–50) eingesetzt, die jüngsten und ältesten dienten meist als Festungsbesatzungen. Das Hoplitenaufgebot war nach den 10 attischen Phylen eingeteilt, umfasste also 10 Phylen oder Taxeis, über die jeweils ein Taxiarch (Hauptmann) das Kommando führte. Die Effektivstärke jeder Taxis betrug zu Beginn des Krieges 1000 bis 1500 Mann. Der Feldherr (Stratege) war seit den Perserkriegen nicht mehr Truppenoffizier, sondern ein für die äußere Politik verantwortlicher Amtsträger. Die Strategen bildeten ein Kollegium von 10 Mann, im Krieg waren sie mit der obersten Kriegführung betraut. Bei auswärtigen Unternehmungen führten meist mehrere Strategen unter der Oberleitung eines von ihnen das Kommando.

Die *Reiterei* war zwar der Stolz Athens, doch war sie im Kampf nicht sehr leistungsfähig, da die Reiter weder Sattel noch Steigbügel verwendeten. Immerhin war sie wertvoller als die Reiterei der Spartaner. Ihre Hauptaufgabe bestand in der Beherrschung des freien Landes und der Behinderung des Gegners beim Fouragieren (vgl. das Vorgehen der syrakusanischen Reiterei gegen die Athener, Thuk. VII 4), der Verfolgung fliehender Hopliten und der Aufklärung. Athen verfügte über 1000 Reiter, jede Phyle stellte unter dem Kommando eines Phylarchen 100 Reiter. Dazu kamen noch 200 berittene Bogenschützen (Hippotoxoten), die hauptsächlich als berittene Landpolizei verwendet wurden.

Die militärische Stärke Athens beruhte auf seiner *Flotte*. Sie war in den Perserkriegen von Themistokles entscheidend verbessert und zu einem militärischen Machtmittel ersten Ranges entwickelt worden. Das klassische Kriegsschiff war die Triere (Dreiruderer): an jeder Bordwand saßen schachbrettförmig angeordnet 3 Reihen Ruderer. Die Länge einer Triere betrug 35–38 m, ihre größte Breite 5,5–6 m. Das leere Schiff wurde vom Staat zur Verfügung gestellt, ebenso der Sold für die Mannschaft. Die Ausrüstung des Schiffes und die Bemannung fiel durch Los dem Trierarchen zu, der dann auch das Kommando über das Schiff führte. Die eigentliche Navigation war Aufgabe des Kyberneten (des Steuermannes, wir würden sagen 1. Offizier); ihm untergeordnet waren der Proreus (2. Offizier), dessen Platz das Vorderdeck (πρῷρα) des Schiffes war, und der Keleustes (Maat), der das Kommando über die Ruderer führte. Die Mannschaft einer Triere bestand aus ungefähr 200 Mann: 170 Ruderer, 8–10 Seeleute (zur Bedienung der Takelage, Steuerung usw.), 10 und mehr Epibaten (Schiffssoldaten in Hoplitenrüstung).

Thukydides gibt II 13 eine Übersicht über die militärischen und finanziellen Mittel Athens (vgl. A. W. Gomme).

Aktive Soldaten (nur Athener)

	13 000	Hopliten
	1 000	Reiter
etwa	1 000	Soldaten in Garnisonen
	15 000	Effektivstärke, einsatzfähig

dazu etwa	3 000	(Dienstbefreite und Verwundete)
	18 000	Gesamtaufgebot der Hopliten
Reserve	16 000	Hopliten
–	3 000	Dienstbefreite
–	5 000	Hopliten der Metöken
–	1 500	ältere und jüngere Jahrgänge, nicht voll einsatzfähig
	6 500	

Dazu kamen noch die 200 berittenen Bogenschützen und 1600 Bogenschützen zu Fuß und zahlenmäßig nicht genau feststellbare Kontingente an Schleuderern und Speerwerfern. Diese Leichtbewaffneten rekrutierten sich ebenso wie die Ruderer aus den athenischen Bundesgenossen, zum Teil aus der ärmsten Bevölkerungsklasse Athens, den Theten.

Die Flottenstärke Athens betrug zu Beginn des Krieges 300 Trieren, dazu kamen noch die verschiedenen Spezialschiffe wie Truppentransporter (Trieren mit verringerter Rudererzahl, sodass mehr Raum für Hopliten geschaffen wurde), Pferdetransporter, Verpflegungsschiffe usw.

Nicht nur auf dem Gebiet des Flottenwesens war Athen seinen Gegnern überlegen, sondern auch durch seine reichen finanziellen Hilfsmittel. Von den Bundesgenossen liefen jährlich rund 600 Talente an Zahlungen ein (1 Talent = 26 kg Silber). Die Abrechnungslisten sind z. T. erhalten (*The Athenian Tribute Lists*, Cambridge 1939 ff.). Attika selbst brachte ebenfalls beträchtliche Summen auf. Xenophon beziffert die gesamten Staatseinkünfte zu Beginn des Krieges auf rund 1000 Talente (*Anabasis* VII 1,27). Dazu kam noch der auf der Akropolis deponierte Staatsschatz in Höhe von 6000 Talenten.

Für auswärtige Unternehmungen traten zu den athenischen Verbänden Truppenkontingente der Bundesgenossen und angeworbene Söldner (vgl. den Katalog der athenischen Streitkräfte vor Syrakus Thuk. VII 57).

Sparta

Das spartanische *Hoplitenaufgebot* zerfiel in 7 Lochoi (Abteilungen) zu je rund 600 Mann. Der Lochos war gegliedert in 4 Pentekostyen, jede Pentekostye in 4 Enomotien. Innerhalb dieser Abteilungen standen wahrscheinlich Spartiaten und Periöken gemischt, die Spartiaten bildeten die ersten Reihen. Zusammen mit dem Lochos der Skiriten (Periöken des Grenzgebietes gegen Arkadien) umfasste der Heerbann der Lakedaimonier (Spartiaten und Periöken) rund 6000 Hopliten. Die Spartiaten waren aber zahlenmäßig in der Minderheit. Auf Sphakteria wurden z. B. 420 Lakedaimonier eingeschlossen, darunter 200 Spartiaten. Der drohende Verlust dieser 200 Mann bewog Sparta zu sofortigen Friedensverhandlungen, betrug doch im 5. Jh. die Zahl der Vollbürger nur etwa 3000.

Im Verlauf des Krieges sah sich Sparta gezwungen, Heloten (Unfreie) freizulassen und zum Kriegsdienst heranzuziehen. Sie hießen Neodamoden. Brasidas erhielt für seinen Zug nach Thrakien 700 Neodamoden zugewiesen (Thuk. IV 80; s. auch VII 19,3).

Das spartanische Aufgebot war nur der Kern der peloponnesischen Streitmacht, die – ohne Argos und Arkadien – auf rund 35 000 Mann veranschlagt werden kann.

Die *Flotte* Spartas war ganz unbedeutend. Noch 413 bestand sie aus nur 25 Schiffen (Thuk. VIII 3,3). Das Hauptkontingent an Schiffen stellten die Bundesgenossen, vor allem Korinth.

Die Expedition nach Sizilien

Das athenische Expeditionsheer wurde in zwei großen Transporten nach Sizilien geführt.

1. Transport – Sommer 415 (Thuk. VI 30–32,43 f.)

Flotte: 134 Trieren (von Athen wurden 60 Trieren gestellt, dazu noch 40 Truppentransporter)

Heer:	Hopliten	5100, davon	
		1500	Athener nach den Hoplitenlisten
		700	Epibaten (Theten) auf athenischen Trieren
		500	Argeier
		250	Mantineier
	Leichte	480	Bogenschützen
		700	Schleuderer
		120	Leichte aus Megara
	Reiter	30	

Gesamtstärke (Hopliten, Epibaten der athenischen und verbündeten Schiffe, Seeleute, Ruderer; auf jeder Triere fuhren rund 200 Mann): rund 27000 Mann

Im Frühjahr stießen zahlreiche Verstärkungen aus Sizilien zu den Athenern, aus Athen kamen 250 Reiter und 30 Bogenschützen (VI 94,4), im Winter 413 10 Trieren unter Eurymedon (VII 16,2).

2. Transport – Frühjahr 413 (Thuk. VII 20 und ff.)

Flotte: 73 Trieren
(51 athenische, 22 von den Bundesgenossen)

Heer: 5000 Hopliten (davon 1200 Athener)
an Leichtbewaffneten rund 1500–2000

Gesamtstärke (Ruderer, Seeleute + Heer): rund 14000 Mann

1. Transport + 2. Transport: rund 40000 Mann

Schlachtentaktik

Hopliten: Die größte Wirkung erreichten die Hopliten in der Phalangenschlacht. Die Phalangen marschierten formiert in der Ebene an, das letzte Stück vor dem Zusammenprall legten sie im Lauf unter Schlachtgeschrei zurück. Die Entscheidung wurde meist durch den Massendruck herbeigeführt. Da auf dem rechten Flügel in der Regel die besten Truppen standen, siegten zunächst jeweils die rechten Flügel. Die Schlacht war erst entschieden, wenn sich die beiden siegreichen Abteilungen gemessen hatten. Der Sieg wurde im Allgemeinen nicht bis zur vollständigen Vernichtung des Feindes ausgenützt. Der Sieger behauptete das Feld und errichtete ein Siegeszeichen am Ort des Sieges. Der Gegner anerkannte seine Unterlegenheit durch die Bitte um Auslieferung der Gefallenen.

In gebirgigem oder unwegsamem Gelände waren die Hopliten aber leicht zu besiegen; als Beispiele seien angeführt die Niederlage des Demosthenes gegen leicht bewaffnete Aitoler (Thuk. III 95,98) und das Debakel der athenischen Hopliten auf den Epipolai vor Syrakus (Thuk. VII 43 ff.).

Leichtbewaffnete: Die Stärke der Leichten lag im Fernkampf, besonders verwendungsfähig waren sie in gebirgigem Gelände; trotzdem fanden sie erst im Verlauf des Peloponnesischen Krieges allmählich Verwendung. Zwei Kampfarten können wir unterscheiden: a) Leichte allein gegen Hopliten: z. B. Sieg der Aitoler über Demosthenes, Sieg athenischer Leichter über die spartanischen Hopliten auf Sphakteria (Thuk. IV 31–38); b) Eröffnungsgeplänkel vor der Hoplitenschlacht: z. B. erste Schlacht vor Syrakus (Thuk. VI 69).

Seeschlacht: Den Wert des Schiffes als eines wichtigen Kriegsinstrumentes hatten die Griechen bald erkannt, aber erst im 5. Jh. entwickelte sich, zuerst bei den ionischen Griechen, dann bei Korinthern und Athenern, eine Seekriegstaktik. Ursprünglich hatte man versucht, den Gegner im Frontalangriff zu rammen, gelang dies nicht beim ersten Mal, legten sich die Schiffe Bord an Bord, und die Epibaten begannen den Kampf. Auch später kam es noch oft zu solchen Schlachten. Thukydides nennt die Seeschlacht bei Sybota einen Kampf »nach alter Sitte« (I 49).

Besondere Tüchtigkeit der Offiziere und Ruderer erforderte die fortgeschrittene Taktik mit ihren zwei wichtigsten Manövern: a) Durchfahrt: das Schiff durchbricht die feindliche Linie und knickt im Vorbeifahren die Ruder des gegnerischen Schiffes; b) Umfahrt: nach dem Durchbrechen der feindlichen Linie wendet das Schiff und setzt zum Flankenangriff auf das nächstliegende feindliche Schiff an.

Anmerkungen

Erstes Buch

1 Die Pelasger gelten als die vorindogermanische Urbevölkerung des Ägäischen Raumes. »Hellenen« war ursprünglich der Name eines thessalischen Stammes (Homer, *Ilias* II 683 f.). Vielleicht während der Dorischen Wanderung um 1200 breitete sich der Name nach Süden aus. In der antiken ethnologischen Theorie, vorgetragen in mythologischer Form der Ahnenreihe, gilt Hellen als namengebender Ahnherr, seine Söhne Doros, Xuthos und Aiolos als Stammväter der drei Stämme (Dorer, Ionier, Aioler).

2 Minos ist ein sagenhafter König auf Kreta; er ließ durch Dädalus das Labyrinth erbauen. In seinem Namen lebt die Erinnerung an die Blütezeit der minoischen Kultur (Mitte 2. Jt.), die uns vor allem durch die Ausgrabungen in Knossos und Phaistos bekannt wurde.

3 Polyphem fragt Homer, *Odyssee* IX 252 ff., Odysseus und seine Gefährten, ob sie als Seeräuber seine Höhle betreten hätten. Vgl. auch *Odyssee* III 71 ff.

4 Diese Mode war gebräuchlich um 490 zur Zeit der Marathonkämpfer, wie Aristophanes, *Equites* 1321 ff., beweist. Der Haarschopf, im Nacken getragen, ist auf zahlreichen Vasenbildern der damaligen Zeit zu sehen, z. B. auf der vatikanischen Vase des Exekias: Achilleus und Aias beim Würfelspiel, vgl. J. Boardman, *Geschichte der antiken Kunst*, Stuttgart 1997, Abb. 70. Das Ende der Mode ist 480–470 anzusetzen.

5 Zu denken ist an Städte wie Milet, Samos, Syrakus (gegr. im 8. Jh.).

6 Die Blütezeit der phoinikischen Seeherrschaft fällt wahrscheinlich in die Zeit von 1200 bis 900; in diesem Zeitraum kamen die Phoiniker in Berührung mit Griechenland (Kadmos – der sagenhafte Gründer von Theben).

7 Die Reinigung fand im Winter 426 statt während des zweiten Aufflackerns der Seuche.

8 Folgendes genealogische Schema liegt vor:

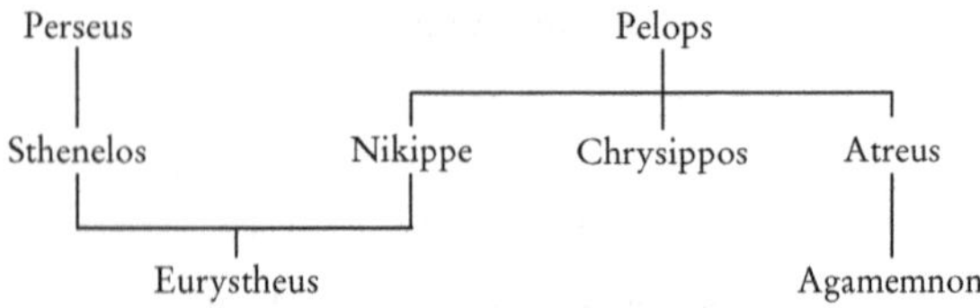

Im Dienste des Eurystheus vollbringt Herakles seine zwölf Arbeiten, nach seinem Tode verfolgt Eurystheus seine Nachkommen, die Herakliden. Diese finden in Attika Zuflucht und Waffenhilfe. Dank des Opfertodes der Heraklestochter Makaria siegen die Herakliden und die verbündeten Athener, Eurystheus fällt. Diesen Stoff hat Euripides in seiner Tragödie *Herakliden* behandelt.

9 Homer, *Ilias* II 576 ff., 612 ff. Die kritischen Zweifel betreffen nur Einzelheiten, nicht den Wert Homers als historische Quelle überhaupt.

10 Dieser Abschnitt gilt der Thukydides-Analyse als Frühindiz: Sparta herrschte nach 404 nicht nur über den Peloponnes, sondern über ganz Griechenland, und von einer erwähnenswerten Macht Athens konnte damals überhaupt nicht gesprochen werden; die Sätze müssen daher früher geschrieben sein. Aber wann? Für die Zeit nach 421 passen die Worte vielleicht noch weniger als für die Jahre nach 404: Thukydides stellt ja Athens Macht hinter der Spartas zurück, und von einer gewissen Machtstellung Athens konnte man wohl nach dem Sieg Thrasybuls über die von den Spartanern eingesetzten dreißig Tyrannen (403) sprechen; dagegen galt der Nikiasfrieden unter den spartanischen Verbündeten durchaus nicht als Ruhmesblatt Spartas.

11 Nimmt man 85 Mann als Mittel einer Schiffsbesatzung (s. 10,4), so kommt man auf rund 102 000 Krieger. Selbst wenn man poetische Übertreibung, auf die Thukydides hinweist, in Betracht zieht, bleibt noch immer ein gewaltiges Aufgebot; man vgl. dazu die Beschreibung des athenischen Expeditionsheeres VI 31. Wahrscheinlich hätte Thukydides bei einer endgültigen Ausarbeitung solche Unstimmigkeiten getilgt; vgl. Nachwort, S. 785.

12 Alexandrinische Gelehrte setzten den Fall Trojas in die Zeit um 1200. – Als letzter griechischer Stamm dringen um 1200 die

Dorer in Griechenland ein und zerstören die mykenischen Burgen; die Zeit der mykenischen Kultur (Mykenai, Tiryns u. ä.) geht damit zu Ende. In der antiken Überlieferung wird die Einwanderung der Dorer als Rückkehr der Herakliden erwähnt: nach einigen vergeblichen Versuchen kehren die Nachkommen des Herakles in ihre angestammte Heimat Argos zurück; vgl. Anm. 8.

13 Der Bau der ersten Trieren durch Ameinokles im Jahre 704 ist unwahrscheinlich, wahrscheinlicher ist, dass Trieren zuerst im 6. Jh. konstruiert worden sind (Thukydides schreibt I 14, dass es vor dem Peloponnesischen Krieg nur wenige Trieren gab). Bei den Trieren saßen die Ruderer an je drei an den Bordwänden angebrachten Ruderreihen. (Zur Anordnung, die nicht ganz geklärt ist, vgl. F. Miltner, »Schiffahrt« in: Pauly-Wissowa, Realencyclopädie der classischen Altertumswissenschaft.) Eine ältere Schiffsform war der Fünfzigruderer (πεντηκόντορος), in der an jeder Bordwand 25 Ruderer saßen – die Länge betrug daher ungefähr 32 m.

14 Kyros regiert von 559 bis 530, Kambyses von 530 bis 522, Dareios von 521 bis 486, Xerxes von 486 bis 465. Massalia (heute Marseille) wurde 600 v. Chr. von den Phokaiern gegründet (Phokaia – die nördlichste ionische Stadt in Kleinasien). 546 verließen die Phokaier, um der persischen Herrschaft zu entfliehen, ihre Heimat und wandten sich ins westliche Mittelmeer. In diese Zeit fällt eine Seeschlacht zwischen ihnen und den verbündeten Karthagern und Etruskern vor Alalia auf Korsika.

15 Tyrannen kamen in zahlreichen griechischen Städten während des 7. und 6. Jh. zur Macht; die bedeutendsten sind Kypselos und sein Sohn Periander in Korinth, Theagenes in Megara, Peisistratos und seine Söhne Hipparchos und Hippias in Athen, Polykrates auf Samos. Selbst Adelsgeschlechtern entstammend, dienten die Tyrannen anfänglich durchaus einem idealen Ziel, dem Wohle des Volkes, das ihnen vielfach zum Schutz gegen den Adel die Herrschaft übertragen hatte. Erst später, im Zuge der Machtsicherung, artete ihr Regiment zu dem aus, was man allgemein unter »Tyrannis« versteht. In seinem abwertenden Urteil denkt Thukydides nur an das Fehlen weitausgreifender Kriegszüge in dieser Zeit, die großen kulturellen Leistungen der Tyrannen, die Begründung eines neuen Staatsideals durch sie (die Polis als zentraler Wert des Menschen) bleibt hier außer Betracht.

16 Lykurg war wohl ursprünglich ein Lichtgott, sein Kult wird bei Herodot I 66 und Strabo VIII 5,5 erwähnt. Mit seinem Namen ist die spartanische Verfassung, besonders die so genannte Große Rhetra verbunden – sie bezeichnet die endgültige Konsolidierung des Staates als eines geordneten Ganzen (κόσμος, εὐνομία) und wird, sicher Älteres enthaltend, die endgültige Fassung wohl im 7./6. Jh. erhalten haben. Die erwähnten Bürgerkriege werden wohl die Kämpfe der eindringenden Spartaner mit den ursprünglichen Bewohnern des Eurotastales bezeichnen. Sie dauerten tatsächlich ziemlich lange und waren erst Anfang des 8. Jh. beendet; von Bürgerkriegen im gewöhnlichen Sinn wissen wir nichts; vgl. V. Ehrenberg, »Sparta – Geschichte«, in: Pauly-Wissowa, Realencyclopädie der classischen Altertumswissenschaft.

17 Ausführlicher behandelt Thukydides dieses Problem VI 54–59.

18 Das doppelte Stimmrecht der spartanischen Könige erwähnt Herodot VI 57,5; die pitanatische Heeresabteilung IX 53: Pitana gehörte zu einer der fünf Phylen (φυλή), die je eine Heeresabteilung zu stellen hatten; ob Pitana einen eigenen Trupp stellte, ist nicht festzustellen.

19 Vgl. hierzu Nachwort, S. 796 ff..

20 Das bedeutet nicht, dass aufgrund seines Werkes Prophezeiungen möglich sind: Die menschliche Natur wird auch künftig ähnliche Grundkräfte entwickeln. Erforschbar sind sie in der Gegenwart, die wiederum durch die Vergangenheit bedingt ist, wirksam sind sie aber auch für die Zukunft. Man vergleiche das Proömium zur Pestschilderung II 48,3: das gleichförmige Verhalten des menschlichen Körpers gibt die Handhabe für künftige Fälle.

21 Die Seeschlachten: Artemision und Salamis; die Landschlachten: Thermopylen und Plataia.

22 Der dreißigjährige Friede wurde 445 geschlossen, vgl. I 115.

23 Bei der Erklärung des Kriegsausbruches unterscheidet Thukydides die »wahrste Ursache« – die Furcht Spartas vor der wachsenden Macht Athens – und Streitigkeiten, die unmittelbare Anlässe des Krieges waren: die Verwicklungen zwischen Korinth und Athen wegen Kerkyra und Poteidaia. (Über die Bedeutung dieses Abschnittes für die Analyse vgl. Nachwort, S. 786 ff.). Thukydides lässt dabei verschiedene Ereignisse, denen wir etwas größere Bedeutung zumessen, außer Betracht. Als wesentlichen Kriegs-

grund betrachteten schon die Zeitgenossen das »Megarische Psephisma«, durch das Perikles alle Schiffe Megaras, eines Mitgliedes des Peloponnesischen Bundes, von attischen Häfen ausschloss; vgl. Aristophanes, *Acharnenses* 525 ff., *Pax* 606 ff.; Ephoros, FGrHist 70 Fr. 196 (Felix Jacoby, *Die Fragmente der griechischen Historiker*, 6 Bde., Berlin 1923–30). Thukydides erwähnt es nur nebenbei I 139,1 und 140,4 ebenso wie die Forderungen der Aigineten (I 67,2) und überhaupt die Erfolgsaussichten der Verhandlungen vor Kriegsausbruch; vgl. H. Berve, *Thukydides*, Frankfurt a. M. 1938, S. 19 ff.; K. Kiechle, in: *Gymnasium* 70 (1963) S. 290 ff. Wichtig war für Thukydides nur der Erweis der wahrsten Ursache, die ja auch wir für den wahren Kriegsgrund halten, alles andere musste sich diesem Thema unterordnen.

24 Gründungen von Kolonien gingen immer von den einzelnen Städten aus, die dann als Mutterstädte galten, auch wenn Griechen anderer Poleis an dem Unternehmen teilnahmen. Der Führer eines derartigen Unternehmens (οἰκιστής) entstammte meist einem Adelsgeschlecht der Mutterstadt und genoss nach dem Tod heroische Ehren. In unserem Fall ist es der Korinther Phalios. Korinth war die Mutterstadt von Kerkyra (Korfu; Epidamnos lag in Albanien, heute Durazzo). Der Zusammenhang zwischen Tochterstadt und Mutterstadt war nur lose und erstreckte sich meist nur auf kultische und organisatorische Bereiche.

25 Der Beginn des Bürgerkrieges in Epidamnos ist in die Jahre 438 oder 437 zu setzen. Das in I 29 und 30 beschriebene Seetreffen fällt in das Jahr 435.

26 Dadurch wurde die Belagerung für einen Gegner, der wie die Kerkyraier die See beherrschte, leichter.

27 Unter gleichen Bedingungen wie die ursprünglichen Siedler von Epidamnos.

28 Das ist auch die eigene Anschauung des Thukydides – vgl. Anm. 23.

29 Ein allgemein verbindliches Völkerrecht gab es bei den Griechen bis auf wenige Ansätze (etwa Gewährung eines Waffenstillstandes zur Beisetzung der Toten) nicht. Ersatz bildeten Verträge (σπονδαί) zwischen den einzelnen Städten; sie beinhalteten oft den Hinweis auf ein Schiedsgerichtsverfahren, in dem anfallenden Streitigkeiten geschlichtet werden sollten. Da die Kerkyraier keine Verträge abschlossen, waren sie also gleichsam Richter in eigener Sache.

30 Samos fiel 440 von Athen ab; vgl. I 115–117. Dort wird allerdings nichts von einer Intervention Korinths zugunsten Athens erwähnt; außerdem war Samos Mitglied des Delisch-Attischen Seebundes, Kerkyra aber nicht mit Korinth verbündet oder Mitglied des Peloponnesischen Bundes.
31 Das erwähnt auch Herodot in VI 89 und 92. Die kriegerischen Auseinandersetzungen zwischen Athen und der Insel Aigina begannen schon 506; 458 wurde die Insel dem Delischen Bund eingegliedert; 431 vertreibt Perikles die Bevölkerung und ersetzt sie durch athenische Siedler (Thuk. II 27). Die vertriebenen Aigineten führte 404 Lysander wieder in ihre Heimat zurück.
32 Vgl. I 67,4 und Anm. 23.
33 Die Schiffe wurden 433 abgesandt; ein Inschriftstein, enthaltend die Zahlungen an die 10 Schiffe, ist erhalten (*Inscriptiones Graecae*, Bd. 1, Berlin [2]1924, S. 295).
34 Paian war wohl ursprünglich ein zur Flöte gesungenes Chorlied zu Ehren Apollons in seiner Rolle als Heilgott; später wurde er zu verschiedenen Anlässen verwendet, z. B. als Schlachtgesang vor dem Kampf oder als Tischgesang beim Symposion.
35 Das Tragen eines Heroldsstabes (unserer Parlamentärflagge entsprechend) würde bedeuten, dass die Korinther den Frieden mit Athen als gebrochen betrachten.
36 Pallene ist die westlichste Landzunge der thrakischen Halbinsel Chalkidike. Poteidaia lag an der engsten Stelle von Pallene, das heute durch einen Kanal vom Festland getrennt ist.
37 In den Handschriften sind zehn Strategen genannt, doch kann das nicht stimmen, da jährlich in Athen insgesamt nur zehn Strategen gewählt wurden.
38 Das war das Gefecht, an dem Sokrates und Alkibiades teilnahmen; Sokrates rettete das Leben seines Schülers (Platon, *Symposion* 220 D f.).
39 Die gewöhnliche Art der Belagerung bestand darin, um die belagerte Stadt einen Mauerring anzulegen.
40 Gemeint ist die spartanische Volksversammlung, die Apella, an der alle Bürger über dreißig Jahren teilnahmen. Die spartanische Regierung hatte schon in I 58,1 den Poteidaiern Hilfe versprochen, hier wird der Fall aber erst vor der Volksversammlung aufgerollt.
41 Vgl. Anm. 23.
42 Darauf erwiderte Archidamos I 84,2.

43 Die folgende Charakteristik der Athener wird ergänzt vor allem durch die Rede der athenischen Gesandten I 72 ff., die Reden des Perikles (vor allem den Epitaphios II 35 ff. und seine letzte Rede II 59 ff.). Der hervorstechende Charakterzug ist die πολυπραγμοσύνη, die »Vielgeschäftigkeit«; sie wird hier von den Korinthern in ihren einzelnen Eigenschaften definiert. πολυπραγμοσύνη ist der Grund für die weit ausgreifende Machtpolitik Athens – allerdings nicht der einzige – und steht in Gegensatz zu Spartas besonnener, bedächtiger Politik (σωφροσύνη) – vgl. auch I 32,4 der Kerkyraierrede. Die Entwicklungsstadien der Politik von naturbedingter und staatserhaltender Aktivität unter Perikles zu hasardierendem Wagemut zeigen die Reden des Perikles, des Kleon und des Alkibiades. Vgl. hierzu V. Ehrenberg, in: *The Journal of Hellenic Studies* 67 (1947) S. 47 ff.

44 Der Scholiast nennt als möglichen neuen Bündnispartner Argos, das nicht Mitglied des Peloponnesischen Bundes war. Mit Argos war Korinth 421–418 verbündet, da es mit dem Abschluss des Nikiasfriedens nicht einverstanden war.

45 Gemeint sind wahrscheinlich die Kämpfe gegen die Amazonen, die Aufnahme der Herakliden, die Hilfe bei der Bestattung der beim Zug der Sieben gegen Theben Gefallenen: Themen, die von Euripides in den *Herakliden* und *Hiketiden* behandelt wurden und in keiner Lobrede auf Athen fehlen durften.

46 Daraus spricht die tiefe Einsicht des Thukydides in das Wesen der Macht: nicht allein Volkscharakter, Naturrecht u. ä. bewirken Machtpolitik, sondern die immanenten Kräfte der Macht, die aus dem Machttrieb an sich erwachsen.

47 Vgl. I 76,1 ff. Diese Worte erhalten ihren vollen Sinn erst, wenn man sie als *vaticinium ex eventu* auffasst; sie sind nach 404 geschrieben. Die Spartaner setzten nach ihrem Sieg in den griechischen Städten Kontrollbeamte (Harmosten) ein, deren strenges Regiment bald überall verhasst war. – »niemand hält sich an diese Sitten«: Man vergleiche hierzu das Schicksal des Pausanias (I 95 und 128–130). Brasidas bildet eine Ausnahme von dieser Regel (IV 81,3).

48 Die fünf jährlich gewählten Ephoren übten in Sparta die eigentliche Macht aus. – Die Rede des Sthenelaidas ist in Inhalt und Ausdruck charakteristisch für spartanische Art, eines der wenigen Beispiele, dass Thukydides die Personen durch Reden charakterisiert. Im Blickpunkt steht nur das Interesse des Pelopon-

nes, die Rede zeichnet sich durch die vielgerühmte »spartanische Kürze« aus.

49 Diese (erste) Versammlung des lakedaimonischen Bundes fällt in den Juli des Jahres 432.

50 Das Ereignis fällt in das Jahr 479 (Herodot IX 100–105). Mit der Schilderung der Belagerung von Sestos schließt das Werk Herodots, die Pentekontaëtie bildet also gleichsam die Fortsetzung.

51 Die Ausgrabungen bestätigen die Darstellung des Thukydides; zahlreiche archaische Skulpturen wurden dabei gefunden.

52 Wahrscheinlich ist die Mauer auf der Landseite des Piräus gegen den Munichiahügel hin gemeint. – Das athenische Königtum ging zu einem nicht mehr feststellbaren Zeitpunkt in das Archontat über. Ein Kollegium von neun Archonten führte die Regierungsgeschäfte. Der ranghöchste Archon war der Archon Eponymos, der dem Jahr den Namen gab (vgl. II 2), der Archon Basileus übernahm die religiös-kultischen Funktionen und der Archon Polemarchos die oberste Kriegführung. In der Zeit der Demokratie wurde das Archontat mehr und mehr zu einem Ehrenamt, die oberste Kriegführung ging auf die Strategen über (s. im Anhang Bemerkungen zum Heerwesen). Unsere Stelle ist nicht zur Gänze zu erklären: Themistokles war 493/492 Archon Eponymos, von einem weiteren Archontat haben wir aber keine sicheren Nachrichten.

53 »von außen« ist schwer verständlich. Es konnten nur die Quadern der beiden Außenseiten durch Klammern verbunden werden. Die eben beschriebene Mauerart trifft nur auf den in I 93,3 erwähnten Piräuswall zu. Vgl. zu den schwierigen Einzelfragen Gomme, ad loc.: »(Thucydides) would have found that the greater part of the wall at least was not built as he says it was« (S. 266).

54 Dies ist die Geburtsstunde des Delischen Seebundes. Die Hellenotamiai – etwa mit »Schatzmeister von Hellas« zu übersetzen – waren athenische Amtsträger, die mit der Berechnung und Erhebung der Abgaben betraut waren. Inschriftlich erhalten sind zahlreiche »Tributlisten«; da diese aber kein vollständiges Bild ergeben, ist die Höhe der Abgaben ein vieldiskutiertes Problem.

55 Enneahodoi »Neunwege«. Nach Scholion zu Aischines II 31 fällt die erfolgreiche Gründung von Amphipolis durch Hagnon in das Jahr 437/436. Dementsprechend ist die Niederlage bei

Drabeskos (vgl. I 102,2–3) 465/464 zu datieren, der vergebliche Versuch des Aristagoras 497/496.

56 In das gleiche Jahr 458 fällt die Aufführung von Aischylos' *Orestie*; der »Argeier« Orestes verheißt (*Eumeniden* 287 ff.) dauernde Freundschaft zwischen Athen und Argos.

57 Die chronologischen Angaben in der Pentekontaëtie sind sehr spärlich und bilden ein Problem für sich; es kann hier nur auf Gomme, ad loc., verwiesen werden.

58 Fortsetzung I 109.

59 Es ist hier an oligarchische Fronden zu denken, wie sie sich nach der demokratischen Verfassung des Kleisthenes öfter in Athen bildeten. Kimon war nicht beteiligt; er war nach der missglückten Hilfsexpedition gegen die aufständischen Heloten (I 102) verbannt worden, außerdem kann an seiner patriotischen Gesinnung kaum gezweifelt werden. (Vgl. die charakteristische Anekdote bei Plutarch, *Kimon* 17,4–6.)

60 An dieser Stelle wird Perikles zum ersten Mal genannt.

61 Darauf folgt der so genannte Friede des Kallias, der 449 eine De-facto-Abgrenzung der griechischen und persischen Interessensphären erbrachte. Zur Verherrlichung des Friedens entstand in Athen auf der Akropolis der Niketempel.

62 Im Jahre 446.

63 Einer davon war Sophokles, der, wie es hieß, aus Anerkennung für seine Tragödie *Antigone* zum Strategen gewählt worden war.

64 Es ist weder der Historiker Thukydides noch der Politiker Thukydides, Sohn des Melesias.

65 Die folgenden Ereignisse fallen wahrscheinlich in die 2. Hälfte des 7. Jh. und den Anfang des 6. Jh.

66 Es sind die Eumeniden, deren Heiligtum am Fuße der Akropolis stand.

67 Es ist das Geschlecht der Alkmeoniden, dem auch Perikles angehört. Die erste Verbannung fällt in die Zeit kurz vor dem Archontat Solons, Anfang 6. Jh., die zweite Verbannung in das Jahr 508.

68 Vgl. I 94 f.

69 Die Ephoren in Sparta und der Feldherr im Ausland besaßen je einen gleich dicken Stab. Bei geheimen Mitteilungen wurden um den einen Stab schmale Papierstreifen gewickelt und dann in Längsrichtung beschrieben. Rollte man die Streifen auf dem anderen Stab wieder auf, konnte man den Brief lesen.

70 Der Dreifuß wurde später eingeschmolzen; die Schlangensäule, die den Dreifuß trug, wurde von Konstantin nach Konstantinopel gebracht und steht heute noch dort.

71 Darüber ist nichts Näheres bekannt.

72 Artaxerxes kam 465 oder 464 zur Herrschaft, Naxos wurde aber einige Jahre vorher belagert.

73 Nach dem Sieg bei Salamis riet Themistokles den Griechen, die Brücke über den Hellespont abzureißen, um den Persern den Rückzug zu sperren. Als sich die Griechen dazu nicht entschließen konnten, ließ er dem Großkönig mitteilen, dass er diesen Plan vereitelt habe.

74 Vgl. das ähnliche Urteil des Königs Archidamos über die mangelnde Finanzkraft und Flottenmacht Spartas (I 80 ff.).

75 Von Zeit zu Zeit wurden alle Fremden aus Sparta vertrieben: Fremdenaustreibung (ξενηλασία).

Zweites Buch

1 »Vier Monate«: Handschriftlich überliefert ist »zwei«; es muss hier aber eine Verschreibung vorliegen, da der Angriff auf Plataia im Frühjahr, Anfang März, erfolgte, das Archontenjahr aber erst am 4. Juli endete. »Zehn Monate«: handschriftlich überliefert ist »sechs«, doch war die Schlacht bei Poteidaia im Mai oder Juni 432. – Die Städte Boiotiens waren unter Führung Thebens zum Boiotischen Bund zusammengeschlossen. Dieser Bund bestand bis in die römische Kaiserzeit, hatte allerdings nur mehr kultische Bedeutung. Oberste Bundesorgane waren die Boiotarchen, ursprünglich gab es entsprechend den elf Landesteilen elf Boiotarchen, nach der Neugründung des Bundes im Jahre 379 nur mehr sieben.

2 Noch in klassischer Zeit waren die griechischen Häuser nur mit einfachen Lehmmauern ausgestattet. Dies war auch willkommene Gelegenheit für Einbrecher, von außen durch eine Bresche in das Haus einzudringen. Der »Mauerdurchbrecher« galt als einer der gefährlichsten Verbrechertypen. Andererseits konnte man auf diesem Weg leicht von Haus zu Haus gelangen. Diese Art der »Kommunikation« fand auch Eingang in die Literatur: Plautus' *Miles gloriosus* und Menanders *Phasma* seien als Bei-

spiele genannt. Vgl. dazu U. E. Paoli, *Die Geschichte der Neaira und andere Begebenheiten aus der alten Welt*, Bern 1953, S. 49 ff.

3 Ein Stadion entspricht ungefähr 180 Metern.

4 Vgl. I 126.

5 In den Grundtatsachen gilt hier in der Geschichte des athenischen »Synoikismos« wie auch in der Archäologie der Mythos als geschichtliche Wirklichkeit.

6 Fest der Vereinigung der Stadt durch Theseus.

7 δῆμοι sind Bezirke, ursprünglich die natürlichen Dorfgemeinden Attikas, seit Kleisthenes lokale Verwaltungsbezirke Athens und Attikas mit örtlichen Behörden und eigenen Kulten.

8 Methone liegt in Messenien.

9 Πρόξενος »Staatsgastfreund«; griechische Stadtstaaten entsandten gewöhnlich keine ständigen diplomatischen Vertreter in auswärtige Staaten, sondern ließen ihre Interessen von dort einheimischen Bürgern betreuen, etwa unseren Honorarkonsuln vergleichbar. Solche Proxenien entwickelten sich aus persönlichen Gastfreundschaften oder familiären Beziehungen. Vgl. Bleicken, S. 105 f.

10 Bei griechischen Dichtern ist keine Stelle dieser Art greifbar, wohl aber bei Catull 65,14; Ovid, *Heroides* 15,154; Consolatio ad Liviam 106. Die Sage selbst wird bei Apollodor, III 193 ff., und Ovid, *Metamorphoses* VI 424 ff., erzählt: Tereus, Proknes Gemahl, entehrt deren Schwester Philomela; aus Rache tötet Prokne ihren und des Tereus Sohn Itys; Philomela verwandelt sich in eine Nachtigall.

11 Die Toten wurden im Stadtteil Kerameikos (Töpferstadt) im Nordwesten Athens beigesetzt. Der Brauch, die Kriegsgefallenen öffentlich zu bestatten, ist wahrscheinlich alt, eine Preisrede auf die Toten trat vielleicht erst später, nach den Perserkriegen hinzu.

12 Vgl. I 2; 5 f. Es war der Stolz der Athener, seit Urbeginn, wie sie glaubten, in Attika ansässig, autochthon, zu sein.

13 Perikles will also die Geschichte der Perserkriege (I 89–118) beiseite lassen, ebenso auch die mythischen Heldentaten, die in den üblichen Epitaphien einen bedeutenden Raum einnahmen. Es ist das auch einer der Hinweise, dass der Epitaphios des Perikles im gleichen Wortlaut wie hier bei Thukydides nie gehalten worden sein kann.

14 Thukydides beschreibt hier die besondere Ausprägung der athenischen Demokratie unter Perikles. Für ihn war Perikles »der Würdigste«, der den Staat kraft seiner Einsicht unter dem »Namen« einer Demokratie lenkte (vgl. die Würdigung des Perikles II 65). Rein verfassungsmäßig wurden aber die Ämter erlost und daher »in regelmäßigem Wechsel« bekleidet.

15 Vgl. die Antithese bei Plutarch, *Lykurgos* 24: In Athen durfte jeder leben, wie er wollte, in Sparta war es keinem gestattet; vgl. auch Thukydides VII 69.

16 Diese Freiheit des athenischen Bürgers barg natürlich Gefahren in sich, die Perikles wohl erkannte: Vor Entartung und Missbrauch schützt den Athener seine »Furcht« vor einer Übertretung der Grenzen, die der Freiheit gesetzt sind. Das Wort »Furcht« erinnert an Aischylos, *Eumeniden* 696: Athene warnt ihre Bürger vor Zuchtlosigkeit: Wer wahrt das Recht noch, der das Fürchten ganz verlernt? Vgl. M. Pohlenz, *Griechische Freiheit. Wesen und Werden eines Lebensideals*, Heidelberg 1955, S. 34 f. Die historische Entwicklung führte Athen aber gerade den Weg, vor dem Perikles und Aischylos warnten. Das Endergebnis, die Entartung der athenischen Demokratie, schildert Platon in seiner *Politeia* 562c–563c mit grimmigem Hohn: Freiheit, der Stolz des perikleischen Athen, wurde zur Zuchtlosigkeit. »Denn zuletzt kümmern sie sich nicht einmal um die Gesetze, die geschriebenen und die ungeschriebenen, um nur ja nirgends einen Herrn über sich zu haben.« (Platon, *Der Staat*, übers. von K. Vretska, Stuttgart 1958, Anm. ad loc.) – Die ungeschriebenen Gesetze: Es ist wahrscheinlich, dass Perikles tatsächlich den Ausdruck »ungeschriebene Gesetze« gebraucht hat, vgl. Ehrenberg, S. 45 ff. Er versteht darunter eine Art Ehrenkodex, ganz anders als Sophokles, der den gleichen Ausdruck (*Antigone* 456 ff.) verwendet: Für den Dichter sind die ungeschriebenen Gesetze göttlichen Ursprungs, Symbol unwandelbarer, heiliger Gerechtigkeit.

17 Bemerkenswert ist es, dass die Bedeutung der Feste auf die Volksbelustigung beschränkt ist.

18 Dies nimmt Bezug auf die Rede des Archidamos I 84 ff.

19 Es handelt sich wahrscheinlich um eine Typhusepidemie, vgl. W. P. MacArthur, in: *Classical Quarterly* 48 (1954), S. 171 ff. Typhus ist der typische *morbus medicorum.* – Schilderung von Seuchen und ihrer Auswirkung finden wir in verschiedenen Li-

teraturdenkmälern. K. Büchner, *Humanitas Romana*, Heidelberg 1957, S. 64 ff. untersucht die Verschiedenheit und das Gemeinsame der Pestdarstellungen des Altertums (Thukydides, Lukrez VI 1138–1286), der beginnenden Neuzeit (Montaigne, *Essays* III 12) und der Gegenwart (der Roman von A. Camus, *Die Pest*) – Thukydides: der Erforscher der Tatsachen im Medizinischen und Psychischen; Lukrez: über allem Grauen und sinnlosem Leid bewährt sich die wahre Sittlichkeit; Montaigne: Wichtig ist nur die eigene Reflexion über Leben und Tod, kein Interesse am Medizinischen; Camus: im Wesentlichen starke Beziehungen zu Thukydides: Kampf der Medizin gegen die Seuche, die Frucht allen Unheils ist die Erfahrung. Camus stellt aber die Frage nach dem Sinn an dem gemeinsamen Erlebnis, das die Einzelpersonen erleiden. Vgl. auch die Einleitung zu Boccaccios *Decameron.*

20 λοιμός »Seuche«, λιμός »Hunger«. Daran schloss sich ein Streit der Gelehrten an, ob bereits im 5. Jh. oi als i gesprochen wurde (Itazismus).

21 Vgl. I 118,3.

22 Wohl am Rauch der Scheiterhaufen; vgl. z. B. II 52.

23 Das überlieferte »drei« ist nicht richtig.

24 Argos verhielt sich als Staat neutral.

25 Vgl. II 29.

26 Vielleicht ist der westliche Abhang des Nymphenhügels vor der Stadt gemeint (βάραθρον; vgl. W. Judeich, »Topographie Athens«, in: *Handbuch der classischen Altertumswissenschaft* 3,2,2. S. 375).

27 Thukydides spricht noch mehrfach von diesen Geldeintreibungsaktionen (III 19; IV 50; VIII 3,1). Die Tatsache, dass es zu erbitterten Kampfhandlungen und zum Tod des Kommandanten und vieler Soldaten kam, lässt auf die Methoden der athenischen Tributeintreibungen schließen.

28 Nach Diodor XII 46,7 belief sich die Zahl der Siedler (sog. Kleruchen) auf etwa 1000.

29 Vgl. Herodot I 162; durch Belagerungsdämme sind die Städte Ioniens von Harpagos erobert worden.

30 Die Zahl ist unglaubwürdig hoch; Classen/Steup, ad loc., schlagen 17 vor.

31 Gemeint ist ein Holzgerüst, dessen Zwischenraum mit Ziegelsteinen ausgemauert wurde, nachdem es auf der Mauer aufgestellt war.

32 Darunter werden die Tage um den 20. September verstanden.
33 In erster Linie ist das Brotbacken gemeint, aber auch alle anderen Cerealien.
34 Darunter ist wohl Ende Mai zu verstehen.
35 Die Lage dieser Stadt kann westlich von Olynth angenommen werden.
36 Zu πέλτη s. im Anhang Bemerkungen zum Heerwesen. Ihre Anwesenheit bedarf hier wohl der Erklärung durch Thukydides, da die Athener eigentlich mit Hopliten und Reitern gekommen waren; dass sie auch sonst aus der Nachbarschaft des jeweiligen Kriegsschauplatzes Truppen heranzogen, zeigt I 61,4. – In diesem Fall ist das Küstenland, die Krusis, betroffen.
37 Zakynthos und Kephallenia sind wichtige Stützpunkte für die athenischen Flottenbewegungen.
38 ναύαρχος »Nauarchos«. II 66,2 berichtet vom Spätsommer 430, unser Ereignis scheint in die Mitte des Sommers 429 zu fallen; Classen/Steup, ad loc., denken daher an die Fortsetzung einer einjährigen Nauarchie mit Beginn des spartanischen Jahres im Herbst.
39 Etwa 14 km, also ein vielleicht dreistündiger Rückzug.
40 Eine Nachtfahrt der Peloponnesier war offenbar der letzte Versuch, kampflos an den Athenern vorbeizukommen.
41 Solcherart bestellte Konsulenten (σύμβουλοι) mit besonderen Vollmachten finden sich bei Nauarchen in verschiedener Zahl (III 69; I 76; VIII 39), sogar beim spartanischen König (V 63).
42 Hier ist wohl die erste Seeschlacht »seit langer Zeit« gemeint, denn bei Artemision, Salamis und Mykale waren bereits lakedaimonische Schiffe beteiligt.
43 Etwa 1250 m; die Angaben sind in der Antike höchst unterschiedlich zwischen 5 und 10 Stadien schwankend; vgl. Classen/Steup, ad loc.
44 Also nicht mehr mitten auf dem offenen Meer wie II 83,3.
45 Riemen, mit denen die Ruder an den Pflöcken des Schiffsbords befestigt wurden.
46 Vgl. II 79: Im Frühjahr hatten die Athener glücklos gegen sie gekämpft.
47 Er erscheint in I 57 und 59 sowie II 61 als Verbündeter der Athener und muss vor dem Kriegszug des Sitalkes gestorben sein. An seine Stelle tritt offensichtlich sein Sohn Amyntas, der Großvater Alexanders des Großen.

48 Charakteristisches Abzeichen dieser Thraker; vgl. VII 27 und Xenophon, *Kyrupaedia* 6,2,10, sowie Aischylos, *Persai* 56.

49 Paionische Stämme siedelten in den Berggegenden, die nördlich an Makedonien angrenzen, am oberen Strymon (Struma) und Axios (Vardar). Die meisten wurden später dem makedonischen Reich angeschlossen.

50 Eigentlich »wohlgegürtet«, also »flink, rüstig«; noch heute heißen Griechenlands Traditionsgardisten »Evzonen«.

51 Sitalkes hatte sein Versprechen erst nach zwei Jahren ernst genommen; noch beim Feldzug der Athener gegen die Chalkidier und Bottier (II 79) hatte er sich völlig herausgehalten.

Drittes Buch

1 Vgl. die Rede des Brasidas IV 85–87.

2 Das ist, auf die Neutralität übertragen, die Argumentation der Athener im Melierdialog.

3 **δίολκος (ὁλκός)**; er war mehr als 6 km lang und überwand etwa 80 m Höhenunterschied.

4 Überraschende Anspielung auf die Verfassung Solons: Für Geld- und Militärdienstleistungen waren die attischen Bürger in vier Vermögensklassen eingeteilt, die nach dem Ernteausmaß unterschieden wurden; Maßeinheit ist der **μέδιμνος** (1 Scheffel, etwa 52 Liter), ein Hohlmaß für feste oder flüssige Produkte. Es ergibt sich folgende Gliederung:

Pentakosiomedimnen	mindestens	500 Scheffel Erträge
Ritter	mindestens	300 Scheffel Erträge
Zeugiten	mindestens	200 Scheffel Erträge
Theten	unter	200 Scheffel Erträge

5 Vgl. III 13,4.

6 Gemeint ist wohl das Land der lakedaimonischen Periöken in Lakonien und Messenien.

7 Dieses Kapitel ist möglicherweise als Interpolation anzusehen; ausführliche Diskussion bei Classen/Steup und Gomme, ad loc. – Die Übersetzung »ordnungsgemäß« im ersten Satz beruht auf einer unsicheren Lesart (**ἐνεργοί**).

8 Thukydides erwähnt hier erstmals die beiden Staatstrieren »Salaminia« und »Paralos«, die in ständiger Bereitschaft gehaltenen

Schnellschiffe. Sie wurden oft für Botschaften, vielleicht auch für Erkundungsfahrten eingesetzt; vgl. III 77,3; VI 53,1; VI 61,4; VIII 74,1.

9 Vgl. II 63,2 der letzten Periklesrede. Gerade durch die Anklänge zeigt Thukydides den Unterschied zwischen den beiden Politikern.

10 Kleon verwechselt »Gesetze« mit »Volksbeschlüssen«; die Gesetze Athens würden durch einen Widerruf der harten Bestrafung Mytilenes nicht berührt. Kleon polemisiert also gegen die Gedanken des Perikles, die dieser in II 40,2–3 und 62,5 ausgesprochen hat.

11 Auch das ein beziehungsvoller Anklang an Perikles, II 61,2.

12 Perikles freilich sah sich nie, auch in seiner letzten Rede nicht, gezwungen, das Volk derart zu schelten.

13 Die wenigen Adligen (ὀλίγοι), die in den Städten meist die Politik Spartas vertraten.

14 Diodotos ist sonst aus der Geschichte nicht bekannt. Nikias hatte zwar einen Bruder Eukrates, unsicher ist aber, ob Diodotos dessen Sohn ist.

15 Eine für Athen typische Form der Militärkolonie war die Kleruchie. In besiegte Gebiete wurden athenische Bürger als Siedler gesandt und erhielten ein Grundstück (κλῆρος) zur erblichen Nutzung. Vor allem Theten meldeten sich in großer Zahl, Auswahlkriterium war in der Regel das Los.

16 Abweichend von der sonstigen Vorgehensweise durften die bisherigen Eigentümer als Pächter auf Lesbos bleiben und mussten nur einen relativ bescheidenen Pachtzins abliefern. So wird ein sozialpolitischer Aspekt sichtbar: Diese Maßnahme diente auf Lesbos dazu, ärmeren athenischen Bürgern auf Kosten von vielleicht oligarchischen Grundbesitzern ein bestimmtes Einkommen zu verschaffen; vgl. Gomme, ad loc.

17 Nämlich zum Schutz für Nisaia, Megaras einzigen Hafen am Saronischen Golf.

18 Vgl. II 93 f.

19 Das damals seichte Gewässer ist längst verlandet, sodass keine Insel mehr vom Festland zu unterscheiden ist. Probleme der Topographie sind ausführlich bei Gomme, ad loc., dargestellt.

20 Vgl. I 102,1.

21 Nach IV 68,5 fällt das Bündnis mit Athen in das Jahr 519. Die Thebaner antworten darauf in IV 61,2.

22 Gemeint ist das Ehrenbürgerrecht, nicht die staatliche Vereinigung mit Athen.
23 Vgl. II 2,4.
24 Vgl. IV 64,4. Dort hatten die Thebaner die guten Taten der Plataier als nicht wesensecht bezeichnet.
25 Hier wird die 33,1 abgebrochene Erzählung von Alkidas und seiner Flotte wieder aufgenommen; vgl. auch 26,1.
26 Kaum vor dem Winter 428/427, sodass ihre Gefangenschaft mehrere Jahre dauerte.
27 ἐθελοπρόξενος, als Begriff nur hier, meint wohl einen Vertreter, der entweder von Athen nicht offiziell anerkannt oder von seiner eigenen Polis nicht bestätigt war.
28 Kerkyra wird traditionell mit den homerischen Phaiaken in Zusammenhang gebracht (I 25,4); gemeint ist also der als Heros verehrte König Alkinoos.
29 στατήρ, ursprünglich »Hersteller des Gleichgewichts« auf einer Waage; ob hier eine Goldmünze im Wert von 20 Silberdrachmen oder eine Silbermünze im Gegenwert von 2 Drachmen zu verstehen ist, wird nicht ganz klar. Wahrscheinlich hatten angesehene Bürger den Tempelbesitz und daher auch seine Waldflächen unter ihrer Aufsicht und wurden nun beschuldigt, die Verwaltung eigennützig missbraucht zu haben. Der Zusammenhang – die existenzbedrohende Höhe der Strafe und die Reaktion der Betroffenen – spricht für eine Goldmünze.
30 Das heißt, eine Art Schutz- und Trutzbündnis mit den Athenern einzugehen. Diese politische Konstellation ging weit über die ἐπιμαχία von I 44, also über ein bloßes Defensivbündnis hinaus.
31 Genaue Topographie bei Gomme, ad loc.
32 Vgl. II 83.
33 Ähnlich im Jahr 425, vgl. IV 8,2; die frühere Halbinsel Leukas hatten die Korinther durch einen Kanal zur Insel gemacht, der durch Anschwemmungen aber verlandet war, sodass sich in Form einer seichten Lagune wieder ein Zusammenhang zum Festland gebildet hatte.
34 Vgl. I 22,4.
35 Das Kapitel galt schon den antiken Erklärern als unecht; möglicherweise ist es eine frühere Fassung, die erneut in den Text geraten ist.
36 Diese im Imperfekt bezeichneten feindseligen Handlungen kann man sich als bis zu den Ereignissen von IV 46 fortgesetzt denken.

37 Sowohl Rhegions Einwohner als auch die Leontiner stammten aus Chalkis.
38 φυλή; wie in Athen und Syrakus (VI 98; VI 100) von der bürgerlichen Einteilung auf die militärische übertragen.
39 Demosthenes tritt hier erstmals in Erscheinung; er bleibt einer der aktivsten Feldherren des Krieges bis zu seinem Ende auf Sizilien; vgl. VII 82, VII 86.
40 Melos, eine der Kykladeninseln, hatte dorische Bevölkerung, wollte aber neutral bleiben.
41 Siehe II 23,3.
42 Melier/Malier: Bewohner des unteren Spercheiostales und einiger Anhöhen südlich davon.
43 Der Hinweis auf die μητρόπολις soll die hier gemeinten Dor(i)er von den Doriern in II 9,4 und von den Dor(i)ern als Stamm unterscheiden.
44 Diodor 12,59 spricht von 10 000, worunter 4000 Peloponnesier und 6000 andere Griechen zu verstehen seien.
45 Der Ausdruck lässt offen, ob Thukydides an den zehnjährigen oder an den siebenundzwanzigjährigen Krieg gedacht hat, überraschend ist jedenfalls die eindringliche Würdigung dieser Gefallenen.
46 Vgl. III 90.
47 Der ganze Satz ist etwas unklar formuliert, sowohl unter sprachlichem als auch historischem Gesichtspunkt; Näheres bei Classen/Steup, ad loc.
48 Sie fürchteten wahrscheinlich, dass sie bei ihrer Feindschaft mit den phokischen Nachbarn, die mit Sparta verbündet waren, besonders zu leiden hätten, wenn sie sich nicht anschlössen.
49 Namen und Lokalisierung dieser Gemeinden machen große Schwierigkeiten; Näheres bei Gomme, ad loc.
50 Unweit von Katane (heute Catania).
51 Der Grund dafür ist in der Pest zu sehen, die im Winter 427/426 wieder aufgetreten war (s. III 87,1–3). Man wollte den Zorn des Gottes, den manche in der Pest erkannt haben wollten (II 54,4 f.), in besonders feierlicher Weise besänftigen.
52 Beim Artemistempel; vgl. Dionysios von Halikarnassos 4,25.
53 Verse 146 ff. und 165 ff; der Text bei Thukydides weicht in Wortwahl und Syntax geringfügig vom Üblichen ab, ist auch problematisch mit der Überleitungskonjunktion (»Doch wenn …«).
54 Mit Classen/Steup lese ich εὐφήμως, nicht ἀφήμως.

55 Mit Steup lese ich μονούμενοι.
56 Demosthenes hatte offenbar nur ihre Anführer mit dem inoffiziellen Teil des Vertrages vertraut gemacht.
57 Wahrscheinlich kein unmittelbares Kriegsereignis, daher bleibt Thukydides nähere Angaben schuldig.
58 Der Stratege von I 46,2, ein Korinther mit dorischer Namensform.
59 Erzählanschluss an III 103,3.
60 Wie schon in III 88,1.
61 Aus Aristophanes, *Vespae* 240 ff. und 836 ff., kann man entnehmen, dass Laches u. a. von Kleon in Gerichtsprozesse verwickelt wurde.
62 In 86,3 waren die Leontiner noch am Meer von Syrakus bedrängt; diese Situation muss sich durch das Erscheinen der Athener zwar verändert aber nicht gänzlich gewandelt haben; es wurde offenbar befürchtet, dass durch die geringe Flottenpräsenz der Athener die Rüstungen der Syrakusaner Erfolg haben könnten und Syrakus auch auf dem Meer überlegen sein könne.

Viertes Buch

1 Dies geht der ἀκμή voraus, vgl. II 4,2.
2 Die Stadt war erst im vorigen Sommer (III 90) zum Anschluss gezwungen worden.
3 Vgl. III 85.
4 Mende war bis zum Sommer 423 auf Athens Seite gestanden; vgl. IV 123.
5 Irrtum des Autors oder in der Textüberlieferung, wahrscheinlich ist »25« zu lesen.
6 Die Zahl ist kaum richtig, eher fünfzig!
7 1 Choinix ist etwa 1,1 Liter, 1 Kotyle etwa ¼ Liter. Die Ration war ziemlich reichlich bemessen; die athenischen Gefangenen in Syrakus erhielten nur die Hälfte; vgl. VII 87,2.
8 Im griechischen Text bildet dieser Satz einen iambischen Trimeter.
9 Gemeint ist der dreißigjährige Friede aus dem Jahr 445.
10 Sizilier/Sikeler meint hier die einheimischen (nicht hellenischen) Verbündeten Athens.

11 Diese waren inzwischen aus Kamarine zurückgekommen.
12 Leinsamen sollte den Durst stillen, wie der Scholiast anmerkt.
13 Vgl. III 97 f.
14 Die θαλαμιοί ruderten in der sog. Ruderkammer, der untersten der drei Reihen, in der Mitte saßen die ζυγῖται und zuoberst die θρανῖται; vgl. Bleicken, S. 154 ff.
15 Ich folge hier der Ergänzung von Steup.
16 Vgl. Herodot III 128, wo ein Absenken der Speere als Ehrenbezeugung erwähnt wird.
17 Versteckter Hinweis auf den ehrenvollen Tod.
18 Möglicherweise aus dem Text zu streichen; Methone (Methana, n. pl., ist die einheimische Namensform) gehörte mit seiner Halbinsel zu Troizen.
19 Hier wurde der Ausfall der Zahl »40« vermutet, doch ναυσίν ohne Zahlwort findet sich auch sonst bei Thukydides; z. B. I 100; 105; 107. Es waren jedenfalls »wenige Schiffe«, von denen Thukydides spricht (III 115; IV 65), mit denen ihre Kommandanten keine besonderen Erfolge in Sizilien hatten.
20 Vgl. III 85.
21 Andeutung weiterer Streitigkeiten; vgl. Diodor 13,48 – στάσις im Jahr 410; meint Thukydides mit »dieser Krieg« also den Archidamischen?
22 Die Sonnenfinsternis wird auf 21. März 424 v. Chr. datiert und ist auch bei Aristophanes, *Nubes* 584 f. belegt. Gemeint ist der attische Monat Elaphebolion (März/April). Thukydides stellt den (durch Anaxagoras?) neu entdeckten Zusammenhang zwischen Neumond und Sonnenfinsternis auch in II 28 her, womit er den Aberglauben deutlich macht, von dem Nikias (VII 50) noch im Jahr 413 beherrscht wird.
23 Rhoiteieon, auch in VIII 101,3 erwähnt, am Ausgang des Hellesponts.
24 στατήρ, Weißgoldstater (⅘ Gold und ⅕ Silber), wegen seiner Bernsteinfarbe auch Elektron genannt, hatte den Wert von 23–24 Drachmen; die hier genannte Zahl 2000 muss fehlerhaft sein; vgl. Gomme, ad loc.
25 *Küstenstädte* hießen die von Lesbos und Kyme aus am Idagebirge in der Troas gegründeten Siedlungen: Antandros, Gargara, Assos u. a.; s. auch III 5.
26 Gemeint sind die vorhin geschilderten, »psychologisch« begründeten Schwierigkeiten der Spartaner.

27 Gemeint sind wohl die Kykladen; vgl. I 12,4; I 13,6; III 104,2.
28 Es ist nicht der Dichter.
29 Mit περίπολοι sind wohl die attischen Epheben gemeint, die in ihrem zweiten Dienstjahr zum Grenzschutz eingesetzt werden konnten; Näheres bei Gomme, ad loc.
30 Nicht näher lokalisiertes Aresheiligtum, wahrscheinlich in Küstennähe, östlich von Nisaia.
31 Für den ἄρχων musste diese Aktion glaubwürdig sein, da sich die Athener auf Minoa vor allem deshalb festgesetzt hatten, um Ausfahrten von Seeräubern zu verhindern; vgl. III 51.
32 Ich lese statt des problematischen ἀφανής mit Steup ἀμελὴς φυλακή.
33 Sie waren, ohne von Brasidas' Heranrücken zu wissen, vollzählig aufgebrochen, doch schien das ganze Aufgebot nicht erforderlich.
34 Nämlich die Einnahme der Langen Mauern und Nisaias.
35 Bei einer solchen ἐξέτασις mussten die Waffen zum Zweck der Überprüfung abgelegt werden. Vgl. auch den Peisistratiden-Exkurs VI 58, wo Hippias ähnlich vorgeht; oder die Dreißig bei Xenophon, *Hellenika* II 3,20; 4,8.
36 Vgl. IV 52.
37 »Staatsgastfreund« s. Anm. 9 zu II 29.
38 Zwischen den einzelnen wichtigeren Städten (Larisa, Kranon, Pharsalos, Pherai) bestand ein loser Bund, wohl aus älterer Zeit eine Art Schutzbündnis in Kriegszeiten, das einen Kriegsobersten (τάγος, oft auch als βασιλεύς oder ἡγεμών bezeichnet) wählte. Welche Art von Behörde Thukydides hier meint, ist unklar.
39 Vgl. II 99, wo die Lynkesten unter den selbständigen makedonischen Stämmen genannt sind.
40 Ich lese mit Classen/Steup die Konjektur ἰταμότητα.
41 Die zweite Hälfte steuerten offenbar die Chalkidier bei; vgl. IV 80,1.
42 »Befreiung« war schon immer ein schönklingender Name zur Rechtfertigung des Krieges. Der Peloponnesische Krieg galt gemeinhin der Befreiung von der athenischen Zwingherrschaft: I 124,3 (Korinther), VII 56,2 (Syrakusaner).
43 Man wird dies als Rechtfertigung der spartanischen Staatsform und Angriff auf die athenische Demokratie verstehen; vgl. H. Diller, in: *Gymnasium* 69 (1962) S. 191 f.

44 Vgl. Nachwort, S. 804 f.
45 Zu Metöken ausführlich bei Bleicken, S. 102 ff.
46 βοιώταρχος »führender Beamter« des boiotischen Bundes.
47 Schlachtgesang; vgl. I 50,5, Anm. 34.
48 Siehe I 100, Anm. 55.
49 Thukydides vermeidet es, im Folgenden seinen Misserfolg bei der Rettung von Amphipolis zu beschönigen – auch hier fehlt wie im übrigen Werk jegliches biographische Detail (Gomme, ad loc.). Und doch führt er den Leser gerade durch seine objektive Darstellung der Ereignisse dazu, das Geschehen mit den Augen des beteiligten Feldherren Thukydides zu sehen; vgl. H. D. Westlake, in: *Hermes* 90 (1962) S. 276 ff.
50 Aus athenischer bzw. griechischer Sicht zu verstehen, also nach Süden. Mit dem Perserkönig ist Xerxes gemeint, der diesen Kanal zwischen Festland und dem Athos hatte anlegen lassen; vgl. Herodot VII 22 ff.; 122.
51 D. h. *auch* griechisch sprechende sog. Barbaren.
52 Ein unglaubwürdig hoher Betrag, er entspräche einem Hoplitensold für acht Jahre; vgl. Classen/Steup, ad loc.
53 Gemeint sind die Gefangenen von Sphakteria in IV 41 bzw. IV 108.
54 Koryphasion ist der lokale Name für Pylos; vgl. IV 3.
55 Ein Lokalheros, dessen Heiligtum (Statue? Tempel?) hier gemeint ist.
56 Das Talent entspricht rund 26 kg; die vereinbarte zulässige Schiffskapazität betrug also etwa 13 Tonnen.
57 ἐλαφηβολιών »Hirschjagdmonat«, attischer Monat, entspricht der Zeit Mitte März bis Mitte April; das sofortige Inkrafttreten war für die Athener deshalb wichtig, weil der Krieg in Thrakien sonst weitere Verluste bringen konnte; vgl. I 122.
58 Die Lücke im Text macht jede Übersetzung problematisch, vgl. Classen/Steup und Gomme, ad loc.
59 Gemeint ist wohl die vollständige Befreiung der Städte an der thrakischen Küste von der athenischen Herrschaft.
60 Die demokratische Partei war durch eine oligarchische Gruppe unter Druck geraten; vgl. IV 123,2.
61 Vgl. IV 93 und IV 96: die Schlacht beim Delion.
62 Der von Thukydides verwendete Begriff στέμμα (bedeutet auch »Binde«) meint wohl den heiligen, mit weißer Wolle umwundenen Lorbeerkranz. Die unachtsame Priesterin musste bereits ein

beträchtliches Alter erreicht haben, denn aus II 2,1 geht hervor, dass sie zu diesem hier genannten Zeitpunkt bereits über 56 Jahre Priesterin war.

63 Trotzdem wurde die Belagerung von Skione seitens der Athener fortgesetzt, auch Brasidas nahm den Vertrag nicht ganz so ernst, wie aus IV 135 ersichtlich ist.

64 Um die Wachsamkeit zu sichern, wurde in der Nacht eine Glocke herumgetragen, entweder von eigens bestimmten Leuten oder wie in diesem Fall von einem Wachposten zum nächsten weitergegeben.

Fünftes Buch

1 Die Vertragsverlängerung muss wohl zu ergänzen sein. Laut IV 117 war das Auslaufen des Vertrages mit Frühlingsanfang vorgesehen, während die Pythien im Sommer stattfanden.

2 Vgl. I 8 und III 104.

3 Pharnakes war damals noch wie in II 67 Satrap am Hellespont.

4 Ich folge bei dieser schwerlich richtigen Überlieferung (s. Classen/Steup, ad loc.) der Lesart von Wilamowitz/Steup: [...] **ἐν τῇ Ἀσίᾳ ᾤκησαν ⟨οἱ πλεῖστοι, οἱ δὲ ἄλλοι⟩ οὕτως ὡς ἕκαστος ὥρμητο.**

5 Die von Brasidas gelassene Lücke; s. V 2,4.

6 Vgl. IV 58 und IV 95.

7 Gemeint ist der Angriff auf Sphakteria.

8 Die Hilfstruppen, die Kleon nach V 6,2 erwartete.

9 Man denke an IV 96 (Delion) oder III 108 (Olpai).

10 Hier muss ein offenbar beträchtlicher Zwischenraum zwischen dem unteren Torrand und der Schwelle / dem Boden gemeint sein, etwas merkwürdig bei einem geschlossenen Tor; vgl. V 7,5. Jedenfalls kann man daraus eifrige Kundschafteraktivitäten der Athener entnehmen.

11 Da die Athener vor der Ostseite von Amphipolis standen, war ihre linke Flanke am weitesten südlich, also Eion am nächsten.

12 Ein vorsichtiges und zeitraubendes Verfahren, um in voller Deckung zu bleiben. »Wir haben uns etwa vorzustellen, dass immer nur ein verhältnismäßig kleiner Teil der Truppen die gefechtsbereite Stellung aufgab, und dass die Rückwärtsbewegung

so geschah, dass um die äußersten Rotten des linken Flügels, welche stehen blieben, herummarschiert und links von ihnen wieder gefechtsbereite Stellung eingenommen wurde« (Classen/Steup, ad loc.).

13 Ich lese σχολῇ, nicht σχολή.

14 Von Hagnon gebaut; vgl. IV 102,4.

15 Der Athener Hagnon, Sohn des Nikias, hatte die Siedlung nur achtzehn Jahre vor diesem Ereignis gegründet; vgl. IV 104.

16 Der Vater des aus Xenophons *Anabasis* bekannten Klearchos; vgl. I 139,3; VIII 8,2.

17 Vgl. III 93,3 und V 52.

18 Vgl. Aristophanes, *Pax* 665.

19 Im großen Helotenaufstand I 101,2.

20 Vgl. III 42,2 und IV 27,4; ebenso Aristophanes, *Equites* 61 ff.; 801 f.

21 Ich lese nicht τὴν ἡγεμονίαν, sondern mit Stahl αὐτὴν (sc. εἰρήνην); vgl. Classen/Steup, ad loc.

22 Vgl. VI 23,3

23 Aus der Verbannung nach dem erfolglosen Feldzug von 446; vgl. I 114,2 und II 21,1.

24 Nach den Scholien kommt man zur Erklärung: Der Zeussohn und Halbgott ist Herakles, von dem die spartanischen Könige abstammen sollen. Das Orakel deutet an, es werde Hungersnot durch Missernten entstehen, sodass man auswärts mit Silber (viel Geld) Getreide einkaufen müsse.

25 Im arkadischen Bergland am Westende der Ebene von Megalopolis; vgl. Pausanias VIII 38.

26 446 oder 445; vgl. I 114,2 bzw. II 21,1.

27 Er begab sich also in den Schutz dieses Heiligtums, ohne es durch ständigen Aufenthalt mit den damit verbundenen Alltäglichkeiten entweihen zu müssen.

28 Der Tempel des Apollon von Amyklai, etwa 20 Stadien von Sparta entfernt; vgl. Polybios V 19.

29 *Bei allen Datierungsproblemen schlagen Classen/Steup, ad loc., den 11. April 421 vor.

30 Zum Unterschied vom Fest der Kleinen oder ländlichen Dionysien; die Großen oder städtischen Dionysien (also das eigentliche Dionysosfest) fielen auf den 9. bis 15. des Frühlingsmonats Elaphebolion (März).

31 Die Bezeichnungen Nikiasfriede, Archidamischer Krieg und Dekeleischer Krieg stammen nicht von Thukydides.
32 Ich lese mit Classen/Steup ἀρχὴν αὐτοκράτορα.
33 D. h., ohne sich um die nachträgliche Ablehnung des Schiedsgerichtes durch die Eleer zu kümmern.
34 Heloten waren sonst an die »Scholle« gebunden.
35 Eine aus freigelassenen Heloten gebildete Klasse von Neubürgern. Sie kommen hier zuerst, später öfter bei Thukydides vor: V 67; VII 19; VII 58; VIII 5.
36 Atimie (ἀτιμία) »Bußlosigkeit«, Ehrlosigkeit = Ehrenentzug; ursprünglich war eine auf jede Verletzung der Person oder des Vermögens gesetzte Buße der wichtigste Rechtsschutz; wer »bußlos« war, konnte ungestraft getötet usw. werden, war ausgestoßen. Die jüngere Atimie bestand im Entzug aller oder einzelner staatsbürgerlichen Rechte.
37 Aus Naupaktos; s. IV 41,2.
38 Die Leute um die beiden Ephoren; V 36,1.
39 Vgl. V 22,2.
40 Um 550 v. Chr.; vgl. Herodot I 82; Pausanias II 38.
41 An dieser Stelle wird Alkibiades von Thukydides erstmals eingeführt, mit der Andeutung, dass in Athen auch jüngere Leute politischen Einfluss gewinnen konnten; vgl. die Äußerungen des Nikias in VI 12,2 und des Alkibiades selbst in VI 17,1; VI 18,6. Alkibiades war zu diesem Zeitpunkt etwa dreißig Jahre alt.
42 Bei Erdstößen wurde überall jede Versammlung abgebrochen; vgl. V 50,5; VIII 6,5; Plutarch, *Nikias* 10. Ähnliches galt auch bei Regen, worüber Aristophanes, *Acharnenses* 169 ff., spottet.
43 Der aiginetische Münzfuß war in ganz Griechenland am meisten verbreitet und daher bei »internationalen« Verträgen am besten geeignet. Es entsprach 1 aiginetische Drachme etwa 8 attischen Obolen. Der gleiche Sold für Hopliten und für Leichtbewaffnete ist wohl als Zeichen demokratischer Denkweise zu sehen.
44 ἱερὰ τέλεια wohl ausgewachsene Tiere, die Herodot I 183 τοῖς γαλαθηνοῖς gegenüberstellt.
45 Statt dass auch die Eleer eine Steinsäule errichten sollten, wurde die gemeinsame Aufstellung eines Denkmals aus kostbarerem Material in Olympia bestimmt, zumal Olympia im Gebiet der Eleer liegt. Die Säule wird noch von Pausanias V 12,8 erwähnt.
46 παγκράτιον »Allkampf«, eine Kampfart, die nach bestimmten

Regeln Ringen und Boxen verband, wobei auch sonst verschiedene Griffe mit den Händen und »Beinarbeit« erlaubt waren.

47 ῥαβδοῦχοι »Ordnungskräfte«, die unter der Autorität der Agonotheten oder Hellanodiken (Kampfrichter) »tatkräftig« einschreiten konnten.

48 Möglicherweise zu Weidezwecken.

49 Opfer, die vor Grenzübertritten vom spartanischen König dem Zeus und der Athene dargebracht wurden; öfter bei Xenophon erwähnt, z. B. *Hellenika* III 4,3; IV 7,2; V 3,14.

50 Nach Plutarch, *Nikias* 28, entsprach der Karneios dem attischen Metageitnion, also August/September; vgl. V 76,1.

51 Das heißt, sie blieben bei der Bezeichnung des viertletzten Tages, solange sie auf epidaurischem Gebiet standen, schoben damit künstlich den Beginn des folgenden Monats hinaus. Vergleichbar mit dieser List der Argeier ist eine ähnliche, die Plutarch von Alexander (Kap. 16) und Xenophon, *Hellenika* IV 7,2, von den Argeiern gegen die Lakedaimonier erzählen.

52 Ich lese mit Classen/Steup ἐφ' ἑκατέρων, nicht ἀφ' ἑκατέρων.

53 Inhaltliche Ergänzung nach Classen/Steup, ad loc.

54 Ich lese πυθόμενοι und ἀπῆλθον.

55 Vgl. V 47.

56 Offensichtlich war Agesippidas der argolischen Küste folgend zwischen Aigina und der von Athen besetzten Halbinsel Methone, vgl. V 18,7, hindurchgefahren und daher auf athenischen Gewässern unterwegs.

57 Sog. ἅμιπποι; bei Xenophon, *Hellenika* VII 5,23,und Thukydides eine boiotische Kampftechnik, wie sie auch Caesar von Ariovists Germanen (*Bellum Gallicum* I 48) berichtet. Es handelte sich um (leichtbewaffnete) Fußsoldaten, die jeweils einem Reiter zugeteilt waren, zwischen ihnen kämpften und nach Erfordernis der Situation mit aufsitzen konnten.

58 Die Argeier dachten, den Lakedaimoniern würde nun von Argos aus zugesetzt werden; vgl. V 60,5. Die Darstellung ist nicht ohne Ironie: Jeder glaubte, den anderen gefasst zu haben.

59 Damit sind die Athener und ihre Verbündeten gemeint, von denen gar keine Truppen zur Stelle waren.

60 Eine Schlucht um den nördlichen und östlichen Teil der Stadtmauer.

61 Steinigung als Strafe für Verrat.

62 Die Textüberlieferung ist unsicher; vgl. Classen/Steup, ad loc.

63 Wie in I 132,5 beschrieben.
64 Sprichwörtliche Wendung, z. B. Herodot III 53; ähnlich Sophokles, *Aiax* 362, Platon, *Protagoras* 340d.
65 Ich lese mit den Codices βουλομένην.
66 Classen/Steup, ad loc.: »Wohl hatten die Lakedaimonier gewünscht, daß die Argeier in die Ebene herabkämen, sie hatten aber gedacht, dieselben würden die Höhe erst verlassen, wenn sie von der Ableitung des Wassers und deren Folgen hören würden. Tatsächlich waren die Argeier nach c. 65,5 gar nicht wegen der Wasserableitung [...] sondern in kühner Siegeshoffnung in die Ebene heruntergestiegen.«
67 Da im deutschen Sprachraum völlig unterschiedliche Bezeichnungen für vergleichbare militärische Dienstgrade verwendet werden, wird auf eine Übersetzung verzichtet; für einen knappen Einblick in Befehlsstrukturen und Ranghöhe s. im Anhang Bemerkungen zum Heerwesen.
68 νεοδαμώδεις »Neubürger«; vgl. V 34,1 Anm. 35.
69 Vgl. dazu Diodor XII 75.
70 Orte an der nördlichen Grenze der Argolis; mit Argos bestand ein Bündnis im Sinne von ξύμμαχοι ὧν ἄρχουσιν; vgl. V 47.
71 Ich lese nicht ὁμοῦ, sondern νόμου; s. Classen/Steup, ad loc.
72 Bei den sog. Flöten handelt es sich um Rohrblattinstrumente, sie sind also vom Klang her etwa einer Oboe ähnlich.
73 Ich lese ἔτι, statt ἐπί.
74 Die Truppe war in Wirklichkeit unberitten; vgl. Herodot VIII 124.
75 Vgl. Ähnliches bei Plutarch, *Lykurgos*, Kap. 22.
76 Vgl. V 54.
77 Die Eleer hatten sich eine Zeit lang aus dem Kampf herausgehalten; s. V 62,2.
78 Der Nebensatz ist wohl zu streichen und als Glossem von späterer Hand, durch V 75,2.5 veranlasst, zu betrachten; die Karneen wurden im Sommer gefeiert; vgl. Plutarch, *Nikias* 28.
79 Dieses und das folgende Aktenstück (V 79) ist im dorischen Dialekt abgefasst; zur Illustration soll als ein Beispiel in der Übersetzung »die Peloponnasos« den üblichen Peloponnesos ersetzen.
80 Ob mit παῖδες wirklich »Kinder« gemeint sind, im Gegensatz zu den erwähnten »Männern«, oder doch (junge) Leute im kriegsfähigen Alter ist sehr schwer zu entscheiden.

81 Vgl. V 75,6.
82 Der Text ist durch Verschreibungen höchst zweifelhaft, eine Übersetzung nicht wirklich möglich; ich folge im Wesentlichen den Vorschlägen von Classen/Steup, ad loc.
83 Ergänzung nach Kirchhoff; s. Classen/Steup, ad loc.
84 Gemeint ist wohl: nach Sparta zur Prüfung etwaiger anderer Forderungen und/oder zu neuer Beratung.
85 Hier ist nicht nur die Verschanzung vor Epidauros (V 75.77) gemeint, sondern auch die von Pylos.
86 Vgl. II 99.
87 Vgl. V 31,6.
88 Nach V 29,1 (vgl. V 33) hatten die Mantineer einen Teil Arkadiens unterworfen.
89 Γυμνοπαιδίαι »Fest der nackten Knaben«; eine Art Sportfest im Hochsommer, bei dem spartanische Knaben / junge Männer gymnastische und choreutische Künste, vor allem zu Ehren Apollons, vorführten. Auch besonders ausgezeichnete Bürger und große Kämpfe wurden in Festgesängen (man denke z. B. an Tyrtaios!) gefeiert.
90 Zur Stellung des Melierdialoges im Gesamtwerk s. Nachwort, S. 801 ff. Die Kürze und Gedrängtheit von These und Gegenthese erinnert an die Stichomythie einer griechischen Tragödie, in der die Gesprächspartner ebenfalls alle ihnen zur Verfügung stehenden Argumente einsetzen. Diese Form der Streitrede wurde in der Sophistik besonders geübt in der Weise, dass jeder Rede eine Gegenrede folgte und so der einen Meinung eine Gegenmeinung gegenübertrat. Dass dies nicht in rhetorische Kunststücke und rabulistische Spielereien ausarten musste, zeigt die dialektische Kunst des gleichaltrigen Sokrates, der in dieser Art der Unterhaltung, im gegenseitigen Überprüfen der Standpunkte, nach objektiven Werten suchte. – Im Melierdialog wird der »uralte Kampf der Geschichte zwischen Gesetzlichkeit und Gewaltsamkeit« ausgetragen (K. Jaspers, *Vom Ursprung und Ziel der Geschichte*, Frankfurt a. M. / Hamburg 1955, S. 153). Hier stehen wir an der Schwelle der Sizilischen Expedition, in der die athenische Machtexpansion entscheidend scheitert. Thukydides verurteilt im Melierdialog weder die Haltung der Melier noch die der Athener, aber er zeigt durch den Ausblick auf die Sizilische Expedition die Grenzen der Macht.
91 Der Gedankengang der Athener war: Wenn Städte ihre Selb-

ständigkeit behaupten, so wird man das ihrer Macht und unserer Schwäche zuschreiben. Daher nützt uns die Unterwerfung von Melos in doppelter Hinsicht: 1. Vergrößerung unseres Reiches, 2. größere Sicherheit. Denn wenn Melos als Insel seine Selbständigkeit behauptete, würde man an der Stärke der Seemacht Athen zweifeln.

Sechstes Buch

1 Die früheren erfolglosen Expeditionen, die sich von 427 bis 424 erstrecken (Laches: IV 65; Pythodoros, Sophokles und Eurymedon: III 86 ff., IV 1 f., 24 f., 65), fasst Thukydides hier als Einheit auf.

2 Es gab demnach drei nichtgriechische Stämme in Sizilien: 1. Die Sikaner im Westen; 2. die Sikeler im Osten; 3. die Elymer im Nordwesten. Thukydides gibt den Sikanern iberischen, den Sikelern italischen und den Elymern troischen Ursprung. Die Sikeler sind wahrscheinlich in prähistorischer Zeit aus Nordafrika nach Süditalien eingewandert, erst in späterer Zeit dann aus Italien nach Sizilien. Im Kulturbefund sind keine wesentlichen Unterschiede zwischen Sikelern und Sikanern festzustellen. – Den äußersten Westen der Insel besiedelten die Karthager, ihre ständigen Verbündeten waren die Elymer, die vor allem in Egesta, Eryx und Entella siedelten.

3 Die griechische Besiedlung Siziliens beginnt in der 2. Hälfte des 8. Jh.: Vom euboiischen Chalkis aus wurden gegründet Rhegion, Zankle (Messene), Naxos, Katane, Leontinoi; von Korinth aus Syrakus; von Megara aus Megara Hyblaia; von Rhodos aus Gela. Alle diese Städte lagen an der Ostküste Siziliens. Im 7. Jh. drangen die Griechen von diesen Städten aus weiter nach Westen vor: von Megara Hyblaia nach Selinus, von Messene nach Himera, von Gela nach Akragas.

4 Egesta oder Segesta im Nordwesten Siziliens; die Bewohner waren Elymer, aber im 5. Jh. bereits völlig hellenisiert. Von der Stadt ist heute nur mehr der prachtvoll in einsamer Landschaft gelegene Tempel und ein Theater erhalten. – Die Übersetzung der handschriftlichen Überlieferung ist: Bündnis mit Leontinoi. »Leontinoi« ist aber wahrscheinlich zu streichen (so in den Aus-

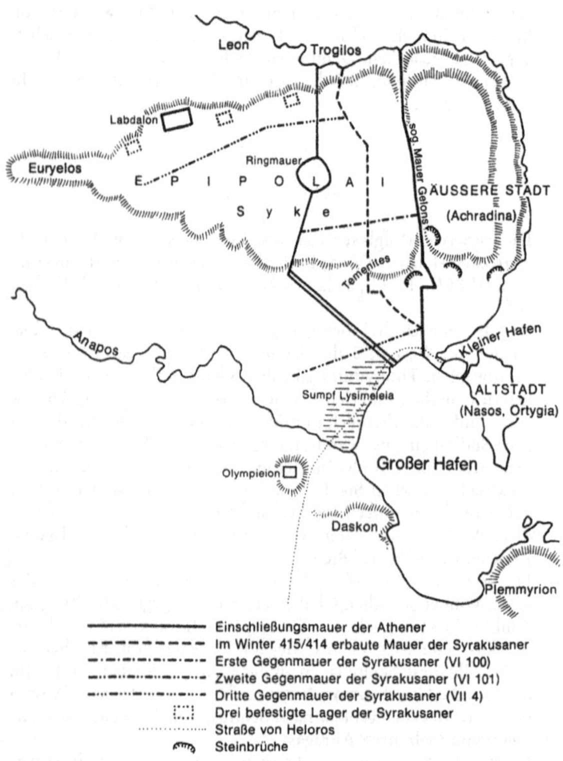

Syrakus und Umgebung

gaben von Poppo/Stahl und Classen; vgl. G. Busolt, *Griechische Geschichte*, Bd. 3, Tl. 2, Gotha 1904, S. 1275), da nur an ein Bündnis zwischen Athen und Egesta zu denken ist; vgl. VI 10,5; VI 13,2. Dieser Vertrag wurde von Laches wahrscheinlich bei seinem Zug gegen Himera während der ersten sizilischen Expedition 426 geschlossen.
Leontinoi und Syrakus befanden sich in fast dauerndem Kriegszustand. Schon 427 war eine Gesandtschaft aus Leontinoi unter Führung des berühmten Rhetors Gorgias in Athen erschienen – dies führte zur ersten sizilischen Expedition. Als nach dem Friedenskongress von Gela die Demokraten in Leontinoi eine Landaufteilung planten, riefen die Oligarchen Syrakus zu Hilfe. Das Volk wurde vertrieben, die Oligarchen siedelten sich in Syrakus an, einige kehrten aber zurück und besiedelten mit einem Teil des Volkes wieder die alte Heimat.

5 Auf Betreiben des Alkibiades war 420 ein Bündnis zwischen Athen und Argos geschlossen worden; Ziel war die Einschränkung der Macht Spartas auf dem Peloponnes. 418 siegten aber die Spartaner in der gewaltigen Landschlacht von Mantineia über die Verbündeten; Argos trat dem Peloponnesischen Bund bei. Aber schon 417 kam es zu einer demokratischen Revolte und Argos schloss sich wieder an Athen an.

6 Jede Triere fasste rund 200 Mann, jeder Mann bekam demnach 1 Drachme Tagessold, doppelt so viel wie gewöhnlich. Die griechischen Geldwerte:

1 Talent = 60 Minen = 6000 Drachmen: ungefähr 26 kg Silber;
1 Mine = 100 Drachmen: ungefähr 436 g Silber;
1 Drachme = 6 Obolen: ungefähr 4,36 g Silber;
1 Obole = ungefähr 0,73 g Silber.

Näheres über Lebenshaltungskosten bei Bleicken, S. 133 f.

7 Gemeint ist mit den »Männern aus unserer Mitte« vor allem Alkibiades.

8 Im Kriegszustand mit den Athenern befinden sich die Korinther, je zehntägiger Waffenstillstand herrscht zwischen Athenern und Boiotern.

9 So die handschriftliche Überlieferung; nach der Konjektur Badhams müsste übersetzt werden: »die uns aus der Nähe auflauert«.

10 Gemeint ist wieder Alkibiades.

11 Syrakus, Selinus, Gela, Akragas, Messene, Himera, Kamarina.

12 Die handschriftliche Überlieferung ὁπλιτικόν (»Schwerbewaffnete«) scheint unrichtig zu sein. Da Nikias auch in VI 20,4 und 21,1 von der Überlegenheit der sizilischen Reiterei gesprochen hat, wird auch hier ἱππικόν (»Reiterei«) zu lesen sein.

13 In Griechenland gab es Mysterien (Geheimkulte) ungefähr seit dem 6. Jh. Verehrt wurden vor allem Orpheus, Dionysos, Demeter und Kore (die beiden letzten Göttinnen in den berühmten Eleusinischen Mysterien mit dem Kultort Eleusis in Attika). An den Gottesdiensten (ὄργια) durften nur die Eingeweihten teilnehmen. Unsere Stelle ist also so aufzufassen, dass nach Meinung der Angeber die Mysterien bei privaten Festgelagen durch Verspottung der rituellen Handlungen entheiligt worden seien.

14 Die Erregung vor der Ausfahrt des Heeres entlud sich in der Verfolgung der Hermenfrevler, die freilich kein greifbares Ergebnis erbrachte. Durch die Abberufung des Alkibiades beraubte sich die blind wütende Menge des fähigsten Führers. »Chauvinismus, Mißtrauen und Dummheit einten sich zu Orgien des Blutrauschs« (F. Schachermeyr, *Griechische Geschichte*, Stuttgart 1960, S. 204).

15 Später gingen noch Verstärkungen ab.

16 Eine Eigenart griechischen Finanzwesens war die »Leiturgie«: die Entrichtung vor allem finanzieller Leistungen durch Privatpersonen an den Staat. Eine Form dieser Leiturgie war die Trierarchie; der Trierarch rüstet das Schiff aus, erhält es seetüchtig und kommandiert es; vgl. Anm. zu I 13,2 und im Anhang Bemerkungen zum Heerwesen.

17 Die Dienstpflichtigen der drei besitzenden Klassen waren in Listen verzeichnet, die Besitzlosen (Theten) waren zum Flottendienst verpflichtet; vgl. im Anhang Bemerkungen zum Heerwesen.

18 Vgl. II 7,2; 431 hatte Sparta seine Verbündeten in Italien und Sizilien vertraglich verpflichtet, Geld und Schiffe zu stellen; sie sollten die Athener nur dann einlaufen lassen, wenn sie bloß mit einem einzigen Schiff kämen.

19 Die »Salaminia« war eines der zwei athenischen Staatsschiffe; das zweite hieß »Paralos«. Sie dienten zur Erfüllung öffentlicher Aufgaben: Übermittlung von Staatsbotschaften, Transport von Festgesandtschaften u. ä.

20 Die Tyrannenmörder waren bereits im 6. Jh. in einer Monumen-

talgruppe dargestellt worden, die aber 480 von Xerxes entführt wurde. 477 stellte man in Athen eine neue Tyrannenmördergruppe auf; sie ist das Vorbild für die erhaltenen Kopien; Abbildung in Lübke/Pernice, *Die Kunst der Griechen*, Wien 1948, Abb. 219; die Stellung der beiden Figuren zueinander ist allerdings umstritten. Sehr bald wurde die Tat der beiden in der Gelagepoesie (den Skolien) der Adelskreise verherrlicht; erhalten sind vier Skolien (fr. 10–13 D); vgl. V. Ehrenberg, in: *Wiener Studien* 69 (1956) S. 57.

21 Als er davon erfuhr, soll er gesagt haben: Dann wollen wir ihnen also zeigen, dass wir leben.

22 Die Gründe des Streites sind in VI 6,2 angeführt.

23 Alkibiades hatte, wie in VI 50 berichtet, in offenen Verhandlungen vergeblich versucht, Messene zum Anschluss an die Athener zu bewegen. Nachher begannen, wie VI 74 zeigt, heimliche Verhandlungen mit der athenerfreundlichen Partei der Messenier.

24 ἐπιπολαί: die Hochebene im Westen der Stadt. Das Olympieion, ein Heiligtum des Olympischen Zeus, liegt im Süden der Stadt; vgl. die beigegebene Karte. – »durch eine Gegenmauer eingeschlossen«: nämlich durch eine Mauer, die die Athener errichten würden.

25 Athen, so meint Hermokrates, will die Feindschaft von Syrakus gegen Athen bestrafen; das Folgende ist ironisch ausgedrückt: Athen will die Freundschaft mit allen Hellenen auf Sizilien erringen – was so viel wie Knechtschaft bedeutet.

26 Der Sinn der Antithese ἀλόγως – εὐλόγῳ προφάσει ist: die Rhegier hätten eigentlich einen λόγος, »vernünftigen Grund«, nämlich bei der Rücksiedlung der stammverwandten Leontiner mitzuhelfen, tun dies aber nicht, weil sie die Absichten der Athener durchschauen (handeln also ἀλόγως); wenn aber die Kamarinaier den Athenern helfen, halten sie sich scheinbar an die Rechtslage (εὐλόγῳ προφάσει), nützen aber in Wirklichkeit den Athenern.

27 Alkibiades gehörte mütterlicherseits dem athenischen Adelsgeschlecht der Alkmeoniden an, zu deren bedeutendsten Vertretern Kleisthenes und Perikles zählen. Die Alkmeoniden waren seit dem beginnenden 5. Jh. entschiedene Vertreter des demokratischen Staatstypus. Freilich löste sich unter dem Einfluss der Sophistik die Bindung an Staat und Staatsform. Der Staat

wurde, wie die Rede des Alkibiades zeigt, nur Mittel zur Befriedigung des persönlichen Ehrgeizes.

28 Die Befestigung Dekeleias wird in VII 19 berichtet (413), die Ringmauer ist in Resten noch zu sehen. Nach diesem Ort wird der letzte Abschnitt des Krieges »Dekeleischer Krieg« genannt.

29 Gerichts- und Strafgelder stellten einen bedeutenden Teil der athenischen Staatseinnahmen dar; bei Kriegen im eigenen Land kam es zu einem Gerichtsstillstand.

30 Vgl. VI 4,2.

31 1 Stadion misst ungefähr 180 m; die Entfernung beträgt also etwas mehr als 1 km.

32 Zu den topographischen Einzelheiten vgl. die beigegebene Karte, S. 762.

Siebtes Buch

1 Die Stelle ist nicht eindeutig zu erklären. Die wörtliche Übersetzung des überlieferten Wortlautes ist: »… verlassen uns, wobei sie als Grund anführen, sie liefen über.« Das gibt aber keinen guten Sinn.
Vgl. Anm. zu VI 31,3 (Trierarch).

2 Etwa 21,5 km.

3 Vgl. im Anhang Bemerkungen zum Heerwesen.

4 Man muss diese Erzählung mit der Pathologie III 82 f. zusammenhalten. Thukydides bezieht mehr in seine Betrachtung ein als bloß das Gemetzel der thrakischen Söldner. 27,3–28,3 ist ein eigener »Finanzexkurs«, durch den die einmalige historische Situation von Mykalessos in einen größeren Zusammenhang gestellt wird; vgl. H. Erbse, *Über eine Eigenart der thukydideischen Geschichtsbetrachtung*, in: *Rheinisches Museum für Philologie* 96 (1953) S. 38 ff.

5 Es ist ohne Zweifel derselbe Konon, der gegen Ende des Krieges und nach dem Friedensschluss zu großem Ansehen gelangte: 407 wurde er nach dem abgesetzten Alkibiades Oberbefehlshaber in Kleinasien; 394 brach er durch seinen Seesieg bei Knidos die spartanische Vorherrschaft zur See.

6 1 Plethron = etwa 30 m.

7 Eisen-, Stein- oder Bleigewichte, die auf das feindliche Schiff fallen gelassen werden konnten.

8 Die Niederlage der Athener auf den Epipolai fällt wahrscheinlich in den August des Jahres 413.
9 Vgl. VIII 19,3.
10 Vgl. Anm. zu I 41,2. Diese Stelle beweist die Abfassung des Buches nach 404, da die Athener nur bis 404 die Insel Aigina besiedelten.
11 Zum Unterschied von den Messeniern des Peloponnes, die von den Spartanern besiegt worden waren. Die Athener siedelten die Reste in Naupaktos an; vgl. I 103,3.
12 Vgl. VI 88,6; VII 52,2. Die Etrusker waren, so lange sie das Tyrrhenische Meer beherrschten, als Seefahrer und Seeräuber berühmt-berüchtigt. Im Kampf mit den Griechen um die Vorherrschaft zur See wurde die etruskische Flotte 540 von den Phokaiern bei Alalia (Korsika) und 474 von den Syrakusanern bei Cumae (Neapel) geschlagen.
13 Vgl. die Worte des Perikles im Epitaphios II 37,2.
14 Als einzige Stütze bleibt den Athenern nun die Hoffnung auf die Götter und den Umschwung des Glücks – im Melierdialog haben sie solche Hoffnungen als unnütz und unzuverlässig abgetan.
15 Die Steinbrüche (Latomien), südlich von Syrakus, wurden schon von Cicero als »gewaltiges Bauwerk« und »sicherstes Gefängnis« bewundert (Actio II *in Verrem* 5, 27, 68) und sind heute eine vielbesuchte Sehenswürdigkeit von Syrakus.
16 Vgl. Anm. zu IV 16,1.

Achtes Buch

1 Diese Behörde der πρόβουλοι »Probulen« war ein Zehnmänner-Kollegium; einer der zehn Probulen war Sophokles.
2 Vgl. III 92 und V 51,1.
3 Vgl. VII 28,1.
4 Eine Landzunge gegenüber Kythera; s. VII 26,2; VII 31,1.
5 Wahrscheinlich der Ephor von I 85.
6 Vgl. Bemerkungen zum Heerwesen (Sparta), S. 730, und Anm. 34 zu V 34,1.
7 Vgl. VIII 100,3 und III 2,3 (Stammesverwandtschaft zwischen Lesbos und Boiotien).

8 ἁρμοστής »Ordner«, auch Verwalter, Kontrollbeamter. Dieser Begriff für den Statthalter im späteren System der spartanischen Herrschaft erscheint hier bei Thukydides zum ersten und einzigen Mal. Er fungierte als eine Art Besatzungskommandant in Städten, die von Athen zu Sparta übergetreten waren, hatte aber auch politische Aufgaben, etwa eine den Spartanern genehme Verfassung in diesen Städten aufrechtzuerhalten.

9 Fraglich ist hier die Gültigkeit der Regelung von 418, nach der »Beiräte« eingesetzt wurden; vgl. V 63,4.

10 Gemeint ist der korinthische Hafen Lechaion, von wo die Schiffe nach Kenchreai am Saronischen Golf hinüberzuschaffen waren.

11 Der später oft genannte Anführer: VIII 39; VIII 80; Xenophon, *Hellenika* I 1,35; I 3,15 und *Anabasis* passim.

12 Nach II 24,1 war die Todesstrafe bestimmt worden.

13 ὕπαρχος gebraucht Thukydides von Leuten des Tissaphernes, die Teile seiner Satrapie verwalteten.

14 Auf Samos, wo Strombichides wieder angekommen war; von dort verfolgen sie gemeinsam Alkibiades und Chalkideus.

15 Vgl. VIII 5; VIII 28; VIII 36.

16 Διὸς ἱερόν »Zeusheiligtum« hieß ein kleiner Ort zwischen Lebedos und Kolophon, d. h., die Aufforderung von Chalkideus zur Rückfahrt wurde befolgt.

17 Für Teos scheint sich eine Art Neutralität entwickelt zu haben.

18 Im Allgemeinen wurden Schiffssoldaten (ἐπιβάτης) aus den Theten oder angeworbenen Metöken rekrutiert (III 16,1; VI 43,7; VI 63,7). Angehörige der oberen Bürgerklassen waren zum Reiter- und Hoplitendienst verpflichtet.

19 Offenkundig in Erwartung einer Seeschlacht, vor der man die Schiffe möglichst wenig beladen wollte.

20 Persische königliche Goldmünze; Dareios I. ließ als erster Goldmünzen von genauem Gewicht prägen und sich selbst darauf darstellen.

21 Mit Classen/Steup vermute ich in ἐς φυλακὴν einen überflüssigen Zusatz.

22 Vgl. VIII 5.

23 Tissaphernes gewährt eine Zulage von rund 9 %, indem er den 55 Schiffen aus dem Peloponnes und Sizilien (VIII 26,1) einen Sold bezahlt, als ob es 60 wären.

24 Sicherung Milets (VIII 27) und Zuwendungen des Tissaphernes (VIII 29).
25 Vgl. VIII 16.
26 Vgl. VII 23.
27 Vgl. VII 17.
28 Thukydides deutet durch ἐν κελήτι an, dass so spät im Jahr für Therimenes große Gefahr bestand und über seinen Tod nie mehr etwas bekannt wurde.
29 Was darunter zu verstehen ist, erklärt Thukydides selbst in III 82,6.
30 καλὸς κἀγαθός meint ursprünglich höchste Vollendung in jeder Hinsicht (sittlich, intellektuell, äußerlich); häufige Anwendung auf den Mann von Stand, von guter Herkunft (Familie) und sein Verhalten im Staat; ein Musterbeispiel für diese Auffassung liefert Xenophon, *Kyrupaedia* II 2,20 ff.; als aristokratisches Ideal gerät es in der attischen Demokratie allmählich ins Wanken, von Thukydides wird der Begriff nur hier verwendet.
31 Alte, bei der Verwaltung der Eleusinischen Mysterien besonders als Priester beteiligte Geschlechter, bei denen das Amt des ἐπιμελητής »Verwalter« erblich war; vier Epimeletai wurden jährlich gewählt, von zwei Athenern je ein Eumolpide und ein Keryke.
32 Mit σώφρων »maßvoll, vernünftig« meint der Aristokrat »weniger demokratisch«, wie VIII 64,5 und III 82,8 ersichtlich ist.
33 Vgl. VIII 28.
34 Vgl. wieder III 82,6.
35 Offenbar ist hier eine kleine Lücke.
36 Sie hatten sich in VIII 41,1 entfernt.
37 Eine deutliche Einschränkung gegenüber den Verträgen in VIII 18 und VIII 37 auf das kleinasiatische Festland, das *er tatsächlich* in Besitz hat.
38 Gemeint sind natürlich ihre Gesandten.
39 Im Jahr 479/478.
40 Wohl wegen der aufkommenden »innenpolitischen« Unsicherheit.
41 Im Sinn von VIII 54,4.
42 Ein Feind des Alkibiades; vgl. Plutarch, *Alkibiades* 19.
43 Vgl. VI 89,5.
44 Der Rat der Fünfhundert wurde aus den wahlfähigen (über 30 Jahre alten) Bürgern mittels weißen und schwarzen Bohnen aus-

gelost; Mitglied war, wer eine weiße Bohne zog; vgl. Xenophon, *Memorabilia* I 2,9.

45 Der Text ist hier sehr unklar: αὐτὸ / αὐτοὶ (?); es könnte gemeint sein: »die Zahl der Verschworenen« oder »die Täter der politischen Morde herauszufinden ...«; nach der Konjektur αὐτοὶ »sie selbst« wären die »Demokraten« im Gegensatz zu den »Behörden« gemeint.

46 Für politisch heikle Vorschläge (z. B. Verfassungsänderungen) waren bisher strenge Strafen vorgesehen; vgl. II 24 oder VIII 15.

47 Diese Klage (γραφὴ παρὰ νόμων) war bisher ein Schutz der Verfassung. Dadurch bestand die Möglichkeit, jeden Antrag und jedes bereits beschlossene Gesetz wegen gesetzwidrigen Zustandekommens oder Inhalts aufzuheben. Jeder Bürger konnte bei oder nach einer Abstimmung unter Eid erklären, er werde diese Klage erheben. Dann wurde entweder die Abstimmung unterbrochen oder das Gesetz so lange nicht rechtsgültig, bis ein Geschworenengericht entschieden hatte.

48 Offenbar eine spätere Hinzufügung.

49 Sie hat Antiphon offensichtlich nicht genützt, er wurde trotzdem hingerichtet.

50 Vgl. VII 28.

51 Nämlich auf ihre Posten auf den Mauern oder sonstigen Plätzen der Stadt.

52 ἔποικοι »Siedler«.

53 Im Rat der Fünfhundert wurde pro Tag 1 Drachme bezahlt.

54 Vgl. VIII 21.

55 Die Mannschaft des Schiffes »Paralos«, vgl. III 33; auf anderen Trieren ruderten auch Metöken, Söldner und Sklaven.

56 Vgl. I 115–117.

57 Vgl. VIII 73.

58 Siehe Xenophon, *Hellenika* I 1,35; I 3,15.

59 Vgl. VIII 52; er hatte in den Verhandlungen mit Tissaphernes am heftigsten einen günstigeren Vertrag verlangt, der jetzt gebrochen wurde.

60 Vgl. VIII 74,2.

61 Gemeint ist wohl das große Getreidelagerhaus, das unter Perikles zur Aufbewahrung des eingeführten Getreides am Hafen errichtet worden war.

62 Vgl. I 32 und IV 67.

63 Ein altes Heiligtum der Dioskuren, nördlich am Fuß der Akropolis, unterhalb des Erechtheions.
64 Daraus ist ersichtlich, dass die Zahl »5000« nicht absolut gemeint war, sondern als Name weiterverwendet wurde.
65 τοξόται; zu ihnen gehörte auch die »Polizeiwache« Athens, die aus Staatssklaven, vorzugsweise skythischer Herkunft, bestand; vgl. II 13,8.
66 Ich lese mit Classen/Steup, ad loc., λειφθεῖσαν, statt ληφθεῖσαν.
67 VIII 99 besteht ganz aus einem einzigen Satz mit starken Anakoluthen; die Übersetzung ins Deutsche muss hier eigene Wege gehen.
68 Vgl. III 2.
69 τεσσαρακοστή »Vierzigstel«; eine Kleinmünze aus Chios, ihr Wert ist unbekannt; vielleicht 1/40 eines Goldstater, also etwa drei Obolen.
70 Vgl. II 94; III 22; III 80.
71 Gemeint sind wohl besonders die Seeschlacht bei Oropos (VIII 5) und das Gefecht bei Elaius (VIII 102).
72 Vgl. V 1.
73 Ich folge der Konjektur παθὼν bei Classen/Steup, ad loc.
74 Hier bricht der Text ab; der folgende Satz ist spätere Hinzufügung.

Literaturhinweise

(von Kai Brodersen)

Editionen

Hude, C.: Thucydidis Historiae. 2 Bde. Leipzig 1901.

Stuart Jones, H. / Powell, J. E.: Thucydidis Historiae. 2 Bde. Oxford 1942. [Grundlage der Übersetzung.]

Weißenberger, M.: Thukydides: Der Peloponnesische Krieg. Gr./Dt. Berlin 2017.

Lexikon und Konkordanz

Bétant, É.-A.: Lexicon Thucydideum. 2 Bde. Genf 1843–47. – Nachdr. Hildesheim 1961.

Schrader, C. / Vela, J.: Concordantia Thucydidea. 4 Bde. Hildesheim 1998.

Kommentare

Classen, J. / Steup, J.: Thukydides. 8 Bde. Berlin 1882–1922.

Gomme, A. W. / Andrewes, A. / Dover, K. J.: A Historical Commentary on Thucydides. 5 Bde. Oxford 1945–81.

Hornblower, S.: A Commentary on Thucydides. 3 Bde. Oxford 1991–2008.

Einführungen

Brodersen, K.: Thukydides. In: O. Schütze (Hrsg.): Kleines Lexikon griechischer Autoren. Basisbibliothek Antike. Stuttgart 2015. S. 164–170.

Hornblower, S.: Thucydides. London 1987.

Meister, K.: Thukydides. In: K. Brodersen (Hrsg.): Große Gestalten der griechischen Antike. München 1999. S. 175–184.

Rengakos, A.: Thukydides. In: B. Zimmermann (Hrsg.): Die Litera-

tur der archaischen und klassischen Zeit. München 2011. S. 281–417.
Rhodes, P. J.: Thucydides. London 2015.
Sonnabend, H.: Thukydides. Hildesheim 2004.
Zagorin, P.: Thucydides. An Introduction. Princeton 2005.

Studien

Adcock, F. E.: Thucydides and his History. Cambridge 1963.
Alonso-Nuñez, J. M.: Die Archäologien des Thukydides. Konstanz 2000.
Balot, R. / Forsdyke, S. / Foster, E. (Hrsg.): The Oxford Handbook of Thucydides. Oxford 2017.
Baltrusch, E. / Wendt, Ch. (Hrsg.): Ein Besitz für immer? Geschichte, Polis und Völkerrecht bei Thukydides. Baden-Baden 2011.
Bleckmann, B.: Athens Weg in die Niederlage. Stuttgart 1998.
– Der Peloponnesische Krieg. Beck Wissen. München 2007.
Bleicken, J.: Die athenische Demokratie. Paderborn 1995.
Canfora, L.: Die verlorene Geschichte des Thukydides. Berlin 1990.
Cawkwell, G.-L.: Thucydides and the Peloponnesian War. London 1997.
Drexler, H.: Thukydides-Studicn. Hildesheim 1976.
Erbse, H.: Thukydides-Imerpretationen. Berlin 1989.
Flashar, H.: Der Epitaphios des Perikles. Heidelberg 1969.
Foster, E. / Lateiner, D. (Hrsg.): Thucydides and Herodotus. Oxford 2012.
Fritz, K. von: Die Griechische Geschichtsschreibung. 2 Bde. Berlin 1967.
Funke, P.: Athen in klassischer Zeit. München 1999.
Gaiser, K.: Das Staatsmodcll des Thukydides. Heidelberg 1975.
Gommel, J.: Rhetorisches Argumentieren bei Thukydides. Hildesheim 1966.
Handke, P.: Noch einmal für Thukydides. Stuttgart 1992. (Reclams Universal-Bibliothek. 8804.)
Harloe, K. / Morley, N. (Hrsg.): Thucydides and the Modern World. Cambridge 2012.
Heitsch, E.: Geschichte und Situationen bei Thukydides. Stuttgart/Leipzig 1996.

Herter, H. (Hrsg.): Thukydides. Darmstadt 1969.
Hornblower, S.: Thucydidean Themes. Oxford 2010.
Huart, P.: Gnome chez Thucydides et ses contemporains. Paris 1973.
Kagan, D.: Thucydides. The Reinvention of History. New York 2009.
Kakridis, J. Th.: Der thukydideische Epitaphios. München 1961.
Kallet-Marx, L.: Money, Expense, and Naval Power in Thucydides' History. Berkeley / Los Angeles 1993.
Lee, C. / Morley, N. (Hrsg.): A Handbook to the Reception of Thucydides. Chichester 2014.
Lehmann, G. A.: Oligarchische Herrschaft im klassischen Athen. Opladen 1997.
Leimbach, R.: Militärische Musterrhetorik. Eine Untersuchung zu den Feldherrnreden des Thukydides. Wiesbaden 1985.
Leppin, H.: Thukydides und die Verfassung der Polis. Berlin 1999.
Low, P. A. (Hrsg.): The Cambridge Companion to Thucydides. Cambridge 2023.
Meister, K.: Thukydides als Vorbild der Historiker. Paderborn 2013.
Müller, D.: Topographisch-geographisches Bildlexikon zum Geschichtswerk des Thukydides. Wiesbaden 2013.
Müller, F. L.: Das Problem der Urkunden bei Thukydides. Stuttgart 1997.
Novo, A. R. / Parker, J. M.: Restoring Thucydides. Amherst (NY) 2020.
Orwin, C.: The Humanity of Thucydides. Princeton 1997.
Ostwald, M.: Ananke in Thucydides. Atlanta 1988.
Patzer, H.: Das Problem der Geschichtsschreibung des Thukydides und die thukydideische Frage. Berlin 1937.
Price, J. J.: Thucydides and Internal War. Cambridge 2001.
Rechenauer, G.: Thukydides die hippokratische Medizin. Hildesheim 1991.
Rengakos, A.: Form und Wandel des Machtdenkens der Athener bei Thukydides. Stuttgart 1984.
– / Tsakmakis, A.: Brill's Companion to Thucydides. Leiden 2006.
Romilly, J. de: La construction de la vérité chez Thucydides. Paris 1990.
Rood, T.: Thucydides Narrative and Explanation. Oxford 1998.
Schadewaldt, W.: Die Anfänge der Geschichtsschreibung bei den Griechen. Frankfurt a. M. 1982.

Stadter, Ph. A. (Hrsg.): The Speeches in Thucydides. Chapel Hill 1973.
Stahl, H. P,: Thukydides: Die Stellung des Menschen im geschichtlichen Prozess. München 1966.
Tsakmakis, A.: Thukydides über die Vergangenheit. Tübingen 1995.
Vattuone, R.: Logoi e storia in Tucidide. Bologna 1978.
Will, W.: Thukydides und Perikles. Bonn 2003.
– Herodot und Thukydides. Die Geburt der Geschichte. München [2]2021.
Woodhead, A. G.: Thucydides on the Nature of Power. Cambridge (Mass.) 1970.

Nachwort

Wollen wir die von Thukydides berichteten Ereignisse in den geschichtlichen Raum einordnen und die gedankliche Konzeption des Werkes in einen geistesgeschichtlichen Rahmen fassen, so müssen wir zunächst die materielle und geistige Entwicklung Athens, das ja Mittelpunkt thukydideischen Geschichtsdenkens ist, berühren.

Die Zeit

1

Der Ansturm der persischen Heerscharen zu Beginn des 5. Jahrhunderts war von den Griechen in gemeinsamer Anstrengung zurückgewiesen worden; die Fortführung des Krieges nach den Siegen im Mutterland fiel dann allein Athen zu. In den Jahren nach 480 entstand durch Zusammenfassung der Inseln des Ägäischen Meeres und verschiedener Küstenstädte der Attische Seebund. Seine steile Aufwärtsentwicklung ist verbunden mit dem Namen des Perikles. Er war 462 erstmals zum Strategen gewählt worden; bis zu seinem Tod im zweiten Jahr des Peloponnesischen Krieges bestimmte er nachhaltig die äußere und innere Entwicklung der athenischen Demokratie. Seine Regierung führte zu gewaltiger Ausbreitung des athenischen Machtbereichs: Athenische Hopliten standen im Norden der Ägäis, in Mittelgriechenland, ja selbst nach Ägypten wurde 461 auf Ersuchen eines revoltierenden Fürsten ein Hilfskorps entsandt. 455 stand Athen, trotz einiger Rückschläge,[1] auf dem Höhepunkt seiner Macht: die Ägäis war gleichsam zu einem

1 Vgl. Thukydides I 107–108.

mare nostrum der Athener geworden. Hand in Hand mit dem Aufstieg Athens ging eine schrittweise Entmachtung der früher gleichberechtigten Verbündeten, eine Entwicklung, auf die Thukydides in der Pentekontaëtie (I 89 ff.), in der Rede der Athener (I 72 ff.) und in der letzten Periklesrede (II 60 ff.) eindringlich hinweist. Nach Rückschlägen in den folgenden Jahren scheint Perikles die Grenzen athenischer Expansion erkannt zu haben. 455 schloss er mit Sparta einen dreißigjährigen Frieden: Mittelgriechenland ging verloren, der übrige athenische Machtbereich blieb unangetastet.

Perikles, dem Adelsgeschlecht der Alkmeoniden entstammend, begann seine politische Karriere 462, im Jahr der Ermordung des demokratischen Führers Ephialtes. In den fünfziger Jahren bekleidete er mehrmals das Strategenamt, das neben dem militärischen Befehl dem Träger auch beachtlichen politischen Einfluss brachte. Da Perikles außer der Strategie kein politisches Amt auf Dauer innehatte, beruhte sein Einfluss allein auf dem hohen Ansehen, das er im Volk genoss; die mit Ehrfurcht verbundene Bewunderung spricht aus dem Beinamen »Olympier«, den man ihm in Anspielung auf den Olympischen Zeus zu geben pflegte.[2] Dabei wusste er genau, dass all seine Macht direkt vom Volk ausging, dass er von den Stimmungen der Menge abhängig war – bei seinen Nachfolgern sollte sich das oft zum Fluch Athens auswirken. Bezeichnend, wenn auch nicht verbürgt, ist die Mahnung, die er sich vor Beginn jedes Feldzuges zuzurufen pflegte: »Bedenke, Perikles, dass du über freie Männer befiehlst, über Hellenen, über athenische Bürger!« Dennoch verstand er es, das Volk zu führen, nicht von ihm geführt zu werden (Thuk. II 65). Nach dem innenpolitischen Sieg über seinen ernsthaftesten Gegner in den Reihen der Oligarchen Thukydides, Sohn des Melesias (nicht zu verwechseln mit dem Historiker Thukydides,

2 Vgl. hierzu V. Ehrenberg, *Sophokles und Perikles*, München 1956, S. 92 ff.

Sohn des Oloros), im Jahr 443 hatte er keine offene Opposition in Athen zu fürchten. Seine Neuerungen im Staatswesen umfassen im Wesentlichen die Einführung des Richtersoldes, die Besoldung öffentlicher Ämter (die damit erst den ärmeren Schichten zugänglich wurden), die Zuerkennung eines »Schaugeldes« für Theateraufführungen als Ersatz für Verdienstausfall u. Ä. m. All das lag im Wesen der Demokratie, sollte freilich in der Zukunft zum Schaden der Polis die Athener zu Bürgern eines »Wohlfahrtsstaates« machen – Perikles konnte noch kraft seiner Persönlichkeit diese Auswirkungen abschwächen. Die überragende Stellung, die er in der Polis genoss, zeigt sich in der Forderung der Komödiendichter – so berichtet Plutarch (*Perikles*, Kap. 16) –, er solle schwören, dass er nicht nach der Tyrannis strebe. Es scheint dies nicht ein persönliches, auf die Komödie beschränktes Ressentiment zu sein, vielmehr scheinen solche Befürchtungen häufiger vorgekommen und wie auch der Widerstand gegen seine Politik nie ganz verstummt zu sein. Hinweis hierfür können die Prozesse sein, die gegen Ende der dreißiger Jahre gegen seine Freunde und Mitarbeiter angestrengt wurden: gegen den Philosophen Anaxagoras, den Bildhauer Pheidias und seine Lebensgefährtin, die kunstsinnige und geistvolle, aber fremdbürtige Aspasia, um derentwillen er sich von seiner athenischen Gemahlin getrennt hatte.

Das Volk hatte nämlich Anaxagoras der »Asebie«, der Gottlosigkeit angeklagt: ἀσεβής war jeder, der nicht dem althergebrachten Götterglauben huldigte und nicht die vorgeschriebenen Kulthandlungen erfüllte. Da aber auch Aspasia dieser Anklage unterworfen wurde, sollte vermutlich damit indirekt Perikles getroffen werden. Einem direkten Angriff bot er keine Handhabe; er erfüllte alle religiösen Pflichten, mehr verlangte die öffentliche Meinung nicht. Seine Freundschaft mit Anaxagoras (siehe unter 2), der Stolz auf seine γνώμη – den Verstand und das in ihm begründete richtige Handeln –, der aus allen Reden, die ihm

Thukydides in den Mund legt, zu uns spricht, zeigt indessen wohl, dass seine Geisteshaltung durchaus rational bestimmt war.

Diese Prozesse sind äußeres Zeichen der tiefreichenden Unruhe, die das perikleische Zeitalter erfüllte. Zwei geistige Richtungen stießen aufeinander, die eine mehr der Tradition verhaftet, die andere mehr dem »Fortschritt«. Stand den Neuerern der Mensch in der Mitte ihres Denkens, so wollten jene eine überirdische Macht als letzte Lenkerin allen Geschehens anerkannt wissen. Wir sprechen von einem anthroponomen und einem theonomen Weltbild.[3]

Die führenden Geister der Zeit waren Vertreter des anthroponomen Weltbildes, einer Geistesrichtung, die wir in nicht ganz zutreffendem Vergleich mit der ähnlichen Erscheinung im Europa des 18. Jahrhunderts als Aufklärung bezeichnen. Thukydides ist stark davon beeinflusst, und deshalb sollen auch die wichtigsten Vertreter und ihre Lehrmeinungen erwähnt werden. Der Leser selbst wird erkennen, wo Thukydides über diese Grundlagen hinausstrebte.

2

Ab der Mitte des 5. Jahrhunderts können wir insofern von einer »Aufklärung« sprechen, als man sich da zuerst der autonomen Kräfte der menschlichen Vernunft bewusst wurde.

Waren die Lehren von Philosophen wie Xenophanes, der im Gegensatz zu den Mythen Homers eine gereinigte Gottesvorstellung postulierte, oder Parmenides, der das menschliche Erkenntnisvermögen einer kritischen Betrachtung unterzog, letztlich noch religiös bestimmt, so änderte sich diese Blickrichtung bei Anaxagoras, der als erster Philosoph seine Lehrtätigkeit ab 462 in Athen ausübte; sein Forschungsobjekt war die Natur, sein Weltbild wurde bestimmt durch einen Dualismus von Stoff und Kraft; der

3 Vgl. Ehrenberg (Anm. 2).

Stoff war die atomistisch gesehene Materie, die Kraft aber der νοῦς (Geist), der die Bewegung der Materie ordnete. Man erkannte das Neue in seinem Denken; als »Atheist« wurde er vor Gericht gestellt und verließ 432 Athen.

Die Sophistik, bzw. die Sophisten, leitete einen neuen Abschnitt in der griechischen Geistesgeschichte ein: Forschungsgegenstand und Ziel des Forschens wurde nun der Mensch. Doch enthielten sie sich weitgehend einer metaphysischen Spekulation und sahen ihre Aufgabe darin, den Menschen zur Meisterung des praktischen Lebens zu erziehen. Das altadelige Menschenbild mit der Hochschätzung des Überkommenen war brüchig geworden. Die junge Demokratie forderte ein neues Menschenbild – die Sophisten lieferten es. Der Betonung des angeborenen Seins setzten sie die Auffassung von der Bildungsfähigkeit des Menschen entgegen; in diesem Erziehungsoptimismus liegt die bleibende Bedeutung der Sophistik, denn »erziehen« ist ohne die Grundlagen, die die Sophisten schufen, gar nicht denkbar.[4] Wichtigstes Instrument der Erziehung war die Rhetorik, die Kunst der Rede. Ziel der Erziehung war zweierlei: die Vermittlung von Wissen, die enzyklopädische Ausbildung, und die formale Geistesbildung, durch die Rhetorik, die aber Formales und Sachliches vereinigte.

Der erste und zugleich bedeutendste der Sophisten war Protagoras aus Abdera. Er sah seine Aufgabe in der Erziehung zum politischen Menschen. Dass ihn vor allem der Mensch interessierte, sagt er uns selbst in seinem berühmten Satz: »Aller Dinge Maß ist der Mensch, der seienden, dass (wie) sie sind, der nicht seienden, dass (wie) sie nicht sind.« So viel scheint aus dem »Homo-Mensura-Satz« ersichtlich zu sein, dass es für Protagoras nur ein subjektives Meinen, kein objektives Wissen gibt. Die notwendige Folge dieses sensualistischen Subjektivismus muss ein erkenntnistheore-

4 Eine Würdigung der Sophistik als eines bildungsgeschichtlichen Phänomens gibt W. Jaeger, *Paideia*, Bd. 1, Berlin 1934, S. 364 ff.

tischer Skeptizismus sein, der sich gegen alles richtet, was wahr zu sein beansprucht. Skeptisch verhält sich Protagoras auch gegenüber der Religion: »Von den Göttern vermag ich nichts zu wissen, weder dass sie sind, noch dass sie nicht sind.«

Eine Folge davon war die Lehre, es gäbe von jeder Sache zwei entgegengesetzte, aber gleichwertige Standpunkte, die in Reden dargelegt werden könnten. Er hat sie in seinem Hauptwerk mit dem bezeichnenden Titel *Gegenreden* (*Antilogien*) niedergelegt. Ein dialektisch ausgebildeter Redner könne daher »die schwächere Sache zur stärkeren machen«. Damit hat Protagoras den Grund gelegt für die »Eristik«, die Kunst der Streitrede. Seine Ansicht über das Verhältnis Mensch – Staat finden wir wahrscheinlich in einem Abschnitt des platonischen Dialogs *Protagoras* (320c ff.); in einem Mythos gibt er eine Kulturentstehungslehre: Die zur Sicherung der Existenz gegründeten menschlichen Gemeinschaften hatten erst von dem Augenblick an Bestand, da Zeus durch Hermes Sittlichkeit und Rechtsempfinden senden ließ. Protagoras hat den Nomos, das Recht des Staates, anerkannt, den Menschen für die Polis erziehen wollen. Für ihn war der Staat der Ursprung aller erzieherischen Kräfte, die Erziehung zum Staat war zugleich Erziehung zur Gerechtigkeit – eine Auffassung, die auch Perikles im Epitaphios des Thukydides vertritt.

Die folgerichtige Fortführung des Relativismus führte aber zu einem entscheidenden Angriff auf das Erziehungsziel des Protagoras. Bei Plato (*Protagoras* 337c ff.) verkündet der Sophist Hippias: »Wir sind Stammverwandte …, Mitbürger, freilich der Natur nach, nicht nach Gesetz und Brauch; denn das Gleiche ist dem Gleichen von Natur stammverwandt, der Brauch dagegen, der Tyrann des Menschen, erzwingt vieles gegen die Natur.« Hier ist der Gegensatz von Natur (φύσις) und Brauch (νόμος) scharf ausgesprochen: Der Nomos vergewaltigt den Menschen, er ist sein Tyrann – Pindar hatte den Nomos noch als König (βασιλεύς) bezeichnet! Im Bereich der Polis führte dies zur Verkündigung des Rechtes des Stärkeren. Antiphon: »Gerechtigkeit nun besteht darin, dass man die Gesetze (νόμοι) des Staates nicht übertritt. Es dürfte daher ein Mensch für sich selber am vorteilhaftesten Gerechtigkeit üben, wenn er vor Zeugen die Gesetze des Staates hochhält, ohne Zeugen aber die Gesetze der Natur.« Die Natur – das ist das Recht des Stärkeren, hemmend stehen die Nomoi entgegen, hochgehalten von den Schwachen zum Schutz gegen die Starken. In ausgeprägter Radikalität vertreten diesen Standpunkt – im *Gorgias* bzw. im 1. Buch der *Politeia* Platons – Kallikles und Thrasymachos: Von Natur aus ist es Recht, dass der Stärkere über den Schwächeren herrscht.

Die Relativierung des Nomos, die Verkündung des »Naturrechtes« als Ausdruck zügellosen Machtstrebens, musste die Polis in ihren Grundlagen erschüttern. Es mag fraglich bleiben, wie weit unser Bild von der Sophistik von Platon, ihrem bedeutendsten Gegner, beeinflusst und verzerrt ist; die Lehren der Sophisten fanden jedenfalls mehrfache Verwirklichung in der Geschichte des ausgehenden 5. Jahrhunderts: Kritias setzte 404 als Haupt der dreißig Tyrannen die sophistischen Lehrmeinungen gleichsam in die Tat um; Alkibiades ist der sophistische Machtmensch in seiner genialsten, aber auch gefährlichsten Ausprägung; Kleon wiederum zeigt – Thukydides stellt es mit beißender Ironie dar –, wie sich das Machtprinzip in das Gegenteil verkehrt, wenn ein Mann nach ihm regieren will, der um das Wesen der Macht nicht weiß.

Die Sophistik hat das Denken von den zu eng gewordenen Banden der Tradition befreit und es auf den Menschen, sein Denken und Handeln hingewandt. Hierin liegt das unbestreitbare Verdienst der Sophisten; neue, ethische Werte aufgerichtet zu haben ist dann die Leistung des Sokrates.

In dieser Zeit des geistigen Aufbruchs seines Volkes wurde Thukydides geboren; das wenige, das wir über sein Leben wissen, soll im Folgenden zusammengefasst werden.

3

Über das Leben des Thukydides berichten uns einige aus dem Altertum überlieferte Biographien, die allerdings in jeder Hinsicht unzuverlässig sind. Das Sicherste erfahren wir aus dem Werk des Thukydides; folgende Stellen sind hier wichtig:

I 1	Thukydides nennt sich als Verfasser und gibt an, dass er den Krieg von Anfang an beschrieben hat.
I 21 f.	Er gibt Rechenschaft über seine Methode.
II 48,3	Die Pest, die im Jahre 430 Athen heimsuchte, befiel auch ihn.
IV 104 f.	Thukydides in Thrakien; von seinem Vater Oloros her besitzt er dort Goldminen.
V 26	Nach dem Fall von Amphipolis (424) wird er verbannt und bleibt zwanzig Jahre von Athen fern.

Da Thukydides bei Ausbruch des Krieges ein junger Mann war, können wir seine Geburt mit einiger Sicherheit in die Jahre um 460 setzen. Schlussfolgerungen lässt auch der Name seines Vaters Oloros zu. Es ist dies der Name eines Thrakerkönigs, dessen Tochter Miltiades zur Frau genommen hatte. Aus dieser Ehe stammte Kimon, der Führer der oligarchischen Partei in Athen nach den Jahren der großen Befreiungskriege. Miltiades und Kimon gehörten dem altadeligen Geschlecht der Philaïden an, das seit jeher in Gegensatz zu dem Geschlecht der Alkmeoniden stand. Der bedeutendste Spross dieses Geschlechtes war Perikles. Von väterlicher Seite muss auch Thukydides in irgendeinem verwandtschaftlichen Verhältnis zu Thukydides, dem Sohn des Melesias, gestanden haben, dem innenpolitischen Gegenspieler des Perikles. Wenn also der Historiker Thukydides dennoch in Perikles das Idealbild jedes Staatsmannes erkannte, so spricht das für seinen Willen zu historischer Objektivität. 424 wurde er zum Strategen gewählt, sein Amtsbereich war die thrakische Küste im Norden der Ägäis; durch seine Besitzungen dort schien er ja für dieses Kommando besonders geeignet. Er konnte jedoch Amphipolis vor dem Zugriff des Brasidas nicht retten, ging deswegen in die Verbannung und verbrachte zwanzig Jahre fern von Athen. Da er in V 26 erklärt, er habe in dieser Zeit auch Nachrichten von der Gegenseite sammeln können, ist die Annahme berechtigt, dass er Reisen unternommen und nicht die ganze Zeit auf seinem thrakischen Besitz in Skapte Hyle zugebracht hat. Nach 404 kehrte er wieder in seine Heimatstadt zurück. Dass er in den ersten Jahren des 4. Jahrhunderts noch gelebt hat, ist wahrscheinlich. Einige Quellen sprechen von seiner Ermordung in Athen oder Thrakien – hier mag der abrupte Schluss seines Werkes mitspielen. Sein Grab wurde unter den Kimonischen Gräbern vor dem Melitischen Tor in Athen gezeigt, das schon im Altertum entweder als sein wirkliches Grab oder, wenn man an der Ermordung in Thrakien festhielt, als Kenotaph bezeichnet wurde.

Das Werk

Überlieferung und Entstehung

Aus dem Altertum ist kein Titel überliefert, auch die Einteilung in acht Bücher geht nicht auf Thukydides zurück. Das Werk ist unvollständig erhalten, die Darstellung reißt im achten Buch mit dem Kriegsjahr 411/410 ab. Dass auch an die vorliegenden Bücher wahrscheinlich nicht die letzte Feile angelegt werden konnte, zeigt der Zustand der Bücher V und VIII, in beiden fehlen die direkten Reden; in V ist dabei natürlich der Melierdialog samt Vor- und Nachgeschichte auszuklammern (84–116). Hinzu kommt noch, dass in beiden Büchern Urkunden im Wortlaut, gewissermaßen als Material für eine beabsichtigte Überarbeitung, eingefügt sind; z. B. Protokoll und Urkunde des Nikiasfriedens.

Schon im Altertum hat es aber nicht an Stimmen gefehlt, die das Fehlen der Reden vor allem in VIII auf ein geändertes historiographisches Programm des Thukydides zurückführen (Kratippos bei Dionysios von Halikarnassos, de Thuc. S. 349, 8): Thukydides habe erkannt, dass die Reden dem Prinzip der Wahrheitsforschung nicht entsprächen und außerdem den Zusammenhang der Erzählung störten. Diese Notiz könnte jedoch eine Spiegelung der Streitfrage sein, die sich am Problem der Einfügung direkter Reden in Geschichtswerke entzündete.[5]

Am einfachsten und wahrscheinlichsten erscheint aber die Annahme, dass Thukydides sein Geschichtswerk nicht vollendet hat.

Eine in der Problemstellung bedeutend tiefere und in der Auswirkung auf die Forschung weitreichendere Frage war die nach der schichtenweisen Abfassung des Werkes. Sie wurde mit solchem Nachdruck gestellt und so verschieden beantwortet (Doppelfassung, Überarbeitung, Widersprüche, Herausgeber), dass man mit einigem Recht von einer »thukydideischen Frage« ähnlich wie bei Homer von einer »homerischen Frage« sprechen konnte. Jedoch fußt bei Thukydides die Analyse (Scheidung der verschiedenen Abfassungsschichten) auf viel realerem Boden als bei Homer. Der Historiker erklärt gleich im ersten Satz, er habe mit der Aufzeichnung sogleich bei Kriegsausbruch begonnen; da aber einige Stellen im Werk darauf hinweisen, dass er auch nach dem Fall Athens noch daran gearbeitet hat, erstreckt sich die Arbeit über einen ziemlich langen Zeitraum.

5 Der Historiker Pompejus Trogus (Augusteische Zeit) behauptet, dass eingefügte Reden den Rahmen eines Geschichtswerkes sprengten (*Iustinus* 38,3,11).

Begründer der Analyse dieser Art war der Hamburger Professor Franz Wolfgang Ullrich mit seinen *Beiträgen zur Erklärung des Thukydides* (1845 und 1846). Ausgehend von der Feststellung, dass Thukydides in den ersten Büchern den Peloponnesischen Krieg nur ganz unbestimmt bezeichne (meist nur mit »dieser Krieg«), und von der Tatsache, dass mit dem so genannten zweiten Proömion V 26 ein neuer Einsatz gegeben ist, schied er zwei Hauptentwürfe: 1. I – IV Mitte, geschrieben bald nach Abschluss des Nikiasfriedens 421, umfasst nur den zehnjährigen Archidamischen Krieg. 2. IV Mitte – VIII, geschrieben nach dem Fall Athens unter dem Eindruck des Gesamtkrieges. Aus dieser Zeit stammen auch Überarbeitungen im ersten Teil. Neuen Antrieb erhielt die Forschung durch das Buch *Das Geschichtswerk des Thukydides* (Bonn 1919) von Eduard Schwartz. Die beiden (angenommenen) Schichten galten nun als Zeugnisse einer gewandelten Geschichtsbetrachtung. Wolfgang Schadewaldt hat in seinem Buch *Die Geschichtsschreibung des Thukydides* (Berlin 1929) diesen Weg weiter verfolgt, und es schien möglich, zwei Entwicklungsstufen zu scheiden: Zunächst war Thukydides Tatsachenhistoriker und wandelte sich später zum Geschichtsdenker, der hinter der Vielfalt der Ereignisse nach dem wahren Antrieb menschlichen Handelns sucht.

Wenn wir heute das Geschichtswerk wieder als eine Einheit zu fassen glauben, so werden wir doch nicht die verschiedenen Vorstufen übersehen, die der vorliegenden Fassung zugrunde liegen.[6]

6 Über die Geschichte der Forschung informiert H. Patzer, *Das Problem der Geschichtsschreibung des Thukydides und die thukydideische Frage*, Berlin 1937. Dort ist auch eine übersichtliche Darstellung aller Früh- und Spätindizien gegeben.

Bedeutung des Werkes

Thukydides beschreibt allein und fast ausschließlich den Krieg zwischen Athen und Sparta, den Peloponnesischen Krieg (431–404); er behandelt also, um einen modernen Ausdruck zu gebrauchen, Gegenwartsgeschichte. Es ist dies etwas grundsätzlich Neues. Bisher diente die Vergangenheit gleichsam als fester Punkt für das Verständnis der Gegenwart; für den Griechen war ja auch der Mythos zwar fern, aber doch reale Geschichte. Bei Thukydides dienen Rückblicke in die Vergangenheit nur dem Verständnis der Gegenwart.

Damit es zur Entwicklung einer Geschichtsschreibung kommt, müssen viele, ursächlich nicht immer erklärbare Momente zusammentreffen: die Fähigkeit und der Wille zu rationaler Durchdringung des Geschehens – ohne »Logos« gibt es keine Geschichtsschreibung,[7] das Erlebnis der eigenen Gegenwart als schicksals- und geschichtsträchtige Zeit; das fordert, auch die Vergangenheit unter bestimmten Ordnungen zu begreifen – denn jede geschichtliche Sicht ist von der Gegenwart mitbestimmt, jede echte Geschichte ist Geschichte der Gegenwart (Benedetto Croce). Ergänzend muss aber die Überzeugung hinzutreten, dass die Vergangenheit uns nicht beziehungslos fern steht, sondern das Bild der Gegenwart mitbestimmt[8] – »Ein Gefühl aber, das bei mir gewaltig überhand nahm …, war die Empfindung der Vergangenheit und Gegenwart in Eins« (Goethe in *Dichtung und Wahrheit*).

Im *Epos Homers* finden wir schon Ansätze zu geschichtlichem Denken, da das genealogische Denken zu einer Chronologie der Sagenkreise führte und der Mensch somit

7 Vgl. W. Schadewaldt, »Anfänge der griechischen Geschichtsschreibung«, in: *Hellas und Hesperien*, Zürich/Stuttgart 1960, S. 400 ff.

8 Vgl. F. Meinecke, *Vom geschichtlichen Sinn und vom Sinn der Geschichte*, Leipzig ^{2}1939, S. 9 f.

seine historische Existenz zu sehen begann. Eines aber unterscheidet den epischen Sänger vom Historiker, ihm fehlt noch das Empfinden vom allmählichen Wandel des Gestern zum Heute;[9] keine Verbindungslinie läuft von der Zeit des Achilleus und Odysseus zur selbsterlebten Gegenwart.

Ein geändertes Verhältnis zur Vergangenheit finden wir erst in der *Geschichtsschreibung* des ausgehenden 6. und beginnenden 5. Jahrhunderts. Sie entstand mit als Folge der geistigen Umwälzung, die im 7. und 6. Jahrhundert im ionischen Osten um sich griff.[10] Ausgedehnte Reisen erweiterten das Weltbild und lehrten die andere Art fremder Völker sehen – Geographie und Ethnographie blieben wesentliche Elemente der ionischen Historiographie. Hinzu kamen als weitere Voraussetzungen der durch die Philosophie geschärfte kritische Verstand, die Freude an Empirie und der »Wille zu konstruktiver Abstraktion« (Schadewaldt) und vor allem die Überzeugung einer kontinuierlichen Entwicklung vom Mythischen zur Gegenwart.[11] Alle diese Ansatzpunkte einer Geschichtsschreibung können wir im Werk des *Hekataios* und seiner Nachfolger, der Logographen, feststellen. Hekataios war überzeugt, kritisch-rational aus der sagenhaften Vergangenheit historische Überlieferung zu gewinnen (etwa: der Kerberos ist eine gefährliche Schlange am Tainaron). Der kritische Verstand allein erbringt noch nicht echte Geschichtsschreibung, aber er ist ein wesentlicher Bestandteil.

Herodots Geschichtswerk zeigt Parallelen sowohl zum Epos als auch zur ionischen Historiographie. Ebenso wie der Epiker sieht er auch als Historiker seine Aufgabe in der Bewahrung großer Taten (I 1). Mit jenem verbindet ihn

9 Vgl. B. Snell, *Entdeckung des Geistes*, Hamburg ³1955, S. 200 ff.

10 Die annalistisch gegliederten Stadtchroniken hatten fast keinen Einfluss auf die Geschichtsschreibung, ganz anders als bei den Römern; dort waren die *annales* der *pontifices* das wesentliche Gerüst der ersten Geschichtswerke.

11 Vgl. B. Snell (Anm. 9), S. 203 ff.

auch die überquellende Erzählfreude; schönes Zeugnis hierfür sind die zahlreichen Novellen, die er in sein Werk eingestreut hat. Mit der ionischen Historiographie verbindet ihn sein Interesse für Geographie und Ethnographie. Doch ist es zum Unterschied von Hekataios dem Interesse am Menschen untergeordnet; den Historiker fesselt der Mensch und das von Menschen Vollbrachte. Es wird aber bei aller Wahrung menschlicher Entscheidungskraft das Leben doch umschlossen gedacht von einer überirdischen Macht, die schicksalhaft den Geschehnisablauf bestimmt: Orakelsprüche, Traumgesichte u. Ä. m. beeinflussen die Entscheidungen der Menschen, ohne dass diese dadurch von ihrer Eigenverantwortlichkeit befreit würden; Kroisos, Polykrates, Xerxes verstießen gegen menschliches Maß und verfielen der Rache der Götter (Nemesis).[12]

Wesentlich für die Wertung Herodots als Historiker erscheint seine Stellung zum Mythos und zu dem durch Tradition Überlieferten. Hekataios hatte im naiven Vertrauen auf seinen kritischen Verstand den Mythos durch eigene Konstruktionen zu erklären gesucht. Herodot ist hier vorsichtiger; er rationalisiert den Mythos nicht, fasst ihn aber auch nicht als kritiklos hinzunehmende Größe – man kann seine Haltung als vorsichtigen Skeptizismus bezeichnen. Ähnlich vorsichtig verhält er sich gegenüber der Tradition, wenn er zwischen widersprüchlich Überliefertem zu entscheiden hat: Er muss das Überlieferte berichten, aber nicht glauben (VII 152). Das ist freilich noch nicht historische Kritik, den Wert des eigenen Urteils hat aber Herodot genau erkannt, wenn er nur als wahr ansieht, was er durch eigene Erkundung erfahren hat. »Wahrheit« ist sein Ziel nur für die Erforschung der Gegenwart, für die Vergangenheit begnügt er sich mit der Wiedergabe der verschiedenen Versionen. Historisch wird seine Darstellung dadurch, dass er

12 Die Idee einer ausgleichenden Macht finden wir auch in der Kosmologie Anaximanders.

im Geschehen die Ursache (αἰτίη) auffinden will (I 1). »Daß er den ätiologischen Trieb an dem Geschehen der Vergangenheit zu bewähren sucht, macht ihn ... zum ersten Historiker der europäischen Geisteswelt, zum Vater der Geschichte.«[13]

Das Werk des *Thukydides* kann nun freilich nicht als weiteres Glied einer kontinuierlichen Entwicklungslinie verstanden werden; im Wesentlichen hat es keine Vorstufen und fand in der griechischen Literatur eigentlich auch keine Weiterbildungen. Es sollen daher auch keine wertenden Vergleiche zwischen den beiden Historikern gezogen werden, bei denen unwillkürlich Herodot unter dem Gesichtspunkt des »Noch nicht« betrachtet würde. Rein deskriptiv können Unterschiede aufgezeigt werden, die in der verschiedenen geistigen Umwelt und der verschiedenen geistigen Haltung der zwei Historiker begründet sind.

In einer Hinsicht freilich ist Thukydides über Herodot fortgeschritten, nämlich in der Einstellung zur historischen Wahrheit. Hier fordert Thukydides ja gleichsam zum Vergleich mit seinem Vorgänger heraus, wenn er ihn an verschiedenen Stellen, freilich ohne ihn beim Namen zu nennen, kritisiert oder berichtigt.[14] Auch Herodot ist sich des verschiedenen Wertes seiner Quellen bewusst, die Entscheidung zwischen zwei widerstreitenden Berichten fällt er indes vielfach durch ein »wie mir scheint«. Dagegen polemisiert Thukydides ausdrücklich im Methodenkapitel I 22,2: »Die Taten freilich, die in diesem Krieg vollbracht wurden, glaubte ich nicht nach dem Bericht des ersten Besten aufschreiben zu dürfen, auch nicht nach meinem Dafürhalten [wie Herodot], sondern ich habe Selbsterlebtes und von an-

13 O. Regenbogen, *Herodot und sein Werk*, in: *Die Antike* 6 (1930) S. 202–248. Zitat aus O. R., *Kleine Schriften*, München 1961, S. 100.

14 Das Werk Herodots war 431 noch nicht veröffentlicht, aber durch Vorlesungen bekannt. Berührungspunkte Thukydides / Herodot: Thuk. I 10,3 und Her. VI 57; IX 59; Thuk. VI 54,5 f.; 55,3; 57, und Her. I 59. Vgl. W. Schmid, *Geschichte der griech. Literatur*, Bd. 5, S. 10 Anm. 6; S. 20 ff.

derer Seite Berichtetes mit größtmöglicher Genauigkeit in jedem einzelnen Fall erforscht.« Für die Gegenwartsgeschichte des Peloponnesischen Krieges stand ihm ein umfangreiches Quellenmaterial zur Verfügung. Er hat es mit unerbittlich scharfem Verstand gesichtet und geprüft, seine Darstellung bringt das vor, was er als wahr erkannt hat. Auch für ihn ist die Ratio oberste Norm des historischen Begreifens – er verliert sich aber nicht in die rationalistischen Konstruktionen der ionischen Logographen und teilt nicht den Skeptizismus Herodots. Musterbeispiel für seine methodische Arbeit ist im Bereich der Vergangenheitsgeschichte die Behandlung der griechischen Vorgeschichte, die so genannte Archäologie: Das spärliche Quellenmaterial wird unvoreingenommen auf seinen Wahrheitsgehalt geprüft, wo es versagt, sichert sich Thukydides durch Rückschlüsse aus Wirtschaftsform und Kulturhöhe der damaligen Zeit oder durch Wahrscheinlichkeitsschlüsse ab – eine der Sophistik verdankte Form methodischen Arbeitens. Auch der Peisistratiden-Exkurs VI 54–59, in dem Thukydides nachweist, dass nicht Hipparchos, sondern Hippias Tyrann gewesen sei, zeigt eine beachtliche Höhe historischer Kritik. Hierher gehört auch die Epoche machende Erkenntnis, die dem Historiker aus dem Studium seiner Quellen erwuchs: die Unterscheidung von vordergründigen Anlässen und dem einzig wahren Motiv in der Frage der Kriegsursachen (I 22,3). Die auslösenden Momente waren die Streitigkeiten um Kerkyra und Poteidaia (I 24–65), der wahre Grund aber war die Furcht Spartas vor der wachsenden Macht Athens; die historische Entwicklung hierfür gibt er in der exkursartigen Geschichte der fünfzig Jahre nach den Perserkriegen, der so genannten Pentekontaëtie, I 89–117. Es ist deutlich, auch Herodot hatte die Frage nach der Ursache des Krieges gestellt; diese war aber immer irgendwie mitbestimmt von einer göttlichen Macht, die heil- oder unheilbringend in das menschliche Leben eingriff. Thukydides dagegen verwendet zur Benennung des wahren Kriegsgrundes den Ausdruck πρόφασις; er ist der Sprache der Medizin entlehnt und bezeichnet die wahre Ursache einer Krankheit zum Unterschied von den Symptomen. Die Politik scheint somit herausgenommen aus der rechtlich-moralischen Sphäre, und in einen Bereich selbständiger Kausalität hineingestellt.[15]

In der Tatsachenermittlung können wir also Thukydides als Nachfolger oder Vollender des von Herodot Erreichten betrachten.[16]

Ein kurzer Blick soll noch auf die Bedeutung des Religiösen im Werk des Thukydides geworfen werden. Wir haben oben gesehen, dass bei Herodot, obwohl die Götter des homerischen Glaubens nicht personell in Erscheinung treten, doch das menschliche Leben von göttlichem Walten gehoben oder gestürzt wird. Nichts davon finden wir bei Thukydides: Nirgends greifen die Götter oder überirdische Gewalten in das irdische Geschehen ein. Die geschichtlichen Bewegungen betreffen den Menschen und werden vom Menschen bestimmt. Thukydides stellt in seinem Werk gar nicht mehr die Frage nach Art und Bedeutung göttlichen Eingreifens. Er enthält sich aber auch der scharfen Kritik an der volkstümlichen Gottesvorstellung, wie wir sie etwa in vielen Tragödien des Euripides finden. Es fehlt nicht an Götteranrufungen zu Beginn mancher Reden, die aber bezeichnenderweise nicht von Athenern gehalten werden (Archidamos II 74,3; Sthenelaidas I 86,5; Brasidas IV 97,2). Der einzige Athener, den er als tief religiösen Mann schildert (VII 77,2), ist Nikias; ihm, dem unglücklichen Feldherrn vor Syrakus, widmet er einen Nachruf voll ehrlicher Hochachtung (VII 86) – und doch hatte seine abergläubische Furcht vor einer Mondfinsternis entscheidend zur Katastrophe des athenischen Heeres beigetragen (VII 50,4): Kein

15 Vgl. W. Jaeger (Anm. 4), S. 491; C. ten Holder, in: *Der altsprachliche Unterricht* 6 (1955) S. 7.

16 A. Lesky, *Geschichte der griechischen Literatur*, Bern/München [3]1971, S. 533.

Wort herben Tadels finden wir dort, nur im Zwischensatz ein leichter Anflug von Kritik – und doch, welch mühsam gebändigte Leidenschaft verbirgt sich dahinter! Aus der Betrachtung des Werkes ergibt sich jedenfalls, dass Thukydides bei der Darstellung der Ereignisse metaphysische Motivation fern gehalten hat. Wenn die Athener den Meliern, die sich Schutz und Rettung von den Göttern erhoffen, zwar nur vermutungsweise, aber doch ziemlich deutlich erklären, dass selbst die Götter nach dem Recht des Stärkeren leben (V 105), so wird man darin nicht eine Rechtfertigung eigenen Verhaltens durch den Hinweis auf die Götter erblicken dürfen: Die Gottheit wandelt sich aus einer Schützerin des Rechtes in ein bloßes Abbild menschlichen Machtstrebens; der den geschichtlichen Ereignissen immanente Machttrieb steigert sich hier ins »Prinzipielle und Weltanschauliche«[17] Als die letzte Macht, der Götter und Menschen unterliegen, nennen die Athener dort den »Zwang der Natur«, die φύσις ἀναγκαία: Die Ananke ist hier keine transzendente Größe im mythischen oder philosophischen Sinn, sondern das Ergebnis jener Triebe, vor allem des Machttriebes, die wesenhaft in der Natur des Menschen (φύσις) angelegt sind.[18]

Die Methode

Mit eigenen Urteilen tritt Thukydides sehr selten hervor; am häufigsten noch in Buch VIII, außerdem II 65 (Würdigung des Perikles im Hinblick auf seine Nachfolger), III 82 f. (Schilderung des durch den Krieg bedingten moralischen Niederganges, »Pathologie des Krieges«) und schließlich im Methodenkapitel I 22. Schien es auch anfangs, als hätte Thukydides mit der Darlegung seiner methodischen

17 W. Jaeger (Anm. 4), S. 501.
18 Vgl. E. Braun, in: *Jahreshefte des Österreichischen Archäologischen Institutes in Wien* (1953) S. 234 f.

Grundsätze mehr Verwirrung als Klarheit geschaffen, so kann doch nach den grundlegenden Arbeiten von Grosskinsky und Patzer das Wesentliche als gesichert gelten.

Menschliche Tätigkeit gliedert sich auch für Thukydides in einer den Griechen geläufigen Weise: in Reden und Taten (λόγοι und ἔργα);[19] für beide entwickelt er seine Darstellungsgrundsätze. Bei den Reden, so sagt er, war es ihm nicht möglich, Genauigkeit zu erreichen. Dies ist nicht nur auf die Wortfolge zu beziehen – die war ja überhaupt nicht zu erreichen –, sondern auch auf die Wiedergabe der von den Rednern tatsächlich geäußerten Gedanken. Thukydides gestaltet die Reden so, wie seiner Meinung nach die Redner entsprechend der jeweiligen Situation hätten reden müssen. Hier fassen wir das subjektive Moment in der Komposition der Logoi, zumal es ja im Ermessen des Autors stand, wann, d. h. in welcher Situation, seine Personen Reden hielten. Diese Freiheit wird aber im Folgenden stark eingeschränkt. Der Anschluss an »die γνώμη insgesamt« der wirklich gehaltenen Reden sei so weit als möglich gewahrt. Wir werden γνώμη nicht bloß als Gesamttendenz oder Gesamtsinn mit der darunter mitschwingenden Bedeutung »Inhalt« verstehen. Da die Reden der Hauptbestandteil des Werkes sind, soll hier versucht werden, die Bedeutung von γνώμη aus dem Werk selbst in etwa zu erhellen.

An zahlreichen Stellen, vor allem in den Reden, finden wir den Hinweis auf eine Kraft, die imstande ist, menschliche Pläne zu durchkreuzen, seltener, sie wider alles Erwarten gelingen zu lassen; der Grieche bezeichnet sie mit dem Wort τύχη. Wie so oft, gibt die bloße Übersetzung (durch Zufall) etwas zu wenig; es ist das, »was dem planenden und handelnden Menschen sich nicht oder nicht mehr fügen will«.[20]

19 Vgl. Homer, *Ilias* IX 443.

20 W. Müri, in: *Museum Helveticum* 4 (1947) S. 253. Nikias und Demosthenes – vom Glück begünstigt: IV 3,1; 10; V 16,1; VI 17,1. Meist aber wirkt sich *týche* schädlich aus: I 78,2.

Tyche war etwa für Athen der Ausbruch der Pest im zweiten Kriegsjahr und ihre verheerende Auswirkung auf die Stadt (vor allem II 61,3; 64,1). Ebenso spielte bei den Kämpfen um Pylos, die zur Einschließung der Spartaner auf Sphakteria führten, Tyche eine bedeutende Rolle, und der Erfolg Kleons ist ebenfalls mehr glücklichem Zufall als planender Umsicht zu verdanken, er ist eigentlich wider Erwarten eingetreten, παρὰ λόγον (IV 3; 12,3; 14,3; V 7,3). Aber nicht jedes Paralogon ist gleichbedeutend mit Tyche, gegen diese volkstümliche, aber irrige Meinung wendet sich Perikles I 140,1. Bei dem Bericht über die Sizilische Expedition, deren Ausgang auch ein Paralogon war (VII 55), ist Thukydides bemüht, die Rolle der Tyche möglichst zurückzudrängen und sie aus der Kausalität der historischen Ereignisse auszuschließen.[21] Perikles zeigt nun mit seiner Bewertung des griechischen Erfolges in den Perserkriegen, worin Thukydides eine Möglichkeit sieht, die Bedeutung der Tyche einzuengen: Unsere Väter haben mit mehr Gnome als Tyche den Barbaren besiegt. Der Sieg der Griechen war ein Paralogon, errungen aber wurde er mehr durch richtige Erkenntnis dessen, was die Lage erforderte, und das daraus erwachsende richtige Handeln als durch reinen Zufall. In Gnome fallen also zwei Komponenten zusammen: Erkennen als geistiges Durchdringen der jeweiligen Situation und das daraus erwachsende Handeln; denn für den Griechen standen Erkennen und Handeln in engerem Zusammenhang als für uns.

In diesem Sinne werden wir also Gnome auch im Reden-Satz des Methodenkapitels auffassen. Aus den Reden spricht die politische Gesamthaltung der Personen – und diese musste ja für Thukydides noch fassbar und seiner Überzeugung nach auch darstellbar sein. Jede historische

21 Zum Verhältnis *gnóme – týche* vgl. H. Herter, in: *Rheinisches Museum* 93 (1950) S. 133 ff., zur Periklesrede ders., *Studies presented to D. M. Robinson*, Bd. 2, St. Louis (Mo.) 1953, S. 613 ff.

Situation entwickelt eine immanente Logik, an der sich die Gnome zu orientieren hat; dem Historiker aber, der den Geschehensablauf gleichsam von einer höheren Warte aus in all seinen Verästelungen übersieht, ist es gegeben, an den Brennpunkten der Handlung – und nur dort – in Reden das Geschehen gedanklich durchleuchten zu lassen.[22] Der Anschluss an die Gnome der einzelnen Redner wird manchmal mehr, manchmal weniger eng gewesen, bisweilen über Grundsätzliches nicht hinausgegangen sein – etwa dass der spartanische Ephor Sthenelaidas anders gesprochen hat als der König Archidamos; bei Perikles werden Anklänge an tatsächlich Geäußertes wohl häufiger sein. Gnome ist ja ein weiter Begriff. Das Suchen nach wörtlichen Anklängen ist freilich müßig; in Wort- und Gedankenfolge sind alle Reden Eigentum des Thukydides. Man lese eine der rund vierzig Reden des Werkes: Die sprachliche Gedrängtheit und gedankliche Fülle, ebenso der Vergleich mit zeitgenössischen Reden machen es unwahrscheinlich, dass Politiker so oder ähnlich gesprochen haben; niemand hätte sie verstanden, selbst der auch im Griechischen redegewandte Cicero gesteht freimütig (*Orator* 30), dass die thukydideischen Reden wegen der zahlreichen »dunklen« Stellen kaum verständlich seien! In ihnen hat Thukydides Gedanken, entstanden in seiner Zeit und geäußert von Männern seiner Zeit, komprimiert, manchmal auch zeitlich verschiedene Phasen zu einer Einheit zusammengezogen und sich damit ein Instrument geschaffen, um das vordergründige Geschehen zu objektivieren und aus der Fülle der Fakten das Wesentliche hervorzuheben. Hier, im forschenden Streben des Historikers, den tieferen Sinn der geschichtlichen Entwicklung zu erhellen, fassen wir in gewissem Sinn die objektive Wahrheit seiner Reden. Dieser Objektivierung dienen vor allem die Reden-

22 Besonders zahlreich in I (Kriegsausbruch) und VI (Vorbereitung der Sizilischen Expedition). Vgl. auch K. Rohrer, »Über die Authentizität der Reden bei Thukydides«, in: *Wiener Studien* 72 (1959) S. 36 ff.

paare, in denen in Für und Wider um die Wahrheit gerungen wird. Deutlich ist hier der Einfluss der Sophistik zu fassen; wie Protagoras nennt auch Thukydides an einer Stelle einen solchen Redewettkampf ἀντιλογίαι (I 31). Die Synthese daraus zu ziehen, das heißt, die Wahrheit zu erkennen, überlässt er dem Leser, der aus Rede und Gegenrede und dem Vergleich mit der Tatsachenschilderung seine Schlussfolgerungen ziehen muss. Nur Perikles bleibt immer ohne Gegenredner – seine Darlegungen haben für Thukydides unbedingte Gültigkeit. Sein Kriegsplan schloss nach Thukydides die Gewähr eines athenischen Sieges ein. Der Vergleich mit seinen Nachfolgern (II 65) und der unglückliche Verlauf des Krieges führen Thukydides zu dieser Erkenntnis, und der Leser muss sie im Vergleich zwischen Reden und Taten nachvollziehen.[23]

Auch für die Taten (ἔργα) gibt Thukydides dem Leser Hinweise über die Art der Behandlung; hier war es nicht gestattet, dem eigenen Meinen einen gewissen Spielraum zu gewähren. Ziel der Darstellung ist die Genauigkeit (ἀκρίβεια), die bei den Reden nicht zu erreichen war. Wir verstehen darunter die Erforschung des tatsächlichen Geschehnisablaufes in seinen letzten Ursachen, die in den geschichtlichen Bewegungen selbst zu suchen sind, nicht von außen herantreten; denn Thukydides leistet mehr als bloße Faktenhistorie.[24] Für ihn ist das treibende Motiv, das allen ἔργα zugrunde liegt, die Macht und das Machtstreben der einzelnen Staaten. Das ist im Werk das Leitmotiv, das uns immer entgegentönt, ja selbst in den völkerkundlichen Ex-

23 Mit diesem Urteil kann sich der Philologe zufrieden geben, nicht aber der Historiker, der wie Thukydides jedes Problem immer aufs neue durchdenken muss. Vgl. F. Jacoby bei R. Zahn, *Die erste Periklesrede*, Diss. Kiel 1934, S. 7. So hat z. B. J. Vogt, in: *Historische Zeitschrift* 182 (1956) S. 249 ff., zu zeigen versucht, dass der perikleische Kriegsplan, den Thukydides für richtig hält, in sich schon den Keim des Scheiterns trug.

24 Vgl. F. Egermann, »Zum historiographischen Ziel des Thukydides«, in: *Historia* 10 (1961) S. 446.

kursen, in denen Herodot die Fülle seiner Forschungsergebnisse ausbreitet, wird alles im Hinblick auf das Machtpotential berichtet, ebenso in den beiden großen Exkursen des ersten Buches, der Archäologie und Pentekontaëtie.[25] Die Einsicht in das Wesen der Macht hatte ihn zur Unterscheidung von unmittelbarem Anlass und tieferer Ursache des Krieges geführt. Der Nachweis dieser tieferen Ursache war ihm so wichtig, dass er darüber andere, von den Zeitgenossen für wichtiger gehaltene Gründe stark zurücktreten ließ (vgl. Anm. 23 zu I). Der wahre Grund aber war für ihn der Machtzuwachs Athens und die daraus resultierende Furcht Spartas, alles andere wird diesem Motiv untergeordnet; erst dadurch wird die thukydideische Vorgeschichte des Peloponnesischen Krieges zu einem »Paradigma eines Kriegsausbruches, das nicht auszulernen ist«.[26]

Wissenschaftlich objektiv wird das Werk durch die Vereinigung von zwei Eigenschaften im Historiker Thukydides: eine scharfe Beobachtungsgabe, dank der er den richtigen Sachverhalt mit kritischem Verstand erkennt, und ein Höchstmaß an politischer Einsicht, dank der er die wirkenden Kräfte im Ablauf des Geschehens wahrnimmt. Das erklärt auch den großen Einfluss, den Thukydides auf die ersten Vertreter der deutschen wissenschaftlichen Geschichtsschreibung, Niebuhr und Ranke, ausgeübt hat.

Der geschichtliche Raum

In zweifacher Weise schränkt Thukydides das Feld der Geschichte im Vergleich zu seinem Vorgänger ein: zeitlich durch die fast ausschließliche Behandlung der Gegenwart und sachlich durch die strenge Beschränkung auf den Staat,

25 Vgl. H. Münch, *Studien zu den Exkursen des Thukydides*, Heidelberg 1935, S. 70. O. Regenbogen (Anm. 13), S. 225.

26 K. Reinhardt, in: *Vermächtnis der Antike*, Göttingen 1959, S. 193.

die Polis, und hier vor allem Athen und Athens Gegner Sparta; alles Geschehen wird berichtet im Hinblick auf die Polis, das politische Handeln allein ist Gegenstand des historischen Denkens. Zwar war für die Griechen die Polis schon lange geistiger Mittelpunkt – wir brauchen nur an die Dichter der politischen Elegie zu denken (Solon, Tyrtaios, Kallinos), an die Tragiker, deren Dramen ja zutiefst der Polis verhaftet waren, und an die Dichter der älteren Komödie; ja auch im Werk Herodots fand die Polis einen gebührenden Platz – denken wir nur an die Verfassungsdebatte in Buch III. Aber bei Thukydides wird die Polis als Mittelpunkt historischen Geschehens gedacht oder, wie es Werner Jaeger genannt hat, das politische Geschehen wird historisch: Die Polis ist gleichsam der Brennspiegel aller historischen Kräfte und dabei selbst dem Wirken dieser Kräfte ausgesetzt. Dynamik ist das Wesen der Politik wie der Geschichte – wenn auch eine Dynamik, die, wie wir noch sehen werden, immer gleichen Gesetzen unterliegt. So sieht man mit Recht die persönliche Leistung des Thukydides neben der Vervollkommnung der kritischen Methode im Schritt von der unpolitischen zur politischen Geschichte.[27] Dabei scheint aber wesentlich zu sein, dass Thukydides im Gegensatz zu Solon und der sophistischen Staatsphilosophie keine Lehrsätze und feststehenden Dogmen für das politische Handeln aufstellt. Das, was politisch notwendig ist, muss unmittelbar aus der jeweiligen Situation erkannt werden. Das Werk ist von einem Historiker mit staatsmännischem Blick geschrieben worden, vor allem wiederum für den Staatsmann, dem das, was Thukydides als der Vielfalt des Geschehens zugrunde liegende Wahrheit erkannt hat, die Möglichkeit richtiger Erkenntnis geben soll.[28] Während die Sophisten, vor allem Protagoras, in der Polis eine Bil-

27 W. Jaeger (Anm. 4), S. 479 ff.; O. Regenbogen, *Kleine Schriften*, München 1961, S. 217 ff.; H. Strasburger, in: *Saeculum* 5 (1954) S. 395 ff.

28 O. Regenbogen (Anm. 27), S. 224.

dungsstätte sahen, ist sie für Thukydides Produkt und Faktor der *Macht*; das Phänomen Macht durchforscht er in all seinen Auswirkungen; Objekt hierfür ist vor allem Athen.

Im Verlauf der Perserkriege war den Athenern von den Bundesgenossen die Führung im Kampf gegen den Erbfeind angetragen worden. Dadurch aber waren sie gezwungen – aus Selbsterhaltungstrieb –, die einmal erworbene Herrschaft auszubauen. In der spartanischen Ekklesie führen sie ihre Gründe an (I 75,3): Furcht, Ehre und Nutzen. Im Folgenden vertreten sie klar und deutlich das Recht des Stärkeren, der über den Schwächeren herrschen muss (I 76,2), wie es uns in den Worten eines Thrasymachos oder Kallikles bei Platon begegnet ist. Aber ist auch Thukydides ein Verkünder des »Naturrechtes« des Stärkeren? Eines müsste doch schon an dieser Stelle, wo zum ersten Mal das Machtprinzip in aller Schärfe verkündet wird, zu denken geben: Die Athener nennen zweimal neben Ehre und Nutzen auch die Furcht als Triebfeder ihres Handelns, und zwar an betonter erster Stelle in der Aufzählung; denn Ausübung der Macht erzeugt naturnotwendig auf der anderen Seite, bei den Beherrschten, Hass. Es ist das ebenso Naturgesetz wie die Herrschaft des Stärkeren über den Schwächeren; der Hass wiederum bewirkt bei den Herrschenden Furcht, die sie zu schärferer Straffung ihres Regimentes zwingt. Das Motiv der Furcht aber ist neu gegenüber den sophistischen Theorien: Thukydides sieht die Macht des Naturrechtes nicht als Ziel an, das um des naturgemäßen Lebens willen erreicht werden muss, sondern als dynamisches Prinzip, das, in sich gegensätzlich (Machtexpansion *und* Furcht), alle politischen Handlungen als Aktion und Reaktion auslöst. Von dieser Athenerrede geht eine Linie aus, die über die Periklesreden in I und II, die Kleon- und Diodotosreden in III bis zum Melierdialog führt, der wiederum den Blick auf die Sizilische Expedition lenken soll.

Perikles hält seinen Athenern, die unter dem Eindruck der Seuche und der Kriegswirren zu einer Verständigung bereit sind, entgegen (II 63 ff.): Naturbedingt ist die Herrschaft Athens zu einer Tyrannis geworden,[29] ein Rücktritt von der Herrschaft ist nur noch möglich unter Aufgabe der eigenen Existenz, es gibt keinen Weg zurück mehr. Die Richtigkeit dieser Haltung bestätigt selbst der Athenerfeind Hermokrates (IV 61,5): Nicht der Aktive ist zu verurteilen, der nach Erweiterung seiner Macht strebt, sondern der Passive, der dies widerstandslos geschehen lässt. Die gleiche Vorstellung von der Zwangsläufigkeit menschlichen Handelns vernehmen wir auch aus Kleons Rede vor der athenischen Volksversammlung (III 37 ff., bes. 37,2). Den konsequentesten Ausdruck dieser Dynamik zeigt aber der Melierdialog in V: das Wesen der Macht gestattet uns kein Zurück mehr. Die Athener können sich dem »Zwang der Natur« (V 105,2) nicht entziehen, einem Zwang, der aus der menschlichen Natur erwächst – und, so müssen wir im Sinne des Thukydides ergänzen, immer in gleicher Stärke wirken wird, solange eben die menschliche Natur gleich bleibt. Vom Melierdialog wird der Blick des Lesers zurückgelenkt zu jenen zwei berühmten Kapiteln in III 82 f., der »Pathologie«: Die menschliche Natur ist ihrem Wesen nach böse, ihre Leidenschaften, Neid, Habsucht, Machtgier, immer vorhanden, werden in den Wirren des Krieges nur noch mehr entfacht; eine Umwertung aller Werte ist die Folge.[30] Die Pathologie zeigt diese Konsequenz für die Innenpolitik, der Melierdialog für die Außenpolitik. Beide Abschnitte weisen nach vor- und rückwärts, jene schloss an die Schilderung der Bürgerkriegswirren auf Kerkyra an und bot die allgemeinen Schlussfolgerungen, die eben deshalb auch für das Folgende verbindlich sind. Unmittelbar auf das Streitgespräch folgt die Schilderung der Vorbereitungen für die Sizilische Expedition, deren unglücklicher Ausgang Athen in den Grundfesten erschüttern sollte. Das athenische

29 Vgl. auch I 122,3; III 37,2, VI 85,1.
30 Vgl. E. Topitsch, in: *Wiener Studien* 61/62 (1943–47) S. 50 ff.

Machtstreben fand hier ein tragisches Ende. Ein düsteres Bild: der Machttrieb ist der menschlichen Natur eigen, das führt zu Krieg, der wiederum den völligen moralischen Verfall des Menschen bewirkt, und der reine Machttrieb scheitert schließlich an seiner eigenen maßlosen Übersteigerung.

Spricht also aus dem Werk des Thukydides die gleiche Resignation wie aus dem Brief Friedrichs des Großen an Voltaire: »Trotz aller philosophischen Schulen wird der Mensch die bösartigste Bestie auf der Welt bleiben. Aberglaube, Eigennutz, Rache, Verrat und Undank werden bis ans Ende der Zeiten blutige und tragische Szenen hervorbringen; denn uns leiten gewöhnlich Leidenschaften und nicht die Vernunft.« Es gibt Belegstellen sowohl für die Annahme, Thukydides verurteile die Machtexpansion nach dem Recht des Stärkeren, als auch, dass er sie billige.

Fragen wir also, ob Thukydides neben dem reinen Machtprinzip noch irgendwelche *ethischen Momente* als Korrektiv gelten lässt.

Die Melier versuchen V 90, die Beachtung von Recht und Billigkeit durchzusetzen, freilich mit Rücksicht auf die Athener nicht im Sinn einer objektiven Norm, sondern aus Nützlichkeitserwägungen. Die Berechtigung zu solchem Ansinnen aber haben die Athener den Meliern schon von allem Anfang an abgeschnitten, V 89: »da ihr ebenso gut wisst wie wir, dass Recht im menschlichen Verkehr nur bei gleichem Kräfteverhältnis zur Geltung kommt, die Stärkeren aber alles in ihrer Kraft Stehende durchsetzen und die Schwächeren sich fügen«. Beide Gedanken vereint vertreten die Korinther in der athenischen Volksversammlung: Der Weg des Rechtes ist nützlicher als der der Gewalt – allerdings mit der wesentlichen Einschränkung auf gleich starke Mächte (I 42,4). Darin lag der Irrtum der Melier; ihre Berufung auf das Recht war nicht gestützt durch eine entsprechende Machtposition, ihre realpolitischen Erwägungen – Hilfe Spartas, Unsicherheit des athenischen Seereiches – waren nur Hoffnungen und Wünsche, daher ungewiss und nicht geeignet, politische Entscheidungen zu rechtfertigen.[31] Das halten ihnen auch die Athener in aller Schärfe vor: Hoffnungen kann der Starke einkalkulieren, dessen Machtpotential ein Fehlschlagen auffangen kann; fehlt dieses, führt bloße Hoffnung ins Verderben (V 103,1; 111,2). Wiederum zeigt sich der Beziehungsreichtum des Werkes: Diese Worte weisen zurück auf die Warnung des Perikles (I 141,5), aber auch voraus; denn in höchster Not müssen die Athener selbst vor Syrakus ihre Rettung der Hoffnung auf einen glücklichen Zufall anheimstellen (VII 61,3; 67,4; 68,1; 71,7; 77,3).

In der historischen Wirklichkeit wird der Rechtsstandpunkt nur dann erreicht, wenn Recht ausreichend durch Macht gesichert ist; denn, wie Hegel sagt, zwischen den Staaten gibt es keinen Prätor, der Recht sprechen könnte.[32]

Auch andere ethische Erwägungen wie Ehre, aus der Vergangenheit herrührende Verdienste gelten nur unter gleichen Bedingungen. Wenn die Athener in der spartanischen Ekklesie erklären, sie seien aufgrund ihrer in den Perserkriegen bewiesenen Tapferkeit der Herrschaft würdig (I 74 f.), so leiten sie daraus doch keinen Rechtsanspruch auf diese Herrschaft her, wie dies etwa in der athenischen Epitaphiosliteratur der Fall ist.[33] Wie viel Ehre und edle Verdienste allein für sich genommen wiegen, zeigt das Schicksal der Plataier, die sich vergeblich auf ihre ruhmvollen Taten während der Befreiungskriege berufen (III 59,4).

Eine Frage, erwachsen am Melierdialog, aber in ihrer Antinomie bedeutungsvoll für das ganze Werk, ergibt sich noch: Sind es allein die Athener, die nach dem Machtprinzip handeln und Recht und Ehre der anderen missachten?

31 Perikles warnt vor vertrauensseliger Haltung I 141,5; vgl. auch I 78,2; I 122,1; II 114.

32 Vgl. F. Meinecke, *Die Idee der Staatsraison in der neueren Geschichte*, München 1925, S. 16 f.

33 Hierzu H. Diller, »Freiheit bei Thukydides als Schlagwort und als Wirklichkeit«, In: *Gymnasium* 69 (1962) S. 189 ff.

Freilich sind vor allem sie es, an denen sich das Kausalitätsprinzip der Macht vollzieht; es ist aber durch ihren Volkscharakter begründet (s. unten). Die Spartaner gelten zwar als Befreier Griechenlands von der athenischen Zwingherrschaft,[34] und doch können sie sich, vor ähnliche Situationen wie die Athener gestellt, dem Zwang des Machtgebotes nicht entziehen. Hierfür zwei Beispiele.

Die Thebaner fordern von den Spartanern, an den Plataiern die Kapitalstrafe zu vollziehen, weil sie sich aufseiten der Athener gegen die Befreier Griechenlands gestellt hätten (III 63 f.). Die Spartaner vollziehen diese, obwohl sich die Plataier auf ihre Verdienste in den Perserkriegen berufen. Im Redewettkampf vor den Spartanern haben also die Thebaner gesiegt. Doch damit ist der Fall nicht erledigt, steht doch in Buch III in unmittelbarer Nähe jenes Rededuell, in dem Kleon und Diodotos die Bestrafung der abtrünnigen Mytilener erörtern und die Problematik von Gerechtigkeit und Nutzen, Bestrafung und politischer Klugheit aufreißen. Der Leser muss erkennen, dass die Spartaner und ihr Vorgehen unter der gleichen Antinomie stehen wie die Athener mit ihrem Vorgehen gegenüber Mytilene.

Die Athener erklären den Meliern (V 89 ff.), eine Fortdauer ihrer Neutralität beeinträchtige das Prestige Athens und sei deshalb gefährlich. In der Rede vor den Akanthiern sieht sich Brasidas gezwungen, in genau der gleichen Weise zu argumentieren (IV 85 ff.); hier wird die Spannung zur Wirklichkeit deutlich, wenn das Freiheitsprogramm der Spartaner mit der Androhung von Zwangsmaßnahmen verbunden ist. Die Problematik wird um nichts geringer, wenn die Athener nach der Weigerung der Melier tatsächlich Gewalt anwenden mussten, während Akanthos »freiwillig« ein Bündnis mit Sparta schloss.

Ethische Ideen können also, so scheint es bisher, der Machtexpansion nicht wehren, ja nicht einmal Nützlich-

34 II 8,4; IV 85; 86; vor allem II 64,3.

keitserwägungen, da richtiges Erkennen des eigenen Nutzens oft rücksichtslose Gewaltanwendung erfordern kann (Diodotos in seiner Rede III 44,4). Der Weisheit letzter Schluss scheint ein dauernder Kriegszustand zu sein, wenn es nicht eine Verbindung gibt zwischen Kratos und Ethos, zügelloser, blinder Gewalt und sittlichen Ideen.

Die Lösung oder zumindest die Möglichkeit einer Lösung findet Thukydides im *Menschen* – im Grundsätzlichen seiner Zeit verbunden, in der gedanklichen Durchführung aber und im Aufzeigen der Problematik durchaus eigenständig. Er stellt ihn in dreifacher Form dar: als Kollektivum, als Typos und als Individuum.[35]

Als Kollektivum erscheinen vor allem die Athener und Spartaner. Mit bewundernswertem Scharfblick hat Thukydides den grundlegenden Unterschied zwischen beiden Völkern erkannt. In Form einer Kritik erklären die Korinther in der spartanischen Ekklesie: Die Spartaner sind nur bereit, das Vorhandene zu bewahren, kühner Wagemut fehlt ihnen, es liegt in ihrer Art, immer weniger zu leisten, als in ihrer Macht stünde, sie sind Zauderer – während die Athener zu allem rasch entschlossen sind. Aber auf den getadelten Eigenschaften, weil dem spartanischen Wesen angemessenen, beruht auch die Macht Spartas, wie der König Archidamos in seiner Rede ausführt. Ein von Hass, aber auch von heimlicher Bewunderung erfülltes Bild entwerfen die Korinther von den Athenern: Rastlosigkeit, die nirgends einen Ruhepunkt findet, ihr Selbstvertrauen und ihr Tatendrang sind ihre Wesensmerkmale; der perikleische Epitaphios in Buch II fasst sie noch einmal zusammen und kontrastiert sie mit spartanischer Art.

In Redenpaaren etwa wie Kleon/Diodotos, Athenagoras/Hermokrates, Alkibiades/Nikias zeigt sich der Mensch als Typos. Denn die Redner erscheinen nicht als individuell gestaltete Persönlichkeiten, sondern als Vertreter überindi-

35 O. Regenbogen (Anm. 27), S. 228 ff.

vidueller Verhaltensweisen; natürlich können individuelle Züge mit ins Bild kommen, etwa bei Alkibiades in Buch VI bei der Schilderung der Vorbereitungen zur Sizilischen Expedition (s. unten).

Individuelle Zeichnung erhalten im Werk des Thukydides nur wenige Personen, aber gerade solche, die für unsere Frage nach einer Überbrückung von Kratos und Ethos von wesentlicher Bedeutung sind: Staatsmänner von hervorragender Bedeutung wie Themistokles und Perikles oder Politiker, die den an sie gestellten Forderungen nicht genügen wie Kleon oder, in geringerem Maße, Nikias und Alkibiades.

Auch bei solcher individueller Zeichnung bleibt alles rein Persönliche, das unserem heutigen Meinen nach wesentlich politische Entscheidungen mit beeinflusst, unberücksichtigt, »es herrscht eine fanatische Verzwecklichung, eine strikte Entsagung in allem bunten Detail des wirklichen Lebens«.[36] Das Persönliche wird nur insofern in Betracht gezogen, als es greifbaren Einfluss auf das politische Handeln hat;[37] bei Perikles fehlt es völlig, denn er stand über den Dingen, unbeeinflusst von allen persönlichen Interessen, bei Kleon und Alkibiades tritt es stärker hervor, denn sie hatten nicht die Gabe, allein und ausschließlich das jeweils Notwendige in voller Klarheit zu erkennen.

Themistokles wird in der berühmten Charakteristik (I 138) als *das* politische Genie gezeichnet; aus den rühmenden Worten, die seiner angeborenen Art (φύσις) gezollt werden, glaubt man die Bewunderung der Zeitgenossen zu hören, die so fest an die Lehrbarkeit aller politischen Fähigkeiten glaubten. Er bleibt aber, dem Thema des Werkes entsprechend, mehr am Rande, das Wesen des *Staatsmannes* wird dargelegt an Perikles; in ihm sieht Thukydides die

36 O. Regenbogen (Anm. 13), S. 229.

37 Vgl. I. Bruns, *Das literarische Porträt der Griechen im fünften und vierten Jahrhundert vor Christi Geburt,* Berlin 1896, S. 8 f.

ideale Verkörperung des Politikers, »das Symbol eines Führertums« (Regenbogen), sein Handeln und Planen war richtig, solange er lebte, und erwies sich nach seinem Tode als beispielhaft – freilich nur dem kongenialen Historiker, nicht seinen unwürdigen Nachfolgern.

Am Beispiel des Perikles werden wir nun abschließend – mit kurzen Seitenblicken auf die anderen Politiker – sehen, welche Hinternisse dem Staatsmann drohen und den Erfolg seines Handelns zu beeinträchtigen scheinen, aber auch, welches hohe Ziel er erreichen kann.

Der Staatsmann muss immer plötzlicher Schicksalswendungen gewärtig sein, denn das Schicksal, Tyche, und seine Querschläge können durch Einsicht, Verstand und Planung, eben durch die Gnome, nicht vorausgesagt werden; und doch ist die Gnome das einzige Mittel, das der Staatsmann einzusetzen hat. Ein Beispiel: Perikles konnte das Auftreten der Pest nicht voraussehen, es war Tyche, dass die Seuche über Athen hereinbrach; aber sie konnte die Stadt nur gefährden, nicht vernichten, denn Perikles hatte in seinem Plan dem Walten der Tyche so großen Spielraum gewährt, dass ihre verhängnisvollen Auswirkungen abgefangen werden konnten. Der Staatsmann »vermag die Tyche nicht zu berechnen, aber einzurechnen«.[38]

Ein weiteres Hemmnis erwächst dem Staatsmann aus dem Charakter des Volkes, das er zu regieren hat. Thukydides ist sich des Wertes der demokratischen Staatsverfassung für die Aufwärtsentwicklung der athenischen Macht bewusst: diese beruht auf der Herrschaft zur See; Seeherrschaft und Demokratie aber gehören zusammen.[39]

Das Volk als Träger der Macht – dieser Gedanke klingt schon in der Archäologie an und wird im Epitaphios zu einem Höhepunkt geführt: In freier Entfaltung der wertvollsten Kräfte leistet jeder einzelne Bürger ungezwun-

38 H. Herter, in: *Rheinisches Museum* 93 (1950) S. 140.
39 Vgl. J. H. Finley, *Thucydides*, Cambridge (Mass.) 1947, S. 87 ff.

gen im Dienste für den Staat das Höchste und ist dadurch zu hohen Leistungen befähigt, ja dank dieser Haltung sind die Athener der Herrschaft würdig. Doch schon unmittelbar nach diesem Lob reißt Thukydides die bisher latente Antinomie auf: Das Volk ist der Mühen der langen Belagerung müde, in seiner Unzufriedenheit sucht es einen Sündenbock, findet ihn in Perikles und ruht nicht eher, bis es den verdienten Staatsmann gestürzt sieht; dass es bald von Reue erfasst wird und ihn wieder zurückruft, offenbart nur noch deutlicher die Schwäche und den Wankelmut der Menge (II 65,3). Hier ebenso wie während der Pest, bei der Ausfahrt der Flotte nach Sizilien, da es sich voll blinder Wut über die Verstümmelung der Hermen in geradezu selbstmörderischer Absicht seines Führers Alkibiades beraubt, der allein den Erfolg hätte gewährleisten können. Das Volk in seiner tiefen Entartung zeigt schließlich die schon erwähnte Pathologie III 82 f. Das ist kein Widerspruch zu dem edlen Bild des Epitaphios – in diesem Spannungszustand von Tag- und Nachtseite enthüllt sich erst die Wahrheit – und die Größe des Staatsmannes; denn er ist es, der die zerstörenden Kräfte bändigen und die positiven Werte fördern muss. Perikles vermochte es dank seiner hohen staatsmännischen Fähigkeiten: Er erkannte das für den Staat Richtige, konnte es auch in entsprechender Rede darlegen, liebte die Stadt und war in Geldangelegenheiten unbestechlich (II 60,5). In der Würdigung des großen Staatsmannes II 65 zieht Thukydides daraus die Summe: Er war der Masse überlegen, weil für ihn nur die Sache wog; nur so konnte er das Volk führen und wurde nicht von ihm geführt – wie seine Nachfolger. Denn auch dadurch würdigt Thukydides die »Herrschaft des ersten Mannes«, dass er sie von den folgenden Ereignissen abhebt. Kleon, Nikias und Alkibiades haben nicht den ungetrübten Blick für die Sache, weil sie von persönlichen Motiven getrieben werden; bei diesen Männern kommt auch der persönliche Charakter mehr in den Blick, da er die Politik mit beeinflusst.[40] Man muss selbst nachlesen, wie Kleon IV 27 f. zur Übernahme des Kommandos für Pylos gezwungen wird; es ist eine psychologische Meisterstudie. Persönliches leitet Nikias und Alkibiades; deshalb sind sie auch nicht fähig, jene dritte Klippe zu meistern, die dem Staatsmann droht: das Problem der Macht.

Wie jeder Staatsmann, so steht auch Perikles, im Ablauf des historischen Geschehens, vor Situationen, die durch den Zwang der historischen Entwicklung und der ethnischen Gegebenheiten vorliegen. So wird Perikles in der Vorgeschichte des Krieges auch nicht erwähnt, weil er diese Situation nicht geschaffen hat; die Furcht Spartas vor Athen ist in der Natur der Sache begründet. Den der Macht immanenten Prozess der Expansion kann der Staatsmann nicht aufheben, ja er muss die Notwendigkeit der Macht für den Staat erkennen; denn da dieser ein organisches Gebilde ist, kann sich seine Kraft nur in weiterem Wachstum entfalten.[41] Doch blind ausgreifender Machttrieb zerstört sich selbst – das zeigt die Entwicklungslinie, die vom Melierdialog ausgeht. Hier hat ordnend und lenkend die *gnóme* des Staatsmannes einzusetzen, der vor jeder neuen Situation die beste Art des Handelns im Interesse des Staates festlegt – das, was wir mit einem modernen Ausdruck Staatsräson nennen. Ziel des Handelns muss es sein, den Staat in den bestmöglichen Stand zu versetzen und dadurch seine Existenz zu wahren. Perikles vermochte es, weil er die Leistungskraft des Staates richtig einschätzte und eine weit ausgreifende Expansionspolitik vermied. Wie sehr Perikles recht hatte, beweist der Ausgang. Doch ist nicht so sehr die Expansionspolitik seiner Nachfolger am tragischen Ende schuld als die mangelnde Durchführung (II 65); denn Expansion liegt im Wesen der Macht. Insofern waren diese Unternehmungen keine »Denkfehler«, aber das Denken dieser Politiker haftete nur am Augenblick,

40 Vgl. I. Bruns (Anm. 37), S. 11 ff.
41 F. Meinecke (Anm. 8), S. 1.

ihre Entscheidungen waren von persönlichen Details abhängig. Die Staatsräson aber beruht wesenhaft auf ihrer Ausrichtung auf überpersönliche Ziele: das Wohl des Staates.

Doch bleibt Thukydides bei bloßen Nützlichkeitserwägungen nicht stehen. Der wahre Staatsmann erreicht mehr als das Nützliche – ihm gelingt die Versittlichung und Vergeistigung der Macht, und hier findet sein Handeln Erfüllung. Freilich gelingt es nur selten, und der Historiker zeigt diesen Höhepunkt politischen Handelns auch nur an einem einzigen Staatsmann, an Perikles. Es ist daher von tiefer Bedeutung, dass Thukydides den Perikles jene vielgerühmte Leichenrede (II 34–46) halten lässt, einen Epitaphios nicht so sehr auf die Gefallenen als auf die Stadt, der sie ihr Leben geopfert haben. Die Rede entwirft ein Ideal athenischen Wesens, ein Ideal, das verwirklicht werden konnte, weil der Staatsmann Perikles die Fähigkeit besaß, es zu verwirklichen. Hier bei diesen Menschen, die sich in voller Freiheit an das Gemeinwesen binden, in dieser Stadt, die dadurch zur »Bildungsstätte von ganz Hellas« wird, scheint eine Sternstunde der Geschichte angebrochen. Das Naturhaft-Triebhafte der Macht, gebändigt durch die Gnome des genialen Staatsmannes, ist überhöht durch eine Welt geistiger Werte. Doch ist das ethisch und geistig veredelte Werk immer bedroht von den dunklen, naturhaften Gewalten der Macht, die nicht aufzuheben sind, sondern nur durch die Gnome in rationaler Durchdringung gebändigt werden können; gelingt dies nicht, treibt der Staat dem Untergang zu.

Ein schmaler Weg, ringsum von gähnenden Abgründen umgeben, ist dem Staatsmann vorgezeichnet. Sein Werk ist gefährdet von den Querschlägen des Schicksals, beeinträchtigt von den Leidenschaften der triebhaft handelnden Menge und bedroht durch Exzesse der Machtexpansion. In dieser Bedrohung ist der Mensch allein auf sich gestellt, kein Glaube an ein göttliches Walten stützt ihn. Halt findet er nur an seiner den blinden Gewalten überlegenen Vernunft. Beständigkeit und ewige Dauer kann aber selbst sie seiner

Tat nicht verleihen. Hier gilt es dann, dem Unvermeidlichen in männlicher Haltung zu begegnen, so, wie es Perikles in seiner letzten Rede ausspricht: »Denn alles ist von Natur aus dazu bestimmt, auch wieder abzunehmen.« Resignation aber wäre ein Zeichen der Feigheit, denn »Götterfügung muss man mit Gelassenheit tragen, Feindesschläge mit Manneskraft«. Es ist ein Bild von »furchtbarer Diesseitigkeit« – und eben deshalb zeigt es den Menschen in all seiner Erbärmlichkeit und all seiner Größe.

Der Untergang seiner Heimatstadt war für den Historiker Thukydides das erschütternde Erlebnis, das in ihm die bohrende Frage nach den Gründen einer so gewaltigen Peripetie weckte. Worin er sie erkannte, haben wir oben gesehen; dass er sie in seiner Darstellung objektivieren konnte, darin sehen auch wir wie Hegel den Gewinn, den die Menschheit aus dem Peloponnesischen Krieg gezogen hat.

Als Grieche strebte er, im besonderen Ereignis die allgemeine Gesetzlichkeit zu erkennen. Er fand sie in der menschlichen Natur, die in ihrer Entfaltung immer gleiche oder ähnliche Konstellationen ergeben wird. Der aktuelle Inhalt des Handelns wechselt, die Gesetzmäßigkeit aber bleibt konstant.

Thukydides stellt keine Normen politischen Handelns auf, er schreibt kein Regelbuch, sondern er zwingt den Leser, in selbständigem Denken aus der Darstellung des Historikers selbst die Synthese zu ziehen; denn erst dadurch, im »Erwirb es, um es zu besitzen«, erreicht das Werk jenes Ziel, das Thukydides selbst in stolzer Bescheidenheit gesetzt hat: »Wer aber klare Erkenntnis des Vergangenen erstrebt und damit auch des Künftigen, das wieder einmal nach der menschlichen Natur so oder ähnlich eintreten wird, der wird mein Werk für nützlich halten, und das soll mir genügen. Als ein Besitz für immer, nicht als Glanzstück für einmaliges Hören ist es aufgeschrieben.«

Helmuth Vretska

Register

Das folgende Register sowie die Karten, gezeichnet von Hans Boßhardt, sind der Ausgabe entnommen:

> Thukydides: Geschichte des Peloponnesischen Krieges. Griechisch/Deutsch. Übersetzt und mit einer Einführung und Erläuterungen versehen von Georg Peter Landmann. Teil 2: Buch V–VIII. München/Zürich: Artemis und Winkler, 1993.
>

Die Originalkarte wurde für die Taschenbuchausgabe in kleinere Segmente aufgeteilt.

Für die Betonung griechischer Namen gelten heute noch weitgehend die lateinischen Regeln, während wir in der Lautform von der lateinischen zur griechischen Aussprache zurückgekehrt sind (griechisch Thukydídes, neulateinisch Thucýdides, wir Thukýdides; griechisch Eúboia, lateinisch Euboéa – hier wird versucht Euboía). Ganz eingebürgerte Formen wird natürlich niemand zurückbilden wollen, also: Sizilien, Ätna. Man betont die vorletzte Silbe, wenn aber diese kurz ist, dann die drittletzte. Dabei ist der Vokal *i* in vorletzter Silbe fast immer kurz, in anderen Fällen steht im Register ein Akzent auf der Tonsilbe.

1. Historische und mythische Personen

* Stammbaum:

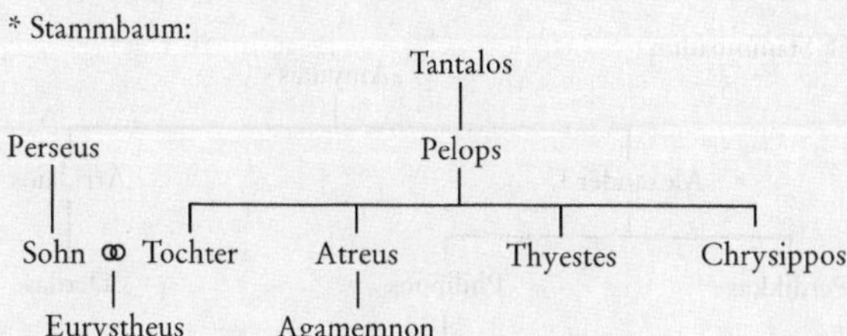

** Stammbaum:

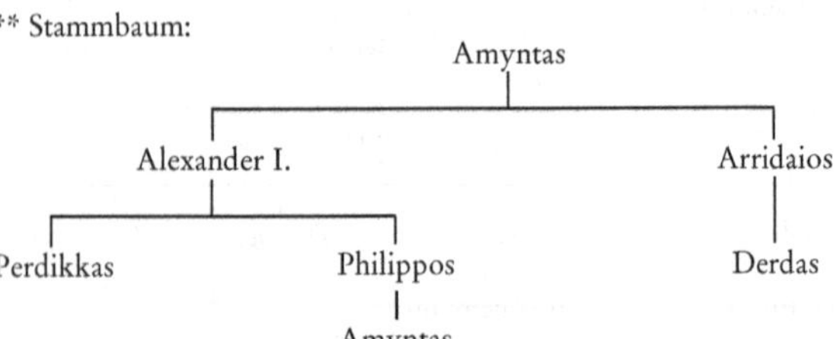

Amyntas
Alexander I.
Arridaios
Perdikkas
Philippos
Derdas
Amyntas

* Stammbaum:

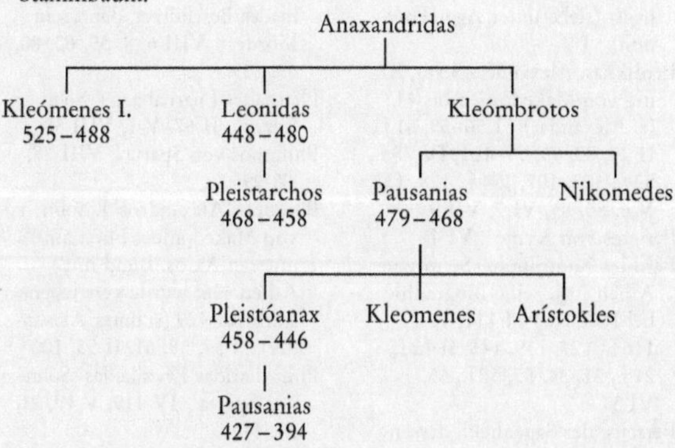
Anaxandridas
Kleómenes I.
525–488
Leonidas
448–480
Kleómbrotos
Pleistarchos
468–458
Pausanias
479–468
Nikomedes
Pleistóanax
458–446
Kleomenes
Arístokles
Pausanias
427–394

2. Götter, Tempel und Feste

3. Orte und Völker

Das Register nimmt Stadt und Volk unter dem gleichen Stichwort zusammen: Argos steht auch für die Argeier; Buchstabe und Zahl verweisen auf die Felder der Landkarten (s. S. 854–865), auf der nur die bei Thukydides vorkommenden Ortsnamen eingetragen sind. Ortsnamen mit Fragezeichen konnten nicht genauer lokalisiert werden.

1
2
3
4
5
6
7
8
9
42°
41°
40°
39°
38°
37°
36°
35°
ITALIEN
ILLYRI
MAK
EP
1a
2a
IONISCHES MEER
SIZILIEN
1b
2b
13°
14°
15°
16°
17°
18°
19°
20°

10
11
12
13
14
15
16
17
18
A
B
C
D
E
F
G
H
THRAKIEN
EN
KEDONIEN
PIRUS
ÄGÄIS
3
KARIEN
PELOPONNES
4
KRETA
0
40
80
120 km
21°
22°
23°
24°
25°
26°
27°
28°

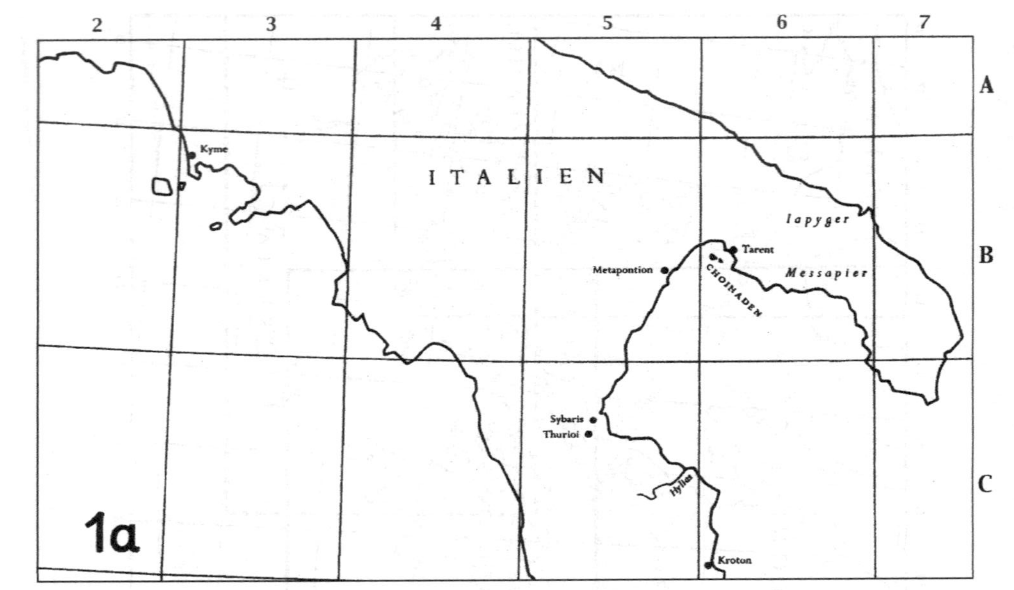
2
3
4
5
6
7
A
B
C
ITALIEN
Kyme
Iapyger
Messapier
Tarent
Metapontion
CHOINADEN
Sybaris
Thurioi
Hylias
Kroton
1a

1b
1
2
3
4
5
D
E
F
AIOLOS-INSELN
STRONGYLE
DIDYME
LIPARA
HIERA
SIZILIEN
Elymer
Eryx
Egesta
Motye
Lilybaion
Selinus
Hykkara
Panormos
Soloeis
Himera
Akragas
Gela
Gelas
Kamarina
Kasmenai
Heloros
Asinaros
Erineos
Kakyparis
Akrai
Anapos
Syrakus
Thapsos
Megara Hyblaia
Pantakyas
Terias
Leontinoi
Katane
Symaithos
Hybla
Inessa
Kentoripa
Morgantine
Ätna
Akesines
Naxos
C. Petra
Messene
Mylai
C. Peloros
Rhegion
Halex
Kaikinos
Medma
Hipponion
Terine
Kaulonia
Lokroi
0 20 40 60 80 100 km

8
9
10
11
PAIONIEN
Axios
ILLYRIEN
Epidamnos
Atalante
Europos
ALMOPIEN
Taulantier
MAKEDON
LYNKESTIS
Arnisa
Kyrrhos
Pella
Apollonia
BOTTIA
Eorder
Methone
Oresten
Pydna
PIERIEN
Dion
Atintanen
Olymp
ELIMEIA
Perrhaiber
Molosser
Parauaier
THESSALIEN
Istone
KESTRINE
Thyamis
PTYCHIA
EPIRUS
Peneios
Phakion
Kerkyra
Krannon
Peirasos
KERKYRA
C. Leukimme
Acheron
Enipeus
Apidanos
Acheloos
SYBOTA-INSELN
Thesproten
Arne
Ephyre
Pharsalos
Cheimerion
ELAIATIS
2a
Amprakia
Doloper
Idomene
Meliteia
Olpe
Argos
Amphilochia
Spercheios

12
13
14
A
B
C
THRAKIEN
Strymon
Nestos
Rhodope
Maider
Odrysen
Sintier
Drabeskus
Odomanten
Edoner
Physka
Kerkine
Pangaios
Abdera
Myrkinos
Bisalten
Amphipolis
Oisyme
Thasos
IEN
Argilos
Eion
MYGDONIEN
Bormiskos
Phagres
Galepsos
Therme
Kreston
Bolbe
THASOS
Stagiros
CHALKIDIKE
KRUSIS
Akanthos
Olophyxos
IMBROS
Skolos
Sane
Spartolos
Olynth
Dion
AKTE
Sermyle
Akrothoon
Singos
Kleonai
Athos
Poteidaia
PALLENE
Torone
Mende
LEMNOS
C. Poseidonion
Skione
C. Kanastraion
Gyrton
arisa
on
Pherai
Pyrasos
PEPARETHOS
ACHAIA
PHTHIOTIS
C. Artemision
SKYROS
Skyros
MALIS
Oreos

8
9
10
IONISCHES MEER
Anaktorion
Nerikos
Palairos
Thyamos
AITOLIEN
OITA
Kallic
Sollion
Medeon
Stratos
Ophionen
Elomenon
Alyzia
Phytia
Eurytanen
LEUKAS
Metropolis
Amphiss
Koronta
Astakos
Proschion
Pleuron
Kalydon
Chalkis
Naupaktos
Eupalion
Oineon
Erythrai
KEPHALLENIA
OINIADEN
Anapos
C. Rhion
Erineos
Rhypes
Same
Patrai
Panormos
Kranioi
Pronnos
Dyme
ACHAIA
Kyllene
Elis
ARKAD
ELIS
Zakynthos
ZAKYNTHOS
Pheia
Olympia
Heraia
C. Ichthys
PELOPO
PARRHASI
Lepreon
Alpheios
Ithome
MESSENIEN
Pylos
SPHAKTERIA
Methone
Asine
2b
0 20 40 60 80 100 km

11
12
13
14
D
E
F
C. Kenaion
Orobiai
DORIS
Parnaß
Olpe
PHOKIS
EUBOIA
Chalkis
Eretria
Mykalessos
BOIOTIEN
Theben
ÄGÄIS
Styra
Karystos
ATTIKA
Megara
Pellene
Athen
C. Geraistos
ANDROS
Andros
Sikyon
Korinth
Krommyon
SALAMIS
C. Speiraion
TENOS
Phleius
Orchomenos
AIGINA
Epidauros
C. Sunion
Tenos
RHENAIA
Mantineia
Argos
Methana
DELOS
Troizen
C. Skyllaion
Hyaiai
Hermione
Tegea
Orestheion
KYKLADEN
Thyrea
Halieis
Karyai
KYNURIA
Paros
SKIRITIS
Prasiai
PAROS
Sparta
Amyklai
Taygetos
LAKONIEN
Melos
Helos
MELOS
Epidauros Limera
Las
Boiai
Aphroditia
C. Malea
THERA
Kotyrta
C. Tainaron
KYTHERA
Skandeia
KRETA

14
15
16
17
18
A
B
C
THRAKIEN
Odrysen
PONTOS
Hebros
Byzantion
Chalkedon
HELLESPONT
Bithyner
Ainos
Daskyleion
Kyzikos
Priapos
CHERSONES
Arriana
Sestos
Lampsakos
Abydos
C. Kynossema
IMBROS
Elaius
Dardanos
Ilion
LEMNOS
TENEDOS
Kolonai
Ide
Antandros
Adramytteion
Methymna
Antissa
LESBOS
0
20
40
60
80
100 km

3
D
E
F
ÄGÄIS
KARIEN
Eresos
Pyrrha
Mytilene
ARGINUSEN
Kyme
Phokaia
Sardeis
Mimas
OINUSSAI
Boliskos
Chios
CHIOS
Erythrai
Klazomenai
Polichna
Arginos
Korykos
Teos
Phanai
C. Myonnesos
Lebedos
Klaros
Kolophon
Notion
Ephesos
Magnesia
Maiandros
SAMOS
Samos
Anaia
Mykale
Priene
Myus
Milet
IKAROS
TRAGIA
PANORMOS
TENOS
Tenos
RHENAIA
MYKONOS
Mykonos
DELOS
PATMOS
Iasos
LEROS
Halikarnaß
NAXOS
Naxos
Paros
PAROS
Kos
KOS
Knidos
Kaunos
SYME
Loryma
Ialysos
Rhodos

11
12
13
14
ATTIKA
Karystos
Megara
Pellene
Athen
C. Geraistos
ANDROS
Andros
Sikyon
Korinth
Krommyon
SALAMIS
TENOS
C. Speiraion
Phleius
Orchomenos
AIGINA
C. Sunion
MYKONOS
Epidauros
Tenos
RHENAIA
Mantineia
Argos
Methana
Mykonos
DELOS
Troizen
C. Skyllaion
Hermione
Hysiai
Tegea
KYKLADEN
NAXOS
Halieis
Thyrea
Karyai
Paros
Naxos
KYNURIA
SKIRITIS
Prasiai
PAROS
Sparta
Amyklai
LAKONIEN
Melos
Helos
Epidauros Limera
MELOS
Las
Boiai
THERA
Aphroditia
C. Malea
Kotyrta
C. Tainaron
KYTHERA
Skandeia
Kydonia
Polichna
4
KRETA
Gortyn

15
16
17
E
F
G
H
SAMOS
Samos
Anaia
Mykale
Priene
Myus
Milet
IKAROS
TRAGIA
KARIEN
PANORMOS
Iasos
NOS
PATMOS
LEROS
Halikarnaß
Kaunos
AXOS
Kos
KOS
Knidos
Loryma
SYME
Ialysos
Rhodos
CHALKE
Kameiros
Lindos
RHODOS
TA
0 20 40 60 80 100 km

D
E
Herakleia
Thermopylen
MALIS
LOKRIS
Thronion
EPIKNEMIDIA
Allope
Erineon
Boion
DORIS
Kytinion
LOKRIS
Opus
DAULIS
Myonia
Parnaß
Triteia
Amphissa
Delphi
Orchomenos
Chalaion
Krisa
Chaironeia
Olpe
Kirrha
PHOKIS
LOKRIS OZOLIS
Koroneia
Tolophon
Thespiai
Leuktra
Siphai
ACHAIA
Pellene
Geraneia
Sikyon
ISTHMOS
KORINTH
Kenchreai
ARKADIEN
Phleius
Kleonai
Oneion
Solygeia
Nemea
Orneai
Orchomenos
Saminthos
Mykene
ARGOLIS
Mantineia
ARGOS
Epidauros

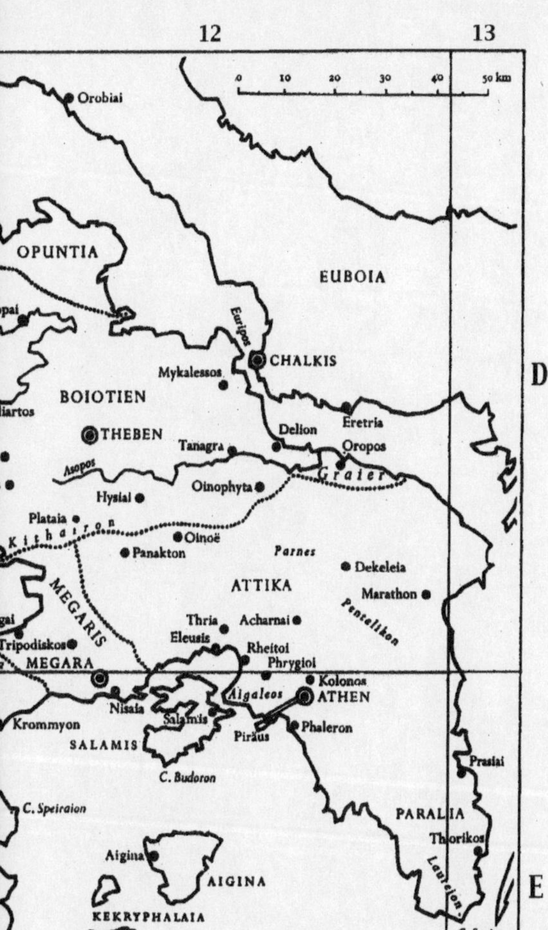

12
13
0 10 20 30 40 50 km
Orobiai
OPUNTIA
EUBOIA
Euripos
CHALKIS
Mykalessos
D
BOIOTIEN
THEBEN
Delion
Eretria
Tanagra
Oropos
Asopos
Graier
Oinophyta
Hysiai
Plataia
Kithairon
Oinoë
Panakton
Parnes
Dekeleia
ATTIKA
MEGARIS
Marathon
Pentelikon
Thria
Acharnai
Eleusis
Tripodiskos
Rheitoi
MEGARA
Phrygioi
Kolonos
Aigaleos
ATHEN
Nisaia
Salamis
Krommyon
Piräus
Phaleron
SALAMIS
C. Budoron
Prasiai
C. Speiraion
PARALIA
Thorikos
Aigina
Laureion
AIGINA
E
KEKRYPHALAIA
C. Sunion

Inhalt